邪馬臺国と神武天皇

牧尾一彦
MAKIO KAZUHIKO

幻冬舎

邪馬臺国と神武天皇

目次

序論

今なお病の淵を彷徨う糟糠の妻に捧ぐ

第一節　日本古代史への動機とシャカムニの思想および母系制と父系制についての序論

「『駅のプラットホームから、一人の子供が、線路にころげ落ち、線路上に、うずくまってしまった。折しもその駅を通過する列車が、轟音を響かせながら、駅に近づいてくる。プラットホーム上の人々は、息をのむ。数歩を駆け出そうとする人もいる。と、一人の若者が、ひらりと線路に舞い降りた。若者が、子供をプラットホームの上に投げあげるのと、列車が若者の姿をかき消すのとが、ほとんど同時に見えた。子供に駆け寄り、子供を抱き上げる人、止まった列車の下を、のぞき込もうとする人。プラットホームには、異様な不安と悲しみに満ちた、騒然とした緊張感が漂った。と、列車の最後尾の向こうから、若者が、ズボンの泥を払いながら、姿を見せた。どよめきと、歓声。……』」

この短文の掲げる一場面に、健康な大人ならば誰しも、容易に感情移入できると思います。しばし、この場面の人々と、感情の起伏を共にしてみてください。……

子供の転落を目撃した人々が、ほとんど例外なく、あっと息をのんだのは、なにゆえでしょう。人々が、思わず、子供の方へ駆け出そうとしたのは、なにゆえでしょう。若者の姿が見えなくなったとき、プラットホームを一瞬おおった不安と悲しみは、なにゆえでしょう。若者の姿が現れたときの、どよめく歓声は、なにゆえでしょう。

人間とは、どのような生き物であるかという、最も典型的な例証が、この一場面の人々の心に去来した一瞬の感情の起伏の中に、理屈抜きの感情の起伏の中に、確かにあると思われます。人類数百万年の進化史という淵源が、人類の心の遺伝子に刻み込んだ、魂の力の例証が、この中に在ると思われます。

戦争という、人類特有の悲劇は、どのようにして始まったのでしょう。戦争という、極めて非人間的な行為が、極めて人間的な事件として世界史に立ち現れてきたからくりにも、人間の本質が関わっています。

同胞のために身命を賭けよ！　というスローガン。戦争の場合には例外なく権力者の側から掲げられるこのスローガンが、人々の心を突き動かし、涙を拭ったその手に、容易に武器を握らせることができたという、からくりがあります。

飢餓に強い身体が、過栄養に対する防御方法を身につける間もなく、豊富な食材を前にして、身体のメタボリックシンドロームが蔓延し始めたのは、ごく最近ですが、これよりすでに一万年ほど前から、もっと深刻な、心のメタボリックシンドロームともいうべき疾病症候群が、始まっていたと考えて間違いありません。

農耕・牧畜の発明とその発展によって、人類は、人一人の生産性の飛躍的拡大を実現しましたが、こうして得られた有り余る富の蓄積をまえにして、その正しい分配方法を身につける間もなく、人類は、進化史の末尾わずか一万年の間に、貪欲という心の病に深く冒されたと考えていいと思われます。

心のメタボリックシンドロームの、主たる症状は、まず、自己および自己の仲間による寡占のための権力肥大化への情熱という貪欲。つぎにこの貪欲を、大規模な搾取の手段たる戦争によって充足させる、という行動異常。そうして、現代に至っては、国際資本の牙城、軍需・石油産業複合体が体現するごとく、この行動異常を、容易に制御できず、かえって、戦争・内乱・クーデター・民族対立・宗教対立……ありとあらゆる権力間闘争を、欲し、期待し、画策までする、という、戦争依存症候群。

この最後の戦争依存症候群は、現代における心のメタボリックシンドロームを世界史的規模で特徴付ける最も顕著な主徴といえると思われます。

身体のメタボリックシンドロームに対する対策もとても重要ですが、個々の個人を超えて広がる心のメタボリックシンドロームに対する対策は、人類の幸福にとって、真に重要であると、精神科医である私は、新年にあたり、僭越ながら考えてみております。……」。

右の文は、平成十九年（二〇〇七年）の某市医師会報に「亥年生まれの年賀状」と題して稿を求められ寄稿した筆者の拙文のほぼ全文である。

人間とはどのような生き物か。

人間とは、どのような生き物としてこの地上に生命を受け、どのような生き物として進化し、どのような生き物であるべく運命付けられたのか。

言い換えるなら、人間という生き物は、本来いかに生きるべき生き物として形作られ、なにを幸福とする生き物として遺伝付けられてきたのか。

虫でも魚でも鳥でも獣でもない、この人間という、大宇宙のささやかな一員として生を受けて、こうした問いを、ほんの一瞬でも心の内に去来させなかった大人は、恐らく居ないと思われる。

人間存在の根源をこのように問い続けようとするとき、その仕事は、歴史学の最も重要な責務に重なるはずと思われる。

筆者が当拙稿の究極の目的とし、当拙稿の動機とするものも、ひとえにこの問いである。人間とは何か、本来何者であり、何者であるべく遺伝付けられ、運命付けられてあったのか、人間とは、何を幸福とし、何を求めたか、何を求めるべき生き物として進化したのか、人間は、いかに生きるべきか、いかに生きるのが真に幸福であったのか、真に幸福であるのか。

宇宙は、百数十億年前に起こったビッグバンというエネルギー爆発（光爆発）によって誕生したとされているが（相対論的に表現すれば、クウォークサイズの空間のひずみがまず生じ、そこに光子つまりエネルギーが捕縛され、捕縛形態に応じて各種クウォークが、そして各種素粒子が、そして各種原子・分子・物質が生成された、といってよい。物質は全て光子からできている。$E=mc^2$ 初めに光ありき、である。だから、素粒子論といい宇宙論といい、本質的には、ともに空間のひずみ論であり、幾何学の問題であり、ともに相対論的多次元空間の分類理論に他ならない）、この仮説が正しいにせよ誤っているにせよ、この果てもなく茫漠たる宇宙は、ともかくも、現在の我々の目の前に存在している。その宇宙生成から悠久の時が過ぎ、四〇億年前に、地球が誕生し、三〇億年前に生命の芽が生まれ、芽は進化と分化を繰り返して、数百万年前には、直立二足歩行をする人類の祖先が地上を歩み始めた。

人類が文字を用いてその喜怒哀楽を文献に残し始めたのは、たかだか一万年以内前からのでき事である。人類のこの喜怒哀楽の歴史が、人間存在の本質を研究するための、まずは確実な一史料たりうる。

更にその文献に残るところ、すなわち歴史時代の人類史を遡及し、外挿して、人類数百万年の進化史、とりわけ心の進化史を究明する試みがなされるべきである。考古学、文化人類学、遺伝学などの助けが必須だろう。

文献は、十分批判的に研究されなければならない。文献の虚偽や不誠実をかぎ分けつつ、十分批判的に、考究されるべきである。言うまでもなく、これはたやすい仕事ではない。そうしてこれを更に過去へと外挿遡及する試みは、更に容易ではない。

容易ではないが、しかしながら、この研究の方向を過（あやま）たないための、羅針盤はあると考える。現存の人間そのものという、何よりも確かな羅針盤がある。最も精確であるのは、自身の心という羅針盤である。自身の心の有り様を、可能な限り、誠実に追求してみるならば、そのなかに、人間存在を過去の歴史に照らしながら研究するための、最もたしかで精確な指針を読むことができるはずである。

自身の心の探究もまた、十分批判的に、十分自己批判的に、なされるべきである。この世のしがらみ、欲得ずくのがんじがらめという、智慧を曇らせる多くの邪魔物がもたらすはずの、虚偽や欺瞞や偽善や偽悪を、注意深くより分けながら、十分自己批判的になされる必要がある。

「戦争という、人類特有の悲劇は、どのようにして始まったのか。戦争という、極めて非人間的な行為が、極めて人間的な事件として世界史に立ち現れるからくりにも、人間の本質が関わる。同胞のために身命を賭けよ！　というスローガン、戦争の場合には例外なく常に権力者の側から掲げられるこのスローガンが、人々の心を突き動かし、人々の手に、人々の、涙を拭ったその手に、容易に武器を握らせることができた、というからくりがある」と先に引いた拙文に書いた。

悲壮なる自己犠牲への情熱という、地上のどんな生き物よりも強烈に立ち現れる人間の魂の一面を、権力は、自己の保身と発展のため、実に巧みに利用してやまなかったし、今もその技量は磨き続けられている。

自己及び自己の仲間による寡占のための権力肥大化を求めてやまぬという貪欲を、戦争――武力戦争であれ経済戦争であれ、最近流行りのサイバー戦争であれ――によって満足させ得ることができるようになって以来、権力欲の奴隷となった者たち（権力欲への嗜癖症候群・依存症候群に陥った者たち、というべきかも知れない）が繰り広げるようになったこのからくり劇は、これまた、人類史の、近々一万年ほどの内に始まり、そうして、今も絶えることなく続いている。

このからくりの真因を探り、その知を、人類の未来に生かす試みは、繰り返し、何度でも行われてしかるべきである。

人間存在に限らず、存在一般の本質は、存在する物それ自体にあるのではなく、存在と存在の間に横たわる、関係律という、目には見えぬ法則にある、と説いたのは、いまから二五〇〇年ほど昔に、中インドで活躍して原始仏教の開祖となった、シャカムニ・ブッダ・ゴータマ・シッダールタである。

シャカムニとは、シャカ族の聖者の意味。ブッダとは、目覚めたる人、聖覚者の意味。ゴータマは姓で、最上の牛の謂い。シッダールタは名で、大願成就の謂い。そこで、シャカムニ・ブッダ・ゴータマ・シッダールタとは、シャカ族の聖者にして目覚めたる人、ゴータマ・シッダールタさん、である。以下、この原始仏教の開祖を、簡単に、シャカムニと呼ぼう。日本語で言えば、お釈迦様である。

当時、中インドに盤踞したシャカ族は、言い伝えによれば、古くは兄弟姉妹婚、族内婚を行っていた、最も古いタイプの、弱小な一部族であったようである。後代の文献に、当時シャカ族は、犬や野狐のように自分の妹たちと夫婦になるものの末裔だといって罵られたと伝えられている。兄弟姉妹婚を婚姻制度とするこの古い家族形態を、民族学では血縁家族と呼ぶ。シャカ族も、古くはこの血縁家族の状態にあり、これが後世的な批判を受けることになったものと思われる。しかしそのシャカ族も、シャカムニの頃には、すでに族外婚を行う父系制の段階に達している。血縁家族時代から父系制時代に至る中間に、母系制時代を挟んでいたはずであるが、その時代の記憶は、歴史の狭間に消えている。あるいは、シャカ族は、周辺の、すでに父系制段階に達していた強力な部族の影響の下で、長期の明確な母系制時代を経るまもなく、父系制習俗への同化を余儀なくされていたのであったかもしれない。

当時シャカ族を取り巻いた環境は、戦乱の世であった。コーサラ国、マガダ国、ヴァンサ国、アヴァンティ国など十六大国と呼ばれる、大小の父系専制君主国が林立し、互いに侵略戦争による離合集散を繰り返していた時代である。これら十六大国中に数えられることもなかった弱小のシャカ族が、こうした環境の中で、部族の族制をはやばやと変容させざるを得なかったとしても、むしろ当然の成り行きであっただろう。

シャカムニの母マーヤーは、シャカ族の東隣に住むコーリヤ族という、シャカ族の胞族、すなわちシャカ族と互いに姻戚関係にある近親氏族から、シャカ族の王家の妻に迎えられるという、父系制下での族外婚をしている。マーヤーは、結婚後、出産のため、みずからの出身地、コーリヤ族の地に帰る途中で、シャカムニを産み、七日の後に、他界したと伝えられている。出産を出身部族の地で行うのは、父系制といいながら、なお母系制的要素が残遺していたことをうかがわせる。

母系制と父系制、母系制から父系制への転換、これらのことは、人類史を明らかにするための、重要なキーワードである。

母系制とは、典型的には、族祖母を中心に、母系を辿る血縁関係によってまとまる母系氏族を構成要素として、他の母系氏族への妻問い婚や、他の母系氏族からの婿取り婚による族外婚姻制度をもつ部族社会の体制であり、父系制とは、逆に、族祖父を中心に、父系を辿る血縁関係によってまとまる父系氏族を構成要素とし、典型的には、嫁取り婚による族外婚姻制をもつ部族社会の体制である。

男が妻の属する母系氏族に通い、産まれた子供は妻の氏族に属した、母系制社会、かたや、妻が夫の属する父系氏族に娶られ、産まれた子供は夫の属する氏族に属した、父系制社会。

人類の族制史においては、大まかには、旧制度である母系制が先にあり、ここから時代の降下とともに、新制度である父系制への転換がなされたと考えられている。母系制時代には母族によって育まれていた子は、父系制時代になるや、父族のもとに入った母独りの手に委ねられる運命となった。このような、子の養育環境の劣悪化が、母系制から父系制への転換という時代変遷に分かちがたく結びついている。

その母系制から父系制への転換の歴史、人類史のこの一大変容史は、戦争という、極めて非人間的でありながら、勝れて人間的なる事件が、わが世界史に立ち現れてくる歴史と、軌を一にしているのである。しかし、これはまた、後に論じることとして、シャカムニの教えに戻ろう。

母系制から父系制へと移り変わるこの歴史の一大変容期の末期にあったと思われるシャカ族中に、シャカムニは生を受けた。

存在の本質は、存在それ自身にあるのではなく、存在と存在、物と物との間の時空空間に横たわる、相互の関係律という、目には見えぬ法則にある、と説いたシャカムニの思想は、甚だ近代的合理的な思想であり、この合理性の徹底ゆえに、当時としては、革命的でもあり、難解でもあった。この、存在相互の関係律のことを、シャカムニとその弟子たち、原始仏教徒たちは、因縁と呼んだ。

私が在り、あなたが存在するのは、私とあなたの間に、互いに通い合う相互関係、相互因縁が、しかと存在するが故である。ただそれ故にこそ、私にとってあなたは存在し、あなたにとって私は存在する。私という存在が、この宇宙に、あなたを含むすべての他者との関係を絶ってただ一人存在したとしても、それは存在の名に値しない。私は、宇宙にあって無きに等しい。あなたにとっても同じことである。あなたが在るがゆえに、私が在る。私が在るがゆえに、あなたも存在する。

あるいはまた、$E=mc^2$という関係律は、エネルギーと質量の間の関係律、つまり、光子と物質の間の同値関係を示す関係律である（mは物質の質量、cは光速、Eはその物質が全て光子に変化した場合の光子エネルギーである）。例えば陰電子と陽電子という物質が出会うと、二つは、それぞれが持つ固有のひずみを解消し、それぞれの質量と等価なエネルギーを持つ二つの光子＝二本のガンマ線と化して無窮の宇宙へと飛び去る。これは物質が全て光子から成ることを端的に示す現象である。

後の般若経典では、物的存在のことを色（しき）といい、目に見えず移ろうこともない因縁律のことは、空（くう）なるもの、あるいは単に、空と称した。物的存在（色）の本質は、存在と存在の間に横たわる、関係律すなわち因縁律（空）にある。逆に、空すなわち因縁律こそ、色すなわち物的存在の本質である。般若心経はこれを「色即是空、空即是色」（色は空であり、空は色である。色の本質は空であり、空こそ、色の本質である）という簡潔な命題として、今に伝えている。この命題、当時としては難解であったに違いない命題を、後の大乗教徒たちが、難解ゆえに誤解したように、単に、物的存在は空しく移ろいやすい実体のないものに過ぎない、などという中途半端な意味に誤解してはよくない。こういう誤解からは究極のところ、ニヒリズムしか出生しない。

余談であるが、存在の本質は、存在と存在の間に横たわる、目には見えない相互の関係律にある、という因縁の思想は、例えば、「存在は本来、自由である」というがごとき、曖昧模糊たる自由の概念を、粉砕する。

存在は、決して、自由な存在ではあり得ない。本質的に、自由ではあり得ない。このことを、明確に主張するのが、シャカの因縁律の思想の本質である。

自由という概念は、具体的に何からの自由なのかを規定しながら用いるのでなければ、極めて虚ろな概念である。全ての存在は、互いの関係律の裡に強く結びつけられており、本質的に、自由ではないのである。

近代のフランス革命からアメリカ合衆国の建国に至る過程で、自由という概念がしきりに強調されるようになるが、これ以後、何からの自由であるかという概念規定を超えて、曖昧模糊たる自由概念が一人歩きするという、いわば思想の貧困時代に入ることになった。貧困な思想は、独善の温床である。

合衆国はニューヨークのリバティ島に、自由の女神像が、虚ろな頭脳を支えて、立っている。一八八六年に合衆国の独立一〇〇周年を記念して、フランスから贈られた像である。二〇〇一年九月十一日の同時多発テロ以後、その虚ろな頭の展望台への自由な入場は長く禁止された。自由という思想の虚無性・独善性を、自由の女神は、高々とたいまつを掲げた巨大な姿を以て、世界に示唆してくれている。

存在は、本質的に自由ではあり得ない。互いに無限の関係律によって結ばれている。この相対的な関係律を正しく誠実に考え抜くことなくして、個々の束縛からの自由などもあり得ない。

閑話休題。シャカムニの悟りの内実は、まさにこのこと、存在の本質は、因縁律、存在相互の間を強く互いに結びつける関係律にある、という悟達に尽きる。

俗世を捨てて、こつじき（乞食）の生活に入り、苦行を経た後に、苦行をも捨てたシャカムニが、ブッダガヤーの菩提樹の下で達し得たと伝えられる悟りである。

シャカムニは、悟り得たその因縁律を正しく考え抜く道として、八正道を説いた。正しく見る（正見）、正しく思う（正思）、正しく語る（正語）、正しき生業（なりわい）を持つ（正業）、等々の正しき八つの道。この道への最良の方途として、彼は出家を勧めた。俗世とのしがらみを断ち、貪欲を断ち、こつじきに落ちる出家こそ、戦乱渦巻く当時において、正しき思いを深めるための、唯一の道と思われた。

かくしてみずから悟り得た因縁律智を駆使しつつ、苦の滅尽に至る四聖諦、すなわち苦を知り、苦の生起を知り、苦の滅尽を知り、苦の滅尽に至る道、八正道を知る、という良き智慧について、古代人なりの考察を推し進めたというのが、シャカムニという、一人の偉大な聖者の、一生の骨格であった。

シャカムニの同志であったサーリプッタ（舎利弗）が、あるとき、シャカムニに「善き友情を持ち、善き仲間を持ち、善き交遊を有することが、この聖なる道のすべてである」と述べた。このとき、シャカムニは、「善きかな、善きかな、サーリプッタよ、その通りである」と喜び述べたと伝えられている。因縁律に関する極めて抽象的な悟達の本質を、サーリプッタが、人間関係という関係律における具体的な事例として言葉に寄せ得たことを、シャカムニは、善しとしたのである。

シャカムニは、因縁律を考え抜く拠り所として、自己を洲（す。すなわち、拠り所）とせよ、と言っている。自己を拠り所とすれば、普遍的な正しい因縁律、すなわち法が見えてくる、と言っている。

人間の個性を超えて普遍的な、人間的な思考・判断の形式がある。思考・判断の原始的な基礎は、情、感情にある、とは、ある高次脳機能研究者の言葉であるが、然りと思われる。

原始時代の、なおサルに近かった頃にまで溯るであろう人類の祖先達の、感情・思考・判断の在りようにまで深い根をおろすところの、この人間の普遍的な思考形式のことを、古代ギリシャの哲学者、ソクラテスは、「イデア」、あるいはその根源としての「魂の想起」、というような言葉で説明しようとしたが（山本光雄編『プラトン全集』〔角川書店〕所収『パイドン』『プロタゴラス』『メノン』など）、弟子のプラトンはこの抽象的なイデア概念を、物象化して語ってしまっている。プラトンの大いなる誤解によって、イデア論が曲げられ、壮大な変奏曲を奏でている様は、因縁律という、今となっては、合理的な、それ故にかえって分かりやすい抽象概念が、後の仏教徒たちによって、曖昧模糊たる空の理論に形を変え壮大な変奏曲を奏でているのと、類似する（蛇足であるが、ソクラテスが、よき友人を持つことを、よき生き方の最も重要な事項としたことも、シャカムニの生涯の実践に共通する）。

ソクラテスは、魂の想起こそ、徳をもたらす源であると見、従って徳は教えられない知識、学習されざる知識であると見る。この魂に内在する徳という知識の総体およびその根源のものを問われて、ソクラテスは結論を出さない。むしろ「知らず」と答える。「知らず、ということを知っている」と答えるのである。ソクラテスの「無知の知」はこのようなところに淵源をおろすとみてよい。「名声高き者たちは、却って最も多く思慮に欠け、身分低き者達のほうが、その点でむしろ立派に思われた」（前掲『プラトン全集』所収『ソクラテスの弁明』）とソクラテスの語った、その「思慮」もまた、学習されざる知識、知られざる根源より想起される徳にほかならない。ソクラテスの哲学は、カントの純粋理性批判にも比肩されるべき、深い思想であった。

徳をもたらす魂の想起の力は、ソクラテス自身の魂の想起の力が内省的に証明するものであり、説明は不要、教示も不要、ただただ、己に依拠して、悟るべきものであった。

己に依拠し、自己を拠り所とすれば、人間の個性を超えて普遍的な、人間存在の本質に迫ることができる。人間関係の在りよう、および、人と物との関係律の在りように関する研究、近代風に言い換えるならば、生産関係・消費関係を含むところの社会関係の構造に関する人間学的観点からする研究、この研究に、歴史学もまた、重要な責務を負っている。この責務の遂行に当たって、シャカムニの教え通り、常に、自己を洲として、ここに羅針盤を据えよう。

自己を洲として、因縁律、すなわち、相互関係律に関する考察を隅々にまでゆきめぐらし、人間関係・社会関係を考察しようとする時、ここには常に、人類進化の歴史というものが深く関わらざるを得ない。

人間関係の研究、人類進化の歴史学には、とりわけ、人類の家族制度の変遷史の研究が重要である。

人類の家族制度の変遷史には、既述の如く、母系制から父系制へという大きな流れがある。今日の民族の多数派は、日本を含めて、父系制社会である。男女平等社会への発展的先祖返りへの流れは、世界各地でようやく始まりかけてはいるものの、なお、未熟なままである。

たとえば、母性を護り、家事・育児を、私的労働から、社会的労働へと止揚する責務を、社会全体が担うべきであると思われるものの、母性を父性化する危険さえともなう現今の欧米的、ウーマンリブ的「女性解放」路線では、却っていまだ道遠しの感が強い、と筆者には感じられる。

大多数が父系制社会からなる現代のこの人類社会を、数千年からせいぜい一万年足らず、史的にわずかに遡れば、人類のほとんどが、母系制社会および、それ以前の家族制度下の社会であった時代に行き着く。この古き時代は、父系制社会の時代に比べれば、遙かに長い。数万年、数十万年という悠久の時の流れの奥に、その先端を没している。

人間、および人間関係の在りように、遺伝的負荷を与え続けながら、人類を育んだ揺りかごが、この原始母系制社会乃至それ以前の原始社会であったとすれば、この社会の研究こそ、人間とは本来何者であり、何者であるべきか、何者であることが真に幸福であるかという問い、人間関係の本質を問う問いにとって、基本的に重要なはずである。

日本古代史は、原始母系制社会の研究にとって、一つの宝庫を提供する。アジア大陸から少しく離れて存在した時間が長かった日本というこの土地には、ほんの一、二千年前まで、古き母系制習俗は、相当色濃く残遺していたのであり、文献の批判的検討から、その実相を解析することが可能である。

当拙稿では、まずは、日本の西暦一世紀から三、四世紀にかかる古代史の真相に迫る試みを果したい。而して古文献の批判的検討などによって、古代の民の実相へと説き及んでみたい。

ところで、本論に入る前に、母系制は、なぜ、どのようにして父系制へと転換したのか。エンゲルスの『家族・私有財産・国家の起源』（戸原四朗訳　岩波文庫）を参照しつつ、簡略に述べてみれば、次のような次第である。

戦争は、戦争によって利得を得ることができる時代にしか、起こり得ない。

人間一人の生産性が、自分自身ないし、ごく少数の家族を養うに足るだけの価値しか生み出せなかった時代において、戦争は意味をなさなかった。

このような時代に仮に戦争があったとしても、戦争で得た奴隷は、自分自身と自身の子の食い扶持を生産するだけで精一杯、他者からの搾取に遭えば、哀れ奴隷は飢え死にする他なかったはずである。

狩猟採集時代という、人類史の大部分を覆った時代は、このような時代に属した。この時代の争いといえばせいぜいが、自分のなわばりを確保するだけの争い、多くの場合は、相手を当の土地から追い払う争いだけで終わっただろう。狭小な土地に阻まれた者たちだけが、争いを常態化させたかも知れない。しかし、なおその場合でさえ、この時代の人類の戦う相手は、主として大自然そのものであったのであり、人間同士の争いを常態化させる余裕などは、実のところ、ほとんど無かったはずである。人間同士の争いを、大自然の脅威が阻止していた時代、常に、飢えという脅威との戦いが人間の戦いの大部分を占めていた時代である。人間同士が、争うよりも共労する方が、遙かに多くの安全と食料を手に入れることができた時代である。自然の選択として、戦争は、起こり得なかった。

余談ながら、冒頭引用拙文でも触れた如く、人間の体は、飢えに強い仕組みにできている。体がつくる各種のホルモンは、血糖値を上げる向きに働くホルモンが大部分を占める。グルカゴン、アドレナリン、ノルアドレナリン、副腎皮質ホルモン、甲状腺ホルモン、すべて然り。対して、血糖値を下げる向きに働くホルモンは、ただ一種類、インシュリンだけである。これがために、食料が十分に確保できる時代になるや、人類は、肥満や糖尿病を初めとするいわゆる成人病、今で云う「生活習慣病」に襲われ始めたわけである。人類の体が、豊富な食料を前にして、これに対応できるような遺伝的形質を獲得するひまもあらばこそ、飽食の時代が、急速に人類にもたらされた結果、人類は、飽食ゆえの病に冒され始めたわけである。逆に言えば、人類の身体的な遺伝形質が形作られてきた数百万年の間、我が祖先達は、のべつまくなし、飢えに直面しながら、子孫を今に伝えてきた、ということである。戦争をしている余裕など、さらに無かった。

戦争は、牧畜、農耕の発明の後に生じた。この事実については、多くの考古学者の証言が得られている（佐原真著『戦争の考古学』（岩波書店）など）。

住まいの近くに、動物を馴致し育て、住まいの近くに、植物の種を播き育てる、という最初期の技術の発明は、恐らくはいずれも、女性たちの発案と工夫によって成った。狩猟採集時代、男たちは、武器を手にして、獲物を追い、住居から遠征する生活に明け暮れたであろうし、一方で、女たちは、人生の大部分を妊娠と子育てに費やし、男たちの留守の間の住居の留守居役であり、近場での採集生活を担った。職掌の分担は、性別によって明確であった。居住地から遠征する男たちと、近場に定着する傾向が強かった女たちのうち、牧畜にせよ農耕にせよ、これを最初に発明しその技術を確立していったであろう者は、疑いなく女性たちであっただろう。

牧畜や農耕は、いったん確立されるや、人一人の生産性を、何十倍にまで、一挙に高める革命的な発明であった。この革命的な生産技術は、人類に、人類がこれまで経験したことのない豊かな富をもたらした。働き手の何十倍もの人間を養うに足る価値を、この新しい生産技術は生み出した。ところが、不幸なことに、この有り余る富の正当な分配の仕方というものを、人類は、進化の過程で、学んでこなかった。学ぶひまもあらばこそ、人類の進化のテンポを、遙かに凌駕するスピードで、生産性の爆発的な高騰がもたらされたのである。

人類が、狂い始めた。ちょうど有り余る食料が、人々を糖尿病や高脂血症、高血圧、病的肥満等々の生活習慣病へと誘ったが如くに、莫大な富は、人々を貪欲の奴隷へと誘い、狂わせ始めた。特に、男たちを。

奴隷という身分が誕生する。奴隷一人の労働は、奴隷とその家族を養ってなお、十二分の余剰価値を生み出した。搾取と戦争とが、この世において意味を持ち始める。

奴隷を獲るのは、男たちの仕事であった。奴隷を獲るには、男たちがこれまで獣に向けていた武器を、人間に向ければよかった。奴隷狩りが、獣狩りに代わって、男たちの仕事となった。男たちの獲得した奴隷は、巨大な富と権力を、男たちにもたらした。男たちの手にした富と権力は、いよいよ彼らを狂わせて、彼らが戦争を発明するのに、時間はかからなかった。戦争はさらに男たちの富と権力を増大させる。

みずからの子孫に、この富と権力とを、与え伝えようとする欲求が巨大になって男たちを突き動かす。男たちは、みずからの子孫を自族に引き留めようとする。そのため、妻を自族に迎え入れ、妻に貞操を強制した。かくして母系制が父系制に組み替えられるのに、多くの時間は、必要無かったと思われる、数百年か数千年のうちに、この転換はなされたはずである。

戦争の始まりと、母系制から父系制への転換とは、かくの如くに、同じ事象の表と裏である。

日本古代史を研究してみると、この、母系制から父系制への転換期に属する時代の様相を、具体的に観察することができる。古い母系制社会と、新しい父系制社会との間に、繰り返し行われた戦乱の歴史さえ、見定めることができる。以下の本論の中で論じたい。

冒頭に掲げた筆者の拙文では、紙数の都合で、戦争の発生機序について十分には論じることができていない。戦争の発生と発達には、右に述べた如く、生産性の発展によって搾取が可能となり、奴隷の存在が可能になった、という点が重要なのであって、単に心の問題だけではないことをここで強調しておきたい。その

拙文中に

　現代に至っては、国際資本の牙城、軍需・石油産業複合体が体現するごとく、この行動異常を、容易に制御できず、かえって、戦争・内乱・クーデター・民族対立・宗教対立……ありとあらゆる権力間闘争を、欲し、期待し、画策までする、という、戦争依存症候群。

　この最後の戦争依存症候群は、現代における心のメタボリックシンドロームを世界史的規模で特徴付ける最も顕著な主徴といえると思われます。

と書いた。然るに「軍需・石油産業複合体」の中に今一つ「金融」を加えるべきであった。すなわち、

　現代に至っては、国際資本の牙城、金融・軍需・石油産業複合体が体現するごとく、この行動異常を、容易に制御できず、かえって、戦争・内乱・クーデター・民族対立・宗教対立……ありとあらゆる権力間闘争を、欲し、期待し、画策までする、という、戦争依存症候群。

と書くべきであった。

「奴隷階級」という階級が目に見える形としては消滅した現代において、なお本質的には「資本」に繋がれた奴隷労働が連綿として継続している。国際金融資本は、金融システムという合法的錬金術によって、原価廉少なる「造幣」・「信用創造」を用いつつ労働を「借金」のくびきに繋ぐシステムを獲得している。戦争・疫病・災害によって借金する者が増えるほど肥満するこの金融システムは、心のメタボリックシンドロームを体現し強化するシステムの典型である。このシステムは、借金する者が増えることになる戦争・疫病・災害を歓迎する体質を秘める。このシステムの民主化無くして戦争依存症候群の治癒は有りえないと思われる。

　ところで、西洋の人類学者のなかには、母系制から父系制という発展的歴史観を否定する論者が、少なからず存在する。未開部族の研究によって、様々な家族制度の類型を羅列して、発展的に秩序立てることは無理である、と結論する類の議論が多い。こうした議論は、モルガンやエンゲルスが試みた如き、家族制度に

関する発展的秩序に関する推論を、批判する。モルガンやエンゲルスは、親族呼称が親族関係を何らかの形で反映するという前提のもとで、その親族呼称から推測される家族制度を、発展史的に秩序立てることに成功したのだが、この前提がそもそも成り立たないという批判をする学者もいる。しかし、これら様々な批判は、実のところ、まともな批判にはなっていない。

まず、今日の未開民族に残る多種多様な家族制度は、彼らが既に進化の袋小路に入り込んでしまった、その原因ないしその結果であるかも知れない。

より正しい言い方をすれば、これら様々な未開民族の家族制度の多くのものは、家族制度史が形づくる進化樹の、多様に繁る枝葉の、その枝葉末節に過ぎない。

モルガンやエンゲルスは、この進化樹の主幹に当たる部分が何かを突き止めたのであって、この説を批判するためには、この進化樹にはそもそも幹はない、あるいは在ったとしても、全く異なる幹であるということを、逆に証明しなければならない。

モルガンやエンゲルスによって発見された、家族制度史の主幹たる発展的家族制度史を批判するのに、家族類型を平面的に並べて見せるだけでは、それらの混沌の中からひとすじの発展的秩序を抽出しようとしたエンゲルスらの努力を、単に無視しただけであって、説得力のある批判には到底なり得ない。

簡単な類例を挙げてみよう。ここに、ある虫がいて、この虫は、幼虫時代には赤色、成虫時代には黄色、老虫時代には青色となり、幼虫時代には身の丈が急速に伸び、成虫時代には成長は止まり、老虫時代にはやや身の丈を縮めて、死ぬ、という生涯をたどるとしてみよう。一つの森の中で、この虫を研究するとする。この虫は、時間の横断面では、すなわち、同一時期において観察する限りでは、当然、生育段階の異なるものたちが混在している。同じ虫なのに、個体によって、成長の早い個体、遅い個体の差があり、しかも、同じ成虫段階であっても、体の大きな個体、小さな個体があって千差万別、要するに、様々な個体が混在しているはずである。在る研究者が、この森に住むこの虫を逐一調べ上げ、調べ上げた時点での虫の色と、調べ上げた時点での虫の身の丈の単純平均値を算出して、「この虫の平均の大きさは、三センチでありまして、この虫の色は、赤色もあれば、黄色もあれば、青色もあります」と報告したとしよう。この研究の愚かさは、誰の目にも明らかだろう。一匹の虫の、ひとすじの成長過程を推測しようという研究態度すらないこの研究は、多くの労力を費やしたにもかかわらず、当の虫を知るという観点からすればおよそ無価値である。

この虫の例であるならば、この研究者の研究方法が余りに的はずれで研究結果も本質的に誤っていることは簡単明瞭、誰の目にも直ちにわかる。

家族制度史について、エンゲルスらの推論を批判する多くの欧米の文化人類学者たちが行った研究は、この虫の研究者の過てる研究と、五十歩百歩である。

親族用語は親族制度を反映しないといって、モルガンやエンゲルスの推論の大前提そのものを否定する説もある。だが、親族用語は親族制度を、ある程度は反映するのである。その程度を斟酌しながら推論をめぐらすのが、家族制度史研究の勘所である。親族制度を、ある程度ないし相当程度、反映していると考えられる親族用語を見極め抽出し、それらの秩序付けの妥当性を確認しつつ、モルガンらは、家族制度の発展的図式を推論したのであって、親族用語は親族制度を反映しないという乱暴な命題による批判は、批判の名には値しない。

親族用語は親族制度を反映しないとして、モルガン、エンゲルスらの理論を批判する学者の代表に、A・L・クローバーがいる。クローバーは、アメリカ合衆国の文化人類学界で、長く指導的立場にいた学者である。彼は、「親族関係の類別的体系」(『文化人類学入門リーディングス』〔アカデミア出版会〕所収。原題"Classification Systems of Relationship"　栗本英世訳)と題する論文の中で、「ある関係の名称から社会制度や婚姻上の制度の現状を導き出そうとする一般的な方法ほど根拠の弱いものはない。……確実な証拠がないのにこれらの表現が社会的状態の直接の反映あるいは結果であると結論するのは危険である」といって、次のような例を挙げる。

リッグスによれば、ダコタ語では祖父と義理の父に対して一つの語しかない。ときに用いられる推論の形態にしたがえば、このことからこれら二つの関係がかつては同一視されていたことが導き出される。この意味するところを拡大すれば、スー族では母との婚姻がかつて慣習であったというばかげた結論が得られるのである。

この例においてクローバーが念頭においている図式は、下図のようなものだろう。

この図で、○と●は女性を示し、□と■は男性を示す。また凹型の線は婚姻関係を示し、凹型を上下逆向きにした線は兄弟姉妹関係を示し、これら両者を結ぶ縦線は親子関係を示す。

この図で、クローバーのいうところを確認してみよう。図中に示した如く、まず、■を本人としよう。本人の祖父は、図中の祖父□である。本人の義理の父とは、本人の妻の父であるから、図中の義父□である。さて、スー族用いるダコタ語では、本人の義父と祖父が同じ語であることから、クローバーは、スー族では

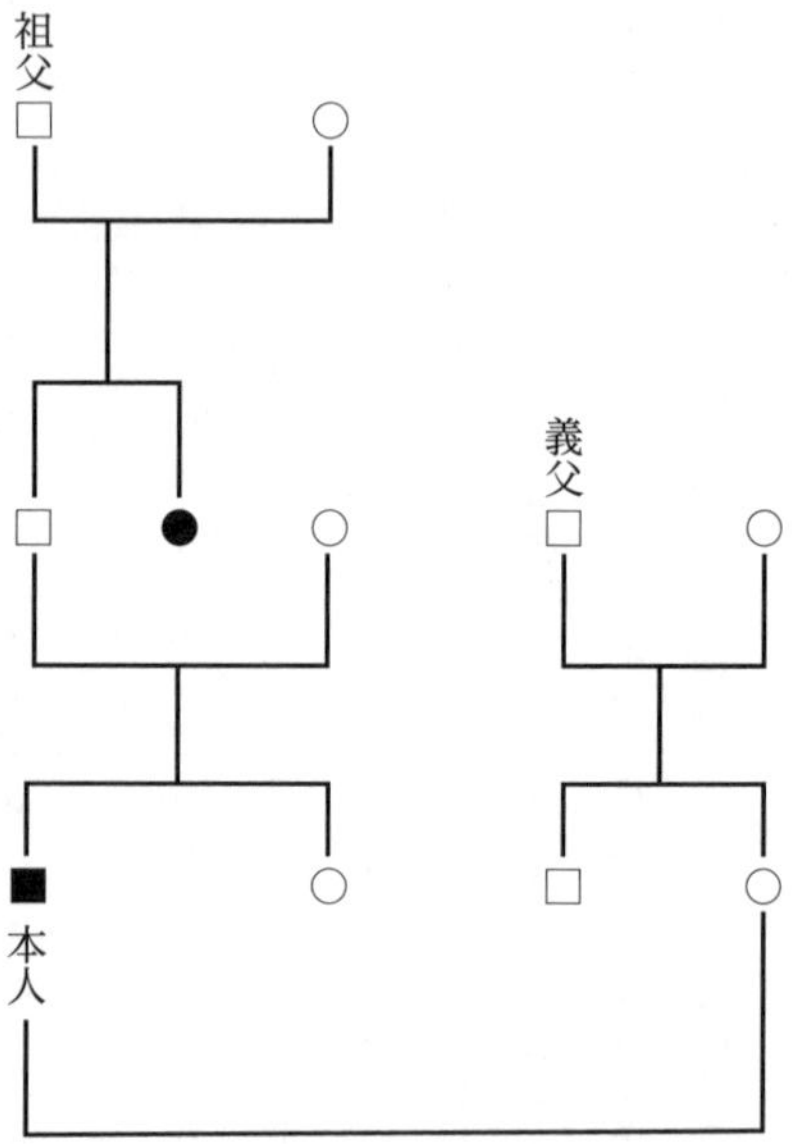

本人とその母との婚姻がかつて習慣であったというばかげた状態を示すことになる、というが、図で祖父□と義父□とを重ねてみれば分かる如く、正確には、本人と、本人の父方の叔母（図中の●）との婚姻が習慣であったことを示す、というべきである。あえて図示してみれば次頁の上図のような婚姻関係となる。

このような婚姻関係がかつて習慣であったなら、これでもやはり、「ばかげた状態」には相違ない。

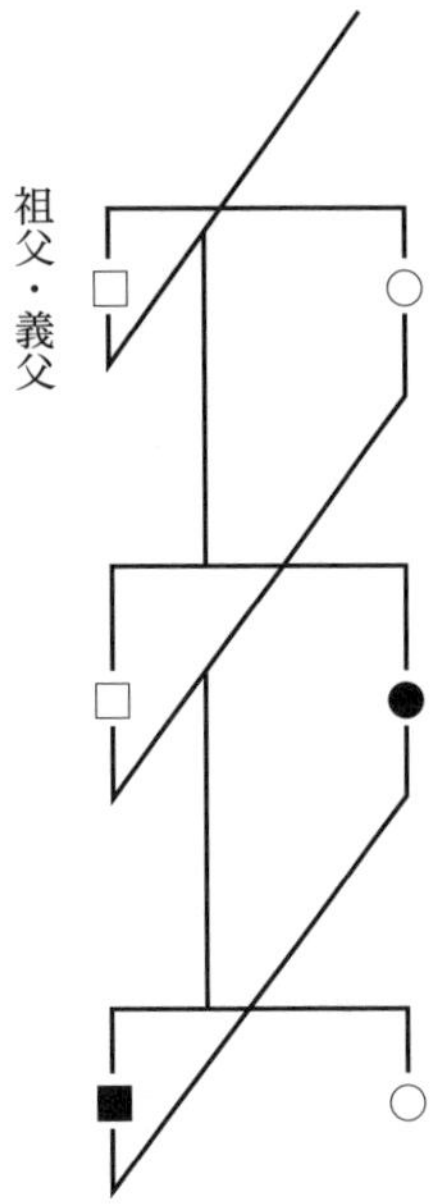

だがクローバーのこの推論は、あくまでも父系制度のもとでの系譜観念からする推論である。父系観念に馴染む現代人は、右のような図式しか念頭におけない。だから、クローバーが陥ったばかげた結論が得られることにもなる。

右の図式を母系系図によって書き直してみよう。最も単純な系図として下のような図を描くことができる。此の図において、やはり○は女、□は男を示すが、一つの○や□が、それぞれ姉妹、兄弟の一群を表すものとみると、古い時代の群婚状態を示す図として見ることもできる。

図で、母系氏族Aは、その胞族である氏族Bと互いに母系制的あるいはさらに本源的なプナルア婚制的婚姻関係を結んでいる（プナルア婚については次節参照）。つまり、氏族Aの女と男は、それぞれ氏族Bの男と女と結婚し、氏族Aの女が生んだ子は、男女とも氏族Aに属し、氏族Bの女が生んだ子は、男女とも氏

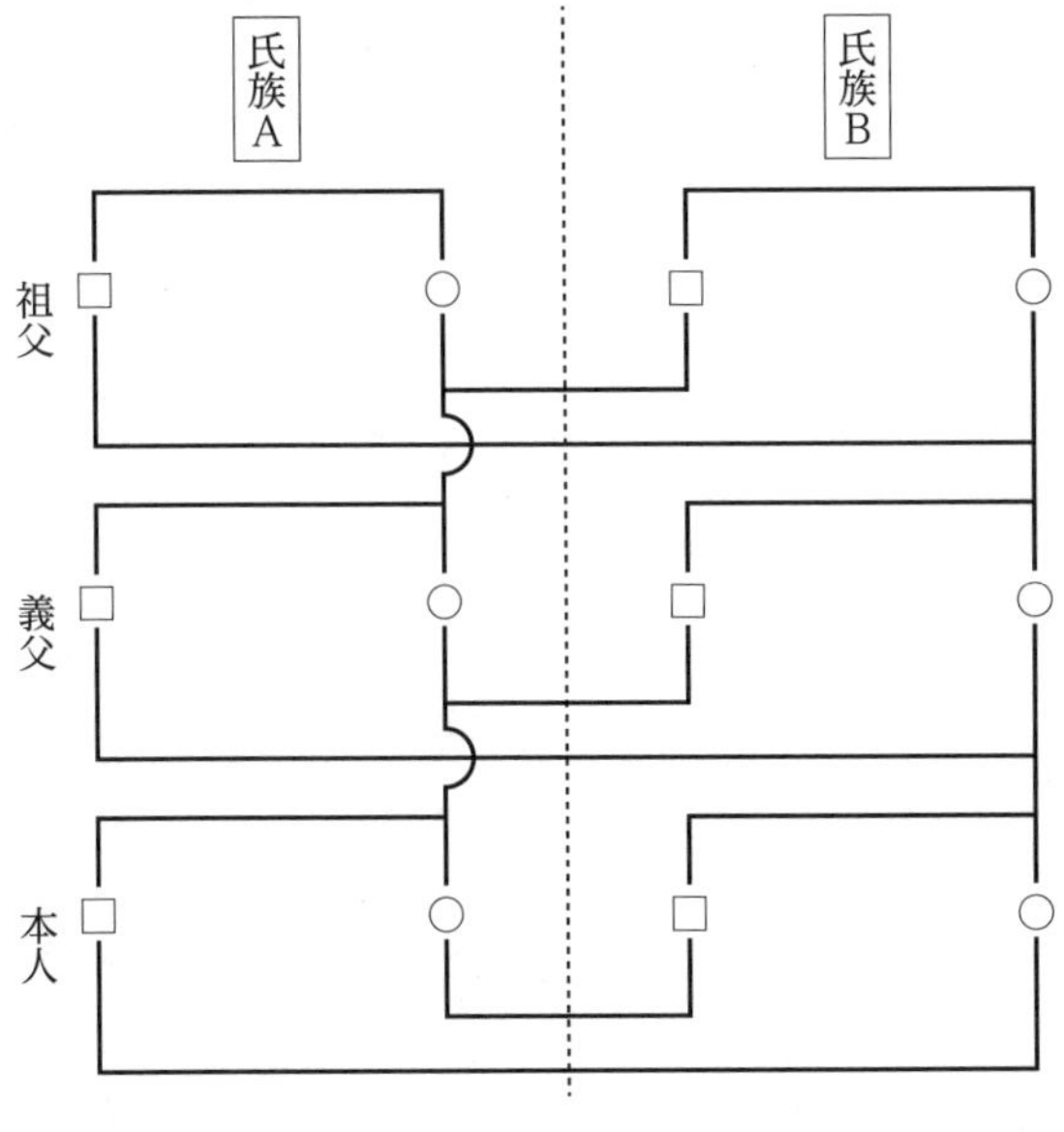

族Bに属する。こうした母系制的婚姻・家族関係における、本人、義父、祖父の互いの関係は、図示した如きものとなる。

この図から直ちに知られる如く、本人の、義父（たち）と祖父（たち）はいずれも、本人と同じ母系氏族に属し、それぞれ本人より上の世代、つまり、母の世代、祖母の世代に属する男たちである。これはまた、本人が通婚する女たちの、その母たちに通婚した男（義父）たち、本人が通婚する女たちの母の母（母方祖母）たちに通婚した男（祖父）たちでもある。義父（たち）と祖父（たち）は、本人の属する氏族の、本人より上の世代の男たちという、共通の範疇に入る。これら本人の上の世代の、本人と同族の男たちが、ともに同語で表されたとしても、むしろ自然のことである。そのことのせいで、本人が本人の叔母たちと結婚する習慣があったなどというばかげた結論など、出てはこない。

日本の古語では、母や、母の母つまり母方祖母、さらにその上の祖母たちは、いずれも、オヤ（祖）、あるいはミオヤ（御祖）という、共通の語で呼ばれた時代があった。このオヤたちに通婚する男たちが、共通の呼称で呼ばれたとしても、それは却って大いにありうることである。

ダコタ語族において、義父と祖父に同じ語が用いられているという事実は、ダコタ語族が、ほとんどのアメリカインディアンがそうであったように、かつて、母系制氏族制度の下にあったということを如実に傍証しているのであって、クローバーが曖昧模糊たる考察によって考えた如き、かつての「ばかげた状態」を示すものでは、決してないのである。

モルガンやエンゲルスの説を鵜呑みにしてはいけないと言いつつ、クローバーらの説を鵜呑みにしている学者が多いのは、奇妙な光景である。

シャカムニは、シャカ族という一弱小部族が、その族制を母系制から父系制へと転換しつつあったまさにその世界史的転換期の末期に、シャカ族中に生を受けた。彼が、出家こつじきという生活を選び、苦の滅尽にむかって、因縁律を考え抜こうとしたことは、あらゆる意味において、時代が彼にこれを強いた、といってよい。時代の変動期には、多くの場合、こうした大きな哲人が必然のように輩出するものである。時代の変動が大きければ大きいほど、大きな人物が現れる。シャカムニは、かくして仏教の開祖となるのであるけれど、そのシャカムニの思想は、今日の日本の葬式仏教が落ち込んでいるような、鬼神霊界を語る御利益宗教では、なかった。シャカムニは、死後の世界が存在するとか存在しないとかを論じてはならない、と述べたと伝えられている。あの世の存在・非存在を論じる徒労を費やすより、この世に働く因縁律を突き詰めて考えなさいと教えている。因果応報によって動き移ろい、苦を生起してやまない世界に働く普遍的な法、因縁の真相に思いをひそめなさいと教えている（シャカムニのこれらの教えについては、たとえば増谷文雄訳『阿含経典』〔筑摩書房〕参照）。

この世の因縁律を明らかにして、搾取や戦争のない世界をもたらす努力をせよ、その過程においてこそ、鬼神霊界を語る御利益宗教、魂への阿片のように働く宗教や、あれやこれやの宗教の対立、その対立から生起する苦痛、悲惨から、人類は脱却できるだろう、と論じたのは、マルクスやエンゲルスに代表される近代の哲学者たちである。シャカムニの思想は、このように継承してこそ、今日に生きる。

さて、拙稿の題目は、見られる如く『邪馬臺国と神武天皇』である。邪馬臺国は、紀元三世紀の前半頃に、日本に実在した国であり、女王、卑弥呼が都した国とされる。他方、神武天皇は、本論で明証する通り、架空の天皇である。実在した天皇ではない。

敢えて実在の国と、虚構の天皇とを、このように並べたのには、理由がある。

理由の一つは、日本の古代史を解く鍵である、『古事記』や『日本書紀』といった文献が、虚実取り混ぜた文献であることを、この題目を以て象徴させんとしたのである。記紀（通常通り『古事記』と『日本書

系図①

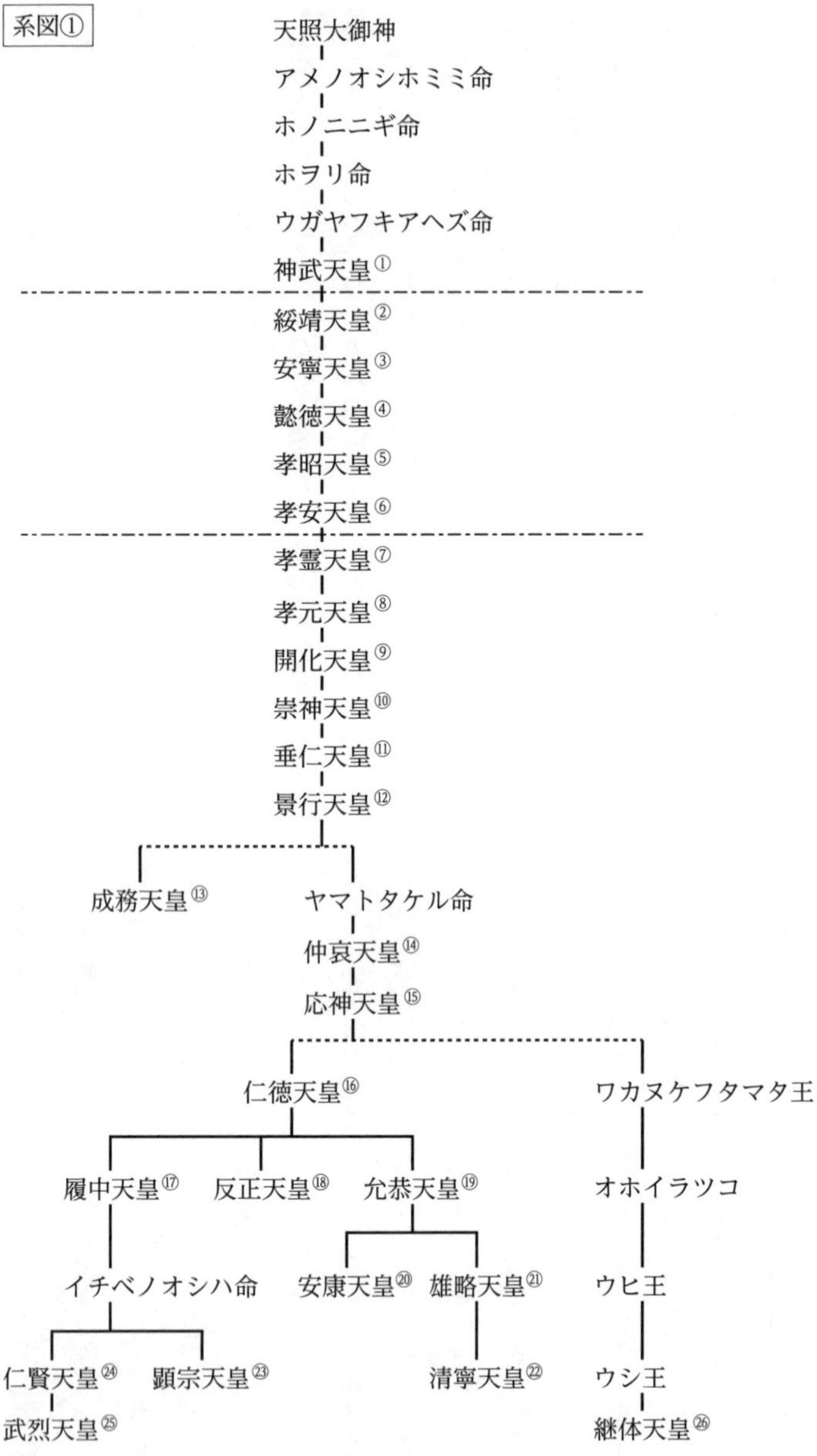
天照大御神
アメノオシホミミ命
ホノニニギ命
ホヲリ命
ウガヤフキアヘズ命
神武天皇①
綏靖天皇②
安寧天皇③
懿徳天皇④
孝昭天皇⑤
孝安天皇⑥
孝霊天皇⑦
孝元天皇⑧
開化天皇⑨
崇神天皇⑩
垂仁天皇⑪
景行天皇⑫
成務天皇⑬
ヤマトタケル命
仲哀天皇⑭
応神天皇⑮
仁徳天皇⑯
ワカヌケフタマタ王
履中天皇⑰
反正天皇⑱
允恭天皇⑲
オホイラツコ
イチベノオシハ命
安康天皇⑳
雄略天皇㉑
ウヒ王
仁賢天皇㉔
顕宗天皇㉓
清寧天皇㉒
ウシ王
武烈天皇㉕
継体天皇㉖

系図①続き

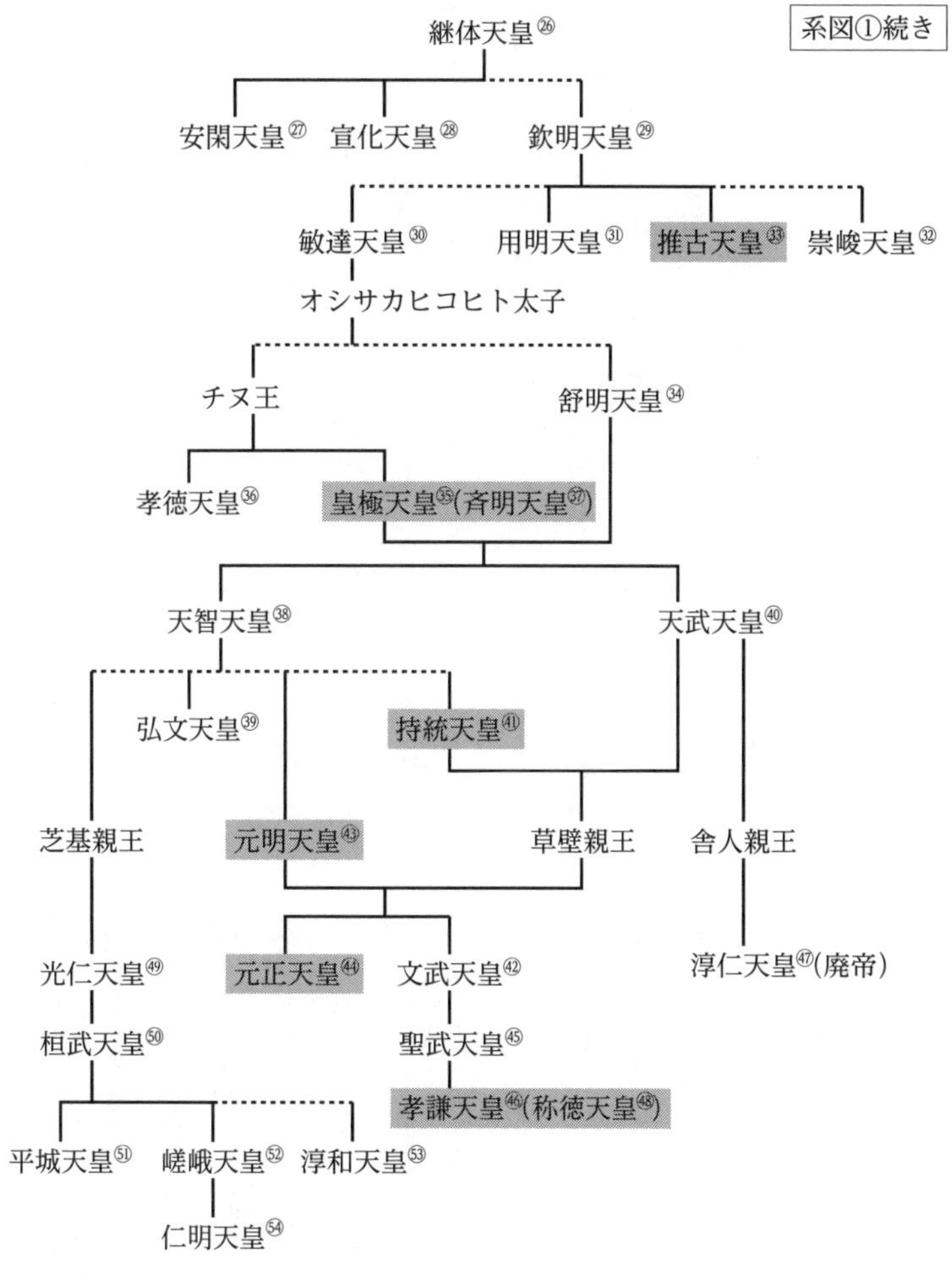

と紗を掛けてある天皇は女性天皇である。

と実線で結ぶ兄弟姉妹は同母

と破線で結ぶ兄弟姉妹は異母

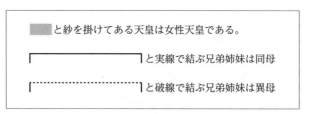

紀』を併せた略称である。以下同様）が、特にその神代史と、四、五世紀ごろの天皇代の物語とに、虚偽を多くまじえていることは、いまさらいうまでもないことであろう。この中から史実をいかに取り出すかがさし当たっての問題であり、拙稿本論の課題の一つでもある。

理由の第二、これが主たる理由だが、それは、実在の邪馬臺国と、架空の神武天皇とは、それでもある極めて密接な関係によって結ばれていることを示すためである。これは、日本古代史の真相の究明に関わることであり、本論によって明らかになるだろう。

しかしここで結論を少しく先取りして言っておくと、神武天皇は、実在の天皇ではないが、実在の人物を下敷きにして物語が作られている。その実在の人物とは、第十代天皇とされる崇神天皇の時代に、三輪山を祭る祭主に任じられたと伝えられている、オホタタネコ、亦の名、トヨミケヌシ（豊御気主）なる人物である（オホタタネコの亦の名がトヨミケヌシであることについては、本論第六節参照）。

このオホタタネコには、曽祖父にさかのぼる父系系譜が残されている。クシミカタ、その子イヒカタスミ、その子タケミカツチ、その子オホタタネコである。他方、オホタタネコと同世代である崇神天皇を、同じく曽祖父までさかのぼると、孝霊天皇にゆきつく。孝霊天皇、その子孝元天皇、その子開化天皇、その子崇神天皇である（以下、記紀の天皇系譜については前々頁・前頁の系図①を参照）。そして、実は、この孝霊天皇こそ、天皇系譜上の実在の初祖であることが分かる。そうして、クシミカタからオホタタネコに至る父系四代と、孝霊天皇から崇神天皇に至る父系四代とは、互いに密接な協力関係を持ちつつ、西暦三世紀の後半半世紀をかけて、邪馬臺国連合（「邪馬臺国連合」の正確な意味については本論第五節の補論「魏志倭人伝ノート」参照）を侵略し滅ぼし、大和朝廷を建設した父系部族の四世代にわたる父長たちであったことがわかる。

神武天皇ことオホタタネコとその曽祖父クシミカタまでの父祖たち、当稿でカモ祖族とよぶ部族の父祖たちは、三世紀の半ばに日向に発して東征し、三世紀の末、大和に侵入して大和朝廷を築いた父系部族たちのうちの一つの有力な部族の父長たちである。神武天皇伝説は、彼ら四代にわたる伝承や、これに並行する孝霊天皇から崇神天皇に至る父系四代の伝承等に素材を得て、それらを一身に集約しつつ創り出された物語である。

『古事記』と他の古文献の批判的研究から、こうした事実を導き出すことができる。詳しくは、本論に譲ろう。

理由の第三は、これこそが当拙稿の主目的に関わることであるが、邪馬臺国は、卑弥呼という女王を共立した国であり、卑弥呼の死後、男王を立てたが治まらず、卑弥呼の宗女、イヨ（壹與、むしろトヨ＝臺與であろう）を立ててようやく国が治まったと伝えられている如く、母系母権制の部族社会、もしくはその遺制を強く残した部族社会であったと考えられる一方で、神武天皇は、天皇の父系系譜の筆頭に立てられる天皇であることが示唆する如く、父系父権制を象徴する伝説上の王である。そこで、この邪馬臺国と神武天皇を併記することによって、母系制対父系制という、人類史宿命の対立図式を象徴させせんとしたのである。

右の第二の理由にも関わりつつ、神武天皇という虚像の実体を追求してみるとき、日本古代史におけるこの対立図式の実相は、さらに明確になる。

本論に移る前に、なお少しの準備が必要である。節を改めて論じる。

追記　高群逸枝の洞察と憧憬

日本母系制史学のミオヤとも目されるべき高群逸枝は、その畢生の大著の一つ『女性の歴史』（講談社）のなかで、子を生み育む者としての女性・母性が社会の中心であった時代、つまり、父系父権制時代に先立つ、人類史のほとんど全てを覆う時代について、次のように語っている。

女性中心の文化は、同時に生産者中心の文化である。というのは、女性時代即生産者時代であったからで、いわゆる男性時代になると文化は貴族中心となり、都会本位となり、生産者のそれは下積みとなる。そして歪曲され、破壊される。

生産者が、自己の文化をもち、自己の風俗習慣をもち、自己の制度をもったのは、だから人間の過去の歴史では、女性時代だけで、このことからでも、女性時代というものの性格のよさがわかるとおもう。

生産者の社会には階級がなかった。だから、ひとびとは、楽天的で、集会をたのしんだ。『風土記』をみると、「男女老少よりより集（つど）ひて宴遊（うたげ）する場所」というようなのが、どこの土地にもみえる。すなわち、海浜や、沸（わき）水などのほとりに、見晴らしのよい地所をみつけて、それをそういう宴遊の場所として、共有していた。

……氏族制度の時代では、こんにちのように家庭が孤立しているのでなく一村が一家なので、悲喜も苦楽も一村が一団となって共にしたわけである。いまの農村にもややこれと似た雰囲気がのこっているが、それはじつは似て非なもので、いまの農村には階級の差別がひどく、だから貧農の家庭にとっては、むしろ、他人ばかりの都会のほうが、いくら住みよいかしれないほどでさえある。けれども、都会は都会で、大廈高楼のすぐ隣に、誰に訴えるすべもなく飢え死のうとしている小さな一家やその片われたちがいる。隣ではそれに気づかず、また気づいても、知らないふりをしていることが、こんにちの私有財産制度にもとづく家族制度の常識なのである。……

高群のこの文章は、氏が丁度還暦を迎えた昭和二十九年に刊行されたものである。令和の今日に読んでもなお、本質的に古びていないのは、高群の洞察の正鵠を射ているのみならず、時代の進歩そのものが、本質的に緩徐たらざるを得ないがためであろう。

ところで、高群が憧憬にも似たまなざしで見つめる女性時代とは、日本史を、どこまで遡及した上での時代であったのだろうか。そういう時代が、そもそも、存在したのか。存在したとすれば、どこにどのように存在したのか……。

しかし、こうした問いに対しては、今この場では即答しない方がよいと思われる。まずは、日本古代史の実相を、正しく見極め、しかるのちに、可能な限り精確な遡及に努めるべきである。

第二節　今日的意匠による人類家族制度史

概論

人類の家族制度の変遷史には、母系制から父系制へという大きな転換の歴史があることを、前節では特に強調し、併せてこの転換史には、戦争という、最も非人間的でありながら、最も人間的なる一大事件の発生という現象が表裏一体となっている事情についても述べた。

ところで、人類数百万年にわたる家族制度の変遷史と言うとき、無論これだけでは不足である。モルガンやエンゲルスによって発見された人類の家族類型の発展図式を、今日的意匠の下に改訂しつつ、以下、祖述してみる。

家族制度の進化の歴史の全体像は、これを、生物の進化樹と同じような進化樹として図式化できる。そうして、今日までに発見されている多種多様な未開部族の家族制度のほとんどは、この進化樹の細い枝々の先端部分に位置していると見ることができる。

モルガンやエンゲルスが発見し記述した家族類型の発展図式は、この進化樹の、主幹に当たるものである。

モルガンやエンゲルスによれば、人類家族制度の進化樹の、その主たる幹は、おおよそ次のようなものであったと考えられる。以下、今日的批判に耐えることを願いつつ、若干の拙見を併せた。「今日的意匠の下に改訂しつつ」と述べた所以である。

1　集団婚家族

集団婚家族とはその群に属する全ての男と全ての女が、互いに夫婦関係にある家族である。図示すれば、次図のようになろう。

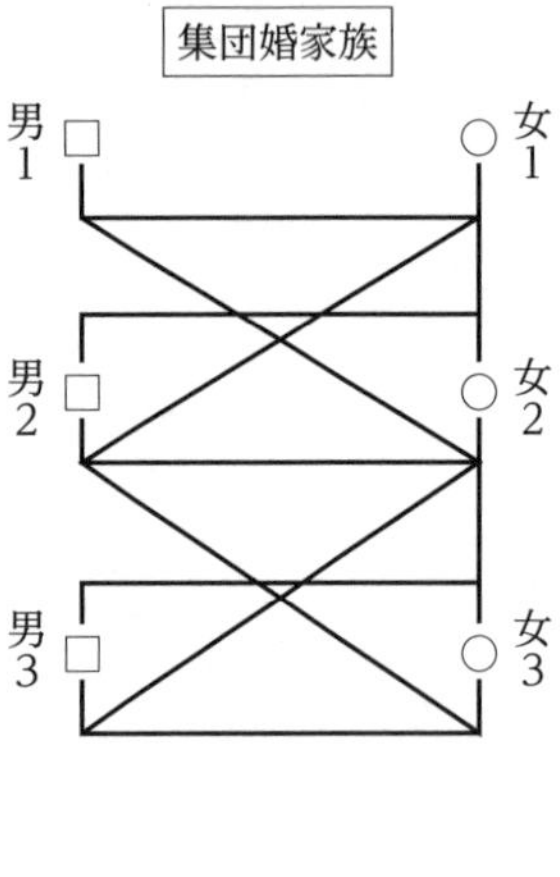

この図で○は女性、□は男性を示すこと、前節と同じ。また、凹型の線はいずれも婚姻関係・性交関係を示す。これも前節に同じであるが、さらに、斜めの線により凹型が斜めに歪んだ形になっている変形の凹型線もすべて婚姻関係・性交関係を示す。凹型の上下逆さまになった形の線が兄弟姉妹関係を示すことと、この線と凹型線とを縦に結ぶ直線が親子関係を示すことは、前節に同じ。以下、すべての図でこの約束に従うので、いちいち注釈は付けぬことにする。

また適宜、○を複数の姉妹たち、□を複数の兄弟たちと見なしうること、やはり前節に同じ。

さて、この図で、女2を本人とすると、女2は男1、2、3と夫婦関係にある。しかも男1は本人の父（たち）であり、男2は本人の兄弟（たち）、男3は、本人の息子（たち）である。つまり、この集団婚家族では、兄弟姉妹婚が排除されていないばかりでなく、父と娘、母と息子という、異世代間の婚姻も排除されていない。寿命が許せば、男1と女3、女1と男3との婚姻もあり得たであろう。父子婚、母子婚という異世代間の婚姻が、古い未開民族の家族において普通に見られたことは、エンゲルスが証言する如く、古来、多くの報告がある。

この集団婚家族は、もっとも自由な性交が謳歌されていた原始人類における家族形態の基本であったと思われる。ヒトに最も近いエイプ（類人猿・尻尾の無いサル）と言われるボノボの乱婚社会に似る家族形態である。

ただし、この集団婚家族において、主として寿命の関係、年齢による性的活動性の多寡から、婚姻の主体は、兄弟姉妹婚にあったであろう。

この兄弟姉妹婚のみを強調し、兄弟姉妹婚によって婚姻のほとんどが営まれていたと仮定して定義される集団婚家族を、モルガンやエンゲルスは、**血縁家族**と呼んだ。上述の図から、斜めの婚姻関係を消し去って得られる、次頁の図の如き婚姻関係からなる家族である。

この図で、姉妹2に注目すると、姉妹2たちは、その兄弟2たちと、兄弟姉妹であるが故に、夫婦である。そうしてこの婚姻によって生まれた子である姉妹3、

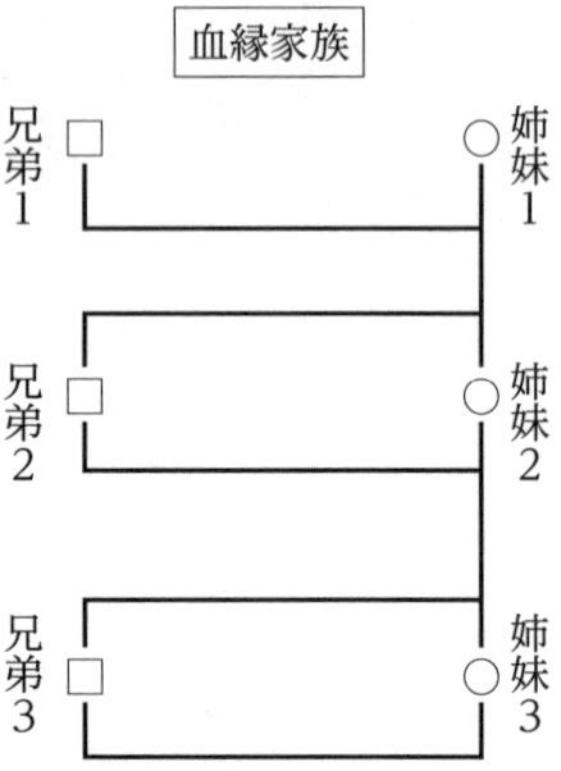

兄弟3は、彼ら共通の子である。逆に、姉妹3、兄弟3たちにとって、姉妹2、兄弟2たちは、彼・彼女ら共通の母であり、父である。

人類の祖先において、こうした集団婚家族が維持された理由をたずねてみると、人類が、もともとは森を追われた弱小の猿（エイプ）たちであっただろうこと、その弱小の猿たちが、肉食動物うごめく地上で生き延びるには、性を通じて結束し、血の靱帯によって団結した、強力な群社会を維持形成せざるをえなかったであろうこと、エンゲルスの力説するとおりであったと考えられる。

このような群婚社会では、主たる妻、主たる夫などといった概念は稀薄であり、むしろ、積極的に排除されていた可能性が高い。性の共有こそ、群の安定した団結を保証するものであった。嫉妬も無く、群の女と男たち、主としては、群の姉妹兄弟たちが互いを共有し合うことこそが、原始的美徳となっていたはずである。

そうしてまた、セックスの結果によって子が産まれるなどという科学的知識については、この原始的社会に生きる人類の祖先たちにとっては、少なくとも、最初期の人類の祖先たちにとっては、何人にも予想すらできぬ事柄に属した。いわんや、父の精子が子の遺伝的資質の半分を支配していること、父の子は、父の子であって、父と母との性交によってしか生まれ得ない、などという知識も、持ち得たはずがない。したがって、当然のことながら、子の唯一無二の父、特定の父の子、というがごとき、父系の系譜観念は、無い。自分の父が誰かを特定しようという考えさえ、生じることはなかっただろう。

明白であったのは、母が子を産む、という事実のみなのであり、したがって、人類が最初に所有した系譜観念は、母の子、子の母という観念、すなわち母系系譜の観念のみであっただろうことは言うまでもない。

父とは、その母と、強く結びついて、自分たちを守り、食料を確保してくれる、一群の男たちを意味した。この一群の男たちが、つまり、子供たちの、「父たち」であった。

この集団婚家族は、隣接の家族とも、類似の集団婚形式による性の交換をしたであろう。多くは、男たちが、遠路を出向いたであろう。生まれた子供たちは、当然、母の属する家族に属した。

したがって集団婚家族は、他家族との関係においては、母系集団であり、自族の内部では、双系であった。ただしここで双系といっても、系譜観念としての双系ではない。父系系譜観念は未だ成立しておらず、単に、事実としての、生物学的な双系である。

集団婚家族の段階から、次のクロキ・クミテ型プナルア家族へと移る。

2　クロキ・クミテ型プナルア家族

クロキ・クミテ型プナルア家族とは集団婚家族において母を辿っての近親婚が禁忌されることで必然的に生じる婚姻体制を持つ家族類型である。次の図はこのうちもっとも単純な、対家族からなる構造を示す。

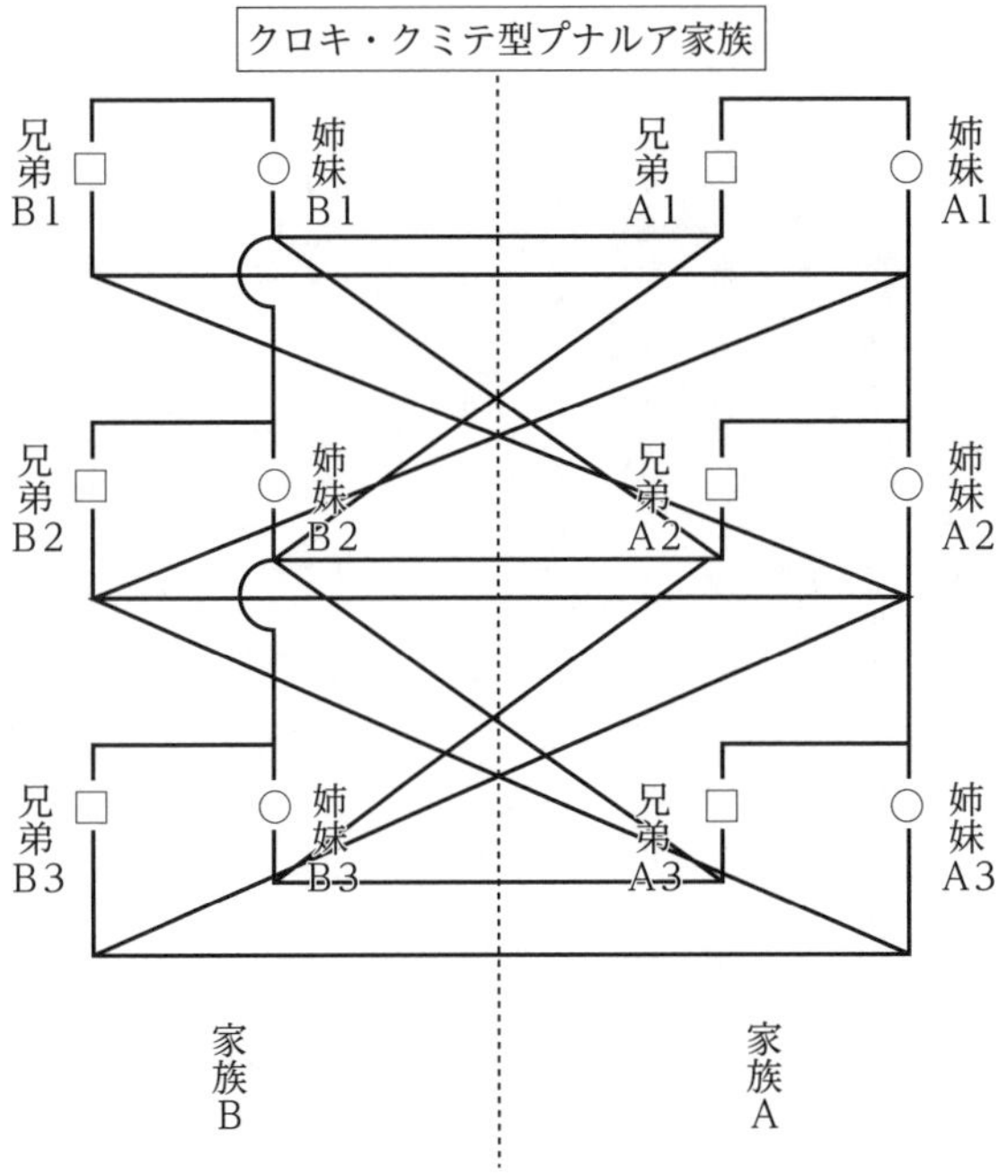

この図でも、斜めの直線は全て、始点と終点の男女の婚姻関係を示す線である。この婚姻関係を一言で述べるなら、家族Aと家族Bは、家族内部での性交は禁止されている一方、相手の家族の全ての異性と婚姻関係にあるという婚姻関係である。

この家族類型は、エンゲルスが、プナルア家族へと発展する最低位の集団婚家族の一類型として掲げたものである。これはイギリスの宣教師、ロリマ・ファイスンによって、オーストラリアにおいて多年にわたって研究された家族類型であり、サウス・オーストラリアのマウント・ガンビア地方にあったオーストラリア黒人において見いだされた。ここでは、部族全体がクロキとクミテと呼ばれる二大婚姻階級に分かれており、互いが、まさにこの図の如き婚姻関係にあった。すなわち、家族Aがクロキと呼ばれる婚姻階級、家族Bがクミテと呼ばれる婚姻階級に当たる。

クロキにおいてもクミテにおいても、それぞれ、母系によって結ばれる者達、すなわち、当該婚姻階級内の全ての男女の通婚が、近親婚として厳格に禁止されているのに対して、一方の婚姻階級のあらゆる女は、他方の婚姻階級のあらゆる男の、生まれながらの妻であり、後者は前者の生まれながらの夫である。

図において、従って、たとえば姉妹A3と兄弟B1も斜めの線で結ばれうるが、図が余りに煩雑になるから略したのである。

しかし、このクロキ・クミテ型プナルア家族においても、実際にもっとも主流を占める婚姻は、同世代同士の婚姻であっただろう。そこで、同世代同士の婚姻だけに婚姻関係を絞れば、図で、斜めの線を全て消去した次頁の図のような婚姻関係の家族となる。

この婚姻関係は、先に血縁家族として図示した家族類型において、母系によって近親であることが認識できる者同士、すなわち同族内兄弟姉妹間の通婚を、すべて禁止した上で、他の隣接母系家族（こちらでもやはり同族内兄弟姉妹間の通婚は、全て禁止されている）との間での同世代間婚姻を許すことによって生じる家族類型である。この婚姻関係図が、モルガンやエンゲルスによって**プナルア家族**と呼ばれた家族の婚姻

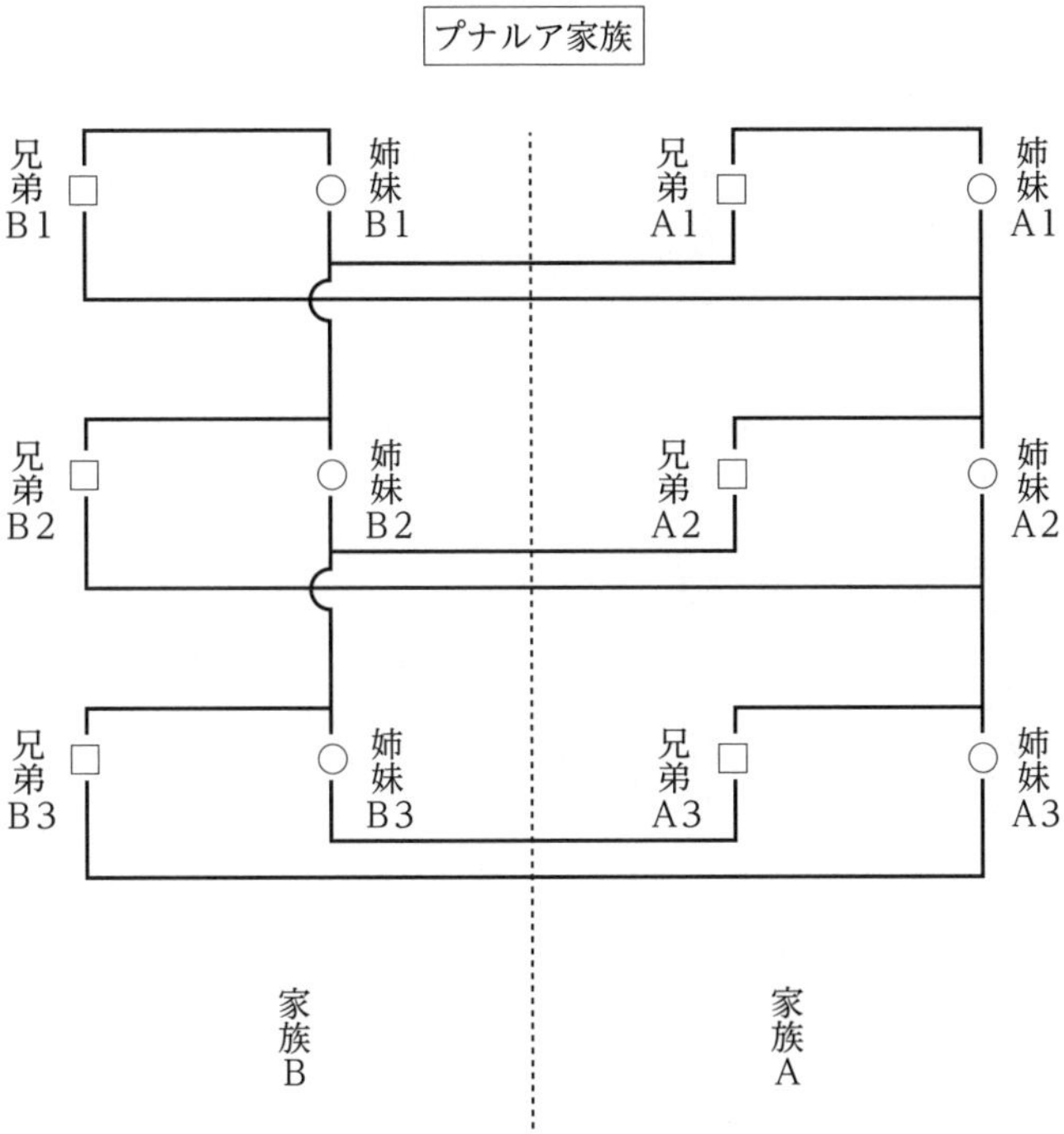

形式の、最も単純な図式になっている。

集団婚家族から、クロキ・クミテ型プナルア家族へという発展図式を、婚姻関係の実際上の主流たる同世代婚にのみ焦点を絞って眺めれば、血縁家族からプナルア家族へという発展図式になる。

　この発展図式は、繰り返して強調するが、母系による近親婚を禁忌する、という、ある意味では最も簡明な原理によって必然的に生ずる発展図式である（「近親婚」は、母系近親婚のみが、原始人に認識可能であった）。

　この発展図式の推測がなされた次第を、エンゲルスの『家族・私有財産・国家の起源』に従って述べれば、次の如くである（訳文は岩波文庫本・戸原四郎訳による）。引用文中の《 》内は、筆者の注と補記である。以下も同じ。

　「モーガンは、いまでもなおニューヨーク州に定住しているイロクォイ族のあいだで、その生涯の大部分をおくり、彼らの部族の一つ（セネカ部族）に養子として迎えられたが、彼らのあいだに、その現実の家族関係とは矛盾する親族制度が行われていることを見出した。彼らのあいだでは、夫婦のどちらからでも容易に解消できる一夫一婦制、モーガンのいわゆる『対偶婚家族』がおこなわれていた。したがって、このような夫婦の子は、[その血統が] 世間一般によく知られ、また認められていた。父・母・息子・娘・兄弟・姉妹という呼び名を誰にたいしてもちいるべきかについては、なんの疑問もありえなかった。ところが、これらの表現の実際の使用法は、それと矛盾している《以下の記述は、前ページのプナルア家族の図を見ながら読むと分かりやすい。○や□が、複数の女や男を示すことに注意されたい》。

イロクォイ人の男《兄弟A2》は、自分自身の子だけではなく、自分の兄弟の子《兄弟B3・姉妹B3》をも自分の息子・娘とよび、これらの子は彼のことを父とよぶ。これに反して、彼は自分の姉妹《姉妹A2》の子《兄弟A3・姉妹A3》を自分の甥・姪とよび、これらの子は彼のことをおじとよぶ。逆にイロクォイ人の女《姉妹A2》は、自分自身の子のほか、自分の姉妹の子《兄弟A3・姉妹A3》をも自分の息子・娘とよび、これらの子は彼女のことを母と呼ぶ。これに反して、彼女は自分の兄弟《兄弟A2》の子《兄弟B3・姉妹B3》を自分の甥・姪とよび、彼女はこれらの子のおばとよばれる。同様に父親同士《兄弟A2》が兄弟である子たち《兄弟B3・姉妹B3》は、たがいに兄弟姉妹とよびあい、母親同士(姉妹A2)が姉妹である子たち《兄弟A3・姉妹A3》も同じである。これに反して、ある女親《姉妹A2》の子《兄弟A3・姉妹A3》と彼女の兄弟《兄弟A2》の子《兄弟B3・姉妹B3》とは、たがいにいとことよびあう。

そしてこれらは、たんに空虚な名称ではなくて、血縁関係の親疎、同不同について実際におこなわれている観念を表現するものである。しかもこの観念は、各個人の数百もの種々異なる親族関係を表現できる、一つの完全にできあがった親族制度の基礎として役立っている。

それればかりではない。この制度は、すべてのアメリカ・インディアンに十全の姿でおこなわれているだけではなく〈いままでその例外は一つも見出されていない〉、インドの原住民、すなわちデカン高原のドラヴィダ諸部族やヒンドスタン平原のガウラ諸部族にも、ほとんどそのままおこなわれている。南インドのタミール族とニューヨーク州のセネカ・イロクォイ族とでは、二百以上の種々異なる親族関係について、親族表現が今日でも《エンゲルスの原著は初版が一八八四年に、第四版が一八九一年に出版されている》なお一致している。そしてこれらのインド諸部族でも、すべてのアメリカ・インディアンにおけるのと同じく、現行の家族形態から生ずる親族関係は、その親族制度と矛盾しているのである。

では、これはどう説明すべきだろうか。すべての野蛮・未開民族では親族関係が社会秩序に決定的な役割を演ずることを思えば、このように広く普及しているこの制度の意義を、言葉のあやで片付けることはできない。一つの制度が、アメリカで一般的におこなわれ、アジアでも人種をまったく異にする諸民族に存在し、またその多かれ少なかれ変化した形態が、アフリカやオーストラリアのいたるところで大量に見出されるとすれば、このような制度は、歴史的に説明されるべきであって、たとえばマクレナンが試みたように、それを口先だけで片付けるわけにはゆかない《このあたりの文章は、次の文章とともに、モルガンやエンゲルスの発展的家族制度史論に批判的な全ての文化人類学者が、繰り返し熟読玩味してよい文章だとおもわれる。クローバーが試みた批判への反批判にもなっている。クローバーが論じたように、こうした親族呼称を単に言語学的なもの、つまり口先のものとみたり、心理学的なものにすぎないと見る説への、反論となっている》。

父・子・兄弟・姉妹という呼び名は、たんなる敬称ではなくて、完全に確定された、きわめて厳粛な相互義務をともなっており、これら義務の総体が、それら諸民族の社会制度の本質的な部分をなすのである。

そして、この説明《現行の親族関係と、親族呼称・親族制度とのあいだの矛盾の説明》はみつかった。

サンドウィッチ諸島（ハワイ）で今世紀（一九世紀）の前半になお存在していた家族形態は、アメリカ式・インド土族式の親族制度が求めるものとまさに同様の、父母・兄弟姉妹・息子娘・おじおば・甥姪をもたらしていた。

だが奇妙だ！ハワイでおこなわれていた親族制度は、これまたそこで実際に成立していた家族形態とは一致しなかった《以下の文章は、先に示した血縁家族の図をみながら読めば理解しやすい。下に再掲しておく》。

すなわちそこでは、兄弟姉妹《兄弟2・姉妹2》の子たち《兄弟3・姉妹3》〔つまり《イロクォイ族らの親族制度でいうところの》いとこたち〕はすべて例外なく兄弟姉妹であって、たんに母とその姉妹《姉妹2》だけの、あるいは父とその兄弟《兄弟2》だけの共通の子であるのではなくて、無差別に両親の兄弟姉妹全員《兄弟2・姉妹2》の共通の子とみなされている。

従ってアメリカ式の親族制度が、アメリカにはもはや存在しないがハワイには現実に見出される、ヨリ原始的な家族形態を前提するとすれば、他方でハワイ式の親族制度は、それよりもさらに本源的な家族形態をわれわれにさし示すのである。この家族形態が存在することを、われわれはもはや

血縁家族

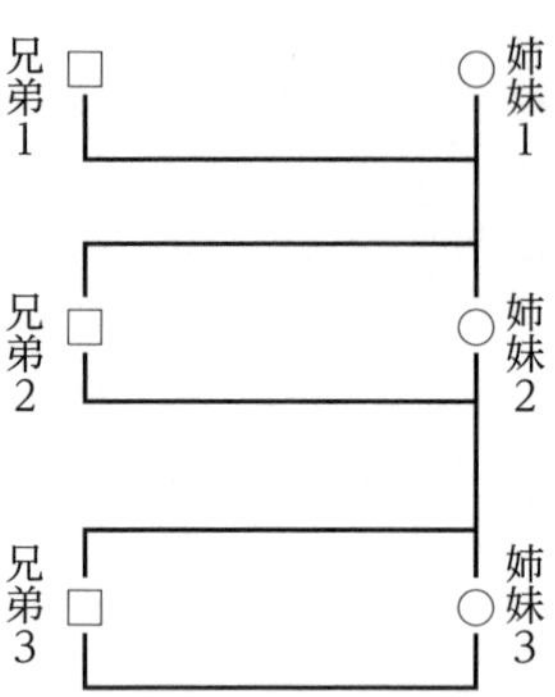

どこにも立証することはできないが、しかしそれはかつて存在していたにちがいない。というのは、さもなければ、それに照応する親族制度は成立することができなかったはずだからである」。

そうして、エンゲルスはこれに続けて、モルガンのことばを引用しつつ、「家族形態が低次の段階から高次の段階に発展するとき、親族制度《親族呼称に裏打ちされた親族制度》はおくれて発展する。家族形態が成長する間に、親族制度は一定期間化石化し、これが慣習的に存続しているうちに、成長した家族はそこからはみ出す」と論じて、みずから提示した矛盾を解決している。

エンゲルスが展開したこの一連の推論はまことに鮮やかであって、反論の余地はない。エンゲルスはこうして血縁家族からプナルア家族への発展図式を推断した。

なお、プナルア家族という名は、ハワイの現行慣習に基づいて、モルガンによって名付けられたものである。ハワイの現行慣習では、一群の実の姉妹と遠縁の姉妹たち《次頁のより一般的なプナルア婚の図での姉妹A》は、その共同の夫たち《兄弟Bおよび兄弟C》の共同の妻であったが、しかし彼女たちの兄弟《兄弟A》はそこから排除されていた。これらの夫たち《兄弟Bと兄弟C》は、いまではもはやたがいに兄弟とはよびあわなかったし、またもはや兄弟である必要もなかったのであって、《兄弟Bと兄弟Cは》プナルア、すなわち親友、いわば仲間とよびあっていた。同様に、一系列の実の兄弟または遠縁の兄弟《兄弟A》は、彼らの姉妹以外の一群の女《姉妹Bおよび姉妹C》と共同の婚姻関係をもち、これらの妻たちもたがいにプナルアとよびあっていた。

プナルア家族とは、このプナルアなる言葉によって名付けられたのである。

プナルアとの共同の婚姻関係によって成り立つこの家族体制が、ハワイの家族構成に代表されるところのプナルア家族の古典的な姿であって、これはのちに一連の変種を生むことになったが、その本質的な特徴は、一定の婚姻圏の内部で夫たちと妻たちとがたがいに共

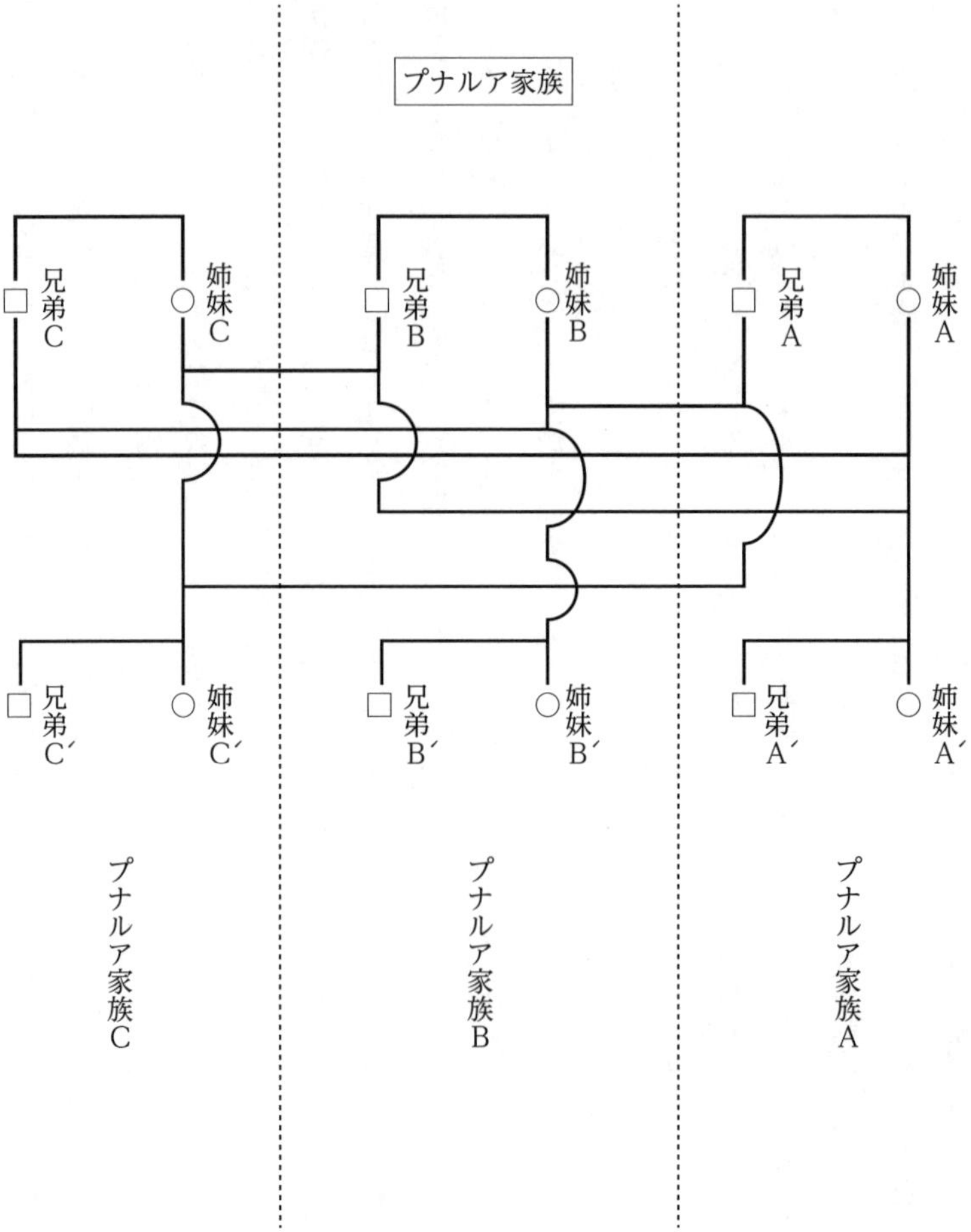
プナルア家族
兄弟C
姉妹C
兄弟B
姉妹B
兄弟A
姉妹A
兄弟C´
姉妹C´
兄弟B´
姉妹B´
兄弟A´
姉妹A´
プナルア家族C
プナルア家族B
プナルア家族A

有しあうこと、ただしその婚姻圏から、さしあたり妻たちの実の兄弟が、のちには遠縁の兄弟も排除されており、したがってまた逆に、夫たちの姉妹も夫の婚姻圏から排除されていたことにあった。

そうしてエンゲルスは、噛んで含めるように、こう解説する（前頁の図参照）。

「ところで、この家族形態は、アメリカ式の親族制度に表現されるような親等を、もっとも完全な正確さでもたらす。私《図で、姉妹A'もしくは兄弟A'のうちの一人としよう》の母の姉妹《姉妹A》の子《姉妹A'もしくは兄弟A'》は依然として私の母の子であり、同様に私の父の兄弟《兄弟Bおよび兄弟C》の子《姉妹A' 兄弟A'と姉妹C' 兄弟C'、あるいは姉妹A' 兄弟A'と姉妹B' 兄弟B'》も《私の家族内の子に限れば、つまり姉妹A'と兄弟A'とに限ればやはり》私の父の子であって、これらの子はすべて私の兄弟姉妹である。しかし、私の母の兄弟《兄弟A》の子《姉妹B'と兄弟B'とであれ姉妹C'と兄弟C'とであれ》はいまでは私の母《姉妹A》の甥や姪であって、これらの子はすべて私のいとこである。なぜなら……兄弟姉妹のあいだの性交の社会的な排斥は、それまで無差別に兄弟姉妹として取り扱われてきたいとこたちを、二つの部類に分けることになったからである。すなわち、一方は《姉妹A'もしくは兄弟A'は》、依然としてたがいに《私の》兄弟姉妹であるが、他方は《姉妹B'と兄弟B'とであれ姉妹C'と兄弟C'とであれ、ともに》、……もはや《私の》兄弟姉妹であることができない《兄弟姉妹ではなくいとこである》。……以前の家族秩序の下では無意味であったはずの、甥・姪・いとこという分類が、ここではじめて必要になる。

アメリカ式の親族制度は、なんらかの種類の一夫一婦制に基づく家族形態のもとでは、およそまったくの不合理にみえるが、プナルア家族によれば、その個々のごく些細な点にいたるまで合理的に説明され、自然な根拠を与えられるのである。この親族制度が普及していたかぎり、すくなくともまさにその範囲では、プナルア家族ないしはそれに類似した形態もまた存在していたにちがいない」。

ここで蛇足ながら言い添えれば、アメリカ式親族制度、つまりイロクォイ族の親族制度によって代表されるプナルア家族親族制度では、いとこという概念は、自分のおじの子供たちを意味し、自分の母とその姉妹の子は、血縁家族時代同様、あいかわらず自分の兄弟姉妹である。つまり、いとこという言葉についてのみ見ても、今日の一夫一婦制度下のいとこ概念とは、全く異なることに注意するべきである。前節で引用したアメリカ合衆国の文化人類学者A.L.クローバーの論文では、いとこという言葉を、なんらの定義もなく用いており、そのため曖昧な間違った推論に陥っている。繰り返すようだが、このような論文を鵜呑みにすることは大変危険である。

集団婚家族からクロキ・クミテ型プナルア家族へという発展図式を、主たる婚姻関係に絞って見た場合が血縁家族からプナルア家族へという発展図式になるのであるが、この発展図式は、上述のようにしてモルガン、エンゲルスらによって十分に推理され、推測され、解明された。

ここでさらに言い添えれば、家族制度史の主幹ということになれば、集団婚家族―血縁家族―プナルア家族という経路が、主たる経路として取り上げられるべきと思われる。クロキ・クミテ型プナルア家族はむしろこの主幹からすれば、傍路に属する家族制度とみるべきであり、エンゲルスが、これを、プナルア家族へと発展する最低位の集団婚家族の一類型として掲げた態度は正しいと思われる。とはいえ、クロキ・クミテ型プナルア家族の存在は、その前段である最も原初的な集団婚家族の存在を保証する家族形態として、重要な意義を持つ。集団婚家族から、クロキ・クミテ型プナルア家族を経て、その発展形たるプナルア家族へ至る経路も当然あったと思われるが、右の主たる経路からすれば、一つのバイパスでしかなかったと思われる。

ともあれ、以上で見たこの発展図式は、世代間分離を求める（ないし、寿命の要請によって世代間分離を余儀なくされる）という自然発生的要素に加えて、母系による近親婚を禁忌するという簡明なる原理によって必然的に生ずる発展図式であった。

ところで、では、なぜ、近親婚が、タブーとされるようになったのか。これは、実はとても微妙でかつ重要な問題である。

このタブーは、人類の未開部族には、広く共通に見られるタブーである。しかも、極めて強力な規範と罰則さえ伴う、厳しいタブーであることが多い。

近親婚のタブーが成立してくる要因は、モルガン、エンゲルスらによれば、自然淘汰に基づく優性遺伝学的見地に求められている。つまり、近親婚をする家族と、近親婚を避ける傾向を持つ家族は、後者の方が自然淘汰に遭って勝ち残ることが多く、このため、ごく自然に、進化論的に、近親婚禁忌というタブーが成立した、というのである。人間の意識からは無関係に、純生物学的に、自然に進化した結果として、近親婚が、タブーとされるようになった、というのである。

しかし、この考えは、今日では受け入れられない。

そもそも、極めて厳格な、強い規範としてのタブーは、むしろ、すぐれて人為的な成立過程を想定せしめる。進化論的な自然淘汰による自然な選択の結果としてではなく、人類が、意識的に、意図的に、近親婚を避けることで、このタブーが成立したと考えるべきである。進化論的に、自然に近親婚が忌避されるようになったのであれば、人類は、近親婚タブーという強力な規範など必要の無い生物として進化したはずだからである。タブーによって禁忌せずとも、自然に近親婚を避ける生物として進化したはずだからである。

しかも、純生物学的な集団遺伝学は、近親婚禁忌の法則は、遺伝子の改善に、したがって人類の進化に、なんら積極的な寄与をなさぬと教える。

近親婚禁忌がもたらすものは、遺伝子の広範均一な拡散、遺伝子の多様なヘテロ化にすぎない。

逆に、比較的小規模の近親婚集団こそ、速やかな遺伝的進化を実現するための、るつぼたり得る。

このことを、ごく単純化したモデルで説明してみよう。

人類が他の類人猿たちから画然と異なっている点は数々あるが、その、最も原初的にして基本的な相違点の一つに、直立二足歩行がある。人類の直立二足歩行の能力は、言うまでもなく、今日の人類全てが生まれながらに与えられている遺伝的能力である。人類がこの能力を獲得した理由は様々に考えられるが、重要な理由としては、森から追い出された弱小の猿であった人類の祖先たちが、手に棍棒や石を持つなどして、草原に立って外敵から身を守る体勢を強いられ続けた結果であろうというのが、最も穏当な理由の一つであろう。

注意するべきなのは、直立二足歩行の結果として草原の草の上に首を出して外敵を監視できたのではなく、監視の必要が、直立二足歩行を結果として人類にもたらしたのであろう、という点である。

直立二足歩行の結果として、道具を自由に両手で操れるようになったのではない。道具を両手で操らねばならないのっぴきならない環境が、強力な遺伝的負荷となって人類に働き続け、その結果として、直立二足歩行が可能になった、と推論するのが、正当な進化論的推論である。

さて、この直立二足歩行を具体例として、先ほど述べた事柄、近親婚禁忌がもたらすものは、遺伝子の広範均一な拡散、遺伝子の多様なヘテロ化にすぎず、逆に、比較的小規模の近親婚集団こそ、速やかな遺伝的進化を実現するための、るつぼたり得た、という事実の証明を、ごく単純化した形で解説してみよう。

今、直立二足歩行を実現する遺伝子をA、実現しない遺伝子をaとする。人間各個体は、父からの遺伝子と、母からの遺伝子の一対を持つ。したがって、個人が持ちうる直立二足歩行に関する遺伝子対は、AA、Aa、aaのいずれかである。AAとaaをホモ接合といい、Aaをヘテロ接合という。

人類のすべてと、産まれてくる子々孫々のすべてが常に直立二足歩行となるためには、人類のすべてが、AAというホモ接合対を持つようになっていなければならない。つまり、aという遺伝子セットが、何らかの形で、人類すべてから排斥されていなければならない。

ところが、個体数が十分多く、それらが、全く自然に任されて自由に交配し続けるとすると、つまり、完全任意交配を行い続けるとすれば（したがって、もちろん、近親婚集団は形成され得ない）、AA、Aa、aaの割合は、ただ一度の任意交配の後、その後は、何度任意交配を繰り返しても、一定の割合を保ち続けるのみである。この事実は簡単な計算で証明できる簡易な事実であるが、集団遺伝学では、ハーディ・ワインベルグの平衡法則と呼ばれている。

これに対して、小規模近親婚集団では全く様相が異なる。小規模近親婚集団では、集団規模に応じた世代数ののち、ある確率で、集団全員の遺伝子対は、すべてAAになるか、すべてaaになるかの、いずれかへと、ホモ化してゆく。これは、遺伝的浮動と呼ばれる現象で、旧ソビエト連邦の学者たち、ドゥビニン、ロマショフらや、後には、日本の木村資生らによって考察され証明された事実である。

十分多くの個体からなる完全任意交配における場合と、小規模近親婚集団との間のこうした全く異なった状況に、自然淘汰の影響を加味すると、どういうことになるか。

遺伝子が自然淘汰の影響を受けるには、遺伝子の求める形状が、実際の形態として、つまり、人間の体の構造として、実現していなければならない。

歩行に関する遺伝子として、Aおよびaで表した遺伝子は、互いに対立遺伝子と呼ばれるが、この対立遺伝子には、一般に優劣関係がある。たとえばAがaに対して優性遺伝子ならば、これを父または母の一方からのみ受け継いだだけで、その遺伝子の求める形状が、人体に実現される。つまり、AAでも、Aaでも、直立二足歩行の形状となる。しかし、Aがaに対して劣性遺伝子であった場合は、AAというホモ接合の場合のみ、直立二足歩行の人体が発現し、Aaでは、直立二足歩行とならない。

直立二足歩行のための遺伝子は、ここでは一種類のみとして説明しているが、言うまでもなく、直立二足歩行に関わる遺伝子は、多くの遺伝子のセットからなる。これらの遺伝子の各対立遺伝子において、優劣関係は一様ではないはずである。したがってここでも、Aが優性の場合、劣性の場合の両方の場合がありうるとしなければばならない（優劣の中間的な関係もあるが簡単のためこれは等閑視する）。

さてそこで、もしAが劣性遺伝子、aが優性遺伝子であれば、AA、Aa、aaのうち、直立二足歩行を発現するのは、AAのみであり、Aa、aaはいずれも直立二足歩行を発現しない。したがって、直立二足歩行に有利な自然淘汰圧力が加われれば、Aa、aaともに、数を減らし、結果として、遺伝子aは少なくなってゆく。優性遺伝子aは、このようにして、自然淘汰によって速やかに減ってゆく。ところが逆に、Aが優性遺伝子、aが劣性遺伝子の場合、こうはならない。自然淘汰圧力を受けるのは、直立二足歩行を実現しないaaのみであり、Aaの個体は数を減らすことなく、生き残り続ける。結果として、遺伝子aは、ながく人類の遺伝子の中に、Aとのヘテロ接合子として残り続け、人類は十分長い期間にわたって、一定の割合で直立二足歩行のできない子孫を産み続けることになる。

かくして、近親婚を排除する任意交配システムは、任意度が広ければ広いほど、進化にとっては、より大きなブレーキとなって働くのである。

他方、小規模近親婚集団の場合、遺伝子は一定の割合でホモ化してゆくのであるから、これが一定期間続けば、ほとんどすべての集団が、集団ごとにAAもしくはaaへと、ホモ化してしまうことになる。つまり、ヘテロ接合遺伝子Aaは、このシステム自身が排除してしまう。したがって、自然淘汰圧力はストレートに働いて、aが優性であれ劣性であれ、その数を減らしてゆくことになる。すなわち、遺伝子aが、Aとのヘテロ接合子としてながく人類の遺伝子の中に残り続けるという望ましからざる事態は回避されることになるのである。小規模の近親婚集団こそ、速やかな遺伝的進化を実現するためのるつぼたり得る、と言った所以である。

人類進化の時代は、地球の氷河時代という、生物にとって極めて過酷な時代に、ほぼ一致している。約二〇〇万年前から今日まで少なくとも五度にわたって繰り返された氷河期と間氷期の繰り返しは、生物が生きる環境の、絶大な揺れ動きであり、この揺れが、進化にエネルギーを与えたのである。

アメリカ人の三割ほどが、未だに進化論を信じていないという記事を読んだことがある。狂信的なキリスト教徒やユダヤ教徒たちは、神が人を含む地上の動物すべてを、一挙に作ったという聖書の説を信じているらしい。こんなに複雑な生き物たちが、少しずつ進化によって形成されたとは、とても信じがたいというのである。

新興宗教のある教祖は、「建設材料をバラッと並べておいたら、いろいろなことが起きて、自然に家が建った」というのとほとんど同じだと言って、四種類のヌクレオチドと呼ばれる分子からなる遺伝子が自然にできたという科学者の唱える説を否定して、遺伝子は、「創られたもの」だと公言してはばからない。

こうした人々の過ちは、十万年単位、百万年単位、あるいは十億年単位で起こる変化を、人間は容易に想像できないということを、認めないところにある。可能か不可能かを、人はすべて予見できると考えてしまうところにある。

サイコロ四つを床の上にバラッと並べて、これを眺めていても、この四つのサイコロが、自然に、縦に積み上がるということはなさそうに見える。ところが、この四つに、つぼをかぶせて、ある一定のつぼ振りを行うと、サイコロは、縦四つに積み上がる。つぼ振り名人たちが得意におこなう技である。このつぼ振りと同じ揺れ動きが、数十万年のうちに、この四つのサイコロに起こらないと誰が断言できよう。

熱力学の法則に、エントロピー増大の法則というものがある。エントロピーとは、分子の乱雑さを示す量である。したがって、エントロピー増大の法則とは、分子は、放っておくと、どんどん、乱雑になってゆく、という意味である。一方の部屋に酸素だけ詰め、他方の部屋に二酸化炭素だけ詰め、二つの部屋のしきりを取り外してそのまま放っておくと、やがて酸素と二酸化炭素は、乱雑に入り混じってしまう。このことは、しきりを外された二つの部屋という、外部からの干渉のない孤立系において、エントロピーは常に増大する、ということの、直感的な現象となっている。

物質は、これを含む孤立した系の中では、全体としてのエントロピーが増大する向きにしか、存在し得ない。したがって、たとえば遺伝子の構成成分である四種類のヌクレオチド分子が一つの系の中にあるときも、この四種類の分子は、その孤立系の全体としてのエントロピーが、増大する向きにしか、存在し得ない。

では、この系の中で、なぜ、四種類の分子は、遺伝子のような、整然たる物質を形成することができたのか。

その系が、系の内部で、数十億年にわたって、四種類のヌクレオチドを、激しく揺り動かしたからである。ちょうど、振られるつぼの中にある四つのサイコロのように、激しく揺り動かされて、四種類のヌクレオチドは、遺伝子へと、積み上げられ、重合したのである。系全体のエントロピーは増大しているが、遺伝子へと形成された四種類のヌクレオチドだけに限れば、局所的には、エントロピーは、減少している。一つの系の内部がもたらす激しい揺れ動きの環境の中で、局所的なエントロピーの減少が起こるのである。生物進化は、すべて、このような、局所エントロピーの減少に他ならない。

我々が赤ん坊から大人へと、外部分子を取り込み身体の一部へと整列させながら成長するというのも、その個人にだけ注目すれば、エントロピーの不断の減少を繰り返しているのに他ならない。

一本の竹串に、サルのフィギュアをはめて、そのサルが竹串を自由に上下できるようになっているだけの、簡単な、おもちゃがある。竹串の最上端にサルをおき、そのまま手を離すと、サルは竹串に沿ってすとんと竹串の最下端に滑り落ちてしまう。ところが、その竹串を左右にこまかく激しく振ってやると、サルは、わざわざ持ち上げてやらずとも、竹串の最下端から、次第に、重力に逆らって、竹串の最上端へと、登ってゆく。

サルにとっての環境の一部である竹串の、その激しい揺れ動きによって、サルは、揺れのエネルギーを位置のエネルギーに転換しつつ、竹串に沿って、あたかも独力で登るかの如くに、上へと登ってゆく。

サルの木登りを模したこのおもちゃがもたらすイメージは、人類進化のイメージを描く上で、よい参考になる。

繰り返された氷河期という激しい環境の揺れ動きが、遺伝子の変化を強いるに十分の強度と永さを以て、人類に働き、人類を、竹串の最上端へと導いたのである。進化論を疑うものは、サルの木登りのおもちゃで、とくと遊んでみるといい。

さて、その氷河期二〇〇万年を通じて、人類は、極めて急速な進化を果たした。人類進化のこの迅速さは、氷河期以前の生物進化のスピードに比べるとき、奇跡にも等しいはずである。

こうした奇跡が生じた理由というのが、くりかえす氷河期という過酷な環境の中で、人類の祖先達が、おそらくは厳しい小規模近親婚集団の形成を強いられたであろうことに、大きく依存しているはずである。

先に説明したとおり、純生物学的な集団遺伝学によれば、近親婚禁忌の法則は、遺伝子の改善に、したがって人類の進化に、なんら積極的な寄与をなさぬ、むしろ、ブレーキとして働く。

ところが逆に、比較的小規模の近親婚集団は、速やかな遺伝的進化を実現するための、るつぼであり得たのであり、このるつぼを生じさせたものこそ、他ならぬ、繰り返された氷河期という、環境の激しい揺れ動きであったと考えられる。

そういうことであるのならば、では、近親婚禁忌という厳しいタブーは、そもそも、どのようにして発生したのか。もはや、自然淘汰によってこのタブーが自然に発生したという説を採るわけにはゆかない。

先に述べた如く、このタブーは、人為的に、意識的に始まったと考えるしかない。

では、何ゆえに、意識的にタブーとされたのか、その原初的理由は何か。

族内婚を禁止しつつ、女性を外部と互いに交換する体系が、近隣部族との円満な関係を維持するのに役立ったからである、というがごとき、レヴィ・ストロースらが唱えるような女子交換体系説にくみするわけにはゆかない。女性を交換用の物品のごとくに考えるこのような説は、女性が原始社会では、男と同等かそれ以上に尊敬されていた存在であったという事実に反する。しかも、仮にこうした交換体系を持つ未開部族がいたとしても、先ず考察されなければならないのは、原始尊崇されていた女性が、なぜこうした交換対象の地位におとしめられたか、ということでなければなるまい。こうした考察を抜いた未開部族研究は、人間存在の本質に迫る力において、弱いか無力であり、悪くすれば、人類全体を悪しき方向へと導くミスリーディングに陥る。

近親婚禁忌というタブーのそもそもの始まりは、近親婚がもたらす不幸とその原因とおぼしき事柄に、人々の注意が届き始めたからに他なるまい。

近親婚は、遺伝子のホモ化をもたらす。近親でない者との任意交配であればヘテロ遺伝子として隠されるはずの（劣性）遺伝子が、近親婚ではホモ化して発現することが多い。自然淘汰の強い排除の対象になってはこなかった遺伝子、しかし発現してみれば集団生活にとって不利益となる遺伝子が、ホモ接合体となって発現する機会を、近親婚は増やす。

無論、集団にとって利益となる遺伝子のホモ化も、当然あり得ただろう。そうして、その頻度は、不利益な遺伝子のホモ化と同等な頻度で起こったはずである。

しかし、利益となる遺伝子の発現は見逃され、不利益となる遺伝子の発現がより注目されたであろうことは、想像に難くない。不幸を負った子供の存在の方が、原始人類においては、より注目され、より関心をもたれ、より人々の心を動かしたはずである。このことは、今もかわりがないはずだが、こんにちの世界中の不幸な子の存在は、大国の利害の争いの片隅に追いやられている。国家の成立と、世界のこうした無慈悲さの伸展とは、表裏一体の出来事のようである。民族愛とか、愛国心とかは、それが自発的民族愛であれ、強制的愛国心であれ、その強度は、世界のこうした無慈悲度、薄情度に、正比例するようである。先頭を切る者が多くの獲物を得れば、その他大勢への分配も、より大きくなる、という、競争社会を弁護する理屈は、今日の世界ではたいてい詭弁か嘘に終わっている。

さて、原始人類において、近親婚の結果たる、不幸を負った子供の存在が、注目され、関心をもたれ、人々の心を動かしたがため、この不利益は、意識的に避けられるようになる。全人類的に避けられるようになってゆく。初めは、当然のことながら、母系をたどっての近親者同士の婚姻がそれのみが近親婚として意識されたはずである。父親の子供という認識自体が困難であった段階、父親の子に対する遺伝的・生物学的な責任などというものの、考えつかれてさえいなかった段階である。

母系をたどっての近親婚であるから、母とその子の婚姻や、母とその母の同母兄弟、つまり、母と母の母方おじとの婚姻など、異世代間の母系近親婚はもとより、同じ母親の子の間、つまり、同母兄弟姉妹婚などが、先ず意識されたであろう。これらの禁忌がはじまりとしてあり、やがて、母の同母姉妹の子たちの間、つまり、母方イトコ同士の近親婚が禁忌され、更には、母方イトコの子供同士の結婚が禁忌され、……かくして次第に、母系をたどってのより広範な近親婚が禁忌されてゆく。

この近親婚禁忌は、人類本来の自由広範な性の共有性向に逆行しながら、社会規範として強制されてゆく。それまで広範な共有結合を求めて活発に働いていたはずの人類の性活動のかなりの部分を阻止するために、それだけいっそう厳しい強力なタブーが必要とされたに違いない。

繰り返すようだが、そもそもの初めは、このようにして専ら母系を辿っての近親の間の婚姻が厳格に禁忌されていったのである。母系の観念しか初めは持ち得なかったであろうからである。

従って、母が（あるいは母系が）異なれば、父が同じ異母兄弟姉妹同士の婚姻は禁止されることがなかった。男が、妻との婚姻とともに、少なくとも原初的には、妻の娘と婚姻することも自由であっただろう。その娘は彼の遺伝学的な実子である可能性もあったが、少なくとも初めは、これが近親婚として意識されることはなかったはずである。

日本の古代においても、同母兄弟姉妹婚が厳しく禁忌される一方で、異母兄弟姉妹婚は許されるという慣習が存在したことは、文献上、容易に見いだされる。このことは、古くは母系観念のみが意識されていたことのよい証拠である。

余談だが、『古事記』や大祓祝詞式に、「上通下通婚・馬婚・牛婚・鶏婚・犬婚」が国の穢れ、国津罪とされている。ここに、上通下通婚とは、男が女とその娘に同時に通婚することと考えられている。右に述べた如く、母系近親婚禁忌の時代にはあえて禁忌の対象とされていなかったはずの通婚である。馬婚以下はいわゆる獣姦である。

上通下通婚の禁忌は、父系近親婚が禁忌されはじめたころに出現した最初期の禁忌に属するであろう。これが獣姦と並べられていることは興味深い。父系近親婚禁忌の時代とは、父系制度確立のための前提となる時代であり、人類の性的喜びが広く深く制限されてゆく時代でもあった。こうした時代に獣姦も禁忌律を必要とするほどに広がりを見せ、問題視されてきた可能性があるわけである。

ところで、ここで、さらに微妙にして重要な問題がある。

近親婚が意識的に禁忌されるためには、性行為が出産の原因である、ということが、おぼろげながらでも認識されていなければならない。性交の結果として子が産まれた、という知識があって初めて、不幸を負って産まれた子の原因を、近親婚、近親者同士の性交のせいであろうと推測・認識できるからである。

性交が出産の原因であることを人類が認識できたのは、いつ頃であろう。これは、かなり高度な認識である。性行為をなした時点と、女の腹がふくらみ子を産むまでの時点との、相当に長い時間的な間隔を考えるだけでも、この認識が、いかに高度な認識であるかが分かるだろう。この高度な認識を人類が持ち得たのは、そんなに古い時代ではないはずである。

初期には、男の陰茎が、女の陰部を突き、その中に侵入して果てるという性行為があってはじめて、この一撃があってはじめて、女は子を孕むことができる、という程度の原始的知識であったと思われる。父系観念などからはまだ独立した知識であったはずである。性行為は、当の女が子を孕むための単なる儀式程度にしか考えられていなかったかもしれない。しかし、その程度の知識でさえ、人類以外の他の動物の中に、この知識を持って性交を行う動物がいるとは思われないほど、それほどに高い認知能力を人類が獲得した時代以降に初めて持ち得る、相当高度な知識であったろうと思われるのである。

神話や伝説に、近親婚、とりわけ兄弟姉妹婚の話が多いことは、すでにS・F・ムーアらの指摘があるが、このことは、集団婚家族・血縁家族の時代の末尾が、人類の歴史の中では、あまり遠い過去のことでは無かったであろうことを推測せしめる。集団婚時代の末尾は、神話や伝説に、おぼろげながらでも記憶として残される程度には、新しい時代のことであったと思われる。逆に言えば、集団婚家族の次にあらわれるプナルア家族の時代は、さほど古い時代に始まったものではないことを推測せしめる。性交が出産の原因であることを、ぼんやりとではあれ、人類が意識し始めることができるようになったあとの、比較的新しい時代に、集団婚家族・血縁家族はプナルア家族に移行したものと思われる。

母系近親婚排除に向かうプナルア家族の開始とは、人類が、近親婚家族という進化のるつぼから離れ、以て、生物学的・遺伝学的進化のスピードに、大きなブレーキをかけ始めた、ということに他ならない。人類は、プナルア家族の開始とその後の家族制度の進化史の展開とともに、それまでの急速な生物学的・遺伝学的進化のレールから、遠ざかることになる。

このように見てくると、集団婚家族・血縁家族という家族体制は、人類数百万年の進化の歴史の、ほとんど大部分にわたって人類の家族制度であり続けていたと考えるべきことになる。集団婚家族・血縁家族は、人類が生物学的遺伝学的進化のスピードを大きく落とす時代までは、続いたのである。人類が、性交が出産の原因であるという知識をぼんやりとではあれ獲得するまでは、続いたのである。神話や伝説に近親婚・兄弟姉妹婚が語り伝えられる程度には、近い過去にまで、続いたのである。

人類の性的関心の及ぶ範囲は、決して特定の異性のみに限定されるものではない。この真実は、各自、胸に手を当てて正直に自省するなら、誰しも肯定せざるを得まい。人類にあまねく認められるこうした性欲の無限定性は、人類において、集団婚家族・血縁家族が、いかに人類家族制度史の大部分に及んでいたかを、逆に推断せしめる根拠となろう。鳥類のごとき、貞節な一夫一婦制を求める必然性は人類の家族制の進化史の中には認めがたい。ニホンザルの群のように、一匹のボスザルが若ザルを群から追い出す体制を本能的に構築する類の群をなしていたとも考えがたい。

何度も繰り返すが、人類の祖先たち、わが祖先たちは、森を追われ、地上に押し出されたひ弱なエイプたちであった。彼らにとって、広範な性的共有による集団的団結こそが、地上で生き残るための最も基本的な要件であった。人類進化史の大部分を覆うこの性的共有社会、すなわち近親婚集団に他ならないこの集団婚家族こそ、人類を人類たらしめた環境、人類進化のための大きな揺りかご、人類進化のるつぼともなりえた環境の、実体である。

新約聖書に次のような有名な話がある。ある日、イエスがエルサレム近郊のオリブ山で教えを説いていたとき、ユダヤの律令学者たちが、イエスを訴える種を得ようとして、姦淫の現場を押さえられた一人の女を、イエスの前に引き連れてきた。そして、イエスに「モーゼは律法で、姦淫の女を、石撃ちの刑に処すべきことを命じているが、あなたはどうか」と問うた。イエスは身をかがめて指で地面に何かを書いている。

学者たちは、繰り返し問うことをやめない。イエスはようやく身を起こして言った。「あなたたちのうちで、罪なき者が、まず石を投げよ。」そうしてイエスはまた身をかがめて、地面にものを書き続けた。現場を取り囲んでいた人々は、この言葉を聞き、老人も、若者も、一人、また一人とその場を立ち去った。最後に、イエスと、当の姦淫の女のみが残った。イエスは身を起こして女に言う。「あなたを訴えた者たちはどこに行ったのか。あなたを罪人とするものはいないのか。」女は答える。「イエス様、誰もいません。」イエスは言う。「私もあなたを罪とはしない。ゆきなさい。」

その現場には、罪なきものは一人としていなかったのである。ここで、罪といわれたのは、話の脈絡からすれば、罪一般ではなく、姦淫の罪のことであろう。

イエスの教えの中には、有名な山上の垂訓の一つとして、次のような教えもあった。

「『姦淫するな』といわれていることをあなた達は聞いたことがあるだろう。しかし、私はあなた達に言おう。色欲を抱いて女を見るものは、すでに心の内に姦淫を犯したのである。」

このような教えにおける姦淫ということであれば、確かに、姦淫を犯すことなく生き続けることのできる人間は、正常な人間であるかぎり、一人もいまい。イエスと姦淫の女を取り巻いていた人々は、イエスの前で、己に誠実たらざるを得なかったのである。己の心に誠実に問うてみれば、かつて少しでも心惹かれた異性と、心の内にせよ、繰り返し「姦淫の罪」を犯した体験を、なんびとも隠すことはできなかったという次第を、聖書の右の話は示していると考えてよい。

性行為の現実規範からの逸脱、性行為の原始返りともいうべき「姦淫の罪」は、いわば人間の、原罪とも言うべき「罪」である。人間存在の淵源から立ち上る「罪」である。かつて人々を広く強く結びつける役割を果たし、それ故に強力に発達したはずの、人間特有の無定期無制約な性欲・恋慕・恋愛の情による、不可抗力の「罪」である。この「姦淫の罪」は、集団婚家族・血縁家族から、プナルア婚家族にいたる過程で、母系をたどっての近親婚禁忌が普遍化する過程で、すでに生まれ始めた。初めは、近親婚禁忌律の破戒、という罪であった。そうして、この「姦淫の罪」は、家族制度の発達とともに、さらに複雑で、さらに強権的に規制される新たな類の「罪」を付加され続けて現代に至っている。

モルガン、エンゲルスらによれば、人類の家族制度は、プナルア家族ののち、次のように変容進化していったと考えられている。

まず、プナルア家族から直接発達する社会制度が、母系制氏族からなる氏族制度である。この社会では、母系をたどってまとまる一族が一つの母系制氏族を形成し、母系制氏族と、別の母系制氏族とは、たがいに、はじめはプナルア婚関係を、やがては次に述べる対偶婚関係を結ぶ。夫婦は各々別の氏族に属し、子は母の氏族に属し、母の氏族の中で育てられる。婚姻はおのずから別居婚が原初的なるものである。古代日本におこなわれたことが確実な、妻問い婚、通い婚が、母系制社会における夫婦関係の、原初的・基本的形態である。

3　対偶婚家族

対偶婚とは、プナルア婚という、プナルア同士の性的共有関係から、しだいに特定の夫、特定の妻の存在が認められるようになって成立する、結合のごく緩やかな、主としては母系制社会における一夫一婦婚のことである。夫婦はなお別の氏族に属し、両者の婚姻は、互いの恋愛関係が継続するあいだのみ継続する。

両者の離婚によって、両者の子供に不利益が及ぶことは、最小限度に抑えられている。子は、両者が夫婦のままであるか否かにかかわらず、母の氏族の共通の子として育てられているからである。このような次第であることを大きな理由として、離婚に特別な制約はなかったと思われる。そのような環境の中で営まれた、緩やかな一夫一婦婚が、対偶婚であり、今日の、父系制度下の一夫一婦婚、すなわち夫婦両者ともに、しかし特に妻の方に、貞操が強く求められ、愛情の消滅後はたがいに苦行にも似た忍耐が求められ、いったん離婚となれば、子の帰属についてたいていは一悶着二悶着が生じるという、不安に満ちた一夫一婦婚とは、質を異にしている。

ところで、性の共有を享受し得たプナルア婚時代から、いったいどのような理由によって、対偶婚時代へと移ったのであろうか。

エンゲルスはその理由について、氏族の発展とともに、たがいに通婚できない「兄弟」や「姉妹」の階級が多人数になれば、対偶婚は強化されざるを得なかった、と述べている。「こうしてわれわれは、イロクォイ族やそのほか未開の低位段階にある大部分のインディアンでは、彼らの制度に列挙されるすべての親族のあいだで婚姻が禁止されるのをみるが、この親族は数百種類にものぼるのである。このように、婚姻禁止が複雑さを増したために、集団婚はますます不可能になり、対偶婚家族によって駆逐されていった」と、述べている。これは、そのまま肯定してよいと思われる。しかし、エンゲルスは、このように原始史における家族の発展が、両性間の婚姻関係の範囲をたえず縮小する方向で進んだその背後に、常に自然淘汰が作用し続けていた、と言って、ここにも自然淘汰という生物学的・遺伝学的な「進化」の理由付けをするが、この説はもはや受け入れがたいことというまでもない。プナルア婚から対偶婚への変容も、やはり意図的に、人為的になされたものに違いない。

対偶婚家族の成立は、人類の社会が、自らの安全を、広汎な性の共有によってしか守り得なかった時代から脱出して辿り着いた一つの到達点であったと見ることもできる。この時点における、性の平等な配分がもたらした必然的な家族形態であったと見ることが出来る。

父の子という観念、つまり父系系譜観念は、この対偶婚家族の広範な展開とともに、おぼろげながらも成立してきたと思われる。特定の夫との結びつきが、子と夫との結びつきを強めたであろうことがその主たる理由であろうし、また夫と子の容貌の相似にも次第に気づかれるところが多かったのではあるまいか。

あるいは、因果はむしろ逆で、このおぼろげな父系観念の成立こそが、対偶婚を、意識的にいっそうおしすすめる原動力になったのかもしれない。特定の夫の子を望むという、もっぱら女性の側からする要請によって……。

対偶婚家族の次には、父系制の下で十全の発達を遂げるところの、いわゆる単婚家族の時代となる。

すると、因果の順がどうであったにせよ、父系制への転換の前提として父系観念の確立がすでにあったはずであるから、父の子という観念の成立は、すなわち父系観念の成立は、すでに対偶婚家族の時代にさかのぼること疑いがない。

4 単婚家族

母系制氏族社会という社会体制を達成したプナルア婚社会および対偶婚社会は、それまでの比較的ゆっくりとした変容過程から一転して、母系制社会から父系制社会へという、急速な変貌の過程に入って、婚姻制度を、いわゆる単婚制度へと急転させてゆく。**単婚家族**（初期には多く妻にとってのみの「単婚」）は父系制氏族社会において発達し完成した婚姻制度である。この婚姻制度の延長上に今日の文明社会のほとんどの婚姻制度が乗っている。

旧世界、すなわちアフリカ・ユーラシア大陸に展開した人類世界では、近々一万年前あたりから、家畜の馴致と畜群の飼育、すなわち放牧・牧畜業が発達し、やや遅れて、農業も発達することになる。

これによって人一人の生産能力は革命的に増進した。人類は、それまで経験したことのない、莫大な食料および富の蓄積をまのあたりにする。述べた如く、この人類に、有り余る富の正当な分配方法を正しく学ぶ時間は、与えられていなかった。近年人類社会の特に先進国社会において糖尿病を含むところのメタボリックシンドロームが蔓延するに至った如くに、それより遥かに先んじて、人類社会全体に貪欲の病が蔓延し始めた。

貧弱な生産性しかなかった旧社会、それは自然なことながら主として素朴な母系制社会からなる社会であったが、この旧社会は、人ひとりの生産活動が、せいぜい数人の家族を養うのがやっとの社会であった。このような社会には、自然の摂理として、搾取も、奴隷も、富の蓄積による権力の肥大化も、起こりえなかった。かりに権力があったとしても、人生経験の蓄積による、生きる上での叡智に裏付けられた、教育的な権威を背景とした権力であっただろう。

しかしいまや、人の生産能力の巨大化は、奴隷の存在を可能にし、広大な放牧用の土地の獲得に意味を持たせることとなった。奴隷の獲得と土地の獲得を目的とする戦争という事件に、意味が生じたのである。貪欲の病に罹患しつつ、人々は、特に、男たちは、獣を狩る武器を、人狩りの武器に持ちかえた。戦争の始まりである。

ほぼ疑いなく女性の工夫と発明に始まったであろう動物の馴致、放牧、牧畜、そうして農業は、男たちの手に取り上げられてゆく。女性たちによる発明の果実の、男たちによる簒奪。

貪欲にして倫理に劣るものが富み栄える可能性を秘めた社会が、このようにして成立した。搾取の算段にたけた人間が富み栄えるという時代の到来である。占有した富を、均分してしまっては進歩できない、という理屈によって、寡占者の富とその権力が守護される。この権力の守護神は、つねに武器・軍事力であった。

とはいえ、人の遺伝学的な性状はこうした急激な変化についてはゆけない。貪欲なる者たちが富むためでさえも、貪欲なる者たちは、人々のこうした普遍的な性状・人情に迎合するか、これを利用するか、偽善をなすか、偽悪をなすかして、そうしてなんとかして己のうちなる消し難き人間性をなだめつつ、ことを行うしかない。

寡占者のみで戦争はできない。

長く果てしない英雄時代が展開する。

当然のことだが、人情を巧みに利用できた者だけが、英雄となり得た。今日の人々が、飽きもせず、ひとかわはげば大量殺人者に違いなかったはずの英雄たちに、思いを寄せ、その物語を好んで語り、その物語を好んで聞くのは、かかる歴史の皮肉のなせるわざである。

富と権力を手にしつつ、男たちは、己の富と権力を、己の子孫に伝えようとする。

旧時代たる母系制時代においては、主たる財産は、氏族に属した。氏族の財産は、母系によって伝えられた。男のもたらした財産も、初めは、男の属する母系氏族に属した。彼の子は、別の母系氏族に属すのであるから、彼の財産は、彼の子には伝えられない。

男の獲得した奴隷や奴隷労働によって蓄積された莫大な富を、男は、自分の子に伝えようとする。これは、いかにして可能であるか。

自分の子を以後、妻の氏族から離し、自分の氏族に移すこととする、という「簡単な決議」だけで可能であった、とエンゲルスは言う。「簡単な決議」だけで可能であったか否かはともかくとして、人類家族制度史上、ここにきて、父系制氏族が誕生し、あまねく地上に普及することになる。

同時に、子育てのため、妻を自分の氏族に身請けする嫁取り婚という婚姻制度もまた、誕生し、普及して、嫁には厳しく貞操が要求されることになる。

エンゲルスはいう。

これ《この「簡単な決議」》によって、女系による血統の算定と母方の相続権とはくつがえされ、男系による血統と父方の相続権とが樹立された。この革命が文化諸民族ではどのように、またいつおこなわれたかについては、われわれはなにも知らない。それはまったく先史時代のことである。しかし、それがおこなわれたことは、とりわけバッハオーフェンが集めた母権制の豊富な痕跡によって十二分に証明されている。それがいかに容易に遂行されるものであるかは、一連のインディアン部族についてみられるところであって、ここでは、一部は富の増加と生活様式の変化の影響のもとに、一部は文明と宣教師の精神的感化の影響のもとに、その革命が最近になってようやくおこなわれたし、また現におこなわれているのである。ミズーリの八部族のうち、六部族は男系の血統と相続順位をもつが、二部族はまだ女系のそれをもっている。ショーニー族、マイアミ族、デラウェア族では、子が父から相続できるように、父の氏族に属する氏族名をつけて、子をこの氏族に移す習慣が拡がっている。……母権制の転覆は、女性の世界史的な敗北であった。

母系制から父系制への転換。牧畜文明、農耕文明が人類に強いた一大転換は、エンゲルスの言葉どおり、女性の世界史的敗北であった。

女性の敗北とは、女性の権益の低下、女性の権勢の低下、女性の財力の低下、というにとどまらない、さらに本質的には、女性の手にもともと分掌されていた、子産み・子育てという女性ならではの社会的仕事の、その社会的地位・社会的価値の著しい低下ということに他ならない。

子産みが女性にしかできない仕事であることは現代も変わらない。子育ては、少なくとも母乳を赤子に含ませる仕事は、これまた女性にしかできない。その子産み・子育ては、人類の歴史の大部分において、すなわち、集団婚家族、ついでプナルア家族、そうして、対偶婚時代の母系制氏族社会においてもなお、常に、各共同体家族全員にとっての、最も重要な事件であり仕事であった。生まれた子は、母の姉妹たち共通の子であり、その養育は、母の姉妹と兄弟を中心に、共同体全員の責任において行われた。

しかるに、父系制時代においては、子育ては、基本的に、ひとり、嫁の手に委ねられることになった。子産みも子育ても、本質的には、夫のための子産み・子育てへと、矮小化されてゆく。子産み・子育ては、かつての社会的事件・社会的仕事から、私的事件・私的仕事へと、社会的地位を落とし続けることになった。

今日もこの状況にはかわりがない。母系制社会から父系制社会へと転換するにつれ、子育ての環境は狭小化し、貧困化し、いまや、先進文明諸国では、核家族化した家庭で、わずか二人の親によって、悪くすればわずか一人の親によって、子が育てられるという状況に至っている。戦乱・災害・人災などのために、親のない子も増加している。文明が進化するほど、子産み・子育て環境が退化するという、歴史の皮肉がここにある。この皮肉は言うまでもなく、文明の進化が男の権益、男の搾取権益のますますの増長をもたらしつつあることと相関している。かくして子産み・子育て環境の、いよいよ狭隘な私的化、その行き着く先の少子化、人口減が、今日の先進文明国の抱える共通の悩みとなっている。

先進国は、ようやく、子産み・子育ての社会化の必要性に気付きつつある。しかしどの国もなおほんの入り口にさしかかったところにすぎない。出産・子育てのために、必要な者が必要なだけ税金や物資を使うことができ、必要なだけ助力を得ることができるという、そういう社会的公的システムが、構築されるべきである。長い歴史をかけて、主として女性・母性の側が搾取され続けて来たものを、搾取された側の者がとりもどせるような社会システム、その構築が必須であろう。

子産み・子育ての元来の地位の、社会的公的復権が求められるべきである。子産み・子育ては、正しくまっとうな意味において、全面的に、社会的事象・社会的仕事としてその地位を復権されるべきである。子産み・子育ての現代的な社会化が実現されるべきである。その実現が可能な世の中になってはじめて、おそらく最も正しい意味での、女性の世界史的敗北からの女性の復権ということが、現実味を帯びて来るのだろうと思われる。その実現が可能な世の中とは、ひとり女性だけが復権する世の中ではない、ひとり子産み・子育てだけが社会化される世の中ではない、男たちもまた、搾取の桎梏から解放され、「奴隷」労働から復権しうる社会である。

今日の特権的男の地位に女が座り代わるだけの、浅薄な「男女平等」は、けっして真の男女平等社会をもたらすことはあるまい。子産み・子育て環境をはじめとする、女性・母性の労働環境の改善、ひいては青年の教育から老人への敬愛といった全ての事象に関して、社会全体が社会全体の責任において、優しい面貌を取り戻すことのできる社会、このような社会の中でこそ、人類は本当の幸福を求めることができるはずである。

以上、母系制から父系制へという大きな転換史を内包した人類家族制度史の全体像を、ざっと簡単に振り返ってみたのだが、ここで、節を改めてわが古代日本の家族制度史を簡単に眺めてみる。

追記　人類の闘い

ここに、言わずもがなの追記を書き添えておきたい。当節で見たごとく、人類の家族制度の進化史は、その大部分を集団婚家族・血縁家族の時代によって覆われていたと考えてよい。

血縁家族の時代とは、血縁婚の時代であり、血縁婚の時代とは、人類が、遺伝的進化を加速させる進化のるつぼのただ中にいた時代であったわけだが、言い方を変えれば、これは、人類が、好むと好まざるとに関わらず、広い意味での、「遺伝病」の蔓延する環境のただ中にいた、ということに他ならない。

近親婚が、必然的に招き寄せる、多くの、「正常」からの逸脱。逸脱は、それと分からぬ軽微なる逸脱から、著しい重度の逸脱まで、また、好ましい逸脱から、好ましからざる逸脱まで、その基準、質、程度は千差万別であっただろうけれど、この、正常からの遺伝的逸脱を、仮に「遺伝病」と名付けるなら、血縁婚の時代とは、人類が、数万年から数百万年という想像の及ばぬ永いスケールのもとで、緩慢にして深刻なる「遺伝病」との闘いに明け暮れた時代であったと言い換えても、あながち的を外してはいまい。

人類はこの闘いをどのように闘い続けたか。

「病者」を見捨てたり排除したりするための闘いではなく、却ってそれとは対極にあるような闘いを闘い続けたと考えるべきである。なぜなら、もし前者のごとき闘いを続けて進化を果たしたのであれば、現在の人類は、たとえば決して、社会福祉だの、医療だの、災害救助だのといったことがらに、これほどまでに懸命に励む生き物に育ってはいなかったはずだからである。

述べたごとき意味における「遺伝病」との闘いという、確かに勝ち目のない闘いを、人類は、人類らしく、闘い続けてきた。この闘いは、悠久の時を刻んで、誠実に、真摯に繰り返されたはずである。その闘いの痕跡は、われわれの胸底深くに潜んでいる。我々の胸底の、「涙の谷」に、その闘いの痕跡が穿たれて在る。

歴史には残ることのなかった、はるか彼方の、痕跡である。

第三節　古代日本における母系制と父系制の関係序論

人類の家族制度史における母系制から父系制への転換は、人類の生産性革命、つまり牧畜の発明と農業の発明とによる、生産性の爆発的増進と軌を一にしている。

牧畜の発明と農業の発明は、馴致に適した動物をいち早く手に入れた旧大陸（アフリカ・ユーラシア大陸）の人類によってまずなしとげられた。したがって母系制から父系制への転換は旧大陸の部族においてまず発生し普及した。これはまた、旧大陸における部族間戦争の広範な展開と軌を一にしている。

これに対して旧大陸から大海をもって隔てられていた新大陸、すなわち南北アメリカ大陸や、オーストラリア大陸、およびその他の、旧大陸から距離を隔てて存在していた島々では、父系制社会以前の古い社会、ないしその根強い遺俗が、後代まで存続する例が少なくなかった。

日本も例外ではない。日本もまた、朝鮮半島から対馬海峡をもって隔てられていたが故に、そうした古い社会ないし母系制遺俗が、文字文明の獲得以降まで、つまり歴史時代に入って以降まで、長く存続した。

実際、たとえば我が国孤高の在野研究者であった高群逸枝は、膨大な文献を渉猟して、古代から中世の日本に残る、豊富にして強靱な母系制遺俗を発掘してやまなかった。

高群によれば、母系制習俗の基本というべき夫婦別居婚は、貴族階級では平安時代初期（九世紀ごろ）まで存続したことが確かめられ、庶民では十一世紀に下ってさえなお広く存在したことが検証されるという。貴族階級に妻方同居婚（夫が妻方の家に同居する同居婚）が一般化するのは平安時代中期（十～十一世紀）であるが、この時代においてさえ、夫婦子供が夫家に「帰る」ことは決してなかったという。子供がこのように妻方にのみ生活の場をもつ習慣は、驚くなかれ、婿取り婚が擬制化してようやく嫁取り婚へと推移する鎌倉南北朝ごろ（十二～十四世紀）まで続くのである

〈高群逸枝著『招婿婚の研究』〈理論社〉・『日本婚姻史』〈至文堂〉・『女性の歴史』〈講談社〉など参照〉。

そこで、日本の歴史を古代へとさかのぼれば、一層純粋な母系制社会に行き着くはずである。

日本の古語で母親やその母親、つまり母方祖母を、祖（オヤ）もしくは御祖（ミオヤ）と言ったことはすでに述べた。古代日本で「オヤ」といえば、かくのごとく、元来は母親や、その母、すなわち広く族祖母を意味したのである。祖（オヤ）や御祖（ミオヤ）は、母が中心となっていた時代の言語的化石であるが、より古くは、実際に母ないし族祖母が一族の代表であり「オヤ」であったのである。

日本古語で、両親のことを「オモチチ」という。「オモ」は母、「チチ」は父。つまり、両親を呼ぶに、母が初めに置かれ、次いで、父の順である。父母といって父を初めに置くのは中国語であって、大陸流の父系制下にできた言葉である。対して、日本古語の「オモチチ」は、古い母系制下にできた言葉である。万葉集の東歌に多く見られる。

また日本古語で夫婦のことを、「メヲト」という。後になまって「ミョウト」となる。「メヲト」の、「メ」は女、妻。「ヲト」は夫。これまた、女が先に置かれる古語である。

単に男女を示す場合も、日本古語では「メヲ」＝女男と言って、女が先である。男女は中国語の語順である。

「メヲト」より更に古い言葉で、夫婦のことを、「イモセ〈妹背〉」という。「イモ」が妻で、「セ〈背〜兄〉」が夫である。これまた、女性が初めに置かれている。

古い日本語では、このように男女を対にして呼ぶとき、女性が先頭に立つことがほとんどであることがわかる。母系制時代以前に成立した言葉が、記紀、万葉集その他の古い文献に数多く残っていて、現代の我々にそれほど遠くない古代の言葉として伝えられているのである。つまり、我が日本には、文献に残る程度には、古い社会が後世まで存続して、長い長い尾をひいているのである。

ところで、右に述べた、夫婦を意味する古語の「イモセ」であるが、「イモセ」の「イモ」は、男から結婚相手の女を呼ぶ言葉であると同時に、兄弟から姉妹を呼ぶときの言葉でもある。同様に、「セ」は、女から結婚相手の男を呼ぶ言葉であると同時に、姉妹から兄弟を呼ぶときの言葉でもある。このことは、この言葉が両様の意味を携えて伝わる程度には近い過去に、兄弟姉妹が、同時に夫婦であった血縁家族・集団婚家族の時代が、日本にもあったことを推定せしめる。この推測は、はやく言語学者の大野晋博士が正確に指摘されている（『日本語の世界』〔中央公論社〕四五頁）。大野氏の述べるところを、そのまま引用してみる（傍線は筆者）。

……このように、イモとセという言葉は結婚する相手の女と男とがたがいに呼びあう名称としても使われた。つまり、実の姉妹と兄弟の間でもイモとセといい、結婚の相手同士の女と男もイモとセという同じ言葉で呼び合ったのである。

これは何を意味するかと言えば、言葉の上だけからいえば、この名称の体系は非常に古い時代には、血縁の（同母の）兄弟姉妹の間において、兄弟は姉妹をイモと呼び、姉妹は兄弟をセと呼んだこと。そしてそのイモとセとは結婚の関係を結んでいたことを示すものかと考えられる。ところがある時期に至って、社会的には同母の兄弟と姉妹との結婚は禁止された。そこで、イモとセの関係の中に含まれていた結婚の相手という意味は、新しく、異母の女と男との結婚承認の間柄を表すようになった。そこで、一方では旧態のまま兄弟と姉妹との間でイモとセと使うと同時に、同じ言葉を結婚の当事者同士で相互に使う使用法が発展してきたというようにも考えられる。これは言葉だけを手懸かりにして考えた見解である。

しかしこれについては、また別の考えもある。つまり、結婚の相手の呼称としての万葉時代のイモ・セは、男女が相互に実のイモとセのような近しい関係になるということを表すための呼称にすぎないというのである。人類の婚姻の実際の歴史の上では、実の兄弟姉妹が結婚するというようなことはなかったのだとするのが通説であり、人類は太古から、一夫一婦制であったのだとする主張は極めて根強い。しかし、一方には、ブリフォルトなどのように、集団婚を考えずには婚姻史を考え得ないとする見解もある。私は言葉を中心にして考えるので、言葉によるかぎり、モルガンやブリフォルトの見解が成立するのではないかと思われる。

大野博士は、こうして大変控えめな言い方で、今日の西側世界における文化人類学者たちがこぞって毛嫌いしている、モルガン、エンゲルス流の集団婚存在説の方に、賛意を表しておられる。言語学者としての感性と良心が然らしめたものと思われる。「極めて根強い」主張、「人類は太古から、一夫一婦制であった」とする主張、「実の兄弟姉妹が結婚するというようなことはなかったのだ」とする「通説」を、氏は言語学者としての直感から、あっさりと否定されたわけである。

ハワイ原住民の親族制度が、血縁家族のそれを示唆するものであることは、モルガン、エンゲルスの述べた如くであるが、日本の古語、イモセが、その血縁家族時代の言語学的化石であるとすると、日本の古代家族もまた、ハワイの親族制度に類似の家族制度であったろうと推測できる。そうして、実際に、大野博士は、古代日本の兄弟姉妹の呼称体系が、ハワイを含むポリネシア（だいたい一八〇度子午線以東の太平洋の島々の総称）の多数の原住民部族に残る血族組織にそっくりであることを指摘しておられる。

古代日本の兄弟姉妹の呼称の体系は、次の図のようになっている。

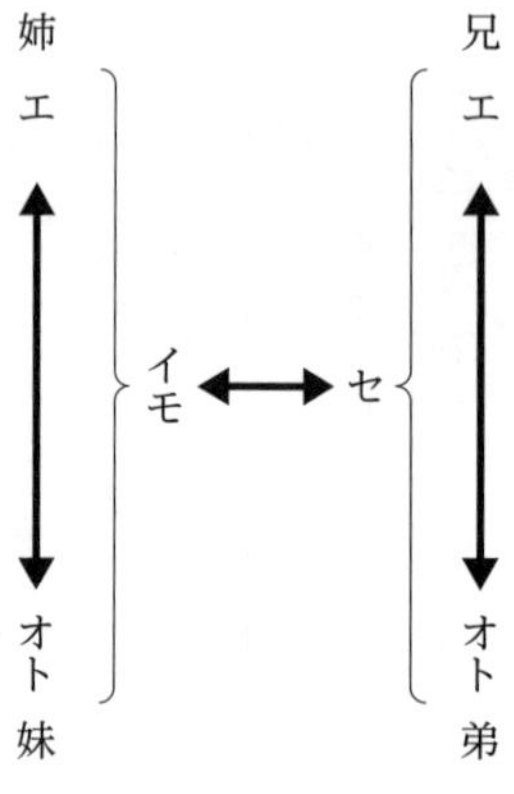

つまり、姉妹は姉も妹もともに、兄弟からイモと呼ばれ、兄弟は、兄も弟もともに、姉妹からセと呼ばれた。他方、兄弟の間では、兄がエ、弟がオトと呼ばれ、姉妹の間でも同じく、姉がエ、妹がオトと呼ばれた。

大野博士によれば、この体系は、ポリネシアやミクロネシアの原住民に残る呼称体系にそっくり同じである。ポリネシア部族では次図のようになっている。

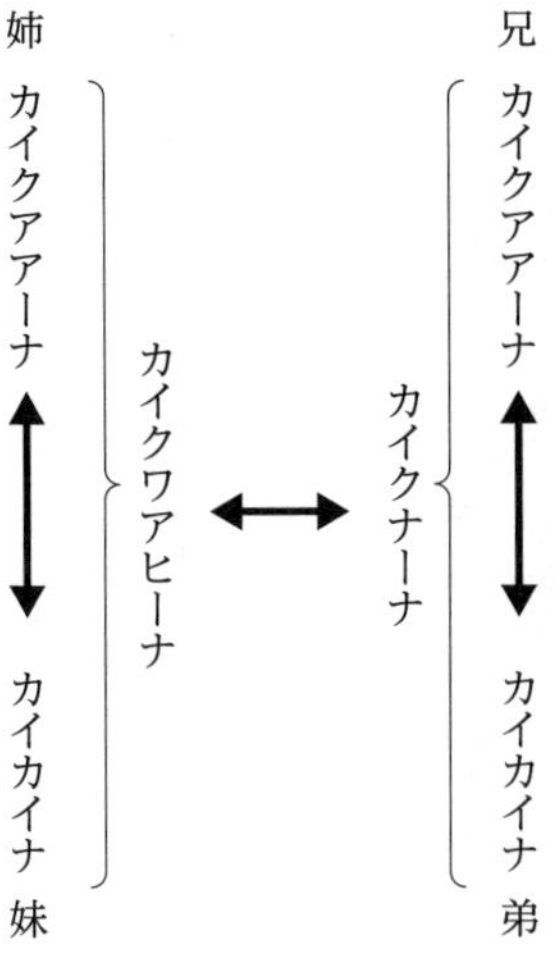

つまり、ポリネシアでは、姉妹は姉も妹もともに、兄弟からカイクワアヒーナと呼ばれ、兄弟は、兄も弟もともに、姉妹からカイクナーナと呼ばれた。他方、兄弟の間では、兄がカイクアアーナ、弟がカイカイナと呼ばれ、姉妹の間でも同じく、姉がカイクアアーナ、妹がカイカイナと呼ばれた。言語こそ違っているが、この呼称体系は日本古語の兄弟姉妹呼称体系と、うり二つである。

ミクロネシアにも同一の体系が見られる（松岡静雄著『ミクロネシア民族誌』〔岩波書店〕二四三頁）。ミクロネシアのヤップ島では、次図のようになっている。

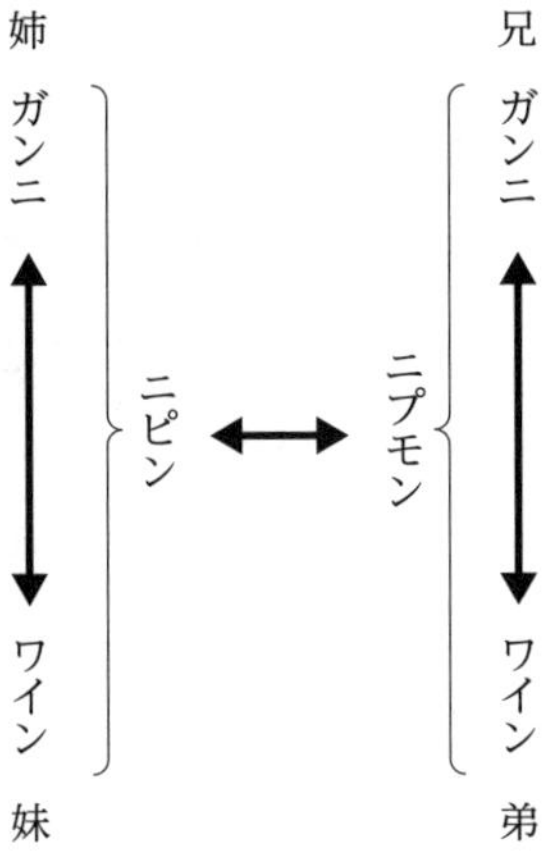

同じくミクロネシアのパラウ島では、次図のようになっている。

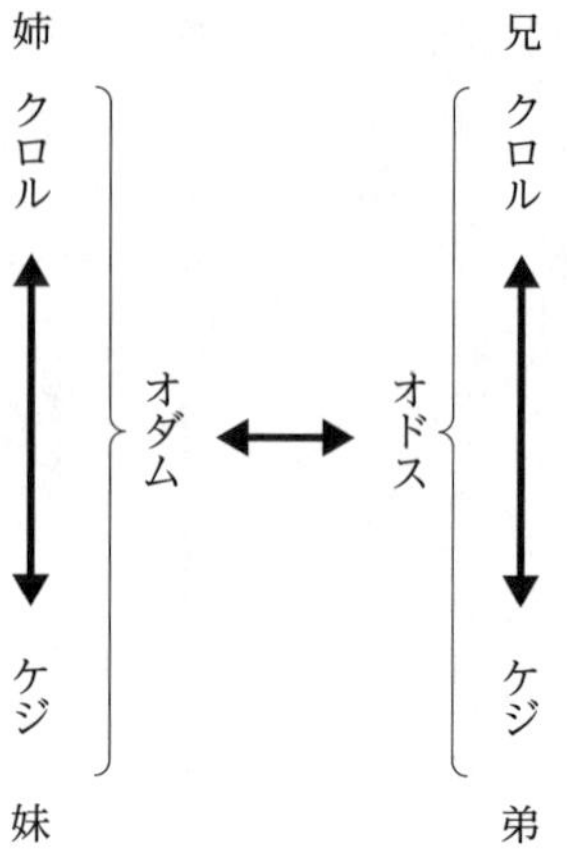

これまたいずれも日本古語の兄弟姉妹呼称体系と、うり二つである。なお、族制については、ポリネシアのほとんどの部族は今日では父系制に移っており、ミクロネシアにはなお母系制の残存が少なくないという。

さて、かくの如く、日本古語とポリネシアやミクロネシアの原住民語とで、言葉は異なるものの、その体系がうり二つであるということは、何を意味するであろうか。兄弟姉妹の名称の体系が、このように寸分たがわず一致すると言うことは、その言語を生み出した、かつての親族制度そのものが、古くは、日本と、ポリネシアやミクロネシアの原住民との間で、共通していたがためと考えられる。その共通の親族制度を生み出した家族形態として推定されるものがすなわち、血縁家族ないし集団婚家族である。

言語化石として残る日本古語から、かつての日本に母系制社会とその先行形態が厳然として存在したであろうことが推定できるのであるが、それなら実際に日本の古い歴史文献をさかのぼるとき、より純粋な母系制社会の実像が見えてきてよさそうである。

ところが、ここに不思議なことがある。我が国の最も古い二つの勅撰国史、『古事記』と『日本書紀』に共通する天皇系譜をみると、この世継ぎの系譜は、七～八世紀の母系制遺俗を思わせる皇統系譜の時代から、さらに時をさかのぼるに従って、徐々に、一層純粋な、一層厳しい、父系皇統系譜になってゆくのである。

第一節の最後に掲げた系図①を見ると、第三十三代天皇とされる推古天皇（在位五九三～六二九年。この在位年は従来説の五九三～六二八年とは異なっている。この点については、拙著『6～7世紀の日本書紀編年の修正――大化元年は646年、壬申乱は673年である――』〔幻冬舎〕を参照されたい）から第四十八代天皇とされる称徳天皇（在位七六四～七七〇年）までの、およそ七、八世紀の二百年間は、ほぼ二代に一代の割で、女帝が頻立する特徴的な時代、女帝時代とでもいうべき様相を呈している（系図①に示した網掛けの天皇が、すべて女性天皇である）。母系制時代ないしその余韻としての、母権的特徴が、女性の即位という直接的な形で天皇系譜に露見しているとみることができる。

ここから、天皇系譜を遡ってみる。すると、その前代、五、六世紀には、兄弟相続が頻回である。第十六代天皇とされる仁徳天皇（在位三九五～四二八年。この年代については本論第二、三節参照）から推古天皇までの、計十八代の天皇のうち、同母兄弟から天皇位を引き継いだ天皇は、反正天皇・允恭天皇・雄略天皇・仁賢天皇・宣化天皇・推古天皇（ただし推古天皇は同母兄弟の用明天皇から一代を隔てて即位しているが、先代の崇峻天皇は推古天皇の母系いとこにあたるので、ここに含める）と、計六代に及ぶ。六世紀最後の天皇である推古天皇を除けば、七、八世紀のようには、直接、母権が天皇位に及ぶことはなかったとはいえ、皇位継承の背後に、強い母権の存在をうかがうことが出来る。

ところが、仁徳天皇の父とされる応神天皇以前の、つまり四世紀以前の天皇系譜をみると、初代天皇とされる神武天皇から仁徳天皇まで十六代は、一つの例外を除いて、すべて、父子相続である（一つの例外とは、第十三代天皇とされる成務天皇から仲哀天皇への相続である。これのみ、おじ・甥相続である。仲哀天皇の父は、成務天皇の異母弟、小碓命〔ヲウスのミコト〕ことヤマトタケルのミコトである）。

通覧すれば、七、八世紀の女帝時代、五、六世紀の兄弟相続時代、四世紀以前の父子相続時代、という具合である。つまり、四世紀以前に最も厳しい父系制時代があり、それが母権に割り込まれて兄弟相続へと弛緩し、ついに女帝の時代を迎える、という経過になる。これは、歴史の逆行と言ってよい。母系母権時代から父系父権時代へという、いままで論証を重ねてきた家族制度史の流れに、見事に逆行している。

これを見て、やはり、人類の家族制度には、古く、母系母権制などはなかったというような議論に与することができるだろうか。とてもできそうもない。なぜなら、そのように見るためには、この逆行は、余りに整然とした逆行ではないか。

また、天皇系譜は、上代に至るほど虚偽の度が強いといって済ますこともできない。虚偽であるというなら、どこからどのように虚偽が重ねられたかが明確に、少なくとも十分な説得力を持って明確に、解明される必要がある。その上ではじめて虚偽云々の議論が有効になる。

記紀の記す天皇の系譜は、言うまでもなく単に天皇のみが記述されているのではない。この天皇の系譜は、天皇を取り巻く、妃や親族の系譜を、分厚くまとって語られている。これら複雑に入り組んだ系譜の全てを考察の対象とした上での虚構説でなければ、安易曖昧な虚構説は、かえって壮大な矛盾錯綜を生み出して、取り返しのつかない墓穴を掘ることになる。

そもそも高群逸枝が、古代の母系制の存在に推定の糸口を見出したのは、従来、古代系譜の虚構のため、とか、父系制内部での擬制的な部分けにすぎないなどとして安易に見過ごされてきた、一氏多祖や複氏の現象を、安易な虚構説等を排して検討した結果であった（高群逸枝著『母系制の研究』〔講談社〕参照）。

ここで、一氏多祖とは、同じ氏族が、明らかに父系系列の異なる複数の祖先を頂く現象である。高群はこれを、複数の父系の氏に、強力な母系の氏の存在が作用した結果、あるいは逆に、一つの母系氏族に、強力な複数の父系が入り込んで氏祖を形成した結果であろうと推定し、これを証明しようとした。

また複氏とは、物部弓削連（モノノベのユゲのムラジ）や、中臣殖栗連（ナカトミのヱグリのムラジ）などのように、物部姓と弓削姓を重ねたり、中臣姓と殖栗姓を重ねるものをいうが、高群は、我が古代に、こうした複氏が極めて多いのは、物部連や中臣連という中心的父系氏族が、氏組織の拡大のため、周囲の母系氏族中に自陣の父系を入れて、これを祖変せしめた結果であろうと推定し、これを証明しようとした。

これらは、安易な系譜虚構説を排して、系譜の伝える内実に、深くよりかかって行われた研究であった。

われわれも、そこで、高群にならい、同様に安易な虚構説を排しつつ、天皇系譜を見よう。

四世紀以前の天皇系譜に父系制が厳しいのは、四世紀以前には、それだけ厳しい父権父系王権が存在したためであろうということになる。

だが、天皇権力を、神代にまでさかのぼる往古以来の父系王権であったと見る論こそ、古代日本に古代母系制が存在したであろうとする論を真っ向から否定しようとする説の、最も有力な論拠の一つに他ならない。

しかし、古代日本に母系制時代があったことは確実であり、神代までさかのぼらずとも、母系制の確かな息吹が歴史時代の古代日本にすでに存在していたことは、述べた如く日本古語からも推定されるところであり、高群らも論じてやまなかった厳然たる事実である。

即ち、天皇系譜を認めれば、古代日本の母系制の存在は危うくなりそうであるのに、しかし他方で、古代日本の母系制は、時代をさかのぼればさかのぼるほど、母系制遺俗が根強く残る後代より、いよいよ強く存在していなければならない。

これは矛盾に違いない。この論理矛盾を解く鍵はあるのだろうか。

鍵はある。天皇王権が、当時比較的少数の父系父権部族からなる侵略王権であったと考えれば、この矛盾は解ける。天皇家の祖先とは、母系制習俗が根強かった当時の倭国（ワのクニ。ワコク。古代日本を中国は「倭国」と称し、古代日本人も、対外的にはこの国名を用いていた）を侵略、制圧し、大和を中心に大和朝廷を樹立した、外来の、父系父権制をたずさえた侵略部族であった、と考えるのである。

このように考えれば、天皇系譜によって、歴史の逆行、整然とし過ぎているほどの逆行とみえた現象も、かえって自然な現象に転ずる。つまり倭国制圧当初こそ厳格で強烈であった父系父権主義は、王権が在地の母権勢力と次第になじむにつれ、あるいは妥協を強めるにつれ、次第に母系母権的要素を取り込み、まず兄弟相続を容認し、ついには、二世紀間にわたる特異な女帝の時代を迎えたのである、と解釈できる。

この考えは、天皇系譜・諸氏系譜の父系性と、古代母系制論との間に横たわる矛盾を解決する仮説であるとともに、高群らがつとに指摘してやまなかった、わが古代・中世史に特有の現象――母系制的生活原理と父系系譜観念の長期にわたる相反的併存という現象を、最も鮮やかに説明する仮説でもあり得る。

では、天皇祖族による、侵略史実は実証できるか。それはできる、と先ず明言しておきたい。この実証が、本論の主たる仕事の一つである。

更に、倭国に対する大陸流父系父権王権による侵略は、実は、天皇祖族によってはじめて行われたことではない。是より先に、すでに別系の父系王権による侵略を、倭国は受けている。その詳細も本論に譲ろう。

ここでは、例の有名な騎馬民族征服王朝説を、批判しておきたい。

大和王朝を侵略王朝であるとする説は、言うまでもなく今に始まる説ではない。最も有名な説として、東洋史学者、江上波夫博士がかつて唱えた、いわゆる騎馬民族征服王朝説があった。昭和五十年頃に大いに議論された説であるが、今はこれを信じる古代史家はほとんどいないようである。

三世紀に朝鮮半島の南部に、騎馬民族の王朝、辰王朝があったが、中国からの圧迫に遭い、その王裔であった、第十代天皇とされる崇神天皇が、三世紀末から四世紀初めにかけて、朝鮮半島の南端にあった任那（ミマナ）から、北九州に入って倭韓連合国を造り、それから数世代をかけて東方へ侵攻、四世紀後葉に、第十五代天皇とされる応神天皇が河内に入り、その後三、四世代をかけて大和に入り、雄略天皇の頃にようやく統一国家を築いた、というのが江上氏の考えであった。主として古墳の副葬品の変化に依拠した考古学的な考察から、こうした説を唱えられたのであるが、肝心の四世紀における騎馬民族による侵略という事態を証明する考古学的事象が、見つかっていない。江上氏自身も、これを「ミッシングリング（やがて発見されるべき、しかし未だ発見されていない考古学的物証の意味)」として、敢えて探索を放棄しておられる。のみならず、考古学的物証が無い理由を騎馬民族の侵略方法に帰着させようとされて、空想的な理屈さえ案出されておられる。しかし、当時の侵略行為に、考古学的物証の伴わぬはずがないので、結局、江上説にとって、ミッシングリングはミッシングリングのままとなっている。

しかし、このようなミッシングリングを含む考古学的考証は、すでに破綻している。江上氏の言うミッシングリングは、ミッシングリングではなく、端的に、江上説の破綻を証明する「物証」に他ならない。西暦四世紀という一世紀間をかけての、倭国全土を巻き込んだ侵略という一大事件の展開がもしあったとしたら、いかにせよ、せめてこれを示唆する考古学的物証の一つぐらいは、とうの昔に発見されていてしかるべきである。あまりに不自然で不思議な「ミッシンググリング」である。

ところで、古代日本の少なくとも西日本のほとんどの地域を巻き込んだ大規模な戦乱を示唆する考古学的物証は、実は、在るには在る。いわゆる「狭義の高地性集落遺跡」である。

(広義の)高地性集落遺跡は、考古地理学という学問分野を創始された、小野忠凞(おのただひろ)博士らによって、集中的大規模に探索研究された遺跡類型である。しかし、高地性集落遺跡は僅かな例外を除けば、四世紀のものではない。ほとんど全て、三世紀以前の弥生期の遺跡である(小野忠凞著『高地性集落論』〔學生社〕)。

高地性集落遺跡とは、弥生時代の水田経営農民にとっては異常といえる高所を占地した集落遺跡のことであるが、その中で特に「狭義の高地性集落遺跡」というのは、斜面の急な高い洪積台地のような、水田経営にも日常の居住にも不便な地形に立地し、武器的遺物や防衛的施設の遺構を持ち、総じて、見張り・通信(烽火など)を含む軍事的機能を有する集落の跡と見られる遺跡の総称である。

つまり「狭義の高地性集落遺跡」は、その考古学的出土品などから推定して、いずれも軍事的攻防のための防衛・監視・避難などの用途に用いられたのであろうと考えられる遺跡である。そのため、嘗ては「防衛的高地性集落遺跡」とも呼ばれたが、単に防衛側のみが用いた施設であったわけではなく、攻撃側・侵略側も又、軍事的目的をもって、高地性集落を営んだはずである。攻撃側が、防衛側・被侵略側の遺跡を占拠した後に、攻撃側が代わって同じ場所を用いるところとなった高地性集落遺跡も少なからず存在したはずである。そこで防衛的高地性集落遺跡という呼び方の代わりに、誤解を避けて、今では「狭義の高地性集落遺跡」と呼ぶようになっている。

その狭義の高地性集落遺跡は、弥生時代の、大きくは前後三度（その最後のものを前後二度に分ける細分化に従うと、前後四度）にわたって比較的短期間ずつ出現している。分布は、三度とも、北九州から四国、瀬戸内海周辺、大阪湾周辺など西日本のほとんどにわたっている。特に瀬戸内・大阪湾周辺域に密である。

この遺跡群は、弥生時代における、したがって西暦三世紀以前の、三度におよぶ、西日本のほとんどを巻き込んだ大規模な戦乱を示唆するものである。

大規模な戦乱を示唆するものではあるが、しかし江上説のいう騎馬民族による征服戦争とは、時代が全くかみ合わない。一世紀以上のずれがあるのである。

この遺跡群はむしろ、拙稿で展開しようとしている考証に有益な物証である。その事情は本論で明らかにしたい。

ここで一言付け加えておくと、この狭義の高地性集落遺跡群は、従来は専ら、「魏志倭人伝」などが記すところの、西暦二世紀の後葉に生じたいわゆる倭国大乱のみに関連づけて考察されてきた。しかし、もしそれだけに限るならば、大いに不十分である。これだけでは三度にわたる狭義の高地性集落遺跡の出現のうちの一度のみについてしか説明ができないのである。

この不十分性は、実は考古学そのものが本来宿命的に有する不十分性を反映している。というのも、考古学は、考古学的物証を、古いものから新しいものへと順に並べてみせることはできるが、その各々のものの実年代を十分な正確さで比定することにかけては、ほとんどの場合において甚だ非力な学問であり続けているからである。

高地性集落遺跡の実年代比定に関しても、この考古学の宿命的不十分性のために、考古学的考察だけからでは、いかなる確定的なことがらも言えないという状況にある。年輪年代法や炭素14年代法を以ってしても、である。

高地性集落遺跡群の実年代比定には、別方面からの手懸かりがなければならない。

その手懸かりは、文献学的考証から得ることができる。この手がかりによって、考古学上の不十分性を、些か補う道が開ける。単に倭国大乱のみに限らず、三度にわたる狭義の高地性集落遺跡の出現の事情を説明する手がかりが得られるのである。次の本論において展開しようとするのが、そうした文献学的考証である。

最後に、大和朝廷が、古代日本の母系母権的色彩が色濃く残存していたであろう在地の部族を侵略して樹立された父権父系王権である、ということがもし証明されたならば合点のゆく説話が、記紀に少なからず見出されることについて、少しく、触れておきたい。

しばしば指摘される事柄であるが、『日本書紀』の神武天皇東征説話において、神武天皇軍によって征服され、誅殺される側の者に、在地部族の族祖母あるいは女性酋長と目される女性名が少なくない。神武紀（『日本書紀』の神武天皇段のことを、慣例に従ってこのように呼ぶ。以下も此にならう）によれば紀伊国の名草戸畔（ナクサトベ）なる者がまず誅殺される。ここで、ナクサトベのトベとは、戸口にいる女、一家の老主婦の意であろうという（岩波書紀頭注。ここで、岩波書紀とは、岩波書店刊、日本古典文学大系本『日本書紀』の略。以下同じ）。語源はどうあれ、いずれにせよトベとは、女性を示す称号である。続いて、熊野の丹敷戸畔（ニシキトベ）なる者が誅殺される。更に、くだっては大和の新城戸畔（ニヒキトベ）を筆頭に、居勢祝（コセのハフリ。ハフリとは一族の祭祀権を持つ酋長であろう、と岩波書紀頭注はいう。ニヒキトベ同様、女性であった可能性が高い）、猪祝（ヰのハフリ）が三處の土蜘蛛（三ところのツチグモ）と称されて、やはりともに誅殺されている。

神武紀において、かく誅殺される名草戸畔も丹敷戸畔も新城戸畔も、いずれも当時の女性族長すなわち母系部族における族祖母あるいはその跡継ぎの女性酋長であったと見られる。先の仮説からすれば、神武天皇軍が彼女らを誅殺したとするこれらの話は、当時（実は三世紀後葉から末にかかる時代）行われた、父系部族による母系部族に対する制圧を反映する伝承と見てよいことになる。

四世紀前半の景行天皇の時代にも、在地首長に女性の名が多く見られる。景行紀には、朝廷による熊襲（クマソ）征伐が語られており、ここに在地首長として、女性が多く登場する。神夏磯媛（カムナツソヒメ）、速津媛（ハヤツヒメ）、市乾鹿文（イチフカヤ）・市鹿文（イチカヤ）姉妹などである。熊襲は南九州に盤踞したとされる部族の総称であるが、景行紀によれば、ここに現れる女性首長たちは、神武天皇伝説の場合とは異なり、朝廷に誅殺されるより、みずから服従を申し出たとされる者が多い。統一王朝成立前の伝承と成立後の伝承という、時代の差が反映されたものであろう。

この他、天皇の妃の中に、父系出自を持たない妃がかなり見られる。これについては本論でまた触れることもあるので、詳しくは述べないが、彼女らの多くも、在地女性首長もしくはその娘たちであった可能性が高い。

このように、大和王権を、母系制のなお根強かった倭国を侵略した父系父権王権による侵略王権と見れば、自然に理解できる事柄は、枚挙にいとまがない。

さて、その侵略史実は、証明できるか。

証明できる、と先に述べた。

そろそろ本論に移ろう。我々の祖先たち、つまり土着弥生人たちの苦難に満ちた歴史を直視する仕事になる。

本論

西暦一世紀から四世紀までの日本古代史の実相と神武天皇の正体

故小野忠凞博士の御霊に捧ぐ

序節　基本的研究方針

当本論では、西暦一世紀から四世紀頃までのわが古代史を究明するが、この目的を遂行するために、筆者の最も重視するのは、中国史書と、我が国の古系譜とである。

中国史書とはいわゆる「魏志倭人伝」を含む『三国志』（晋の陳壽〔二三三～二九七年〕撰）を中心とする、中国の正史類である（「魏志倭人伝」とは、『三国志』中の『魏書』〔『魏志』と通称する〕の「烏丸鮮卑東夷伝第三十」の中の倭人条のことで、略して古来「魏志倭人伝」という）。

我が国の古系譜とは『古事記』・『日本書紀』に記述される系譜や、『先代旧事本紀』に伝えられる系譜などを含む。

当章では、これら両者を、そしてでき得ればこれら両者のみを、最も重要な拠り所として議論を組み立てたい。

他方で、考古学は、とりあえずは、できる限りその利用を避けたい。なぜなら、前章でも触れたが、西暦一世紀以降の日本古代史において、せめて一〇年ほどの誤差の範囲で実年代を確定しようとするとき、考古学は今のところ、たいていの場合、正確さにおいて余りに不十分であり、用いることができない。一世紀から四世紀頃の考古学的物証の実年代については、編年尺度の最も基礎的な資料であるべき土器編年についてさえ、考古学者によって、五〇年から一〇〇年以上もの開きがあるという現状がある。

実年代に関する歴史的真実は一つであるはずであるから、それ以外の説は嘘なのであるが、自信に満ちて自説を説く考古学者が少なくない。中には、異論のある実年代を、既に定説であるかのように説き、これに基づいて自説全体を組み立ててしまっている方もおられる。ともあれいずれの論者の説を信用すればよいか見当がつきかねる現状である。

たとえば前方後円墳という極めて特異な墳形が突如として始まる古墳時代を、三世紀半ばに始まるとする説が近年有力になりつつある一方で、これを三世紀末から四世紀初め以降に置こうとする説も、古来根強いのである。土器編年、青銅器編年、三角縁神獣鏡編年、古墳編年、などの相対編年に近年の進歩は著しく、年輪年代法や炭素14年代法などの手法の発展も相まって、考古学はいよいよ活況を呈しているかの如くであるものの、その解釈や妥当性をめぐっては百家百論の様相であり、却って混迷を深めているように思われる。かの藤村新一氏による旧石器捏造事件などを念頭に置いているわけではさらさらないのであるが、こうしたわけで、以下において、考古学は当面、議論の基礎としてはその利用を避けたい。利用するとしても、拙稿で行う文献学的考察による推論が、考古学的事象によって否定されることが無いという形での参照にとどめるのが、まずは無難であろう。そうしてこの文献学的考証の後にその成果を以て考古学的事象を逆に編年する、という方法論を採ることとする。

何はともあれ、さし当っては考古学を用いずとも、十分豊かな考証はできる。

さて、中国史書が実年代の確定において、最も基本的な拠り所となるであろうことは、言うまでもあるまい。特に、後漢以降の中国の王朝に、我が国が幾度か使いを遣わしたという記事における実年代は、写本過程での誤謬を除けば、そのほとんどの実年代を信じてよいことについて異論のある今日の学者はいないはずである。

問題は我が国の古系譜が実年代の推定に役に立つのかという点である。ここでは、かなり役に立つということを述べておき、具体的な役に立つ立ちかたについては、個々に論じたい。

強調しておくべきは、出自によって既得権の裁量や付与がなされた古代においては、古代人が自己の出自を述べるための系譜は、極めて重要な、身分証明であった事実である。自己ないし自族の出自系譜は、たとえ文字を知らぬ者であったとしても、正確に暗唱して次代に伝えるべき、重要事項であったはずである。現代でも、幾代にも及ぶ天皇系譜を延々わけなく暗唱できる方は少なからずいるだろう。十代、二十代に及ぶ、自己の祖先系譜を、幼少時から繰り返し暗唱させられたはずの古代人たちが、これを次々と正確に伝え得た時代があったと仮定して、何ら不思議ではない。古系譜を文献的化石として重要視する所以である。

ただしこの化石は、現代に見られる形のままでは、ところどころで折れ曲がったり、重なり合ったり、別の要素が入り混じったりしている。化石特有のこうした現象を見極めて、本来の骨格を復元する操作が重要であり、個々に論じるべきはこの復元次第である。無論、復元の必要なく、そのままが化石となっている古系譜もある。これも以下の各論でその都度述べる。

中国史書と古系譜とを、古代史究明の拠り所とするということは、記紀説話、風土記説話などの説話群は、さしあたり、拠り所とはしない、ということでもある。中国史書と古系譜から確認できる事実を通してのみ、これら記紀説話や風土記物語群を、批判的に検討する、という立場を堅持したい。従って、これら記紀説話や、風土記物語群が、史実を反映しているか否かというような議論から入ることもしない。記紀説話や風土記説話は、別の確たる拠り所があってはじめて、史実を反映しているか否かを判定できるのであって、これらを単独に眺めて論じるのみでは、水掛け論に終わるだけである。

第一節　父系王統系譜における一代平均在位年に関する一定理

わが古系譜のほとんどは父系系譜である。父系系譜の最も単純な形は、次のような父子直系系譜である。

祖父　父　本人　子　孫
・・・・□――□――□――□――□・・・

与えられた父系系譜から、実年代を推定しようとするときに重要となるのは、その一代平均年である。ここで父系系譜の一代平均年というのは、その父系系譜から父子直系系譜を抽出し、その父子直系系譜を辿った場合の系譜上の一代平均年のこと。要するに、父が死んでから、その子である本人が死ぬまでの期間（本人の死は、続く本人の子への代替わりを意味する）の平均である。

父系系譜における一代平均年について、次のような、基本的な定理が成り立つ。

定理

父系系譜における一代平均年は、父が、自分を継承する男子をもうける平均年齢に等しい。

つまり、父子直系系譜においては、父が死んでからその子が死ぬまでの平均年は、父がその子をもうける平均年齢に等しい、というのである。

この定理の証明は、とても簡単である。父と子の平均年齢はともに等しいわけであるから、この平均年齢に等しい長さの二本の線分を、左図のように、一代平

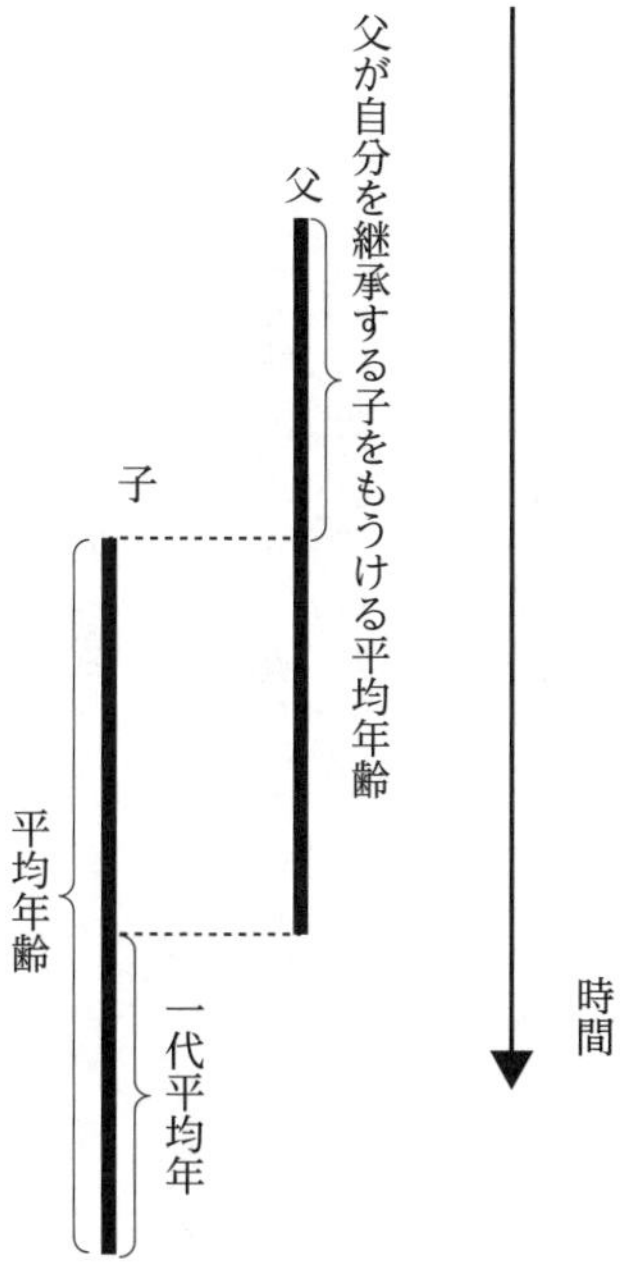

均年に等しい長さだけずらして並べてみれば、父が子をもうける年齢もまた、このずれた長さに一致することがわかる（図では時間軸は垂直下向きにとってある）。

父系王統系譜における、一代平均在位年についても全く同じ定理が成り立つ。

ここで、父系王統系譜の一代平均在位年とは、本質的に、父系系譜の一代平均年と同じもので、父子直系で王統を辿った場合の、一代平均年のこと。つまり、父王が死んでから、その後、王となった子が死ぬまでの期間である。ただし、その孫もまた王位をうける場合の、子に限る。たとえば、左図のように兄弟相続を

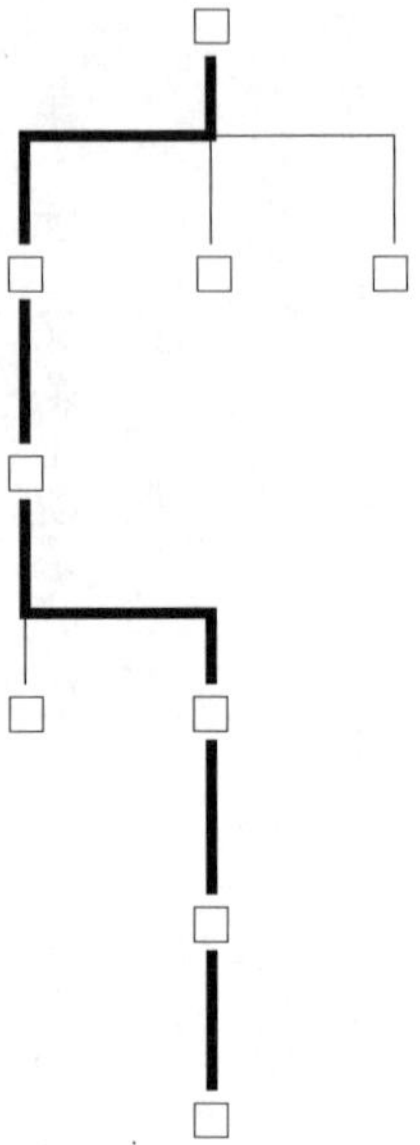

間に挟む場合も、王位を子に伝える王を辿る部分（太線部分）のみが対象となる。

すると、言うまでもない事ながら、兄弟相続その他、何らかの事情によって、当の子の即位が遅れて子が在位していない期間も、当の子の在位期間として含むこととなるし、父王が死ぬ前に子に譲位したとしても、死ぬまで在位したと考え、その分、子の在位期間は実際より短くなることになる。

このような前提の下で、次の定理が成り立つことは、先の定理と同じである。

定理

父系王統系譜における一代平均在位年は、父が、自分を継承する男子をもうける平均年齢に等しい。

一人の王の在位期間と、一人の王が次の王をもうける年齢とは、一見、何の関係もないように見えるが、それぞれの平均値は、右の定理の通り、互いに等しいのである。

父系王統系譜における一代平均在位年については、諸説がある。一方で約一〇年とする説があるかと思えば、他方で、約三〇年とする説がある。約一〇年とする説の代表には、安本美典氏の説（同氏著『倭王卑弥呼と天照大御神伝承』〔勉誠出版〕・『神武東遷』〔中央公論社〕・『卑弥呼の謎』〔講談社〕など）があり、約三〇年とする説には、那珂通世説や田中卓氏の説（『邪馬臺国と稲荷山刀銘――田中卓著作集3』「国書刊行会」所収「三、稲荷山古墳出土の刀銘について」三三二頁）がある。

しかし、前者は短かすぎ、後者は長すぎるように思われる。

前者の場合、これをもし父子直系系譜に当てはめようとすれば、父が自分を継承する男子をもうける平均年齢が約一〇歳ということになり、これではあまりに若すぎることになろう。

安本氏は、天皇の一代平均在位年を算出するに当たり、兄弟相続や、おじ・甥相続など、父子相続以外の変則的相続を多く含む後世の天皇系譜から一代平均年を算出しているため、こうした不自然性が生じてしまっている。安本氏は、この難点をしのぐため、古い時代の父子相続系譜（具体的には応神天皇以前の王統系譜）は信じがたいとして、父子相続のように記述されている系譜も、実は、兄弟相続やおじ・甥相続を、父子相続のように誤っていることが多いであろうとして、氏の一代平均在位年を古系譜に当てはめることを合理化しようとなさるのであるが、しかし実際に、氏が当てはめようとする古系譜のどの部分が父子相続ではなくて、兄弟相続やおじ・甥相続なのかについて、明確な指摘がなく、この点で説得力がない（例えば安本氏は、景行天皇、成務天皇、仲哀天皇は互いに兄弟であったのではないかというような曖昧な推測を述べておられるが、この三天皇を兄弟とした場合、その周囲に密集する皇妃皇子女の系譜が、どれほどの大混乱を来すかを確認された上での推測ではないようである）。

後者の田中氏の説は、上代の父系系譜をそのまま認め、古代系譜から父子直系系譜を抽出した上で、一代平均在位年を約三〇年と算出するものであるが、氏がこの平均値を導き出すに当たって利用された資料は、西暦六世紀から八世紀にわたる皇統譜から拾われた資料である。材料が、いま問題としたい一～四世紀という古代日本に比べて新しいため、（また直系を辿らんとして、皇位継承者からかなり距離のある皇親を複数〔二通りの計算がなされているが、それぞれ八人中二人と九人中二人〕含むことになっている次第も関与しよう）やや長めの一代平均年となってしまっている。那珂通世説については、追記参照。

四世紀以前の王統系譜の一代平均年の算出に当たっては、せめて、西暦四、五世紀の王統譜を材料としたい。このためには、この時期における、なんらかの、信憑性のある実年代史料がなければならない。

拙稿では、そうした史料として、『古事記』の各天皇段の末尾に記されている天皇崩年干支を用いたい。

そのためには、この崩年干支が信用できるということを先ず証明しなければならないが、それには、中国史書に見えるいわゆる倭の五王の記事と崩年干支とを照合するという方法をとる。

『古事記』の伝える崩年干支と、中国史書の倭の五王記事との整合性については、既に田中卓氏の明確な指摘があり（『日本国家の成立と諸氏族――田中卓著作集２』〔国書刊行会〕所収「四、古代天皇の系譜と年代」一七〇頁以下）、次節で述べるところも、基本的には、この田中卓説と同じである（異なっているのは、『古事記』の干支紀年法が、現『日本書紀』の干支紀年法、すなわち、今日にまで永続されている現行干支紀年法とは、一年だけ食い違った干支紀年法を用いていたであろうと考える点である。詳しくは次の第二節と第三節参照）。

この整合性を確認した上で、『古事記』崩年干支を用い、主として四、五世紀の王統系譜から、父子王統系譜の一代平均在位年を算出する。結論を先に述べると、この計算で、一代平均在位年は、約十八・八年と出る。一代平均在位年が約十八・八年ということは、先ほどの定理によって、父王が自分を継承する男子をもうける平均年齢が、約十八・八歳というに等しい。これは、四世紀以前の古代王権に適応しようとする時、ほぼ妥当な数値と思われる。その具体的な算出方法については第四節で述べる。

追記　那珂道世の平均在位年説の再検討

　那珂通世氏は『外交繹史』（岩波書店）の第五章「国史ト韓史ト紀年ノ比較」において、日本、中国、韓の歴代帝王の毎世平均年数を算出して、「平均年数の最も普通なるは、二十五六年より三十一年までの間にあり」とし、中国古典に「三十年曰世」とか「三十年為一世」とあるのを引き、世の字は、もと卅の義を取った字である、といって、日本・韓の上代史の史料批判の一助とされている。この論により、一代平均年三十年というものが、那珂通世説として定着している。しかし、那珂氏の計算を追試してみると、やや異なった結論が出る。

　那珂氏は、日本・中国（金・南宋以前）・高麗・朝鮮の諸王については生年から生年までを計算して平均値を求め、元・明・清、三韓（後代の三韓であり、百済・高句麗・新羅のこと）の帝王については生年の知られない者があるということで、即位年から即位年までの平均値を算出しておられる。しかし、帝王としての在位年の平均値を算出するには、やはり全て即位年から即位年までの平均値で統一した方がよいと思われるので、これによって、今一度、那珂氏の拠った史料を計算し直してみよう。

　那珂氏は、A王からX王までの生誕年から生誕年、もしくは即位年から即位年までの年数nを、A王からX王までの直系の世数を数えてこの数値から1を引いた数により割って、毎世平均年数を算出している。この方法は、安本美典氏流の曖昧な方法を排しており、正しい割り算である。

　原理的には、次図に見るごとく、生誕年から生誕年までの年数をnとしても、即位年から即位年までの年数をnとしても、いずれによっても、平均値としては同じ数値が算出されるはずである。しかし、実際に計算してみると、多くの場合、後者の方が前者より小さ

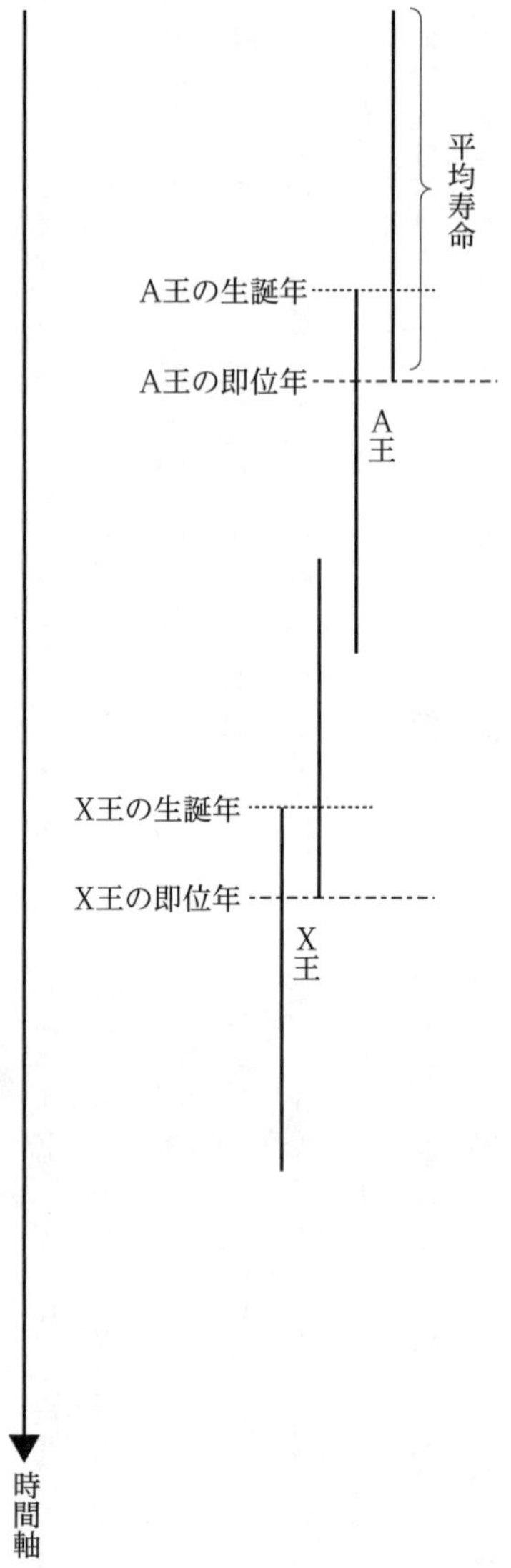

い数値となる。

那珂氏の用いた史料について、計算結果を比較してみると、次頁の表の通り。かっこ内の数値は即位の西暦年。那珂氏計算による平均一世年数を最下段に示した。そのすぐ上の段には、即位年から即位年までの年数によって改めて計算し直してみた「平均在位年」を小数点以下一位まで示した。「平均在位年」の意味は、当節本文の通りである。

那珂氏の計算や記述には、誤謬・誤植が多いので、いちいち指摘しないが、たとえば、元太祖聖武皇帝から第十四代（第十五代の誤り）恵宗皇帝までは、直系八世あるので、一二七年を七で割って平均在位年は一八・一年（＊印）となるはずであるが、那珂氏はこれを七世と数え間違えており、そのためもあって、平均一世年数が二六年と多めに出ている（即位年で計算すれば、一二七年を六で割ると二一・二年のはずだが、那珂氏は生誕年という伝説的数値を用いているので、更に長くなってしまっている）。

那珂氏が平均年数の最も普通なるは二十五、六年から三十一年の間にあると指摘したのは、左表最下段の結果のみ見れば、その通りであるが、この結果から、平均、約三十年という数値を推奨するわけにはゆかない。平均二十五、六年といったところが穏当なはずである。しかし、これでも実は大きすぎる数値である。

即位年から即位年までの年数によって数え直してみたすぐ上の数値を見ると、一代平均在位年は、およそ、十八、九年から二十四、五年、長くて二十九年ということになろう。三十年に達することはない。次の王をもうける平均年齢がたいていそのあたりにあったということである。

帝王の範囲	直系世数	平均在位年	那珂氏平均一世年数
漢太祖高皇帝（紀元前二〇二）ヨリ第二十三代孝献皇帝（一八九）	十六世	二六・〇	三一
後魏太祖道武皇帝（三八六）ヨリ第十二代文皇帝（五三二）	九世	一八・三	一七
唐高祖神堯皇帝（六一八）ヨリ第二十代哀皇帝（九〇四）	十四世	二二・〇	二五
遼太祖天皇帝（九一六）ヨリ第九代天祚皇帝（一一〇一）	九世	二三・一	二五
宋太祖皇帝（九六〇）ヨリ第十八代祥興帝（一二七八）	十三世	二六・五	二九
金太祖武元皇帝（一一一五）ヨリ第九代哀宗皇帝（一二二三）	六世	二一・六	二六
元太祖聖武皇帝（一二〇六）ヨリ第十四代恵宗皇帝（一三三三）	八世	一八・一（＊）	二六
明太祖高皇帝（一三六八）ヨリ第十七代毅宗皇帝（一六二七）	十二世	二三・五	二六
清太祖高皇帝（一六一六）ヨリ第十一代徳宗皇帝（一八七四）	十世	二八・七	三五
百済第十三代近肖古王（三四六）ヨリ第三十二代餘豊（六六二）	十七世	一九・八	二四
高句麗第十一代東川王（二二七）ヨリ第二十八代宝蔵王（六四二）	十六世	二七・七	二八
新羅第十七代奈勿尼師今（三五六）ヨリ第五十六代敬順王（九二七）	二十一世	二八・六	二九
高麗太祖神聖王（九一八）ヨリ第三十代忠定王（一三四八）	十六世	二八・七	三一
朝鮮太祖康献王（一三九二）ヨリ第二十六代高宗王（一八六四）	二十世	二四・八	二七

しかも、およその傾向として、時代を遡るにつれ、平均在位年は短くなる傾向が窺われる。西暦一世紀から四世紀ごろの直系系譜に応用するための平均在位年としては、できるだけこの時代に近い皇帝の平均在位年が知りたいわけであるが、これに近い数値を与えるであろうと思われるのは、後魏太祖道武皇帝から第十二代文皇帝まで直系九世について計算された一八・三年、もしくは百済第十三代近肖古王から第三十一代義慈王の子餘豊まで直系十七世について計算された一九・八年といった数値あたりではあるまいか。この数値は、まさに、拙稿後節（第四節）で求める数値、十八・八年にほぼ同じである。

なお、漢太祖高皇帝（前漢の太祖）から第二十三代孝献皇帝（後漢第十四代献帝か）までの世数は、『漢書』・『後漢書』が語る系譜記録を信じる限りでの話であって、おそらくは、後漢光武帝劉秀の出自には多くの錯誤が含まれているのではなかろうか。当時の一代平均在位年が、二六・〇年であったとは、信じがたいのである。仮に前漢の景帝につながるという劉秀の系譜が正しかったとしても、王統から遠く離れた父系を辿ってたどり着く劉秀を計算に含むこと自体が、王の在位年を算出するには、不適合だと見るべきかも知れない。実際、前漢の高祖（紀元前二〇二年即位）から第十五代孺子嬰（西暦六年即位）まで、直系十一世については、一代平均在位年は二〇・七年と出る。また、当の劉秀即ち後漢光武帝（二十五年即位）から後漢第十四代献帝（一八九年即位）まで、直系八世についでは、一代平均在位年は、二三・四年と出る。せいぜいこのあたりが穏当な数値であろう。劉秀を含んで前漢・後漢を連綴して計算したから、二六・〇年などという、この時代にふさわしからざる数値になったのである。

新羅については、これが新羅第十七代奈勿尼師今（三五六年即位）から第五十六代敬順王（九二七年即位）という比較的古い世系を用いながらも、一世平均が二八・六年というかなり大きい数値となっている。新羅第十七代奈勿尼師今から第二十一代炤知麻立干（四七九年即位）までの直系四世については、一世平均四一年と算出され、第二十七代善徳王（六三二年即位）までの直系十世については、一世平均三〇・七年と算出される。つまり、時代を遡るにつれて一世平均年数が長くなっている。おそらく、古い時代の王統系譜に、より多くの虚偽が存在するのである。

なお、百済の場合、最後の第三十二代餘豊（＝豊璋）は、百済滅亡時に変則的に即位した王であったので、これを除いて、第三十一代義慈王（六四一～六六〇年）までの直系十六世について計算するべきかもしれない。しかし、こちらで計算しても、平均在位年は一九・七年であり、餘豊を入れた場合の一九・八年とほとんど変わりはない。

また高句麗については、在位七十八年の長寿王（四一三～四九一年）を含むため、例外とし、比較対象から除いた。因みに長寿王を外した平均在位年は二四・一年となり、東川王から長寿王まで直系九世による平均在位年は二三・三年である。

第二節　『古事記』崩年干支と、倭の五王および『古事記』の「寓意の構造」

『古事記』には、計十五人の天皇について、次のように崩年干支が記されている。最下段は日本書紀の崩年月日である。『古事記』の崩年干支については、真福寺本と鈴鹿登本を底本とし、両者で文字が異なる場合は、「三／二」のように真福寺本／鈴鹿登本の順に示し、一方が空字の場合は「(三日／)」や「(也／)」のように記した。

	天皇漢謚号	崩年干支		従来説西暦年	日本書紀崩年月日
第十代	崇神天皇	戊寅年十二月崩	分注	三一八年（二五八年説あり）	辛卯年（紀元前三〇年）十二月壬子（五日）
第十三代	成務天皇	乙卯年三月（三日／）十五日崩也	分注	三五五年	庚午年（一九〇年）六月己卯（十一日）
第十四代	仲哀天皇	壬戌年六月十一日崩也	分注	三六二年	庚辰年（二〇〇年）二月戊申（六日）
第十五代	応神天皇	甲午年九月九日崩	分注	三九四年	庚午年（三一〇年）二月戊申（十五日）
第十六代	仁徳天皇	丁卯年八月十五日崩也	本文	四二七年	己亥年（三九九年）正月癸卯（十六日）
第十七代	履中天皇	壬申年正月三日崩	本文	四三二年	乙巳年（四〇五年）三月丙申（十五日）
第十八代	反正天皇	丁丑年七月崩	本文	四三七年	庚戌年（四一〇年）正月丙午（二三日）
第十九代	允恭天皇	甲午年正月十五日崩	本文	四五四年	癸巳年（四五三年）正月戊子（十四日）
第二十一代	雄略天皇	己巳年八月九日崩也	分注	四八九年	己未年（四七九年）八月丙子（七日）
第二十六代	継体天皇	丁未年四月九日崩（也／）	本文	五二七年	辛亥年（五三一年）二月丁未（七日）
第二十七代	安閑天皇	乙卯年三月十三／二日崩	本文	五三五年	乙卯年（五三五年）十二月己丑（十七日）
第三十代	敏達天皇	甲辰年四月六日崩	本文	五八四年	乙巳年（五八五年）八月己亥（十五日）
第三十一代	用明天皇	丁未年四月十五日崩	本文	五八七年	丁未年（五八七年）四月癸丑（九日）
第三十二代	崇峻天皇	壬子年十一月十三日崩（也／）	本文	五九二年	壬子年十一月乙巳（三日）
第三十三代	推古天皇	戊子年三月十五日癸丑（日／）崩	本文	六二八年	戊子年三月癸丑（七日）

この表で、第十代、第十三代などとあるのは、記紀が伝える天皇の世代数に依っている。神武天皇を初代とする数え方なので、史実ではないが、慣例により記したまでである（序論第一節の系図①参照）。

天皇名は漢謚号で示した。謚号とは死後に贈られる尊称、「おくりな」のこと。漢謚号とは、漢語による謚号の意味だが、記紀が編纂された時代には、漢謚号はまだ無く、和風の謚号すなわち、和謚号のみが用いられていたとするのが通説である。たとえば、崇神天皇は、ミマキイリヒコイニヱの命（ミコト）、成務天皇は、ワカタラシヒコの天皇（スメラミコト）などと、長い和謚号をもって記紀には記されている。しかしここでは、簡単のために漢謚号で示すのである。以下でも必要以外は専らこの漢謚号を用いることとする。

　崩年干支の下に「分注」または「本文」と記したのは、これらの崩年干支が、『古事記』において、分注として記されていたか、本文として記されていたかの区別を示している。

　たとえば崇神天皇については崇神記末尾に、「天皇御歳、壹佰陸拾捌歳戊寅年十二月崩」とあり、「戊寅年十二月崩」は、本文ではなく、分注として記されている。他方、仁徳天皇については、仁徳記末尾に、「此天皇之御歳、捌拾参歳。丁卯年八月十五日崩也」とあり、崩年干支月日は本文として記されている。

　ただし、この分注か本文かの区別は、『古事記』の古写本ごとに異なっている。『古事記』の古写本には、いくつかの系統があるが、詳細は割愛する。ここでは、崩年干支の分注・本文の別は、鈴鹿登本（兼永筆本）を初めとする、いわゆる卜部家本系の古写本に共通する所に従ったということのみ、ことわっておく。最古の古写本とされる真福寺本は、全ての崩年干支を分注として伝えるが、真福寺本は、元来、分注と本文の別があったものを、あえて統一してしまったと考えられる。

　この点も含めて、『古事記』の天皇崩年干支に、元来、分注・本文の別があったであろうこと、そもそも、この崩年干支が、『古事記』原典にはじめから記されていたであろうことについては、別稿に、『古事記』の「寓意の構造」を明らかにする過程で詳論する予定であるが、結論を先取りして述べておくと、崩年干支のこのような分注・本文の区別は、『古事記』を貫徹しているある特殊な「寓意の構造」の下でもたらされたものであろうと考えられるのである。

崩年干支が最初に本文扱いとなるのは、仁徳天皇の崩年干支、丁卯年からであるが、丁卯年とは、『古事記』の「寓意の構造」にとっては特別の年である。すなわち、これは、西暦七世紀の後葉に起こった、かの壬申乱において、大海人皇子（オホアマのミコ）によって滅ぼされる大友皇子（オホトモのミコ）が、はじめて太政大臣になったと『懐風藻』が伝え、これが確かに史実であろうと推断される年である。それがため、特にここから本文扱いとされた可能性が高い。しかも、次の崩年干支が、履中天皇の崩年干支、壬申年である。『古事記』の「寓意の構造」にとって、この壬申年こそが、寓意の中心、基本中の基本である。『古事記』が自らの「寓意」のありかを、崩年干支の分注から本文への切り替えに託しつつ、ここで密かに開示していると推測できる。

『古事記』の「寓意の構造」という、聞き慣れない言葉をここで用いたが、『古事記』が、その胎内に密かに宿すこの「寓意の構造」こそ、『古事記』を読み解く上の基本であるので、ここで特に先取りして触れたのである。

その『古事記』の「寓意の構造」において、履中天皇の崩年干支である壬申年とは、壬申乱の年を寓意・示唆するものである（なお、これも下に論じるところを先取りしていえば、従来、いわゆる壬申乱を西暦六七二年の戦乱とするが、実は壬申乱の壬申年とは、従来説より一年を下った六七三年である。干支年と西暦年との間の対応につき、通説の対応と異なり、一年のずれの生じる可能性があることを指摘しつつ独自の研究を推し進めたのは、友田吉之助博士である。同氏著『日本書紀成立の研究』〔風間書房〕参照）。

『古事記』の「寓意の構造」とは、ひたすらこの壬申乱を正当化する目的を持って構築された特殊な構造のことである。『古事記』は、寓意に満ちた独特の仕掛けを組み込みながら、数々の寓意文字を駆使して造り上げられた密かで壮大な体系を宿す天下の奇書である。

壬申乱は、天智天皇が崩じた翌年に、天智天皇の長子、大友皇子と、天智天皇の弟、天武天皇こと大海人皇子の間で争われた、皇位争奪戦争である。当時の大和朝廷が、大海人皇子の東軍と、大友皇子の西軍に分かれ、親族同士さえもが敵味方に分かれて戦った争いである。この悲劇の大乱は、壬申年（じんしんの年、みずのえさるの年）に起こったので、壬申乱とよばれる。

この壬申乱および壬申乱の前後史が、『古事記』の「寓意の構造」に深く結びついており、壬申乱史の解明が、『古事記』の「寓意の構造」の解明に役立ち、また逆に、『古事記』の「寓意の構造」の解明が、壬申乱史、壬申乱前後史の解明に役立つ、という関係がある。

たとえば、大友皇子が、丁卯年に、はじめて太政大臣に拝命されたことは、『懐風藻』のみに伝えられ、『日本書紀』には記述がない。これがため、『懐風藻』の記事の方が古来疑問視されてきたのであるが、『古事記』の「寓意の構造」を研究することで、『懐風藻』こそ真実を伝えており、『日本書紀』は、これを伏せて、史実を改竄したことが証明できる。この丁卯年は、従来説による限り、天智六年すなわち西暦六六七年にならざるを得ないが、実は、これも一年を下った天智七年、西暦六六八年、つまり、天智天皇即位の年であることがわかる（拙著『日本書紀編年批判試論』〔東京図書出版〕参照。この修正補足版が前掲拙著『6～7世紀の日本書紀編年の修正――大化元年は646年、壬申乱は673年である――』である）。この年、大海人皇子は皇嗣であることを保証された東宮となっているが、大友皇子は、天皇代理たる太政大臣を拝任して、その東宮の上に位置する立場を与えられたのである。このことが壬申乱の原因の一つになった。『古事記』崩年干支が初めて本文となるや、丁卯年、次いで壬申年と続くところに、偶然の一致を利用したものではあろうが、深甚なる意味が示唆寓意されているのである。

『古事記』は、この丁卯年、つまり、ひのとのうさぎ年を、たとえば菟によって寓意しつつ物語を構成していることが知られる。すなわち、『古事記』では、稲羽（イナバ）の素兎（シロウサギ）の説話において、菟が確かに、丁卯年の大友皇子太政大臣拝命の事件と密着させつつ語られていることが確認されるのであるが、こうした寓意の実体を詳しく研究することで、右に述べた事柄の証明が可能となるのである。

たとえば真福寺本はこの段で、菟字を、草冠を二つ重ねた不思議な異体字で記している。草冠は、『古事記』の「寓意の構造」においては、葛城（カヅラキ）皇子＝中大兄（ナカのオホエ）皇子＝天智天皇の葛に因む草冠であり、これを二つ重ねるとは、うさぎ年に天智天皇とその代理である大友太上大臣の二人が重なって天皇権を行使することになった次第を暗示寓意するのである。この不思議な菟の異体字は、『古事記』の字体の重要性を示す一例であり、『古事記』研究においては、必ず手書き本の字体によって、原型の字形を探りながら研究する必要があることを示す例でもある。『古事記』研究に、活字本だけを用いるのは避けなければならない。

蛇足ながら、寓意、寓意といって、なおまだ釈然としない読者のために、『古事記』の宿す寓意の、端的な具体例を、ここでやはり先取りしていくつか紹介しておきたい。

『古事記』における寓意のもっとも分かりやすい実例として、たとえば、『古事記』冒頭に登場する神々の体系がある。『古事記』は、冒頭で、「別天神五柱」と「神世七代」を掲げる。従来これは中国の三、五、七という陽数の観念に影響されたもの、と解釈されて、それ以上の考察はなされていないが、実のところ、この「別天神五柱」と「神世七代」の体系は、天武朝における冠位体制に一致している（詳しくは拙著『古事記の秘める数合わせの謎と古代冠位制度史』〔幻冬舎〕参照）。

冠位制度というのは、皇族・諸臣を、冠の色によって区別された位階によってランク付けし、ランク付けされた各人を、それぞれのランクに応じた中央・地方の官職に任じるための、ピラミッド型の身分制度である。古代律令国家の屋台骨ともいうべき制度である。日本における冠位制度のはじまりは、推古朝の冠位十二階であるが、これには皇族の位階は含まれていなかった。皇族への位階の授与は、近江令冠位制度を嚆矢とする。

壬申乱後、天武朝の冠位制度は、皇親たちの諸王には、一位から五位までの位階を与え（これは近江令冠位制度を継承したものである）、臣下たちには、近江令制より前に継続していたものの復活である織冠から建冠まで七色の冠位を与えるという、諸王五位・諸臣七色の冠位体制をもって始まっている。

そこで、『古事記』の「別天神五柱」とそれに続く「神世七代」であるが、「別天神五柱」はその諸王五位制に対応し、「神世七代」は諸臣七色制に対応する、という「寓意の構造」がある。

更に、諸王五位制につき、一位から三位までと四位・五位との間には、死去に際して、前者には薨、後者には卒が用いられるというように、身分の上で区別が付けられているが、同様に「別天神五柱」では、最初の三柱と次の二柱の間に区切りがつけられている。

また、諸臣の七色冠位制については、初めの織冠と縫冠には内位のみがあるのに対して、次の紫冠から建冠までの五色の冠位には、内位と外位からなる対構造があったと考えられ、この諸臣位の構造に正確に対応して、神世七代も、初めの二神は単独で一代と数えられるのに対して、次の五代は男女一対で一代と数えられ、対構造がある。つまり、『古事記』冒頭の「別天神五柱」と「神世七代」は、その構造まで含めて、天武朝の冠位体制であった諸王五位・諸臣七色冠位体制そのものの寓意となっているのである。

『古事記』冒頭に、天武朝冠位制度が寓意されるのはなぜか。壬申乱を経て成立した天武朝の、その屋台骨とも言うべき冠位体制を、神世の初発の構造と同一視することによって、天武朝そのものを権威付け、その正当性を密かに呪定せんとしたのである。

この一事をもってしても、『古事記』が天武朝に成立したこと、しかも浄御原令による新たな冠位制度が成立するより以前には成立していた（ほぼ成立していた）ことが、確認できる。

さらに、『古事記』は、「別天神五柱」と「神世七代」の次に、イザナギ・イザナミ二神による国土生成神話を語るが、この国土生成次第が、冠位制度の成立史そのものに一致している。

推古朝における冠位十二階制度にはじまり、天智朝の（旧）甲子年に大海人皇子による宣命（いわゆる甲子の宣）によって定められた冠位制度に至る、冠位制度の発達史、都合四度にわたる冠位制度制定史を、『古事記』の語る国土生成次第は、そっくりそのまま踏襲する。すなわち、『古事記』の語る国土生成神話は、水蛭子（ヒルコ）、淡嶋（アハシマ）の失敗を経て、大八嶋国の生成、そうして、六嶋の付加に至る、全四行程からなっているが、これは、甲子年の冠位制度に至る四度の冠位制度制定・改定史に正確に一致するのである。詳しくは前掲拙著（『古事記の秘める数合わせの謎と古代冠位制度史』）を参照されたい。

『古事記』の「寓意の構造」についてさらに分かりやすい具体例を挙げておくと、大海人皇子＝オホアマ（つづまれば、オハマ）のミコの名の本体は、アマにあるが、『古事記』では、アマと訓む天の字は、オホアマのミコを示唆寓意する文字である。また、壬申乱では、大海人皇子の長子、高市皇子が、大海人皇子とともに軍事を指揮し、大海人皇子・高市皇子両者がともに軍を指揮して近江朝を滅ぼすのであるが、この高市皇子の名の、高という字は、『古事記』では高市皇子に因み、大海人皇子に皇位を齎すものを寓意する文字として使われている。このように、特定の寓意をもって使用される文字を寓意文字と呼ぶ。アマと訓む天の字や高の字は、ともに、『古事記』の寓意文字である。

たとえば、『古事記』が語る、天（アマ）照大御神と高御産巣日神、亦の名、高木神による葦原中国平定神話は、大海人（オホアマ）皇子と高市皇子軍による近江朝の平定、つまり壬申乱そのものを寓意する神話となっている。

『古事記』が、神代の物語になみなみならぬ情熱を注いでこれを構築していることについては、神という文字の宿す寓意を考え併せてよい。神という文字を偏（ヘン）と旁（ツクリ）に分解してみると、申を示す、と分解できる。申を示すとは、壬申乱を示唆する、という寓意である。

『古事記』の「寓意の構造」は、こうしたこまかな事柄を含めて、深々と練り込まれた壮大な構造をもって、千三百年の長きにわたり、『古事記』の胎内深く隠され続けてきた。その実体を解明してゆくと、そこから、天武朝権力の内側に潜むある性格を嗅ぎ取ることすらできる。壬申乱によって、すなわち大量殺人によって権力を手中にした側の、隠された執念ないしコンプレックスの一特徴を嗅ぎ取ることができる。

閑話休題、『古事記』の「寓意の構造」について、少し先取り的に触れたが、ともあれここでは、そうした「寓意の構造」と深く関与しつつ、崩年干支の分注・本文の別もあったと思われるということを注意しておきたい。しかも、これが決して後年の注記の混入などではなく、『古事記』に初めから記されていた記事であったであろうこともこの方面から確認できることを指摘しておきたい。『古事記』には、この崩年干支が、確かに元来、分注と本文の別をもって、つまり、一見すると甚だ不統一な体裁でもって記されていたであろうことが確認されるといえるのである。分注・本文の区別がはなはだ不統一に見えるのは、その背後に特殊な『古事記』流の寓意の意図が込められていたが故であると考えられる。

さて、この崩年干支記事は信用できるであろうか。ここで月日の信憑性についてはひとまず等閑視したい。月日については、天武天皇の寓意を帯びて語られる応神天皇の崩御月日が、天武天皇の崩御月日たる九月九日に一致していたり、十五日という崩日が都合五例見えるなど、不自然な点がある。そこでここでは干支年のみを問題にする。

田中卓博士は、はやくに、中国史書に載るいわゆる「倭の五王」記事とこの崩年干支との整合性を確認することで、この崩年干支の信憑性を主張された（前掲『日本国家の成立と諸氏族——田中卓著作集２』第四章「古代天皇の系譜と年代」参照）。

私も、かつて、本質的には田中氏と同じ論拠によって、同様の主張を拙著『古事記考』（ＢＯＣ出版）に載せたが、このとき、無学にもこの田中氏の研究を知らぬまま発表した。ここに反省するとともに、先学の研究に、改めて敬意を表する次第である。

　さて、「倭の五王」と崩年干支との比較であるが、先ず初めに、拙著『古事記考』に載せたところを「旧説」として再論する形で、述べておく。この論法によるのが、もっとも分かりやすく、中国史書が、どこをどのように誤解しているかについても、把握しやすい。ただし、この旧説には問題がある。『古事記』の崩年干支を、現行干支紀年法によって、つまり、『日本書紀』が則っている干支紀年法によって、西暦年に換算している点である。実は、『古事記』の用いた干支は、現存『日本書紀』の用いる干支、つまり現行干支ではなく、それより一年引き下げられた干支であった可能性の高いことが、友田吉之助博士の『日本書紀成立の研究』を学ぶことによって知られる。この点は、旧説を再論した後に、改めて述べよう。

表A

代数	天皇	『古事記』崩年干支の従来説換算西暦年
第十五代	応神天皇	三九四年九月九日
第十六代	仁徳天皇（讃）	四二七年八月十五日
第十七代	履中天皇（倭国王）	四三二年正月三日
第十八代	反正天皇（珍）	四三七年七月
第十九代	允恭天皇（済）	四五四年正月十五日
第二〇代	安康天皇（興）	
第二十一代	雄略天皇（武）	四八九年八月九日
第二十二代	清寧天皇	
第二十三代	顕宗天皇	
第二十四代	仁賢天皇	
第二十五代	武烈天皇	（五〇六年十二月八日崩……ただし『日本書紀』による）

　問題となる天皇の崩年干支の（従来説による）換算西暦年と、中国史書の「倭の五王」に関する記事、および「倭の五王」の系図を掲げる。**表A**、**表B**、**図C**である。

　中国史書にいう「倭の五王」とは、**表B**に見るごとく、年代順に、讃、珍、済、興、武の五王のことである。これらが、記紀にいう、どの天皇

表B　中国史書における「倭の五王」記事

四一三年	倭国、方物を献ず。	（『晋書』安帝紀）
不明年	安帝の時（三九六～四一八年）、倭王**賛**あり。	（『梁書』倭伝）
不明年	安帝の時、倭王**讃**あり、使いを遣わし朝貢。	（『南史』倭国伝）
四二一年	倭の**讃**、萬里修貢す。	（『宋書』倭国伝）
四二五年	**讃**、また司馬曹達を遣わし表を奉り方物を献ず。	（『宋書』倭国伝）
四三〇年一月	**倭国王**、使いを遣わし方物を献ず。	（『宋書』文帝紀）
四三八年四月	倭国王**珍**を安東将軍とする。	（『宋書』文帝紀）
不明年	**讃**死して弟**珍**立つ。使いを遣わし貢献。自ら使持節都督・倭・百済・新羅・任那・秦韓・慕韓六国諸軍事安東大将軍倭国王を称す。**珍**を安東将軍倭国王に除す。	（『宋書』倭国伝）
四四三年	倭国使いを遣わし方物を献ず。	（『宋書』文帝紀）
四四三年	倭国王**済**、使いを遣わし奉献。復た以て安東将軍倭国王とす。	（『宋書』倭国伝）
四五一年	（倭王に）使持節都督・倭・新羅・任那・加羅・秦韓・慕韓六国諸軍事を加う。安東将軍もとの如し。	（『宋書』倭国伝）
四五一年七月	安東将軍倭王倭**済**を安東大将軍に進む。	（『宋書』文帝紀）
不明年	**済**死す。世子**興**、使いを遣わし貢献。	（『宋書』倭国伝）
四六〇年十二月	倭国、使いを遣わし方物を献ず。	（『宋書』孝武帝紀）
四六二年三月	倭国王世子**興**を安東将軍とす。	（『宋書』孝武帝紀）
四六二年	倭王世子**興**を安東将軍倭国王とすべし。	（『宋書』倭国伝）
不明年	**興**死し、弟**武**立ち、自ら使持節都督・倭・百済・新羅・任那・加羅・秦韓・慕韓七国諸軍事安東大将軍倭国王を称す。	（『宋書』倭国伝）
四七七年十一月	倭国使いを遣わし方物を献ず。	（『宋書』順帝紀）
四七八年五月	倭国王**武**、使いを遣わし方物を献ず。**武**を安東大将軍とす。	（『宋書』順帝紀）
四七八年	（武）上表す。**武**を使持節都督・倭・新羅・任那・加羅・秦韓・慕韓六国諸軍事安東大将軍倭王に除す。	（『宋書』倭国伝）
四七九年	倭王**武**を鎮東大将軍とす。	（『南斉書』倭国伝）
不明年	斉の建元中（四七九～四八二）、**武**を持節督・倭・新羅・任那・伽羅・秦韓・慕韓六国諸軍事鎮東大将軍に除す。	（『梁書』倭伝）
五〇二年四月	鎮東大将軍**武**を征東大将軍に進む。	（『梁書』武帝紀）
五〇二年四月	**武**を征東大将軍に進む。	（『南史』倭国伝）

図C 「倭の五王」の系図（かっこ内は結論を先取りして示した対応する「倭の五王」）

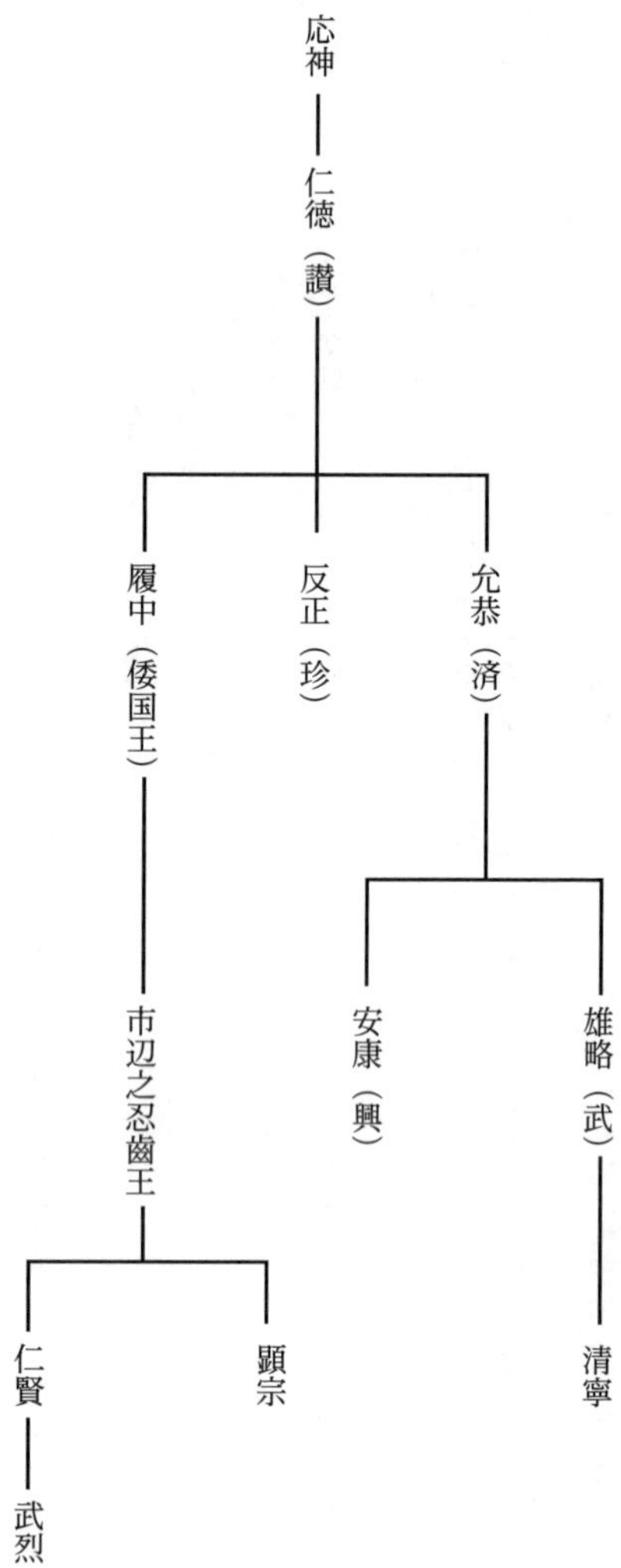

に当たるかが古来の問題であった。事を難しくしていたのは、中国史書が、日本の天皇の親族関係について、必ずしも正しく把握していなかったことによる。

この比定問題を解くための最短経路が、『古事記』の崩年干支を用いる方法である。『古事記』崩年干支を正しいと仮定して、この比定問題がうまく解けるかどうかを見てみる。すなわち、**表A**を基準にして、**表B**を裁く（論理学には、ある命題が正しいとして、矛盾が導ければ、もとの命題は正しくない、という論法があり、帰謬法と称する。他方で、ある命題が正しいと仮定して、正しい結論が得られても、だからもとの命題が正しいとは、必ずしも言えない。しかし、われわれは、このあとの方の論法を用いて、その正しい結論の内容から、もとの命題の確からしさを、推定しよ

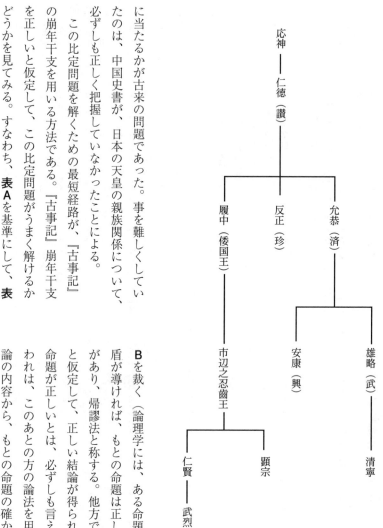

うとする。これは一種の実証科学的な仕事であり、堅い数学的な論理学上の正しさに頼ろうとするわけではない。仮説がどの程度のことを矛盾なく説明できるかによって、仮説の確からしさを推測するという、物理学的仕事と同軌である）。

まず**表B**の賛＝讃。讃は西暦四一三年から四二五年の間に実在した倭王であるから、これは**表A**によって、三九四年から四二七年の間の倭王であったはずの仁徳天皇でなければならない。

表Bの次の王は、四三〇年に見える「倭国王」であるが、名が示されていない。しかし、**表A**によれば、これは、四二七年から四三二年の間の倭王であったはずの履中天皇でなければならない。

問題は、四三八年四月と、不明年の、珍である。『宋書』倭国伝は、珍を、讃すなわち仁徳天皇の弟だと言うが、仁徳天皇の弟に天皇はいない。従ってこれは『宋書』倭国伝の誤りである。この誤伝の発生理由はのちに述べる。

その珍の使者は、四三八年四月に、宋の文帝に謁見し、珍への安東将軍なる称号を受けている。ゆえに珍は、**表A**によって四三七年没とされる反正天皇か、次代の允恭天皇かのいずれかでなければならない。ところが、**表B**の四四三年と四五一年七月の倭国王済が、**表A**によって、四三七年から四五四年の間の倭王であったはずの允恭天皇でなければならないので、允恭天皇が済であるなら、珍は反正天皇でなければならない。

珍＝反正天皇の使者は、従って、従来説西暦換算による限り、珍の死後に、宋の文帝より、珍への称号を受けていたことになる。これは矛盾である。しかし、珍の生前に日本を出発した使者が、はるばると、宋の都、建康に着き、文帝に謁見するまでの期間が、四三七年七月（以前）から四三八年四月までの九カ月（以上）という長きに及んだ可能性を考えてこの矛盾を回避することができるかもしれない。実際、旧説では、そのように考えた。反正天皇没後、允恭天皇が、しばらく即位を躊躇していたと記紀の伝えていることも考え併せられた。ともあれ、何らかの事情で、反正天皇没後に、中国の地で、反正天皇への称号の仮綬があったものと考える他はないということになった。そうしてかえってこのことは、反正天皇の崩年干支の、一年とたがわぬ正確さを証明するものともなりうる、と旧説では考えた。

表Bにみえる次の倭王は、不明年と四六二年にみえる、済の子、興と、不明年および四七八年以降にみえる、興の弟、武である。この二名は、**表A**によれば四五四年から四八九年の間に倭王であったはずの、安康天皇と、雄略天皇の二名でなければならない。従って、興が安康天皇で、武が雄略天皇である。すると、興＝安康天皇は、中国史書の言うとおり、たしかに済＝允恭天皇の子であり、武＝雄略天皇は、たしかに、興の弟であり、この点、記紀の伝える系譜関係と中国史書のそれとは整合しており、したがって興＝安康天皇、武＝雄略天皇という両倭王の比定は動くまい。

問題は、五〇二年の武である。この武は、**表A**による限り、四八九年に崩じている雄略天皇ではあり得ない。清寧天皇から武烈天皇までのいずれかの天皇か、雄略天皇への死後進号か、中国史書の誤謬か。雄略天皇の和謚号、大長谷若建（オホハツセワカタケル）命と、武烈天皇の和謚号、小長谷若雀（ヲハツセワカサザキ）命の類似による中国側の誤認があったのであろうか。未詳とするほか無い。

以上で、倭の五王に対する比定は完了するのであるが、この比定法で最も重要なのは、**表B**四三〇年の漢号なき「倭国王」を、履中天皇に比定し、次の珍に関して中国史書のいう続柄「讃死して、弟珍立つ」を、『宋書』倭国伝の誤謬と考える部分である。この誤謬が生じた理由は次のように自然に理解できる。

四二五年の讃、四三〇年の倭国王、四三八年の珍の正しい続柄は、讃、その子倭国王、倭国王の弟珍、という具合である。『宋書』倭国伝は、この一連の続柄の中間項である倭国王を何らかの事情で勘定し忘れ、讃と、倭国王の弟珍とを、短絡させたのである。

たとえば、単に、「倭国王弟珍」とあった資料によって、その倭国王を讃だと誤解した結果だと考えれば理解しやすい。

某死し某立つ、あるいは某死し某使いを遣わす、という型の記事は、いずれも『宋書』中、倭国伝に見られる。先王の死と、次代の王および両者の続柄を明示するという、一定の型を持つ記事である。そうしていずれも年代の明記されぬ不明年記事である。『宋書』倭国伝の編纂に至るある時点で、この型の記事を整える折に、右の如き混乱が生じたものと考えられる。

以上に依ってみれば、五〇二年の武を等閑視すると、倭の五王とは、実は倭の六王であったということになる。仁徳、履中、反正、允恭、安康、雄略という連続した六代の天皇が、それぞれ必ず一度は中国に遣使したとすれば、四三〇年の漢号無き倭国王が履中天皇であったであろうことはほぼ疑いが無く、倭の五王が実は倭の六王であったこともまた、ほぼ疑いがないであろう（『梁書』倭伝には「賛死し、弟彌立つ。彌死し、子の済立つ」とあるが、彌は珍の誤伝であろうし、珍と済の続柄は『宋書』に明記無く、後世の誤った解釈にすぎまい）。

さて、倭の六王と『古事記』崩年干支の従来説換算西暦年は、次表のごとくに並ぶ。

崩年干支の従来説換算西暦年と倭の六王の年代的関係の表

三九四年　応神天皇崩
　四一三年　讃（仁徳）
　四二〇年　讃（仁徳）
　四二五年　讃（仁徳）
四二七年　仁徳天皇崩
　四三〇年　倭国王（履中）
四三二年　履中天皇崩
四三七年　反正天皇崩
　四三八年　珍（反正）
　四四三年　済（允恭）
　四五一年　済（允恭）
四五四年　允恭天皇崩
　四六二年　興（安康）
　四七八年　武（雄略）
　四七九年　武（雄略）
四八九年　雄略天皇崩

これを見ると、『古事記』崩年干支による従来説換算西暦崩年は、中国史書の倭の六王を、十分鋭く分離していることが分かる。とりわけ、四二五年の讃（仁徳）と四三〇年の倭国王（履中）とを分離するところの、仁徳天皇崩年四二七年や、四三〇年の倭国王（履中）と四三八年の珍（反正）とを分離するところの、履中天皇崩年四三二年、さらには、四五一年の済（允恭）と四六二年の興（安康）とを分離する允恭天皇崩年四五四年などは、十分に鋭く正確に倭の六王の実年代の分離を果たしている。

以上によって、『古事記』崩年干支は極めて信頼度の高い伝承であり、実年代比定のため十分利用に耐えると考えられる。

さて、ここまでは、旧著の旧説によって、倭の五王、実は六王と『古事記』の崩年干支年を比べてみたのであるが、このように、倭の六王と『古事記』の崩年干支が極めて良好な整合性を示すだけに、やはり、反正天皇の崩年干支による換算西暦年、四三七年七月と、同じ反正天皇であるはずの珍の安東将軍仮綬年、四三八年四月の、九カ月に及ぶ逆転は気になる。やはり、反正天皇の崩去前に出発した使者が、九カ月以上経った後、ようやく文帝に謁見したのであろうか。

『古事記』の用いた干支が、実は、『日本書紀』の用いた干支（すなわち現行干支）より、一年引き下げられた干支であったとすれば、この逆転の矛盾は氷解する。つまり、『古事記』の崩年干支によって西暦年を算出するとき、現行のものより、一年を引き下げて換算すれば、反正天皇の崩年月は、四三七年七月ではなく、四三八年七月ということになり、その三カ月前の四三八年四月に珍＝反正天皇が安東将軍を仮綬されたことと何の矛盾も生じないことになる。九カ月以上の長きを費やして、宋の都で使者がようやく文帝に謁見したという苦しい言い訳も必要ではなくなるのである。

『古事記』の用いた干支が、現行干支より一年を繰り下げられた干支であったことについては、改めて証明が必要であろう。次節で試みる。ここでは、『古事記』崩年干支の新たな換算西暦年と倭の六王の西暦年の整合性を、先の表と同一の表の修正版を示すことで、了解しておこう。中国史書の珍の記事のあとに『古事記』崩年干支による珍＝反正天皇の崩年が来る形となり、これは実に、自然である。

崩年干支の新換算西暦年と倭の六王の年代的関係の表

三九五年　応神天皇崩
　四一三年　讃（仁徳）
　四二〇年　讃（仁徳）
　四二五年　讃（仁徳）
四二八年　仁徳天皇崩
　四三〇年　倭国王（履中）
四三三年　履中天皇崩
　四三八年四月　珍（反正）
四三八年七月　反正天皇崩
（先の表とこの部分の順が異なっており、こちらの方が自然である。）
　四四三年　済（允恭）
　四五一年　済（允恭）
四五五年　允恭天皇崩
　四六二年　興（安康）
　四七八年　武（雄略）
　四七九年　武（雄略）
四九〇年　雄略天皇崩

当節冒頭に示した記紀の崩年干支の比較表を、『古事記』崩年干支の新換算西暦年によって、改めて示しておくと、次頁の表の通りである。

ところで、見るごとく『古事記』の崩年干支は、全ての天皇に付されてはいない。このことは、田中卓博士も主張するごとく、この十五名の崩年干支のみが正しいものとして『古事記』に特に伝えられていたからであると考えれば、却って、その信憑性を保証することになる。もし虚構の創作物であれば、全ての天皇に抜け目無く付与されている方が自然であろう。

『古事記』が「寓意の構造」を仕組む方法に関しても、この崩年干支において、その一端を垣間見ることがで

	天皇漢謚号	崩年干支		新説西暦年	日本書紀崩年月日
第十代	崇神天皇	戊寅年十二月崩	分注	三一九年	辛卯年（紀元前三十年）十二月壬子（五日）
第十三代	成務天皇	乙卯年三月（三日／）十五日崩也	分注	三五六年	庚午年（一九〇年）六月己卯（十一日）
第十四代	仲哀天皇	壬戌年六月十一日崩也	分注	三六三年	庚辰年（二〇〇年）二月戊申（六日）
第十五代	応神天皇	甲午年九月九日崩	分注	三九五年	庚午年（三一〇年）二月戊申（十五日）
第十六代	仁徳天皇	丁卯年八月十五日崩也	本文	四二八年	己亥年（三九九年）正月癸卯（十六日）
第十七代	履中天皇	壬申年正月三日崩	本文	四三三年	乙巳年（四〇五年）三月丙申（十五日）
第十八代	反正天皇	丁丑年七月崩	本文	四三八年	庚戌年（四一〇年）正月丙午（二三日）
第十九代	允恭天皇	甲午年正月十五日崩	本文	四五五年	癸巳年（四五三年）正月戊子（十四日）
第二十一代	雄略天皇	己巳年八月九日崩也	分注	四九〇年	己未年（四七九年）八月丙子（七日）
第二十六代	継体天皇	丁未年四月九日崩（也／	本文	五二八年	辛亥年（五三一年）二月丁未（七日）
第二十七代	安閑天皇	乙卯年三月十三／二日崩	本文	五三六年	乙卯年（五三五年）十二月己丑（十七日）
第三十代	敏達天皇	甲辰年四月六日崩	本文	五八五年	乙巳年（五八五年）八月己亥（十五日）
第三十一代	用明天皇	丁未年四月十五日崩	本文	五八八年	丁未年（五八七年）四月癸丑（九日）
第三十二代	崇峻天皇	壬子年十一月十三日崩（也／）	本文	五九三年	壬子年十一月乙巳（三日）
第三十三代	推古天皇	戊子年三月十五日癸丑（日／）	崩本文	六二九年	戊子年三月癸丑（七日）

きる。残された記録と齟齬を生じない程度に微妙な工夫を凝らす方法（ここでは例えば分注と本文の区別を付けることなどである。「也」字の有無についても、実は寓意が潜む可能性があるが、略す）が基本であり、記録が残されていない部分に、大胆な虚構を繰り入れる（例えば、応神天皇の崩去月日を九月九日にするなどである）といった方法である。言うまでもなく、真実と虚構、両者の弁別こそ『古事記』から史実を抽出しようとする場合、極めて微妙かつ重要な仕事になる。『古事記』崩年干支は、このように、辛うじて十五人の天皇についてのみ記された崩年干支であった。ところが、これに加えて、もう一人、垂仁天皇について、

その崩年干支が辛未年（現行干支紀年法では三一一年）であることが別系資料に伝えられている。いわゆる『住吉大社神代記』の伝える垂仁天皇崩年干支である。田中卓博士はこの崩年干支も正しいものだと主張される（前掲『田中卓著作集2』「四、古代天皇の系譜と年代」一六三頁以下参照）。

果たしてそうか？

この『住吉大社神代記』伝、垂仁天皇崩年干支の信憑性についても論じなければならないが、まずは、『古事記』の崩年干支にかかわる問題から、順に見てゆこう。

第三節　顓頊暦・旧干支紀年法・『古事記』・和銅日本紀・『日本書紀』および藤原・奈良朝派閥抗争史

当節では、『古事記』の記す十五人の天皇の崩年干支は、古代中国の秦帝国が公用していた「顓頊（センギョク）暦」に伴う古い干支紀年法、即ち現行干支紀年法より一年引き下げられた旧干支紀年法による干支年であろうことを証明したいが、まず、干支紀年法の初等的な事柄を復習しておこう。

【十干、十二支、六十干支】

今から三千数百年前の中国の殷王朝に遡る遙か昔より日にちと月とを表記するのに、十干と十二支とが用いられており、殷時代にやがてこれを組み合わせて、六十干支、いわゆる「えと」と呼ばれる順序数が考案され、これを用いて日を数えるようになった。この干支をもって年を紀するようになるのは、紀元前四世紀の戦国時代からとされる。甲寅（こういん、きのえとら）の年、とか、壬申（じんしん、みずのえさる）の年という具合である。

この習慣は現在も引き継がれており、たとえば平成十七年、西暦二〇〇五年は、乙酉（いつゆう、きのととり）の年であり、令和三年、西暦二〇二一年は辛丑（しんちゅう、かのとうし）の年である。これは現存『日本書紀』の干支紀年法をそのまま延長したものと同じである。この現行干支紀年法は、紀元前二世紀の末、前漢の武帝によって定められて現在に至っている。

十干は、五行説と結びつくが、前漢末頃に今日の様式のものに落ち着いたとされる。すなわち甲（こう・かつ）・乙（おつ・いつ）、丙（へい）・丁（てい）、戊（ぼ）・己（き）、庚（こう）・辛（しん）、壬（じん）・癸（き）の各五対に、陰陽五行説による五行、木・火・土・金・水（もっかどごんすい、き・ひ・つち・かね・みず）の各性をあてはめたものである。我が国では、各対に、「え」（兄）と「と」（弟）をつけて次のように呼んでいる。

甲（きのえ）　乙（きのと）
丙（ひのえ）　丁（ひのと）

戊（つちのえ）己（つちのと）
庚（かのえ）辛（かのと）
壬（みずのえ）癸（みずのと）

十二支つまり子（し）、丑（ちゅう）、寅（いん）、卯（ぼう）、辰（しん）、巳（し）、午（ご）、未（び）、申（しん）、酉（ゆう）、戌（じゅつ）、亥（がい）は、我が国では、子（ね）、丑（うし）、寅（とら）、卯（う）、辰（たつ）、巳（み）、午（うま）、未（ひつじ）、申（さる）、酉（とり）、戌（いぬ）、亥（ゐ）と呼ばれ、古くからそれぞれに動物が充てられている。すなわち、子（ね）に鼠、丑（うし）に牛、寅（とら）に虎、卯（う）に菟、辰（たつ）に龍、巳（み）に蛇、午（うま）に馬、未（ひつじ）に羊、申（さる）に猿、酉（とり）に鶏、戌（いぬ）に犬、亥（ゐ）に猪という具合である。十二支に動物を当てはめることがいつから始まったかは不明であるが、明らかな文献に見えているのは、中国後漢の初め頃の思想家、王充（おうじゅう、二七～一〇〇？年）の著した書物、論衡に、今日と同じ動物が同じ配当で見えている。

子（し）………ね（鼠）
丑（ちゅう）……うし（牛）
寅（いん）………とら（虎）
卯（ぼう）………う（菟）
辰（しん）………たつ（龍）
巳（し）…………み（蛇）
午（ご）…………うま（馬）
未（び）…………ひつじ（羊）
申（しん）………さる（猿）
酉（ゆう）………とり（鶏）
戌（じゅつ）……いぬ（犬）
亥（がい）………ゐ（猪）

この十干と十二支を組み合わせると、十と十二の最小公倍数である六十でひと回りする順序数の体系ができるので、これを六十干支と呼ぶ。

六十干支を、通常の十進法順序数とともに示すと次の表の通りである（ただしこうして付した十進法数は六十を法とした剰余数と見るのが便利である。つまり59癸亥の次は60甲子であるが、0甲子にもどるので60

＝0と考えるのである。同様に61＝1、62＝2、……245＝5などである）。

0甲子	10甲戌	20甲申	30甲午	40甲辰	50甲寅
1乙丑	11乙亥	21乙酉	31乙未	41乙巳	51乙卯
2丙寅	12丙子	22丙戌	32丙申	42丙午	52丙辰
3丁卯	13丁丑	23丁亥	33丁酉	43丁未	53丁巳
4戊辰	14戊寅	24戊子	34戊戌	44戊申	54戊午
5己巳	15己卯	25己丑	35己亥	45己酉	55己未
6庚午	16庚辰	26庚寅	36庚子	46庚戌	56庚申
7辛未	17辛巳	27辛卯	37辛丑	47辛亥	57辛酉
8壬申	18壬午	28壬辰	38壬寅	48壬子	58壬戌
9癸酉	19癸未	29癸巳	39癸卯	49癸丑	59癸亥

【顓頊暦、旧干支紀年法】

『古事記』の崩年干支が、現行干支紀年法、すなわち『日本書紀』もそれに則っているところの、前漢以来の現行干支紀年法より、一年引き下げられた干支紀年法によっているという意味は、先に述べたごとく、『古事記』の崩年干支がたとえば戊寅年崩とあれば、これを、現行干支によって西暦三一八年崩とするのではなく、それより一年を引き下げて、三一九年崩とするという意味である。

このような、現行干支より一年引き下げられた干支紀年法は過去に実際に存在しており、冒頭で述べた顓頊暦という暦法が、このような干支紀年法を採る暦法であった。顓頊暦の顓頊とは、中国古代の聖帝の一人、顓頊帝に因む名である。

顓頊暦は、顓頊帝の末裔を名乗る秦の始皇帝が中国を統一した年、すなわち始皇帝二十六年（紀元前二二一年）から前漢の武帝の大初元年（紀元前一〇四年）まで、一一七年間用いられた暦法である（但し、その暦元の朔時刻に、半日分の修正をほどこして用いられていたことが判明している――藪内清著『科学史からみた中国文明』、〔日本放送出版協会〕二〇二～二一〇頁）。

顓頊暦はいわゆる四分暦と呼ばれる暦法の一つである。一日を四分に分け、一年を一四六一分＝三六五日と四分の一日として机上計算される暦であるので四分暦という。

四分暦は、十九年七閏法といって、十九年に七度の閏月を挟みこみ、月の満ち欠けに基づく月数による月暦と季節のずれを適宜調節する工夫が施されている暦法であるが、このようにしても一年の長さはもともと真の一年より若干長く、ひと月の平均の長さもやや長くなるため、季節は（たとえば冬至は）四〇〇年で三日余りのズレが生じ、ついたち（月立ち、つまり月初め、朔日）も、三百年もすれば一日のずれが生じてしまう。季節のズレは我慢できるにしても、月の満ち欠けと朔日のズレは、新月であるはずの日に月が見えてしまうため看過しがたいものになる。そこで、長年月のうちには修正や改暦が必須となる暦法であった。

この顓頊暦には今日の干支紀年法とは異なる干支紀年法が付属していた。紀元前三六六年を暦元年とし、この年を甲寅年とする暦法である。詳しく言えば、紀元前三六六年＝甲寅年の正月甲寅の晨初（寅の初刻。午前三時）が、丁度朔で立春であるとして計算を始める暦である。寅年、寅の日、寅の刻を暦元とするのである。

現行干支紀年法では、紀元前三六六年は、甲寅年ではない。その次の干支である乙卯年に当たり、甲寅年は前年の紀元前三六七年である。従って甲寅年を紀元前三六六年とする顓頊暦紀年法は、現行干支年より一年引き下げられた干支紀年法となっている（蛇足ながら、紀元前の計算で注意しなければならないのは、紀元〇年が存在しないという点である。紀元一年の前年は、直ちに紀元前一年となる。したがって、紀元前一年と同干支年は、紀元五九年ではなく、紀元六〇年である。一般に、紀元前X年と同干支の年は、60n-x+1年である。紀元前三六六年と同干支年は、たとえば、紀元「一二〇〇年引く三六六年プラス一年」、つまり、紀元八三五年である。そこで、紀元前X年をマイナス「X引く一年」とする表記法を用いると、計算に間違いがない。例えば紀元前三六六年はマイナス三六五年である。従ってこれより一二〇〇年後は、一二〇〇引く三六五で八三五年と計算される。このように紀元前一年を西暦〇年としてマイナス西暦年を用いる紀年法は天文学的紀年法と呼ばれている）。

さて、『古事記』の崩年干支が、この、中国は秦の時代に行われた、古いといえば極めて古い、顓頊暦干支紀年法によっていたと考えてよいであろうか。

大和朝廷の起源を明らかにすることが当本論の論点の一つであるが、ここで結論から述べると、大和朝廷の起源、すなわち天皇家の起源は、三世紀中頃に、韓半島から当時の国難を避けて渡来した辰王朝の王裔であろうと考えられる。崇神天皇の曽祖父である孝霊天皇こと大倭根子日子賦斗迩命（オホヤマトネコヒコフトニのミコト）が、その辰王統の渡海第一世代と考えられるのであるが、それはともかくとして、問題はその辰王朝である。辰王朝は当時、辰韓、馬韓、弁韓からなっていた三韓の大半を治めていたとされる王朝であるが、この韓の地には、古く秦からの亡命者が移り住んだという伝承がある。

『魏志』韓伝の辰韓条に、「土地の古老たちが代々言い伝えるところでは、『自分たちは古の逃亡者の子孫で、秦の労役を逃れて韓の国にやってきたとき、馬韓がその東部の土地を割いて与えてくれた』という。その居住地には城壁や柵がめぐらされる。彼らの言葉は馬韓とは異なり、……秦の人の言葉と似たところがある。……現在でも彼らのことを秦韓と呼ぶ者がいる」とあり、辰韓が古代秦朝からの移民の多かった土地柄であったことが窺える。

辰韓、馬韓、弁韓からなる三韓は、四世紀半ばの戦乱期を経て、新羅（シラギ）、百済（クダラ）、任那（ミマナ）の鼎立へと変わる。この変革期に大和朝廷は故国つまり韓半島への出兵を繰り返すのであるが、それはさておき、右の『魏志』韓伝にいう辰韓の古老の言い伝えは、たんなる伝承として軽視されるべきではない。我が国の弓月君（ユツキのキミ、ユツのキミ、融通王）伝承と呼応するところ大なるものがあるからである。

弓月君（融通王）は、記紀・新撰姓氏録によれば、帰化系の雄族、秦（ハタ）氏すなわち後の太秦公宿禰（ウヅマサのキミのスクネ）や秦忌寸（ハタのイミキ）らの初祖で、秦の始皇帝の後裔と伝える氏祖である。

伝説によれば、秦の始皇帝には長男扶蘇（フソ）と末子胡亥（コガイ）の間に二十数人の子供がいたが秦の始皇帝没後に多くの子供は殺され、胡亥、子嬰（シエイ、扶蘇の子）と続いた秦王統もわずか二代三年で滅び、子嬰の弟胡苑（コエン）が韓地に逃れて辰韓王の第一世となったという。弓月君はこの末裔とされる。『日本書紀』の応神十四年是歳条と同十六年八月条に、百済から弓月君が部民百二十縣を大挙率いて我が国に移住したことが伝えられている。大和王権が元来、辰王統出自を秘めたものであったとすれば、弓月君らのこうした大移住伝説にもそれなりの信憑性が認められる。

辰韓の古老の言い伝えや、我が国における弓月君伝承から、秦王朝と辰韓の文化人たちあるいはまた辰王朝との間に、古くから相当に密接なつながりがあったことが窺えるのであるが、そうであれば、韓の地の王権の最初期に取り込まれた暦と紀年法が、秦王朝の暦と紀年法、すなわち顓頊暦とその干支紀年法であったと考えられる蓋然性は小さくないであろう。

天文暦学の後進地域であったと思われる韓の地にいったん定着した秦時代の暦と紀年法は、漢が秦を滅ぼした後も、漢の暦法の影響を受けぬまま、ながく継承されたものと考えることができる。暦法自体に先述の如き修正・改訂が必須であったとしても、これに付属していた干支紀年法は、継続して連綿と受け継がれた可能性が高い。

実際、現行干支紀年法も、紀元前二世紀の末に前漢において定められて以来、暦法自体のたびたびの改訂を経ながらも、終始変わることなく、二千年を越えて今日まで受け継がれているのであるから、顓頊暦に付随していた干支紀年法が、古代韓の地で長く受け継がれていたとして、特に不自然ではあるまい。

このように見てくれば、我が国に侵入した辰王統末裔たる天皇祖族が持ち込んだ暦・紀年法、特に、干支紀年法は、伝統古き顓頊暦の干支紀年法であったという可能性が推測できる。『古事記』に伝えられた崩年干支が、古い顓頊暦紀年法直系のものであったと考えてよいと思われる所以である。我が国もまた、韓に劣らずそれ以上に暦の後進国であったはずで、韓地以上に、古来の干支紀年法を遵守し続け、これが『古事記』分注の崩年干支にも伝えられていたと考えられるのである。

我が国では、特に民間では、古くより一日の始まりを晨初、つまり夜明け前の寅の初刻（午前三時）としていたことが知られているが（橋本万平著『日本の時刻制度』〔塙書房〕。斎藤国治著『古代の時刻制度』〔雄山閣〕など）、この民間の習俗は、長く顓頊暦が用いられていた伝統にその淵源を持つと推測される。

『古事記』の崩年干支が顓頊暦紀年法によっているという事実は、逆にまた、崇神天皇以前にまで遡っての、大和王権と古代の辰（秦）王権との密接を示唆するものである。

【暦法史】

我が国に暦が伝えられたそもそもの初めを語る記事は『日本書紀』に無い。かわりに、欽明天皇十四年紀（従来説で五五三年）六月条には、百済に使いを遣わす時の「別勅」に、「医博士・易博士に加えて暦博士らが、交替する年月に当たっているから、帰りの使いに付けて交替要員を送り、同時に卜書・暦本・種々の薬を送付せよ」とみえ、同十五年紀二月条に、百済が日本に救兵を乞うとともに、右の別勅に応える形で、易博士施徳王道良（セトク・オウドウリョウ）・暦博士固徳王保孫（コトク・オウホウソン）・医博士奈率王有悛陀（ナソチ・オウウリョウダ）その他の交替要員を貢った記事がみえる。

つまり当時すでに暦博士が、百済から交替制で日本に渡ってきていたことが知られる。

推古天皇の十年紀（従来説で六〇二年、実は六〇三年）十月条には、百済の僧、観勒が来朝して、暦本、天文地理の書、遁甲方術の書（遁甲は一種の占星術、方術は占いと医術）を奉貢したので、書生三四人を選んで、観勒に学ばせたとあり、そのうち陽胡史（ヤゴのフヒト）の祖、玉陳が暦法を習い、業が成ったとある。

ところが、『日本三代実録』の貞観三年（八六一年）六月十六日条には、陰陽頭兼暦博士の大春日朝臣真野麻呂の奏言として「推古十年十月、百済国僧観勒、始めて暦術を貢るも、未だ世に行われず」とあるので、この時は書生玉陳が学んだのみで、公用とされるに至らなかったようである。この時、観勒が教授した暦術は、当時百済が用いていた元嘉暦（ゲンカレキ。宋の何承天が元嘉二十年〔四四三年〕に上表し、四四五年から五〇九年まで、宋・齋・梁の初頭まで用いられた暦であり、百済ではこれを長く公用とした）であったと思われるが、日本ではなお公用とはされなかったのである。理由はほぼ明らかであろう。下に述べる通り、当時は日付に干支を当てることすら為されていなかった上に、元嘉暦は一日を六〇八分に分け、一年を二二二〇七〇分（＝三六五日と一五〇分）とする暦法であり、十九年七閏法を採用する平朔法（平均朔望月をひと月とする暦法。四分暦も同じ）ではあったが、その計算は四分暦に比べ、桁数が多いだけ複雑であり、加えて日食計算なども含むとなれば、これを公用にするに当って民間の計算に委ねることは難しく、かといって、朝廷で作成した暦を地方末端まで浸透させるほどの官僚機構・文書行政が当時整っていたわけでもない。故にせいぜい、玉陳が修得し作成した暦を、聖徳太子周辺で用いながら外交の用に供する程度にとどまっていたものと思われる。

『政事要略』巻廿五の年中行事十一月一条の御暦奏の段に、儒伝云はく、として、「推古十二年歳次甲子正月戊申朔、始めて暦日を用いる」とある（但し書紀によれば、推古十二年紀〔六〇四年〕正月朔は戊申ではなく戊戌）。その「始めて暦日を用いる」の意味が不明である。玉陳が修得して二年を隔てて、元嘉暦が公用されたという意味であろうか。しかし、先に述べたような、そのための阻害要因、つまり作成した暦を地方末端まで浸透させるための官僚機構・文書行政の不備という要因が、僅か二年で排除できたとは考え難い。

ここで前節に掲げた『古事記』の崩年月日を見ると、推古天皇の崩年月日のみ、「三月十五日」という日付に「癸丑」という干支が付けられている。日々の干支を中国のそれに併せて数え始めたことを「暦日を用いる」と称したのではあるまいか。推古十二年紀は、実は六〇五年であったと思われるが、この推古十二年紀正月朔日を期して、日々の干支が大陸のそれに一致せしめられ、このことを以て「始めて暦日を用いる」と言われたのではないか。

卑見によれば、当時は後漢四分暦を修正した暦、修正後漢四分暦が用いられていたと考えられるのであるが（前掲拙著『6～7世紀の日本書紀編年の修正』参照）、異なる暦法によって朔日が一日ずれることはしばしば生じることである。然るに、たとえ朔日がずれたとしても、日々の暦日干支は一旦決めれば延々、万国共通に続く暦日であるので、これによって混乱を避けることができ、暦法が異なることによる外交上の不便もこれによって回避できることになる。

暦法に関する『日本書紀』の記事は、持統紀の四年（六九〇年）十一月十一日条に、「勅を奉りて始めて元嘉暦と儀鳳暦とを行う」とあるのを最後とする。元嘉暦は、上に注記した通り、南宋の暦であり、儀鳳暦は唐の暦であり（儀鳳暦は唐の高宗の麟徳二年〔六六五年〕から玄宗の開元十六年〔七二八年〕まで用いられた麟徳暦が儀鳳年間〔六七六～六七九年〕に新羅に伝えられ、次いで日本に伝わったのでこの名があるとされる）、それらに伴う干支紀年法が、どちらも現行干支紀年法に等しいものであったことは言うまでもない。

通説は持統紀のこの記事を、従来の元嘉暦に加えて儀鳳暦を併せ用いることにした、という意味に解している。しかし、この記事を素直に読む限り、そのような意味には取れない。そのような読み方は、朝廷が古くより元嘉暦を用いて来たとする先入観による誤読あるいは曲解である。

『日本三代実録』には、上に述べた観勒の記事に続いて、持統四年紀（六九〇年）十二月（十一月の間違いであろう）に「勅有り、始めて元嘉暦を用ひ、次に儀鳳暦を用ふ」とある。この記事を信じれば、元嘉暦も持統四年、つまり持統天皇即位の年から初めて公用とされたのである。続いて儀鳳暦が公用とされたのであるが、両暦がどのように併用され、儀鳳暦がいつから公用とされたのかは、とりあえず不明である。前掲拙著『6～7世紀の日本書紀編年の修正――大化元年は646年、壬申乱は673年である――』においてその時期を推測したが、結論を述べれば、持統六年紀から儀鳳暦が用いられ始めたと考え得る。

上に引いた『政事要略』巻二十五、年中行事十一月一の条には、「始めて暦日を用ふ」という記事の続きに、「太上天皇《持統》元年正月、暦を諸司に頒つ」と記されている。この太上天皇《持統》元年は、持統天皇の即位元年（六九〇年）であろうと考えられている。するとこれは、その年の十一月より施行予定の暦を事前に頒布したということであったのであろうか。そうであればその暦とは元嘉暦と儀鳳暦であったことになる。

二〇〇二年に石神遺跡から出土した具注暦木簡は、持統三年紀（六八九年）の三月と四月の元嘉暦に一致することが判明している。しかし、持統四年紀や三代実録の記述を素直に読む限り、元嘉暦が初めて用いられた年の前年に用いられていた暦なのであるから、三月・四月のわずか二か月が元嘉暦に一致するからといって、これが元嘉暦であったと即断するわけにはいかない。仮に元嘉暦であったとしても、当時実用の暦であったわけではなく、持統四年紀以後の実用の準備のため諸司に配られていた暦であったことにならざるを得ない。

然るに、前掲拙著で述べたが、後漢四分暦を修正した暦が、この石神遺跡出土具注暦木簡の暦日に一致することが分かるとともに、また、後漢四分暦の類似の修正版は、更に太朝臣安萬侶の墓碑銘の暦日をも実現できることが分かる。太朝臣家でも当時公用の儀鳳暦ではなく、自家で簡単に計算できる後漢四分暦の修正版を用いていた可能性が高いのである。こうした事実から、持統四年紀より前に用いられていた暦術は、通説の言うが如き元嘉暦などではあり得ず、後漢四分暦の修正版であったと考えられる。しかも、その修正がなされた時期を調べると、六世紀の半ばごろであることが分かり、これは丁度、欽明朝に百済から暦博士らが分番で派遣され始めた時代に一致する。つまり、この当時、百済の暦博士らは、日本で実用に供し得る暦として四分暦以外は難しいであろうと判断し、誤差が甚だしくなっていたであろう顓頊暦に替えて、後漢四分暦の修正方法と修正版を伝授したものと考えられる。一般に四分暦は、七十六年分を計算しておけば、その後は、同じ大小月パターン・閏月パターンを延々と繰り返せばよい暦であり（太陰太陽暦の大月とはひと月が三十日の月、小月とは二十九日の月のことである。通常は大月・小月が交互に繰り返されるが、時々大月が二度連続する場合が生じる。四分暦では、この大小月の繰り返しパターンと閏月の挿入パターンが七十六年毎に同一パターンで繰り返されるのである）、このパターンの公示・頒布が即ち暦の頒布と同意であった時代すらあったかと思われる。四分暦は計算も簡単であって、民間でも容易に作成できる暦である。何よりも、大和朝廷は古来顓頊暦ないしその系統の暦を用いて来たのであり、修正後漢四分暦の公用は、この意味でもハードルは低いと判断されたと思われる。

因みに、二〇一一年には福岡市の元岡古墳群（七世紀半ば）から、暦日を含む銘文の象眼された刀が出土している。その銘文に「大歳庚寅正月六日庚寅日時作刀凡十二果□」の十九文字が確認され、この暦日が元嘉暦の西暦五七〇年正月乙酉朔庚寅（六日）に一致するため、調査を指導した九州大学の坂上康俊教授は、この銘文は当時の日本で元嘉暦が用いられていた証拠であると説明された。しかし、この銘文入りの刀の素性や（輸入品であるかも知れない）、この暦日が如何なる暦法に基づくものであるか（当時の中国あるいは朝鮮の暦法には違いない）という議論こそ為されるべきであって、少なくとも、右のように即断することはとても出来ないであろう。この刀が、「当時の日本で元嘉暦が公用されていた証拠」であり得ないことだけは、確実である。銘文の暦日が、当時の中国や朝鮮の暦日に一致していること言うまでもなく、また、上述したように、そもそも日付に干支を当てること自体、日本では（推古朝より前の）この時代にはまだ、少なくとも公的には行われていなかった可能性が高い。

持統朝以前の暦法に関して文献・考古資料から窺い知ることができるところは以上である。すなわち、結局のところ、持統四年紀以前に朝廷が用いていた暦法は、修正版とはいえ後漢四分暦という古い四分暦系統のものであって、顓頊暦公用の伝統からほとんど抜け出てはいなかったであろうことが知られるのである。

さて、『古事記』の用いた崩年干支紀年法が、現行干支紀年法より一年引き下げられた干支紀年法、すなわち、かの顓頊暦干支紀年法の直系であったとすれば、伝統的にわが朝廷が用いてきた干支紀年法が、まさにこの古いタイプの干支紀年法であったのであり、これが、いつの頃からか、現行干支紀年法に転換された、ということになる。

拙著『日本書紀編年試論』において論じ、前掲拙著『6~7世紀の日本書紀編年の修正……』でもこれを修正補足しつつ再論した通り、この古いタイプの干支紀年法が現行干支紀年法に改められたのは、まさに右に引いた、持統四年紀の十一月十一日条「勅を奉りて始めて元嘉暦と儀鳳暦とを行」って以降のことである。つまり、それ以前、すなわち、天武朝までは、この古いタイプの干支紀年法が朝廷公用の干支紀年法として、往古以来、連綿使用され続けられていたことが知られる。

以下、この古いタイプの干支紀年法を簡単に**旧干支紀年法**、それによる干支年を旧干支年と呼び、誤解を避けるためにそれぞれの干支に「旧」を冠して、例えば旧壬申年などということにする。これに対して、現行の干支紀年法を**新干支紀年法**、それによる干支年を新干支年と呼び、新干支年には、やはり誤解を避けるため、「新」を冠して、例えば新壬申年などということにする。従って、例えば、壬申乱の年は旧壬申年・六七三年であって、新壬申年・六七二年ではない、などと述べることになる（現在、教科書の年表などに壬申乱を西暦六七二年としているが、間違いである）。

持統四年紀以降なされたと考えられる旧干支紀年法から新干支紀年法への切り替えは、実際問題としては簡単な操作で済む。干支を一つ後にずらすのみでよい。いわゆる「超辰」である。現象としては、持統四年紀の旧干支がそれまで己丑年であったものを、庚寅年に改め、次年度以降を、辛卯年、壬辰年、癸巳年……と続けることになる。この手続きによれば、旧己丑年が新庚寅年と重なるのみで、この年以降、実用的には混乱はない。

しかし、このような干支紀年法の切り替えは、過去に遡って新干支紀年法を貫徹させようとする時には、当然、古来、旧干支をもって称されてきた往古の数々の事象の扱いにおいて混乱を招くことになる。

たとえば、庚午年籍や、壬申年の役（壬申乱）という呼称が、旧干支紀年法に則って言い習わされていた歴史的事象であったとすれば、干支紀年法の改定により、遡ってこれらの名称まで変えることになったのであろうか。そうではあるまい。

『日本書紀』においては、当初から新干支紀年法であったかの如くに編年されているのであるが、この際、天皇紀年、年次記事などに、ある種の操作が施されて、こうした混乱が最小限におさまる形で決着が図られている。ある種の、乱暴な歴史改竄を含む人為的操作である。

西暦年という、ある意味での絶対年暦に馴染む現代人からすれば、西暦年の一年のずれはゆゆしき事柄に映じるかも知れないが、干支紀年法という、ある意味で相対的な紀年法に馴染んだ古代人からすれば、壬申乱は壬申乱なのであって、六七二年であろうが六七三年であろうが、どうでもよいことであっただろう。ただ、たとえば中国史書その他の新干支紀年法に則る編年史料類との対応関係が厳しく追及される場面においては齟齬をきたすことになるため、かような記事・事件につき、彼我対応においてそれなりの注意・換算が施される必要はあった。拙著『日本書紀編年試論』（更にはその修正補足版である前掲『6～7世紀の……』）に論じた通り、『日本書紀』の編年上の乱れに、こうした換算上の不備・混乱の関与することは少なくない。

繰り返すようであるが、もし旧干支紀年法を改定して新干支紀年法を採用したとすれば、干支年に名称上の一年のズレが生じるはずであり、新たな干支紀年法で国史を編もうとするとき、絶対年代の正確を求めるならば、旧干支紀年法を含む暦法を換算し直して、たとえば古来「壬申年の役」とされてきたものは、「癸酉年の役」として編年するなどの手直しが必要になるはずである。しかし、このような干支年紀のズレは、今日の『日本書紀』編年からは、少なくとも表面上は払拭されてしまっているかの観がある。『日本書紀』では初めから現行干支紀年法が継続していたが如き様相を呈している。つまり、たとえば「壬申年の役」は新壬申年に編年されている。だから、旧干支紀年法の存在は怪しい、ということにはならない。『日本書紀』は、独特の方法で、相当な無理を犯しつつ、このズレを修正し、ごまかし、一年のズレを見えなくしているのである。そうして、そこにはまた、こうした操作に起因する、あるいは故意のあるいは過失の混乱が伴い得るのであり、その混乱の存在がまた逆に、旧干支紀年法の存在を証することになる。

【原『古事記』、天武十年紀国史、和銅日本紀】

天武朝以前に記された古い記録をもとにしながら、その干支のズレの換算をさぼることによっても、後世の混乱は容易に生じる。その古い記録という中には、「天武十年紀国史」も含まれることになる。

驚くべきことに、というべきか、当然のことながらというべきか、実は、和銅年間の末（和銅七年〔七一四年〕）に、旧干支紀年法、つまり、現行干支紀年法より一年を引き下げられた干支紀年法によって編年された史書の編まれていたことが、友田吉之助博士によって推定され、発掘されている（前掲『日本書紀成立の研究』）。いわゆる和銅日本紀である（ただし和銅日本紀に関する考証を含め、友田博士の論考には、多くの失考や曖昧な独断がまとわりついており、友田博士の仕事は、慎重に批判的に継承されなければならない。例えば友田博士は、二年引き上げられた暦日の例を列挙して、二年引き上げられた暦法もまた存在したことを力説しておられるのであるが、これらの例は、明らかに二年誤った干支紀年を付した何らかの誤年表による誤謬暦日なのであって、二年引き上げられた暦法が当時存在したわけではない）。

和銅日本紀は、『古事記』の撰録と関わるところ大なる、謎の史書である（坂本太郎博士は和銅日本紀の存在を否定されており、今日の古代史家の多くも坂本博士の見解に従っているようであるが、坂本博士の論拠は、主として友田博士の失考批判によっている印象があり、正当な論拠とはなり得ていない）。

卑見によれば、『古事記』は、文字の選択や分注まで含めて、現『古事記』にほとんど同じか、少なくとも極めて近いものが、天武天皇の勅命のもと、天皇の意を戴いた一人の天才的な編著者（卑見によれば稗田阿礼その人であったと思われる）を実質的な記述者として、天武十年紀以前にはほぼ成立しており、更に、天武天皇崩御の後まで、その編著者によって若干の筆を加えられ続けていたと考えられるのであるが、こうして書き上げられていた勅令国史を、原『古事記』と称することにする（述べた如く、原『古事記』と現『古事記』は、おそらく用字法・分注まで含めて、ほとんど同じものである）。

天武天皇が原『古事記』の編纂を企ててこれを一人の編著者に勅命した時期は、天武天皇十年紀以前の、壬申乱の余韻さめやらぬ時代であったはずである。壬申乱後、この編著者は、天武天皇の勅命を受け、天皇直々の「勅語の旧辞」たる自負をもって、相応の年月をかけて、原『古事記』の構想を練り、寓意の仕組みを勘案し、系譜の虚構（特に天孫系譜から闕史八代の初め五代に至る系譜部分の虚構が顕著である）を構築してこれを書き上げたものと考えられる。

このことの論証は、『古事記』の「寓意の構造」と、『古事記』の用字法、とりわけ、『古事記』の「音仮名」（表音のために音読みして用いられる漢字）の用字法に関する研究等に依拠してなされるのであるが、余りに大部にわたるため、別の機会に詳論することとする。

『古事記』の成立史に関する事柄を、このようにここで安直に先走って述べてしまうのは憚られるのであるが、『古事記』と『日本書紀』の成立史に関して、筆者の基本的な考え方をここでかいつまんで述べておくことは今後の議論によい見通しを与えると思われる。

原『古事記』は今述べたごとく、天武朝の天武十年紀（六八一年）以前に、天武天皇の勅令のもと、天皇の意を具現せんとした一人の編著者によって、ほぼ今の形に近いところまで仕上げられており、天武天皇は、この文献を基本中の基本に据えつつ、天武十年紀の国史編纂事業を開始したものと思われる。

原『古事記』は、いわゆる日向三代と神武天皇に始まる虚構の上代天孫・天皇系譜を既に備えており、天武十年紀国史は、その系譜を基本として、神武天皇に始まる天皇代に一貫した編年を施した編年体として編纂が目論まれたはずである（ただし、その編年法は、現『日本書紀』のそれとは、干支紀年法の相違を含め、少なからず異なっていたであろう）。そうして、この天武十年紀国史が、和銅日本紀に継承されたものと思われる。天武十年紀国史は、当然、旧干支紀年法によって編年されていたはずであるから、これを引き継いだ和銅日本紀もまた、旧干支紀年法を保存していたと考えるのは自然である。

天武十年紀国史は、天武紀の十年三月十七日条に、天皇が川嶋皇子ら総勢十二人に詔（みことのり）して、「帝紀、及び、上古諸事を記定せしめ」たと伝えられる国史編纂事業において編纂された国史である。『古事記』同様、この国史編纂事業についても、完成奏上のことは『日本書紀』に見えず、これもおそらくは天武天皇の崩御によって、中途で頓挫していたものと思われる。

天武天皇は、この国史編纂事業の前月には、「律令を定め法式を改める」詔を出している。いわゆる浄御原（キヨミハラ）律令の編纂開始の詔である。

これもまた後の機会に詳しく述べることにするが、壬申乱以前において整えられてきていた律令体制（いわゆる近江律令によって一応の完成を見た体制）とその体制下での、頭別戸籍制度（個人を全員、個人として登録する戸籍制度で、旧来の、戸数・丁数のみを把握する戸籍制度ではない）や、それに基づく班田収授制度（六年ごとに水田を百姓に均等に与え直す制度）などは、壬申乱後長く中止されており、天武朝においては、ついに頭別戸籍は造られず、班田も行われぬまま時が経過し、古い貴族・豪族諸層の利権が復活して、民百姓の疲弊が一挙に深刻さを増しつつあった。そこで班田収授の再開や、これを支える律令の再整備などは、庶民の疲弊を憂える人々の間では、根強い要求として広く存在していた。天武朝は、こうした庶民の側の願望を、長く抑え込み、無視し続けていたのである。

従来、天武朝という時代については、古代律令体制の完成された時代として重要視される傾向が主流である。このような見方は、いまなお日本古代史家の間には根強いのであるが、天武朝とは、むしろ壬申乱以前に構築された、民百姓の福祉に利する数々の体制を頓挫させ、民百姓を再び苦しめ始めた時代として、批判されなければならない。

その天武朝が、この天武十年紀という年に至って、ようやくその律令体制の再整備に向けて舵を切り始めた理由は何であろう。天武天皇の皇后、鸕野皇女（後の持統天皇）の病臥と、それに続いての、天武天皇自身の病臥という事件に、その最大の理由があったと筆者は考えている。すなわち、天武紀の九年十一月十二日条に、「皇后、体不予」のため、病の平癒を願って薬師寺建立が発願され、百僧が得度せしめられている。それから二週間後の同月二十六日条、今度は、天皇自身が発病して、また百僧が得度せしめられている。

そうして、年が改まった翌天武十年紀二月二十五日条に、律令更定の詔があり、同日、草壁皇子が皇太子とされている。この草壁皇子の立太子は、天武天皇が、皇后と自身の病臥を経て、自らの死後の体制に強く意を用い始めた証拠の一つと考えられるが、その翌月に、「帝紀、及び、上古諸事の記定」の詔が出される。

原『古事記』は、おそらくは、この時点まで継続して手が加えられ続けていたのではないかと推定されるのであるが、天武天皇は、ここに至って、次の段階に移ったことになる。原『古事記』を、天皇直述の旧辞として、すなわち、現『古事記』序文が述べるごとき文字通りの「勅語の旧辞」として、これを基本中の基本に据えつつ、さらに広範にわたる国史の編纂に踏み切ったものと考えられる。このような段取りは、おそらくは原『古事記』編纂の当初から、天武天皇の胸中には計画されていたことであろうけれど、ここに至ってその段取りを、いよいよ実行に移したものと考えられるのである。

原『古事記』の編述と、それに続く、更に大規模な国家的事業としての国史編纂。

天武朝におけるこの段取りは、天武天皇の崩御によって頓挫したが、奈良時代の初頭、和銅年間に至って、再びそっくりそのまま復活踏襲されることになる。それが、太安萬侶による現『古事記』の献上と、それに続く、紀清人・三宅藤麻呂による和銅日本紀（旧日本紀）の編纂事業である。

『続日本紀』によれば、『古事記』奏上のことは見えないが、和銅七年（七一四年）「二月己丑朔戊戌（十日）」条に、「従六位上紀朝臣清人・正八位下三宅朝臣藤麻呂に詔して、国史を撰せしむ」とみえるのが、和銅日本紀の撰録事業の開始もしくは終了の記事である。詔した天皇は、史上五代目にして四人目の女帝、元明天皇である。

他方、『古事記』については、その序文末葉に、「和銅四年九月十八日をもって、臣安萬侶に詔して、稗田阿礼の誦むところの勅語の旧辞を撰録して献上せしむといへれば、謹みて詔旨の隨（まま）に子細に採り摭（ひろ）ひぬ。……謹みて献上（たてまつ）る。……和銅五年正月廿八日正五位上勲五等太朝臣安萬侶」とある。故に太安萬侶は、和銅四年（七一一年）九月十八日に、詔命にて「勅語の旧辞」の撰録を仰せつかってから、約四カ月余りのちの、和銅五年（七一二年）正月廿八日に、現『古事記』を献上したのである。この詔命を下したのは、やはり元明天皇であり、その元明天皇に現『古事記』は献上された。

即ち元明天皇の時代に、現『古事記』の奏上（和銅五年）、ついで、和銅日本紀の撰録（和銅七年）が、相次いで行われたわけである。この国史編纂事業は、天武朝の国史編纂事業から独立に行われたものではなく、むしろ、『古事記』序文から知られるごとく、天武朝の事業を、そのまま引き継ごうとするものであった。

つまり、天武朝の原『古事記』編纂と、これを基本に据えつつ行われたはずの川嶋皇子を筆頭とする国史記定という、二段構えの国史編纂事業が、三十年後にそのまま踏襲されつつ元明朝に引き継がれたのである。まず、太安萬侶により原『古事記』が「子細に採り摭」われ清書されて現『古事記』が献上され、引き続いて、和銅日本紀が編纂された。

すると当然のことながら、和銅日本紀もまた、天武十年紀国史を、相当忠実に引き継ぐ国史であっただろうと推定できる。そこで、友田博士の主張する如く和銅日本紀が旧干支紀年法に則って編年されていたとすれば、その源が、天武十年紀国史にあったと考えるのは自然の成り行きであろう。逆に天武十年紀国史が旧干支紀年法による紀年法であったが故に、和銅日本紀もまたこれを踏襲して旧干支紀年法を保持していた、といえる。

【和銅日本紀　対　『日本書紀』……藤原・奈良朝派閥抗争史】

そうして、ここで重要なことは、もしも時代が、このまま元明朝の路線を継承していたなら、今日の『日本書紀』は存在しなかったであろう、ということである。つまり、元明朝の政治路線がそのまま後代に引き継がれていたらば、和銅日本紀の方が、正当な国史として今に残り、『日本書紀』は存在しなかったか、たとえ存在したとしても、正史としての座を和銅日本紀に明け渡していたはずだと考えられるのである。

このようなことが言える根拠が、奈良時代朝廷政治における、過酷なる派閥対立の歴史である。

藤原朝時代に直近の源を発し、大宝律令の制定と施行に主たる震源を持つこの派閥対立史については、すでに拙著『国の初めの愁いの形――藤原・奈良朝派閥抗争史』（風濤社）のなかで論じたので、こちらを参照して頂きたいのであるが、ここで必要な要点のみ簡単に述べておく。

従来、この派閥対立史は、ほとんどの日本古代史家によって看過されてきたものである。しかし、これを見逃していては、奈良時代の政治史の真実を読みとることはできず、この時代に成立した、現『古事記』や『日本書紀』の成立史についても、正当な認識を得ることができない。

この派閥対立は、一方の派閥の領袖に藤原不比等（フヂハラのフヒト）があり、他方の派閥の中心に文武天皇の母、阿閇皇女（アへのヒメミコ）、後の元明天皇がある、という構図を持つ。

当時の両者の系譜関係を次に図示した。

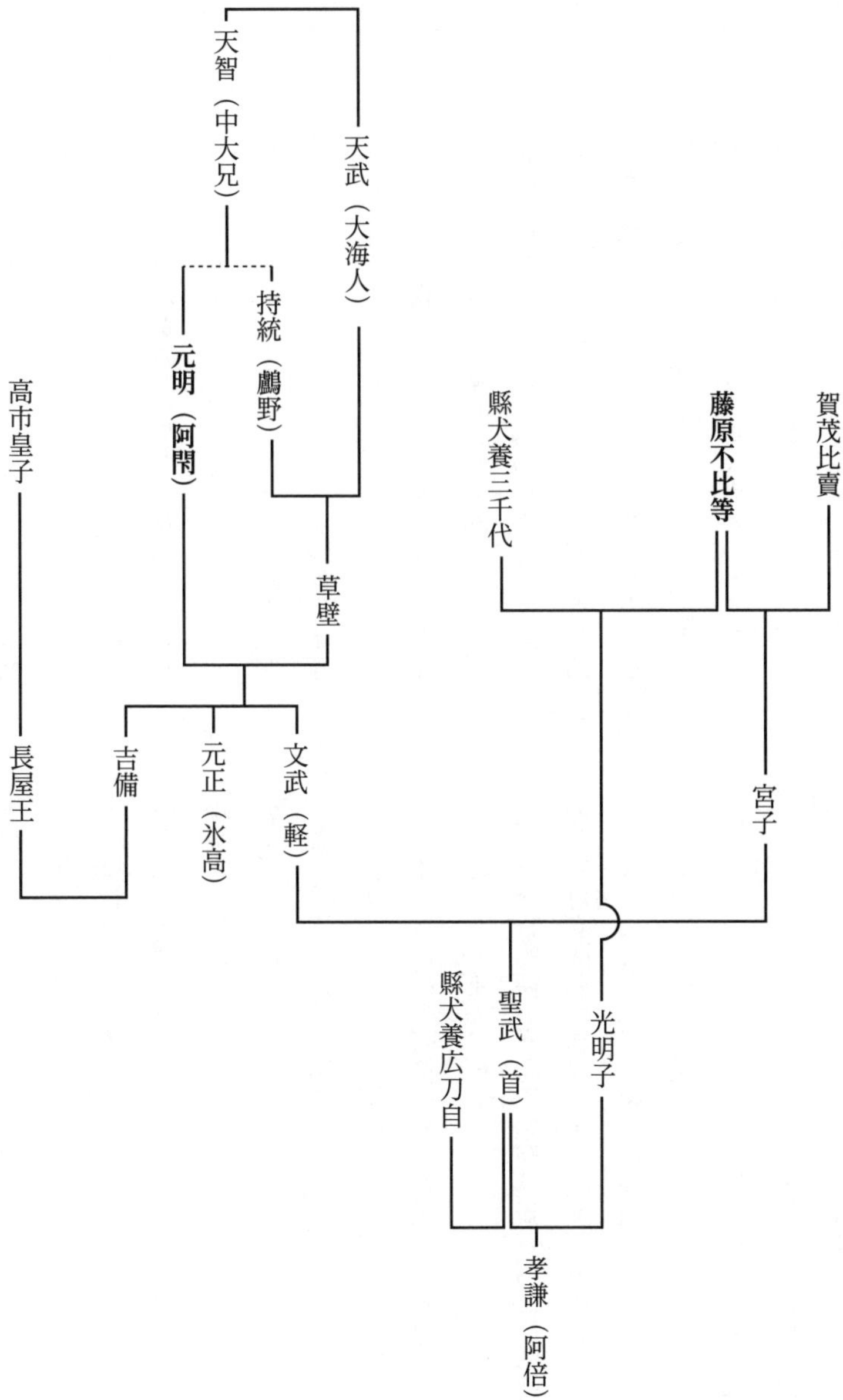
天智（中大兄）
天武（大海人）
持統（鸕野）
元明（阿閇）
高市皇子
草壁
縣犬養三千代
藤原不比等
賀茂比賣
吉備
元正（氷高）
文武（軽）
長屋王
宮子
縣犬養広刀自
聖武（首）
光明子
孝謙（阿倍）

阿閇皇女（元明天皇）を取り巻く反不比等派閥は、主として西方系の氏族からなる派閥である。これは藤原朝から奈良朝初めにおいて、太宰府の長＝太宰帥（ダザイのソチ）を歴任した者たちを一つの中心としている。粟田真人（アハタのマヒト）、石上麻呂（イソノカミのマロ）、大伴安麻呂（オホトモのヤスマロ）、その子大伴旅人（オホトモのタビト）といった人々が、当時、太宰帥を歴任した者たちであり、かつ反不比等派閥の主なメンバーでもあった。

また、古来、宮門を警護した氏族たち、つまり大伴氏を中心とした、いわゆる門衛負名氏たちもまた、多く反不比等派閥に属した。そのうちの代表的な氏族である縣犬養（アガタイヌカヒ）氏が、政治的、思想的に、反不比等陣営に属したことは、微妙な事情を孕むものの、重要である。微妙な事情というのは、縣犬養氏中の女、縣犬養三千代（アガタイヌカヒのミチヨ）が、大宝元年以前に藤原不比等と婚姻関係にあり、大宝元年に、後の聖武天皇の皇后となる光明子こと安宿媛（アサカヒメ）を生んでいることである。ところが、縣犬養三千代は、後の行動を見ると、明らかに、元明天皇派、つまり、反不比等派に属した。門衛負名氏が反不比等派閥に属する主たる理由の一つは、大宝律令が目指した、宮中門衛における、脱門衛負名氏族的というべき政策にあるのだが、縣犬養三千代の政治的立場や思想性に関することなどとともに、詳細は前掲拙著を参照されたい。

これら反不比等派閥に対して、親不比等陣営にあった氏族としては、阿倍御主人（アベのミウシ）を氏長とする布勢臣系の阿倍氏や、紀氏のうち紀麻呂を氏長とする一派がある。

阿倍氏は当時、布勢臣系阿倍氏と引田臣系阿倍氏との間に対立関係があり、布勢臣系阿倍氏が、この阿倍御主人を氏長として、親不比等派閥に属し、引田臣系の阿倍氏は反不比等派閥に属していた。また、紀氏内部にも派閥対立があり、紀麻呂とその子紀男人（キのヲヒト）らの系の紀氏は、親不比等派に属したが、紀国益とその子紀清人（先述の、和銅日本紀の撰録者の一人）らの系の紀氏は反不比等派に属していた。

藤原不比等は、天武天皇の後に即位した持統天皇（鸕野皇女）の寵臣中の寵臣であった。持統天皇の存命中、不比等は文武天皇（輕皇子。草壁皇子と阿閇皇女の子）に娘の宮子を妃として入れ（宮子は大宝元年には首〔オビト〕皇子、後の聖武天皇を生む）、まさに旭日のごとき勢いで、宮廷における地位を高めていた。そうして、その地位と学識から、大宝律令の実質的策定者となり、この新律令の体制下、自らの権勢を更に堅固なものとする予定であった。ところが、大宝律令に込められた、不比等派自陣のためにする、相当にあくの強い、利己的ともいえる諸策の故に、不比等は、多くの諸王・諸臣たちから、強い反発を招くことになった。

大宝律令は、脱門衛負名氏的政策を体現していたばかりでなく、たとえば、百姓からより多くを収奪するための吝嗇な強欲さを持っていた。また、僧尼に対する極めて強烈な統制意識をも有していた。また、皇族を、天皇の一世孫すなわち親王身分の者と、二世孫以下の諸王層に峻別する体系も備えていた。宮子の子の首親王（後の聖武天皇）のみが利益をこうむる体制である。また、文官より武官を一格引き下げる仕組みも備えていた。石上氏や大伴氏ら、古来の軍事系氏族を、新律令体制下に強く掣肘する仕組みであった。

こうしたもろもろの要素が相まって、大宝律令とその実質的策定者、不比等は、諸王層や古来の軍事系諸臣各層、更には、民百姓に密着するところの強かった僧尼層らからも、多くの反発を招いており、それがために、縣犬養三千代のみならず、不比等の次男、藤原房前（フヂハラのフササキ）もまた、反不比等派に属する言動をもって『続日本紀』に記されることとなる。すなわち、不比等の長男、藤原武智麻呂（フヂハラのムチマロ）は不比等派に属したが、弟の房前は反不比等派に属することになるのである。房前がこのように、父の思想に相対峙する立場をとったことについては、これも従来、多くの古代史家によって看過されてきた事実である。この事実を見誤ることは、奈良時代史を見誤ることにつながる。

奈良時代史は、民百姓の立場に立ってその苦痛に寄り添おうとしていた者たちと、民百姓を絞りつつ自らの権勢の肥やしにしようと苦闘していた者たちとの対立、という具合に、ごくごく単純化して眺めてみると理解しやすい部分が多い。前者に反不比等派が属し、後者に親不比等派が属す。

奈良時代史を見る視座として、このような単純化された観点を敢えてとることが、当時の政策上の変転を理解する上では、便利かつ重要である。貪欲に抵抗した者たちと、貪欲に流された者たちの対立、と言ってもいい。

話をもどすと、持統太上天皇崩御（大宝二年〔七〇二年〕十二月二十二日）の後、不比等の権勢は、次第に反不比等陣営によって封殺されるところとなってゆく。大宝律令に籠もる毒気を嫌うものは、諸王層・諸臣層に少なくなかったが、とりわけ、元来、東国系対西国系という図式の上で不比等派に対峙する要素を持っていた者たち（後の太政官筆頭、左大臣石上麻呂らを含む）は、文武天皇の母、阿閇皇女（慶雲四年〔七〇七年〕六月十五日に文武天皇が二十五歳の若さで夭折したのち、同年七月十七日、即位して元明天皇となる）を中心としながら、新律令をあるいは無視しあるいは修正しつつ、露わな反不比等政策を推し進めていくことになる。

現『古事記』と和銅日本紀が、元明天皇に奏上された時代とは、まさにこのような時代、反不比等派主流時代においてであった。

天照大御神という女神が神代の中心の神であり、皇祖でもあったと伝える「勅語の旧辞」たる『古事記』は、女帝元明天皇に対してその即位の変則性を唱え、首皇子（後の聖武天皇）への早期の譲位を求めようとしていた親不比等派閥への、権威あるアンチテーゼになりうると考えられたに違いない。

元明天皇から、首皇子ではなく、その姉の氷高（ヒタカ）内親王に天皇位が禅譲されたのは、和銅七年の翌年、霊亀元年（七一五年）九月二日である。氷高内親王は即位して元正天皇となる。元正天皇の即位の二カ月前に反不比等派であった知太政官事、穂積（ホヅミ）親王が没している。この薨去を受けての、朝廷内派閥力学からする、反不比等派人事として、この禅譲はあった。

この年、首皇子は十五歳。父文武天皇が即位した歳と同じであった。ところが、「年歯幼稚」という理由で、皇位は姉に移されたのである。こういうところにも、反不比等派時代の特徴が露わに見られる。

ところが、翌霊亀二年（七一六年）以降、時代は次第に、第二次不比等時代というべき時代へと傾斜してゆく。当時太政官筆頭であった左大臣石上麻呂が、恐らくこの年以降病臥して、翌年三月この世を去る。右大臣不比等は、知太政官事穂積親王、続いて左大臣石上麻呂という重しを次々と取り払われて、太政官筆頭となった。第二次不比等時代が到来する。不比等がこの時代に用いた老獪狡知なる手練手管については前掲拙著『国の初めの愁いの形……』を参照されたい。

第二次不比等時代の施策の主要なるものの一つは、大宝律令の改訂作業である。大宝律令は、不比等による綿密な改訂が施されて、いわゆる養老律令となる。今日に伝わるのはこの養老律令であるが、令集解所引の古記などから大宝令の復元が試みられている。大宝令と養老令とを比較することで、当時の不比等の権力欲のすさまじさと、その極めて露骨で利己的な、焦燥感すら伴った貪欲の様を垣間見ることができる。そうしてこの比較研究によって、不比等の当時の権力が、必ずしも安泰なものではなかったこと、むしろ多くの不安要因を抱えていたことを知ることができる。詳細については、やはり前掲拙著『国の初めの愁いの形……』を参照されたい。

第二次不比等時代の政策の具体的な典型例を一つ挙げるとすれば、在野の聖僧、行基に対する弾圧策がある。当時、行基は、僧として身につけた医療・薬術・土木技術等を駆使しつつ、人々に得度せしめ、救民活動に邁進していた。反不比等時代には、勅使さえ迎えた聖僧であった（行基年譜七〇六年七月八日条）。その行基が、第二次不比等時代の幕開けとともに、一転、「小僧行基」と呼ばれて、厳しい糾弾の対象となった（養老元年〔七一七年〕四月二三日）。その糾弾文には、不比等の怜悧にして傲慢なる激しい性格が如実に現れている。不比等の不比等たる面目、躍如としていると言っていい名?文である。

行基上人が、このように、藤原朝から奈良時代にかけて、時に尊ばれ、時に弾圧された理由というのも、朝廷内において、親不比等派対反不比等派という両派閥間の、激しい派閥抗争が、民百姓に対する政策上の思想的な対立基調を伴いつつ、逆巻く渦をなして揺れたぎっていたがためである。

この第二次不比等時代に、首皇太子を、親不比等派の面々が二重三重に取り囲む体制が組まれる。東宮傅に不比等の長男、藤原武智麻呂が就き（養老三年〔七一九年〕。『家伝下』）、皇太子補翼に、親不比等派の親王、舎人親王と新田部親王が充てられた（『続日本紀』養老三年〔七一九年〕十月十七日条）。

首皇子は、是より先、まだ反不比等派閥が主流派であった和銅七年（七一四年）六月に立太子されたが、立太子の翌年の正月、初めて拝朝するにあたっては、朱雀門の左右に鼓吹騎兵が立ち並び、はじめて鉦鼓が用いられたという。鉦鼓とは、休戦と進軍の合図のどらと太鼓のことで、要するに、強烈な軍事色による、反不比等派的デモンストレーションが行われたのである。首皇太子の初度の拝朝の儀も、かくして親不比等派に対する無言の威圧を構える儀式として執り行われていた。ところがその時代は霊亀二年（七一六年）をもって終わり、皇太子は、不比等の指揮下、親不比等派の要人達によって、「手厚く」包囲拘束されてゆくことになる。

ところが、この第二次不比等時代は、養老四年（七二〇年）に躓く。この年、不比等は病臥し、五カ月の闘病の後、八月三日に薨去するのである。この間、反不比等派がやや発言力を強化したことが『続日本紀』から読みとれるが、対立関係は拮抗状態を呈する。

『日本書紀』は、この年つまり、養老四年五月二十一日をもって、舎人親王らによって編集せられ奏上された。『続日本紀』同条に、「是より先、一品舎人親王、勅を奉りて、日本紀を修す。是に於いて功成りて奏上す。紀卅巻、系図一巻」とある。

親不比等派の親王であった舎人親王らが、この養老日本紀つまり現『日本書紀』を編み始めたのは、おそらくは第二次不比等時代に入って間もなくであろう。首皇太子の執政と即位の正当性を証明する意図をもって、当時の派閥対立を如実に反映させながら編まれた国史である。そのため、各氏族の祖先伝承の取り上げ方にも、露骨な差別が組み込まれている。

たとえば、膳臣（カシハデのオミ。高橋朝臣）と安曇連（アヅミのムラジ。安曇宿禰）とは、古来、膳職を預かって天皇に陪侍し来たった東西の名族であるが、親不比等派の高橋朝臣こと膳臣については、『日本書紀』の祖先譚は、ほとんどが当氏族にとって名誉な記事で占められている一方で、反不比等派の安曇連については、ほとんどの場合、不名誉記事を記載している、という具合である。

『日本書紀』が『古事記』をいわば敵視している次第は、たとえば神代紀において、『古事記』に近い史料が、徹底して、遠い傍系の「一書」としての扱いしか受けていないという事実に明らかである。

『日本書紀』はまた、和銅日本紀をも敵視しつつ編まれたものであろうということは、このように見てくるとほとんど疑いがない。

和銅日本紀に対抗する国史、養老日本紀こと『日本書紀』の編纂は、述べた如く、第二次不比等時代に入るか入らぬかの頃には始められていたはずであるが、また、その『日本書紀』の奏上期限が、七二〇年に置かれていたであろう事も推断できる。『日本書紀』は、当初の予定通りに、七二〇年に、奏上されたのである。

何故このように推断できるかと言えば、七二一年は、辛酉年である。辛酉年は、中国古来のいわゆる讖緯説によれば特別な年であり、「革命の年」とされる。いわゆる辛酉革命説であり、辛酉年に天命が革まる、すなわち帝王が変わるとされる年である。この辛酉年における首皇子即位への期待が、他ならぬ『日本書紀』神武天皇元年辛酉年と相呼応している様が見て取れるからである。神武天皇が、立太子を経て、辛酉年に即位するというところに、首皇太子の七二一年辛酉年即位への期待が重ねられていたはずと思われるのである。七二一年という辛酉年の革命、首皇子の即位を期して、

『日本書紀』は、遅くとも七二〇年には奏上されねばならなかった。

反不比等派の、新辛酉年首皇子即位にかける情熱は、並々ならぬものであったはずだが、不比等の病臥・薨去という不測の一大事が、この夢を砕いた。首皇子の即位は、『日本書紀』修纂に込められた期待通りには進まなかったのである。

和銅日本紀対、養老日本紀こと『日本書紀』。この対立は、後々までかなり長く尾を引いたはずである。平安時代初め頃までは、和銅日本紀は、少なくとも反不比等派の命脈を辛うじて伝える人々の間では、一定の地位を持っていたはずである。しかし、養老日本紀こと『日本書紀』が日本の正史たる地位を確定してゆくことになるそもそもの初めといえば、七二一年、元明太上天皇の崩去を挙げなければならない。

元明太上天皇こそ、当時の反不比等派の人々にとっては、最後の希望の灯、最後の砦であった。その崩去は、反不比等派の中心の崩壊に等しく、事実、元明太上天皇亡きあと、政局は、父不比等の後を継いだ藤原武智麻呂の、父に匹敵する怜悧老獪な状況操作力によってその掌中へと次第に移ってゆく。

神亀元年（七二四年）二月四日に首皇子がようやく即位したのは、武智麻呂を中心とした親不比等派の、やや遅れた勝利の一歩であった。残念ながら辛酉年ではなく、三年遅れの甲子年の即位となった。讖緯説では、甲子年は、甲子革令の年、すなわち、政令が革まる年であるので、次善の即位年ではあったろう。

天平元年（七二九年）、長屋王が、武智麻呂を中心とする親不比等派の手のものによって讒言され、謀反のえん罪を受けて、自刃せしめられた。

天平三年（七三一年）九月二十七日、大納言藤原武智麻呂が太宰帥を兼任する。前任の大伴旅人から武智麻呂に太宰帥が移ったのである。長屋王の変の後、すでに実質的な勝敗は決していたとはいえ、武智麻呂による大宰帥の兼任は、武智麻呂を中心とする親不比等派が、反不比等派の最後の拠点までも掌中にしたということであり、名実ともに、親不比等派が苛烈な派閥闘争を勝利したという象徴でもあった。和銅日本紀に対する養老日本紀＝『日本書紀』の優位もまた、以後、確定する。

【『古事記』崩年干支は旧干支紀年法による干支年である】

和銅日本紀の旧干支紀年法に基づいて編まれていたであろう編年法は、新干支紀年法に則る『日本書紀』によって、大きく改訂されたと考えてよい。『日本書紀』の編年法は、田中卓博士の解説通り、神武天皇から少なくとも反正天皇のあたりまでは、非常に大胆な虚構の産物である。このことは『日本書紀』の編年法による各天皇の崩年と、『古事記』分注崩年干支の西暦年換算（旧干支紀年法による換算）とを比較してみれば、歴然としている。次頁の表②である。

この表を下から順に見ると、推古天皇の崩年は記紀ともに戊子年で、干支は名目上は一致している。しかし、古事記の崩年干支が旧干支紀年法であるとすれば、当然、記紀の実年代には一年の食い違いがあることになる。つまり戊子年は新干支では西暦六二八年であるが、旧干支では一年引き下げて、西暦六二九年である。

果たしてそうか。

そうであることを証拠立てるのが、記紀いうところの月日の違いである。前節（本論第二節）末の記紀崩年干支比較表を参照されたい。

この比較表において崩御の日付を記紀比較しようとする場合、比較の意味があるのは、安閑天皇以後についてである。継体天皇以前は、允恭天皇を除けば、崩御年そのものが、一年を越えて異なっているからである。

崩御月を見ると、古事記では、正月が二名、二月が無し、三月が三名、四月が三名、六月・七月が各一名、八月が二名、九月が一名、十月が無し、十一月・十二月が各一名という分布であり、著しい偏りは無い。継体天皇以前のみについてみても、正月二名、八月二名の他は、三月・四月・六月・七月・九月・十二月が各一名であり、やはり大きな偏りは無いのであるが、書紀では、特に継体天皇以前について、正月が三名、二月が三名とやや偏りが見られている。

崩御日をみると、今度は、古事記の方に、偏りが見

表② 崩年干支・在位・宝算の一覧表（田中卓「古代天皇の系譜と年代」より一部改変）

		日本紀崩年		古事記崩年		住吉大社神代記崩年		在位年数		宝算	
	漢諡号	干支	西暦	{干支}	西暦	{干支}	西暦	紀	記	紀	記
1	神武天皇	丙子	-584					76		127	137
2	綏靖天皇	壬子	-548					33		84	45
3	安寧天皇	庚寅	-510					38		57(67)	49
4	懿徳天皇	甲子	-476					34		(77)	45
5	孝昭天皇	戊子	-392					83		(114)	93
6	孝安天皇	庚午	-290					102		(137)	123
7	孝霊天皇	丙戌	-214					76		(128)	106
8	孝元天皇	癸未	-157					57		(116)	57
9	開化天皇	癸未	-97					60		115(111)	63
10	崇神天皇	辛卯	-29	戊寅	319	戊寅	259	68		120(119)	168
11	垂仁天皇	庚午	70			辛未	312	99		140(139)	153
12	景行天皇	庚午	130					60		106(143)	137
13	成務天皇	庚午	190	乙卯	356			60		107(98)	95
14	仲哀天皇	庚辰	200	壬戌	363			9		52(53)	52
	神功皇后	己丑	269					摂政69		100	100
15	応神天皇	庚午	310	甲午	395			41		110(111)	130
16	仁徳天皇	己亥	399	丁卯	428			87			83
17	履中天皇	乙巳	405	壬申	433			6		70(77)	64
18	反正天皇	庚戌	410	丁丑	438			5			60
19	允恭天皇	癸巳	453	甲午	455			42			78
20	安康天皇	丙申	456					3			56
21	雄略天皇	己未	479	己巳	490			23		(62)	124
22	清寧天皇	甲子	484					5			
23	顕宗天皇	丁卯	487					3	8		38
24	仁賢天皇	戊寅	498					11			
25	武烈天皇	丙戌	506					8	8		
26	継体天皇	辛亥 (甲寅)	531 (534)	丁未	528			25		82	43
27	安閑天皇	乙卯	535	乙卯	536			2		70	
28	宣化天皇	己未	539					4		73	
29	欽明天皇	辛卯	571					32			
30	敏達天皇	乙巳	585	甲辰	585			14	14		
31	用明天皇	丁未	587	丁未	588			2	3		
32	崇峻天皇	壬子	592	壬子	593			5	4		
33	推古天皇	戊子	628	戊子	629			36	37	73,75	

・西暦年-A年とは、紀元前A+1年のことである。従ってたとえば西暦年で-584とあるのは、紀元前585年のことである。西暦0年というものが無いため、このようになる。
・干支は現行干支。{干支} は旧干支。従って、{干支} の西暦年換算は、現行干支の換算より1年を引き下げて数えなければならない。
・(　) 内は、立太子または生誕よりの計算。

られる。多い順に、十五日が、なんと五名あり、九日が三名、あとは、三・六・十一・十二・十三日が各一名という具合である。継体天皇以前だけで見ても、十五日が三名、九日が三名、三日・十一日が各一名という具合で、継体天皇以前の偏りが、全体の偏りに主として寄与していることが知られる。

こうした観察によってみても、崩御の日付の記紀比較は、せいぜい安閑天皇以下でしか意味が無いと知られるのである。

そこで、比較表を下から順に見てゆこう。先ず件の推古天皇であるが、その崩年は記紀ともに戊子年で、名目上、干支は一致している。しかし、古事記は推古天皇の崩年月日を、戊子年三月十五日癸丑とし、日本書紀も、推古三十六年紀（新戊子年）三月癸丑とするが、六二八年三月の朔日は43丁未であるから、49癸丑は七日である以外にない。ところが、同じ癸丑日を、古事記は十五日としているのである（干支の頭に付けた数字は、甲子0番から始まる干支番号である。以下も同じ）。

癸丑が十五日であるためには、朔日は35己亥でなければならない。ここで『日本書紀暦日原典』（内田正男編著、雄山閣）や『三正綜覧』（内務省地理局編纂、藝林舎）によって、六二八年の翌年である六二九年の三月の朔日を確認すると（つまり元嘉暦では）38壬寅であり、先述の修正後漢四分暦によっても、同じく壬寅である。35己亥はこれより三日早いだけの違いとなっている。互いに素性の異なる二種の暦法において、月の朔日に数日のずれが生じることはあり得る。すると、『古事記』のいう戊子年とは、六二八年ではなく、六二九年であったと考える方が、蓋然性が高いことになる。

更に古事記の十五日は、古事記崩年月日に十五日が不自然に多いことを考えあわせるとき、この十五日は実は十二日の誤伝もしくはその改変であった可能性がある。なぜなら、十二日が49癸丑であれば古事記の依拠する暦の三月の朔日は確かに38壬寅となり、いよいよ古事記の戊子年を新戊子年ではなく、旧戊子年・六二九年とする説の妥当性が高まることになる。

表の下から二番目、崇峻天皇、その上の用明天皇、この両天皇についても、記紀で崩年干支は一致する。しかし、やはり推古天皇の場合と同様、日付が異なっている。

まず、崇峻天皇の古事記崩年月日は、壬子年十一月十三日であり、書紀によれば同じく（新）壬子年＝五九二年の十一月乙巳（三日）である。五九二年十一月の朔日は39癸卯であるので、十一月41乙巳は三日とならざるを得ない。古事記のいう十三日とは十日もの食い違いとなっている。単に十三と三とが紛れた結果なのであろうか。しかし、このような単純な説明では前後の暦日の相違が説明できない。そこで、推古天皇の場合と同じように推論してみる。古事記の崩年干支にはこの日の干支が無いが、仮に旧編年では書紀と同じ乙巳に当てられていたとすると、41乙巳が十三日であるためには、朔日は29癸巳でなければならない。そこで、五九二年ではなく翌年の五九三年十一月の朔日を『三正綜覧』によって確認すると（つまり元嘉暦では）33丁酉である。修正後漢四分暦でも、五九三年十一月の朔日は同じ33丁酉である。癸巳は丁酉より四日早いだけの違いとなっている。十日のズレよりはズレの幅が縮まることになる。

更に、古事記言う「十三日」は「九日」の紛れかその意図的改竄であった可能性がある（「十三」と「九日」の草体の紛れ。もしくは寓意上の呪数である「九」を、特殊な数合わせの都合にもよって、ここでは意図的に避け、紛れを装って、あえて十三日に変更したものか。「九」の寓意・数合わせについては別稿に委ねる）。というのも、そうだとすると、乙巳が九日となるべき朔日は、まさに五九三年十一月の朔日、丁酉となる故である。いずれにせよ、ここでも古事記の壬子年が、五九二年ではなく五九三年であった蓋然性は小さくない。

次の用明天皇に注目したい。古事記は丁未年四月十五日崩とし、書紀は丁未年（新丁未年）・五八七年四月癸丑（九日）崩とする。よって記紀で六日のずれがある。

五八七年四月の朔日は41乙巳であるから、49癸丑は九日である他ないのであるが、古事記は十五日だという。古事記にやはりこの日の干支は無いが、上と同じように考えて、古事記のいう四月十五日が、旧編年で、書紀同様四月癸丑であったと見れば、これが十五日であるためには、朔日は35己亥でなければならない。ところが、五八七年の翌年、五八八年の四月の朔日は、修正後漢四分暦によれば（元嘉暦も同じく）まさに己亥である。

つまり、次のような次第であったと思われる。用明天皇の崩年干支月日についての根本史料は、古事記いう如き、丁未年四月十五日であったが、古い編年紀（旧日本紀＝和銅日本紀）では旧干支紀年法によって（旧）丁未年四月（己亥朔）癸丑（十五日）とされており、これが、『日本書紀』では、新干支紀年法によって、そのまま、つまり正しい換算をさぼって（新）丁未年四月（乙巳朔）癸丑（九日）とされた、ということになる。つまり、「丁未年四月癸丑」が、かたや、（旧）丁未年四月十五日であったのに、『日本書紀』では（新）丁未年四月九日に化けたという次第であったことになる。

真実の用明天皇の崩年月日は、従って、古事記崩年干支の記す通りであり、ただし、丁未年は、旧丁未年・五八八年であったということになる。

『日本書紀』は、この古暦の当代暦への換算を恐らく意識的にさぼった。さぼってこの崩年干支年月日をそのまま現行干支年月日として伝えてしまっているわけである。そのため、用明天皇の崩年月日が、西暦五八七年四月九日という、年も一年違えば、日付も食い違ったものになってしまったものと理解できる。

『日本書紀』が正しい換算を意識的にさぼった理由は不明であるが、さぼった結果の丁未年四月九日は、奇しくも古事記言う継体天皇の崩年干支月日（丁未年四月九日）に一致している。この一致が、書紀編者をして敢えて換算をさぼらせた一つの理由であったかも知れない。

『日本書紀』は、この一致の故もあってか、『古事記』の継体天皇崩年月日を棄却して、百済本紀の曖昧な伝聞記事によって継体天皇崩年を作っている。しかし、『日本書紀』が継体二十三年紀（己酉年（五二九年））。旧己酉年なら五三〇年）九月に薨去したと記録する巨勢男人大臣は、続日本紀によれば継体・安閑二朝に供奉したというのであるから（勝宝三年二月二十六日条）、巨勢男人大臣薨去の年は安閑朝のことでなければならず、すると継体天皇は、『古事記』の云う通り、すでに旧丁未年・五二八年には崩去していたと考えるべきである。『日本書紀』の継体天皇崩年に誤りがあることは、このことからも歴然としている。

ともあれ以上で、『古事記』崩年干支が、現行干支紀年法による干支であったのではなく、実はそれより一年引き下げられた、旧干支紀年法に則った干支年であったことは、およそ疑いないことになったかと思われる。

続いて敏達天皇の崩年干支月日を見ると、記紀で月日が全く異なるので、これまでのような議論はできないが、年についてなら、実は一致していると言わねばならない。というのも、『古事記』が甲辰年というのは、現行干支より一年を引き下げた年であるから西暦五八五年に当たり、『日本書紀』が現行干支によって甲辰の翌年である乙巳年に崩年を当てているのは、旧干支年を新干支年に換算した結果となっているのである。つまり、『古事記』説の甲辰年と書紀説の乙巳年とは、名目上は干支年が異なるのに、かたや旧干支年、かたや新干支年によっているので、ともに西暦五八五年であり実は一致しているのである。ただし、月日が、かたや四月六日、かたや八月己亥（十五日）であって全く異なる。何らかの誤伝であろう。誤伝機序は不明である。敢えて考えるに、たとえば、『古事記』は四月十三日を四月六日と誤伝し（十三と六の誤写である）、他方で、四月十三日に後世的な干支が当てられていた史料があってそこに四月（丁亥朔）十三日（己亥）とあったものが、四月十五日己亥と誤伝され（十三と十五の誤写である）、己亥が十五日に当たる月を探して、八月（乙酉朔）己亥十五日に改めた、というような過程が考えられる。なお『日本書紀』の言う八月十五日が古事記仁徳天皇の崩月日と一致するのは偶然であろう。

また、敏達天皇崩年について『日本書紀』が旧甲辰年を新乙巳年に正しく換算した形になっている理由についても、とりあえずは不明としておきたいが、ここには実は、旧日本紀段階における作為が潜む可能性がある。この点に関しては別稿に委ねる（前掲拙著『6～7世紀の日本書紀編年の修正……』参照）。

次に、安閑天皇では記紀の崩年干支は乙卯年で合致するが、干支が合致するということは、もはや、実質一年の食い違いがあるということになる。『古事記』の乙卯年は旧乙卯年＝五三六年、『日本書紀』の乙卯年は新乙卯年＝五三五年ということになるが、正しいのは、西暦五三六年の方であろう。『日本書紀』は、ここでも換算をさぼっているのである。そうしてここでも月日は全く食い違っている。かたや三月十三日（十二日）であり（五三六年三月十三日は修正後漢四分暦では37辛丑朔49癸丑、元嘉暦では38壬寅朔50甲寅）、かたや、十二月9癸酉朔25己丑（十七日）である。やはり何らかの誤伝であろう。三月は十二月と互いに間違いやすい。十二日、十三日、十七日も互いに誤記しやすい（あるいは誤記されたと見なされやすい）。真相は不明である。

考慮の外に置くべき継体天皇以前について念のために見ておくと、継体天皇から允恭天皇までについては、記紀の崩年干支は、数年から最大十一年の食い違いである。この頃までは、しかし、なんとか近い年代を互いに保っている。

ところが反正天皇以前から、時代を遡るほど、記紀で食い違いは大きくなる。六十の倍数をやり繰りしても、食い違いを埋めることはできない違いかたである。『古事記』が先に存在しているのであるから、『日本書紀』が、『古事記』の崩年干支年を、このあたりから全く無視しているわけである。言うまでもなく、『日本書紀』の方が、時代を遡るにつれて、次第に奔放な創作を弄していると考えてよい。

允恭天皇の崩年を境に、それ以後とそれ以前とで、『日本書紀』の編年法が質を転換させていること、つまり、允恭天皇崩後の編年法がかなり史実に沿うものである一方で、それより前、つまり、すでに允恭紀を含む、允恭紀以前の『日本書紀』編年が、甚だしく史実を違えていることについては、早くに那珂道世が、朝鮮古史と比較しつつ指摘しているところである。曰く、「皇国の古史と朝鮮国の古史とを比較して、其の記事の異同を稽ふるに、雄略天皇以後の記事には、甚しき牴牾の事あらざれども、允恭天皇以前には、きはだちて牴牾甚しく、全く符合する者は、一事も見えず、偶事実の符合する所あれば、其の年代は必ず違えり。凡て歴史は、時代の古きに随ひて、精確の記事少き者なりとは云へども、さばかり牴牾の甚しきは、両国古史の精確を闕けるが故のみにはあらず、他に一つの原因あり。そは、日本紀の允恭天皇以前の年紀の正しからざることなり。」那珂道世遺書『外交繹史』序論冒頭の文である。

『日本書紀』は、允恭紀を境に、それ以前においては、相当放恣な虚偽編年を創作しているのである。

【和銅日本紀の崩年称元法と、『日本書紀』の踰年称元法】

では、和銅日本紀はどうであったか。和銅日本紀の編年法は、述べた如く恐らく天武十年紀国史の編年法を相当忠実に踏襲するものであったと思われるが、その実態は未詳と言わざるを得ない。ただ一つ推定できることがある。和銅日本紀は天武十年紀国史ともども、いわゆる踰年称元法ではなく、崩年称元法を採っていたであろうことである。

踰年称元法とは、天皇元年を、先帝の崩年の翌年に置く紀年法であり、古代中国の史書や『日本書紀』が採用する称元法である。他方、崩年称元法とは、先帝の崩年を次代の天皇の元年とする称元法であり、三韓の正史である三国史記などが採る称元法である。

いずれの称元法が合理的かといえば、後者、崩年称元法であろう。踰年称元法では、先帝の崩年の間に即位し、その年の内に崩去する天皇がもしあったとすると、その天皇の元年が消滅してしまうことになるからである。

和銅日本紀が、より合理的であったと考えられる崩年称元法を採っていたであろうという論拠については、別稿（『日本書紀編年批判試論』或はその修正補足版

『6～7世紀の日本書紀編年の修正……』）に譲る。ここでは、和銅日本紀の編年法に関わるかも知れないと思われる別史料を呈示しておきたい。『住吉大社神代記』である。

【『住吉大社神代記』の天皇崩年干支について
――その垂仁天皇崩年の虚構性】

既述の如く、和銅日本紀は、原『古事記』を基本中の基本に据えつつ編まれたであろう天武十年紀国史の、その正嫡の国史であったと考えられるのであるが、とすれば、当然の事ながら、和銅日本紀もまた、『古事記』に依拠した編年体系を持っていたはずであろう。この編年体系を示唆するかも知れない史料として、『住吉大社神代記』を挙げてみたい。

『住吉大社神代記』は、崇神天皇と垂仁天皇の崩年干支を、次のように伝えている。その「船木等本記」に、

「弥麻帰入〔日〕子之命《ミマキイリヒコのミコト＝崇神天皇》とは大日日命《オホビビノミコト＝開化天皇》の御子なり。志貴御豆垣宮（シキミヅカキのミヤ）に御宇（あめのしたしろしめ）しし天皇なり。〈六十八年、戊寅年を以て崩（かむさ）ります。山辺上陵に葬しまつる。〉」

「活目入彦命《イクメイリヒコのミコト＝垂仁天皇》は弥麻帰（ミマキ）天皇の子、巻向（マキムク）の玉木（タマキ）宮に大八嶋国御宇（しろしめ）しし五十三年辛未崩（かむさ）ります。菅原伏美野中陵〔に葬しまつる〕」

とある（田中卓著作集7『住吉大社神代記の研究』〔国書刊行会〕所収「校訂住吉大社神代記」一一六頁より引用。〈 〉内は分注である）。

つまり、崇神天皇は六十八年戊寅年に崩じ、垂仁天皇は五十三年辛未年に崩じた、と伝えるのである。これを『古事記』が伝える崩年干支および宝算と、並べて比べてみると次表の通り。最下段には『日本書紀』の伝える在位年と崩年干支を付した。

『住吉大社神代記』の依拠した史料が、『古事記』を基にしてどのように崇神・垂仁両天皇を紀年付け、どのように両者の崩年の紀年を虚構していたかは、こうして比べてみればほぼ明らかとなる。

	『古事記』崩年干支	『古事記』宝算	『住吉大社神代記』在位年・崩年干支	『日本書紀』在位年・崩年干支
崇神天皇	戊寅	百六十八歳	六十八年戊寅	六十八年辛卯
垂仁天皇	なし	百五十三歳	五十三年辛未	九十九年庚午

すなわち、崇神天皇については、『古事記』の伝える宝算から百を引いた六十八年を在位年とし、そうしてその崩年の崇神六十八年を、『古事記』の崩年干支、戊寅に等しいとしたのである。

垂仁天皇については、同じく『古事記』の宝算から百を引いた五十三年を在位年とし、その干支として、崇神天皇崩年の戊寅から五十三年後の辛未を当てたのである。この算術の可能性については、既に田中卓氏が指摘しておられるところである。

さて、崇神天皇の在位が六十八年、その子の在位が五十三年などというのは、宝算を無視するとしても古代人の通常の寿命では、まずあり得ないことであろう。このような二世代の実在を主張するためには、よほど特別な事態を考えねばならない。たとえば、崇神天皇は十六歳で即位し八十三歳で崩じ、次の垂仁天皇は崇神天皇が六十八歳の時の子であって十六歳で即位し、六十八歳で死んだ、とでも考えれば考えられよう。しかしこうした苦しい算術は、却って実際にあったはずが無いことを窺わせる。

要するに、『住吉大社神代記』の伝える垂仁天皇の崩年干支、辛未なるものは、右のごとく、『古事記』から極めて合理的に算出されるものであって、その合理性の故に、これが机上で算出された、架空の崩年干支であったことは歴然としている。垂仁天皇の実際の伝承崩年干支が存在しなかったが故に、このような自由な整合的な算出が、逆に可能であったと思われるのである。

『住吉大社神代記』が語る崇神・垂仁両天皇の在位年と崩年干支が、『古事記』に基づいて定められた何らかの史料に依拠しているとすると、これが『日本書紀』の在位年や崩年干支とあまり一致しないのはむしろ当然である。

『住吉大社神代記』の両天皇の在位年や崩年干支が依拠していた何らかの史料とは、『日本書紀』ではなくして、『日本書紀』が敵視したであろう和銅日本紀、もしくはその直系の祖史料であったのではあるまいか。

ただし、こうした推定には、ある限定が付されなければならない。というのも、『住吉大社神代記』は、垂仁天皇の崩年干支を算出するのに、先帝・崇神天皇の崩年干支、戊寅に五十三年を加えた干支、辛未年を採用しているのであるが、もし、これが和銅日本紀の紀年法を正しく踏襲したものであるなら、戊寅に五十二年を加えた庚午年としていなければならないはずであるからである。というのも、和銅日本紀にあっては、先帝・崇神の崩年すなわち垂仁天皇元年であったはずであり（崩年称元法である）、それならば、垂仁天皇五十三年は、崇神天皇の崩年に五十二年を加えた年、庚午年であるはずであるからである。

すると、『住吉大社神代記』が、仮に和銅日本紀の編年法を踏襲したものであったとしても、垂仁天皇崩年は庚午年であったはずであり、辛未年というのは一年を誤った崩年干支であったということになる。つまり、『住吉大社神代記』が和銅日本紀を踏襲しながらも誤ったものとすれば、本来は、左表のようになっていたことになる。

ただしこれはあくまでも『住吉大社神代記』が和銅日本紀の編年法を踏襲しつつも垂仁五十三年の干支の計算を誤って、本来の庚午年を辛未年に改めたのであろうと仮定した上での話である。

天武十年紀国史は、原『古事記』を基本としつつ編

	『古事記』崩年干支	『古事記』宝算	『住吉大社神代記』在位年・崩年干支	『日本書紀』在位年・崩年干支
崇神天皇	戊寅	百六十八歳	六十八年戊寅	六十八年辛卯
垂仁天皇	なし	百五十三歳	五十三年庚午	九十九年庚午

まれたため、その編年も『古事記』に強く依存しながら虚構されたはずである。しかもその編年は旧干支紀年法に依拠して構成されたはずである。そうしてこの天武十年紀国史の編年法が和銅日本紀にも相当忠実に引き継がれ、この和銅日本紀に引き継がれた編年の一部、もしくは、もともとの天武十年紀国史の編年の一部が、たまたま『住吉大社神代記』の「船木等本記」に伝えられた可能性があるという前提で右の対応をみれば、確かにその可能性はゼロでは無いように思われる。

『住吉大社神代記』の崇神・垂仁両天皇の在位年・崩年干支が、『古事記』とは大きくは矛盾せず、他方で、『日本書紀』とはかなりの相違を見せるというのも、このように考えれば至極当然のこととなる。

『日本書紀』は『古事記』および和銅日本紀を、というより、『古事記』および和銅日本紀を編んだ派閥の者たちを、敵視しながら編まれた国史である。

とはいえ、『日本書紀』の崇神・垂仁両天皇の在位年・崩年干支は、部分的には、『住吉大社神代記』のそれ、従って和銅日本紀のそれに近いところがありはする。すなわち、『住吉大社神代記』と『日本書紀』の両天皇の在位年と崩年干支とを比べてみると、崇神天皇については、在位年はともに六十八年と一致する。しかしその崩年干支は、かたや14戊寅、かたや27辛卯であるから、六十を法として十三年次食い違っている（戊寅が旧干支紀年法であるから実際には六十を法として十二年の食い違いと言うべきか）。垂仁天皇については、在位年は五十三年（日本書紀流の踰年称元法では五十二年）と九十九年であるから全く異なっているが、崩年干支である旧庚午年と庚午年（新庚午年）は、名目上では一致していることになる。

要するに『日本書紀』は、『古事記』とその直系である和銅日本紀、更にはそのおおもととなったはずの天武十年紀国史を、ほとんど無視するがごとくにして編まれたのではあるが、従って、和銅日本紀の編年法も、そうとう大幅に改定されたのではあろうが、もともとこれを参看しつつ編まれたがために、これに一致もしくは近接する部分も少なからず残存した、といえる可能性が、少なくともゼロではないのである。

いずれにせよ、他の兆候からしても『日本書紀』が和銅日本紀の編年法を大きく改定していたことは疑い得ないと思われる。とするならば、大きく改定できた根拠があったはずである。それすなわち、和銅日本紀の編年法自体が、少なくとも允恭天皇以前については、ほとんど信ずるにたる代物ではなかったがためであろう。直ちにその荒唐無稽さが知られるような編年体系が、そもそもの初めから存在したのであろうと思われる。だからこそ、『日本書紀』は、和銅日本紀の上代の編年などは、はなから無視して、これを都合よく改竄できたのである。

ともあれ、『住吉大社神代記』の伝える崇神・垂仁両天皇の在位年とその崩年干支は、崇神天皇の崩年干支を除けば、そのまま信ずるということなど、到底できないものであることについては、以上のことから容易に知られよう。

田中卓博士は、「船木等本記」が全体に、『古事記』・『日本書紀』を直接に典拠とするものではないことを考証した後、垂仁天皇の崩年干支、「五十三年辛未」を「他書に例なき」説であるとして、これを史実として認めておられる。しかし、田中博士がこの「辛未」年を史実と認める根拠は、すでにかくの如く、崩壊してしまった。

他にこの「辛未」年を史実として認めうる何らかの証拠が無いかぎり、これを『古事記』崩年干支と同質のものと認めるわけにはゆかない。

これを史実として認めうる何らかの他の証拠はあるのであろうか。しかし、事実は逆に、これが史実でないことを認めうる証拠の方がある。

辛未年は、旧干支紀年法によって西暦年に換算すれば、三一二年であり、田中博士も、現行干支による換算ではあるが、これを三一一年であるとしておられる。すると、当然の事ながら、垂仁天皇の父、崇神天皇の崩年干支、旧戊寅年は、三一九年ではあり得ず、二五九年でなければならないということになる。ところが、これは、後にも述べるごとく誤っており、事実は、三一九年でなければならない（崇神天皇の崩年干支の西暦年については、古来、三一八年説と二五八年説とがあったが、追々明らかになる如く、後者は誤りである)。すると、垂仁天皇の崩年「辛未」は、三一二年ではあり得ず三七二年でなければならないということになるが、これは『古事記』崩年干支によれば仲哀天皇以後の時代であり、問題外である。

　つまり、垂仁天皇の崩年干支「辛未」は、崇神天皇の崩年干支が三一九年でなければならないという事実の前に、全くその信憑性が崩れるのである。垂仁天皇崩年の辛未を信じて三一九年説を捨てるのか、三一九年説をとって辛未を捨てるのか、となれば、後者を選ぶべきである。繰り返すようであるが、崇神天皇の崩年干支戊寅の西暦年として、二五九年でなく三一九年を採るべきであることは、本論においてやがて確信されることになる。

　最後に、当節の題名である「顓頊暦・旧干支紀年法・『古事記』・和銅日本紀・『日本書紀』および藤原・奈良朝派閥抗争史」を図示してみれば左図のようになる。

　すなわち、

・天武朝に於ける原『古事記』＝「勅語の旧辞」の編纂と、この「勅語の旧辞」を基本に据えた上で計画された天武十年紀国史の編纂事業は、元明天皇の時、太安萬侶による現『古事記』の奏上と紀清人らによる和銅日本紀（旧日本紀）の編纂事業へと引き継がれた。

原『古事記』——天武十年紀国史（旧干支紀年法＝顓頊暦紀年法・崩年称元法）

↓　　↓

現『古事記』——和銅日本紀（旧干支紀年法・崩年称元法）——反不比等派閥…『住吉大社神代記』「船木等本記」

VS　　VS　　【藤原・奈良朝派閥抗争】

『日本書紀』（現行干支紀年法・踰年称元法）——親不比等派閥

・原・現『古事記』に記された十五天皇の崩年干支は顓頊暦直系の暦法に付随した旧干支紀年法（現行干支紀年法に比べて一年引き下げられた干支紀年法）によって記されており、天武十年紀国史とこれを継承したはずの和銅日本紀の紀年法も、ともにこの旧干支紀年法を保持するものであったと推測される。

・旧干支紀年法が新干支紀年法に変更されたのは、持統天皇の即位年、即ち持統四年紀（六九〇年）に元嘉暦と儀鳳暦とが公用暦として採用された時点からである。

・『日本書紀』は踰年称元法（先王の崩年の次の年を次王元年とする称元法）を採用しているが、和銅日本紀以前は、三韓と同じ崩年称元法（先王の崩年を次王元年とする称元法）であったと考えられる。

・現『古事記』と和銅日本紀の編纂は藤原・奈良朝の派閥対立の渦中で行われたものであり、両者とも反不比等陣営による事業であったが、間もなく親不比等派閥による巻き返しがあり、現『古事記』・和銅日本紀に対立する国史として『日本書紀』が編纂された。こちらは様々な無理を犯しつつ現行干支紀年法によって編年されており、その後の政治史によって、『日本書紀』が編年上の矛盾を抱えたまま正史としての地位を確立し、『古事記』は無視され、和銅日本紀は二次的史料へ貶されてゆく。

・『住吉大社神代記』の「船木等本記」は、和銅日本紀系列の史料の面影を伝えている可能性がある。

追記　秦氏について

当節冒頭に、辰韓の地から我が国に帰化したと伝えられる秦氏一族について触れたが、秦氏の帰化は、『日本書紀』や『新撰姓氏録』の伝えるところに従えば、仲哀朝から応神朝にかけての時代、西暦四世紀半ばから後半にかかる時代である。この時代は、辰韓の地に新羅が勃興した時期であり、秦氏一族はその辰韓からの亡命者の一団であったと考えられる。辰王朝正嫡の裔である大和朝廷を頼って我が国に帰化した一族であろうと考えられるのである。

この秦氏については多くの研究があるが、ここでは、太田亮氏の『姓氏家系大辞典』（角川書店）秦条から抄録しておきたい（以下の引用文において《 》内は筆者注。傍線も筆者）。

秦　ハタ　ハダ　天下の大姓にして、其の氏人の多き事、殆んど他に比なく、其の分支の氏族も亦尠からず。而して上代より今に至る迄、各時代共、恒に相当の勢力を有する事も、他に類例なかるべし。……

1　概観　……秦氏ほど偉大な氏は一寸ない。従ってその調査は面白い、と云った丈では納得すまいから、今急に思いついた其の偉大さの一部を列記して見よう。

【数】此の氏族は、伝説によると、応神天皇の御代、弓月君といふ人が己が率ゆる百二十七縣の百姓を伴って帰化したと云ふ事になって居る。（応神紀、古事記、姓氏録）。応神紀には百二十縣、姓氏録には百二十七縣とも又は二十七縣とも伝えて居る。その後、雄略天皇の朝、小子部雷に命じて調べさせた処、九十二部一萬八千六百七十人あったと云ひ（雄略紀、古語拾遺、姓氏録）、次いで欽明天皇の朝には「秦人戸数惣七千五十三戸」と、書紀に載っているのである。

【分布】斯様に氏人の数が多かったばかりでなく、其の分布が極めて広い。粗密の度こそあれ、既に中古の初めに於いて、北は奥羽より西は九州に蔓って居たのであって、何処の国の氏族を調査しても、大抵な処には、此の氏族が見出されるのである。

【氏】此の氏族に属する氏は極めて多い。即ち朝原、朴市秦（依智秦）、依智、太秦、太秦公、大蔵、大蔵秦、葛野秦、香登、加美能、河勝、惟宗（伊統）、桜田、宗、高椅、高尾、時原、寺、秦、秦下、秦許、秦子、秦部、波陀、秦姓、秦冠、秦大蔵、……秦原、廣幡、物集、三林、令宗、井手、川辺、倉人、達布、中家、長蔵、前、常、原、小宅、長田、国背宍人等で、此等は主として、六国史、姓氏録から集めたもの、……。

而して以上の上代姓氏は、鎌倉時代以後に於いて、幾多の苗字を発生せしむるに至ったのであるが、其の内、特に有名なものは、薩摩の島津氏、越中の神保氏、対馬の宗氏、及び稲荷・松尾両神社の社家族である。

就中、島津氏一族には、阿蘇谷、伊佐、伊集院、石坂、河上、給黎、樺山、北郷、末弘、新納、原、道祖、町田、山田、知覧院、宮里、中沼、大野、和泉、佐多、上総、始良、碇山、根占、鎌田、桂、伊勢等の名族があって、今日も顕貴の地位に上って居る人が少なくない。……

【政治上の勢力】以上の如き大族であるから、政治上に及ぼした影響も実に大きいものであったが、特に財政上に貢献した点は特筆大書せねばならぬ。即ち雄略天皇の朝、大蔵を創設した場合、此の氏の酒公が其の長官となったのである。其の後、大蔵秦公志勝と云ふ人が見え、次いで欽明天皇の朝には、秦造大津父が大蔵省の長官なる大蔵卿に任じられて居る。つまり世襲的に此の氏は、大蔵を掌る、換言すれば財政方面の重鎮であったのである。……

【外交方面】上古にありては、此の氏族の一部なる己知部が、奈良曰佐《ヲサ。通訳》、山村曰佐、相楽郡の曰佐、野州郡の曰佐となりて、漢土、韓国との訳語通事を掌り、又近古以来、宗氏は朝鮮との、島津氏は琉球との外交を掌って居る。……

【神祇方面】稲荷さんが天下至る処に祀られるに至ったのは、此の大氏族の氏神であった事と、此の氏が殖産工業に貢献する処が多く、延いて稲荷さんが、特に殖産の守護神となった事とに原因する点が少なくないのである。又松尾神社、上下賀茂神社の発展も、此の氏に負ふ処が多からう、松尾神が酒の神となったのは、秦酒公との関係を認めねばならぬ。……

【仏教方面】秦川勝が聖徳太子に仕へて弘法に功の多かった事、太秦の広隆寺が其の時代に建てられた大刹である事のみを載せても、此の氏の仏教に貢献した点がわからう。……

【殖産工業方面】秦は機に通ずる程、此の氏は養蚕機織と関係が深いのである。姓氏録には、応神天皇の朝、此の氏が金銀、玉帛、種々宝物を献じたと云ひ、次いで仁徳天皇の朝、秦氏を諸郡に分置して、養蚕、織絹に従事せしめたと見える。書紀雄略巻にも多く其の事を載せて居る。

斯様に偉大な秦氏族の起源は、何であらう、それは我が古代史を鮮明ならしむるに重大なる使命を持って居るものである。

2　移住

秦氏族の内地移住については、応神帝紀十四年条に「是歳、弓月君、百済より来帰せり。因って奏して曰ふ、臣、己が国の人夫、百二十縣を領して帰化す。然れども新羅人の拒ぐに因って、皆、加羅国に留まれりと。爰に葛城襲津彦を遣はして弓月の人夫を加羅に召す。然れども三年を経るまで、襲津彦来らず」と見え、次に十六年八月条に「平群木菟宿禰、的戸田宿禰を加羅に遣はし、仍って精兵を授け詔して曰はく、襲津彦久しく還らず、必ず新羅人の拒ぎによって滞れるならむ。汝等急に往き、新羅を撃ちて其の道路を披けと。是に於て木菟宿禰等、精兵を進めて新羅の境に莅む。新羅王、愕れて其の罪に服し、乃ち弓月の人夫を率ゐて襲津彦と共に来れり」と載ってゐる。……この事件は古事記の如きも、応神段に「此の御世、秦造の祖、漢直の祖、参渡り来つ」と載せ、且つ文の内容から、我国の古記録、又は古伝説に基いたものと考へられる故、応神朝の事件として差支ないと思ふ。

姓氏録山城諸蕃秦忌寸条も、大体書紀と同様で「物智（一本功満）王、弓月王、誉田天皇十四年、来朝、上表。更に国に帰り百二十七縣の伯姓を率ゐて帰化、並に金銀、玉帛、種々の宝物を献ず。天皇、之を嘉し、大和朝津間腋上の地を賜ひ、之に居らしむ」と見えるが、同書、右京諸蕃太秦公宿禰条は此等と少しく違って居る。即ち「秦始皇帝三世孫孝武王の後なり。その男功満王は、仲哀天皇の八年来朝し、その男融通王（弓月）は、応神天皇十四年来朝、百二十七縣百姓を率ゐて帰化、金銀玉帛等の物を献ず」とあって、最初の来朝を仲哀朝として居る《ここで、山城諸蕃秦忌寸条に見える「大和朝津間腋上の地」とは、御所市の葛城山山麓一帯の地で、鴨都波神社・一言主神社・高鴨神社などを氏社とする、カモ祖族系裔本貫の土地である。カモ祖族については第六節参照》。

なほ同じく秦氏と同様、秦始皇帝の後裔と伝ふる己智部は、欽明朝に帰化したと云ふ事になって居る。即ち欽明天皇紀元年二月条に「百済人己知部、投化せり、倭国添上郡山村に置く。今山村己知部の先也」と見える……。

……

さて秦氏の大部隊が来たと云ふ事件を、或は仲哀朝八年と云ひ、或は応神朝十四年、若しくは十六年と云ふは容易に信ずべきでない事は勿論である。けれど之を実際の年代に当てはめると、凡そ皇紀の千年代の上半期であって《皇紀元年は紀元前六六〇年、皇紀千年は西暦三四〇年》、韓史の上に聊か思ひ当る事が起って居るのである。応神朝を千年代の上半期と云ふ事は、宋書との比較より、仁徳朝及び反正朝が千年代の後期に当って居る事から云っても、又百済王の年代から考へても、左様に云へるのである。

予輩の調査に拠れば、仲哀朝は千二年（西暦三四二年）に始まり、応神朝は千四十八年（三八八年）に終って居る（日本古代史新研究参照）《と太田亮氏は言うが、『古事記』崩年干支によれば、仲哀朝の始まりは西暦三五六年、応神朝の終わりは西暦三九五年である》。支那では東晋の世で、江北では秦符堅が威張って居た時代であるが、この符秦の江北一統時代は朝鮮史にとって最も注意を払はねばならない時と云はねばならぬ。それは新羅が初めて支那と交通を始めたと云ふ重大事件が起って居るからである《新羅本紀によれば、西暦三八一年、新羅は前秦の符堅王に遣使し、朝鮮の今昔につき答えている》。これより前、西晋時代《二六五～三一六年》には辰韓が支那と交通して居たのに、此の時代になって、辰韓の一国なる新羅が交通を始めると云ふ事は、新羅が勃興し、辰韓が微弱となった事を表して居るのでなくて何であらう。而して秦氏が、秦韓、又は其の内の一国の遺民であると云ふ事は、先輩諸氏の殆ど一致する処である。果して然らば、秦韓諸国の一大変動、それが秦氏の来朝と一大関係があると考えねばならないではないか。私はかやうな立場から、秦氏の移住は応神朝で、その残留した者が己知部と考へたいのである。

然らば秦氏の来朝は、その応神朝の何年かと云ふに、応神紀が秦氏来朝の歳とする十四年、十六年両条の記事は、神功紀六十二年引用百済記に「壬午年、襲津彦をして新羅を討たしむ」との記事と甚だよく似て居る故、恐らく同一事であって、秦氏来朝の実際の年は、此の壬午、即ち応神朝の二十四年、即ち西暦三百八十二年、晋孝武帝七年、秦符堅建元十八年の事と思ふ《百済記の干支が旧干支であった可能性が否定できず、壬午年は三八二年ではなく三八三年である可能性がある》。……

3　故国

秦氏の故国と思はるる秦韓国、即ち辰韓は、西方の馬韓、南方の弁韓と共に三韓と併称されて居る。此の国に関する記事中、古く、且精しいのは、魏志東夷伝であるから、先ず其の文を次に載せよう。

「辰韓は馬韓の東に在り、其の耆老、世に伝へて自ら云ふ、古の亡人、秦の役を避けて、来って韓国に適く。馬韓、その東界の地を割いて之に与ふと。城柵あり。其の言語、馬韓と同じからず、……秦人に似る処あり。……今之を名づけて秦韓となす者あり。始め六国あり、稍分れて十二国となる。

弁辰、亦十二国、……已柢国、不斯国、弁辰彌離彌凍国、弁辰接塗国、勤耆国、難彌離彌凍国、弁辰古資彌凍国、弁辰古淳是国、冉奚国、弁辰半路国、弁辰楽奴国、軍彌国、弁軍彌国、弁辰彌烏邪馬国、如湛国、弁辰甘路国、戸路国、州鮮国、馬延国、弁辰狗邪国、弁辰走漕馬国、弁辰安邪国、馬延国、弁辰涜盧国、斯盧国、優中（又優由）国あり。弁辰韓、合せて二十四国、大国は四五千家、小国は六七百家、総べて四五萬戸、其の十二国は辰王に属す。辰王、常に馬韓の人を用ひて之をなす。世々相継ぐ。辰王自ら立って王たる事を得ず。

魏略曰く、其の流移の人たる事を明らかにす、故に馬韓の為めに制せらる。

土地肥美にして、五穀、及び稲を種るに宜し、蚕桑を曉（さと）り、縑布を作る。牛馬に乗駕す。嫁娶禮俗、男女別あり。大鳥羽を以て死を送る、その意、死者をして飛揚せしめんと欲する也。……

国、鉄を出す。韓・濊・倭、皆従って之を取る。諸市、買ふに皆鉄を用ふ。中国の銭を用ふるが如し。

……今辰韓人、皆褊頭。男女、倭に近く、亦文身歩戦に便す。兵仗、馬韓と同じ。……
弁辰、辰韓と雑居す。亦城郭、衣服、居処あり、辰韓と同じ。言語法俗、相似たり。鬼神を祠祭し、異ある時は施す。竈、皆戸の西に在り。その瀆盧国は、倭と界を接す。……」と。……

さて辰韓は十二国、弁韓を加へても二十四国に過ぎない。之を馬韓の五十余国に比較すると約半数弱、即ち辰弁両韓を合しても、韓全体の三分の一に達せない。従って戸数から云っても同様な結果となるのである。従って其の勢力は馬韓に遠く及ばなかったであらうし、且つ支那から遠ざかって居たので、漢史に見ゆる数も少いので、研究が甚だ困難である。けれど其れ丈、我が国に近く、且つ微弱な丈、我が勢力は早く此の両韓の地に及んだのである。上に引いた様、魏志に「辰韓人、皆褊頭。男女、倭（日本）に近し」と云ひ、亦弁辰の方では、其の「瀆盧国、倭と界を接す」とあるので、当時既に彼我の交通の盛んであった事が想像されよう。

上文引用魏志の文、弁辰韓合せて二十四国とあるが、其の実、国数二十六に及んで居る、しかし馬延国が重複して居るから、その一を除けば、残りは二十五となり、更に軍彌国の次に弁軍彌国と云ふのが見えるが、……軍彌国を誤載したものと思はれる。つまり二十六の内、馬延国一つと、弁軍彌国とは誤載として、省くべきものであらう。……

かく二十六国中、重複したと思はれる馬延国と弁軍彌国とを省いた二十四国中、弁辰の二字を冠した十二国が弁辰十二国で、他の十二国が辰韓である。けれど弁辰の古資彌凍は小伽耶（古自伽耶）で、書紀の古嵯国に当り、古淳国は古陀伽耶で、書紀の己呑、半路国は星山伽耶で、書紀の伴跛であらう。又甘露は書紀の加羅、走漕馬は書紀の卒麻、安邪は安羅、流盧は多羅と思はれるやうに、弁辰十二国は、我が国史、並びに韓史に相当する国名が見出されて、其の所在を明白にする事が出来るのであるが、辰韓十二国中、斯盧国が新羅である以外は、其の所在を見出すのに極めて困難である。これは弁辰諸国が永く我が属国となって、其の命脈を続けたに反し、辰韓諸国は早く新羅に併呑され、その郡縣に合せられて、名称を失ったからに違ひない。……

以上の如く、秦氏は秦韓（辰韓）国の遺民にして、その十二国中の一国たる斯盧国、即ち新羅国の勃興と共に次第に衰へ、遂に滅亡の悲運に遭遇し、その王者、並に上流階級人は、相率ゐて我が国に投ぜしに外ならず。

4 秦公

秦氏の首長にして、応神朝、内地に移りし弓月君の後也。弓月君は秦始皇帝三世孫孝武帝より出づと伝へらる。其の事、容易に信じ難けれど、秦の遺民が韓半島に逃れし事も想像し難きにあらず。……要するに弓月君は秦韓国王の裔なるは、争ふの余地なかるべし。……

此の秦公の本拠は、大和朝津間腋上の地なりしならむも、後には山城に移れるが如し。即ち酒公の賜ひしと云ふ太秦なる称は、葛野郡の地名となり、其の地にある大酒神社は酒公を祭ると伝へらる。而して神名式、葛野郡松尾神社二座とある大社は、実に此の氏の氏神にして、子孫、此の社の祠官たり。又酒公の子孫にして秦伴造となりし秦大津父は「山背国紀伊郡深草里の人」と書紀に見ゆ。此の地なる稲荷神社は、此の流秦氏の氏神にして、子孫、此の社に仕ふ。

なほ上下賀茂社も此の氏の崇敬を受け、関係深し。即ち秦氏は、葛野、愛宕、紀伊三郡を根拠とし、松尾、稲荷、賀茂の三神を奉じて、天下の秦氏を率ゐしを知るべし。

第四節　天皇の一代平均在位年の計算

四世紀から五世紀にかけての天皇の一代平均在位年（一代平均在位年とは、父子直系王統系譜における、父王の死から、王位を継いだ子の死までの平均年数のことであるが、正確な定義は、本論第一節に述べた通りである）を計算する。計算にあたり、『古事記』の崩年干支を用いる。

前節で見た如く、『古事記』の崩年干支は、現行干支紀年法に比べて、一年を引き下げられた干支紀年法によっている。この干支紀年法は、顓頊暦という、中国の秦時代に定められ、後に三韓時代の辰王朝に伝わり、更に大和朝廷の伝統的な暦法として、修正を受けつつも連綿生きながらえることになったと推定される古代暦に付属していた干支紀年法――旧干支紀年法である。

第二節で見た如く、『古事記』崩年干支は、この旧干支紀年法に基づくと考えて初めて、中国正史に記された、いわゆる倭の五王（実は倭の六王）の実年代と整合する。

そこで、『古事記』崩年干支を旧干支紀年法によって西暦年に換算し、これを基礎として、古代天皇の一代平均在位年を算出しよう。

用いる天皇系譜は、崩年干支の残る最初の天皇である崇神天皇の次の天皇、垂仁天皇から武烈天皇までの父子直系系譜を用いたい。ただしこの直系系譜には天皇ではなかった皇子も含む。次の如し。

垂仁―景行―ヤマトタケル―仲哀―応神―
仁徳―履中―市辺忍歯王―仁賢―武烈

この父子直系十代の中で、ヤマトタケル命と市辺忍歯王（イチべのオシハのミコ）は天皇ではなかったが、いずれも政権の中枢の近くにあって、政治的な活躍や関与を強く果たした皇子たちであったと思われるので、天皇一代平均在位年の算出にあたり、大きな齟齬は生じないであろうと考える。

さて、この十代の最後の武烈天皇であるが、武烈天皇の『古事記』崩年干支は、残念ながら記されていない。しかし、前節の表②によれば、武烈天皇は、『古事記』崩年干支と『日本書紀』の紀年との差異が僅少な時代（十九代允恭天皇～二十六代継体天皇）に属している。そうして、『日本書紀』は、武烈天皇の崩年月日を武烈八年紀（新丙戌年なら五〇六年）の十二月壬辰朔己亥（八日）であると伝える。

武烈天皇の崩年干支は『古事記』の伝えぬところであり、従って、『日本書紀』がいう丙戌年崩というのが正しい伝えであるのか否かは不明というべきであり、仮に正しいとしても、これが旧丙戌年であるか新丙戌年であるかさえ厳密には決めがたい。しかし、用明天皇以下、天智天皇までの崩年干支については、『日本書紀』は、旧干支年を換算することなくそのまま新干支年に振り替えて、実質的に一年繰り上げた崩年としていることが確かめられる（用明・崇峻・推古天皇についても『古事記』崩年干支がこれを保証し、舒明・孝徳・斉明・天智天皇については、前掲拙著『日本書紀編年批判試論』・『6～7世紀の日本書紀編年の修正……』参照）。

そこで、ここでは、武烈崩年とされる丙戌年を旧丙戌年、五〇七年であると見ておきたい。確たる根拠があるわけではないが、誤差があったとしても数年の範囲におさまると思われる。

次に、中間の応神天皇は四世紀後葉の天皇とされるのが定説であり、特にこのことに異を唱える理由は見出しがたい。従って応神天皇の『古事記』分注崩年干支、甲午は、旧干支紀年法によって、西暦三九五年である。よって、次の仁徳天皇から武烈天皇まで連続五代は百十二年間である。

垂仁天皇から応神天皇までの連続五代も同じほどの年限であるとして、三九五年から百十二年を遡ると、崇神天皇の崩年は二八三年前後であろう事になる。従って、崇神天皇の崩年干支、旧戊寅は、二五九年か、三一九年のいずれかということになる。二八三年に近いのは二五九年の方であるが、二五九年は未だ邪馬臺国連合の女王、臺與（或いは壹與）の時代である。従って三一九年を採らねばならない（このように、二五九年説をあっさりと退けることに違和感を持たれる方もいるかも知れないが、邪馬臺国連合と天皇祖族との関係について考察を深める過程で、このように考える他ないことが合点されるはずである。邪馬臺国連合と天皇祖族との関係については次節以降で考察する)。

すると、**垂仁天皇から武烈天皇までの十代は、一八八年となり、一代平均年は十八・八年**と出る。この数値を以て、当時の父子直系王統系譜における、一代平均在位年とみなす。

第一節で述べた如く、これは、四世紀前後の我が国の王もしくは天皇が、次の王位継承者をもうける平均年齢が、十八・八歳であるというに等しい。当時としては妥当な数値であろう。

この数値は、ひとり天皇のみならず、当時の父系王権の一代平均在位年としても用いることができる。まずは次節でこれを用いて、邪馬臺国以前の我が国の歴史を考察してみたい。

追記　『古事記』崩年干支に関する学説史について

前々節の第二節から当節まで、『古事記』崩年干支に依拠した議論である。『古事記』崩年干支については、すでに早くに、これの信憑性を認める立場から、笠井倭人氏の「上代紀年の新研究」(『史林』三六―四、のち『古代の日朝関係と日本書紀』〔吉川弘文館〕所収)や、原秀三郎氏の『地域と王権の古代史学』(塙書房)序説中の「記紀伝承読解の方法的基準をめぐって」などがあり、これを疑問視する立場から、鎌田元一氏の「『古事記』崩年干支に関する二・三の問題―原秀三郎「記紀伝承読解の方法的基準をめぐって」―」や、荊木美行氏の「『古事記』崩年干支と年代論」(『古事記の新研究』〔学生社〕所収)などがある。これら論考で提出された問題点・疑問点は、すでに拙稿第二節から第四節までにおいて解消されているものと考える。『古事記』崩年干支に関する学説史について、詳しくは後考に譲りたい。

なお、『古事記』崩年干支のうち、年月日の日付について、十五日を崩日とする天皇が、十五人中五人あることについては、なお、問題が残っている。この点については、『古事記』の寓意に関する研究が進展した上で解答が提出されるべきものと考える。満月に当たる十五日にことさら崩日が多い点に、不自然さがあり、何らかの恣意が混入しているはずである。『古事記』において、月＝月讀命（ツクヨミのミコト）は「夜の食國（袁須・ヲス国）」を治める神とされる。夜は暗黒の世界であり、死の世界として認識されており、その死の世界を支配する月の満ちた日が崩去の日として殊更意識されつつ、敢えて意図的に五例に整えられたとする考えをひとまず呈示しておきたい。ただし、用明天皇の四月十五日は、原資料に基づくものであったであろうことは疑いないので、他の四例のいずれかに作為が含まれると考え得る。十五日を崩去日とする五天皇は順に、成務・仁徳・允恭・用明・推古天皇であるが、それぞれの寓意対象は、順に天智天皇・天武天皇・天武天皇・大友皇子・額田王（あるいは十市皇女）である。これら五名を諸王五位制に当てれば、初めの三名が上位、下の二名が下位に当たる。

第五節　スサノヲ王統譜、出雲国＝狗奴国、倭国大乱

当本論序節で、西暦一世紀から四世紀頃までの日本古代史を究明するに当たって、中国史書と、我が国の古系譜とを最も重視し、そうしてでき得ればこれら両者のみを最も重要な拠り所として議論を組み立てたいと述べた。

この方針に則って以下、スサノヲ伝説について考察する。

当節で究明されるのは、西暦一世紀後半から二世紀末頃までの我が古代史である。ここには、日本の土着系の部族と、大陸系出自であろうと推定される父系制部族との間で争われた戦乱の、最初の明徴が存在する。日本という、極東の小さな島国に息づいていたであろう母系母権的土着系部族と、この島国に何らかの事情によって大陸から押し出されてきた父系父権制王族との間で展開された相克史の、わが古代史上にようやく確認できる、最初の例である。

西暦一世紀の後半をかけて、初めは父系父権制部族が勝ちいくさを戦い、やがて二世紀の後半をかけて、母系母権的部族つまり土着系部族が押し返す、といった史実の存在が、スサノヲ系譜を介して明らかにできる。

まず、中国史書にみえる、我が国の、西暦一世紀から三世紀にかかる弥生時代史を、要約して一挙に掲げておこう。およそ、次頁の表③のようにまとめることができる（当節引用の史書を含む主な中国正史の撰者・撰録時代の一覧表を節末に掲げた）。以下、現代仮名遣いによる読み下し文によって引用する。

見る通り、引用文のほとんどは「魏志倭人伝」の文である。「魏志倭人伝」に関しては、当論考とは独立にまとめた拙稿「魏志倭人伝ノート」があるので、当論考と重複する部分も少なくないが、当節末に補論の形で併録した。以下では、この補論を適宜援用しながら論じることとする。

さて、表に見るごとく、我が国が、確実な年代を

表③ （中国史書に見える一～三世紀の弥生時代史）

＊楽浪の海中に倭人あり、分かれて百余国となる。歳時を以て来たり献見すという〈漢書地理志〉

西暦五七年（建武中元二年）正月 倭の奴国、奉献朝賀す。使人、自ら大夫と称す。倭国の極南界なり。光武、賜うに印綬を以てす。〈後漢書倭伝〉

西暦一〇七年 安帝の元年、倭の国王、帥升（シュィシャン～スサ）等、生口百六十人を献じ、請見を願う〈後漢書倭伝〉

・其の国《倭国》、本亦（もとまた）、男子を以て王と為し、住（とどまる）こと七、八十年。倭国乱れ、相攻伐すること暦年。乃（すなわち共に一女子を立てて王と為す。名づけて卑弥呼（ピミホ・ヒミコ）と曰う。〈魏志倭人伝〉

・桓・霊の間（西暦一四六～一八九年）倭国大いに乱れ、更々（こもごも）相攻伐し、暦年主無し。一女子有り。名を卑弥呼と曰う。……是に於いて共に立てて王と為す。〈後漢書倭伝〉

・漢の霊帝の光和中（西暦一七八～一八四年）倭国乱れ、相攻伐すること暦年〈梁書倭伝〉

＊倭人は帯方の東南大海の中に在り。山島に依りて国邑を為す。旧、百余国。漢の時、朝見する者有り。今、使訳通ずる処三十国〈魏志倭人伝〉

西暦二三九年（景初三年）六月、倭の女王、大夫（たいふ）難升米（ナシャメ《乙類メ》）等を遣わし郡（帯方郡）に詣（いた）らしめ、天子に詣りて朝献せんことを求む。太守劉夏（りゅうか）、吏を遣わし、将（ひき）い送りて京都（けいと）に詣らしむ。〈同上〉

其の年十二月、詔書して倭の女王に報（こた）えて曰（いわ）く「親魏倭王、卑弥呼に制詔す。……」〈同上〉

西暦二四〇年（正始元年）太守弓遵（キュウジュン）、建中（忠の誤写）校尉、梯儁（テイシュン）等を遣わし、詔書・印綬を奉じて、倭国に詣り、倭王に拝仮……。倭王、使いに因りて上表し、恩詔に答謝す。〈同上〉

西暦二四三年（其の四年）倭王、復（また）使いの大夫、伊声耆（イシェギ）、掖邪狗（イェクヤク）等八人を遣わし、……上献す。掖邪狗等、壹（みな）率善中郎将の印綬を拝す。〈同上〉

西暦二四五年（其の六年）詔して倭の難升米に黄幢を賜い、郡に付して仮綬せしむ。〈同上〉

西暦二四七年（其の八年）太守王頎（オウキ）、官に到る。倭の女王卑弥呼、狗奴国（クナ国）の男王卑弥弓呼（ピミキュホ・ヒミクコ）と素より和せず。倭の載斯烏越（ツァイシウァツ、サイシゥヲエツ、サイシ・ゥヲエツ）等を遣わして郡に詣り、相攻撃する状を説く。塞曹掾史（さいそうえんし）張政等を遣わし、因りて詔書・黄幢を齎（もたら）し、難升米に拝仮し、檄を為（つく）りて之に告喩す。

卑弥呼、以て死す。大いに冢を作る。径は百余歩、徇葬する者、奴婢百余人なり。

更に男王を立つるも、国中服さず、更ごも相誅殺し、当時、千余人を殺す。

復た卑弥呼の宗女、壹與（イヨ）《臺與（トヨ）の誤字であろう》年十三なるを立てて王と為す。国中、遂に定まる。政等、檄を以て壹與を告喩す。壹與、倭の率善中郎将の掖邪狗等二十人を遣わして、政等の還るを送らしむ。……〈同上〉

西暦二六六年（泰始二年）十一月、倭人、来りて方物を献ず。〈晋書武帝紀、晋書倭人条、〉

武帝の泰初《ママ》二年十月《ママ》、倭の女王、訳を重ねて貢献せしむという〈神功皇后紀の六十六年条、晋起居注に云く〉

伴って中国史書に初めて登場するのは、西暦五七年、倭の奴国が後漢に使いを派遣したとする『後漢書』[注1]の記事である。すなわち、『後漢書』倭伝の建武中元二年（西暦五七年）正月条に、「倭の奴国、奉献朝賀す。使人、自ら大夫と称す。倭国の極南界なり。光武、賜うに印綬を以てす」とみえる。

倭とは、古くより中国から日本を指して呼んだ地名で、中国の王朝は、伝統的に我が国土全体を指して倭と呼んだ。

奴国とは、倭の中の一国で、現在の福岡市博多区を中心とする一帯である。仲哀紀の八年正月二一日条に「儺縣（なのあがた）」とみえる地である（奴は上古音〔周・秦〕―中古音〔隋・唐〕―中原音〔元〕―現代音の順に、nag―no・ndo―nu―nuと変化したとされる。藤堂明保著『学研漢和大字典』〔学習研究社〕参照。なお、上古音、中古音については注3参照。三国時代の魏の音は上古音から中古音への過渡期の音であり、よくわかっていない。奴については右の如く、ナとノの中間の音であろうと思われ、ヌにも聞こえる音である。中原音・現代音はヌである）。この奴国が光武帝からこのとき賜った印綬が、天明四年（一七八四）、志賀島（福岡市東区）で発見された金印（「漢委奴国王」の刻字がある）である可能性が高いとされる。

『後漢書』倭伝は、上文の如く奴国を「倭国の極南界」とする。これは意味不明の文である。補論の⑤'に述べた通り、これは『後漢書』が魏志倭人伝の記事（あるいはその祖資料の記事）を改竄したために生じた意味不明文と考えられる。魏志倭人伝によれば、奴国は「女王の境界の尽きる所」である。当時、女王を共立して自国に独自の王を戴いていない諸国は、奴国・不弥国・投馬国・邪馬臺国を含めて二十四カ国があった。これを、以下、補論の⑤'に倣って「邪馬臺国連邦」と称することにすると、この邪馬臺国連邦を、魏志倭人伝は「女王國」と呼んでいる。また、補論の⑤'以前に縷々論証した通り、邪馬臺国が大和に位置したことは疑いがない。「女王国」は従って、大和とその周辺諸国から瀬戸内諸国などを含めて奴国にまで及ぶ連邦国である。故にこの奴国は「女王國」の西の端、或いはまた南の端といってもよい国であり、まさに「女王の境界の尽きる所」であった。奴国は女王国＝邪馬臺国連邦の西の端、或いは南の端、つまり「女王國の極南界」である。

『後漢書』が書かれた南朝宋の時代は、いわゆる倭の五王の時代に入った時代であって、魏志倭人伝の方位の誤りが訂正された資料を有した時代であったと思われる。従って、正しい方位によって、奴国は「女王國の極南界」であったとする資料があったはずである。ところが『後漢書』は、女王が共立される以前の記述に変更して、女王國を単純に倭國に置き替え「倭国の極南界」としたため、意味不明な文になったのである。

倭に関する更に古い時代の記述は、表の最初の行に載せた如く、『漢書』の地理志に見えて、「楽浪の海中に倭人あり、分かれて百余国となる。歳時を以て来たり献見すという」とある（『漢書』地理志第八下、燕地の条）。

楽浪とは、楽浪郡のことで、紀元前一〇八年、前漢の武帝が、当時の朝鮮王であった衛右渠[注2]を滅ぼして、朝鮮の地（当時、朝鮮といえば、朝鮮半島の北半分、つまり北朝鮮一帯を指した。これに対して、朝鮮半島の南半分、つまり南朝鮮一帯は、韓と呼ばれた。「朝鮮」も「韓」も、古代にあってはこのように明確に分別されて用いられているので注意が必要である）に建てた四郡（玄菟郡、臨屯郡、楽浪郡、真番郡）の内の一郡である。楽浪郡の置かれていた紀元前一世紀から紀元後一世紀の初旬頃までの前漢の時代に、この楽浪郡から海を渡った土地に、倭の国の人々がいて、百余国に分かれており、漢王朝に時節ごとに貢献し謁見していたというのである。

楽浪郡以下四郡は、その後、紀元前八二年に真番郡が廃止され、同時に、臨屯郡が、一部は玄菟郡に、一部は楽浪郡に吸収されて消滅し、この時点で玄菟郡と楽浪郡二郡のみとなったが、さらに紀元前七五年に至って、玄菟郡は、もと臨屯郡であった部分を楽浪郡に併せられ、自身は縮小されて、遼東郡内に移動。そして楽浪郡は二五県からなる大郡となり、半島に残された唯一の郡となった。

北九州の一国、奴国が光武帝に朝貢した時代は、この楽浪郡のみがあった時代で、倭は百余国の小国からなっており、奴国は、その内の有力な一国に過ぎなかったであろう。故に「倭の奴国」である。

ところが、これに続いて、『後漢書』倭伝には、安帝の永初元年（西暦一〇七年）に、倭国王、帥升等が、生口百六十人を献じて、請見を願った、という記事が出現する。ここに「倭国王」とあるのを「倭面土国」などと記す史料があることから、これを倭の伊都国や倭の末盧国のことであろうとする説があったが、補論において⑤”に関連して論じた通り、ここが「倭国王」であったことは疑いが無い。而して「倭国王」というからには、帥升は当時なお多くの国に分かれていただろう倭の諸国を、それなりに統括した、倭の統一王朝の王であったと考えなければならない。生口とは奴婢、奴隷のことと解されている。百六十人という大人数の奴婢を、海を越えてはるばる、後漢の都、洛陽まで引き連れて、中国皇帝にまみえんとした倭王、帥升の王権の規模は相当に大きかったと考えられる。この倭王、帥升の王権こそ、倭の統一王朝の嚆矢である。

倭国王、帥升とはいかなる人物か。藤堂明保氏の『学研漢和大辞典』によれば、帥の中古音[注3]は、sïɯi、すなわちシュィ、升の中古音はʃieŋ、すなわちシャン、そこで帥升とは、シュィシャン。この音に近い音を名とする、我が国の伝承祖先名として直ちに思い至るのは、スサノヲのミコト（須佐之男命）であろう。スサノヲ命の主部はスサであり、シュィシャンとはスサである。

記紀神話におけるスサノヲ命は、イザナギのミコト（伊邪那岐命）の禊ぎ払いの最後に、天照大御神とともに生まれたとされる神である。

『古事記』によれば、スサノヲ命は、初め、イザナギ命から、海原を統治することを命ぜられたが、従わずに泣きわめき（哭伊佐知流〔なきいさちる〕と古事記は書く）、死んだ母、イザナミのミコト（伊邪那美命）の居る地中の国、ネノカタスクニ（根之堅州国）に行きたいと申し出て、イザナギ命により追放宣言を受ける。しかしこの後、スサノヲ命は、高天原に昇り、天照大御神と子産み争いをし、高天原で乱暴狼藉の限りを尽くす。天照大御神は一時、天石屋戸（アメのイハヤド）に籠もることとなるが、天手力男神（アメのタヂカラヲの神）等によって、引き出されたあと、スサノヲ命を追放する。スサノヲ命の追放先は、先ずは出雲国である。

すなわちスサノヲ命は女性日神である天照大御神と争い、出雲に追放される神として描かれている。これら一連の神話に、どの程度の史実の反映を読みとることができるのかについて考えてみたいが、中国史書を更に読み進んでおこう。

帥升（シュィシャン〜スサ）の記事のあと、中国史書に見える倭国が、『魏志』の倭国である。

「魏志倭人伝」に、

其の国《倭国》、本亦（もとまた）、男子を以て王と為（な）し、住（とどまる）こと[注4]七、八十年。倭国乱れ、相（あい）攻伐すること暦年。乃（すなわ）ち共に一女子を立てて王と為す。名づけて卑弥呼と曰う。

とある。女王卑弥呼が共立されるまで、七、八十年間は男子の王が続いていたが、この男王の系の末に、倭国は戦乱期に入り、何年間も相争ったというのである。いわゆる倭国大乱である。

帥升（スサ）を倭の統一王朝の始祖と見れば、ここでいう男王の系は、帥升の子孫ということになろう。帥升の即位年を、帥升が安帝に請見を願ったという西暦一〇七年、もしくはこれに十分近い年代と見る時、帥升の男子系裔が、七、八十年続いた後に、国が乱れたということになれば、国が乱れた時期は、西暦一七七年頃から一八七年頃ということになる。

「魏志倭人伝」の、この倭国の乱の記事に対応する『後漢書』倭伝の記事は、

桓・霊の間、倭国大いに乱れ、更々相攻伐し、暦年主無し。一女子有り。名を卑弥呼と曰う。……是に於いて共に立てて王と為す。

である。ここに「桓・霊の間」とは、後漢の桓帝（一四六〜一六七年）から霊帝（一六八〜一八九年）までの間のこと。倭国大乱を桓・霊の間とするのは、『隋

書』倭国伝も同じ。「桓・霊の間、其の国《倭国》大いに乱れ、逓（たが）いに相攻伐す。歴年、主無し」とある。

他方、これを霊帝の光和年中（一七八〜一八四年）に絞る史書もある。『梁書』倭伝に「漢の霊帝の光和中、倭国乱れ、相攻伐すること暦年」とあり、『北史』倭国伝も同様。『太平御覧』倭の条（『太平御覧』は、宋の李昉らが勅を奉じて九七七年から九八三年にかけて編纂した類書で、五十五部門千巻よりなる。倭の条は、その四夷部三、東夷三、倭の条）に引く『魏志』には「倭国、本亦（もとまた）、男子を以て王と為（な）す。漢の霊帝の光和中、倭国乱れ、相攻伐して定まること無し」とある。

更に『晋書』倭人伝は、倭国大乱を、「漢の末」つまり後漢の末期のこととする。「旧（もと）、男子を以て主と為す。漢の末、倭人乱れ、攻伐して定まらず」とある。

以上をもってみれば、倭国大乱は、西暦二世紀の半ば頃から始まり、特に戦乱が激しくなったのが、後漢の末、漢の霊帝の光和年中（一七八〜一八四年）頃であったと思われる。これは、一〇七年を帥升即位年に十分近いと見て、その一〇七年から七、八十年後として求めた時期（一七七年頃から一八七年頃）とよく付合する。

すなわち、西暦二世紀の半ば頃から、その末にかけて、倭国全土を巻き込む戦乱が生じて、帥升の子孫たる男王の系は倭国王の地位から退けられ、女王卑弥呼が、新たな倭国王として共立されたのである。卑弥呼の共立は、西暦一八〇年代の末から一九〇年代の初め頃と推定される。

卑弥呼共立とともに、もと、倭国王として倭の地に君臨した男王の系は、女王国＝邪馬台国連邦の周辺地域に退けられたはずである。その周辺地域のうちに、出雲国が含まれた（後述）。

卑弥呼を共立したのは、邪馬臺国を中心とした諸国である（卑弥呼が魏に遣使した時、これらの国は、補論に述べたとおり、二十四カ国を数えたが、当初より二十四カ国であったかどうかは不明。次第に増えて二十四カ国になったのではないか）。これら、卑弥呼を王とする諸国を「邪馬臺国連邦」と呼ぶ。これが「魏志倭人伝」のいう「女王國」であるが、補論で述べた通りこの連邦諸国の他に、自国に王を戴きつつも女王に統属された国として、狗邪韓国・対馬国・一支国（壱岐国）・末盧国・伊都国の五カ国があった。これらを併せた二十九カ国を、以下、「邪馬臺国連合」と呼ぶことにする。

この邪馬臺国連合の中に、北九州における主要な一国として奴国がある。これすなわち西暦五七年に、後漢に遣使した「倭の奴国」である。この奴国は邪馬臺国連邦のうちの一員でもある。

邪馬臺国連合とは、かつてのこの倭の奴国を含む、土着系部族連合体である。

邪馬臺国連合時代の奴国には、副官に、卑奴母離（ヒナモリ）があると「魏志倭人伝」は記す。卑奴母離とは、夷守すなわち、鄙守り（各国の周辺を守る当国の官、という意味ではなく、おそらく、倭の中心地から遠く離れた土地を、その土地にあって守る官）であろうというのが定説である。卑奴母離を副官とする国には、他に対馬国、壱岐国、不弥国がある。

景行紀の十八年三月条に「天皇……筑紫国を巡狩す。始めて夷守に到る。……乃ち兄夷守（エヒナモリ）、弟夷守（オトヒナモリ）を遣わして……」とある。

この、夷守の守（モリ）のモ音は甲類のモである。他方、卑奴母離の母（モ）については、『古事記』はこれを乙類のモとして用いている。ここに疑問があるとして、卑奴母離を夷守と見る説に疑問を呈する見解もある。ところが、『古事記』の方が、元来乙類モ音であったが中古音になるまでには甲類モ音となっていた母字[注5]を、意図的に、あえて乙類モにあててこれを汎用したと見る余地がある。『古事記』は天皇系譜において天皇の母を意図的に偽って記述する部分がある[注6]。『古事記』における、音仮名、母の字の誤用といってもよい用い方（既に甲類モ音となっていたはずの母字を、古い乙類モ音として用いた）と、『古事記』系譜上の母の虚構とは、冥々の裡に相応じていた可能性がある。もしそうとすれば、この意味で、母字もまた『古事記』の特殊な寓意文字の一つであったとみることができる。大友（意富登母）皇子の「母（モ）」でもある。

　それはともかくとして、奴国がこのように、邪馬臺国連合の一員として女王国に属しているということは、この奴国と、帥升の系裔であろう男王国との関係は、元来、敵対関係にあったと見てよい。

　従ってこの倭の奴国は、倭の他の国々とともに、西暦一〇七年頃までに、男王、帥升によって侵略され、その支配下に置かれることになったと考えられる。それが、七、八十年の後の倭国大乱後、他の国々とともに女王国の一員として復権した、という筋書きを読みとることができる。

　すると、西暦五七年における倭の奴国の後漢への遣使とは、単なる表敬訪問であったのではない可能性がある。この頃から西暦一〇七年頃まで約半世紀間に及ぶところの、帥升とその父祖たちの男王国による倭国に対する侵略戦争に対抗するための、初期の、被侵略側、つまり奴国側からする外交努力の一環であった可能性がある。

　帥升が倭国王となるに至った過程として、このような、西暦一世紀の後半をかけての、帥升の父祖らによる、倭国全土を巻き込んだであろう侵略戦を想定してみると、『古事記』及び『日本書紀』の語るスサノヲ伝承が、そのおぼろげな姿の一半を伝えるものであろうという推測が可能となる。

　『記紀』のスサノヲ伝承を、『後漢書』の帥升（シュイシャン＝スサ）がスサノヲの原型であろうという観点から振り返ってみる前に、まず、実在の倭国王、帥升を、『記紀』神話中のスサノヲのミコトの史的核心であろうとする推定の、最も有力な証拠をあげておこう。『古事記』に記述されている、スサノヲのミコトの系譜である。

　このスサノヲの系譜こそ、倭国王帥升及び、その継承者らの系譜であり、何ほどかの後世的な修飾を身にまとっている可能性は排除できぬにしても、そのまま、文献的化石と認めてよい貴重な古代系譜の代表であろうと思われるのである。そう推測できる根拠を述べてみる。
『古事記』のスサノヲ系譜を、縦系図に図示すると、次頁の系図④のようになる。

これは典型的な父子直系系譜である。①スサノヲからはじまり、②ヤシマジヌミ、③フハノモヂクヌスヌ、④フカブチノミヅヤレハナ、⑤オミヅヌ、⑥アメノフユキヌ、⑦オホクニヌシ（大国主・オホクヌ）と続く。スサノヲからオホクニヌシまで、父子直系七代の王統系譜である。

スサノヲを倭国王帥升の神話化であるとすると、その子、ヤシマジヌミも同じく倭国王を継承したと思われる。

ヤシマジヌミを、『日本書紀』の第八段第一「一書」は、清之湯山主（スガノユヤマヌシ）三名狭漏彦（ミナサルヒコ）八嶋篠（ヤシマシノ）という長大な名をもって伝える。これらのヤシマジヌミ、あるいはヤシマシノのジヌもしくはシノとは本居宣長の古事記伝（以下、記伝と略す）に言う如く、知る主（しるぬし）の意味で、ヤシマジヌミ、あるいはヤシマシノとは、八嶋を知る主という意味と解しうる。八嶋を統治する主の謂いである。倭国全体をヤシマ（八嶋）あるいはオホヤシマ（大八嶋）国と称した古代において、八嶋を統治する主、ヤシマジヌとは、倭国王に他なるまい。このことがすでに、その父スサノヲを、倭国王帥升とみる傍証となるであろう。その帥升の二代目として、ヤシマジヌミもまた、倭国王であったと考えて大過ない。

なお、ヤシマジヌミの後の、フハノモヂクヌスヌ、オミヅヌ、アメノフユキヌ、のヌも主（ぬし）の意味であり、オホクニヌシは、逆に、オホクニヌ、あるいはオホクヌ、でもある。オホクヌのオホは称名（たたえな）、クヌは後に言う狗奴（クナ、クヌ）、すなわち「魏志倭人伝」にいう狗奴国（クヌの国）の狗奴に同じと見做せる。

次に、この系譜のスサノヲを帥升その人であると考えて、その即位年を、前述の如く、帥升の後漢への遣使年である西暦一〇七年にごく近いと見る。数年の誤差は許容しつつ、帥升の倭王即位年を、仮にその一〇

系図④

アシナヅチ（イナダミヤヌシスガノヤツミミ神）の女
①スサノヲ命　クシナダヒメ

オホヤマツミ神の女
②ヤシマジヌミ神　コノハナのチルヒメ

オカミ神の女
③フハノモヂクヌスヌ神　ヒカハヒメ

④フカブチノミヅヤレハナ神　アメノツドヘチネ神

フヌツヌ神の女
⑤オミヅヌ神　フテミミ神

サシクニオホ神の女
⑥アメノフユキヌ神　サシクニワカヒメ

⑦オホクニヌシ神
亦の名　オホナムチ神
アシハラシコヲ神
ヤチホコ神
ウツシクニタマ神

七年としよう。その上で、当時の王統の一代平均在位年として、前節で算出した十八・八年という数値を用い、スサノヲ以下の王統の推定即位年を算出してみると、次表のようになる。次々頁の図表⑤も参看されたい。ただしオホクニヌシだけは推定在位年を明瞭にするため、その死亡推定年も示した。

いずれも、数年から十年前後の誤差はあろうけれど、こう推算した上で、先に見た、中国史書いうところの倭

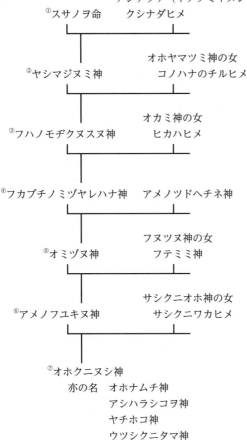

	推定即位年
①スサノヲ	西暦一〇七年
②ヤシマジヌミ	一二五年
③フハノモヂクヌスヌ	一四四年
④フカブチノミヅヤレハナ	一六三年
⑤オミヅヌ	一八二年
⑥アメノフユキヌ	二〇一年
⑦オホクニヌシ	二一九年～二三八年

国大乱の時代に照らし合わせる。すると、倭国大乱は、ほぼスサノヲから三代目の王、フハノモヂクヌスヌの時代あたりから次第に始まり、四代目の王、フカブチノミヅヤレハナの時代に及び、その末期の頃に特に激化し、五代目のオミヅヌの時代に入るか入らぬ頃に既に大勢は決して、この王統は倭国王の地位から退けられ、かくして女王卑弥呼を共立する邪馬臺国連合の時代に移ったと考えられる。

すなわち、五代目の王、オミヅヌの時代こそ、倭国王統が、男王の系から女王卑弥呼へ転換した、丁度節目に当ることになる。この時代に、帥升の子孫であった男王の王統は、邪馬臺国連合の辺縁地帯へと退けられたはずである。その辺縁地帯の一国に出雲国があったであろうと先に述べたが、まさに、この五代目オミヅヌの伝承が、このことを保証している。

オミヅヌは、出雲国風土記において、ことのほか有名な伝承上の人物である。出雲国風土記に、オミヅヌは、八束水臣津野命（ヤツカミヅオミツノのミコト）として登場する。

八束水臣津野命はまず出雲の名付け主とされる。すなわち、出雲国風土記の冒頭に「出雲と名づけた理由は、八束水臣津野命が『八雲立つ』とおっしゃったので、八雲立つ出雲という」とある。八雲立つ出雲の歌は、記紀では、スサノヲ命が歌う歌である。出雲国風土記はこの記紀説話に敢えて対抗している。

八束水臣津野命は、出雲の建国神話と解せられる、いわゆる出雲の国引き神話の主人公である。出雲国風土記が九郡について語り始めるその最初の郡であるところの、意宇郡の冒頭に、その国引き神話がある。出雲国風土記が語ろうとする古伝承のまさに初発を飾る、

図表⑤　スサノヲ王統譜と中国史書に見える倭国史

	《スサノヲ王統譜》	《中国史書に見える倭国史》
西暦50年		
		57年　倭の奴国、後漢に奉献朝賀
100年		
	スサノヲ	107年　倭国王、帥升、後漢に請見を願う
	ヤシマジヌミ	
	フハノモヂクヌスヌ	
150年	フカブチノミヅヤレハナ	
		倭国大乱：桓・霊の間（146～189年） 光和中（178～184年）
	オミヅヌ（出雲国引き神話）	
200年	アメノフユキヌ	
	オホクニヌシ	
		239年　倭の女王、大夫難升米を魏に遣わす
		240年　倭王　魏に上表
		243年　倭王　大夫伊声耆等を魏に遣わす
		245年　魏、倭の難升米に黄幢を仮授す
		247年　倭の女王卑弥呼、狗奴国と相攻伐する様を郡に説く。郡使張政等、難升米に詔書・黄幢を拝仮せしめ、檄にて告喩す 卑弥呼以て死す。男王を立てるも国中服せず。宗女壹與を立てて、国中服す
250年		
		266年　倭人（倭の女王……神功皇后紀）来たりて方物を献ず

出雲国にとっては最重要な伝承である。

意宇郡を意宇と名づけた理由は、と語り始めるところから、国引き神話は始まる。八束水臣津野命は「八雲立つ出雲の国は、出来たばかりの小さな国である。初めに小さく作ったのである。だから、縫い合わせよう」といって、「志羅紀（新羅）の三埼（岬）」、「北門（キタド）の佐伎（サキ）の国」、「北門の農波（ヌナミ）の国」、「高志（コシ、北陸地方の古称、越の国）の都都（ツツ）の三埼」にそれぞれ綱を付け、引き寄せて縫いつけた後、意宇の森に杖を突き立てて「おゑ」と言ったので、意宇という、と語られる。

この国引きの功績によって、八束水臣津野命は、「国引きましし八束水臣津野命」と称せられる[注7]。

ここで、その引き寄せられる土地の筆頭に、新羅の岬があることは注目される。『日本書紀』の神話代、第八段、第四「一書」に、高天原から追放されたスサノヲが、その子、五十猛（イタケル）神を率いて、初め、新羅に天下り、ここから出雲に渡ったという、独自な天下り伝承のあることと考え併せると、帥升の系裔は、もともと、新羅（古くは辰韓）、すなわち、当時の韓の地と密接であったのではないかと推定されるからである。『日本書紀』同段、第五「一書」には、スサノヲが、「韓郷（カラクニ）の嶋には、金銀があるので、吾が児の治める国に、船がないのは良くない」といって、体の毛を抜いて樹木を生じさせたという話もある。

スサノヲはこのように古代韓地方と伝承上の関連が濃い人物である。この父系王統の出自が韓半島であったであろうと推測する所以である。

ともあれ、オミヅヌ（八束水臣津野命）が、このような、出雲国の建国神話とも考え得る国引き神話の主人公とされているのには、それなりの史実の裏付けがあったものと思われる。その史実こそ、実は、嘗て倭国全体を統括していた王統の、出雲への、退避に関わる伝承であったと思われるのである。男王の系裔にとっては屈辱的な出雲への退避伝承が、後世、出雲の国引き神話に姿を変えたものと理解できるのである。国引きの王とは、国退（ひ）きの王であった、というわけである。

次に、オミヅヌの孫に当たるオホクニヌシは、先の計算によると、西暦二一九年頃から二三八年頃までの在位期間となる。倭の女王卑弥呼が魏に頻々と遣いを出す時期（西暦二三九年から二四七年）と相前後する時代である。オホクニヌシの在位期間に十年前後の誤差を認めれば、互いに重なる時期ともなる。少なくとも、オホクニヌシとその子の時代には、ほぼ重なることになる。

この時期、女王卑弥呼は、「素（もと）より」不和であった、狗奴（クナ、クヌ）国と戦争状態に入っているのであるが、このクナあるいはクヌ国こそ、国主（クヌ）の国、すなわち、オオクニヌシの国、つまり、出雲に主たる拠点を有した、帥升末裔の国であったと思われるのである。嘗て邪馬臺国連合によって出雲を含む辺縁地帯に追いやられた男王の末裔、文字通り卑弥呼と「素より」不和であった男王の末裔たちが、西暦三世紀の半ば近くに至って、いわば失地回復の動きを急としている。

かくして、スサノヲからオホクニヌシに至る『古事記』系譜と「魏志倭人伝」の記述とが、出雲国風土記国引き説話の真相を暴く形で、互いに整合しつつ、冥々の彼方から、歴史の真実の姿を浮かび上がらせてきたことになる。

……しかし、やや話を急ぎすぎた。表③に戻り、倭国大乱後について順に見てゆくこととする。

「魏志倭人伝」の冒頭に、

倭人は帯方の東南大海の中に在り。山島に依りて国邑を為す。旧百余国。漢の時、朝見する者有り。今、使訳通ずる処三十国。

とある。『漢書』に、「楽浪の海中に倭人あり、分かれて百余国となる。歳時を以て来たり献見すという」とあるのに対応する文である。『漢書』で楽浪とあった部分が、「魏志倭人伝」では帯方となっている。帯方とは帯方郡で、帯方郡とは、後漢の建安年間（一九六〜二二〇年）に、当時、遼東侯であった公孫康（コウソンコウ）が楽浪郡の南部、屯有県以南の辺鄙な土地を楽浪郡から分割して建てた郡である。

そして、公孫康によって帯方郡が設置された後、倭（既に女王卑弥呼の時代である）は韓と共に、帯方郡に属することとなり、公孫氏の支配下に入った。『魏志』韓伝に、「韓は帯方の南に在り。東西は海を以て限りと為し、南は倭と接す」「建安中、公孫康、屯有県以南の荒地を分かち帯方郡と為す。……この後、倭、韓、遂に帯方に属す」とみえる。

公孫氏がこのように朝鮮（既述の如く、古来、韓半島の北半分が朝鮮、南半分が韓と呼ばれている）に覇を称えるに至る初めは、康の父、公孫度（タク）が玄菟郡の下役人から身を起こして、遼東太守となって以降である。

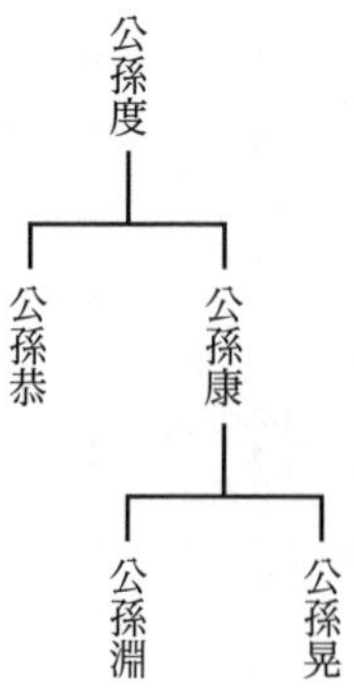

度は遼東太守として、東は高句麗を討ち、西は烏丸を攻めて、その威勢を内外に轟かせていたが、献帝の初平元年（一九〇年）に、後漢の騒乱に乗じて、遼東で独立をはかり、遼東侯を名乗った。

建安九年（二〇四年）、度が死に、子の康が位を継承。康は前述の如く、建安年間に楽浪郡の南を分けて帯方郡を作ると、その地の中国系遺民を結集し、当時強く盛んになっていた韓・濊を討たせた。これ以後、倭と韓は帯方郡に属することとなる。

康の死後、その子、晃と淵は幼かったため、人々は康の弟、恭を擁立したが、太和二年（二二八年）淵は恭を脅して位を奪い取った。その後、淵は、紆余曲折を経て、景初元年（二三七年）、魏に反旗を翻す。魏の明帝は、翌景初二年（二三八年）春、歩騎合わせて四万の軍を率いる司馬宣王を公孫淵征伐に向かわせる。同年六月、司馬宣王の軍は、遼東に到達し、公孫淵の軍と死闘を繰り広げる。八月二三日、淵は子らとともに斬殺され、かくして、遼東郡、帯方郡、楽浪郡、玄菟郡はことごとく魏によって平定され、魏の支配下に入ることになった。

景初三年（二三九年）正月一日、明帝は幼い皇太子芳（斉王）を司馬宣王等に託して、崩御。同日、斉王が即位。

女王卑弥呼の使者、難升米（ナシャメ）等が、帯方郡に詣（いた）り、天子への朝献を求めたのは、この景初三年の六月[注8]。そして、難升米等が魏の都、洛陽に入って、斉王から卑弥呼あての詔書・印綬（金印紫綬「親魏倭王」）を仮授されたのが、同年十二月（天子が手ずから授けるのではなく、侍者や使者を介して授けたり、与えたりすることを、仮授する、あるいは拝仮せしめるという）。

翌正始元年（二四〇年）その詔書と印綬は帯方太守が遣わした使者により、倭王に拝仮され、倭王はその使いに感謝の意を告げる上表を託した。

正始四年（二四三年）、倭王卑弥呼は再び魏に遣使し、前回を凌ぐ献上物を捧げた。この際も魏は多くの品を返したはずだが、「魏志倭人伝」に記載はない。使者に対する印綬の授与のことのみ記されている。

正始六年（二四五年）、魏は、倭の難升米に、黄幢を、帯方郡から仮授した。

ここで、黄幢とは、戦旗である。魏が戦旗を女王国に与えたのは、その軍事同盟に引き込むためであり、先ずは魏側の思惑によるのであろうが、この黄幢は、二年後、倭国内の実際の戦乱に用いられることになる。すなわち正始八年条に倭の女王卑弥呼が「素（もと）より」不和であったという、狗奴（クヌ）国の男王、卑弥弓呼（ヒミクコ。しかし、卑弓弥呼〔ヒコミコ〕の誤りとする説が有力）と女王国との内訌が記されている。

正始八年（二四七年）、元帯方郡太守の弓遵が戦死した後任に、王頎（オウキ）が着任して現地に到着。倭の女王卑弥呼は、狗奴国の男王、卑弥弓呼と素（もと）より不和であったが、倭は使いを遣って、狗奴国と相攻撃する状況を、帯方郡に説明した。郡は、張政等を遣わし、詔書・黄幢を難升米に拝仮し、檄（軍事に関わる木簡文書）を作って難升米に告喩（こくゆ。告げさとすこと）した。

卑弥呼と素より不和であった狗奴国の男王卑弥弓呼

とは、前述のごとく、西暦一世紀の半ばより倭国大乱に至る時代以来の長き敵対的因縁を引きずっていたはずの、クヌ～国主の国、つまり、オホクニヌシの国、すなわち、出雲に主たる拠点を置くに至っていた、倭国王、帥升の王裔の国の、その王のことであろうと思われる。卑弥呼当時の男王卑弥弓呼とは、オホクニヌシもしくはその子に当たろう。

狗奴国をほぼ出雲国と見てよいと思われるのは、中国史書が記す、狗奴国の位置によっても、支持される。

まず、下の補論「魏志倭人伝ノート」でも論じる通り、邪馬臺国が畿内大和に位置したことは疑いなく、「魏志倭人伝」が、倭地の方位を、実際より時計回りにほぼ九十度、誤って記述していると見るべきことも疑いが無い。すなわち「魏志倭人伝」は、倭地の方位について、北を東と誤り、東を南と誤っている。「魏志倭人伝」の記す邪馬臺国までの順路は、このような方位の誤りを認めるときのみ、おおよそ納得できるのである。

実際、「魏志倭人伝」に記された邪馬臺国への順路は、一大国（一支国＝壱岐島の誤伝）を経て、末盧国（肥前国松浦郡）に上陸した途端、方向が怪しくなる。すなわち、その末盧国から次の伊都国（筑前国怡土郡）へは、東北方向であるのに、東南、陸行五百里と記して、すでにここからして、時計回りに九十度ほどの誤解が生じている。

次の奴国（既述の筑紫の儺縣。福岡市博多）へも、東ないし東北というのが実状に近いのに、東南に百里などと誤解している。

それなら、ここから東へ百里のところにあると記される不弥国も、実は、北方へ百里のところにある国であり、いずれ、奴国に近い、玄界灘に面した港を持つ国である。

ここから海路となる。すなわち、ここから南へ水行二十日で投馬国に至るという。その南というのも、実は東であることになる。博多の北方百里の国、不弥国から、玄界灘へ船を漕ぎだし、対馬海流に乗って東に向かうのである。補論に述べたように、ここからの航路は瀬戸内海航路ではなく、日本海航路である。

而して山陰地方に沿いながら海路二十日でたどり着ける投馬国とは、これも補論「魏志倭人伝ノート」で論じる通り、但馬国であろうと考えられる。出雲国への上陸は避けたはずである。

その投馬国から更に南に水行十日陸行一月で邪馬臺国に至るという。この南も東のことゆえ、但馬国から、東へ海路十日の港に上陸するのである。若狭湾に面したどこかの港、おそらく今の敦賀の港であろう。

ここから陸路ひと月で邪馬臺国に着く。陸路の方角はすでにさだかではないが、ここまでくれば、邪馬臺国は大和国以外には考えられない。卑弥呼が人に会うことを避けた如く、邪馬臺国の位置もまた、魏使に、正確に教示されていなかったと考えれば、「魏志倭人伝」の語る邪馬臺国への順路の、最後の曖昧さは、むしろ当然の事態であろう。「邪馬臺」の発音は、「やまたい」より、「やまど・やまと（乙類ド・ト）」である。

このように、極めて素直に邪馬臺国までの順路を辿れるのであるから、方位距離記事を放射状に読むがごとき不自然な工夫は必要が無い[注9]。まして邪馬臺国を九州にあったとする説は、他にも多くの無理を犯さねばならない。邪馬臺国九州説には、魏志倭人伝の方位の誤りを正しく認識していないという欠点や、考古学上の不適合性という致命的な欠陥があり、邪馬臺国九州説は、そろそろ過去の遺物となるべきである。

邪馬臺国への順路の解釈で重要なのは、述べた如く、「水行二十日」つまり、二十日間の海路を、通説のごとき瀬戸内海航路ではなく、対馬海流に乗って行く、山陰地方沿いの日本海航路と見る点、および、投馬国（タウマ国・ダウマ国）を、但馬国と見る点である。

ツシマを「魏志倭人伝」は対馬（ツイマ）と書いている。頼惟勤氏が指摘されている如く（「〈魏書・東夷伝・倭人条〉の文章」、『邪馬臺国の常識』〔毎日新聞社〕所収）、中国語で、漢字の音は二音めにサ行・ザ行の音が来ないため、漢字二字でツシマを表すときに困って、対馬と書いたと考えられるのであるが、ほとんど同じ理由で、タヂマ・ダヅマを表すとき、困って、投馬（タゥマ・ダウマ）と書いたと考えられる。

なお、投馬国を但馬国と推測する説は、すでに早くに山田孝雄氏が唱えておられる（佐伯有清編『邪馬台国基本論文集Ⅰ』〔創元社〕所収、山田孝雄「狗奴国考」。このなかで、氏は、狗奴国を毛野国かとされているが、これは間違いである）。

さて、述べた通り、「魏志倭人伝」は、奴国を、「此れ女王の境界の尽くる所なり」と記す。これは『後漢書』倭伝が、奴国を「倭国の極南界」だと誤解する元資料になった記述である。『後漢書』倭伝の云う「倭国」は「女王國」であるべきであるが、『後漢書』の云う方位に関しては、「魏志倭人伝」とは対照的に、ほぼ正しい方位である点が注目される。

「魏志倭人伝」は、奴国を、「此れ女王の境界の尽くる所なり」と記したそのすぐあとに続けて、「其の南に狗奴国有り、男子を王と為す。其の官に狗古智卑狗（クコチヒク）有り。女王に属せず。」と記す。「其の」とは、奴国の、の意味、「南」は東の誤りだとすると、出雲国は、まさしく、奴国、北九州博多から見て、ほぼ東にある。

『後漢書』倭伝にも狗奴国の位置が記されている。

「女王国より東、海を度（わた）ること千余里、拘奴国に至る。皆倭種なりと雖も、女王に属せず」とある。これは、右にあげた「魏志倭人伝」の文に類似した資料の、ただし方角のほぼ正しい資料に基づきつつも、「魏志倭人伝」いうところの「其の南（正しくは東）に狗奴国有り」の「其の」を、奴国の、と見ずして、女王国の、と誤解した上での記事であろうと推定できる。従って、女王国より東とは、奴国より東の謂い。

もしこれを邪馬臺国の東、などと理解すると、誤ることになる。そもそも大和国の東に海はない。ともあれ、このような誤解記事であったと解せば、繰り返すようだが、上文の「女王国より」は、女王の境界の尽きるところ、すなわち女王国の極南界たる奴国より、と見なすべきと理解すれば、出雲国は、まさしく、奴国から東に海を渡ったところにある国である[注10]。出雲国は確かにすでに「皆倭種」だが、女王国に属さず、年来の敵国であった。女王国の年来の敵、狗奴国ないし拘奴国とは、クヌの国、大国主（オホクヌ）の国、出雲国、帥升王統の国である。

なお、「其の官に狗古智卑狗有り」とある狗古智卑狗（クコチヒク）を、キクチヒコと見て、これを熊本県菊池川流域に盤踞した部族の首領であろうと見る見解がある。この説を認めれば、「其の官」とあることと考え併せて、菊池川流域一帯は、狗奴国に属していたものと考えられる。つまり、邪馬臺国連合の辺縁域へと退けられた男王国は、出雲国に中心を持ちつつ、この肥後国菊池川流域にも勢力を保有していたということになる。

さて、この狗奴国との戦乱のさなか、卑弥呼は死んだ。大きな墓を築き、奴婢百余人を徇葬（死者と共に殉死せしめること）したと伝えられる。そして、男王を立てたが、国中承服せず、互いに殺し合って、このときだけで千余人を殺したという。そこで卑弥呼の跡取りであった、十三歳の「壹與・イヨ」を立てて女王としたところ、国中が遂におさまったという。但し「壹與」は「臺與・トヨ」の間違いとする説が有力である。邪馬臺国の臺を「魏志倭人伝」は一貫して壹と誤記しているので、壹與も臺與の誤記であった蓋然性が高い。そこで以下、「臺與」とする。

張政等は檄をもって臺與に告喩した。臺與は使者を遣わして張政等を送り、魏の都に詣でて、男女生口三十人他の献上物を、魏の天子に献上した。

「魏志倭人伝」が語る我が国の外交史は、以上である。

オホクニヌシもしくはその子の時代に、二十九カ国から成る邪馬臺国連合とクヌ（狗奴）国すなわちオホクニヌシの国とが戦争状態に入っている。オホクニヌシという名が実在の人物の名であったか否かという議論については、以上の考察から、少なくともクニヌシ＝クニ主＝クニヌ＝クヌの部分については、実在の王の伝承名あるいはその尊称であったと考えて特に不都合はない。

オホクニヌシ＝オホクヌの系裔は、その後どうなったか。

実はこのころ、邪馬臺国連合の混乱に乗じて、邪馬臺国連合を侵略し始めた、別の、更に強力な父系王権があった。オホクニヌシの子孫たちは、この王権に協力して、邪馬臺国連合を滅ぼす側についたと思われる。

ここでいう、更に強力な父系王権とは、大和朝廷の祖、すなわち天皇祖族である。しかしこの次第は、これこそが本論の主題であり、後に詳述したい。

以上をまとめてみると、まず一言でいえば、『古事記』が語るスサノヲからオオクニヌシに至る七代の父系系譜は、帥升から、卑弥呼当時の狗奴国の王家に至るまでの、七代にわたる父子直系王統譜が極めて良好な形で伝えられた文献的化石であったと考えて不都合はなく、『後漢書』と「魏志倭人伝」が語り示唆する、当時の倭の歴史によく付合し、却って此を支持補強するものである、ということになる。

帥升＝シュィシャン＝スサは、西暦一世紀の末から二世紀の初めにかけて、倭の奴国を含む、当時の倭の諸国を制圧し、西暦一〇七年に近い時期に倭の統一王権を樹立するに至る父系王統の、最初の倭国王であったと考えられる。「魏志倭人伝」が「本また男子を以て王となし、とどまること七、八十年」と語る男王の系こそ、最初の倭国王となった帥升の、その後の父系王統であったと思われ、その王統譜が、スサノヲからオオクニヌシに至る、七代の系譜であろうと思われる。その根拠として、帥升＝スサノヲの五代目オミヅヌ＝八束水臣津野命による出雲の国引き伝承をあげることができた。七代の系譜に、父系王統系譜の一代平均在位年十八・八年を用いて算出されたオミズヌの時代が、丁度、「魏志倭人伝」そのほかの中国史書が語る倭国大乱によって、帥升の子孫が邪馬臺国連合の辺縁地帯に退けられたであろうと推定される時代に当るのである。すなわちオミヅヌは、倭国大乱後、出雲に退避した、帥升＝スサノヲ正系の男王であったということができる。そして、その孫のオホクニヌシ＝オホクヌもしくはその子の時代が、卑弥呼と狗奴国の間に戦乱が生じた時代に重なる。狗奴国とはクナ～クヌ＝国主の国、すなわち、大国主の国であり、出雲に主要な拠点を有した。

古来、狗奴国については、これを、邪馬臺国大和説では、女王国の南（つまり東）の毛野国や、神武紀にみえる紀伊半島の熊野村、あるいは、奴国の南の、肥後国球磨郡、同国菊池郡城野郷などに当てる説があった。しかし、いずれも、中国史書の方位の混乱や、曖昧な文意を包括的に説明できないままの説で根拠が薄いと思われる。

さて、スサノヲからオホクニヌシに至る七代の王統譜は、かくの如く、極めて貴重な、上古の実伝承系譜の文献的化石であろうと思われるのであるが、この系譜は、『古事記』のみではなく、別系史料にも伝えられている。是澤恭三氏によって発見され、その後、田中卓氏によっても詳しい吟味の対象とされた『粟鹿大神元記』である（『日本学士院紀要』第十四巻第三号・第十五巻第一号所収、是澤恭三「粟鹿大明神元記の研究」。『田中卓著作集2　日本国家の成立と諸氏族』〈国書刊行会〉所収、「十、一古代氏族の系譜――三輪支族の移住と隆替――」三二一～三六七頁）。

その本文の末尾に、和同（和銅）元年（西暦七〇八年）の八月十三日に、神部八島が筆を取り、正六位上新羅将軍神部直根麿が勘注言上した、と記されている。

田中卓博士によれば、おそらく、本文全体については、これを和銅元年まで溯るのは無理で、この文書を神祇官が勘署して官印を捺した日付として最末尾に記されているところの、長保四年（一〇〇二年）という年に近い頃に、現在の形に成立したものであろうという。但し、その中の系譜部分に関しては、系譜の書法における上宮記との類似、「弥」の特殊な仮名遣いなど、本書の古体を推定せしめるものがあるなどの理由から、旧事紀の地神本紀・天神本紀が収める系譜の類に比肩しうる史料的価値を有するものであろうと推定されている。

実際、スサノヲからオホクニヌシに至る七代についてみれば、『粟鹿大神元記』の系譜は、『古事記』の系譜と極めて類似しており、田中卓氏が、「両者は親子関係にある所伝でなく、親を等しくする兄弟関係の系譜と考へねばならないであらう」と推断されるとおりであろう。因みに、『古事記』と『粟鹿大神元記』両者の系譜を、田中卓氏の論文に従って図示すれば次の系図⑥の如くである。『古事記』表記を基本とし、かっこ（　）内に、『粟鹿大神元記』による表記を示した。

『粟鹿大神元記』系譜で注目するべきは、個人名すべてに「神」称の無いことである。実在の王統系譜であって、人の系譜であるので、神称を持たぬ『粟鹿大神元記』の方が本来のものに近いであろう。『古事記』は、虚構的に神に仕立てたのである。

系図⑥　須佐之男命の系図

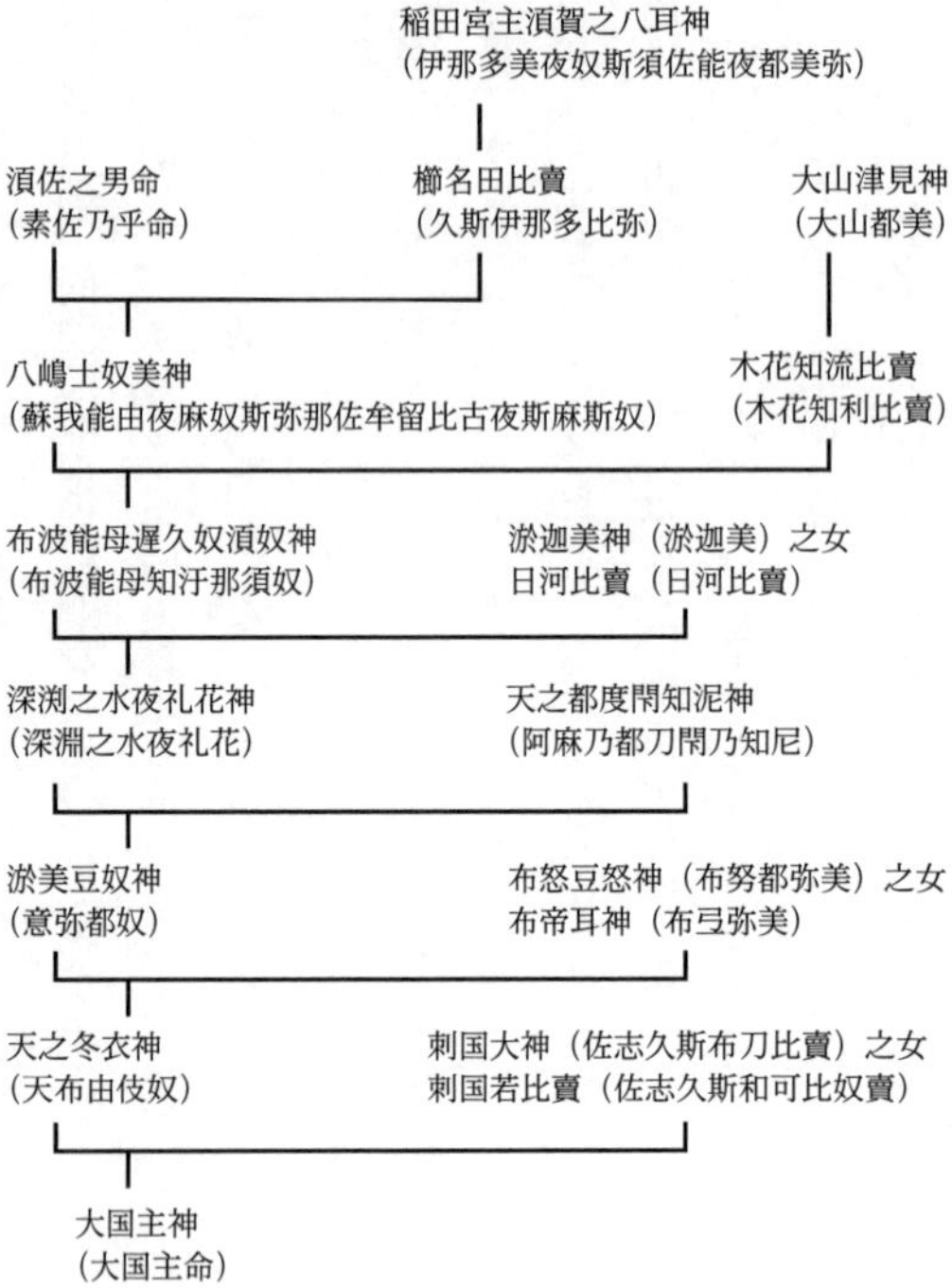

名の表記は『古事記』表記を基本とし、（　）内に、『粟鹿大神元記』
よる表記を副えた。

『粟鹿大神元記』の当系譜に関して、田中博士は、さらに次のような重要な指摘をされている。すなわち、当系譜は、読み誤れば、スサノヲの六代にわたる子孫を、全てスサノヲの子として誤解させてしまうような、古式の書法によっており、これが、『日本書紀』本文が、オホクニヌシを、スサノヲの子として伝える誤伝のもとになったのであろうという。田中博士のこの極めて興味深い指摘については、ここで詳細を紹介するのは省くが、重要なことは、『日本書紀』本文のスサノヲ系譜は、『古事記』系譜がもととした古系譜を読み間違えたものであり、『古事記』系譜こそが古系譜の正統を伝え得ているという点、および、既に『日本書紀』が依拠した史料の時点から、本来、父子継承系譜であったものを読み違えた結果、数世代にわたる子孫たちを、同一世代の子としてしまい、本来、六世の孫などであったはずの子孫を、子であるとして誤って伝えることが生じ得ていたという事実である（後世の系譜には、このようにして生じた紛伝を、本来の系譜に添加するなどして、本来の系譜を一層長々しく、荘厳なものに飾り立てようとしたものがある。下の本論において、そうした系譜の実例が吟味される）。

なお、このような系譜の誤伝発生機構は、安本美典氏が、系譜の上古部分に於いて存在したと予想される誤伝発生様式とは正反対のものである。安本氏は、統計的手法なるものを用いつつ、古い部分の系譜は、本来兄弟であったものを、父子系譜として誤って伝えていることが多いのではないかという、曖昧な指摘をされているのだが、田中氏によって明確に指摘された、誤伝発生の右の実例は、これとは全く逆に、本来父子直系系譜であったものを、兄弟関係に誤るというものである。

安本氏のような曖昧な推測が通るのであれば、たとえば、履中天皇・反正天皇・允恭天皇と三代にわたって続いたと『記紀』系譜が証言するところの兄弟相続は、実は本来父系相続であったかもしれないというような推測、安本氏にとっては逆向きの、しかしありうるかも知れない曖昧な推測を、排除できないことにならないか。大雑把な統計理論から提出される安本理論には、こうした、個々具体的な、安本理論によれば確率５％でしか起こらぬかもしれない個別の推測を、排除できる力はないのではないか。

さて、スサノヲ系譜に対して、スサノヲに関する『記紀』説話の方は、どの程度、史実を反映しているのか？　次にこの点を吟味しておこう。

『記紀』説話においてスサノヲは女性日神である天照大御神と争い、出雲に追放される神として描かれている。しかし、スサノヲに関する確実な史実となれば、これは、右で述べた如き、スサノヲ系譜と、中国史書とから推理された事柄に尽きるとしなければならない。

つまり、スサノヲは、帥升＝スサを史実の核とする伝承祖であり、帥升は西暦一〇七年に近い頃に、後に邪馬臺国連合に結集する諸国を征服して、倭を統一した、男王国の初祖たる倭国王である。出雲に追放されるのは、スサノヲ自身ではなく、その四世孫オミヅヌである。すると、『記紀』のスサノヲ伝承なるものは、帥升＝スサの子孫伝承を、まとめてスサノヲ一身に具現するものとして語られたことになる（スサノヲとはスサの男・ヲの意味である。スサの男とは、スサという土地の男子、スサ一族の男子、など、いろいろに考えられる。また、単に男といえば、男子子孫をさすことが多い。そこで、スサの本来の名がスサノヲであったと考えられるとともに、また別に、スサノヲ＝スサの男とは、元来、スサの男子系裔全体を一括して示す言葉であったのかもしれない）。

『記紀』のスサノヲが、帥升の子孫達の史実に基づいて敷衍されつつ語り伝えられた伝承説話を、一身に具現する存在であると考えると、スサノヲに関して、特に『日本書紀』が、様々に特異な説話を、「一書」の形で伝えていることにも合点がいく。つまり、帥升の子孫たちが実在の伝承祖たちであればこそ存在した、異伝の数々であるということになる。

スサノヲ説話の『記紀』相互比較を含む説話文学的分析は本稿の目的ではないので、ここでは『記紀』スサノヲ説話が、帥升王統の史伝承の実体の解明に、どのようなヒントを与えてくれるかという視点でのみ、スサノヲ説話を取り上げる。系譜とは異なり、伝説・説話の類は、語り伝えの過程で、大きく変貌を遂げるものである。八束水臣津野命の風土記説話「出雲国引き神話」がよい例である。伝説・説話の類は、史実を考える上でのヒント程度として取り扱うのが無難であるとは、しかし言うまでもないことであろう。

スサノヲ命＝須佐之男命は、『古事記』によれば、「筑紫の日向の橘の小門の阿波岐原」で行われるイザナギ命の禊（みそぎ）払いの時に、最後に生まれることとなる三貴神のうちの一神である。天照大御神（アマテラスオホミカミ）、月読命（ツクヨミのミコト）、須佐之男命の順に生まれ、スサノヲは、海原を統治せよと、イザナギから命じられる。スサノヲはしかしその命に従わず、根の国に行きたいといって泣きわめいたので、萬（よろづ）の災いが起き、ためにイザナギによって、追放される。イザナギによる追放先そのものは、『古事記』では明記されていない。スサノヲはこの後、天照大御神との確執の後に、八百萬の神の共議によって、まずは出雲に追放されることになる。

ところが、『日本書紀』の三貴神出生段である第五段の本文では、スサノヲは、イザナギの禊ぎ払いで生まれるのではなく、イザナギ・イザナミ二神による国生み神生み説話の中で生まれる。しかもこうして生まれたスサノヲは、もともと、天に送り上げられるべき日神や月神に対して、天下の主者、宇宙（あめのした）に君臨するべき者として生まれたはずであるのに、その乱暴な行為のために、根の国に追放されるというように語られている。

第五段の第一「一書」では、スサノヲの出生が、イザナギの禊ぎ払いにおいてか、イザナギ・イザナミ二神による国生み神生み説話においてかは不明であるが、ここでもやはりスサノヲは、はじめ御宇（あめのしたしらす）珍子（みずのこ）として、日神、月神とともに生まれるものの、性、残害を好むとして、根の国に追放される。

つまり『日本書紀』第五段本文や同段第一「一書」では、スサノヲは元来地上の支配権を付与されるべきものであったはずが、性暴虐であったため根の国に追放される者として位置づけられている。たまたま作為的にそうした位置づけにされたというのではなく、スサノヲの史的な核となった帥升が、元来、倭の大王であった史実を反映した結果だと考えてよいのではなかろうか。

同段第二「一書」でも、スサノヲは、イザナギ・イザナミ二神による国生み神生み説話において生まれた後、「もし汝が国を治めれば、残傷（そこないやぶること）多いであろう」として、根の国の統治を命ぜられるのであるから、やはり最初は、国の統治者であるべき位置付けである。

同段第六「一書」に至って、ようやく、『古事記』

類似の史料となる。つまり、スサノヲは、イザナギの禊ぎ払いで生まれる三貴神の一神である。ところが、ここではより明瞭に、イザナギはスサノヲに、海原ではなく、天下の統治を命ずる。イザナギの、三貴神への勅任の言葉として、「素戔嗚尊（スサのヲのミコト）は、以て天下を治（しら）すべし」とある。

『古事記』同様、スサノヲに海原の統治を命ずる史料は、ようやく同段第十一「一書」、つまり同段最後尾の「一書」にみえる。『古事記』類縁の史料がこのように本文からはるかに下がった位置に冷遇されているのは、前節で述べた如く『日本書紀』編纂主体が、『古事記』献上を命じた側と一線を画していた（より端的に言えば、敵対関係にあった）当時の政治状況によるのである。

ともあれ、以上見た如く、『日本書紀』本文と『日本書紀』の大部分の「一書」群が示唆するように、スサノヲのそもそもの伝承上の位置づけは、天下を統治するもの、乃ち倭国王であったと思われ、これつまり、スサノヲの原型たる帥升の史的実体の反映と思われるのである。

『記紀』説話の比較検討だけからでは、スサノヲに関する右のような推測は、あくまで一つの可能性としてしか述べ得ないだろう。この推定に確からしさを与えるものが、帥升という史的実在とスサノヲ系譜との整合性およびそこから導かれる史的実相なのである。

さて、『古事記』によれば、イザナギによる追放宣言を受けた後、スサノヲは高天原に昇る。このとき、「山川悉（ことごと）に動（とよ）み、国土（くにつち）皆震（ゆ）りき」と語られ、天照大御神は驚いて、「きっと、我が国を奪おうと思ってにちがいない」と、戦闘準備を整える。そして、スサノヲと天照大御神との、子産み争いの話となる。スサノヲの剣から、天照大御神は三女神（宗像三神）を産み、天照大御神の珠から、スサノヲは五男子を産む。

『日本書紀』では、この部分は、第六段である。同段本文は『古事記』に似て、スサノヲの昇天にあたり、海は激しく揺れ動き、山丘はすさまじく鳴り轟いたと語られ、天照大神は、スサノヲの国奪う心を疑い、戦闘準備をし、子産み争いとなる。ただし、『古事記』では、スサノヲの勝ちは、女児を得ることによるとされるが、『日本書紀』では、男児を得ることが、勝ちの証とされる。

まず、『記紀』ともに、スサノヲを暴虐なる神、国土を震撼せしめる神として語る。その背景には、帥升王統の征服王朝たる史的記憶が作用していた可能性がある。

さらに、帥升王統と、邪馬臺国連合祖族との争いが、この子産み争い神話に反映していたとするならば、『日本書紀』のほうが正統な伝承であったかも知れない。つまり、帥升王統は父系男王に固執する王統であり、これと、女王を共立するに至る邪馬臺国連合祖族とが、年来の対立関係にあったという史実が、この子産み争い神話の背景にあった可能性がある。

「魏志倭人伝」は、倭国大乱以前の倭国王につき、わざわざ、「本また男子を以て王となし、とどまること七、八十年」と、男子による王統であったことを強調している。このことは、邪馬臺国が女王の国であったからというにとどまらず、倭の諸国の首長は元来、多くは女性であったことを示唆するのではないか。倭の奴国や、その奴国を連合の一部に組み入れている邪馬臺国などは、いずれも女王に固執する勢力であっただろう。であればこそ、卑弥呼没後、男王を立てたが国中おさまらず、再び女王臺與を立てて、国中定まったのだと思われる。男王対女王の対立、父権対母権、父系対母系、の対立は、日本の上代史を探る上での、鍵概念である。

子産み争いの後、スサノヲは、高天原で暴れ回る。天照大御神の田の畦を破壊し、溝を埋め、新穀を召す祭殿に糞をまき散らす。この乱暴狼藉の結果、天照大御神は、天石屋戸（アメのイハヤド）に籠もる。

帥升王統と奴国ら在地土着系部族との西暦一世紀と二世紀の二度にわたる確執が、ここに反映されているのかもしれない。あるいはまた、西暦三世紀の争い、即ち、帥升の王裔の国たる狗奴国と、卑弥呼の国、邪馬臺国との間で戦われ、卑弥呼が死ぬことになった争いが、この説話に反映されているのかもしれない。

天照大御神が天の石屋戸から復活した後、スサノヲは髪を切られ、手足の爪を抜かれて、地上へと追放される。天降る先は出雲である。

記紀のスサノヲ神話は、この天上界からの追放譚のあと、がらりと趣を変え、天降り後の大蛇退治とクシナダヒメ（クシイナダヒメ）との婚姻譚という、英雄物語になる。スサノヲには、追放譚とは別に、倭地への天降り伝承が独立に伝承されていたことが示唆される。

『古事記』では、スサノヲは、出雲の地で、高志（コシ。越）の八俣遠呂智（ヤマタのヲロチ）を斬り、その尾から、神剣、草那藝之大刀（クサナギノタチ）を得て、天照大御神に献上することになる。以後、スサノヲ伝承およびその子孫とりわけ、オオクニヌシ神話の舞台は、いずれも一貫して出雲である。しかし、言うまでもなく、これをもって倭国王帥升が、当初より、出雲を都にしたと考えるべきではない。帥升の本貫は不明である。スサノヲ自身が出雲を本貫としたと見るより、出雲は、オミヅヌに至って倭国王の地位を追われて退避したあとの、帥升王統の拠点の一つ、ただし中心的な拠点の一つにすぎない。

スサノヲが天降った土地を、『古事記』は、出雲国の肥（ヒ）の河上、名は鳥髪（トリカミ）という所だという。『日本書紀』第八段本文、同段第一「一書」も（また『古語拾遺』なども）同じく出雲の簸（ヒ）の川上とする。しかし、同段第二「一書」は安芸国（アキのクニ）の可愛（エ）の川上だという。ここでは簸の川上は、稲田媛の生育地とされている。要するに、スサノヲの降臨地について、つまり帥升王統の倭地における本貫の土地として、確固とした伝承地があったわけではなさそうである。出雲国風土記には、スサノヲの天降りのことも、ヲロチ＝大蛇退治のことも語られていない。帥升王権の都が、当初は出雲ではなかったことの何よりの証拠であろう。

同段第四「一書」では、スサノヲの天降りに際し、スサノヲは、子の五十猛神（イタケルのカミ）を率いて、初めに新羅国に天下り、曽尸茂梨（ソシモリ。岩波書紀頭注によれば、曽尸茂梨とは、蘇之保留、当時の新羅言葉で言う、王都のことで、新羅と同義であろうという）の處に居たが、ここには居たくないと言って、埴土（ハニツチ）で作った舟で、東に渡って、出雲国の簸の川上の鳥上（トリカミ）の峯に至ったとある。

新羅国名が、『日本書紀』に登場する初めである。スサノヲ王統譜が、スサノヲから忽然として始まる系譜であることを思うと、スサノヲの原型たる帥升は、韓地からの渡海の王、渡海の父系征服王権が倭地に覇権を打ち立てた、その初代の王であった可能性が高い。韓地からの渡海伝承が、天降り伝承として姿を変えている様は、天皇祖族の本貫に関する考証において、後に再び見ることができる（第六節以下参照）。

ところで右の特殊な異説を語る第四「一書」は、さらに、スサノヲが大蛇を斬り、その尾から草薙剣（クサナギのツルギ）を得たという話を含むが、この神剣を天に上奉るのは、スサノヲ自身ではなく、五世の孫、天之葺根神（アメノフキネのカミ）であるとする。天之葺根神は、『古事記』のスサノヲ王統譜にいう、五世孫、アメノフユキヌに同じ。倭国大乱後に、出雲に退いたと考えられるオミヅヌの子にあたる。すると、この代に、神剣を、邪馬臺国側に接収された史実があったのかもしれない。

同「一書」はさらに、スサノヲの子の五十猛神について、はじめ天下るとき、多くの樹木の種を持って下ったが、韓国には植えず、すべて大八洲国（オホヤシマクニ）に播種した、紀伊国に坐（まします）す大神がこれである、と語る。

同段第五「一書」にも似た話があり、ここでは、樹木を造るのは、まずスサノヲ自身である。スサノヲは、「韓郷の嶋には金銀がある。自分の子孫に、舟がないと不都合だろう」といって、体の毛から、樹木を造る。さらに、スサノヲの子に、五十猛神、大屋津姫命、抓津姫（ツマツヒメ）命の三神あり、亦能く木種を分布せしめたので、紀伊国に渡し奉った、とする。そして、スサノヲは熊成峯（クマナリのタケ）に居て、遂に根の国に入った、という。

クマナリは朝鮮にある地名（任那に熊川（クマナ

リ〕あり、百済の都も熊津〔クマナリ〕という）。根の国は出雲と同一視されるので、スサノヲが熊成峯から、根の国に入ったとは、スサノヲが朝鮮から出雲へ入ったとする第四「一書」の所伝に一致する。

また、第四・五「一書」に見える五十猛神伝承は、出雲の王統と、紀伊国の親密を示唆している。出雲の王統が、出雲に限った広がりのみを持つ王権ではなく、紀伊国にもわたる広大な王権を一度は持っていたことの傍証になる。

最後に、『古事記』のスサノヲ系譜と『日本書紀』のそれとの異同については、前述の如く、『日本書紀』第八段本文は、オホクニヌシを、スサノヲの子とする誤伝を採っている。つまり、スサノヲと奇稲田姫（クシイナダヒメ）の子を、ヤシマシヌミではなく、大国主神だとする。これに対して、同段第一「一書」は、名の細かな不一致を除けば、世孫数については、正確に『古事記』系譜に一致している。すなわち、スサノヲが、稲田宮主簀狭之八箇耳（イナダミヤヌシ スサノヤツミミ）の女子、稲田姫を娶って産んだ子を、『古事記』や『粟鹿大神元記』と同様、清之湯山主三名狭漏彦八嶋篠（スガノ ユヤマヌシ ミナ サルヒコヤシマシノ）＝ヤシマジヌミとし、その五世孫を大国主神としている。同段第二「一書」についても同様で、稲田宮主簀狭之八箇耳の子、真髪触奇稲田姫（マカミフルクシイナダヒメ）をスサノヲが妃として生んだ子の六世孫が、大己貴命（オホナムヂのミコト）であるとする。大己貴命は大国主神の別名とされる名の一つである。同段第四「一書」でも、上に述べた如く、アメノフユキヌに同じ天之葺根神を五世孫としている。

スサノヲ系譜に関する限り、『日本書紀』は、その誤伝を本文とし、正伝の方を第一・二・四「一書」に採って傍系史料扱いとしている。『日本書紀』編纂当時の史料を伝えるものの間の対立関係が、とりわけ『古事記』・和銅日本紀を敵視するごとき対立関係が影響を及ぼした結果ではあるまいか。

以上、記紀のスサノヲ伝承が示唆するところのものを拾ってみた。まとめてみると次のような事柄である。

・『日本書紀』第五段本文や同段第一・二・六「一

書」では、スサノヲは元来地上の支配権を付与されるべきものと位置づけられている。スサノヲの史的な核となった帥升（シュィシャン）が倭の大王であった史実を反映した結果だと考えてよさそうである。

・『記紀』ともに、スサノヲを暴虐なる神、国土を震撼せしめる神として語る背景には、帥升王統の征服王朝たる記憶が作用していた可能性がある。

・スサノヲと天照大御神との、子産み争いの話において、『日本書紀』では、『古事記』と対照的に、男児を得ることが、スサノヲの勝ちの証とされる。帥升王統は父系男王に固執する王統であり、これと、女王を共立するに至る邪馬臺国連邦祖族とが、年来の対立関係にあったという史実が、この子産み争い神話の背景にあった可能性がある。奴国や邪馬臺国などは、帥升王統とは対照的に、女王に固執する勢力であっただろう。であればこそ、卑弥呼没後、男王を立てたが国中おさまらず、再び女王壹與を立てて、国中定まったものと思われる。男王対女王の対立、父権対母権、父系対母系の対立は、日本の上代史を探る上での、鍵概念と成り得る。

・天照大御神の天の石屋戸籠もり説話には、帥升の王裔たる狗奴国と邪馬臺国との間の戦乱の時に、卑弥呼が死ぬことになった史実が反映されているかもしれない。

・『日本書紀』第八段第四・五「一書」によれば、スサノヲは、朝鮮の新羅国あるいはクマナリから舟で東に渡って、倭地に至ったという伝承があったごとくであり、スサノヲ王統譜が、スサノヲから忽然として始まる系譜であることを思うと、スサノヲの原型たる帥升は、韓地からの渡海の王、渡海の征服王権の初代であった可能性が高い。

・第四・五「一書」に見える五十猛神伝承は、出雲と、紀伊国の親密を示唆している。帥升王統が、出雲に限った王権ではなく、紀伊国にもわたる広大な王権を一度は持っていた事実を示唆するものと考え得る。

スサノヲ系譜の末尾に登場する大国主神は、その名の偉大さにもかかわらず、邪馬臺国連合時代には、出雲国＝狗奴国の盟主もしくはその父たる地位に甘んじていたはずである。『日本書紀』が、大国主神についてほとんど寡黙であるのは、傍系史料としてさえ利用に耐える、依って立つべき史料が無かったためではあるまいか。記紀神話によるならば、大国主神は、倭の国の統治権を天照大御神に譲るほどの地位にある神であるべきはずであるが、狗奴国の王たる地位にとどまっていたはずの大国主神に、そうした内実を持つ伝承は皆無であったはずである。『日本書紀』の大国主神に関する寡黙は、このことを、むしろ正直に示唆しているものと思われる。後に述べるが、大国主の国譲りとは、やがて出現する天皇祖族への、出雲国の国譲り、という程度の規模の史実の反映であったと考えるのがよいと思われる。

風土記に登場するスサノヲ系裔を一瞥するに、出雲国風土記には、スサノヲの御子なるものが七名見え、大穴持命（オホアナモチのミコト＝オホナムヂのミコト＝大己貴命＝大国主命）の御子は阿遅須枳高日子命（アヂスキタカヒコのミコト）[注11]を含めて、五名が見える。民間伝承を集める風土記の記事をどこまで信じるかは別にして、こうした出雲民間伝承譜の豊かさは、スサノヲ、大国主命両者の実在性を、それなりに反映するものであろう。

以上、スサノヲ系譜と中国史書を拠り所として、スサノヲ系譜が示す帥升王統の歴史と、中国史書が示す倭国の一世紀から三世紀半ばに至る歴史との整合性を見た。その上で、『記紀』のスサノヲ伝承を眺めてみると、これらが、右の史的整合性を妨げるより、むしろこれを支持し、さらに様々な示唆を与えるものであることが知られた。

ここで再びスサノヲ系譜に戻ろう。『古事記』と書紀「一書」、および『粟鹿大神元記』の系譜を比較検討してみると、スサノヲ系譜に見える妻の出自に、母系出自の明瞭なものがある。念のため『古事記』系譜と『粟鹿大神元記』系譜を上下に比較対照して再掲しておくと下表の通り（これを図示したものが、系図⑥であった）。丸数字の番号はスサノヲから数えた世孫数である。各世孫の隣に、その妻の出自と名をならべた。

　まずは、スサノヲの妻の出自である。

『古事記』によれば、スサノヲの妻、櫛名田比賣（クシナダヒメ）は、稲田宮主須賀之八耳（イナタミヤヌシスガノヤツミミ）神の女（むすめ）であるとされている。その稲田宮主須賀之八耳神は、櫛名田比賣の両親、父、足名椎（アシナツチ）と、母、手名椎（テナ

『古事記』

○須佐之男命
　稲田宮主須賀之八耳神の女
　　櫛名田比賣
①八嶋士奴美神
　大山津見神之女
　　木花知流比賣
②布波能母遅久奴須奴神
　淤迦美神之女
　　日河比賣
③深渕之水夜礼花神
　天之都度閇知泥神
④淤美豆奴神
　布怒豆怒神之女
　　布帝耳神
⑤天之冬衣神
　刺國大神之女
　　刺國若比賣
⑥大國主神
　亦名　大穴牟遲神
　　葦原色許男神
　　八千矛神
　　宇都志國玉神

『粟鹿大神元記』

○素佐乃乎命
　伊那多美夜奴斯　名　須佐能夜都美弥の女
　　久斯伊那多比弥
①蘇我能由夜麻奴斯弥那佐牟留比古夜斯麻斯奴
　大山都美之女
　　木花知利比賣
②布波能母知汙那須奴
　淤迦美之女
　　日河比賣
③深淵之水夜礼花
　阿麻乃都刀閇乃知尼
④意弥都奴
　布努都弥美之女
　　布弖弥美
⑤天布由伎奴
　佐志久斯布刀比賣之女
　　佐志久斯和可比奴賣
⑥大國主命　一名　大物主命
　亦名　意富阿那母知命
　　葦原色袁命
　　八千桙命
　　宇都志國玉命
　　幸術魂辞代主命
　　八嶋男命

ツチ）のうちの父の称号である。すなわち、『古事記』によれば、櫛名田比賣は、父系出自である。ところが、『日本書紀』の「一書」には、これを母系出自とするものがある。

足名椎・手名椎、櫛名田比賣、稲田宮主須賀之八耳神に関する系譜的関係につき、書紀神代第八段の本文、第一「一書」、第二「一書」の伝えるところと、『古事記』のそれとを比較してみよう（左表）。書紀の伝えの方に、古態が窺われる。

櫛名田比賣を書紀は、奇稲田姫（クシイナタヒメ）・稲田媛（イナタヒメ）・真髪触奇稲田媛（マカミフルクシイナタヒメ）などと伝え、大同小異である。

しかし、書紀本文は、脚摩乳（アシナヅチ）手摩乳（テナヅチ）両親を稲田宮主神と称しており、脚摩乳が、吾の児と述べているものの、実質的には、双系出自のようになっている。第一「一書」は父系・母系不明であるが、第二「一書」は、脚摩手摩（アシナヅテナヅ）の妻の名を稲田宮主簀狹之八箇耳（イナタミヤヌシスサノヤツミミ）とし、「稲田宮主簀狹之八箇耳の生める児、真髪触奇稲田媛」と言う。恐らく、稲田宮主須賀之八耳＝稲田宮主簀狹之八箇耳は、元来女性であって、櫛名田比賣＝クシイナタヒメは、元来母系部族出自の女性であったのではないかと推測される。

次にスサノヲ五世孫である、⑤天之冬衣（アメノフ

『古事記』	書紀本文	第一「一書」	第二「一書」
足名椎	脚摩乳		脚摩手摩
手名椎	手摩乳		
足名鉄＝宮主＝稲田宮主須賀之八耳神の女、櫛名田比賣	二神＝宮主＝稲田宮主神 脚摩乳の児、奇稲田姫	稲田宮主簀狹之八箇耳の女子、稲田媛	その妻＝稲田宮主簀狹之八箇耳の生める児、真髪触奇稲田媛

ユキヌ）神＝⑤天布由伎奴（アメフユキヌ）の妻に注目すると、『古事記』に「刺國大（サシクニオホ）神之女、刺國若比賣（サシクニワカヒメ）」とあるものが『粟鹿大神元記』には、「佐志久斯布刀比賣（サシクシフトヒメ）之女、佐志久斯和可比奴賣（サシクシワカヒヌメ）」とあり、明確に母系出自である。

スサノヲ三世孫である③深渕之水夜礼花（フカブチノミヅヤレハナ）神の妻、天之都度閇知泥（アメノツドヘチネ）神＝阿麻乃都刀閇乃知尼（アマノツトヘノチネ）は、出自を没却した女性である。母系部族の宗女であった可能性がある。

四世孫、④淤美豆奴神の妻は、『古事記』では「布怒豆怒（フノヅノ）神之女、布帝耳（フテミミ）神」であるが、『粟鹿大神元記』には、「布努都弥美（フノツミミ）之女、布弖弥美（フテミミ）」とある。「布努都弥美」や「布弖弥美」の「弥美」は稲田宮主須賀之八耳＝稲田宮主簀狹之八箇耳の「耳」に同じであるので、「布努都弥美」も女性であった可能性がある。すると、これまた母系出自であったのではないか。

一世孫①八嶋士奴美（ヤシマジヌミ）神の妻の出自、大山津見（オホヤマツミ）神や、二世孫、②布波能母遅久奴須奴（フハノモヂクヌスヌ）神＝②布波能母知汙那須奴（フハノモチウナスヌ）の妻の出自、淤迦美（オカミ）神の性別は不明であるが、このように見てくると、スサノヲの王統こそ父系直系系譜であるものの、その妻には逆に、母系出自の者や母系出自である可能性のある者が少なくないことが知られるのである。

外来の父系王統が、土着の母系制部族を征服して父系王権を築くとき、その系譜は、このように、自身は父系直系系譜を貫くが、妻には母系出自の者が現れるという状況になる可能性が高い。スサノヲ系譜には、まさにこうした特徴が現れていると考えられる。スサノヲ系譜が、大陸由来の外来父系王統による侵略王統であったのではないかという推測が、こうして、その系譜自身に有力な根拠の一つを見出すことができる。

なお、このスサノヲ系譜のように、父系出自と母系出自が混在する系譜によって、当時の日本社会が「双系制」であったなどと考えるのは失考である。「双系制」などという系譜制度は、母系制社会のなかに何らかの要因で父系制社会が割り込む過程で一過性に出現する現象にすぎない。家族制度史の上で、「双系制家族」なるものは、そうした過渡的な状況下で出現する一過性の虚像である。ましてや人類家族に「双系制」が一般的であったなどというのは事実に反する。スサノヲ系譜を「双系制」などという言葉の綾で理解しようとすると、事の真相を見誤ることになるので注意が必要である。

系譜が残る時代において、父系を十代、二十代と遡り得る系譜は残存しているが、母系出自の者が少なからず認められるにもかかわらず、母系を同様に十代、二十代と遡り得る系譜などはどこにも存在していない。「双系制」などというものが制度として存在していなかった証拠である。

次節以下で、このスサノヲ系譜が終わる時代以降の、すなわち、三世紀半ば以降の史的真実を探求しよう。拠り所は、やはり我が国の古系譜と、中国史書である。

最後に蛇足ながら、拙著の史的探求の眼目は、古代の英雄の足跡を辿ることではない。逆に英雄たちによって侵略され、支配された部民・百姓・庶民たちの行く末を念頭におきつつ、彼らの運命や宿命の様相に少しでも肉薄したいと考える。なぜなら、我々の血に流れる遺伝子は、英雄たちの遺伝子ではなく――それが混入していたとしても極めて僅少であろう――九分九厘は、かつての部民・百姓・庶民たちの遺伝子であろうからである。我々の祖先たちとは、古代の数々の英雄たちではなく、ほとんどまちがいなく、かつての部民・百姓・庶民たちであったはずである。時にはたまさかに英雄たちの血を取り込んだかも知れないが、そうしてそれがためにその英雄たちの末裔であることを、誇らしげに伝える末裔たちも無くはないが、彼らの祖先といえどもその大多数は、かつての部民・百姓・庶民たちであったことに間違いはない。

われわれの祖先の九分九厘が、大量殺人を命じ、大量殺人を犯した英雄たちではなかったことを、誇りとしよう。

その、祖先たちの、苦難に満ちた、声なき歴史の真実が、英雄物語の背後に息づいている。明瞭な史実として記録には残りがたいこうした真実をこそ、歴史の行間に読みとりながら、史実を探求したいものである。英雄物語で興味を繋ぐごとき、大河ドラマ的な視座は極力忌避したいと祈念するのである。

邪馬臺国連合の時代とは、弥生時代のひとつの完成であった。帥升王国という、男王の時代によく抵抗し、これを退けて営まれた、母系母権的土着部族連合の時代である。

その時代、女王国時代の内実は、一体どのようなものであったか。邪馬臺国連合という社会は、どのような社会であったか。このことについて、文献学は、なおよくこれを論じきれていない。「魏志倭人伝」には、女王国の社会、その風俗・習慣などに関する記述があるにはある。しかし、これだけではなお隔靴掻痒の感を免れない。「魏志倭人伝」の記述は、たとえば日本土着社会に住み込んで研究した民俗学者によって書かれた記述などではない。大陸側の人間が、大陸的観念の裡に没しつつ表面的な観察によって垣間見た表面的な見聞録にすぎない。

女王国時代の内実の研究には、たとえば、比較民族学のような学問の助けが必要であろう。しかし、こうした議論は後考に委ねるとして、我々は、以下の節でなおしばらく、わが古系譜と中国史書との研究を続けよう。

注1　『後漢書』は『史記』『漢書』『三国志』と共に、「前四史」と称されて、中国二十五正史中、傑出した評価を受けている。その成立は『三国志』よりも遅れ、南朝宋の范曄（ハンヨウ）が元嘉九～一六年（四三二～四三九年）年の間に著したものとされる。

注2　衛右渠は、衛満の孫。衛満はもと燕（渤海湾の北西の地）の住人であったが、紀元前二世紀の初め頃、当時の朝鮮（箕氏の子孫の朝鮮候が王を称したので箕氏朝鮮という）の王、箕準のもとに亡命し、その庇護を受けた後、準を追い出して朝鮮王を称し、王険（今

の平壌）に都した。衛氏朝鮮の成立である（紀元前一九五年）。準は船で韓に逃れ、勝手に韓王を称したという。衛満の孫、右渠の滅亡により、衛氏朝鮮は滅んだ。

注3　上古音は西暦二世紀以前に、すなわち周・秦・漢時代に使われたことがほぼわかっている音であり、これに対して、中古音とは、隋・唐の時代に使われたことがわかっている音である。この中間にあたる魏の時代の音韻体系は、よく分かっていない。上古音から中古音への過渡期の音韻である。

注4「魏志倭人伝」の「住（とどまる）こと七・八十年」の「住」を「往」に通じるとみて、「これよりさき」と読み、卑弥呼が魏と盛んに通行していた三世紀半ばを起点として、それより七、八十年前と見る説もあるが、「これよりさき」と読むのは、そもそも「魏志倭人伝」の文脈からして不自然である。補論にも述べた通り、「住」はやはり、通説の如く、「とどまる」と読むのがよい。

注5　頼惟勤氏の説くところによると、「〈魏書・東夷伝・倭人条〉の文章」（松本清張編『邪馬臺国の常識』（毎日新聞社）所収一四一頁）に、母字について、「この字は中国の音韻史ではちょっと珍しい変化をしました。『母』は上古音はモの乙にふさわしい音で、それがずっと中古にまでmŏu（普通これをməuと書いています）として残っている場合があります。一方、中古になるまでに、モの甲にふさわしい音に変化した方言もあり、これが現代に直接つながる系統の音といえます（現代音はmuでmuの前段階としてはmouの時代があったと考えられます）。こういうふうに『母』は時代により、また地方により、モの甲、モの乙の両方になりうる字です。『母』の音をこのように解釈することは、〈倭人条〉の言葉がモの甲乙について混乱しているとか、あるいは本当の日本語でないとかと見るよりは建設的な見解だと思います」とある（同書一四一頁）。

つまり、「母」字は、上古音では乙類であったが、魏の時代には、すでに、甲類として用いられる字でもあった、というわけである。そうして、『古事記』は、敢えて古い時代に立ち返るかの如く、母の字を、乙類の音として用いた、ということになる。

注6　『古事記』が、天皇の母を意図的に虚偽の母としている典型は、第七節に述べる如く、「虚構五代」のうちの、安寧天皇の母、懿徳天皇の母、孝昭天皇の母である。また、虚構五代の初代たる第二代天皇の綏靖天皇の母、虚構五代の次の天皇たる第七代天皇の孝霊天皇の母も、虚偽である。

注7　出雲国風土記で、八束水臣津野命はこのほかには、嶋根郡の条に、嶋根の名付け主として見え、出雲郡杵築郷の条に、「八束水臣津野命の国引き給ひし後、天の下造らしし大神の宮を造り奉らむとして、諸皇神等、宮處に参集ひて、杵築たまひき。かれ、寸付といふ〈神亀三年、字を杵築と改む〉」とあり、最後に、神門郡神門水海の条、この水海と大海の間の山を、国引きの綱だとする話に、意美豆努命（オミヅヌのミコト）として登場する。

注8　「魏志倭人伝」には、景初二年とあるが、景初三年の間違いであろうとするのが定説である。『梁書』倭伝、神功皇后紀摂政三九年条所引『魏志』、『翰苑』倭国条所引『魏志』、いずれも景初三年とする。景初二年六月は、遼東において司馬宣王軍と公孫淵軍が死闘を繰り広げていた時期であり、遣使時期としては不適切である。

注9　榎一雄氏は「魏志倭人伝の里程記事について」（『邪馬台国基本論文集Ⅱ』佐伯有清編〔創元社〕所収）において、「言ふまでもなく、邪馬臺国の方位を決定する鍵は、倭人伝の次の里程記事である」と、「魏志倭人伝」の帯方郡から邪馬臺国に至る順路記事を掲げたあと、次のように記す（傍線は筆者）。

この記事をよく読むと、伊都国の前と後とでは、書き方が少し違っているのである。即ち、伊都国につくまでの行程は、

始度一海、千余里、至対馬国、……

又南度一海、千余里、名曰瀚海、至一大国（一支国）、……

又度一海、千余里、至末盧国、……

東南陸行、五百里、到伊都国、

とあって、前に挙げた地名からの方位・距離を示して、次に到着する地名を掲げている。しかるに、伊都国から後は、

伊都国、……

東南、至奴国、百里、……

東行、至不弥国、百里、……

南、至投馬国、水行二十日、……

南、至邪馬臺国、女王之所都、水行十日、陸行一月、……

とあって、方位を挙げ、地名を掲げ、そして距離を示している。これは必ず、前者が狗邪韓国から対馬・一支・末盧を経過して伊都国に至った道筋を述べているのに対し、後者は、実は伊都国から奴国・(不弥国・)投馬国・邪馬臺国のそれぞれに至る方位と距離とを示したもので、伊都国から奴・投馬を経て邪馬臺国に到着する道筋を言ったものでないに相違ない。

と、有名な、放射状里程説を述べておられる。

傍線部が、重要なところであるが、右の引用文献では何故か、そこに括弧で加えた不弥国が抜けているので、不弥国をあえて、付け足した。

ところで、榎氏のいうごとく、伊都国からはことごとく放射状に里程が述べられているのであれば、伊都国から、東南百里に奴国、伊都国から、東百里に不弥国ということだから、伊都国から見て奴国と不弥国は等距離にある土地であり、両地は、伊都国を中心にした同一円周上に位置する土地のはずである。しかも奴国は東南、不弥国は東に位置する。しかし、榎氏は、「伊都国から東南百里の奴国が博多地方であることは、何人にも異論あるまいが、東百里の不弥国は宣長の創唱したように宇弥(宇美)付近に求めてよかろう」と、自己矛盾を述べておられる。伊都国(怡土郡)から見て、宇美は博多より、さらに東南に位置しており、伊都国から等距離の土地ではありえず、伊都国の東であるという方位がそもそもおかしい。榎氏の所論は、不可解というほか無い。このためか、榎氏は続く論文「邪馬臺国の方位について」(前掲『邪馬台国基本論文集Ⅱ』所収)に、奴国を博多付近、不弥国を宇弥(宇

美）付近という従来の説を繰り返した後、「ただ魏志の本文には、不弥は伊都の東百里、奴は東南百里とあるから、これに従えば寧ろ奴国が宇美に、不弥が博多付近にあった如くになる。或ひは東と東南とは逆になるべきものかも知れない」と、『魏志』のミスであると推定されている。自説に都合の悪い部分を史料のミスとするこのような推定はその根拠を他に求めた後に行うべきである。

また、従来から指摘されている事であるが、榎氏が掲げる倭人伝の文の直前には、

従郡至倭、循海岸水行、歴韓国、
乍南乍東、到其北岸狗邪韓国、七千余里、

とあり、次いで、始度一海、……と続くのである。この文の、「乍南乍東、到其北岸狗邪韓国、七千余里」は、方位、地名、距離の順に記されており、このことは、この書き順に、重大な里程記事上の約束を仮定することの危険を示している。もしこの書き順が、榎氏の言う如く放射状読みを指定するものであれば、ここは、放射状読みを指定する箇所ではないのであるから、必ず、「乍南乍東、七千余里、到其北岸狗邪韓国」と、方位、距離、地名の順に書くべきである。

榎氏はまた、放射状読みの利点として、倭人伝に、「（帯方）郡より女王国に至る、万二千余里」とある数字がよく了解されることになる、と言って、次のような計算をされる（前掲「邪馬臺国の方位について」）。なお、榎氏は邪馬臺国への最後の里程「水行十日陸行一月」を、水行なら十日かかり、陸行なら一月かかるという意味であると解釈されている。すると榎氏の言う邪馬臺国は、船旅だけでも着ける土地であり、陸路だけでも行ける土地である、ということになるが、邪馬臺国の候補地を、どんな港町にしようとするのか、これも、不可解であるが、これを、とりあえず認めるとして、以下の計算を見る）。

帯方郡から狗邪韓国　　七千余里
狗邪韓国から対馬　　千余里
対馬から一支　　千余里
一支から末盧　　千余里
末盧から伊都　　五百里　　ここまで、

計一万五百余里

伊都国から奴國　　　　　　百里

伊都国から邪馬臺国　　　　陸行一月（水行十日）

最後の「陸行一月」につき、唐六典巻三戸部の条に、「凡陸上之行程、驢及歩行一日五十里」とあるのを参考にすると、一月の行程は千五百里ということになるから、帯方郡から邪馬臺国までは、一万五百余里足す千五百里イコール一万二千余里となって、倭人伝の本文に言うところとよく一致する、と榎氏は計算されるのである。

しかし、七千余里とは、七千数百里、つまり七千一百里から七千九百里までの数を千里単位で概数として示すものである。千余里もまた、千数百里という千里単位の概数である。それぞれの「余里」を五、六百里とは言わないまでも、例えば全て四百里ほどとすると、帯方郡から奴国までで、計、一万二千二百里になる。要するに、余里の意味を正当に理解すれば、女王国の「極南界」である奴国までで、すでに万二千余里にほぼ達するわけである。これすなわち、「郡より女王国に至る」までの距離というのが、郡から、女王国の版図の中で郡に最も近い土地、奴国までの距離に過ぎなかったということになり、そう考えれば自然に了解できる数字となる。矛盾の多い放射状読みをする必要は無い、ということである。

榎氏は同じ論文のなかで、次のように持論の困難な点を指摘しておられる。

「ただ、以上の如く推定して、やや困難と感ぜられるのは、倭人伝の本文には投馬国を女王国（即ち邪馬臺国）以北にある女王の領域の一つである如く記しているのに、私の解釈では投馬国は女王国より遙か南方の、狗奴国を隔てて女王の統御の届かない筈の、南九州の一地になってしまうことである」と言い、「私はこれは魏使の問に答へた倭人が、伊都国より達せられる（又は伊都国と交渉のあった）最も南方の国として投馬国を挙げたのを、魏使が十分理解せず、女王の領属で、邪馬臺国より以北にある如く考へてしまった結果であらうと解釈する」と言い、魏使の誤解であったとして、無理矢理に困難を回避しようとされておられる。

　榎氏が「投馬国を女王国（即ち邪馬臺国）以北にある女王の領域の一つである如く記しているのに」というのは、倭人伝が投馬国や邪馬臺国までの里程を記したあとに、「女王国より以北、其の戸数・道里は略載す可くも、其の余の旁国は遠絶にして得て詳かにす可からず」とあるのを指したものであろう。しかし、倭人伝のこの文において、方位は、時計回りに九十度誤って記述されているのであって、以北は以西と読みかえられなければならない。のみならず、「女王国」は「即ち邪馬臺国」ではない。「女王国」とは、女王を戴く邪馬臺国連邦を意味する言葉であり、対して「邪馬臺国」は、その連邦内の、女王が都する国である。「魏志倭人伝」が「女王国」と「邪馬臺国」を峻別して用いていることを見逃してはならない。すると、右の文は要するに、女王国＝邪馬臺国連邦より西、つまり、邪馬臺国連邦の西端（あるいは南端）に位置する奴国より西の諸国、具体的には伊都国・末盧国・一支国・対馬国など主として北九州諸国については、戸数や里程は略載できるが、その他の旁国については未詳である、ということを言っているのにすぎない。実際には、女王国内＝邪馬臺国連邦内の奴国・不弥国・投馬国などに関しても、其の戸数・道里は略載されているのであるが、右の文は、「次に斯馬国有り」に始まる二十一カ国列挙の段の直前に置かれた文であって、邪馬臺国連邦内のこれら多くの国々について、国名を列挙する以外に詳細は不明であることの釈明文にすぎない。

　ともあれ、投馬国に関する榎氏の困難は、放射状読みにしたために生じた困難である。通常の直線読みを採り、方位の誤りを正せば、『魏志』は投馬国＝但馬国の東に邪馬臺国＝大和国があるという地理を述べており、ここに特段の困難は生じない。

　以上、榎説には、数々の矛盾や不合理があって、そのまま信じることは難しい。

注10　「魏志倭人伝」には、別に「女王国の東、海を渡る千余里、復（ま）た国有り、皆倭種なり。又侏儒（しゅじゅ）《こびと》国有り、其の南に在り。人の長

（たけ）三・四尺、女王を去る四千余里。又裸国・黒歯国有り、復た其の東南に在り。船行一年にして至る可し」という記事がある。『後漢書』は、『魏志』よりあとに、『魏志』（むしろ、その祖史料）を参照しつつ編纂されたものである。『後漢書』は、『魏志』のこの文の初めの国を狗奴国だと誤解しているのである。『魏志』いうところの、「女王国の東、海を渡る千余里」の国とは、東を例によって北に読みかえれば、本州の北にある佐度嶋か北海道を示唆する文であったと思われる。なお、「魏志倭人伝」の「其の南に狗奴国有り云々」の「其の」を、「女王国の」と誤解する記事としては、他にも、『魏略』逸文に「女王の南に又、狗奴国有り。男子を以て王と為す。其の官、拘右智卑狗（クコチヒク）と曰う。女王に属せず。」とある。『魏志』が依拠した祖史料を誤解することは、『魏略』のような『魏志』と同時代の文献から既に始まっていたと考えられる（補論に述べる通り、『魏志』と『魏略』とは兄弟関係の史書であって、『魏志』は決して『魏略』を祖本とする史書ではない）。

注11　奈良県南葛城郡葛城村の鴨神。『古事記』に「今、迦毛大御神という」とある。延喜式に大和国葛上郡高鴨阿治須岐託彦根命神社とみえる神社である。出雲国風土記仁多郡三澤郷条に、阿遅須枳高日子命は、鬚がのびて壮年に至るまで、夜昼哭（な）いて、言葉をしゃべることが出来なかったが、親の大穴持命の問いに答えて、言葉をしゃべったという伝承が採られている。この伝承がもし史実を含むものであったとしたならば、邪馬臺国連合衰亡期に狗奴国が主導権をとれなかった理由のひとつが、オホクニヌシ継承者の、このような身体条件にあったのかも知れない。

中国正史一覧表

書名	撰者（生没年）	王朝
漢書	班固（三二〜九二）	後漢
後漢書	范曄（三九八〜四四五）	南朝宋
三国志	陳壽（二三三〜二九七）	晋
晋書	房玄齢（？　〜六四八）	唐
宋書	沈約（？　〜五一三）	梁
南齊書	蕭子顯（？　〜五三七）	梁
梁書	姚思廉（？　〜六三七）	唐
南史	李延壽（？　）	唐
北史	李延壽（？　）	唐
隋書	魏徴（？　〜六四三）	唐
舊唐書	劉昫（？　〜九四六）	五代晋
新唐書	宋祁（？　〜一〇六一）	宋
宋史	脱々（？　〜一三五五）	元

補論 魏志倭人伝ノート

魏志倭人伝とは、正確には『三国志』の『魏書』(『魏志』と通称する)の中の、烏丸(ウガン)鮮卑(センピ)東夷伝の倭人の条であるが、慣例に従って、魏志倭人伝と呼ぶ。

中国では後漢(西暦二五~二二〇年)の滅亡後、献帝から禅譲を受ける形で曹丕が魏(二二〇~二六五年)を建国、その西南には劉備が蜀(二二一~二六三年)を、東南には孫権が呉(二二二~二八〇年)を建てて、魏・呉・蜀三国の鼎立時代となる。この三国時代は、二六三年に魏が蜀を滅ぼした後、司馬炎(武帝)が二六五年に魏を滅ぼして晋(西晋。二六五~三一六年)を建て、二八〇年には呉を滅ぼして中国を統一するまでの半世紀に満たぬ短期間である。

『三国志』はこの三国時代の歴史書であり、『魏書』・『呉書』・『蜀書』から成る。『魏書』には帝紀と列伝があり、列伝の最後に烏丸・鮮卑に続いて東夷の項目が立てられ、中国の東方の種族である夫余・高句麗・東沃沮(トウヨクソ)・挹婁(ユウロ)・濊(ワイ)・韓・倭人のことが書かれている。これを東夷伝と呼ぶ。

倭人とは日本人の古い時代の呼称である。後漢の班固(三二~九二年)の『漢書』地理誌に「楽浪の海中に、倭人有り、分かれて百餘國と為す。歳時を以って來たり獻見すと云う」とあるのが、「倭人」が出て来る最古の確実な文献とされる。他方、「倭」が記される最古の記事は先秦の時代に作られたとされる『山海経(センガイキョウ)』の「海内東経(カイダイトウキョウ)」とされ、そこに「蓋國(ガイコク)は鉅燕(キョエン)の南、倭の北に在り。倭は燕に属す」とある(蓋國は濊のことかとされる。鉅燕の鉅は大きい意であり、鉅燕とは大燕のこと。倭が燕に属すとは、天文家が中国全土を二十八宿に割り当てて区分した分野説に基づく所属を意味しており、倭が燕国の統治下にある意味ではない)。

『三国志』の撰者は晋の歴史家、陳寿(二三三~二九七年)で、陳寿五十三歳の西晋太康六年(二八五年)ころに完成したと推定されている。

『三国志』は陳寿撰の原型では現存せず、五世紀南朝宋（四二〇～四七九年）の裴松之（ハイショウシ。三七二～四五一年）注の形でのみ現存している。

裴松之は魏志の烏丸・鮮卑伝には王沈（？～二六六年）の『魏書』を引用しているが、東夷伝には、『魏書』を引用していない。また、魏志東夷伝の序文の結びは「前史の未だ備わざる所を接（つ）がん」と結ばれている。つまりこの序の結文は、前史に備わっていなかった東夷を対象として東夷伝を記した、と読める。これらによって、魏志以前に成立した王沈『魏書』には、東夷伝は備わっていなかったのであろうと推測されている。但し、佐伯有清氏は、王沈『魏書』に書かれていることが魏志東夷伝には記されていたために、裴松之はこれを引用しなかったに過ぎないのであり、王沈『魏書』にも東夷伝はあったはずであるとする（佐伯有清著『魏志倭人伝を読む』上巻〔吉川弘文館〕所収、「よく読まれている中国古代の史書」一～二三頁）。

東夷伝の裴松之の注には魚豢（ギョカン）の『魏略』のみが引用されている。魚豢の経歴は必ずしも明らかではないが、魏の郎中（尚書省の役人）であったという。その『魏略』の成立年代に関しても、はっきりしたことは分かっておらず、晋の咸熙（カンキ）二年（二六五年）、もしくは泰始六年（二七〇年）とするなどの推測説がある。

かつては魏志東夷伝の大部分がこの『魏略』に依拠したものであろうと考えられたが、現在では両者は共通の史料に依って編纂された兄弟関係にある史書であろうと目されている。共通の史料として考えられるのは、中国の大鴻臚（ダイコウロ。直轄地以外の諸侯や異民族のことを司った官庁）に整理されていたであろう東夷に関わる記録・史料であろうとされる（角林文雄「倭人伝考証」、『続日本紀研究』第一六六・一六七号所収。また佐伯有清編『邪馬台国基本論文集Ⅲ』〔創元社〕にも所収）。

なお、佐伯氏は、王沈も同じように大鴻臚の記録類を容易に見ることができたはずであるので、王沈の『魏書』も東夷伝を備えていたに違いないと考える。佐伯氏は魏志東夷伝序の結文「前史の未だ備わざる所を接（つ）がん」についても「前史の未だ備わざる所を接（あつ）めん」と読み、これまでの史書に欠けているところを集めて編集しようとの一般的な意に過ぎないのであって、東夷伝を補うという意味ではないとする。

ともあれ、魏が遼東の公孫氏を滅ぼして楽浪郡・帯方郡を接収して以来、魏やその後を継いだ晋にとって、東夷に関する情報は、軍防上から必須の情報であったはずで、これが魏の大鴻臚に重要記録として整理されていたであろうことは疑いがない。魏志倭人伝は、当時の限られた知見と、何よりも中国人的な視座によるという限界を抱えつつも、三世紀半ばの我が国の状況をほぼ同時代であった人が記述したものとして極めて貴重である。

魏の時代以前の倭国、つまり後漢時代の倭国については南朝宋の史家、范曄（ハンヨウ。三九八～四四五年）の『後漢書』に記されている。つまり周知の通り范曄の『後漢書』は『三国志』より後に成立した史書である。この史書は、陳寿の『三国志』のみならず、王沈『魏書』を参考にしたと推測できる晋の司馬彪（シバヒョウ）の『続漢書』、更にはまた、呉の謝承の『後漢書』、呉の薛瑩（セツエイ）の『後漢書』、晋の華嶠（カキョウ）の『後漢書』、晋の謝沈の『後漢書』、晋の袁山松（エンサンショウ）の『後漢書』、撰者不明の『後漢書』、東晋の袁宏（エンコウ）の『後漢紀』など、当時参照できる限りの史料を参考にして編纂されたものである（佐伯氏著前掲書一九頁）。

魏志倭人伝を記すに際して陳寿（あるいはむしろ、上述の、魏の対外政策官庁、大鴻臚）が参照したと思われる東夷の地図は、中国全土の四半分にも及ぶ巨大な朝鮮半島と、その南に海を隔てて南に長く伸びる異様な日本列島の描かれた地図であったと思われる。

明の建文四年（一四〇二年）朝鮮で作られた「混一疆理歴代国都之図」に同様の図があって、古くから中国にあった地理観を語るものと考えられている。室賀信夫氏によれば、この図は遠く魏の地理学者斐秀（二二四～二七一年）の作図に淵源を尋ねることができるという（室賀信夫「魏志倭人伝に描かれた日本の地理像――地図学的考察」、『神道学』一〇所収、また前掲『邪馬台国基本論文集Ⅱ』にも所収。また田辺昭三著『増補　謎の女王　卑弥呼　邪馬台国とその時代』〔徳間書店〕一三九〜一四三頁も参照)。この「混一疆理歴代国都之図」は、弘中芳男著『古地図と邪馬台国――地理像論を考える――』（大和書房）の付録に写真版がある。

この図の淵源と思われる魏の時代の東夷地図では、日本列島は、本来は西から東・東北へと伸びるべき列島であるのに、時計回りに九十度ほど回転させて北から南へ伸びる地形に変形されており、その南端は台湾の東あたりにまで達する異様な姿の嶋として描かれていたと考えられる。

然るに、倭の五王の時代に入って、東晋と宋に、仁徳・履中・反正・允恭天皇等が相次いで入貢するに及び、倭国の地理風俗が問究され、この誤った地理観は東晋・宋の官衙において修正されたものと思われる。范曄『後漢書』が魏志倭人伝の方位を修正しつつ記述しているのはこのためであろう。

以下、魏志倭人伝につき、思いつくところを逐条的に論じよう。各条ごとに原文と読み下し文の順に掲げ、そのあとに筆者のコメントを付す。読み下し文は、主として前掲、佐伯有清氏著『魏志倭人伝を読む』に依り、仮名遣いも、これに合わせて現代仮名遣いとする。《　》内は筆者注。傍線も筆者による。

Ⅰ　帯方から倭への道程

●帯方東南大海の中の倭人

①倭人在帯方東南大海之中　依山島爲國邑　舊百餘國　漢時有朝見者　今使譯所通三十國

倭人は、帯方の東南大海の中に在り、山島に依りて國邑を爲す。舊（もと）百餘國。漢の時、朝見する者有り。今、使譯通ずる所、三十國。

使譯は使驛に同じ（佐伯前掲書上巻）。「使譯通ずる所、三十國」とは、倭人の国々のうち、丁度三十カ国が使者を通じ合う国として魏に登録されているとの謂である。三十カ国の国名は、下（⑤'・⑤''）に述べる。

●帯方郡から倭へ

②從郡至倭　循海岸水行　歷韓國　乍南乍東　到其北

岸狗邪韓國　七千餘里
始度一海千餘里　至對馬國　其大官曰卑狗　副曰卑奴母離　所居絶島　方可四百餘里　土地山險　多深林　道路如禽鹿徑　有千餘戸　無良田　食海物自活　乘船南北市糴
又南渡一海千餘里　名曰瀚海　至一大國　官亦曰卑狗　副曰卑奴母離　方可三百里　多竹木叢林　有三千許家　差有田地　耕田猶不足食　亦南北市糴

郡従（よ）り倭に至るには、海岸に循（したが）って水行し、韓國を歴（へ）て、乍（たちまち）南し乍ち東し、其の北岸狗邪韓國に到る七千餘里。

始めて一海を度ること千餘里にして對馬國に至る。其の大官を卑狗（ひく）と曰い、副を卑奴母離（ひなもり。夷守）と曰う。居（お）る所は絶島、方（ほう）四百餘里可（ばか）り。土地は山險（けわ）しく深林多く、道路は禽鹿（きんろく）の徑（こみち）の如し。千餘戸有るも、良田無く、海物を食して自活し、船に乗りて南北に市糴（してき）《糴は米を物色して買い求める意》す。

又南に一海を渡ること千餘里　名づけて瀚海（かんかい）《対馬海峡に当たる》と曰う。一大國《一支国》（いきこく）。に至る。官を亦（また）卑狗と曰い、副を卑奴母離と曰う。方三百里可（ばか）り。竹木・叢林多く、三千許（ばか）りの家有り。差（やや）田地有り。田を耕すに猶（なお）食するに足らず、亦南北に市糴（してき）す。


公孫淵の祖父、公孫度は一八九年ごろ遼東太守となり、一九〇年自立して遼東侯を称し、二〇四年、子の康が位を相続、康は二〇七年、魏の太祖（曹操）から襄平侯にとりたてられて左将軍に任命されたが、『魏志』韓伝によれば、建安（一九六～二二〇年）中、康は楽浪郡の南に帯方郡を作って旧郡県民を連れ戻し、韓・濊を討ち、この後、倭と韓は帯方郡に属したという。その後、康死に弟の恭が遼東太守となるも、二二八年、康の子、淵は恭から位を奪い、淵は魏の明帝より遼東太守の位を受け、次いで二三三年には呉の使者の首を魏に送った功によって大司馬楽浪公を授けられる。しかし二三七年、淵は魏による高句麗討伐への協力を拒み、自立し燕王を自称するなどして専制の咎を負い、子とともに二三八年、魏軍によって殺され、ここに遼東郡・玄菟郡・楽浪郡・帯方郡はことごとく魏の支配下に入る。魏志倭人伝は、多くこの時代以降の倭に関する知見に基づいて記述されている。

☆狗邪韓国は倭に属す

帯方郡から邪馬臺国に至る行程が記述される冒頭に、「従郡至倭　循海岸水行　歴韓國　乍南乍東　到其北岸狗邪韓國　七千餘里」とある。この「其北岸狗邪韓國」の狗邪（クヤ）は加羅（カラ）に通じ、狗邪韓国は朝鮮半島の南岸に位置する国であって、いわゆる金官加羅に当り、後に任那と称される地の中心に相当するが、ここで「其北岸」という言い方がしばしば問題となる。「其北岸」の「其」は「郡」や「韓國」では有り得ず、「倭」でなければならないが、すると、狗邪韓国が「倭の北岸」であるとは、狗邪韓国が倭地の中の北の岸である意味となり、以て狗邪韓国は倭の一国であると見做された。ところが、これに対して、「其北岸」とは、海から見ての北岸であり、狗邪韓国の帰属を決める文言とは成り難いとの見解もあり、日野開三郎氏も、航海者の視点からする「其北岸」であって、この文言によって狗邪韓国を倭国の一国であるとは見做し得ないことを強調された（「北岸——三国志・東夷伝用語解の一」、『東洋史学』五所収。また前掲『邪馬臺国基本論文集Ⅱ』にも所収）。「其北岸」論はここに至って、水掛け論となって終始する。

然るに、狗邪韓国は疑いなく倭に属する。何故なら、「歴韓國……到其北岸狗邪韓國」とある。狗邪韓国が倭に属さないのであれば韓国の一国であるはずであるが、そうとすれば、「韓國を歴（へ）て、狗邪韓國に到る」とは、例えば、日本を経て北海道に到るという如き文言となって奇妙である。従って狗邪韓国は韓国に属する国ではなく、倭に属する国と見做されていたことは疑いない。

『魏志』韓伝の冒頭に「韓在帯方之南、東西以海為限、

南與倭接、方可四千里（韓は帯方の南に在り、東西は海を以て限りと為し、南は倭と接す。方四千里可り）」とある。もし倭が韓に対して全く海の外の国であれば、「東西以海為限、南與倭接」ではなく「東西及南以海為限」だけで済んだはずである。韓の南には倭地が陸続きに接していたため前者のように記したのであり、狗邪韓国が倭地であった証拠である。

「歴韓國　乍南乍東　到其北岸狗邪韓國　七千餘里」の部分、『魏略』逸文にも「歴韓國、到拘邪韓國七千里」とあるので、陳寿や魚豢の認識というより、そもそも魏の大鴻臚の認識が、従って魏政庁の認識が、狗邪韓国＝拘邪韓国を倭の一国であるとする認識を持っていたと考えなければならない。

ともあれ、そうであれば①の「今使譯所通三十國」の「三十國」には、この狗邪韓国がそのうちの一国として登録されていたことになる。

☆韓地、「方四千里」の異常

なお、右に引用した韓伝を見るとき、陳寿においても（というより魏の大鴻臚の記録において）韓の地は、「方四千里」ばかりという巨大な土地として認識されていたらしいことにも注意しなければならない。『後漢書』の郡國志五の玄菟郡条には「武帝置。雒陽東北四千里」とあるので、范曄が調査した後漢時代と陳寿が調査した魏時代の里呈・地理観に著変がなかったとすれば、韓は、雒陽＝洛陽から朝鮮半島の北方に置かれた玄菟郡までの距離とほぼ同程度の長さの一辺を持つ広大な大地と見做されていたらしい。

☆行程における方角・距離・目的地の記載順

次に、行程の記述においては、方角・距離・目的地の記載順がしばしば問題とされる。そこでまず最初の確認をしておくと、郡＝帯方郡から出発して、

ⅰ方角（乍南乍東）、目的地（狗邪韓國）、距離（七千餘里）
ⅱ方角無し　距離（千餘里）　目的地（対馬國）
ⅲ方角（南）、距離（千餘里）、目的地（一大國＝壱岐島）

という順に記載されている（この点は『翰苑』所引の『魏略』もほぼ同じであるが、ⅰの方角、ⅲの距離

を欠く）。

Ⅱ邪馬臺国への道

●末盧国から邪馬臺国へ

③又渡一海千餘里　至末盧國　有四千餘戸　濱山海居　草木茂盛　行不見前人　好捕魚鰒　水無深淺　皆沈没取之

東南陸行五百里　到伊都國　官曰爾支　副曰泄謨觚　柄渠觚　有千餘戸　世有王　皆統屬女王國　郡使往來常所駐

又一海を渡ること千餘里にして末盧國（まつらこく）に至る。四千餘戸有り。山海に濱（そ）って居（す）む。草木茂り盛えて、行くに前人を見ず。魚鰒（ぎょふく）を捕うることを好み、水は深淺と無く、皆、沈没して之を取る。東南に陸行すること五百里、伊都國（いとこく）に到る。官を爾支（にき）と曰い、副を泄謨觚（せもこ・えいもこ）・柄渠觚（へぎょこ）と曰う。千餘戸有り。世（よよ）に王有り。皆女王國に統屬す。郡使の往來、常に駐（とど）まる所なり。

②に続いて末盧国、次に伊都国が記載される。この記載型は、

ⅳ方角無し　　距離（千餘里）　目的地（末盧国）

ⅴ方角（東南）、距離（五百里）　目的地（伊都国）

という順である。この点は、『翰苑』所引の『魏略』も全く同じである。特に『魏略』も、伊都国を末盧国＝末盧国から東南五百里としていることに注意。

末盧国は後の肥前国松浦郡の地で、中心地は今の佐賀県唐津市付近と考えられる。竹内理三他編『日本歴史地図　原始・古代編上』（柏書房）の地図「弥生時代各期主要遺跡の分布――九州地方――」（一四二、一四三頁）によって見ると、この近辺の弥生Ⅳ・Ⅴ期（弥生後期・西暦二～三世紀）の遺跡として、桜馬場（サクラのババ）の墓地遺跡、菜畑（ナバタケ）の集落遺跡、千々賀（チチカ）の墓地・その他の遺跡を挙げることができる。

次の伊都国は筑前国怡土（イト）郡の地。同じ図でこの近辺の同時期の遺跡を拾うと上鑵子（ジョウカン

ス）の集落遺跡、飯氏馬場（イイジババ）の墓地遺跡、井原鑓溝（イハラヤリミゾ）の墓地遺跡、宮の前の集落・墓地遺跡、湯納（ユノウ）の集落遺跡、野方中原（ノカタナカバル）の集落・墓地遺跡などがある。

☆末盧国上陸後の方位の異常――正しい方位から時計回りに九十度ほど偏位する

先ず問題は、魏志倭人伝も『魏略』も、この伊都国を末盧国の「東南」にあるとするところである。しかしこれら弥生集落・墓地遺跡群の位置によって見る限り、伊都国は末盧国の東北から東北東の方角にあって、これを「東南」の方角とするのは、実際より九十度近く時計回りに誤った方角になっている。つまり、魏志倭人伝は、末盧国に上陸した途端、方角を時計回りに九十度近く誤るのである。魏志倭人伝は次の奴国も伊都国の「東南」にありとするが、ここでも類似の誤りを犯している。この点は次項に述べる。

☆狗邪韓国・対馬国・一支国・末盧国・伊都国の王は、皆女王に属す

伊都国について次に問題となるのは、「世有王　皆統屬女王國」とある「皆」の用法である。これであると、伊都国の世々の王が皆、女王国に属すという意味になるが、いつからの世の王であるのかが不明瞭である上に、伊都国にだけ王があって、伊都国の王のみが女王国に属す如くに読み取れて落ち着かない。然るにこの部分、『翰苑』引く『魏略』逸文には、「東南（陸行）五百里　到伊都國　戸万餘、置曰爾支　副曰泄溪觚　柄渠觚　其國主　皆屬女王也」となっている。これであると、伊都国までに掲げた国々の国主が皆女王に属すことを述べる文として読める。恐らく、こちらが本来の文意であり、魏の大鴻臚側が理解するところであったと思われる。この点については夙に坂本太郎博士が「魏志倭人伝雑考」（古代史談話会編『邪馬臺国』所収、また前掲『邪馬台国基本論文集Ⅱ』にも所収）に次のように述べておられる。

倭人伝の中で、王の存在を明記せられたのは、伊都・邪馬臺・狗奴の三国であり、官名の挙げられているのは、対馬・一支・伊都・奴・不弥・投馬・邪馬臺・狗奴の八国である。そこで官はあっても王のいなかった国が五国もあることになり、この事実はそれらの官が邪馬臺から任命派遣せられたものであろうという推測を支持するようである。しかし仔細に考えると、この事実は修正する必要がある。

　というのは卒然として見ると、魏志の書法は伊都にのみ王がいたことを示すようであるが、「世有レ王　皆統二屬女王國一」という皆字が伊都国一国についての記事としては少しく妥当でない《文脈上、大いに妥当でない。いつからの世々の王が女王に属するというのであろうか》。これを翰苑の引く魏略の文に「其國主　皆屬二女王一也」とあることから考えると、魏志の文は魏略によって文をなした魏志編者の筆の誤で《この部分は、「魏志・魏略がともに依拠したであろう史料――恐らく大鴻臚側の史料――によって文をなした魏志編者の筆の誤りで」と修正するべきであろう》、正しい意味は伊都より前に書かれている対馬・一支・末盧の国々にもみな王があって《この部分、狗邪韓国も含めて、「狗邪韓国・対馬・一支・末盧の国々にもみな王があって」とするべきである》、女王国に統属しているということであるらしい。これはすでに諸先学の一致して説かれる所である。

とある。

坂本博士は更に続けて「必ずしも魏志に明記されていなくても、対馬・一支・末盧に国王は存在したとすれば奴・不弥・投馬等にも存在したかもしれないのである」と述べられるが、これは勇み足である。奴・不弥・投馬は女王を共立した諸国で、国独自の王は持たず、女王を共通の王とする「連邦」諸国であったと思われる。

☆邪馬台国連邦＝女王国と、邪馬台国連合

つまり、狗邪韓国・対馬・一支・末盧・伊都の五カ国はそれぞれ王を有するも女王に統属していて、言うなれば「邪馬臺国連合」を形成しており、これら五カ国を除く、奴・不弥・投馬・邪馬臺を含む二十四カ国（二十四カ国は奴・不弥・投馬・邪馬臺国の四カ国に、下の⑤'に列挙される二十一カ国を加え、重複する奴國を除いた数である）は女王を共立する諸国であって、これら二十四カ国の総称が「女王国」であり、今日風に言えば「邪馬臺国連邦」である。つまり「邪馬臺国連邦」＝「女王国」の所属諸国は各自の王を戴かず、女王を共通の王として戴く連邦国を為していたと考えられる。

伊都国条に「皆女王國に統屬す」とあるところの「女王國」が魏志初出の「女王国」である。上述の通り「皆」とは、狗邪韓国・対馬・一支・末盧・伊都の五カ国を指す。この五カ国の王が皆「女王国」＝「邪馬臺国連邦」に統属するというので、邪馬臺国連邦二十四カ国にこの五カ国を加えた二十九カ国が、今日風に言うところの「邪馬臺国連合」を構成する諸国である。

☆「使譯通ずる所」の「三十國」とは、邪馬台国連合二十九カ国プラス狗奴国

他方、下の⑤"に出る狗奴国のみは「女王」に属さず、㉖に見る通り、その男王は素（もと）より女王卑弥呼と不和であった国である。故に当然、狗奴国は邪馬臺国連合には属さぬ国である。邪馬臺国連合の二十九カ国と狗奴国一国を併せると丁度三十カ国になる。これが、先の「使譯通ずる所」の「三十國」である。

なお、先に引いた『翰苑』所引『魏略』逸文によれば、伊都国は「戸万餘」とあって、魏志の「有千餘戸」と異なる。伊都国が「郡使の常に駐（とど）まる所」であったとすれば、それなりの規模を有する国であったと思われるので、『魏略』のいう「戸万餘」が本来の戸数であったろうと推測されている。

☆伊都国から奴国への方位の誤り

③'東南至奴國百里　官曰兕馬觚　副曰卑奴母離　有二萬餘戸

東南、奴國に至る、百里。官を兕馬觚（じまこ）と曰い、副を卑奴母離（ひなもり）と曰う。二萬餘戸有り。

奴国は今の福岡市博多を中心とする一帯。前引の遺跡地図によれば、弥生第Ⅳ・Ⅴ期の遺跡として西新町（ニシジンマチ）の集落墓地遺跡、神松寺（シンショウジ）の集落遺跡、小笹（オザサ）の墓地遺跡、須玖の墓地遺跡、宝満尾（ホウマンオ）の墓地遺跡などがある。これらは伊都国の遺跡群から東もしくは東北東に位置しており、魏志が「東南」とする方位はやはり本来の方角から時計廻りに四十五度から六十度近く誤っている。

末盧から伊都、伊都から奴への方位が本来の方位からこのように時計回りに四十五度から九十度も誤っているのは、陳寿や魚豢が依拠したであろう東夷の地図、魏の大鴻臚が依拠したであろう東夷の地図（むしろ、きであろう）が誤っていた故であろうと考えられるのであり、魏志倭人伝の方角を正しく読み取ろうとする場合には、南は東、東は北、北は西などと読み替えることになる。

魏志倭人伝を読む際に、この方位の誤りを認識することは基本的に重要である。この誤りに無頓着な議論をすると、邪馬臺国は九州にあるかの如き、考古学的に不適合な誤った結論に導かれることになる。

その好例が井上光貞氏の「邪馬台国の政治構造――牧健二博士に捧ぐ――」（『シンポジウム邪馬台国』所収、また前掲『邪馬台国基本論文集Ⅲ』にも所収）である。井上氏はその中で、

倭人伝によれば、中国の魏の倭人支配の根拠地であった帯方郡の使者は、いまのソウルのあたりから出発して朝鮮半島を西岸に沿って南下し、釜山に近い狗邪韓国から海を渡り、対馬・壱岐を経て、肥前の松浦半島に上陸した。倭人伝はその過程と、つづいて北九州沿岸諸国を通ってやがて邪馬台国に到達するまでの経路を記述しているのであるが、これら沿岸諸国の地理的記載は少なくとも方角においてほぼ正確である。

と述べたあと、

たとえば松浦半島の末盧国から東南の方向に五百里で伊都国に達するというが、考古学者が二世紀代のころとみなしている弥生時代の顕著な遺跡には松浦半島では唐津市付近の桜馬場、伊都国に擬定される糸島半島付近では三雲及び井原の両遺跡があって、後者は前者からみてほぼ

東又は東南に位置している。

と述べておられる。しかし、これは嘘である。桜馬場遺跡から見て三雲・井原両遺跡は東北東に位置しており、「ほぼ東又は東南」ではない。井上氏は邪馬臺国九州説論を代表する学者であり、邪馬臺国九州説にとって鬼門である方位論を、こうした虚偽（あるいは単純な勘違いか）によって切り抜けようとされたようである。

白鳥庫吉博士は明治から大正にかけて邪馬臺国九州説を唱えた代表的な学者であるが、その有名な論考「倭女王卑弥呼考」（『東亜之光』第五巻第六・七号所収、また佐伯有清編『邪馬臺国基本論文集Ⅰ』（創元社）にも所収）において、末盧国上陸後の方位が誤っていることに関して、さすがに正しく指摘されている。曰く、

……伊都国は今の筑前ノ国の怡土郡のことなれば、松浦郡の値嘉島より上れば、実は東北に当れど、魏の使者は少しく其方向を誤りて東南とせり。又伊都国より東南に向ひ陸行すること百里にして奴国に至る。奴国は……今の筑前ノ国那珂郡博多の近傍なりしこと、先輩已に之を説けり。されば其方向実は東北に当れるを、魏の使者之を東南と誤れり。

このあと、不弥国を大宰府付近と考定して（但し、この考定が誤りであることは次の③以下に述べる）、

大宰府は博多の東南に位するを、魏の使者が之を東方と報告せしはまた例の誤りなり。

と、次々と方位の誤りを指摘している。ところが、博士はこの方位の誤りを軽視して、次のように論じる。

此の如く末盧国より不弥国に至る『魏志』の方向には誤謬あれども、東北を東南とし、東南を東方と誤解するが如きは《但し、下に述べる通り、博士の不弥国の比定は誤っているので、『魏志』が東南を東と誤解しているわけではない》、古代の旅客にありては往々見る所なり。若し之を以て『魏志』記す所の方向は毫も憑拠するに足らずと思惟する者あらば、其は大なる謬見なり。此書帯方郡より狗邪韓国に至る方向

を「乍南乍東」と記し、又狗邪韓国より末盧国に至る航路の方向を常に南と書するが如きは、其方向の正確なるを証するものにあらずして何ぞや。末盧国より不弥国に至る方向に於て些少の誤解あるにもせよ、その大体の方向が東方にありしことを誤らざるなり。『魏志』記す所の方位は卑弥呼問題の解決に最大関係を有するものなるが故に、特に一言を添ふるのみ。

つまり、帯方郡から末盧国に上陸するまでは正しい方位であるから、末盧国上陸後の方位の誤解は重視することではないと断じて、以下、不弥国からの方位（邪馬臺国へは南に向かう方位となる）を正しいものとして論を運び、邪馬臺国を肥後国内にあると推定するのである。かくて末盧国上陸後の『魏志』の方位の誤りを軽視する論調は、白鳥博士以後の邪馬臺国九州説論者が常備する謬見となるのである。

さて、この奴国に続いて、以下、不弥国・投馬国・邪馬壹国への方位・距離が示される。

③”東行至不彌國百里　官曰多模　副曰卑奴母離　有千餘家

東行、不彌國（ふみこく）に至る。百里。官を多模（たも）と曰い、副を卑奴母離と曰う。千餘家有り。

④南至投馬國　水行二十日　官曰彌彌　副曰彌彌那利可五萬餘戸

南至邪馬壹國　女王之所都　水行十日　陸行一月　官有伊支馬　次曰彌馬升　次曰彌馬獲支　次曰奴佳鞮　可七萬餘戸

南、投馬國に至る、水行二十日。官を彌彌（みみ）と曰い、副を彌彌那利（みみなり）と曰う。五萬餘戸可（ばか）り。

南邪馬壹國に至る。女王の都する所、水行十日・陸行一月。官に伊支馬（いきま）有り、次を彌馬升（みまさ）と曰い、次を彌馬獲支（みまかき）と曰い　次を奴佳鞮（なかで）と曰う。七萬餘戸可り。

☆ **「放射状」読みとその矛盾**

③〜④の記述につき、伊都国から奴国・不弥国・投

馬国・邪馬壹国へと直線的に次々に辿る形で邪馬臺国までの方位・距離が記されていると見做すのが通常の読み方であったが、然るに、奴国以降は、伊都国を起点として放射状に各国への方位・距離が記されたものとする見解が出される。伊都国を起点とするこの放射状読みについては、早くに豊田伊三美氏が『考古学雑誌』第十三号第一号（大正十一年）の「邪馬臺国論を読みて」（前掲『邪馬臺国基本論文集Ⅰ』所収）で、「私は田舎で相談相手も少なく研究しているもの」との書き出しによる短い論文で、次のように指摘している。

> 次は里程の言ひ表はし方の相違であります。伊都迄は海を渡る千里何国に至るとか、東南陸行五百里何国に至ると書いてあるのに、伊都から後は何国に至る何里、南水行二十里投馬国に至る《この部分、「南投馬国に至る水行二十日」の誤り。ミスプリであろう。こう修正すれば豊田氏の論が通じる》と云ふ風に書いてあります。この相違は注意すべきものだと思ふてゐます。私はこれを以て、すべて伊都から後のは郡使が伊都で聞いた方向里程国名を挙げたもので、伊都を起点とした里程であると解するのであります。

豊田氏はこのように、伊都国までが方向・里程・国名の順である一方、奴国以降は方向・国名・里程の順となっているのに注目して、奴国からは伊都を起点とする放射状読みとするべきであることを提起されたのである。

今仮に、

A方式　方向・距離・目的地の国名、の順

B方式　方向・目的地の国名・距離、の順

と分ける時、伊都國までがA方式であり、伊都國から奴国以下がB方式であるとして、A方式の場合は、目的地の国が次の起点となり、従って直線的につながる行程を示す記法であり、B方式の場合は、目的地は次の起点とはならず、初めの起点がそれぞれの目的地への起点となる記法、つまり初めの起点から放射状に行程を示す記法であると考えるのである。

豊田氏は、この両方式を弁別したあと、投馬及び邪馬臺に至る南は東の誤りであろうとする説に賛同して、投馬は但馬、邪馬臺は大和であり、但し前者へは日本海航路、邪馬臺へは瀬戸内航路を経て途中で陸行して一か月で邪馬臺に達したと説く。

この豊田氏の指摘に続いて昭和二年に安藤政直氏が同じく放射状読みを提唱するが（『歴史教育』二―五、六・七号所収、また前掲『邪馬臺国基本論文集Ｉ』にも所収）、こちらは邪馬臺国九州説である。但し邪馬臺をサマタと読み、邪馬臺国を熊本県の佐俣とする特異な論である。放射状読みを採る根拠は、魏使が伊都国で聞き出して書いたものであるとする以外には特に述べられていない。

戦後になって放射状読みを改めて主張したのが榎一雄氏である。氏もまた豊田氏と同様に、伊都国まではA方式であるのに対して、伊都国から後はB方式の記述になっていることから、後者は「実は……奴国及びそれ以下について示されてゐる里程や距離は、伊都国から奴国・不弥国・投馬國・邪馬臺国のそれぞれに至る数字であると解釈すべきである」とする（「邪馬臺国の方位について」『オリエンタリカ』一号所収、また前掲『邪馬臺国基本論文集Ⅱ』にも所収）。

榎氏が豊田氏と異なるのは、方位の誤りを指摘せず、魏志の方位をそのままに論じて邪馬臺国を九州の一地とする点である。

しかしこの放射状読み説には大きな欠点がある。A方式の方位・距離・地名の順ではなくB方式の方位・地名・距離の順に記せば、必ず放射状読みにするというごとき規則を『三国志』が採用していたという証拠が無いのである。むしろそのような区別はなかった証拠がある。帯方郡から邪馬臺国に至る行程を記す冒頭は②に示した通り、

従郡至倭　循海岸水行　歴韓國　乍南乍東　到其北岸狗邪韓國　七千餘里

であって、これはｉに示したようにｉ方角（乍南乍東）、目的地（狗邪韓国）、距離（七千餘里）の順であり、A方式ではなくB方式である。すると、

もし前述の如き規則があったのであれば、次の対馬国への起点は再び郡でなければならず、対馬国からようやくA方式となって、ここから直線的な行程となるはずである。しかし、帯方郡から千餘里で対馬へ至るなどとは誰も考えるはずはなく、明らかに狗邪韓国を起点として千餘里で対馬国へ至ると読むべきであり、するとiがB方式であるにも関わらず直線的に読まなければならないのである。A方式とB方式の間に厳密な相違が想定されてはいなかった証拠である。

かくして、伊都国からあとも、放射状読みではなく、通常の直線的な行程であると考えて差し支えない。むしろ邪馬臺国に至る行程を記しているのであるから、伊都国を起点とする放射状読みでは、邪馬臺国への行程に関わりのない奴・不弥・投馬国などへの行程を何のために記したのか理解に苦しむ。倭国の地理を紹介する目的で放射状に示したのだとする見解もあるが（湯浅泰雄氏「倭人伝論争の批判」和辻哲郎先生文化勲章受章記念論文集『倫理学年報』第六集所収、また前掲『邪馬臺国基本論文集Ⅱ』にも所収）、地理を示すのに奴・不弥・投馬を特に選んだ理由が不明である。もし地理を示すのであれば、次の⑤に掲げるごとき国々の位置を明確にするべきであろう。しかし女王国の地理は魏当局には（従って陳寿にも魚豢にも）ほとんど不明であったのであり、不明なことを敢えて記そうとしたとは考え難い。ここは、僅かに把握されていた邪馬臺国への直線的な行程を記述したものと理解するべきである。

☆不弥国の位置は海辺である

すると不弥国は奴国から「東」へ「百里」の地である。その「東」は東北もしくは北に読み替える。しかもここからすぐ水行に移って投馬国に至るというのであるから、不弥国は宇弥（福岡県糟屋郡宇美町）や大宰府のような内陸の土地ではありえない。必ず港湾を有する海辺の国である。夙に笠井新也氏は不弥国を奴国の北、今の津屋崎付近に推定している（「邪馬台国は大和である」『考古学雑誌』第十二巻第七号所収、また前掲『邪馬臺国基本論文集Ⅰ』にも所収）。曰く、

以上魏志の記事中、郡より奴国に至るまでの

地理は既に学界に定説がある。……而して不弥については、内藤博士等は本居宣長の宇弥説に賛し、白鳥博士は大宰府附近を以って之に比定し、橋本増吉氏もまた白鳥説に賛している。然るに余はこれら諸氏と聊か所見を異にして寧ろこれを以って、今日の津屋崎の附近に推定したいのである。その理由は、第一、不弥より「南投馬国ニ至ル、水行二十日」といふ記事に依って考へると、その位置は必ずや水路の出発点でなければならない。されば宇弥・大宰府等の如き深く陸地に入込んだ地に之を比定するよりは、やはり海岸の舟楫の便ある地とするのが妥当である。第二、末盧著陸後の魏志の方位は、伊都を経て奴国に至るまで、いつも東北を以って東南と記してゐる。さればその謂ふ所の東は正に北を指すものであり、その謂ふ所の南は正に東を指すものと見なければならない。果たして然らば、奴国より「東行不弥国ニ至ル」のであるから、不弥国は儺県即ち今日の博多より北方に之を求めなければならない。而してその距離百里といふ点から之を求めると、結局今日の津屋崎附近に落着せざるを得ないのである。若し強ひて地名の一致を求めるなら、津屋崎の南二十数町の地に福間（ふくま）といふ地がある。不弥と福間は語音が相類似している。福間が転じて不弥となったものとも考へ得る。併し地名の一致はともあれ、余は前記二項の理由に依って、不弥国を以って、今日の津屋崎附近と推定するのである。

津屋崎は不弥国の有力な候補かとも思われるが、先に参照した遺跡地図（前掲『日本歴史地図　原始・古代編上』一四二頁）によって見ると、笠井氏の云う福間の南隣である古賀市やその南の新宮町に、弥生第Ⅳ・Ⅴ期の遺跡である久保長崎集落遺跡、立花集落遺跡、太田町墓地遺跡などがあるので、この近辺の港湾部落が不弥国の候補地になり得るであろう。いわゆる海の中道の付け根北方に広がる地域である。当地図による限りでは、津屋崎近辺には目立った弥生遺跡が見当たらないので、やはり不弥国の候補地は、これよりもっと南に引き下げて、右の如き地域に当てるのがよいと思われる。奴国より百里という近距離であることにも適合する。いずれにせよ、ここから直ちに玄界灘へ漕ぎ出して水行に移行できる土地である。

☆投馬国＝但馬国。邪馬臺国＝大和国

④に「南、投馬國に至る、水行二十日」とあり、次に又、「南、邪馬壹國に至る 女王の都する所、水行十日、陸行一月」とある。「南」は例によって東に読み替えなければならない。玄界灘に漕ぎ出して東方に向かえば、対馬海流に乗る日本海航路に出る。瀬戸内航路では最後の「陸行一月」が意味を為さないので採らない。航路でいけるところをなぜわざわざ途中から陸路にするのか不可解である。

なお「陸行一月」を「陸行一日」の誤りとする説が、邪馬臺国大和説においても九州説においても、しばしば唱えられる。九州説派では本居宣長を筆頭に、白鳥庫吉氏も同じ九州派としてこれに倣い（「卑弥呼問題の解決」『オリエンタリカ』一、二号所収、また前掲『邪馬臺国基本論文集Ⅱ』にも所収）、他方、大和説派では例えば、三宅米吉氏は、不弥からの水行を瀬戸内航路と考え、これを二十日進んで投馬に至り、また十日進んで上陸後、「陸行一日」で大和に至るとする（「邪馬台国について」『考古学雑誌』第十二巻第十一号所収、また前掲『邪馬臺国基本論文集Ⅰ』にも所収）。瀬戸内航路の場合、述べた通り、途中で一カ月もの陸行に移る愚は犯さないであろうから「陸行一月」では具合が悪い故である。しかし、「陸行一月」を「陸行一日」の誤りとするこれらの説は、根拠の無いご都合主義との批判を免れないであろう。

北九州の不弥国から日本海航路を取って水行二十日で達する土地、投馬国は、恐らく但馬国である。気比の浜として古来著名な水門を持つ土地である。気比からは弥生Ⅱ・Ⅲ期に盛行して土中に埋納されたと考えられる外縁付鈕銅鐸が出土しており、東隣には弥生Ⅳ・Ⅴ期に至る弥生遺跡の分布が稠密な丹後半島がある。弥生時代のタヂマ国はこの丹後半島まで含めた地域であったと思われる。

投馬国の投は上古音（周・秦）dug、中古音（隋・唐）dəuであり、馬は上古音măg、中古音măであるので（上古音・中古音等については前掲藤堂明保編『学研漢和大字典』による。以下も同じ）、三国時代には投馬は恐らくドゥマかあるいはダウマである。これはタヂマの東北訛りであるダヅマの中間の歯音dzを抜いたダウマに近い。ツシマが中間の歯音sを抜いてツイマ＝対馬と表記されたのに類似する。

投馬国を出雲とする説もあるが（笠井新也氏前掲書。稲葉岩吉氏なども同じ説――「魏志倭人伝管見」『史林』第二十二巻第一号所収、前掲『邪馬台国基本論文集I』にも所収）、しかし投馬国は出雲ではあり得ない。出雲こそ狗奴国である故である。狗奴国の狗の上古音はkug、中古音はkəu、奴の上古音はnag、中古音はno（ndo）であるので、狗奴は三国時代には恐らくクナかクノであろう。但し、奴はナとノの中間の音と思われ、ヌにも聞こえる音である（中原音韻や現代音に至れば、奴はnuヌ音になっている）。つまり狗奴はクナ・クノあるいはまたクヌである。クヌは国主（クヌ）に通じる。狗奴国つまりクヌの国とは国主の国の意であり、大国主（オホクヌ）の国、出雲である。つまり狗奴国の狗奴は地名ではなく、これを地名に比定しようとすると誤ることになる。魏志の掲げる「使訳通ずる所」の三十か国の中に、「奴」を含む国名は奴国・狗奴国を含めて他にも少なくない（下の⑤参照）。これらの国々の位置を比定しようとするとき、奴国は地名として定着しているが、「奴」を含む国名を全て地名であろうと考えるばかりでは正解には達し難いと思われる。

投馬国を但馬とする先学に山田孝雄氏がある。氏はその「狗奴国考」（『考古学雑誌』第十二巻第八・十・十一・十二号所収、また前掲『邪馬臺国基本論文集I』にも所収）において「投馬国は何所なるか」の段を設け、投馬国の候補地として出雲と但馬の両説があることを指摘した上で、次のように論じる。

今出雲を投馬とせば、奴の津辺より出雲国に至るまでの約半に当たる距離において陸行にうつるべき大要港あるを許すべき必要あり。されどこれに適するものを未だ発見せず。但馬とすれば、博多より但馬に至る距離の約半を以て敦賀に達すべし。而、敦賀の地は北海岸唯一の良港にして、上古日韓交通の最大要衝たりしことは歴々として今に明なり。これを以て見れば、投馬国は、恐らく但馬国なるべきなり。

不弥国から投馬国まで水行二十日、投馬国から水行十日と陸行一月で邪馬臺国に至るとする日程記事を信じての立論である。変形した地図によって測られた里程よりは、この水行日程の方が、よほど確かな情報であると認められるのであり、この論に賛したい。

最後の「水行十日、陸行一月」については、右引用文通り、但馬の港を出て水行十日で敦賀に上陸し、その後の方位・里程は不明なるも、野坂山地を超えて琵琶湖の東辺か西辺を辿って宇治に出て南下する行程が考えられる。ゆっくり一月もあれば邪馬臺国に着ける。邪馬臺国が大和であることは疑いがない。なお、邪馬臺の臺の上古音は舌音t̆を伴うtə̆g、中古音はtə̆iであるので、邪馬臺はヤマタもしくはヤマトと聞こえる音である。そうして、この臺＝台について、魏志倭人伝の国語に用いられた音仮名を精査した浜田敦氏は、「魏志倭人伝などに所見の国語語彙に関する二三の問題」(『人文研究』三—八号所収、また前掲『邪馬臺国基本論文集Ⅱ』にも所収)において、これが我が国においては乙類ト音の音仮名であることを指摘しておられる。曰く、

……即ち《「邪馬臺」を》若し畿内の「大和」とすれば上代の文献に「夜麻登」「夜摩苔」「也麻等」などと記されてゐる様に、《ト音は》乙類と認むべきものであるが、これに対して、若し筑後国「山門郡」を以てこれにあてる説に従ふとすれば、これは神代紀にも既に同等の字面で現れて居り、当然甲類のトに属すべきものである。一方魏志などの「臺」は、万葉仮名としては、神代紀〈上〉《神代紀第七段第三「一書」》に「中臣遠祖　興台産霊《コゴトムスビの》児　天児屋命」の如く神名を表はす特殊な場合として稀に用ゐられてゐるのみであるが、

この神名は古事記に「許碁登」《コゴト》と表記して居り《反正天皇記に《丸迩之許碁登臣とある》、従って「臺」は「夜摩苔」の「苔」などと同じく乙類所属の仮名たるべきものである。

邪馬臺の臺は大和のトと同じく乙類トであり、他方、山門のトは甲類トであって、音韻学的には邪馬臺は山門ではなく大和である。

但し邪馬臺国九州説を採る田中卓博士は、ト音の甲乙の相違が時代によって曖昧になり変化した側面を指摘し（問ふ・取るのトは、古くは甲類、下って乙類に変わっており、太・フトのトにも既に古事記の段階から甲乙の混淆が見られることの指摘がある）、しかも中国人の手になる表記をもとに、魏の時代から四百年を隔てた大和の中央語たる音韻と比較してことを律する論法には警鐘を鳴らされた（「邪馬臺国の所在と上代特殊仮名遣」『国語・国文』二十四—五号所収、また前掲『邪馬台国基本論文集Ⅱ』にも所収）。曰く、

以上、之を要するに、特殊仮名遣の「ト」に着目して邪馬臺国の所在を畿内に論定しようとする所説を吟味し、その方法論に幾多の疑の存することと、及び実例において該当しない場合の認められることを述べ、仮名遣の上より主張される邪馬臺畿内説の信じがたい理由を明らかにしようと試みたのである。……即ち、特殊仮名遣といっても、その資料は紀・記・万葉集を基本とし、就中、紀・記を根幹とするのであるが、それらは何れも、大和を中心とする文化人の筆になる作品であり、成立の基盤は地域的に限定され、筆者もまた特定の人人である。……その中央語の発音が地方においても同様に行はれてゐたかどうかは明らかでない。といふよりも恐らく、相違するところが少なくなかったと推測して大過あるまい。従って万葉集においては、紀・記に比し、仮名遣に異例の数が増してゐるといふのも、それは単に時代が下って発音が厳密さを失ったといふだけの理由ではなく、むしろ集中に収められた作者の生活圏が拡大し、地方語の発音が加はつたことに要因があるのでは

あるまいか。……中央と地方とでは、同一名辞を異なった発音で訓む場合が、当然あり得るのであつて、その点より、地方において成立した作品の真偽を考へる場合、中央語を基準とした特殊仮名遣を尺度とすることの限界を、充分に承知しておかなければならないであらう。

かくて、音韻論からする邪馬臺国所在論に限れば、振り出しに戻った感がある。

●その余の旁国と狗奴国

⑤自女王國以北　其戸數道里可得略載　其餘旁國遠絶不可得詳

女王國自（よ）り以北、其の戸數・道里は略載するを得可（べ）くも、其の餘の旁國は遠絶にして、詳（つまびら）かにするを得可（べ）からず。

「女王国」はここでも「邪馬臺国連邦」である。これより「以北」はこれより「以西」と読み替える。すると其の戸數・道里の略載が可能な邪馬臺国連邦より西の諸国とは、狗邪韓国・対馬国・一支国・末盧国・伊都国の五カ国に当たる。下にも述べる通り、邪馬臺国連邦の西の境界に当たるのが奴国であるので、これより西の諸国とはこれら五カ国になる。

ここまでに登場した九カ国、つまり、右の五カ国と、

	道里	戸数	官
狗邪韓国	○（郡より七千餘里）	○（千餘戸）	○（大官、卑狗。副、卑奴母離）
対馬国	○（狗邪韓国より千餘里）	○（三千許家）	○（官、卑狗。副、卑奴母離）
一支国	○（対馬国より千餘里）	○（四千餘戸）	
末盧国	○（一支国より千餘里）	○（万餘戸か）	○（官、爾支。副、泄謨觚・柄渠觚）
伊都国	○（末盧国より陸行五百里）	○（二萬餘戸）	○（官、兕馬觚。副、卑奴母離）
奴国	○（伊都国より百里）	○（千餘家）	○（官、多模。副、卑奴母離）
不弥国	○（奴国より百里）	○（五萬餘戸）	○（官、彌彌。副、彌彌那利）
投馬国	○（不弥国より水行二十日）	○（七萬餘戸）	○（官、伊支馬・彌馬升・彌馬獲支・奴佳鞮）
邪馬臺国	○（投馬国より水行十日陸行一月）		

邪馬台国連邦内の奴国・不弥国・投馬国・邪馬臺国を併せた九カ国に関する記事内容を一覧表にすると前頁の表の通りである。

狗邪韓国のみは道里だけが記されているのであるが、他の四カ国（対馬国・一支国・末盧国・伊都国）については確かに道里・戸数が略載されている。連邦内の奴・不弥・投馬・邪馬臺にもその記載があるが、それだからと言って⑤の文は別に矛盾と見做されるべきではない。「其餘旁國遠絶　不可得詳」とは、むしろ、次段（次の⑤'）に国名のみを列挙するしかなかったことへの弁解であろう。

☆列挙二十一カ国中の奴国は③'の奴国と同じ国である

⑤'次有斯馬國　次有已百支國　次有伊邪國　次有都支國　次有彌奴國　次有好古都國　次有不呼國　次有姐奴國　次有對蘇國　次有蘇奴國　次有呼邑國　次有華奴蘇奴國　次有鬼國　次有爲吾國　次有鬼奴國　次有邪馬國　次有躬臣國　次有巴利國　次有支惟國　次有烏奴國　次有奴國　此女王境界所盡

次に❶斯馬國有り、次に❷已百支國有り、次に❸伊邪國有り、次に❹都支國有り、次に❺彌奴國有り、次に❻好古都國有り、次に❼不呼國有り、次❽姐奴國有り、次に❾對蘇國有り、次に❿蘇奴國有り、次に⓫呼邑國有り、次に⓬華奴蘇奴國有り、次に⓭鬼國有り、次に⓮爲吾國有り、次に⓯鬼奴國有り、次に⓰邪馬國有り、次に⓱躬臣國有り、次に⓲巴利國有り、次に⓳支惟國有り、次に⓴烏奴國有り、次に●奴國有り、此れ女王の境界の盡（つ）くる所なり。

⑤"其南有狗奴國　男子爲王　其官有狗古智卑狗　不屬女王

自郡至女王國　萬二千餘里

其の南に狗奴國有り。男子を王と爲す。其の官に狗古智卑狗有り。女王に屬さず。

郡自（よ）り女王國に至る、萬二千餘里。

⑤'には、❶から⓴までの二十カ国に最後の奴国を加えて二十一カ国が列挙されている。然るに最後の奴国は、邪馬臺国への行路のうちに既に挙げられた奴国と

同じ国名である。

この一覧表は「使訳通ずる所」の名簿から引用されたものであろう。その名簿に同名の二つの奴国が含まれていたはずはない。同じ名の国があったとしても、必ず何らか弁別するための名を名乗らせたはずである。そうでなければ列挙名簿の意味が無い。

これら列挙中の最後の奴国は、初めに上げられた奴国と同じ国であるにもかかわらず、うっかり重複してここに記載したと考えるのが妥当かもしれないが、あるいは、その下に地理的記載があるので、これとの関連で、あえてここに重複させたとも考え得る。

ともあれ、奴国が「女王の境界の盡くる所」である。つまり、正しい方位・地理観でいうならば、奴国は女王国＝邪馬臺国連邦の西端の国、あるいは、列島が東北へ伸びていることを考えるなら、女王國＝邪馬臺国連邦の南端の国とも見做されていたであろう国であり、まさに、女王の境界の尽きる所である。

『後漢書』倭伝に倭の奴国を「倭国の極南界」というのはこの情報のパロディーであろうと考えられる。

「倭の五王」の入貢が始まり倭國の方位の修正がなされていた南朝宋代には、奴国は、方位を正しく修正して「女王国の極南界」と理解されていたと思われ、『後漢書』はこれを女王が立つ前のこととして、「倭国の極南界」と改めたために、意味不明の言辞になったと思われる。

別の考え方として、右の二十一カ国列挙記事の最後に奴國がくることから、この列挙記事を北から南への列挙記事と解釈したうえで、奴国を「倭国の極南界」と考証したとの考え方があり、これが旧来の考え方であるが、これでは方位の誤りをそのままにした上での誤解であったことになって、疑問が残る。更に、二十一カ国列挙記事を地理の順に記された列挙記事であると解釈した、と考える点にも無理がある。そもそものような考え方では、『後漢書』は、北九州の奴国とは別の奴国があったと解釈していることになり、その別の奴国を後漢に調貢した奴国であったとするのであるから、支離滅裂である。古代の史家がこんな支離滅裂な考証をするはずがない。

☆邪馬臺国連邦二十四カ国（女王国）。邪馬臺国連合二十九カ国

⑤の末に云う「詳かにするを得可」からざる「其餘旁國」とは、最後の奴国を外した二十カ国であり、これに奴国・不弥国・投馬国・邪馬臺国を併せた二十四カ国が、女王を共立した邪馬臺国連邦、つまり女王国である。これに、各々王を戴く狗邪韓国・対馬国・一支国・末盧国・伊都国の五カ国を併せた二十九カ国が、女王に属する邪馬臺国連合である。

☆狗奴国＝出雲国

「使訳通ずる所」三十カ国のうちの残る一国が⑤"に記された、女王に属さぬ狗奴国である。「其の南に狗奴國有り」とされるが、「南」は例によって東と読み替える。「其の南」の「其」は、文脈からすれば、女王の境界の盡くる所、つまり奴国を指すと考えるべきであり、狗奴国＝出雲国は、確かに奴国の東にある。それも、奴国から東へ海を渡ったところにある。

　狗奴国は大國主（オホクヌ）の国、つまり出雲であると述べたが、この狗奴国の王、大国主については、『古事記』と『粟鹿大神元記』に残る湏佐之男命に発する父子直系系譜が文献的化石としてその出自を伝えている。

☆『後漢書』の語る倭国外交史

この狗奴国王の出自を語る前に、『後漢書』倭伝に記された倭国の外交史を振り返る。まずそこに、

　建武中元二年《五七年》、倭の奴國、奉貢朝賀す。使人自ら大夫と稱す。倭國の極南界なり。光武、賜うに印綬を以てす。

とある。

光武帝本紀の中元二年春正月条にも。

　東夷倭奴國王、使を遣し奉獻す。

と見える。

「倭奴國」は魏志倭人伝に云う奴国と同じ国（ただしその百年前の姿の奴国）であるが、『後漢書』倭伝がこれを「倭國の極南界なり」というのは意味不明であって、これが、奴国を女王の境界の盡くる所とする魏志倭人伝の下手なパロディーであろうことについては上に述べた通りである。つまり修正した方位によっ

て「女王国（＝邪馬臺国連邦）の極南界」と修正されていたのを、「女王國」が未だ成立していなかった時代の事にすり替えるべく、「女王国」を「倭国」に替えたがために、意味不明になったと思われる。

ともあれ、その奴国の王は西暦五七年に後漢光武帝に奉貢朝賀して印綬を賜与されている。天明四年・一七八四年に志賀島から発見された蛇鈕金印「漢委奴国王」がこのときの印とされている。粗末な石の下に粗雑に隠匿された形であったものが偶然発見されたようである。

これより半世紀後に、倭国王帥升等が、後漢に請見を願っている。即ち『後漢書』倭伝に、右の記事に続いて、次のように記載されている。

　安帝の永初元年《一〇七年》倭国王帥升等、生口百六十人を献じ、請見を願う。

岩波文庫『魏志倭人伝』（岩波書店）の注によれば、「倭国王帥升」は『翰苑』所引の後漢書には「倭面上國王師升」、唐類函・邊塞部倭國の条所引の通典には「倭面土地王師升」、北宋版通典には「倭面土國王師升」、釈日本紀開題には「倭面國」とある。王の名（師升・師升）の上に付く「倭国王」に相当するものは、それぞれ「倭面上國王」・「倭面土地王」・「倭面土國王」などであるが、倭面土國を倭回土國の誤字と見て倭の伊都國と見る白鳥庫吉説があるが（前掲「卑弥呼問題の解決」）、これは信じ難い。注目されるのは倭面土國をそのままヤマトと読む内藤湖南説である（「倭面土國」『藝文』第二年第六号所収、また『内藤湖南全集』第七巻〔筑摩書房〕にも所収）。氏によれば、倭＝委は移にも通じ、これらに古くyaの音があったことから、倭面土をヤマトと読むとする。しかし、果たして後漢の時代に倭國をヤマト國と称したか否かに疑問がある。従ってこの説も俄かには信じ難い。しかし、「倭國」に後世人がヤマトという訓みとして倭面土あるいは委面土と傍注したものが竄入した可能性がある。これが後世人による傍注であろうというのは、土が甲類トであって、ト音の甲乙の相違が消失した時代のものでなければならない故である。

釈日本紀開題には、上に引いた「倭面國」のすぐ上の条に、唐が日本をどう号（なづ）けているかとの問いがあって「師説、史書中、耶馬臺・耶摩堆・耶靡堆・倭人・倭國・倭面等之号甚多」との答えがあり、この「倭面」の解説として「後漢書云、孝安皇帝永初元年冬十月、倭面國遣使奉献」とあるので、倭面をヤマトと読んでいるのである。

ここで『後漢書』の安帝本紀の永初元年の条を見ると、この帥升による請見のことが、

冬十月、倭國、使を遣して奉献す

と記されている。これによるならば、ともかくも倭国を代表する者が遣使奉献しているのであるから、やはり帥升（もしくは師升）は「倭国王」であったと考えるのが正当であろう。

『翰苑』には、上に引用した以外にも、再度、『後漢書』の文が引かれて、そこには「倭王師升」とある。以上を以て見れば、こちらのほうが『後漢書』の本来の文に近いと思われる。

なお、西嶋定生氏は「倭面上國王師升」とする『翰苑』の文には、続けて倭国大乱のこと、卑弥呼が死に、男王を立てたが収まらず、宗女臺與を立てたことまで引かれていることを指摘して、『後漢書』が魏の時代のことまで記すはずはないので、『翰苑』が『後漢書』を引いたとすることがそもそも信用できないとされている（西嶋定生著『邪馬臺国と倭国――古代日本と東アジア』（吉川弘文館））。

☆記紀のスサノヲは倭国王帥升＝シュイシャン＝スサの神話化であろう

ともあれ、その「倭国王」の名が、帥升あるいは師升であったのであるが、これも帥升が正統であろう。なぜなら呉音によれば師升はシシャンである一方、帥升ならシュイシャン（sïuiʃiəŋ）で、シュイシャンはスサであって、記紀神話のスサノヲ（須佐之男命）に神話化された人物であった可能性が考え得る故である。

☆スサノヲの王統譜および一～三世紀の戦乱史概説

帥升＝スサ～スサノヲは大國主（オホクヌ）の父祖である。『古事記』と『粟鹿大神元記』に残るスサノヲからオホクヌに至る男王王統である父子直系系譜を

たどると左表の如くである。上段に『古事記』系譜による表記、中段に『粟鹿大神元記』による表記を対応させた。下段に記した年代は帥升の即位初年をとりあえず一〇七年として、一代平均在位年十八・八年を用いて概算したおおよその即位年である（この一代平均在位年十八・八年は、崇神天皇の崩年干支戊寅を旧戊寅年〔三一九年〕、武烈天皇の崩年を旧丙戌年〔五〇七年〕として、崇神天皇から倭建命と市邊之忍齒王を経て武烈天皇に至る父子直系十代の平均を取ったものである。容易に知られる通り、父子直系王統譜における一代平均在位年は、王が次の王を生む平均年齢に等しいので、十八・八年は、当時の王が次の王を生む平均年齢としてほぼ妥当であろう。これを例えば三十年とするのは長きに過ぎ、十年とするのは、短かすぎる）。

後漢に奴国が奉貢朝賀したのち帥升が倭全土を統一した倭国王として登場しているのであるから、西暦五七年から一〇七年までの間に、帥升の父祖らによる倭地に対する征服戦争があり、奴国王の金印はこの戦乱の時、発見されぬよう、ことさら粗末な石の下に隠匿されたのではないかと考えられる。この時の半世紀に亘る侵略戦争の遺跡が小野忠凞氏のいわゆる第Ⅲ期の

『古事記』	『粟鹿大神元記』	
0須佐之男命	素佐乃乎命	一〇七年
i八嶋士奴美神	蘇我能由夜麻奴斯弥那佐牟留比古夜斯麻斯奴	一二五年
ii布波能母遅久奴須奴神	布波能母知汙那須奴	一四四年
iii深渕之水夜礼花神	深淵之水夜礼花	一六三年
iv淤美豆奴神	意弥都奴	一八二年
v天之冬衣神	天布由伎奴	二〇一年
vi大國主神	大國主命　一名、大物主命	二一九年～二三八年

狭義の高地性集落遺跡であろう（「狭義の高地性集落遺跡」とは、もと「防衛的集落遺跡」と呼ばれたものである。戦乱時の用に供された遺跡と考えられるものの「防衛」側のみの利用になる遺跡であったかどうか一概に決定し難いとして、呼び名を改めたのである。第十八節の補論7参照）。

下の⑲によれば、この男王から成る帥升王統は帥升以後、七、八十年続いた後、倭国大乱の時代を迎える。この時、それまで帥升王統の統治下に置かれていた奴国を含む土着系の民が独立戦争ともいうべき戦いを挑み、帥升王統を退けて邪馬臺国連合を形成する。この時の戦乱、いわゆる倭国大乱を証拠づける遺跡が第Ⅳ期の狭義の高地性集落遺跡である。奴国が女王を共立して復権するのと対照的に、退けられた側の帥升王統は出雲などの周辺域へと封じ込められる。

帥升＝須佐之男命から七、八十年後の倭国大乱の時代とは須佐之男命の三世孫の後半から四世孫の初頭にかかる時代である。その四世孫の淤美豆奴（オミヅヌ）こそ、出雲国風土記が伝える国引き説話の主人公、八束水臣津野命（ヤツカミヅオミツノのミコト）である。出雲国は初め小さかったため、八束水臣津野命が新羅の岬や高志の岬などを引き寄せ縫い合わせて出雲国を作ったと語られる。この淤美豆奴＝八束水臣津野命が、倭国大乱の結果、出雲に国を退（ひ）いた王であったと考えられる。八束水臣津野命の国引き説話とは、実は国退き説話であったことになる。その孫が大国主（オホクヌ）であり、この時代、もしくはその子の世代、つまり三世紀の半ばに至って、クヌの国＝狗奴国は邪馬臺国連合と再び戦を交えることになる。但しこの度は、三世紀半ばに魏のために韓國から押し出されて、初め日向を含む南九州に渡海した辰王朝直系の王統と手を結ぶ。而してこの連合軍が、三世紀後半の半世紀をかけて邪馬臺国連合を滅ぼすことになる。この三世紀半ばに海を渡った辰王直系の王統こそが天皇祖族である。具体的には孝霊天皇（推算在位年代はおよそ二四三〜二六二年）が渡海初代であり、以後、孝元天皇（およそ二六二〜二八一年）・開化天皇（およそ二八一〜三〇〇年）・崇神天皇（およそ三〇〇〜

三一九年）の四世代が、出雲の帥升王統と結託しつつ、ほぼ西から東へ、邪馬臺国連合を侵略、三世紀末、開化天皇・崇神天皇親子の時代に、邪馬臺国連邦の総本山、つまり大和の邪馬臺国を侵攻し滅ぼして大和朝廷を樹立、崇神天皇がミマ＝王のキ＝城に入って、初國（はつくに）知らししミマキの天皇となる（各天皇に付した（ ）内の数字は崇神天皇の崩年である旧戊寅年＝三一九年から先述の一代平均在位年十八・八年を用いて逆算したおおよその推定在位年である）。その大和朝廷最初期の宮地の遺跡候補地が、纒向（マキムク）遺跡である。

この三世紀後半をかけて展開された、天皇祖族と帥升王統連合軍による邪馬臺国連合に対する侵略戦争を示す遺跡が第V_2期の狭義高地性集落である。この第V_2期の狭義高地性集落というのは、かつて第V期の狭義高地性集落遺跡としてまとめられていたものが前後二期に分かれることが判明したため、前期を第V_1期、後期を第V_2期の狭義高地性集落としたうちの後者である。第V_1期の狭義高地性集落遺跡の方は、後に述べる通り、卑弥呼が死んだ後、男王が立てられた際に生じ、臺與が女王となって一旦収まるまでの戦乱を示す遺跡と考えられる。次の第V_2期狭義高地性集落遺跡が示すところの侵略戦争は、これこそが孝霊・孝元・開化・崇神天皇という都合四代を中心とした天皇祖族によってなされた侵略戦争であるが、この侵略史実に関わる伝承は、記紀では迩々藝（ニニギ）命・火遠理（ホヲリ）命・鵜葺草葺不合（ウガヤフキアヘズ）命・神武天皇という四代の神話に吸収され神話化されたと考えられる。更に、古事記が記す孝霊天皇の二皇子による吉備平定譚は、孝元天皇世代（二六二～二八一年）初頭における吉備国の平定史実を語るものであり、この頃に、邪馬臺国から魏への遣使の道も閉ざされるのである。なお、出雲に於ける国譲り神話は、孝霊天皇世代における帥升王統と天皇祖族との結託次第の神話化であろうと思われる。

☆『後漢書』の拘奴國（＝狗奴国）

『後漢書』倭伝は狗奴国（＝クヌの国＝出雲国）について、

自女王國東　度海千餘里　至拘奴國　雖皆倭種
而不属女王

女王國自り東、海を度ること千餘里、拘奴國に
至る。皆倭種なりと雖も　女王に属さず。

と記す。これまた魏志倭人伝が「其の南に狗奴國有り」と記す記事の下手なパロディーであろう。魏志倭人伝は狗奴国の位置として、上述の通り、女王の境界の尽くる所の南、つまり奴国の南、即ち正しくは奴国の東を指定したのであるが、『後漢書』は方位を修正した資料によりはしたものの、起点を誤って「女王国」としたため意味不明な記事になったものと思われる。

右の『後漢書』倭伝の文は別の意味でも評判が悪い。なぜなら、魏志倭人伝の文に（下の⑳）、

女王國東渡海千餘里　復有國　皆倭種

女王國の東、海を渡ること千餘里、復（ま）た
國有り、皆、倭種なり。

とあって、これを流用した文であろうと認められる故である。『後漢書』倭伝は恐らく奴国から東へ海を渡った地にある狗奴国＝出雲国に関する情報を得た上で、起点を女王国に誤ったのみならず、魏志倭人伝の右の文を、その情報と合体させて文を作ったのである。この操作によって、「女王國の東」という意味不明の記事が更に補強されることになったと思われる。

魏志倭人伝の右の記事は、魏の時代の東夷の地図に、北から南へと延びる異常な形の女王国の東に（従って正しくは北に）佐渡もしくは北海道が海を隔てて書かれていたものに関する記事であったと考えられ、狗奴国とは元より何ら関係の無い記事であったと考えるべきである。『後漢書』がこれを狗奴国の位置を示す記事として流用し改竄したことでいよいよ狗奴国の正体が不明になった。

『後漢書』は倭国王帥升の記事を掲げておきながら、これと狗奴国との関係に関しては無知であったのである。

☆狗奴国の版図に中部九州菊池川流域が含まれる

⑤”には狗奴国の官に狗古智卑狗（クコチヒク）があるとされる。これが菊池彦を意味して、中部九州の菊

池川流域に蟠踞した官であったとすれば、帥升王統末裔は、出雲の地に退去すると同時にこの地域にも押しやられて拠点を確保していたと考えられる。

☆七千餘里・千餘里の「餘里」は千里に満たない数百里を意味する

⑤”の末に「郡自（よ）り女王國に至る、萬二千餘里。」とある。ここでも「女王國」は邪馬臺国連邦を意味するのであるが、そこへの郡からの距離は、常識的には郡から最も近い「女王の境界」（⑤’）つまり奴国までの距離であろうと考えるべきである。ここまでの距離については、上の表にも示した通り、

郡より狗邪韓国まで七千餘里
狗邪韓国より対馬国まで千餘里
対馬国より一支国まで千餘里
一支国より末盧国まで千餘里
末盧国より伊都国まで五百里
伊都国より奴国まで百里

であるので、これらの距離を加えれば郡から奴国までの距離が算出できる。然るに多くの論者は、七千餘里や千餘里の「餘」を無視した計算を行っている。だが、七千餘里とは七千数百里を意味する。「可七千里（七千里ばかり）」あるいは「七千里許（ばかり）」とあれば、七千里に満たない数値をも含むが、魏志が七千餘里という場合は八千里に満たない数値であることを意味するのである。「餘」を無視してはならないことを指摘した論者としては三宅米吉氏が最も早い学者であろうか（前掲「邪馬臺国について」）。「餘里」を五、六百里とは言わないまでも例えば皆四百里ほどとして奴国までを合計すると、一万二千二百里になる。つまり奴国までで既に萬二千餘里である。

魏時代の覚束ない地図で各区間の里程の概数を千里単位で記したのち、全体を見渡してみれば、郡から最も近い「女王の境界」＝奴国までが萬二千餘里であったので「郡自り女王國に至る」距離としてこの数値が記録されたのである。

そこで例えば、郡から伊都国までは七千足す千足す千足す千足す五百で一万五百里であるから一万二千里からこれを引いて、伊都國から邪馬臺国までは千五百

里なり、などと計算するのは「餘」の意味を理解しない粗忽な計算である。邪馬臺国に関する論文中に、もしこのような計算を見かければ（残念ながらその頻度はかなり多く、例えば榎一雄氏も同じ計算をしておられる）、その時点でその論文は初等算術的に失格である。のみならず「女王国」と「邪馬臺国」が異なる概念であることすら理解していないのである。

☆列挙二十カ国の比定論の不可能性

⑤'に列挙された諸国がどこに位置した如何なる国々であったかは興味ある問題であるが、多くは不明とするのが無難であろう。例えば⑩蘇奴國などは、蘇の主（ヌ）の国の意味とすれば、蘇の意味が判明しなければ分からず、判明したとしても蘇奴国の位置を推測するのは至難の業である。❶から⑳の諸国はいずれ邪馬台国の周辺から奴国に至る西日本に広く分布した国々が列挙されたものと推測される。内藤湖南説などを参照しつつ一、二、これはと思われる国を挙げれば、❶斯馬國は志摩国か、❺弥奴國は美濃国か、❼不呼國は不破国か、❾對蘇國は土佐国か、⓭鬼國は紀国（紀伊国）か、⓳支惟國は吉備国か。……しばしば指摘されるように、どうも地理順に掲げられたものではなさそうである。名簿を作った者にも、これらの地理的分布などよく分かっていなかったと思われる。全てを比定しようとしても徒労に終わるのではないか。

Ⅲ倭人の習俗と生態

●入れ墨と服飾の風俗

⑥男子無大小　皆黥面文身　自古以來　其使詣中國　皆自稱大夫　夏后少康之子　封於會稽　斷髪文身　以避蛟龍之害　今倭水人　好沈没捕魚蛤　文身亦以厭大魚水禽　後稍以爲飾　諸國文身各異　或左或右　或大或小　尊卑有差

男子は大小と無く、皆、黥面文身（げいめんぶんしん）す《顔と体に入れ墨をする》。古（いにしえ）自（よ）り以來（このかた）其の使いの中國に詣（いた）るや、皆、自ら大夫（たいふ）と稱す。夏后（かこう）《禹を初代の天子とする古代中国の国の号》の少康（しょうこう）《禹から数えて六代目の天子。禹―啓―太康―中康―相―少康》の子《予》、會稽（かいけい）《今の浙江省から江蘇省にかかる地域》に封（ほう）ぜられ、斷髪文身、以って蛟龍（こうりょう）の害を避く。今、倭の水人、好んで沈没して魚蛤（ぎょこう）を捕え、文身するも亦（ま）た以て大魚水禽（すいきん）を厭（おさ）えんとす。後に稍（ようや）く以て飾りと爲す。諸國の文身は各（おのおの）異なり、或いは左に或いは右に、或いは大に或いは小に、尊卑差有り。

⑥’計其道里　當在會稽東冶之東

其の道里を計るに、當（まさ）に會稽（かいけい）の東冶（とうや）《今の福建省福州、閩侯（びんこう）県付近》の東に在り。

⑥で南方系の風俗である倭の黥面文身の俗を記し、倭の中国への使者が古来大夫を名乗ること、水人は好んで潜水して魚貝を捕えること、文身には大魚水禽の害を避ける目的があり、後には装飾となり、尊卑の差があることなどを述べたのち、⑥’で倭國が会稽東冶の東に位置すると述べる。会稽東冶の東は、実際には沖縄から石垣島のあたりであるので、倭国は北から南へ、この辺まで伸びた南方系の国として認識されている。沖縄も石垣島も倭地には相違ないが、魏志では九州・四国・本州がこのあたりまで伸びている認識になっている。

⑦其風俗不淫　男子皆露紒　以木緜招頭　其衣横幅　但結束相連　略無縫　婦人被髪屈紒　作衣如單被　穿其中央　貫頭衣之

其の風俗、淫（みだ）らならず。男子は皆、露紒（ろけい）《冠・頭巾などを着けぬこと》し、木緜を以て頭に招（ま）き《木綿の布ではちまきし。木綿はユウのことで、楮の樹皮から作った繊維で織った布》、其の衣は横幅（おうふく）《巾の広い布》にして、但（ただ）結束して相い連ね、略（ほぼ）縫うこと無し《この無縫の衣は伊勢神宮の神衣祭で織られる「敷和・うつはた」などに伝統を引く衣である》。婦人は被髪屈紒（くっけい）《鬟をまげて後ろに垂らすこと》し、衣を作ること単被（たんぴ）の如く、其の中央を穿ち、頭を貫きて之を衣（き）る《この貫頭衣も南方の俗である》。

倭地のこれらの風俗については、夙に中山太郎氏の論（「魏志倭人伝の土俗学的考察」、前掲『邪馬台国基本論文集Ⅰ』所収）があり、特に無縫の衣の俗が古い祭事に残ることが指摘されている。まず常陸国風土記の久慈郡の条に、

郡の東七里、太田の郷（さと）に、長幡部（ナガハタベ）の社あり。古老の曰く、珠賣美万命（スメミマのミコト）、天より降りし時、御服（みけし）を織らむと為て、従ひて降りし神、名は綺日女命（カムハタヒメのミコト）、本、筑紫國日向（ヒムカ）の二所（フタガミ）の峯より三野国の引津根（ヒキツネ）の丘に至りき。後、美麻貴（ミマキ）の天皇《崇神天皇》の世に及（いた）り、長幡部の遠祖、多弖命（タテのミコト）、三野より避りて、久慈に遷り、機殿（はたどの）を造り立てて初めて織りき。其の織れる服（はたもの）は、自ずから衣裳（みけし）と成りて、更に裁ち縫ふことなく、内幡（うつはた）《全服の意。織ったそのままが衣服となっている》と謂ふ。……今、年毎に別きて神の調（みつき）と為して献納（たてまつ）れり。

とあるのを掲げて、

この記事は頗る神話化されてゐるが、それでも我国に古く裁縫を要しない衣服――よしそれが神事用のものにせよ――が有った事は推測に難くない。そしてこの『内幡』なるものが後世まで用ゐられてゐた事は、左の二書の記事に徴するも明白である。

として、令義解と令集解の伊勢神宮の神衣祭（かんみそのまつり）に関する次の記事を掲げる。

令義解　巻二　神祇令

孟夏　神衣祭〈伊勢神宮の祭を謂ふ。……又、麻績（ヲミ）連等、麻を績ぎ以て敷和の衣を織る。以て神明に供ふ。故に神衣（かん

みそ）と曰ふ〉

令集解　巻七上　神祇令

孟夏　神衣祭〈伊勢神宮の祭を謂ふ。……敷和は、宇都波多（うつはた）なり。……〉

その上で、氏は敷和＝宇都波多（うつはた）につき、「要は裁縫せずして済む衣服の古語であろう」とされる。

なお、伊勢神宮の神衣祭の起源については、『倭姫命世記』に詳しい。

伊勢神宮の祭神である日の女神（天照大神）は、元来は邪馬臺国連邦が共通に祭った女神であったと思われ、天皇祖族や狗奴国つまり帥升王統とは無関係の、むしろこれらとは元来対立する女神であったはずであるが、天皇祖族らは侵略戦に当って、被征服側を懐柔する目的であろう、日の女神の祭祀を自陣に取り込んだ。

『日本書紀』によれば、大和制圧後の初代天皇である崇神天皇の時、天照大神と出雲の神である倭大国魂神（ヤマトのオホクニタマの神。大國主命の荒魂とされる）とは、当初ともに天皇の大殿に祭られていたようであるが、やがて「その神の勢いを畏れて、共に住みたまふに安からず」として、天照大神は豊鍬入姫命（トヨスキイリヒメの命）につけて大和の笠縫邑（カサヌヒのムラ）に祭ることになる（崇神天皇六年紀条）。豊鍬入姫命は紀伊国の女酋であった荒河戸畔（アラカハトベ）の宗女、遠津年魚眼眼妙媛（トホツアユメマクハシヒメ）が崇神天皇の妻となって生んだ皇女である。

ところが次の代である垂仁天皇の時代になって、大規模な部族再編時代に入ると、豊鍬入姫命の同母兄である豊城入彦命（トヨキイリヒコの命）は同族を率いて大挙、毛野国（ケノの国）へと都落ちを余儀なくされる。同時に天照大神＝日の女神も、豊鍬入姫命から離され倭姫命に託されて伊勢国の僻地、五十鈴の川上へ遷されることになる（垂仁天皇二十五年紀）。こちらもいわば女神の左遷ないし追放である。この左遷次第を語るのが『倭姫命世記』である。

その垂仁天皇二十五年条に猨田彦神の裔、宇治土公

（ウヂのクニツキミ）の祖とされる大田（オホタ）命が女神の宮地として宇遅の五十鈴（イスズ）の川上の地を指定したことがあり、同二十六年（新丁巳年）条に天照大神を度遇（ワタラヒ）の五十鈴の川上に遷し奉るとあり、同条に、

因（よ）りて齋宮（いつきの宮）を宇治の県（ウヂのアガタ）、五十鈴の川上の大宮の際（ほとり）に興（た）て、倭姫命をして居（ま）さしめたまふ。即ち八尋（やひろ）の機殿（はたとの）を建て、天棚機姫神（アメのタナバタヒメの神）の孫、八千千姫（ヤチチヒメ）命をして大神の御衣（みそ・みけし）を織らしめたまふ。

とあり、「一書」に、

垂仁天皇二十五年丙辰春三月、伊勢の百船（ももふね）度会（ワタラヒ）の国玉（くにたま）撥（ひろ）ふ伊蘓（イソ）の国に入りまして、即ち神服織社（カムハトリの社）を建て、大神の御服を織らしめたまふ《下の天棚機姫神が和妙・ニギタへを織るのに対して、こちらは荒妙・アラタである》。麻績機殿神服社（ヲミのハタドノカムハタの社）、是なり。……丁巳年冬十月甲子を取りて、五十鈴の川上に遷し奉りて後、清く麗しき膏（よ）き地を覔（ま）ぎて、和妙（にぎたへ）の機殿（はたどの）を同じ五十鈴の川上の側（ほとり）に興（た）て、倭姫命をして居さしめたまふ。時に天棚機姫神をして大神の和妙の御衣を織らしめ給へり。……ここに巻向日代宮（マキムクのヒシロのミヤ）の御宇（みよ）《景行天皇の世》、……天棚機姫神の裔、八千千姫命をして、年毎に夏四月、秋九月に神服を織らしめ、以て神明に供へたまふ。かれ、神衣祭と曰ふなり。惣（すべ）てこの御世に、神地・神戸を定め、天神地祇（あまつかみくにつかみ）を崇め祭る。年中の神態（かみわざ）は、蓋しこの時より始まれり。

この「一書」によれば神衣祭の始まりは景行天皇朝に降ることになる。

とはいえ、神衣祭の淵源は垂仁天皇朝にまでは遡るようであり、さらに伊勢神宮の祭神、日の女神が邪馬臺国連邦における祭神へとその源を繋ぐのであれば、神衣祭で織られる無縫の布、ウツハタについても邪馬臺国時代にまでその淵源を求めて大過はないと思われる。

なお、古事記の天孫降臨説話では天孫の天降りに天照大御神の御魂たる鏡が同伴せしめられ、猿田毗古神が道案内に従うとされているが、これが、倭姫命の時、猨田彦神の裔、宇治土公の祖とされる大田命の案内によって日の女神の遷宮地が定まった故事に因んで作話されたものであろうことはほぼ疑いがない。天孫・天皇祖族と天照大御神とは、本来縁もゆかりもないのであり、大和の主神は出雲の神であって日の女神（天照大神）ではない。後者、日の女神は、述べた如く、天皇祖族による邪馬臺国連合に対する侵略戦において天皇祖族に利用され、垂仁朝に及んで大和から追放され、その後も、人民を利用し制圧するため陰に陽に顕彰され利用されつつ、代々皇女によって鎮祭され続けた、被侵略側の神である。天孫の天降りに天照大御神の御魂たる鏡が同伴するのは、『古事記』の虚構に始まるのであって、『古事記』作者が伊勢神宮の祭祀、わけても猨（猿）田彦神に古来縁を結ぶ者であったことを暴露する虚構である（後の機会に『古事記』の「寓意の構造」を解く過程で判明することであるが、『古事記』の作者は、猨女君の名を負ったとされる天宇受賣命＝天鈿女命の後裔、稗田阿礼その人であろう）。

『古語拾遺』によれば、天照大御神の御魂たる鏡と草薙剣については崇神天皇朝に齋部（忌部）がレプリカを作って天皇の護りの御璽にしたという。後世、宮中に伊勢神宮の鏡と熱田神宮の草薙剣のレプリカがあったことは確かであるが、『古語拾遺』が伝える如き崇神朝に作られたとは信じ難く、最初にレプリカが作られた時代や事情は不明である。

ここでついでに述べておきたいのは、前方後円墳である。この特殊な墳形は甕の形ではあるまいか。最も古い祝詞のひとつ、「出雲國造の神賀詞」に、出雲國造が「天の瓱（みかわ）に齋（い）み籠」って、神賀の吉詞を奏する次第が語られている。神託を受けるに当って、出雲國造は潔斎して大きなミカワ（大甕・酒器）に閉じ籠り神託を受けたようである。そこで死者を神の依代、あるいは神託を聴く者として尊ぶために、同じようにこれをミカワに入れる形とするべく前方後円墳の墳形が考案されたのではないか。前方後円墳に死者が埋葬される主たる場所は後円部であって前方部ではない。神託を受ける者が甕の中に閉じ籠る形を模すためと考えられる。

定型前方後円墳（墳丘・埋葬施設・外表・副葬品などにおいて著しい画一性を備える前方後円墳）の始まりは大和朝廷の成立直後である。従って邪馬臺国が滅ぼされたあとの、三世紀末から四世紀初頭にかかる時代になる。ところが近年、年輪年代法や炭素14年代法などが科学的装いのもとに登場して、前方後円墳の開始を、従って大和朝廷の始まりを、三世紀半ば、つまり邪馬臺国連邦の存在していた時代へと引き上げる動きが頻りである。

年輪年代法は弥生時代の年代を実際より百〜二百年近く古く算出することがあるようであり、年輪年代の照合などにおいて百〜二百年近く失敗している可能性がある。第三者による追検証は現在（二〇二一年）までなされていない。

炭素14法も、二千年近く古い土中に埋まっていた資料を扱う場合が多く、例えば桃核にせよ土器付着の煤にせよ、このような資料は古い時代の炭素原子との交絡によって測定年代が古く出る可能性がある。また、鉄器が十分普及していなかった時代に切り出された木材などは、貴重な資材として数十年にわたって繰り返し用いられたはずであり、その材木の炭素14法による測定年代は当然のことながら、その木材が最終的に使用を終えた年代には一致しない。加えて、卑弥呼の時代は誤差の大きく出やすい時代である。

結局、現時点では、様々な理由で、これら「科学的」と称される手法の「科学性」が疑わしく、これらの手法によって求められた絶対年代を軽々に信じることはできない状況が続いている（更に第十八節の補論9など参照）。

●倭の産物と倭人の習俗

⑧種禾稲　紵麻　蠶桑緝績　出細紵縑緜　其地無牛馬虎豹羊鵲　兵用矛楯木弓　木弓短下長上　竹箭或鐵鏃　或骨鏃　所有無　與儋耳朱崖同

禾稲（かとう）《稲》・紵麻（ちょま）《紵は苧に同じでカラムシ》を種（う）え、蚕桑（さんそう）《桑を植え蚕を飼うこと》緝績（しゅうせき）《糸を紡ぐこと》し、細紵（さいちょ）《織細に織られた麻布》・縑緜（けんめん）《絹織物と真綿》を出す。其の地には牛・馬・虎・豹・羊・鵲（かささぎ）無し。兵《武器》には矛・楯・木弓を用う。木弓は下を短く上を長くし、竹箭（ちくせん）には或いは鐵鏃（てつぞく）、或いは骨鏃。有無する所、儋耳（たんじ）・朱崖（しゅがい）と同じ。

儋耳と朱崖は前漢の武帝元封元年（紀元前一一〇年）に設置された郡で、ともに今の海南省、つまり海南島にあった。倭地の俗にこうした南方系のものの多いことが、倭地が南へ伸びる広大な国であるとの認識につながっている。

やじりに鉄鏃と骨鏃があると記されているが、邪馬臺国連合時代の弥生Ｖ期に属する狭義高地性集落から出土するのは、多くは石鏃である。実用された消耗品としての鏃はなお石鏃が主体であった。

⑨倭地温暖　冬夏食生菜　皆徒跣　有屋室　父母兄弟臥息異處　以朱丹塗其身體　如中國用粉也　食飲用籩豆　手食

倭の地は温暖にして、冬夏、生菜《なま野菜》を食す。皆、徒跣（とせん）《はだし》なり。屋室有り。父母兄弟、臥息するに處（ところ）を異にす。朱丹（しゅたん）《赤色顔料で朱砂・辰砂のこと》を以て其の身體（からだ）に塗る。中國の粉《おしろいのこと》を用いるが如き也　食飲に籩豆（へんとう）《籩は竹製の高坏、豆は木製の高坏》を用い、手食す。

「倭の地は温暖」とある。これに関連して、ここでいわゆるフェアブリッジ曲線、別名、海水準曲線について触れる必要がある。地球規模で寒冷化すれば、陸地の氷雪が増え、その分だけ海面が下がり、逆に温暖化すれば、海面が上昇する。フェアブリッジ氏は先史時代・歴史時代を通じての海水準の上昇・下降変化を調査して、一九六一年頃、海水準曲線のグラフを発表された。これが今日フェアブリッジ曲線と呼ばれるグラフである。

この曲線は、歴史時代において、特に西暦二世紀頃の落ち込みの著しさを示しており、この時期はローマン・フロリダ海退期と呼ばれ、歴史時代において地球規模の冷涼化が最も著しく進行した時期であったとされる。今日、古代ローマ遺跡で既に水没しているものがあるのは、当時の著明な海退期を示す遺跡である。

山本武夫氏はかつて「邪馬台国の気候」（『天気』一九一九号所収、また前掲『邪馬台国基本論文集Ⅲ』にも所収）で、西暦二世紀から三世紀の初めにかかる時期が、このローマン・フロリダ海退期に当たることを指摘した上で、卑弥呼が活躍した二世紀末から三世紀前半は、縄文時代の温暖静穏な気候の後に来襲した著明な海退期に当たる小氷期気候の底に当たるとして、近畿地方の気候は、これと似た小氷期（パリア海退期）において飢饉・洪水が多く発生した十五世紀、室町時代の「低冷・多雨」気候より、更に酷烈であったはずであろうと推定し、近畿地方では「弥生時代初期の原始的な農業技術はおそらく壊滅的打撃を受けたものと推定せざるを得ず、少なくともこの期間は、近畿地方に強盛な部族国家が繁栄したとは考え難い」と断定して邪馬臺国畿内説に疑問を呈し、「邪馬台国の位置は、温暖な南九州以外に考えられないと思う」と述べておられる。

ところが、氏は同じ論文で、近畿地方と同じ緯度か更にやや北に位置する三韓に関しては同じ頃「三韓まで来ると『下戸』も、漸く人間的取扱を受けるようになり、殊に馬韓では『人民土着』して民生安定していたことがわかる」と記しておられる。もしそうであるなら、近畿の大和地方は三韓と同緯度か更に南に位置するのであるから、穏やかな瀬戸内気候の余沢を受けつつ、この「小氷期」にあってもなお「人民土着」して「民生安定」していた可能性は大いにあるのである。

少なくとも大和地方の「原始的な農業技術はおそらく壊滅的打撃を受けた」との氏の推測は、単なる憶測に留まると考えられる。

更に氏は同じ論文で、「小氷期といっても半球全体が寒冷化するのではなく、優勢な極気団が高温多湿な熱帯・亜熱帯気団の北上を押さえることにより、中緯度以南には却って温暖気候を現出することもあり得る」とされている。実際、山本氏は別の論著である『気候の語る日本の歴史』（そしえて）の一一八頁において、ローマン・フロリダ海退期に重なるローマ時代につき、「しかし、世界全部が寒冷であったのではなく、北ヨーロッパの優勢な寒気団が、亜熱帯気団の北上を塞き止める作用をして、地中海沿岸は、かえって温暖多雨の気候で恵まれる結果になり、それが、ローマ帝国の繁栄を助けたと、フェアブリッジ教授は言っています」と記しておられる。

すると日本においても、列島の北半分が寒冷である反面、南半分が逆に却って温暖多雨で経過した可能性は大いにあり得るのである。山本氏自身もこの点につき、右の文に続いて、「……しかし、このような傾向は、日本付近でも見られます。……長い日本列島の胴体の上半分のほうが冷えますと、つま先のほうは反対に暖まり、胴体から上が暖まりますと、つま先のほうは冷えるという傾向があるのです」と述べておられる。

つまり「小氷期」といっても、各地各様、さまざまな条件が絡むのであり、とりわけ瀬戸内気候・海洋性気候の恩恵を受けていたであろう「倭の地」について、古代ローマ時代のローマ同様、フェアブリッジ曲線のみで一律にその気候を云々することはできないと思われる。

ローマン・フロリダ海退期を示すフェアブリッジ曲線の深い谷は、西暦一五〇年前後を極としており、この時期は丁度倭国大乱の時代にかかっており、気候変動が倭国大乱の一因となった可能性は否定できないとしても、その後の卑弥呼の時代は、この谷底からようやく脱しつつあった時期である。この時期、なお海退期＝小氷期ではあったものの、上に述べたような諸理由もあって、近畿地方の弥生時代初期の原始的な農業技術が「壊滅的打撃を受けた」と断定することは決してできないと思われる。何よりも畿内大和に邪馬臺国が存在し、女王の都する国となっていた事実がそのことを証明している。

⑨'其死　有棺無槨　封土作冢　始死停喪十餘日　當時不食肉　喪主哭泣　他人就歌舞飲酒　已葬　擧家詣水中澡浴　以如練沐

其の死には、棺《死体を直接納める入れ物》有れども槨（かく）《その棺を納める外箱》無し。土を封じて《土を高く盛って》冢を作る。始め死するや停喪（ていそう）《死体を棺に納め殯（もがり）して埋葬を控えること》すること十餘日、時に當りて肉を食はず、喪主（そうしゅ）は哭泣（こくきゅう）し、他人は就（つ）きて歌舞飲酒す。已に葬れば、家を擧げて水中に詣（いた）りて澡浴（そうよく）《禊祓いである。死の汚れを清める行為》すること、以て練沐（れんぼく）《一周忌を過ぎた頃、練衣（ねりぎぬ）を着て、沐浴する中国古代の習俗を意味するとの従来の解釈に対し、佐伯氏は、練に洗う意味があるので、練沐は単に洗沐の意かとする》の如し。

⑩其行來渡海詣中國　恒使一人　不梳頭　不去蟣蝨　衣服垢汚　不食肉　不近婦人　如喪人　名之爲持衰　若行者吉善　共顧其生口財物　若有疾病　遭暴害　便欲殺之　謂其持衰不謹

其の行來（こうらい）・渡海して中國に詣（いた）るに、恒に一人をして頭を梳（くしけずら）ず、蟣蝨（きしつ）《しらみ》を去（のぞ）かず、衣服は垢つき汚れ、肉を食わず、婦人を近づけず、喪人（そうじん）《喪に服する人》の如くせしむ。之を名づけて持衰（じさい）と爲す。若し行く者、吉善（きちぜん）なれば、共に其の生口（せいこう）《捕虜・奴隷・家畜などを指す》財物を顧（むく）ゆ。若し疾病有り、暴害に遭えば、便（すなわ）ち之を殺さんと欲（す）。謂わく、其の持衰謹しまずと。

持衰の俗や「顧」字の訓みに関しても古来、多くの論があるが、割愛したい。危険な渡海の害を避けるために設けられた古代航海者らの呪術の一端を語る文である。

⑪出真珠・青玉　其山有丹　其木有枏・杼・豫樟・楺・櫪・投・橿・烏號・楓香　其竹　篠・簳・桃支　有薑・橘・椒・蘘荷　不知以爲滋味　有獮猴・黒雉

　真珠《白珠ともいう》・青玉《硬玉のヒスイ。その産地は日本では新潟県糸魚川周辺のみが知られている》を出す。其の山には丹《丹砂・辰砂。硫化水銀からなる赤色の鉱物》有り。其の木には、枏（だん）《クスノキ》・杼（ちょ）《トチ》・豫樟（よしょう）《クスノキの一種》・楺（じゅう）《ボケ》・櫪（れき）《クヌギ》・投（とう）《那珂通世説に柀＝杉の誤りかと》・橿（きょう）《カシ》・烏號（うごう）《ヤマグワ》・楓香（ふうこう）《カエデ》有り。其の竹には篠（しょう）《シノダケ》・簳（かん）《ヤダケ・矢を作るに適す》・桃支（とうし）《篾＝ベツ・カヅラダケ》あり。薑（きょう）《ショウガ》・橘（きつ）《柑子・コウジで日本の在来種。他方、タチバナは外来種》・椒（しょう）《サンショウ》・蘘荷（じょうか）《ミョウガ》有るも、以て滋味と爲すことを知らず。獮猴（みこう）《オオザル》・黒雉（こくち）《ニホンキジの雄》有り。

Ⅳ倭人の社会と管理の構造

●卜占と会同坐起と法制

⑫其俗擧事行來　有所云爲　輒灼骨而卜　以占吉凶　先告所卜　其辭如令龜法　視火坼占兆

　其の俗、擧事（きょじ）・行來に、云爲（うんい）する所有れば、輒（すなわ）ち骨を灼（や）きて卜（うらな）い、以て吉凶を占（み）る。先ず卜う所を告ぐ。其の辭は令龜（れいき）の法の如く、火坼（かたく）《焼いてできた裂け目》を視て兆（きざし）を占う。

「骨を灼（や）きて卜」う法、いわゆる「ふとまに・太占」は、諸事の吉凶を占う古代の卜占であり、古代中国では「令龜の法」つまり亀の甲を焼いてその裂け目の形で占ったが、『古事記』によれば、古代日本では龜の甲の代わりに鹿の肩甲骨を用いたことが知られる。

☆男女平等社会の一断面――「其の會同坐起には、父子・男女の別無し」

⑬其會同坐起　父子男女無別　人性嗜酒〈魏略曰　其俗不知正歳四節　但計春耕秋收爲年紀〉見大人所敬但搏手以當脆拝　其人壽考　或百年　或八九十年

其の會同坐起には、父子・男女の別無し。人の性、酒を嗜（たしな）む。〈魏略に曰く、其の俗、正歳（せいさい）四節（しせつ）を知らず、但（ただ）、春耕・秋收を計りて年紀と爲す〉。大人の敬（うやま）われる所を見るに、但（ただ）、手を搏（う）ち、以て脆拝（きはい）に當つ。其の人、壽考（ながいき）にして、或いは百年、或いは八、九十年なり。

女王国、つまり女王を共立した邪馬臺国連邦の国々は、主に古い母系母権的習俗を色濃く残す土着民の国々であって、母系母権制社会の常として、男女・長幼の平等な社会であったと思われ、その一面を語るものが右の「其の會同坐起には、父子・男女の別無し」であろう。子を生み育む女性の地位は、それゆえに高く、女性・子供を外敵から守る役割を負っていたであろう男性と、同等かそれに勝る価値を持つ者として尊崇されたのである。それゆえに女王が共立されもしたのであって、既に階級分化の著しい父系父権社会に移行して久しい中国人の目には、この平等社会は、かなり珍奇な社会と見えたに違いない。

「大人」は主に年長の男女で、「下戸」に対応する言葉である。倭国の場合、「下戸」は「大人」以外の一般民を意味するのであろう。

『魏略』に「其の俗、正歳四節を知らず、但、春耕・秋收を計りて年紀と爲す」とあるのは、女王国は暦術を知らず、自然太陽暦に従って田を耕す時期や収穫の時期を計って年を数えているとの意味であろう。四季の明確な倭地にあって、農耕に必要な能力・知識は、必ずしも暦通りではない微妙な季節の推移を察知する能力であり知識であったと思われる。こうした能力・知識は、暦術のような机上の知識ではなく、その土地に根差した経験によって培われる能力・知識であって、これを優れて有する者が「大人」として尊敬されたに違いない。

「手を搏ち、以て脆拝に當つ」につき、佐伯氏は「大人」への恭敬の礼として、「脆拝」をしないで、単に両手を打ちあわせるだけなのは、倭の「大人」が、一般民衆と隔絶した地位にいなかったことを暗示している。

と説かれている。その通りと思われる。「大人」に対する柏手だけの礼儀は、「其の會同坐起には、父子・男女の別無」き平等社会のありようの一側面であろう。

平等社会はまた長寿社会でもある。「其の人、壽考（ながいき）にして、或いは百年、或いは八、九十年なり」は必ずしも誇張ではなかったであろう。

☆プナルア婚社会の一断面──「其の俗、國の大人は皆四、五婦。下戸も或いは二、三婦」

⑭其俗　國大人皆四五婦　下戸或二三婦　婦人不淫　不妒忌　不盜竊　少諍訟

其の俗、國の大人は皆四、五婦。下戸も或いは二、三婦。婦人淫（みだ）れず、妒忌（とき）せず。盜竊せず。諍訟少なし。

大人は皆、四、五人の妻を持ち、下戸も或いは二、三人の妻を持つとは、モルガンのいうプナルア婚家族制度を男の側から見た状況である。古い母系母権制を持つ氏族社会ではA氏族内の男兄弟たちは別のB氏族内の女姉妹たちと互いに集団的な婚姻関係を持つ、生まれた子等は母の所属するB氏族に属し（故に母系氏族である。A氏族も同様）、女姉妹たちは生まれた子の共通の母である。A氏族の男兄弟たちは、その子等の共通の父ではあるが、彼らはA氏族内の自分の実の姉妹たちの子等の面倒を見る。

このようなプナルア婚家族の社会では女も四、五人の夫、或いは二、三人の夫を持つのである。『後漢書』

倭伝はこのような古い家族制度を理解できておらず「國の大人は皆四、五婦。下戸も或いは二、三婦」を、後の父系父権的な習俗によって解釈して、「倭國には女子が多い」などと記している。

この古い家族形態であるプナルア婚家族からなる社会では、当然のことに婦人も夫を共有しているのであって、そこに、女子に貞操を要求するに至った父系父権社会のごとき姦淫・嫉妬の罪の発生する素地は無い。「婦人淫れず、妒忌せず」とある通りである。

この原始的家族制度を保持する社会にあって、財産は個々人ではなく氏族に属しており、この氏族共同体が共同で子を守り育て、氏族員の全ては互いに富を分け合う関係にあるので、原則として窃盗の発生する余地はなく、争いも稀であった。「盗竊せず。諍訟少なし」とある通りである。

牧畜の発達によって早くに父系父権制社会に移行していた大陸の部族、例えば夫余（＝扶余）などでは、『魏志』夫余伝に「男女、淫れ、婦人、妒（ねた）めば、皆、之を殺す」とある。既に婦人には厳しく貞操が求められ、現代社会同様に、姦淫・嫉妬が日常となっていた社会である。魏の社会も同様であって、このような社会に育った魏使の目に、倭地になお普遍的であったプナルア婚社会の実相は、その氷山の一角しか見えていない。

⑮其犯法　輕者没其妻子　重者滅其門戸及宗族　尊卑各有差序　足相臣服

其の法を犯すや　輕き者は其の妻子を没し、重き者は其の門戸及び宗族を滅す。尊卑各差序有りて、相臣服するに足る。

氏族員の一人が罪を犯せば、氏族が共同責任を負った。罪が軽い場合は、婚姻関係を有した別氏族との婚姻関係が絶たれる程度で済んだが（罪を負った氏族内の男性に関しては、その妻子を没することになり、女性に関しては、その夫を没する、ということになる）、重い場合は、その氏族全員が社会から排除されたのである。こうした次第が「輕き者は其の妻子を没し、重き者は其の門戸及び宗族を滅す」と、一面的に表現されたのであろう。

●租税と交易と検察

⑯収租賦　有邸閣　國國有市　交易有無　使大倭監之

租賦（そふ）を収むるに、邸閣（ていかく）有り。國國に市有り、交易の有無、大倭（だいわ）をして之を監せしむ。

「租賦」とは租税のことであるが、実態はその部族社会の共有財産であり、長期保存が可能な諸物資を、共有財としてまとめて大きな倉庫に収納したのであり、邸閣とはその倉庫であろう。

國々の市を監督する「大倭」なるものの実体は不明である。中央から派遣された官吏のような存在とする見解や、各地がそれぞれに選んだ大人のうち、市を監督する者をそう呼んだとする説などがあり定見は無い。前者であれば市における交易を中央の邪馬臺国女王が監督検閲する制度が整っていたことになり、後者であれば、市場の管理は各地毎の自治に委ねられていたことになる。

⑯'自女王國以北　特置一大率　検察諸國　諸國畏憚之　常治伊都國

女王國自（よ）り以北には、特に一大率（いちだいそつ）を置き、諸國を検察せしむ。諸國、之を畏憚（いたん）す。常に伊都國に治（ち）す。

女王国より以北とは、例によって、邪馬臺国連邦より西の諸国、つまり、まずは、それぞれに王を持つ狗邪韓国・対馬国・一支国・末盧国・伊都国の五カ国を指す。これらを検察する官として一大率が置かれた。これは女王直轄の官であろう。邪馬台国連邦に属さないが、各自の王を戴きつつ邪馬台国連邦と連合関係を結んでいた諸国、つまり右の五カ国を検察指導する女王直轄の官である。しかしこの一大率は、五カ国のみならず、邪馬臺国連邦の北九州にあった諸国にもその権限を及ぼし得たと考えて不都合はないと思われる。「諸國、之を畏憚す」というので、九州諸国に対して軍事・交易を含む諸般を管轄した後の筑紫大宰率に似た存在であろう。

⑰於國中有如刺史　王遣使詣京都・帯方郡・諸韓國及郡使倭國　皆臨津捜露　傳送文書　賜遣之物詣女

王　不得差錯

國中に於いて刺史の如く有（た）り。王、使を遣わして京都（けいと）・帯方郡・諸韓國に詣（いた）り、及び郡の倭國に使するや、皆津に臨みて捜露（そうろ）《捜し露わすこと》し、文書・賜遺（しい）の物を傳送して女王に詣（いた）し、差錯（ささく）《誤り間違えること》するを得ず。

「刺史」に関する陳寿自身の認識については、佐伯氏が魏志巻十五巻末の「評語」を引いて、次のように解説されている（前掲『魏志倭人伝を読む　上』二一一頁）。

倭人伝の撰者陳寿は、みずから『魏志』巻十五（揚州刺史の劉馥（りゅうふく）らの伝）の巻末「評語」において、「刺史」に関して、「漢の季（すえ）自（よ）り以来、刺史は諸郡を総統し、政を外に賦（し）く。曩時（のうじ）《先時の意》の若（ごと）く之を司察する而已（のみ）に非ず」と述べている。つまり後漢の末期から刺史は、州のなかの諸郡を全体的に取り締まり、郡の外にあって行政を広く行ない、先の時代のように、ただ監察するだけではなくなったと、陳寿は地方行政における「刺史」の権限が、往時とは違って強力なものとなっていると指摘しているのである。

佐伯氏はここで強調していないが、刺史は被管諸郡のみならず、当該諸郡の外にもその権能を及ぼす存在となっている点に注目したい（傍線部）。これは丁度、伊都国内に置かれた一大率の在りように似ている。一大率もまた、「常に伊都國に治す」のではあるが、伊都國内のみではなく、その外にも権能を及ぼす存在である。「國中に於いて刺史の如く有り」とは、従って、佐伯氏の云う所に反して、やはり、一大率に関わる文言であったと考えて読み下すのが適切であろうと思われる。「國中」とはここでは「女王國自り以北（実は以西）」の諸国全般、ないし、より漠然と一大率の権能が及ぶ北九州諸国を指す語であったと考えるのがよいのではないか。一大率はこれら諸国に対して、中国の刺史の如く、後の筑紫大宰率の如く、広く権能を及ぼしたのである。

一大率は、かくして京都（魏の都）・帯方郡・諸韓國との交渉に当っても、文書・賜遣の物を検察して女王に送り届け誤りの生じぬようにする役割を負った。「皆津に臨みて」以下の読み方は様々に提案されているが（佐伯氏前掲書二一六〜二一八頁）意味するところに大差はないようである。

⑱下戸與大人相逢道路　逡巡入草　傳辭說事　或蹲或跪　兩手據地　爲之恭敬　對應聲曰噫　比如然諾

下戸、大人と道路に相い逢えば、逡巡《後ずさりすること》して草に入り、辭を傳えて事を說くには、或いは蹲（うずくま）り或いは跪（ひざまづ）き、兩手は地に據（よ）り、之が恭敬を爲す。對應の聲を噫（え・い・えい・あい）と曰う。比（くら）ぶるに然諾（ぜんだく）《承諾すること》の如し。

下戸が大人に道で遭って事を伝える際の仕草が語られているが、下戸が後ずさりして草むらに入り蹲跪して、手を地面に付く動作は、⑬に「大人の敬われる所を見るに、但、手を搏ち、以て脆拝に當つ」とあるのと比べて、相当に畏まった下戸の姿である。⑬とは依拠した資料や状況が異なっていたのであろう。⑬にいうところと余りに相違するので、⑱は、或いは、「大人」に魏使が同伴していた折の状況であって、「下戸」が、むしろその魏使を敬い畏れた所作であったかとも疑われる。何はともあれ、日常を語る⑬とは状況のかなり異なる場面での下戸と大人の関係を語る文には違いない。

V倭の女王卑弥呼の誕生

●倭国の乱と女王の共立

⑲其國本亦以男子爲王　住七八十年　倭國亂　相攻伐歷年　乃共立一女子爲王　名曰卑彌呼　事鬼道能惑衆　年已長大　無夫壻　有男弟　佐治國　自爲王以來　少有見者　以婢千人自侍　唯有男子一人給飲食　傳辭出入居處　宮室・樓觀・城柵嚴設常有人持兵守衞

其の國、本（もと）亦、男子を以って王と爲す。

住（とどま）ること七、八十年、倭國亂れ、相攻伐すること歴年、乃（すなわ）ち一女子を共立して王と爲す。名づけて卑彌呼（ひみこ）と曰う。鬼道に事（つか）え、能（よ）く衆を惑わす。年、已（すで）に長大なるも　夫壻（ふせい）無く、男弟有り、佐（たす）けて國を治む。王と爲りし自（よ）り以來、見る有る者少なく、婢千人を以て自ら侍（はべ）らしむ。唯（ただ）男子一人有り、飲食を給し、辭を傳えて居處に出入りす。宮室・樓觀・城柵、嚴（おごそ）かに設け、常に人有り兵《武器》を持ちて守衞す。

「其國本亦以男子爲王　住七八十年」とある「住七八十年」の「住」を「往」の異体字と考え「以往」の意味として、「これより先」の意味とする見解があるが（井上光貞氏説）、佐伯氏は「住」を「往」の代わりに用いる実例が示されなければ俄かには従い難いとする。山尾幸久氏も、「住」はじっと立って動かない意であり、「往」はうろつきまわる意であって、両者が通用されるとする井上説は肯首し難いとする。実際、「これより先」では、何時の時点が基準になっているか曖昧であり、文として不自然であろう。「住」は、やはり従来通り、「とどまる」と読む。

女王卑弥呼が共立されるまで、七、八十年間、王であった男王とは、⑤”で見た通り、一〇七年十月、後漢の安帝に奉獻した「倭國王帥升」とその男裔である。故に「其の国」とは、言うまでもなく倭国である。帥升＝須佐之男命以下、七、八十年間の男王は、ⅰ八嶋士奴美（蘇我能由夜麻奴斯弥那佐牟留比古夜斯麻斯奴）、ⅱ布波能母遲久奴須奴（布波能母知汙那須奴）、ⅲ深淵之水夜礼花（深淵之水夜礼花）、ⅳ淤美豆奴（意弥都奴）＝八束水臣津野命あたりまでの男王であり、既述の通り、「倭國亂れ、相攻伐すること歴年」の結果、淤美豆奴は一族を率いて出雲に国を退（ひ）き、代わって卑弥呼が共立されて邪馬臺国連邦・邪馬臺国連合が成立する。

三世紀半ばになって、南韓にあった辰王朝の父系王統が魏によって押し出され、倭国に活路を求めた時

（その初代が、述べた通り孝霊天皇である）、出雲の帥升王統が、この天皇祖族に国を譲る形でこれと結託したことを考えれば、帥升王統は元来、辰王と同系の大陸系父系父権制王統であったと考えられる。帥升王統は西暦一世紀の後半の半世紀をかけ、奴国を含む土着系部族諸国を侵略征服して倭国を統一、西暦一〇七年、帥升の時、倭国王として後漢に奉献した。狗邪韓国などは、この帥升王権が成立したときには既に倭国の領土に組み込まれていたのではないか（第十八節の補論4も参照）。その後、iii深淵之水夜礼花の後半からiv淤美豆奴の初めにかけて、奴国を含む土着系部族が独立戦争を仕掛けて帥升王統を退け、邪馬臺国連邦・邪馬臺国連合を樹立したと考えられる。この倭国大乱の時代は、⑨に述べたフェアブリッジ曲線が丁度ローマン・フロリダ海退期と呼ばれる深い谷の底に当たる時代、つまり歴史時代で最も過酷な小氷期真っ只中の時代であり、かかる気候の悪化が帥升王統の傾国に拍車をかけた可能性は否定できないであろう。邪馬臺国の時代は、このローマン・フロリダ海退期に当たる凹カーブが、漸く底を脱して少しずつ上昇に転じてゆく時代に当っている。

卑弥呼は日御子であろう。太陽＝日の女神を崇拝する原始宗教の巫女・シャーマンとして神に仕える女性、或いは、むしろ、その日の女神の御子として崇敬を集めた女性であったと思われる。邪馬臺国連邦は、この日の女神を共通の崇拝対象とする国々のあつまりである。鏡は日の女神の御魂であり、女王国統合の象徴としての呪器であった。

卑弥呼は生涯独身を通したらしく、弟が助けて国を治めたというので、古代部族社会にしばしば見られる複酋長制の祖形であるヒメヒコ政治体制が取られていたと考えられる（未開部族社会の複酋長制の例は少なくない。周知の如く、佐喜真興英氏の『女人政治考・霊の島々』（新泉社）には、古代琉球にも「キコエ大君」という女王が男王とともに複酋長制を形成していた時代のあったことが説かれている。この「キコエ大君」は後世的修飾を受けつつ長く存続してきたものであり、日の神を祀り、日の神と共に在ったかつての女王の存在を伝える制度的化石である）。

「見る有る者少なく、婢千人を以て自ら侍らしむ」という文は矛盾を含む。「婢」千人もの人々が日常的に接している女王である。「見る有る者少なく」とはとても言えないであろう。男たちが容易に近づけなかったにすぎまい。また、その「婢千人」を「自ら侍らしむ」とある。それなら「婢」は自発的に陪侍する自由人たちであって、「婢」というのは当たらないのではないか。山尾幸久氏の言法を借りて言えば、彼女らは、邪馬臺国連邦各地から参集していた「宮廷巫女団」（「二、三世紀の西日本の動乱」、『高地性集落と倭国大乱』〈雄山閣〉所収、二七七頁）とでもいうべきものではなかったか。

『魏志』の文のこのあたり、魏の人々の偏った理解の仕方によって真実が覆われているように思われる。このような文章から卑弥呼の実像を空想するのは避けた方がよさそうである。

「唯男子一人有り、飲食を給し、辭を傳えて居處に出入りす　宮室・樓觀・城柵、嚴かに設け、常に人有り兵を持ちて守衞す」は、そのまま理解する他にない。暗殺・戦乱から女王を守るために備えられた建物や人員配置であろう。

☆『魏志』云う「女王國の東、海を渡ること千餘里」にある倭種の国とは、佐渡あるいは北海道である

●倭国周辺の地理像

⑳女王國東渡海千餘里　復有國　皆倭種　又有侏儒國在其南　人長三四尺　去女王四千餘里　又有裸國・黒齒國　復在其東南　船行一年可至
参問倭地　絶在海中洲島之上　或絶或連　周旋可五千餘里

女王國の東、海を渡ること千餘里、復た國有り、皆、倭種なり。又、侏儒（しゅじゅ）《こびと》國有りて其の南に在り。人の長（たけ）三、四尺、女王を去ること四千餘里なり。又、裸國（らこく）・黒齒國（こくしこく）有り。復（ま）た其の東南に在り。船行すること一年にして至る可し。

倭地を参問するに、絶えて、海中、洲島の上に在り。或いは絶え或いは連（つら）なり、周旋（しゅうせん）すること五千餘里可（ばか）りなり。

初めの「女王國の東、海を渡ること千餘里、復た國有り、皆、倭種なり」については、⑤"に述べた通り、魏の時代の東夷の地図には、北から南へと延びる異常な形の女王国＝邪馬臺国連邦である本州の東に（従って正しくは北に）佐渡もしくは北海道が海を隔てて描かれていたと思われ、この覚束ない地図に基づく記事であったと考えられる（故に既述の通り『後漢書』がいう拘奴国とは関係がない）。この地図には、その南方に侏儒國、更にその東南に裸國・黒齒國など、伝説上の国々も描かれていたのであろう。

倭地とその周辺の地理的記載の最後に「倭地を参問するに、絶えて、海中、洲島の上に在り。或いは絶え或いは連なり、周旋すること五千餘里可りなり」とある。その「周旋」には二通りの解釈があり、周囲五千餘里ばかり、とする解釈と、北から南へうねうねと五千餘里ばかり島々が続く意味とする解釈（山田孝雄氏の前掲「狗奴国考」など）がある。この二説につき、佐伯氏は後者の説を否定して、やはり前者、周囲五千餘里ばかりの意味が正しいとする（同氏前掲『魏志倭人伝を読む　下』六〇～六二頁）。こちらであれば、倭地＝日本列島は長さ二千里ほどの長辺を持つ長方形の内に含まれる大きさとなる。これは狗邪韓国から末盧國までの海峡の距離にほぼ等しい長さであり、倭地はこの長さを以て北から南へ伸び、会稽東冶の東に達する海中の島国となる。冒頭に述べた「混一疆理歴代国都之図」の日本列島が、これに近い配置で描かれている（つまり、狗邪韓国から末盧国までの海峡の幅と、南北に長い日本列島の長さがほぼ等しい距離で描かれている。但し、この「混一疆理歴代国都之図」では、列島は会稽東冶の東より更に南の海南島のあたりにまで達している）。

Ⅵ倭国と魏帝国との交渉

●景初の遣使と魏の少帝の詔書

㉑景初二年六月　倭女王　遣大夫難升米等　詣郡　求

詣天子朝獻　太守劉夏　遣吏　將送詣京都

景初二年《景初三年・二三九年の誤りとするのが通説》六月、倭の女王、大夫難升米（なんしょうべい・なしゃめ）等を遣して郡に詣（いた）らしめ　天子に詣りて朝獻せんことを求む。太守劉夏、吏を遣わし、將（ひき）い送りて京都に詣らしむ。

景初二年・西暦二三八年は、魏が公孫氏を滅ぼして、楽浪郡・帯方郡を含む遼東四郡を悉く支配下に置いた年である。

『魏志』巻八の公孫度条に「景初二年春、太尉司馬宣王（司馬懿）を遣して淵（度の孫で二三三年に、呉の使者の首を魏に送ったので魏は大司馬に拝し楽浪公に封じていた）を征（う）たしむ」とあり、同条や晋書宣帝本紀によれば、その六月、司馬宣王指揮下の魏軍は遼東に至り、雨期を凌いだ後の八月、襄平（ジョウヘイ。遼東郡の治所。現在の遼陽市）を陥し、淵親子を斬り、城内では男子十五歳以上七千餘人を皆殺しにし、将軍畢盛ら二千餘人を殺戮、戸四萬、口三十餘萬を収めたという。『魏志』公孫度条には、「淵の首を洛陽に伝え、遼東・帯方・楽浪・玄菟、悉く平らぐ」とあり、その末に「始め（公孫）度、忠平六年《一八九年》を以て遼東に拠り、淵に至るまで三世（度―康―淵）、凡そ五十年にして滅ぶ」とある。

『魏志』東夷伝の初めには「公孫淵の仍父祖三世、遼東に有り、天子、其の絶域なるが為、委ねるに海外の事を以てする。遂に東夷を隔断して諸夏に通ずるを得ざらしむ。景初中、大いに師旅《軍隊》を興し淵を誅するに、又潜（ひそ）かに軍を海に浮かべ、楽浪・帯方の郡を収む。而して後、海表、謐然《平穏なること》として、東夷、屈服す」とあり、『魏志』韓伝にも「景初中、明帝、密（ひそか）に帯方太守の劉昕（リュウキン）と楽浪太守の鮮于嗣（センウシ）とを遣し、海を越えて二郡を定めしむ」とあるので、魏軍は北からの陸路と南からの海路によって公孫氏を挟み撃ちにして殲滅したのである。

魏はこの後、公孫氏に代り、楽浪・帯方郡を通じて韓・倭を支配下に置くことになった。

卑弥呼の魏への遣使は、かくしてその翌年、景初三年・二三九年である。

㉒其年十二月　詔書報倭女王　曰「制詔親魏倭王卑彌呼　帶方太守劉夏　遣使　送汝大夫難升米・次使都市牛利　奉汝所獻男生口四人・女生口六人・班布二匹二丈　以到　汝所在踰遠　乃遣使貢獻　是汝之忠孝　我甚哀汝　今以汝爲親魏倭王　假金印紫綬裝封　付帶方太守假授　汝其綏撫種人　勉爲孝順汝來使難升米・牛利渉遠　道路勤勞　今以難升米爲率善中郎將　牛利爲率善校尉　假銀印青綬　引見勞賜遣還　今以絳地交龍錦五匹・絳地縐粟罽十張・蒨絳五十匹・紺青五十匹　答汝所獻貢直　又特賜汝紺地句文錦三匹・細班華罽五張・白絹五十匹・金八兩・五尺刀二口・銅鏡百枚・真珠・鉛丹各五十斤皆裝封　付難升米・牛利　還到録受　悉可以示汝國中人　使知國家哀汝　故鄭重賜汝好物也」

其の年十二月、詔書して倭の女王に報（こた）えて曰（いわ）く、「親魏倭王卑彌呼に制詔す。帶方の太守劉夏、使いを遣わして、汝の大夫難升米・次使都市牛利（とぢぎょり・とぢぐり）を送り、汝の獻ずる所の男生口四人・女生口六人・班布《縞もしくは絣（かすり）の織物。木綿（ユウ）の布である。中国では、古貝・古終・吉貝などと呼ばれる草木から採取される綿で織る》二匹二丈《一匹は四丈。二匹二丈は十丈。一丈は十尺ゆえ、百尺。我が大化改新詔でも一匹＝疋は長さ四丈であり、巾は二尺半であった。これが古来の中国の制に則った一匹の大きさであったとすれば、卑弥呼が送った布の幅も二尺半であろう》を奉り、以て到る。汝の在る所は踰（はる）かに遠きも、乃ち使を遣わして貢獻す。是れ汝の忠孝、我、甚だ汝を哀（あわ）れむ。今、汝を以て親魏倭王と爲し《同時期の類似の称号に「親魏大月氏王」あり》、金印紫綬を假し《佐伯氏によれば、魏の「金印紫綬」をともなう爵位の制は、黄初三年・二二二年に設けられた》、裝封して帶方太守に付し假授せしむ。汝、其れ種人《夷狄における同一種族の人を言う》を綏撫（すいぶ）し、勉（つと）めて孝順を爲せ。汝が來使難升米・牛利、遠きを渉（わた）り、道路にて勤勞せり。今、難升米を以て率善中郎將と爲し《率善中郎將という官職は『魏志』ではここのみに見えるものであるが、後漢の時代に蛮夷に授与する官職として例があり、魏はこれを踏襲して、倭の難升米に与えたのである》、牛利を率善校尉と爲して《率善校尉という官職も『魏志』ではここのみに見られるが、やはり後漢の制を踏襲したとされる。『魏志』韓伝に「辰王は、月支国に治す。……其の官に魏の率善邑君・帰義侯・中郎將・都尉・伯長有り」と見えるので、もしこれを「率善」を略した列挙とみれば、率善中郎將の例になる。因みに「中郎將」・「校尉」を称する後漢の官職は、いずれも「比二千石」の高官である》、銀印青綬を假し、引見し勞（ねぎら）い賜いて遣わし還す。今、絳地（こうち）交龍錦《絳地＝濃赤色地で蛟龍紋様のある錦。錦は金糸を織り込んだ帛＝絹織物》五匹・絳地縐粟罽（すうぞくけい）《濃赤色地でちぢみ織りの毛織物》十張・蒨絳（せいこう）《茜染めの布》五十匹・紺青（こんじょう）《紺青色の布》五十匹を以て、汝の獻貢する所の直（あたい）に答う。又、特に、汝に紺地句文錦（こんじくもんきん）《紺地で曲紋のある錦》三匹・細班華罽（さいはんかけい）《細かくまだらに花模様のある毛織物》五張・白絹五十匹・金八兩・五尺刀二口・銅鏡百枚・真珠《パールではなく、顔料の真朱であろうという》・鉛丹《これも鮮紅色の顔料》各五十斤を賜い、皆裝封して難升米・牛利に付く。還り到らば録受し、悉く以て汝が國中の人に示し、國家の汝を哀（あわ）れむを知らしむ可し。故に鄭重に汝の好物を賜う也」

女王が魏に獻上した男生口四人・女生口六人・班布二匹二丈のうちの男女の「生口」につき、奴隷、捕虜、技術者、研修生などと解する見解があって、真相は不明である。

魏からは、女王宛に、女王の好物として鏡百枚が送られている。魏はこの後も、臺與の代に至るまで、しばしば鏡を女王に送ったと思われる。のちの古墳に少なからず鏡が収められているが、女王が配布したものを侵略側が悉く接収したのち、非侵略側つまり邪馬臺国連合側を懐柔する具として利用しつつ、改めて各地に配布したものが多いであろう。

女王からの貧弱な献上品に比べ、魏の答礼の品々は法外に気前がよい。当然そこには魏側の計算があったのであり、今後の朝鮮政策、具体的には高句麗・韓（辰王朝）を制圧する目論見があった。西嶋定生氏が指摘する如く、更に、南方の呉国との対立関係にも関わることであろう。

女王側も、当然そうした魏の目論見については警戒していたはずであり、朝鮮半島が征服された後には、禍が海を越える可能性を考えていなかったはずはない。従って、女王側は、例えば邪馬臺国の正確な地理などは魏に教えてはいない。礼を失することではあるが、当然のことである。こうした次第が、魏の頓珍漢な倭国理解の一因であり、『魏志』の頓珍漢な地理的理解の根因でもあろう。

女王から魏へのいち早い朝貢は先ずは鬼宥めである。しかし、女王が魏から親魏倭王の印綬を仮綬されたとは、女王国が、好むと好まざるとに拘わらず、魏の軍事同盟に参加せしめられたことに他ならない。

●正始の遣使と難升米への黄幢仮綬

㉓正始元年　太守弓遵　遣建中校尉梯儁等　奉詔書印綬　詣倭國　拜假倭王　并齎詔　賜金帛・錦・罽・刀・鏡・采物　倭王因使上表　答謝詔恩

正始元年《二四〇年》、太守弓遵（きゅうじゅん）、建中校尉の梯儁（ていしゅん）等を遣わし、詔書・印綬を奉じて倭國に詣り、倭王に拜假し、并（なら）びに詔を齎らし、金・帛・錦・罽・刀・鏡・采物を賜う。倭王、使に因りて上表し、詔恩に答謝す。

明帝は景初三年の正月朔丁亥に崩去。即日、斉王が即位し、同年の十二月に、夏王朝の暦、夏暦を用いる詔令を下し、夏暦に則って、翌年景初四年正月を景初三年の「後の十二月」とし、景初四年二月が正始元年正月とされた。この年、㉒の内容をしたためた運命の詔書と親魏倭王の印綬、きらびやかな贈答品が到着した。中に女王の「好物」、鏡が含まれている。「卑弥呼の鏡」である。

㉔其四年　倭王　復遣使大夫伊聲耆・掖邪狗等八人上獻生口・倭錦・絳青縑・緜衣・帛布・丹木拊短弓矢

掖邪狗等　壹拜率善中郎將印綬

其の四年《二四三年》、倭王、復（ま）た使大夫伊聲耆（いせいき）・掖邪狗（えきやく）等八人を遣わして、生口・倭錦・絳青縑（こうせいけん）《縦糸と横糸が赤と青の異なる色で織られた絹織物という》・緜衣《真綿入の衣。真綿は絹綿である》・帛布《白絹の布かという》・丹木拊《拊は弣（ゆづか）の誤りかという。丹木拊は、丹の木弣か、丹木の弣か。丹木は赤木》の短弓・矢を上獻す。掖邪狗等、壹（みな）率善中郎將の印綬を拜す。

女王からの上獻品は、初回より多彩になっている。魏からの気前のよい贈答品に対する、精一杯の答礼品であったのであろう。魏は使者八人全員に率善中郎將の印綬を与えてこれに報いている。軍事同盟参加への見返りであれば安いものである。

㉕其六年　詔賜倭難升米黄幢　付郡假授

其の六年《二四五年》詔して倭の難升米に黄幢を賜い、郡に付して假授せしむ。

魏の本性はいよいよ露わである。倭の難升米に与えられた黄幢とは軍旗である。翌年から本格的に始まる対韓作戦に、女王国の「顔の見える貢献」が期待されていたに違いない。

『魏志』韓伝に、「景初中、明帝、密に帯方太守の劉昕と楽浪太守の鮮于嗣とを遣し、海を越えて二郡を定めしむ」とあることは上に見た所であるが、その後に「諸韓國の臣智《有力首長》に邑君の印綬を加賜し、その次には邑長を與（あた）う」とあって、魏はこれによって韓国への統治圧力を強めた如くである（『魏志』韓伝にはこの前段に、前引の如く「辰王は、月支国に治す。……其の官に魏の率善邑君・帰義侯・中郎將・都尉・佰長有り」とあって、魏は韓の臣智に邑君以外にも序列を以て諸種の官を授けている）。

然るにその後、魏と韓との間で戦が起き帯方郡太守弓遵が戦死したとの記事が出る。曰く、

部従事呉林以楽浪本統韓國　分割辰韓八國以與楽浪　吏譯轉有異同　臣智激韓忿　攻帯方郡崎離營　時太守弓遵　楽浪太守劉茂　興兵伐之　遵戦死　二郡遂滅韓

部従事の呉林（ごりん）、楽浪は本より韓國を統（す）ぶるを以て、辰韓八國を分割し、以て楽浪に與（あた）う。吏譯の轉（うつ）すに異同有り。臣智は韓の忿りを激せしめ《或いは、「臣智は激し、韓は忿り」》、帯方郡の崎離營（きりえい）を攻む。時に太守の弓遵、楽浪太守の劉茂（りゅうぼう）、兵を興して之を伐つ。遵は戦死す。二郡は遂に韓を滅ぼす。

とある。但し、「臣智激韓忿」については末松保和氏の指摘があり、百衲宋本魏志には「臣智激韓忿」ではなく「臣幘沾韓忿」とあるので、「臣幘沾韓が忿り」と読め、その「臣幘沾韓」は馬韓五十餘國の中の臣濆沽國にほかならないであろうとする（『末松保和朝鮮史著作集1』〔吉川弘文館〕二八五頁註65）。辰韓の分割に馬韓の一国、臣濆沽國が怒って戦を始めたということであれば、これは辰王朝と魏との戦であろう。戦は激しく、帯方郡太守弓遵が戦死するほどに及んだ。而してその結末が「二郡は遂に韓を滅ぼす」である。魏にとっては却って予定通りであったろう。

『魏志』斉王芳本紀の正始七年（二四六年）五月条に、

韓那奚等、数十國、各率種落降

韓の那奚等、数十國、各、種落を率いて降る。

とあるのは、この時のことであろうとされる。ここで「那奚」とは『魏志』韓伝に弁辰十二か国が掲げられているうちの冉奚國であろうとされる。この場合、冉は那の誤字とされるが、那の古い異体字に郍があるので、冉は誤字というより、むしろ那＝郍の省文と解し

得る。

ともあれ、魏の圧力によって生じるべくして生じた韓と魏の争いとは、辰王朝と魏との戦乱であり、これによって、韓が、従って辰王朝が滅びたものと考えられる。二四六年五月ころである。魏はこうした争いを予定した上で事を運んでいたと考えられるのであり、二四五年に倭の難升米に黄幢が仮綬された背景に、こうした魏の年来の戦略があったに違いない。

これ以後、辰王朝は韓から姿を消すのであるが、この時、辰王を擁した辰王朝の臣智らは、海を渡り、倭地の南九州、つまり日向の地へと退避し、新天地において再起を図ったものと思われる。その渡海初代の辰王が孝霊天皇であろう。孝霊天皇らは渡海に当り、出雲の帥升王統、つまり狗奴国と、早々と連携を図ったと思われる。

狗奴国はこれに応じて、旧来の宿敵、邪馬臺国連合に反転攻勢をかけ始める。辰王朝側の者で出雲に拠点を得た軍事部族の代表が物部連祖族である（第十節参照）。物部連祖族は当初より天皇祖族と一心同体の如くに血縁を結んでいた父系部族であり、彼らは帥升王統と結託しつつ、邪馬臺国連合を滅ぼしにかかる。

Ⅶ女王卑弥呼から臺與へ

●正始八年の遣使と狗奴国との交戦

㉖其八年　太守王頎到官　倭女王卑彌呼與狗奴國男王卑彌弓呼素不和　遣倭載斯烏越等　詣郡　説相攻撃狀　遣塞曹掾史張政等　因齎詔書・黄幢　拜假難升米　爲檄告喩之

其の八年《二四七年》、太守王頎（おうき）官に到る。倭の女王卑彌呼、狗奴國の男王、卑彌弓呼（ひみきゅうこ）と素（もと）より和せず。倭の載斯（さいし）・烏越（うえつ）等《「載斯・烏越」を「載斯烏越」という一人の名と読む説もある。どちらが正しいのかは不明》を遣して郡に詣り、相攻撃する狀（さま）を説く。塞曹掾史（さいそうえんし）《塞を防備する庁所の官職名》の張政等を遣し、因りて詔書・黄幢を齎（もた）らし、難升米に拜假し、檄を爲（つく）りて之を告喩す。

戦死した弓遵の後継として、二四七年、王頎が着任する。王頎は正始六年（二四五年）、高句麗征討に玄菟郡太守として活躍した人物である。同じ二四五年に詔令によって難升米に与えるとされていた黄幢が、魏による辰王朝討伐戦がひとまず収束した後、二年を隔てて、その王頎の派遣した張政等によって齎された。

なお狗奴國の男王、「卑彌弓呼」を「卑弓彌呼（ヒクミコ）」の誤りとして、日子御子の意味とする説がある。また、「卑彌弓呼素不和」の「素」を、狗奴國男王の名の一部として、狗奴國の男王の名を「卑彌弓呼素」と見る説もある。

しかし、ここはやはり、卑弥呼が、帥升王統である狗奴国（＝国主国＝出雲國）の男王と素（もと）より不和であったと読む従来の読み方が適切であろう。

郡の派遣した張政等は、檄文を作り、難升米に告げ喩した。詔書・黄幢を拝仮された難升米は、女王を代理する軍事指揮官であろう。

倭国内では、既に狗奴国による再侵攻が始まっている。倭はこの状況を郡に報告した。魏にとっては想定内の事態であろう。魏による遼東・朝鮮政策の巨大な余波が、邪馬臺国連合を襲い始める。

●卑弥呼の死と新女王の誕生

㉗卑彌呼以死　大作冢　徑百餘歩　狗葬者奴碑百餘人
　更立男王　國中不服　更相誅殺　當時殺千餘人

　卑彌呼、以て死す。大いに冢を作る。徑は百餘歩。狗葬する者、奴碑百餘人。更に男王を立つるも、國中服さず。更に相誅殺し、當時、千餘人を殺す。

卑彌呼「以て死す」を「以（すで）に死す」と読む訓み方もある。『梁書』倭伝、『北史』倭伝に、「正始中、卑彌呼死す」とある。正始は十年（二四九年）までなので、卑弥呼の死は、正始八年・二四七年から二四九年までの間であり、二四八年頃の死と見ておけば大過ない。

「徑は百餘歩。狗葬する者、奴碑百餘人」は魏使の伝聞による記述であろうと思われ、誇張があろうが、この卑弥呼の墓は、⑨に「其の死には、棺有れども槨無し。土を封じて冢を作る」とあったところの「冢」である。

「奴婢百餘人」を殉葬したというが、弥生時代の墓に、殉死の風習を示す墓は発見されておらず、疑問である。仮に殉死者があったとしても、「奴婢」ではなく、近親同族の奉仕者たちではなかったか。

卑弥呼の墓冢は、たとえ作られていたとしても、天皇祖族による大和平定後に、跡形もなく破壊されたと思われる。

古式前方後円墳である箸墓を卑弥呼の墓とする説などがあって、筆者もかつてこれに賛同したことがあったが、卑弥呼の墓が前方後円墳であったはずはないので、この賛同は撤回する。

㉘復立卑彌呼宗女壹與年十三　爲王　國中遂定　政等以檄告喩壹與

壹與遣倭大夫率善中郎將掖邪狗等二十人　送政等還因詣臺　獻上男女生口三十人　貢白珠五千孔・青大句珠二枚・異文雜錦二十匹

復た卑彌呼の宗女、壹與《臺與の誤りであろう》、年十三なるを立てて王と爲す。國中、遂に定まる。政等、檄を以て壹與に告喩す。壹與、倭の大夫率善中郎將の掖邪狗等二十人を遣わして、政等の還るを送らしむ。因って臺に詣り、男女の生口三十人を獻上し、白珠五千孔・青大句珠二枚・異文雜錦二十匹を貢す。

卑弥呼の後継に男王を立てたが国中承服せず、混乱して互いに誅殺し合い千餘人を殺す事態となり（狗奴国との戦乱と、この時の戦乱を主として示すのが第Ⅵ期の狭義高地性集落遺跡であろう）、卑弥呼の宗女（卑弥呼の子ではなく、卑弥呼と同氏族中の娘であろう）で、十三歳の臺與を立てて王とすることによって混乱が収拾される。壹與は『北史』倭伝、『梁書』倭伝に「臺與」、『太平御覧』所引『魏志』にも「臺擧」とあるので、邪馬臺国の臺と同じく、壹與も臺與の誤りと思われる。

臺與を立てて「國中、遂に定まる」とある。魏の軍旗、黄幢を押し立てて、戦乱は一旦鎮圧されたのであろう。「政等、檄を以て壹與に告喩す」とあるように、邪馬台国連合の背後に魏軍の存在が誇示された結果であろう。然るに、戦乱の鎮静は、いっときに過ぎなかった。

『魏志』倭人伝は、張政らが帰還し、臺與の遣したその送使二十人が、魏の都に至って生口三十人その他を献貢したところで、大団円を迎えるが如くに終るのであるが、邪馬臺国連合が迎えつつあった悲劇は、これから本格的に始まるのである。

こののち、邪馬臺国は、『晋書』武帝本紀、泰始二年（二六六年）十一月条に「倭人、来たりて方物を献ず」とあるのを最後に、中国史書から消息を絶つ。

書紀の神功皇后摂政六十六年紀にも「是年、晋の武帝の泰初二年なり。晋起居中に云わく、武帝の泰初二年十月、倭の女王、訳を重ねて貢献せしむという」とある（「泰初」は「泰始」）。この「倭の女王」は臺與であろう。

結局、臺與の、西暦二六六年の遣使をもって、邪馬臺国から中国への遣使は途絶えたのである。

西暦二六六年といえば、辰王の渡海初代たる孝霊天皇の子、孝元天皇の世の初めごろに当り、孝霊天皇の二王子が針間（播磨）から入って吉備国を平定したという『古事記』の伝えが史実であったとすれば、孝元天皇世代が瀬戸内航路の喉元を押さえたことになって、邪馬臺国から中国への遣使の途絶えた時代と一致する。邪馬臺国から晋への遣使の道がこの頃をもって永遠に絶えたのである。

この後、出雲を拠点とした帥升王統と結託した天皇祖族は、三世紀後半の半世紀をかけ、西から東へ邪馬臺国連合を侵略し滅ぼす。開化・崇神天皇親子の世代において、侵略軍は紀伊国に結集、体制を整えたのち、熊野地方などの背後から邪馬臺国を攻め、最後の牙城を陥して大和朝廷を樹立する。こうして古墳時代が始まる。三世紀末から四世紀初頭にかかる時代である。だからこそ大和の主神は出雲の神々なのであって天照大神ではないのである。

この侵略戦を跡付ける考古学的物証が、第V_2期の狭義高地性集落遺跡である。

女王国の時代の中から、卒然として父系父権王権が誕生し、女王国を引き継ぐ形で前方後円墳時代が始まる、などと信じるのは、夢想でしかない。

補論の補遺

周知の通り、弥生Ⅲ期における北九州の土器と畿内・中国・四国の土器は、互いに独特の地方色を以て発展したことが知られている。たとえば日本考古学協会編『日本農耕文化の生成　第一冊　本文篇』（東京堂出版）十二頁以下において杉原荘介氏は次のように解説している。

北九州地方に発生した城ノ越式土器《弥生第Ⅱ期を代表する城ノ越Ⅲ式土器のこと。畿内第二様式土器に並行する土器である》は、中九州・南九州にまでも影響を与えたが、自らも推移の道をたどり、壺形土器・甕形土器ともに全面丹をもって塗彩して美しく土器を飾る須玖式土器《弥生第Ⅲ期を代表する土器であり、畿内第三様式土器に並行する土器である》が成立し、ますます北九州地方の土器として特色を示す。……

このように、北九州地方においてきわめて地方色の強い土器型式が発達しているとき、一方唐古Ⅱ式土器《畿内第二様式土器を代表する土器である》相応の土器から、櫛目文土器の完成された型式として唐古Ⅲ式土器《畿内第三様式土器を代表する土器である》相応の土器が、畿内・中国・四国の諸地方に発達する。……

このようにして、北九州地方と近畿・中国・四国の諸地方が、明確な地方色を示している時期を、弥生時代の中期と呼ぶこととする《ここで云う「中期」とは、九州編年における「弥生中期」のことで、弥生第Ⅱ・Ⅲ期をいう。畿内第Ⅱ・Ⅲ様式土器に並行する時期である。他方で畿内編年で云う「弥生中期」は、畿内第Ⅱ・Ⅲ・Ⅳ様式土器に並行する時期、つまり弥生第Ⅱ・Ⅲ・Ⅳ期である》。

こうして、弥生第Ⅱ・Ⅲ期における土器文化に、東西の明確な地方色の成立したことが指摘されるのであるが、双方の交流が断たれていたわけではない。杉原氏は続けて次のように指摘する。

しかし、その両者の地方がはっきりした地方色をもったからとしても、そこに関係が断たれたわけではない。千代田遺跡《兵庫県》においては、多分千代田Ⅱ式土器《弥生Ⅱ期の土器》に伴うものとして、城ノ越式土器の甕形土器が存在し、中山遺跡《広島県》においては、中山Ⅳ式土器《弥生Ⅲ期の土器》に須玖式土器相応の土器が共伴していた。……

つまり、弥生Ⅱ・Ⅲ期は、北九州と近畿・中国・四国の両ブロックが、それぞれに明確な地方色を示しつつも、互いの交流もまた維持されている時代である。然るにこの地方色は、第Ⅳ期になると、斉一化に向かう。やはり杉浦氏の解説に（同書十三頁）、

この時期を経過すると、また一つの変化が起ってくる。それは、櫛目文土器が近畿・中国・四国に分布の限界を保っていたのであるが、それがついに九州地方にまで影響を及ぼすようになる。東九州地方における安国寺式土器の出現や、北九州地方の伊佐座式土器《原ノ辻上層式、髙三潴（たかみづま）式土器などと呼ばれる土器で、須玖Ⅱ式から移行した、弥生Ⅳ期を代表する土器》の中に櫛目文手法を見るようになる……。

とある。この種の斉一化は、帥升王統による倭国の第一次統一時代を反映するものと考えられる。

弥生第Ⅰ期の土器である板付Ⅰ土器に、縄文式土器の伝統の強い夜臼式土器が共伴することが多いことなどから、夜臼式土器が縄文式土器の終末の土器型式の一部のものと考えられ、板付Ⅰ式土器が弥生式土器の最古のものであろうとされた。また、この弥生時代の開始を、杉原氏はおよそ紀元前三〇〇年頃に比定した上で、この時代の遺跡や出土品によって、水田による稲作を中心とする農業経営、工作器具としての鉄器の使用（熊本県の弥生Ⅰ期遺跡である斎藤山遺跡の貝塚から鉄器製工具と考えられる斧頭が発見されている）、機織りの開始（福岡県の板付遺跡の弥生Ⅰ期遺跡中か

ら石製・土製の多くの紡錘車が発見されている）などが、弥生時代の開始とともに同時に始められたことを踏まえつつ、次のように述べる（同書一七頁）。

……西暦前三〇〇年前後においては、日本においては勿論、日本に近接する大陸《韓半島のことである》においても、階級社会が発生していた形跡がない。したがって、この新文化の日本への伝播が、族長間の外交関係にのみたよって実施されたのではなく、共同体あるいは民族間の接触によって行われたのであろうと解釈したい。そして、これによって、……日本の農耕文化はかなり原始的な状態の社会から発足したと考えられるのである。

また、山口県の土井浜遺跡の共同墓地は弥生Ⅰ期の埋葬遺跡であるが、副葬品は貝輪・管玉・小玉などの服飾品に限られ、そのうちの特殊の例に著しい副葬品を伴うということはなかったことから、杉原氏は「共同体的な色彩の強い社会を反映し、まだ階級的なそれの面影はみられない」（同書二〇頁）と結論されている。

日本の場合、青銅器は鉄器よりも若干遅れて移入されたとされるが、それらが専ら甕棺の副葬品として発見されることから、武器としてではなく、祭器として用いられたと考えられる。而して、日本が祭器としての青銅器を移入した事実から、杉原氏は「農耕経済を基盤として、かなりの権力を有するものが、はじめて出現してきたことを示しているものであろう」（同書二三頁）とするが、また、「この時期に族長の権力が増長しつつあったとしても、かれらは自分だけの墓地を形成するまでには至っていなかった。それら宝器類を内蔵する甕棺が、共同墓地の中において、他の甕棺類と共存する事実を記憶しておくべきであろう」（同上）と説かれている。こうした状況は弥生Ⅰ期のみならず、農業の発展とそれに伴う人口の増加著しい弥生Ⅱ期・Ⅲ期にも及ぶのである。このⅡ・Ⅲ期の特徴の一つとして、石器製作に計画性が現れてきたことも指摘されている。曰く（同書二一～二二頁）、

……石器の種類もふえるとともに、石器の原料

と製品の器形が斉一化され、例えば深草遺跡《京都府の弥生第Ⅱ期の遺跡》における石庖丁と太形蛤刃石斧の如く、おそらく石器製作に計画性が現れてきたことを示すものであろう。……鉄器時代に入ったとはいえ、農業経済を背景にした人口の増加は、石器を再び主要な道具として使用しなければ、補給がまにあわないほどの進展をみせているのである。一方、鉄器を工具として制作される木器、ことに農具類の生産も、土居窪遺跡《愛媛県の弥生第Ⅱ期遺跡》や深草遺跡における如く、併行してますます盛んであったのだということを注意しよう。

九州地方と近畿・中国・四国地方は、弥生時代のⅡ期からⅢ期、つまり中期に及んで、農耕文化を基調として、繁栄に向かう。この時代に、九州では甕棺葬の出現を見る。

弥生第Ⅳ・Ⅴ期に至って、銅鐸はもとよりとして、剣・矛・戈などの武器の形状を有する青銅器すら墓地の副葬品として埋められたことを明示する証拠がないことを指摘して、杉原氏は

……これによって、それら青銅器類を共同体の共有する祭器ではなかったかと推定するのである。そして、それらの祭器は共同体における儀式として地下に埋置されたものと考えられるのである。

と説く（同書二九頁）。既に鉄器の武器使用が始まっている段階では、軟弱な青銅器の多くが祭器用具であったことは疑いない。実際、実用にならぬほどの大型化が認められるのである。ただし、右の後半部分に関しては異論がある。むしろ戦乱の画期ごとにまとめて隠匿された場合も少なくなかったのではないかと考えられるからである。

杉原氏の次のようなまとめは傾聴するべき示唆を含む。曰く（同書三一〜三三頁）、

一般に、農耕文化の基礎がなければ階級社会への発展はむずかしい。しかし、農業生産の開始がただちに階級社会を誘致するものではないことも事実である。日本における弥生時代の農

耕社会の実体は、その一例を示すらしい。北九州における族長たちは、大陸における社会と文化の関連において、かなりその政治的な権力を伸張したらしい。しかし、この時代においては、自己の属する共同体の体制と調和を保ってはじめて可能なことであって、それを打ち破って新しい社会構成にもってゆくというところまでには及ばなかったようである。したがって、近畿・中国・四国そして東方の地方においては、伝統的に共同体的な体制がさらに強かったと考えねばならない。かれらは農耕技術を取り入れ、新しい生活にはいりながら、共同体の組織のまま強力となり、そして進展していったと思われるのである。……

……弥生時代の文化の中には縄文時代の文化の伝統がかなり残されている。……このことが農耕文化としての弥生時代の文化をかなり特色あるものとしたと思われる。農耕社会は、それ自体の中に、これを地縁的社会に導こうとする性質をもっている。ところが、前時代の伝統を強く生かした弥生時代の社会においては、血縁によって集団を結ぶ関係がきわめて強く、これが共同体的な社会を保持せしめたものであろうと考える。

弥生時代においては、以上の如き社会状態を中心として、農耕文化は進展していった。それらの中には、北九州地方における社会情勢を別としては、階級社会が順次に発展していった足跡はたどれないのである。……

しかし、この弥生時代の後期の終末は、ただちに古墳時代の開始であって、この時期の直後には日本古代国家の成立を迎えねばならない情勢にある。……

そして、最後にいえることは、日本の古代国家は、農耕社会を基盤にはしていたが、順次に社会構造を発展していった結果のものではなくて、かなり、急速に、そしてほとんど革命に近い過程をとおって成立したものであろうということである。

最後の指摘は、天皇祖族による邪馬臺国連合に対する侵略戦争によって大和朝廷が樹立されることになったとする拙論にとって、鋭く意味深い指摘である。

弥生時代の全体像を以上のように俯瞰して見る時、帥升王統時代、つまり弥生第Ⅲ期後半（帥升王の父祖らによる侵略戦争の時代である）から帥升王統が成立した男王時代である弥生第Ⅳ期までと、弥生第Ⅴ期の後半、つまり天皇祖族・帥升王統連合軍による邪馬臺国連合に対する侵略戦争の時代を除外するならば、という条件付きであるが、弥生時代とは、母系母権的様相を色濃く残した部族連合体が各地にまとまりをなしつつ、基本的には「其の會同坐起には、父子・男女の別無し」という古い共同体社会のままを維持していた男女平等社会であったと考えられる。帥升王統が支配していた男王時代においては、この男王王権は、父系父権部族による統一体としての「倭国」を形成し、父系リーダー格の者の墳墓を別格のものとして経営する段階ではあったが、基底社会の母系母権的習俗に変更を迫る王権ではなく、むしろこの共同体社会をそのままに、武力を背景として、そこからの収奪を達成すれば足りるとした王権であったに違いない。

しかも、その男王王権内部の実態は、これまた古い父系父権的部族社会の姿を抜け出てはいなかったのではないか。母系母権的な姿を維持する我が弥生共同体社会を、その強力な武力を背景に、七、八十年の間牛耳ることができた父系男王王権であったが、その王権内部は、なお共同体的な父系部族であったと考えられるのである。『後漢書』によれば、後漢安帝に一〇七年請見を願った者が「倭国王帥升等」と複数表示で記されているのは、単なる使者集団を指すと見るより、帥升王権が、帥升王を頂点に頂く王権ではあったものの、その内部は部族連合体であって、複数部族の首長らの寄合いであったことを示唆する表記であったのではないかと推測される。

第六節　カモ祖族系譜、神武天皇の正体

当節では「地神本紀」に残る文献的化石の一つである大己貴神（オホナムチ神、大国主神）の系譜（カモ祖族系譜）と『古事記』のオホタタネコ系譜とを比較対照することによって、前者の骨格を正し、以てオホタタネコの別名がトヨミケヌシ（＝トヨミケヌ）であり、このオホタタネコ＝トヨミケヌシこそ神武天皇の素材（の主たる一つ）であったことを論証する。

『先代旧事本紀』巻四「地神本紀」に、素戔烏（スサノヲ）尊、次いで大己貴神から始まる系譜が記載されている。田中卓博士を初めとする古代史家が、記紀に次ぐ、あるいは記紀に匹敵する資料的価値を認める系譜の一つである。

「地神本紀」のこの系譜を図譜にして示すと次頁の系図⑦の通りである。図には素戔烏尊の何世孫であるかを（　）で示した。

「地神本紀」は四世孫の渟中底（中）姫（ヌナソコ［ナカツ］ヒメ）の夫、安寧天皇の宮地を懿徳天皇の宮地である「輕地曲峡宮」に誤っているが、延佳本の校訂に従う。

図中、点線枠で囲った部分は、『日本書紀』による補足である。懿徳天皇の同母兄とされる息石耳命（オキソミミのミコト）については第七節参照。

図の向かって右、大きな実線四角枠で囲った系図は、後で述べる『古事記』の系譜である。

以下、この系図⑦をカモ祖族系譜と呼ぶが、この系譜の本体はオホタタネコ系譜と呼ぶほうが適当かもしれない。オホタタネコは「地神本紀」系譜ではスサノヲの九世孫とされている。

オホタタネコとは、『古事記』の崇神天皇事績譚の冒頭を飾る説話の主人公である。

天皇系譜上、第十代天皇とされる崇神天皇は、説話を持たない八代の天皇（第二代綏靖天皇から第九代開化天皇までの、いわゆる闕史八代）の記事の後、初めて事績譚を語られる天皇であるが、その事績譚は、「この天皇の御世に、疫病が大流行して、人民が死に尽きようとした」と始まる。天皇が嘆いていると、大

系図⑦

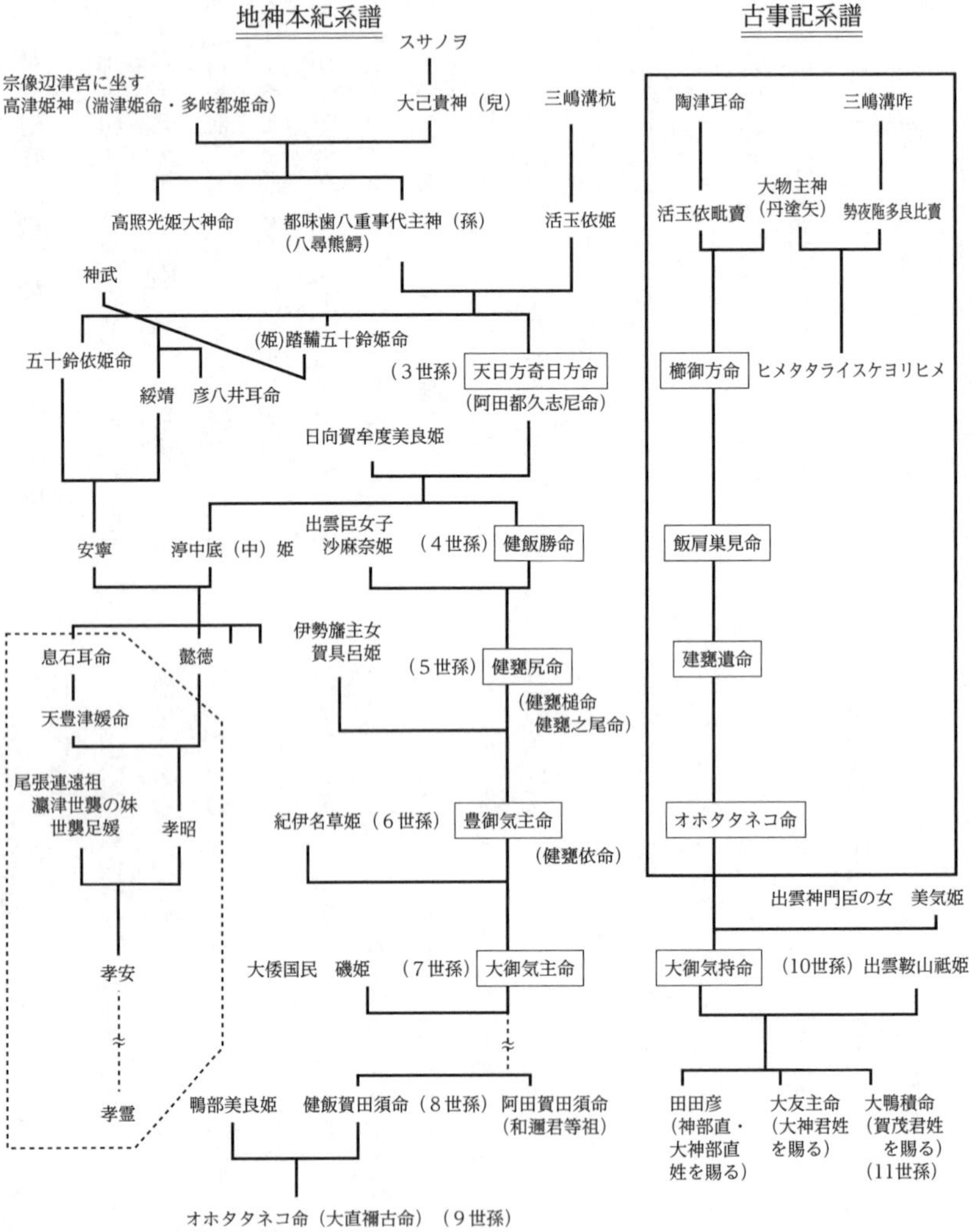
地神本紀系譜
スサノヲ
宗像辺津宮に坐す
高津姫神（湍津姫命・多岐都姫命）
大己貴神（兒）
三嶋溝杭
高照光姫大神命
都味歯八重事代主神（孫）
（八尋熊鰐）
活玉依姫
神武
（姫）踏鞴五十鈴姫命
五十鈴依姫命
綏靖
彦八井耳命
（3世孫）
天日方奇日方命
（阿田都久志尼命）
日向賀牟度美良姫
安寧
渟中底（中）姫
出雲臣女子
沙麻奈姫
（4世孫）
健飯勝命
息石耳命
懿徳
伊勢旛主女
賀具呂姫
（5世孫）
健甕尻命
（健甕槌命
健甕之尾命）
天豊津媛命
尾張連遠祖
瀛津世襲の妹
世襲足媛
孝昭
紀伊名草姫（6世孫）
豊御気主命
（健甕依命）
孝安
大倭国民　磯姫
（7世孫）
大御気主命
孝霊
鴨部美良姫
健飯賀田須命（8世孫）
阿田賀田須命
（和邇君等祖）
オホタタネコ命（大直禰古命）（9世孫）
古事記系譜
陶津耳命
三嶋溝咋
大物主神
（丹塗矢）
活玉依毗賣
勢夜陁多良比賣
櫛御方命
ヒメタタライスケヨリヒメ
飯肩巣見命
建甕遣命
オホタタネコ命
出雲神門臣の女　美気姫
大御気持命
（10世孫）出雲鞍山祇姫
田田彦
（神部直・
大神部直
姓を賜る）
大友主命
（大神君姓
を賜る）
大鴨積命
（賀茂君姓
を賜る）
（11世孫）

物主神（オホモノヌシのカミ）が夢に現れ、「意富多〻泥古（オホタタネコ）に自分を祭らせれば国は安泰になる」と告げる。そこで、河内の美努（ミノ）村にオホタタネコを探し当て、これに大物主神を祭らせ、その他諸々の祭りも行ったところ疫病は静まり、国も平和になったという。

つまりこれは、オホタタネコこそ三輪山の神、大物主神を祭祀した、大和朝廷最初の祭主であった、という伝えに他ならない。祭政一致の古代にあって、これは天皇に比肩する地位である。

いずれにせよ大和の祭祀の中心に位置したはずの三輪山の初代祭主ということになれば、旧辞中での重要性は甚大なのであって、確かにオホタタネコ事績こそ天皇事績冒頭に位置するべきものではあったろう。

オホタタネコは後の神君（ミワのキミ）・鴨君（カモのキミ）の祖である。神君は三輪君、後の大三輪朝臣（オホミワのアソミ）である。古来、三輪山の神つまり大物主神（『日本書紀』や『先代旧事本紀』、『粟鹿大神元記』などによれば大国主神の亦の名）を奉斎し、大和の中心で祭祀を主掌した大族である。鴨君は賀茂君、後の賀茂朝臣である。上古の鴨部を統率し、大和葛城の高鴨・中鴨・下鴨社や、大和高市郡の高市社＝高市御縣坐鴨事代主神社（タケチミアガタニイマスカモコトシロヌシ神社）に関連深く、特に、下鴨社つまり、大和国葛上郡にある鴨都波八重事代主命神社（カモツハヤヘコトシロヌシのミコト神社。祭神は積羽八重事代主命・下照姫命・建御名方命）の古い神主家として栄えた古代の大族である。

崇神記冒頭を飾るこの鎮疫譚で、オホタタネコは、天皇の問いに答えて、自らの出自の系譜を述べる。「僕（あ）は大物主大神が、陶津耳（スエツミミ）命のむすめ、活玉依毗賣（イクタマヨリビメ）を娶って生んだ子、名は櫛御方（クシミカタ）命の子、飯肩巣見（イヒカタスミ）命の子、建甕遺（タケミカツチ）命の子、僕（あれ）、意富多〻泥古（オホタタネコ）である」と名乗る。この『古事記』系譜を図示すると、系図⑦の右の四角枠の中のようになる。これは、典型的な父子直系系譜である。つまり、大物主神をとりあ

えず等閑視すると、

（大物主神―）クシミカタ―イヒカタスミ―タケミカツチ―オホタタネコ

という、クシミカタからオホタタネコに至る、父子直系四代からなる父系系譜である。

実のところ、この四代の父子直系系譜もまた、前節で見たスサノヲ系譜同様、極めて保存良好なる文献的化石である。

このことを証明するものが、他ならぬ「地神本紀」のカモ祖族系譜である。カモ祖族系譜と名付けたのは、まずはオホタタネコの子孫にカモ君（鴨君、賀茂君）のあることによるが、さらに、カモ部や後に述べるカモ王をはじめ、一般にカモ名に縁故が深い一族の祖先系譜である故でもある。

その「地神本紀」カモ祖族系譜は、系図⑦の、向かって左、四角枠で囲われていない部分であるが、ただし、こちらの方のオホタタネコに続く系譜部分（10世孫と11世孫）は、都合により、向かって右、四角枠内の、つまり、『古事記』系譜の方のオホタタネコの下につないだ。従って「地神本紀」では、向かって左の系図の最後のオホタタネコに、向かって右の四角枠の外にある大御気持命以下が続いている。

「地神本紀」の系譜は、スサノヲにはじまる。そして、その子としてすぐ大己貴神（大国主神）を挙げているが、スサノヲとオホクニヌシを親子とするのは、『日本書紀』同様の紛伝である。

これはともかくとして「地神本紀」のこの系譜の重要なる部分はそのあとにある。神の系譜部分をここでも等閑視すると次のような父子直系系譜を取り出すことができる。系図⑦の小さな四角で囲った人名、「天日方奇日方命」（三世孫）以下の人名を見られたい。

天日方奇日方（アメヒカタクシヒカタ）命―健飯勝（タケイヒカツ）命―健甕尻（タケミカシリ、亦の名、健甕槌〔タケミカツチ〕）命―豊御気主（トヨミケヌシ）命―大御気主（オホミケヌシ）命―健飯賀田須（タケイヒカタス）命―オホタタネコ命―大御気持（オホミケモチ）命―大鴨積（オホカモツミ）命すなわち、アメヒカタクシヒカタ命から七代目のオホタタネコを経て、スサノヲ十一世孫とされるオホカモツミ兄弟までの父系系譜が記されている（くどいようであるが、系図⑦では、地神本紀系譜の方のオホタタネコ以下は、便宜上、古事記系譜の方のオホタタネコの下に続けて図示していることに注意）。

さてここで、系図⑦において、向かって右の『古事記』系譜と向かって左の「地神本紀」系譜とを比べてみよう。互いに似通った名があるので、互いに世代を一致させるべく平行に並べてある。

まず、「地神本紀」のアメヒカタクシヒカタ（天日方奇日方）命は、『古事記』のクシミカタ（櫛御方）命と同一人物であろうと考えられる。次に両者の子を見ると、「地神本紀」のタケイヒカツ（健飯勝）命は、『古事記』のイヒカタスミ（飯肩巣見）命と類似である。さらにその子を見ると、「地神本紀」のタケミカシリ命の亦の名、タケミカツチ（健甕槌）命は、『古事記』のタケミカツチ（建甕遺）命と同一名である。

そこで、「地神本紀」のアメヒカタクシヒカタ命からタケミカツチ命まで三代は、『古事記』のクシミカタ命からタケミカツチ命まで三代と同一の系譜の別伝であろうと考えられる。では次の代は如何。

次の代は、「地神本紀」はトヨミケヌシ（豊御気主）命と伝え、『古事記』はオホタタネコ命と伝える。全く異なるように見えるが、別人であろうか。

その子を見てみよう。「地神本紀」は、トヨミケヌシ命の子を大御気主（オホミケヌシ）命と伝える。ところが、同じ「地神本紀」は、三代下のオホタタネコの子を大御気持（オホミケモチ）命であると伝える。そこでこの伝えを、『古事記』のオホタタネコ命につないで両者を比較してみる。この比較のために、系図⑦では『古事記』のオホタタネコ命の下に「地神本紀」系譜にいう大御気持（オホミケモチ）命をつないで図示したのである。

図を見ると、かたやトヨミケヌシ命の子はオホミケ主命であり、かたやオホタタネコ命の子はオホミケ持命である。オホミケ主とオホミケ持との名の類似から、両者は実は同一人物であろうと推定できる。であれば、その父も実は同一人物であろうことになる。つまり、トヨミケヌシ命とオホタタネコ命は同一人物であり、トヨミケヌシとは、オホタタネコの亦の名であろうということになる。

考えてみれば、三輪山の神の祭主オホタタネコが、神に御食（みけ）を捧げる者として、みけ主、あるいは、豊みけ主という尊称をもって伝えられたということは大いにありうることである。「地神本紀」のオホタタネコの妻に、出雲神門臣のむすめ、美気（ミケ）姫が伝えられているが、これまさしく、夫の別名が豊ミケ主であったことと調和するであろう。

以上から明らかになったことは、次のようなことである。

『古事記』のオホタタネコ系譜は、その下に「地神本紀」の伝えるオホタタネコの子孫系譜を付け足す事ができ、このようにして得られる、クシミカタ命からオホタタネコ命を経てオホミケ持命に至る五代の系譜は、「地神本紀」が伝えるアメヒカタクシヒカタ命からトヨミケヌシ命を経てオホミケ主命に至る五代の系譜と実は同一の父子五代を伝える系譜であろう。従って、トヨミケヌシ命とは、オホタタネコ命の亦の名、その別称ないし尊称であろう。

「地神本紀」のカモ祖族系譜と、『古事記』のオホタタネコ系譜の同一性を、等号で示しておくと次のようになる。

「地神本紀」		『古事記』
天日方奇日方命	＝	櫛御方命
健飯勝命	＝	飯肩巣見命
健甕尻命	＝	建甕遣命
豊御気主命	＝	オホタタネコ命
大御気主命	＝	大御気持命（これのみ「地神本紀」より）

このように見てくると、「地神本紀」が、オホミケ主命の孫としてオホタタネコ命を位置づけるのは、誤伝、というより、虚構の系譜であろうということになる。

実際よく見てみると、「地神本紀」がオホミケ主命の子として挙げる阿田賀田須（アタカタス）命も、その弟で、オホタタネコ命の父とされる健飯賀田須（タケイヒカタス）命も、オホタタネコ命の母とされる鴨部美良（カモベミラ）姫も、いずれもが、オホタタネコの伯父や父や母ではなく、オホタタネコの数世代前の父系祖先とその妻の名が紛れ込んだものであろうと考えられるのである。

まずオホタタネコの母で、タケイヒカタスの妻とされるカモベミラ姫は、アメヒカタクシヒカタの妻である日向カムトミラ姫の別伝であろうと思われるし、父とされるタケイヒカタスも、アメヒカタクシヒカタの別伝か、むしろその子のタケイヒカツ（＝『古事記』のイヒカタスミ）に酷似する名、いっそタケイヒカツの別伝と考えられる。

更に、伯父のアタカタスは、アメヒカタクシヒカタの亦の名、アタツクシネと比べ、アタという地名に因むと思われる部分が同一であり、のこりのカタスは、タケイヒカツの別伝である『古事記』のイヒカタスミの名と類似性が強い。アタカタスという人物がいたとすれば、アメヒカタクシヒカタ＝アタツクシネ、あるいはタケイヒカツ＝イヒカタスミに限りなく近い人物であったと思われ、すくなくとも、いずれかと同世代の人物であったように思われる。

従って、オホタタネコの伯父とされるアタカタスも、父とされるタケイヒカタスも、母とされるカモベミラ姫も、実はオホタタネコの祖父もしくは曽祖父の世代の者達であり、決して「地神本紀」が伝えるような位置にあった者達ではなかったであろう事が、その名前自体から推定されるのである。

結局、「地神本紀」のオホタタネコの系譜は、オホタタネコの本来正しかった父系系譜において、オホタタネコの代わりにトヨミケ主なる別称が用いられてオホタタネコ名が没却され、その子オホミケ主（＝オホミケ持）の次にオホタタネコの父祖伝承の紛れたものが組み込まれてこれにオホタタネコ以下の系譜が接ぎ木され、結果、トヨミケヌシとオホタタネコとが別人となり、オホミケ主とオホミケ持も別人のごとくに作られて、オホタタネコの父祖が、都合三代分、上古へと引き延ばされたもの、と結論付けることができる。

なお、オホミケ主とオホミケ持が同じ人物なら、その母は、紀伊名草姫か、出雲神門臣のむすめミケ姫か、いずれか一方である。後者の可能性が高いが、いずれにしても、どちらかが紛伝である。

古系譜の様式の一つに、ある父祖の名を挙げた後、複数の妻を羅列して、某を娶って三男二女を生む、某を娶って一男二女を生む云々と述べた後に、次世代の子女の系譜を、三男二女、一男二女、……という順に羅列する様式がある（第十節参照）。こうした形式の系譜では、母と子のつながりは曖昧になりやすく、別伝毎に母が異なるという状態も少なからず見られる。ここもそうした機序が絡んで生じた紛伝として理解できる。

ともあれ、オホタタネコもオホミケ主も、それぞれ複数の妻を持っていたことは疑いがない。

さて、以上の考察を、『古事記』のオホタタネコ系譜の側から見るならば、この『古事記』系譜は、「地神本紀」の系譜がオホタタネコの父祖を上代へと引き上げようとした虚構の成立様式まで明らかにする事ができるほどに、正確な史実を伝えるものである、ということができる。『古事記』のオホタタネコ系譜を、良好に保存された文献的化石であるという所以である。

ついでながら、『日本書紀』は、オホタタネコを、大物主神が陶津耳のむすめ、活玉依媛を娶って生んだ子であるとする。つまり、『日本書紀』は、オホタタネコの曽祖父（天日方奇日方命＝櫛御方命）の位置にオホタタネコ自身を置く史料を採用しているのである。これは、大国主神をスサノヲの子とみる紛伝と同工異曲なのであって、これまた、『日本書紀』は、オホタタネコの父祖たちをオホタタネコの兄弟と見る誤伝に基づいていると考えられる。

『日本書紀』は、さらにオホタタネコの母の別伝として奇日方天日方武茅渟祇（クシヒカタアメヒカタタケチヌツミ）のむすめを挙げているが、このクシヒカタアメヒカタタケチヌツミはオホタタネコの曽祖父アメヒカタクシヒカタの名に通ずる名であり、このあたり、『日本書紀』の時代には、すでに種々錯綜した史料が存在したようである。

オホタタネコとその父祖たちの推定実年代を一覧表とする。オホタタネコは崇神天皇世代の人物であるから、これから遡れば、次の通り（例によって、崇神天皇の崩年、西暦三一九年と、当時の一代平均年十八・八年を用いて、各世代の実年代を遡って推定したものである。「実年代」とは、父の死から自身の死までの期間である。以下も同じ）。

		実年代（西暦）	
曽祖父	天日方奇日方命＝櫛御方命	二四三～二六二年	孝霊天皇世代
祖父	健飯勝命＝飯肩巣見命	二六二～二八一年	孝元天皇世代
父	健甕尻命＝建甕槌命	二八一～三〇〇年	開化天皇世代
	豊御気主命＝オホタタネコ命	三〇〇～三一九年	崇神天皇世代

オホタタネコの曽祖父、天日方奇日方命の実年代は、孝霊天皇と同世代であり、西暦二四三年頃から二六二年頃となる。

ここで「地神本紀」が伝えるその出自たる大己貴神と、その子、都味歯八重事代主神とに注目する。

大己貴神、亦の名、大国主神の実年代は、前節で計算した。すなわち、帥升の実年代から順に下って、大国主神の推定実年代は二一九～二三八年と算出されたのであった。

すると、この大国主神の子とされる都味歯八重事代主神の推定実年代は二三八年から二五七年頃までとなる。この推定実年代と、天日方奇日方命の推定実年代（二四三年から二六二年頃）とを比較すると、推算年代の誤差を考えるべきであるにしても、事代主神と天日方奇日方とは、親子ではなくむしろ同世代であったと考えた方がよさそうな勘定である。

実際問題として、天日方奇日方命が事代主神（に神格化された人物）の子であるという伝承については、これを実伝承と考えることは控えるべきである。神と人を結ぶ系譜は、常に警戒を要する。

はたして『古事記』系譜のこの部分は、「地神本紀」と大きく異なっている。『古事記』は、天日方奇日方命＝櫛御方命を大物主神の子としている。このことは、天日方奇日方命の父祖を伝える実伝承系譜として、なんら有力なものが無かったであろうことを推測せしめる。

要するに、事代主神が実在人物の神格化であったとしても、それと天日方奇日方命をこうした形で結びつける系譜は、慎重に吟味するべきものであり、その信憑性については大きな疑問符が付くのである。

重要な事実は、オホタタネコの曽祖父クシミカタ命からオホタタネコに至る四世代が、丁度、孝霊天皇から崇神天皇に至る四世代に並行する、西暦三世紀の半ばから、四世紀初頭にかかる時代の人物たちであるということである。

疑わしい神々との結合を廃した上で「地神本紀」が伝える天日方奇日方命以下のオホタタネコ系譜は、『古事記』の伝えるオホタタネコ系譜との比較によってそれなりの信憑性を有することが認められそうである。

ここで注目しなければならないのは、オホタタネコの父祖たちの、その妻の出自である。

まず、アメヒカタクシヒカタ命の妻は、日向のカムトミラ姫である、次のタケイヒカツ命の妻は、出雲臣のむすめである。次のタケミカツチ命の妻は、伊勢の旛主のむすめである。次のトヨミケヌシ命すなわちオホタタネコ命の妻は、出雲神門臣のむすめ、および紀伊の名草姫である。最後のオホミケ主の妻は、出雲のクラヤマツミ姫および大倭国民のイソ姫である。タケイヒカツ命以降、出雲系部族との結びつきが強いが、妻の出自を、順にみてゆくと、

日向―出雲―伊勢―紀伊―大倭

という、日向に発してより、おおよそ、西から東へ移動して、背後から大和に入る順路を取り出すことができる。

オホタタネコの曽祖父、天日方奇日方命＝櫛御方命の時代が、日向時代である（古代の「日向」は、後の日向国のみならず、大隅国、薩摩国を含む南九州一帯をさす）。そうして祖父、健飯勝命＝飯肩巣見命の時代にはすでに出雲系部族と密接である。父、健甕尻命＝建甕槌命は出雲系部族の中核たる出雲臣出自の女の腹に出ており、伊勢にも入り、そうしてその子、オホタタネコ本人に至って、紀伊を経て、大和に入り、オ

ホタタネコは三輪山祭祀の祭主となる、という経路である。

そうして、ここで見られる順路、すなわち、日向に発して、紀伊を経て、大倭（大和。今の奈良県）へ、という順路は、神武天皇の東征神話の順路に一致する。神武天皇の東征神話も、まず日向から出発する。ここから豊国の宇佐（今の大分県宇佐郡）、筑紫の岡田宮（今の福岡県遠賀郡芦屋町）、阿岐国の多祁理（タケリ）宮（今の広島県安芸郡の地。詳細不明）、吉備の高嶋宮（今の岡山市高島の地）、難波、白肩津（シラカタのツ、書紀に河内國草香邑）と進み、ここで兄五瀬（イツセ）命が負傷したため、紀国（今の和歌山県）にまわり、熊野村（今の和歌山県牟婁郡）を経て、阿陁（今の奈良県五條市）、吉野、宇陁（今の奈良県宇陀郡）、忍坂（今の奈良県桜井市忍阪）、師木（今の奈良県磯城郡）という経路で大和へ侵入する。

神武天皇は、記紀では、和号を神倭伊波礼毗古（カムヤマトイハレビコ）命という。『古事記』によれば、神武天皇は名を三つ持つ。すなわち「ワカミケヌ（若御毛沼）命、亦の名、トヨミケヌ（豊御毛沼）命、亦の名、カムヤマトイハレビコ命」とある。

神武天皇の創作は、後にも述べるごとく原『古事記』に始まると考えられるので、神武天皇の和号に関する『日本書紀』の説は重要ではないが、念のため『日本書紀』のいう神武天皇の和号各種を掲げると、まず神代本文は、神日本磐余彦尊（カムヤマトイハレビコのミコト）という、ただ一つの名を挙げるのみであるが、神武天皇即位前紀には、「神日本磐余彦天皇、諱（いみな、実名）はヒコホホデミ（彦火火出見）」とあって、実名として、ヒコホホデミを挙げている。しかし、ヒコホホデミは、記紀ともに神武天皇の祖父の名であり、書紀本文は混乱した史料を用いているのである。更に『日本書紀』の「一書」群には次のような諸説がある。

第一「一書」　狭野（サノ）尊、亦は神日本磐余彦尊

第二「一書」　磐余彦尊、亦は神日本磐余彦火火出見尊

第三「一書」　神日本磐余彦火火出見尊
第四「一書」　磐余彦火火出見尊

こうした紛伝の生じた機序は不明であるが、あるいは、『古事記』がカムヤマトイハレビコという名を考案するにあたり、イハレビコホホデミなる、なんらかの伝承祖の美称を利用したのであったかもしれない。確かなことは不明とするほかない。津田左右吉氏の説に、日向降臨の主人公であるニニギ命の、その子、ヒコホホデミが、元来の東征神話の主人公であり、このことの残遺が磐余彦火火出見尊という名であろうとする推論がある。しかし、この推論の根拠は特に無く、津田氏の、単なる憶測のように思われる。

さて、『古事記』のいうところの、神武天皇の三種の名、「ワカミケヌ命、亦の名、トヨミケヌ命、亦の名、カムヤマトイハレビコ命」に注目しよう。これら三つの名について、まず、カムヤマトイハレビコ命の方は、その荘重さから、和謚号と見るべきものである（『日本書紀』もそうした扱いをしている）。そうして、幼名が、ワカミケヌ、成人してからの名が、トヨミケヌということであろう。

成人してからの名とみなすべきトヨミケヌに注目したい。トヨミケヌのヌは、クヌ（国主）のヌに同じく、ヌシ（主）の謂い。すると、トヨミケヌすなわちトヨミケヌシである。これはオホタタネコの亦の名、トヨミケヌシ（豊御気主）に同じである。

オホタタネコの父祖たちの地理的順路が、神武天皇の東征順路と付合し、のみならず、オホタタネコの亦の名が、神武天皇ことカムヤマトイハレビコの本来の実名とされるべき亦の名に一致する。

神武天皇の正体は、オホタタネコその人であったのではないか、と推定される所以である。より正確に言えば、神武天皇とは、オホタタネコの亦の名を借り、オホタタネコとその三代の祖父たちの伝承を一身に集積してその説話が創り出された、架空の初代天皇であったのではないか、ということである。

神武天皇が国史の中で、確かな史実として初めて登場するのは、『日本書紀』の壬申乱紀である。壬申乱紀すなわち天武天皇元年紀であるが、この中で、天武天皇こと当時の大海人皇子の軍（東軍）は、事代主神のお告げによって、神武天皇の陵を祭ったがために、大友皇子の軍（西軍）、つまり近江朝廷軍を破ることができたと語られている。

壬申乱の戦いは、大海人皇子の采配によって、主に三方面から戦われた。伊勢の大山を越えて（いわゆる加太越え）大和古京に向かう軍、不破から直接近江京に向かう軍、更に、北越から琵琶湖の北を廻って近江京の背後を突く軍の三方面である。

この向大和軍に先んじて繰り広げられた大和古京での攻防は、大海人皇子方についた大伴吹負（オホトモのフケヒ）を将軍として繰り広げられ、近江軍との間で熾烈な争いとなった。

大伴吹負軍が近江軍に破れ敗走して向大和軍の援軍を得たのち、体制を整えるべく金綱井（カナヅナのヰ）という所に軍営を張っていた折り、高市郡の大領（郡の長官）、高市縣主許梅（タケチアガタヌシのコメ）なるものが、神懸かりして「吾は高市社に居る、事代主神なり。又、身狹（ムサ）社（延喜式神名式、高市郡に牟佐坐神社とある。橿原市見瀬町所在）に居る、名は生霊（イクタマ）神なり（系図⑦の地神本紀系譜で言えば、都味歯八重事代主神とその妻、活玉依姫（イクタマヨリビメ）に当たる）」と言って、カムヤマトイハレビコ天皇の御陵に馬と種々の兵器を奉れと命じ、自分は天武天皇軍の守護神であると述べ、河内方面から大坂道（穴虫峠越えの道）を侵入してくる近江軍襲来の予告をする。そこで、吹負は、その許梅を遣して、カムヤマトイハレビコ天皇陵を祭り馬と兵器を捧げ、高市・身狹、二社を禮祭したところ、予告通り近江軍が到来し、吹負軍は、勇士来目なる者の捨て身の活躍もあり近江軍を打破し、大和古京の平定に成功する。

ここに、高市縣主許梅とあるその高市縣主とは、凡川内国造と同祖族であり（天津日子根命の後とされる）、川内方面の軍勢の動きなどは、事前に詳しく偵察できたものと思われる。その情報網から得られた情報をもって、許梅はカムヤマトイハレビコ陵を祭る幣帛を要求したのであるが、高市郡は、また、天武天皇軍の悉軍事将軍、高市皇子の拠点でもある。天武天皇の皇子の中で当時最も年長であったこの皇子の名、高市は、高市姓を持つ乳母族に因んでの名かとも思われるが、ともあれ高市皇子との密接な縁故による、高市縣主からの軍事情報提供という側面を持つ一件であった。

高市郡には事代主命を祭る著名な神社が二社ある。一つは先にも触れた、高市社＝高市御縣坐鴨事代主神社である。延喜式神名帳の高市郡三十三社の筆頭に揚げられる大社である。いま一つは、出雲国造神賀詞に「事代主命を宇奈提（ウナテ）に坐せ」とある雲梯（ウナテ）の社である（いま橿原市雲梯にある、式大社、川俣神社に比定される）。高市郡自体がこのように、葛城地方とともに、元来、事代主系部族、特に鴨君と縁故深い土地柄である（高市郡の東北の中心に鴨公（カモキミ）村がある。畝傍山・香具山・耳成山の三山に囲まれた地域である。この西北に接して金綱井がある）。

なお、大伴吹負が、大和で挙兵して天武天皇から将軍に任命されたとき、三輪君高市麻呂、鴨君蝦夷らが将軍の旗下に衆参したことが壬申乱紀に特筆されている。事代主神の祭祀を通じての強い縁故が働いている様子をうかがうことが出来る。高市縣主許梅もまた、こうした古来の縁故に結ばれつつ行動をしていたのである。

ところで、なぜ、カムヤマトイハレビコ天皇陵を祭ることが、吹負軍の吉運につながるのであろう。カムヤマトイハレビコ天皇陵なるものは、当時はまだ天皇陵ではないし、況んや初代天皇陵としての位置づけなどを得ていなかったはずである。

これまでの推論が正しいのであれば、カムヤマトイハレビコの陵は、当時にあってはオホタタネコことトヨミケヌシの墓として伝えられていたはずである。そうして今までの推論が正しいのであれば、そのトヨミケヌシは、単に鴨君や三輪君らの祖先であったばかりでなく、かつて、東征の後大和を平定したという、大和平定伝承を担ったカモ祖族父祖としての伝承祖であったはずである。

オホタタネコことトヨミケ主は、おそらくはその父、タケミカツチらとともに、日向に発した父祖のあとを承けて、出雲を主要な拠点としつつ、紀伊を経て、おそらくは伊勢・熊野の方面から（当然、吉野を経て）つまり背後から大和（邪馬臺国）を襲い、これを平定した伝承を持ったであろう。

壬申乱において、吹負軍による大和平定を祈願するべく、高市郡大領が、事代主神・生霊神の託宣によって、両神祭祀に与った部族の父祖であるとともにそのような大和平定伝承を担っていたトヨミケ主の墓陵に、馬・兵器を祭れ、と進言したとすれば、実に首尾一貫する。菅原道真の伝承にあやかって、今日の受験生たちが、太宰府天満宮に合格祈願の絵馬を奉納する行為と同じである。

原『古事記』の制作において、このトヨミケ主祈願の功績が高く顕彰されることになったのは疑いがない。この人物の伝承、つまり、荒ぶる大和の神々を大和の背後から攻めて平定したという行為は、壬申乱における天武天皇自身の行為、すなわち、吉野を出て東国に入り、大和の背後から大和を平定した行為に重なるものである。トヨミケ主が初代の天皇、神武天皇とされ、東征・大和平定の主人公とされるための要件は十分に備わっていたと言ってよい。

ともあれ、まずはこうした壬申乱の功を以て、原『古事記』において初めて、トヨミケヌシ＝トヨミケヌが、初代天皇として正式に位置付けられたと推定される。のみならず、別稿で論じることになるが、『古事記』の「寓意の構造」の裡では、神武天皇には他ならぬ大海人皇子自身がダブルイメージとして寓意されている。むしろ、そのためにこそ虚構された初代天皇であったと言ってもよいほどである。

原『古事記』を基本として編まれた天武十年紀国史、その直系の和銅日本紀が、神武天皇を初代天皇としたであろうことは言うまでもなく、『日本書紀』もまた、神武天皇に始まる天皇系譜の基本線はそのまま踏襲している。トヨミケヌの伝承墓が、壬申乱紀で、神武天皇陵として語られたのも、こうした事情に依るのであって他ではない。

つまり、壬申乱紀で神武天皇陵とされたこの墓陵は、元来、大和に侵入した実在の人物、トヨミケヌシの墓であったのであり、そうであれば、そもそもの初めから、古くに築造された墳丘の形状を持っていた墓陵であったに違いない。天武朝後に、これが、強権的に、（捏造の）天皇陵とされたのである。

くどいようであるが、そうとすれば、神武天皇陵とされるものが壬申乱紀に存在するから神武天皇も存在した、などという論理が破綻していることは、すでに明らかであろう。史上実在した人物を素材として神武天皇に仕立てたのであれば、神武天皇が架空の天皇であっても、その墓陵が、すでに築造された墳丘として実在したとしておかしくはない。却って、実在墓陵の主を初代天皇として祭り上げたからこそ、神武天皇という虚構天皇も受け入れられたと言える。

神武天皇陵とされた墓陵、実はトヨミケヌことオホタタネコの墓地が、実際に、どこのどのような陵であったかという問題は、考古学に属する。この件に関する考古学は、例によって、十分には確かなことを我々に教えてはくれない。

神武天皇陵について、『古事記』は「畝火山（ウネビヤマ）の北方の白檮（カシ）の尾の上」にあるとし、『日本書紀』・延喜式は、「畝傍山東北陵」とする。その比定問題に関して、門脇禎二氏の『葛城と古代国家』（教育社）には次のように解説されている。

その所在は中世にはわからなくなっていたところ、江戸時代の初めから幕府に天皇陵の指定・修復の動きがおこり、一六九九（元禄一二）年に**塚山**という小さな塚を指定した《これは、現在は綏靖天皇陵とされているが、ありえない》。しかしこの一方で、その三年前に松下見林が畝傍山麓の洞（ほら）の地の**ミサンザイ**にある小塚がよいとの説を出し、そののち本居宣長は畝傍山東北部の中腹にある**丸山**がよいとした。この三つをめぐって意見が分かれていたが、結局、幕府は一八六三（文久三）年に**ミサンザイ**の小塚を神武陵として修築した。以後、明治・大正期の二回の修築を加えて、一九二四

（大正一三）年頃にほぼ現状に整えられたという（直木孝次郎『神話と歴史』、同「歴史の偽造と〝天皇陵〟」歴史地理教育三五一号、鈴木良「天皇制と部落差別」部落二二六号）。なお、この修築の過程で、洞の地にあった被差別部落は、集落をあげての移転がしいられたのである（前記、鈴木論文）。だから、現在の神武陵が、古代の日本書紀に記された神武陵とまちがいなく一致するかいなかは、明らかでないわけである。

ミサンザイにある小塚は古来、神武田（ジブデン）と呼ばれ、神武天皇陵の有力な候補地であったが、塚山のほうは、元禄時代から一六〇年間ほど神武天皇陵と信じられていた円墳である。

神武天皇陵として壬申乱紀にみえる墓陵の比定問題について、その結論は、要するに不明であるというしかない。まあ、どこでもよいのである。ミサンザイ説、塚山説、丸山説、三説とも、位置にすれば、大きな違いはない。いずれにしても、畝傍山山頂から水平距離にして東北一キロメートル以内の場所にある。

この場所は、これまでの議論からすると、はなはだ興味深い場所である。

これまでの議論で、神武天皇＝カムヤマトイハレビコことトヨミケヌは、オホタタネコに同一人物であることが推論されたのであるが、オホタタネコは、三輪君と鴨君の祖先である。神武天皇がその三輪君と鴨君の祖先たる父祖に素材を採って虚構された天皇であるとするならば、この畝傍山の東北の麓にその墓地が位置するということは、甚だ示唆に富むのである。

まず、この墓地は、古来、鴨君が盤踞した土地であった上に、東北東には三輪君の聖山たる三輪山を望み、西南西には鴨君の聖山たる葛城山を望む場所である。なおかつ、その三輪山と葛城山とを直線で結んでみると、この墓地は、その丁度中点付近に位置している。このような墓陵の位置は、三輪君・鴨君の父祖たるトヨミケ主の墓陵として、いかにも相応しいというべきではないか。二つの聖山を、ほぼ等距離に望む土地が、わざわざ選ばれたかの如き感がある。大和平定後のそもそもの初めから、トヨミケ主一族は、三輪山・葛城山を神体とする祭祀集団として出発していたであろう事が、このことから窺える。

ところで、議論を戻すようであるが、壬申乱紀では、高市社の事代主神が、神武天皇陵を祭れと命じている。なぜ、事代主神が、神武天皇陵の拝祭を命じたのであろうか。

少なくとも、『古事記』の神話の構成からすると、これは、かなり奇妙で不自然なことになる。『古事記』神話の上では、神武天皇と事代主神との関係は、はなはだ稀薄なのである。『古事記』によれば、神武天皇の妃、ヒメタタライスケヨリヒメは、大物主神のむすめであって、事代主神と直接の関係はない。系図⑦にも記したごとく、『古事記』によれば、この妃は、三嶋溝咋（ミシマミゾクヒ）のむすめ勢夜陁多良比賣（セヤダタラヒメ）に、三輪の大物主神が丹塗矢となって交わり、生まれた子とされている。

また、神武天皇の子孫の綏靖天皇以下の天皇も、後に詳しく見るごとく、『古事記』系譜によるかぎりで、事代主神とは無関係である。

ところが、『日本書紀』になると、この事情はがらりと変わる。神武天皇の妃、ヒメタタライスズヒメ（媛踏鞴五十鈴媛）は、事代主神が、三嶋溝橛耳（ミゾクヒミミ）神のむすめ玉櫛媛を娶って生んだ子とされ、綏靖天皇以下の天皇も、後で詳しく見るごとく、事代主神系祖族たるカモ祖族と密接な婚姻関係をもってその系譜が記述される（系図⑦に既に図示したが、更に次節、第七節参照）。

事実からすれば、神武天皇ことトヨミケヌは、カモ祖族の父祖トヨミケ主＝オホタタネコであるのだから、『日本書紀』の語る如く、事代主神系と密接であるほうが、却って史実に沿っていると言える。

従って、壬申乱紀において、事代主神が、神武天皇ことトヨミケ主＝オホタタネコの墓陵の祭祀を命じたと語るところは、却ってはなはだ自然のことであり事実であろうと考えられる。

『古事記』に照らしてこのことが不自然に思われるのは、『古事記』が、意図的に、神武天皇と事代主神とを、敢えて遠く離したためであると考えるべきである。

『古事記』は、オホタタネコことトヨミケヌと神武天皇＝トヨミケヌとを別人として語るのであり、事代主神は出雲神として、天照大御神と、従って天孫側とは元来敵対していた神として位置づけられているのだから、天孫である神武天皇と出雲神である事代主神とは、敢えて疎遠な関係に仕立てられねばならなかったのである。

このトヨミケヌことオホタタネコの曽祖父で、初め日向にいたと考えられる天日方奇日方命＝櫛御方命の亦の名、アタツクシネであるが、ツクシネのツクシは筑紫。ネは根か、オホタタネコのネに共通の語である。アタは、薩摩国阿多郡、すなわち鹿児島県西部の地の古称で、阿多隼人の地。神武記に、「（神武天皇が）日向に坐しし時、阿多の小椅の君の妹、名は阿比良比賣を娶して生める子、多藝志美美命、云々」とある、その阿多に同じである。『日本書紀』に隼人の祖とされるホノスソリが、吾田君小橋等が本祖なり、とされているその吾田君小橋と『古事記』のいう阿多の小椅の君とは同一である。

アタツクシネという亦の名に特に注目されるのは、この名からして、天日方奇日方命は、少なくともそもそもの初めは、南九州アタの地に拠点を据えた人物であったろうことが確かめられるからである。

後に見るごとく、天日方奇日方命は、アタツクシネという亦の名の他に、鴨王（カモのキミ）、あるいは鴨主命（カモヌシのミコト）とも呼ばれている。この鴨王がアタにあって娶った妻が、日向賀牟度美良姫（ヒムカのカムトミラヒメ）である。オホタタネコの母として誤伝された、鴨部美良姫（カモベミラヒメ）に同じである。カム（神）はカモと同根の言葉で、古くは相通じて用いられていたと思われる。カモ王の系裔は、日向に発するカモ部を率いた古代の大族であったと思われる。この系裔がのちに鴨君の祖となるのも、その淵源は、天日方奇日方命の時代に始まると考えられる。カモ王＝天日方奇日方命に始まるこの系裔をまとめてカモ祖族と呼び、この系譜をカモ祖族系譜とよぶ所以である。

この天日方奇日方命の子、健飯勝命の時代に、カモ祖族は出雲臣祖族をはじめとする出雲の部族と密接な関係をもつに至り（健飯勝命が出雲臣女子、沙麻奈姫を娶ったというその出雲臣は、出雲臣祖族、と読み替えるのが無難）、トヨミケ主ことオホタタネコを経て以後も出雲系部族との血縁関係は密接であり（オホタタネコ自身が出雲神門臣のむすめと結婚しており、その子、オホミケ持も出雲の鞍山祇姫と結婚している）、カモ祖族は、爾来、出雲の神々の祭祀に深く関わり続ける。そうして、このような出雲系部族との血縁関係から、天日方奇日方命が、後世、事代主神の子という（架空の）系譜関係を持つに至ったと考えられる。というのも、天日方奇日方命が、はじめから出雲系部族と親密であったのなら、なぜ天日方奇日方命の初期の拠点がアタ地方に始まるのか、了解しがたいがゆえである。

なお、ここで出雲系の部族というのは、具体的には、前節で論じた、帥升系裔の部族であって、邪馬臺国時代を通じて、出雲に退けられていた、かつての男王国の末裔諸族を指すと考えて大過ない。

その帥升末裔の者たちと深く結んで、カモ祖族は、西暦三世紀の半ばから、四世代をかけて、大和に侵入した。つまり、当時の邪馬臺国連合を侵略し、これを滅ぼしたのである。

カモ祖族の大和への侵入、神武天皇の東征神話として記紀に語られる物語によって示唆される、父系王統による大和への侵入は、カモ祖族をはじめとする父系部族による、邪馬臺国連合に対する、侵略戦争の神話化に他ならない。神武天皇とは、邪馬臺国を侵略しこれを滅ぼした者の神話化であり、その歴史的真実を覆い隠しつつ創作された初代天皇である。

さて、系図⑦には、神武天皇の子孫とされる綏靖天皇以下の天皇たちの系譜と、カモ祖族との関係が見える。神武天皇自身の系図⑦における系譜上の位置が、図から知られるごとく、綏靖天皇以下に比べて不自然であるのは、神武天皇が綏靖天皇以下とは関係のない、虚構の初代天皇であるために他ならない。

では、綏靖天皇以下の天皇の実在性についてはどうか。これが、次節の主題である。

追記

(1)八咫烏・鴨縣主・賀茂縣主について

神武天皇の東征神話では、神武天皇一行は、日向に発した後、紀伊を迂回して、熊野村から八咫烏（ヤタガラス）に導かれて、吉野に入り、宇陀を平定するのであるが、その八咫烏について、『日本書紀』には、その苗裔は葛野主殿縣主部（カヅノのトノモリのアガタヌシラ）であるといい（葛野縣主すなわち鴨縣主であることは既に井上光貞氏によって指摘された通りである。井上光貞「カモ県主の研究」〔『井上光貞著作集』岩波書店　第一巻所収〕参照）、姓氏録によれば、神魂（カミムスビ）命の孫、鴨建津之身（カモタケツノミ）命が大烏に化して天皇を導いたので、八咫烏の名が起こったとされ、賀茂縣主・鴨縣主はこの鴨建津之身命の後裔であるという。すなわち、姓氏録の山城国神別に「賀茂縣主は、神魂命の孫、武津之身命の後なり」とあり、続いて「鴨縣主は、賀茂縣主と同祖。神日本磐余彦天皇〈謚神武〉中洲（ウチツクニ）に向はんと欲しし時、山中嶮絶にして、跋渉するに路を失ふ。是に、神魂命の孫、鴨建津之身命、大烏の如くに化して、翔り飛びて導き奉りて、遂に中洲に達す。天皇、其の功有るを嘉し、特に厚く褒賞す。天八咫烏の號、此れ従（よ）り始まれり」とある。姓氏録逸文、鴨縣主本系にも同様の文があり、「天八咫烏の號、此れ従り始まれり」に続いて、「因りて、葛野縣を賜りて居す。男、玉依彦命の十一世孫、大伊乃伎命の男、大屋奈世、若帯彦天皇（謚成務）の御世に、鴨縣主に定め賜ふ。男、荒熊。男、秋。男、荒木。男、長屋。次に、多々加比。長屋の男、麻作（アサツクリ）等なり」とある（さらに鴨縣主の系譜としては、複数が知られている。佐伯有清氏の『新撰姓氏録の研究』など参照）。

山城国風土記逸文の賀茂神社由来説話によれば、日向の曽の峯に天降った賀茂建角身命（姓氏録の鴨建津之身命に同じ）は、神倭石余比古（カムヤマトイハレヒコ＝神武天皇）を先導して、大倭の葛木山の峯に宿り、そこから次第に移動して、賀茂川の上流の葛野地方～賀茂地方に移ったとされる。その経路を風土記によって辿れば、葛木山から、次第に北上して、山代河（木津川）を臨む地、山代国の岡田の賀茂（京都府相楽郡加茂町。式社、岡田鴨神社）に至り、さらに山代河沿いに下って、淀川との合流点から、淀川をやや遡り、葛野河（桂川）と賀茂河の合流点に至り、これを「石川の瀬見の小川」と名付け、この川を遡って、久我国の北の山基に定坐した、と伝える。久我国の北の山基とは、今の上賀茂神社（京都市上京区。式社、山城国愛宕郡、賀茂別雷神社）の西、西賀茂の大宮の森、下鴨神社の旧社地とされる土地である。

この賀茂建角身命を祖とする鴨縣主（葛野主殿縣主部）と、カモ祖族の裔、鴨君との直接の血縁関係は不明であるが、風土記の言うところによれば賀茂建角身命は大和の葛城地方にまず入っているわけで、これは、大和平定後に同じく葛城に拠点の一つを据えたと思われる鴨君祖族と地縁を同じくしていたこととなり、賀茂建角身命の裔、鴨縣主は、鴨君祖族の支配下の部族であったと推定される。とすれば、賀茂建角身命の化身の八咫烏が神武天皇神話に天皇軍の先導役として登場するのは、神武天皇がカモ祖族の祖を素材として結構されていることと、すこぶる辻褄が合う。

ただし、『古事記』は八咫烏と鴨縣主祖族との関係を明示していない。『日本書紀』が八咫烏の苗裔を葛野主殿縣主部であると明示しているのと対照的である。記紀相互のこの違いは、神武天皇の子孫とされる綏靖天皇以下三代の天皇とカモ祖族との関係を、『古事記』は隠し、『日本書紀』は開示していることと、同軌である。従って、たとえばもし『古事記』に八咫烏と鴨縣主との関係が示されていないことを以て、両者は本来関係がなかった、と論じるとすれば、『古事記』の深慮遠謀の陥穽に落ちることになる（古事記学会編『古事記論集』〔おうふう〕所収の大間茂氏「カモ県主の氏祖伝承再論」に、こうした議論の典型が見られる）。『古事記』もまた、『日本書紀』同様、十分に注意しながら読み解かなければならない、極めて政略的な書物なのである。

なお、姓氏録には左京皇別に別系の鴨縣主がある。「鴨縣主、治田連と同祖。彦坐命の後なり」と見えるものである。彦坐命は開化天皇の皇子である。この皇別の鴨縣主氏と、上述の賀茂建角身命を祖とする鴨縣主氏との関係は未詳であるが、いずれ鴨縣主も、複祖を持つ氏族ということになる。複祖の現象が、母系氏族に複数の父祖が入って同氏族名を名のる時に生じやすいことは、高群逸枝の述べた如くである。

ちなみに、『日本書紀』は、八咫烏について、その苗裔を葛野主殿縣主部であるといい、鴨縣主あるいは賀茂縣主という、伝統的な本来の呼称を明示していない。井上光貞氏は前掲論文（「カモ県主の研究」）で、このことを揚げて、鴨縣主の原名は葛野縣主であったろうと言われるが、こうした推定の仕方は危険である。

井上氏が当の論文で掲げた鴨縣主系図には、氏自身が素性がよい部分と認める世代の部分に、「鴨縣主賀弖」なる人物が見え、その譜に、「此の人の五世子孫、鴨縣主宇志、大津朝の祝に仕え奉り、而して庚午年籍に、祝部姓を負ふ」とある。すなわち、鴨縣主の姓を負っていた人物が、大化改新の公地公民化政策の後、縣主姓を没却されて、天智朝の時代の庚午年籍においては、祝部姓を負った、という次第が読みとられる。

この鴨縣主賀弖は、崇神朝の人物とされる大伊乃伎命の曽孫とされており、この通りの世代だとすると、丁度成務朝頃の人物である。成務朝は、『古事記』に、「大国小国の国造を定め賜ひ、亦、国々の堺、及び大縣小縣の縣主を定め賜ひき」と記述される時代である。鴨縣主系図の、この時代に当たる人物に、初めて鴨縣主の姓が現れることは、『古事記』の成務天皇系譜に言葉少なに伝えられている右の記事が、まさしく史実を伝えるものであることを示すとともに、鴨縣主の姓が、成務朝に遡る由緒を持つ、伝統的なカバネ名であったことを支持している。

従って、鴨縣主は、もとより伝統的にカモ縣主と呼ばれていたのであり、『日本書紀』が、これをあえて避けて、葛野主殿縣主部という傍系の名を、奇妙にも掲げたのである。

このように考えるべき理由がある。というのも、

『日本書紀』は『古事記』に劣らず、それ以上に露骨に政略的な国史であるからである。

『日本書紀』は、奈良時代初めの朝廷内の派閥対立を色濃く反映して編まれた国史である。この派閥対立は、藤原不比等を一方の中心として、親不比等派対、反不比等派という図式に単純化されるのであるが、賀茂朝臣・賀茂縣主らは、このころ実は反不比等派に属し、『日本書紀』の祖先譚において冷遇される氏に属している（『日本書紀』は、親不比等派の舎人親王を編録者筆頭として編まれた国史であり、文字通り、親不比等派の親不比等派による親不比等派のための国史である）。この冷遇の一端が、八咫烏の苗裔を葛野主殿縣主部とのみ記す所に表れていると考えられるのである（前掲拙著『国の初めの愁いの形――藤原・奈良朝派閥抗争史』第三章第二節参照）。

(2) 丹塗矢伝説について

『古事記』の神武天皇事績譚の末尾を飾るのは、大后（おほきさき）選びの話である。

三嶋溝咋の女、勢夜陁多良比賣を見そめた美和（三輪）の大物主神は、その美人が大便するとき、丹塗矢（にぬりや）に変身して、女の陰部を突いた。その美人は驚いて立ち走り、いすすき（うろたえ）、その矢を床のそばに置いたところ、矢は麗しい男となり、その美人と結婚し、生まれた子の名が、富登多多良伊須須岐比賣（ホトタタライススキヒメ）命、亦の名、比賣多多良伊須氣余理比賣（ヒメタタライスケヨリヒメ）。この乙女が、歌問答の後、神武天皇の大后となる。

この丹塗矢説話と同工異曲の物語は、先に揚げた風土記逸文、賀茂神社由来説話に、賀茂建角身命の娘の婚姻譚として見える。すなわち、賀茂建角身命が、丹波国の神野の神伊可古夜日賣（カムイカコヤヒメ）を娶って、玉依日子と玉依日賣を生み、この玉依日賣が川遊びをしている時、丹塗矢が流れ下ってきた。これを床のそばに置いたところ、玉依日賣は孕んで男子を生んだ。その子の父が天の雷であることが分かったため、外祖父（賀茂建角身命）の名に因んで、この子を可茂別雷命（カモワケイカツチのミコト）と名付けた。丹塗矢は、乙訓郡の神社にいる火雷神（ホのイカツチのカミ）である。と語られている。

『古事記』神武天皇説話中の丹塗矢伝説と、風土記逸文の賀茂神社由来譚にある丹塗矢伝説と、二つの丹塗矢伝説のうち、原型に近いのは、風土記の丹塗矢伝説の方であると思われる。『古事記』のは、これを参考にして虚構された物語と考えられる。

神武天皇がカモ祖族の父祖、オホタタネコを素材とし、その説話の素材もまた、カモ祖族にまつわる伝承を多く素材にしていたと考えると、神武天皇の大后という架空の后にまつわる丹塗矢伝説もカモ祖族系の説話が利用されつつ虚構されたというのは、これまたすこぶる辻褄が合う。

『古事記』において、カモ祖族からあれほど引き離されている初代天皇、神武天皇のその大后が、大物主神の娘に作られている理由というものも、神武天皇がそもそも大物主神を大和に祭った初代の祭主、トヨミケヌ＝オホタタネコを原型としていたがためである、と考えれば、このような虚構が工夫された必然的事情も了解されようというものである。

(3)三輪山説話について

風土記の丹塗矢説話には、丹塗矢によって生まれた子の父を訪ねる物語が付与されている。

玉依日賣の生んだ男子が成人するに及んで、建角身命は、八尋の大きな広い建物を建て、全ての扉を閉じて閉じこもり、酒を醸み、神を集め、七日七夜宴遊して、子に語って曰うに、「父だと思う人にこの酒を飲ませよ」と。すると、子は、酒杯を捧げて天に昇った。……

こうして、子の父、つまり、玉依日賣の夫、丹塗矢の正体が、天の雷であることが分かるという物語である。

これと同工異曲の、子の父探し、夫探し説話が、『古事記』の崇神段、オホタタネコの物語に見える。有名な三輪山説話である。

オホタタネコを神の子と知る所以は、と語り出されて、次のように続く。

陶津耳命（スエツミミのミコト）のむすめ、活玉依毗賣（イクタマヨリビメ）は、容姿端麗であった。夜闇にまぎれて、一人の男が来て愛し合い結ばれて、いくらも時が経たぬ間に、乙女は孕んだ（生まれた子が、オホタタネコの曽祖父、クシミカタの命である）。父母は、夫も無いはずの娘が孕んだことを怪しんで娘に問いただすと、姓も名も知らない男が夜ごとに来てその間に孕んだことを告げる。父母は娘に言って、糸巻きに巻いた麻糸の先に針をつけ、男の裾に刺させた。翌朝、麻糸は戸の鍵穴から通り抜けており、その糸を辿ると、三輪山に至り、神の社の前で終わっていた。こうして、娘の子が、神の子であることが知られた。残った麻糸は糸巻きに三勾（みわ＝三巻き）であったので、そこを名付けて美和という。

風土記の賀茂神社由来譚に見える子の父探し物語と、崇神記のオホタタネコ説話に見える子の父探し説話、即ち三輪山説話と、いずれが原型かは微妙なところであるが、系図⑦からも知られる如く、クシミカタの父母に関する神話には、確固としたものがあったわけではなさそうである。

このことと、風土記賀茂神社由来譚の父探し物語の母の名、玉依日賣と、崇神記三輪山説話の父探し物語の母の名、活玉依毗賣とが、余りによく似ているという事実から、『古事記』の説話の方が、風土記賀茂神社由来譚ないしその類似説話を素材として、虚構されたものではないか、という推測が可能となる。

しかし、このあたりの真相は不明であり、最もありそうな憶測を述べたままでである。

『古事記』の虚構は、かなり巧妙周到になされており、架空的伝承話は、架空性を意識されつつ、相当自由な改編・編集を施されて物語を結構する素材とされている。

すべからく、『古事記』説話は、素朴な民の素朴なる民話の素朴なる利用、というような趣で読んではいけないこと言うまでもない。後稿に委ねるが、『古事記』の「寓意の構造」を明らかにしていく過程で、このことはいやというほど知られるところである。

第七節　虚構五代系譜

神武天皇が虚構の天皇で、カモ祖族の父祖のひとり、オホタタネコことトヨミケヌシ（トヨミケヌ）を素材として創り出された天皇であろう事が前節で推定された。当節では、第二代綏靖天皇以下孝安天皇まで五代の天皇の実在性について、やはり古系譜を基に考察を進めたい。

系図⑦を見ると、この五代のうち、初めの三世代（綏靖・安寧・懿徳）が、カモ祖族と密接な血縁関係を持つことが知られる。而して第五代の孝昭天皇はオホタタネコ＝豊御氣主命と同世代に並ぶことになる。

これを見やすくするため、次頁に、系図⑦から、カモ祖族系図と虚構五代系図のみを取り出した系図を掲げる。大御氣主命＝大御氣持命の母については両説を並べ、孝昭天皇の母は、『古事記』説を併せて図示した。

第九節で述べる尾張連祖族の系図も、この虚構五代系譜に絡むため、併せて掲げ、カモ祖族系譜と平行する天皇祖族系図も世代を合わせて並べて記した。

カモ祖族とこのような系譜関係にある虚構五代のあり方を、正しいと認めてよいであろうか。

まず注意しなければならないのは、トヨミケ主命＝オホタタネコ命は、繰り返すようであるが、崇神天皇世代の人物である。系図⑦の系譜関係が正しいとすれば第五代天皇とされる孝昭天皇も実は崇神天皇世代ということになる。

しかし、記紀系譜によれば、孝昭天皇は第五代の天皇であり、崇神天皇は第十代の天皇である。両者は同世代どころか、五世代分の開きがあることになっている。

カモ祖族系譜のいうところと、記紀系譜のいうところは、どちらが正しいのか。

実はこの点に関してはカモ祖族系譜の方が正しいと考えられる。

『先代旧事本紀』の「天孫本紀」に、尾張連氏の祖先系譜が記載されている（第九節系図⑫参照）。天火明命（アメのホアカリのミコト）を初祖とする父系系譜

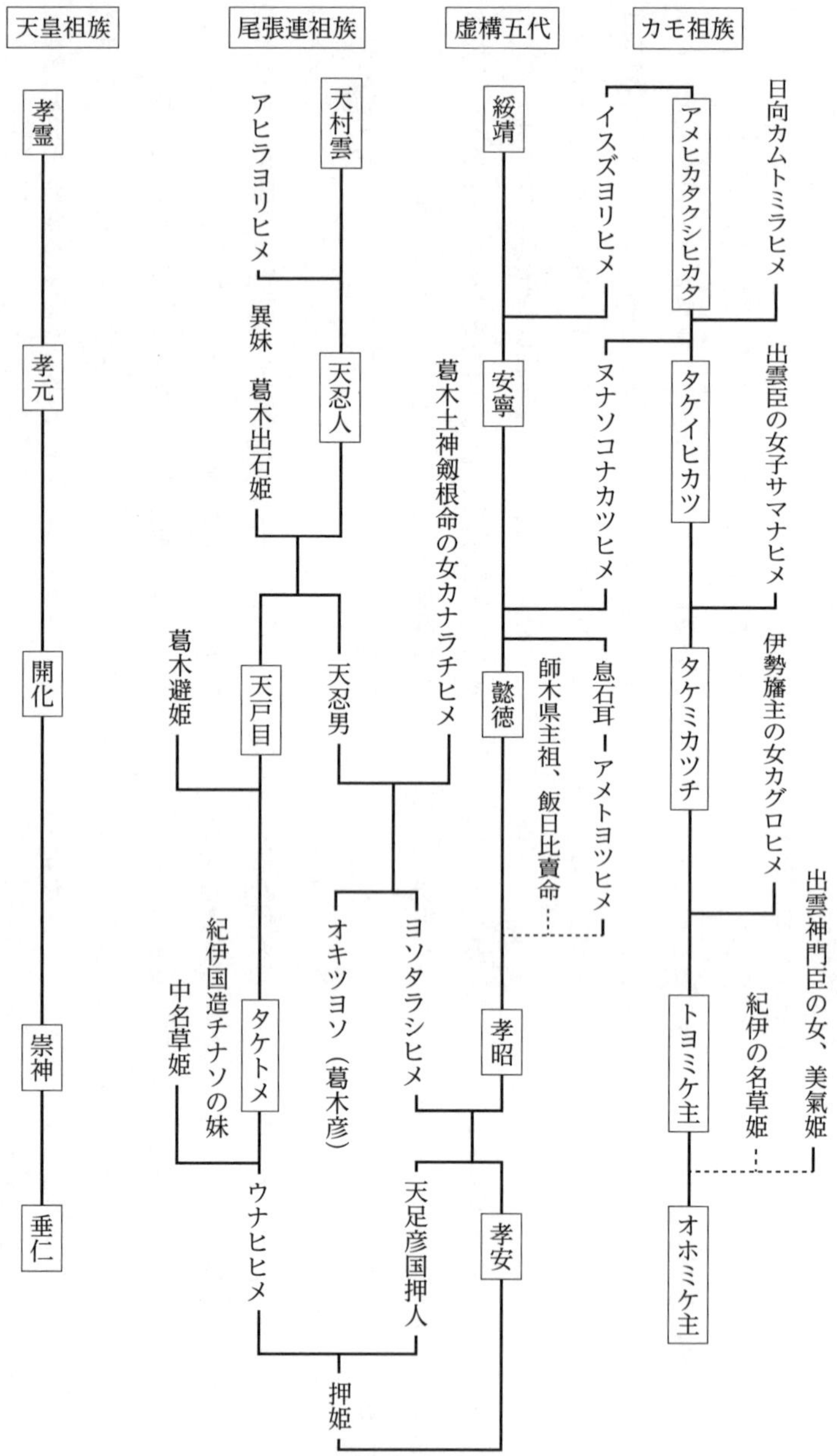
天皇祖族
尾張連祖族
虚構五代
カモ祖族
孝霊
孝元
開化
崇神
垂仁
天村雲
アヒラヨリヒメ
異妹
天忍人
葛木出石姫
天忍男
天戸目
葛木避姫
タケトメ
紀伊国造チナソの妹
中名草姫
ウナヒヒメ
オキツヨソ（葛木彦）
ヨソタラシヒメ
天足彦国押人
押姫
綏靖
安寧
懿徳
孝昭
孝安
葛木土神剱根命の女カナラチヒメ
イスズヨリヒメ
ヌナソコナカツヒメ
息石耳
アメトヨツヒメ
師木県主祖、飯日比賣命
アメヒカタクシヒカタ
日向カムトミラヒメ
タケイヒカツ
出雲臣の女子サマナヒメ
タケミカツチ
伊勢旛主の女カグロヒメ
トヨミケ主
出雲神門臣の女、美氣姫
紀伊の名草姫
オホミケ主

である。これまた古代史解明のためには貴重な古系譜であり、第九節で詳しく研究したいが、そこに、天火明命七世孫として、建諸隅（タケモロズミ）命とその妹、大海姫（オホアマヒメ）命〈亦の名、葛木高名姫命〉の二人が列挙されている。注目すべきは、この兄妹につき、兄のタケモロズミは孝昭天皇の世に大臣として供奉したと記されているのに、妹のオホアマヒメは崇神天皇の皇妃になったと記されている点である。

オホアマヒメが崇神天皇の妃であったことは、『古事記』崇神天皇系譜にも「尾張連の祖、意富阿麻比賣（オホアマヒメ）を娶して、生む子、……」と記載されており、疑いはない。問題であるのは、「天孫本紀」が、その崇神天皇妃であるオホアマヒメの兄であるタケモロズミを、孝昭天皇と同時代の人物であると主張する点である。

つまり、「地神本紀」のカモ祖族系譜も、「天孫本紀」の尾張連系譜も、ともに、孝昭天皇と崇神天皇を、同時代の人物としている。

もし記紀系譜が事実であるとすると、この尾張連系譜のいうところも、カモ祖族系譜のいうところも、ともに、同じ誤りを犯しているということになってしまう。

ところが、孝昭天皇と崇神天皇が同世代であることを示す証拠は、まだある。「新撰姓氏録」の山城神別、神宮部造条に、崇神朝に大物主神の齋祭に与った女官ミヤノメに関する伝承が記されているが、大三輪鎮坐次第は、同一伝承を、孝昭朝の事として伝えているのである[注]。

以上、相互に関係の無い系譜や伝えが、たがいに合致した事を伝え、記紀の伝えに反する場合、これらを誤伝とみるより、むしろ、記紀系譜の方を、疑うべきである。

孝昭天皇ことミマツヒコカヱシネ命は、実は記紀系譜が伝えるような第五代の天皇、つまり、第十代とされる崇神天皇の五代も前の天皇の位置にあった人物ではなく、崇神天皇ことミマキイリヒコイニヱ命と同世代の、当時の何らかの有力首長たる伝承祖であったと考えるべきである。和謚号のミマという、古代朝鮮語で王を示す語を両者共有しているのも、同時代性を示唆している。

そうとするなら、その孝昭天皇の曽祖父、綏靖天皇ことカムヌナカハミミ命、祖父、安寧天皇ことシキツヒコタマデミ命、父、懿徳天皇ことオホヤマトヒコスキトモ命もまた、カモ祖族系譜の伝えるがごとき位置にあった父祖たちであり、カモ祖族系譜の伝えるごとき血縁関係をカモ祖族との間に持ったと考えられる。このことは、以下に見るごとく、『日本書紀』の伝える皇妃伝承とも符合する（ただし、『古事記』は、これらとは全く異なる皇妃伝承を記述している）。

以下、綏靖天皇にはじまり、孝昭天皇を経て、孝安天皇に至る五代を、虚構五代と呼ぶ。虚構とはこの五世代の人々の存在がではなく、彼らを天皇とし、天皇の祖先であったとする点が虚構であるとして、こう呼ぶ。

虚構五代の皇妃・皇子女を、カモ祖族系譜、『日本書紀』系譜、『古事記』系譜の間で比較しよう。その前に、天皇系譜を、この五代と、次の孝霊天皇以下の系譜とで区別する理由を述べておく。虚構五代が天皇系譜として虚構されたのも原『古事記』からであると考えられるので、『古事記』系譜において、虚構五代と以下の系譜を比較する。すると、両者の系譜の間に、画然たる質の違いのあることが知られる。各々の妃の数、皇子女の数の違いである。一覧表にすると次頁の表⑧の通りである。

虚構五代と孝霊天皇以下の系譜の質の違いは、こうして見れば一目瞭然である。虚構五代の妃の数はいずれもただ一人のみであり、子も男子のみで、その数も平均二人、多くても三人どまりである。必要最小限度の系譜を述べたにすぎない形である。これに対して孝霊天皇以降は、にわかに妃の数も増え、子も女子をまじえるようになって、系譜全体が複雑になっている。系譜におけるこの突然の変化は、明らかに人為的なものである。孝安天皇までの系譜と、孝霊天皇以下の系譜とはひとつながりのものではなく、孝安天皇と孝霊天皇の間で一旦断ち切られるべきである事が、この比較表からも予見できる。

表⑧

	天皇	妃の数	男子の数	女子の数	和諡号
虚構五代	綏靖天皇	1	1	0	カムヌナカハミミ（神沼河耳）
	安寧天皇	1	3	0	シキツヒコタマデミ（師木津日子玉手見）
	懿徳天皇	1	2	0	オホヤマトヒコスキトモ（大倭日子鉏友）
	孝昭天皇	1	2	0	ミマツヒコカヱシネ（御真津日子訶恵志泥）
	孝安天皇	1	2	0	オホヤマトタラシヒコクニオシヒト（大倭帯日子國押人）
	孝霊天皇	4*	5	3*	オホヤマトネコヒコフトニ（大倭根子日子賦斗迩）
	孝元天皇	3	5	0	オホヤマトネコヒコクニクル（大倭根子日子國玖琉）
	開化天皇	4	4	1	ワカヤマトネコヒコオホビビ（若倭根子日子大毘々）
	崇神天皇	3	7	5	ミマキイリヒコイニヱ（御真木入日子印恵）

＊孝霊天皇の妃の数と女子の数は、一名ずつ少ない可能性が高い。第十四節の追記参照。

孝霊天皇から三代の天皇の和諡号が、ヤマトネコ（倭根子）という共通部分を持ち、虚構五代までの和諡号から一変していることも参考になる。因みに、根子の根は、島根の根、根の国の根である。

虚構五代において、そのたった一人しかいない妃につき、『古事記』と『日本書紀』の間で、大きな違いがある。虚構五代の皇妃皇子女につき、記紀系譜、「地神本紀」カモ祖族系譜のいうところを比較してみよう。次頁の表⑨である。

この表で、虚構五代の妃につき記紀を比較するに、後の二代、孝昭天皇と孝安天皇の妃は、同一のものの若干異なる伝であることが知られるが、初めの三代は全く異なっている。

すなわち、第二代綏靖天皇の妃を、『古事記』は師木縣主（シキアガタヌシ）の祖、河俣毗賣（カハマタビメ）とするのに対して、『日本書紀』は、事代主神の少女（おとむすめ）、五十鈴依媛（イスズヨリヒメ）命とする。

『日本書紀』では、綏靖天皇の母を、事代主神の大女（えむすめ）、媛踏鞴五十鈴媛（ヒメタタライスズヒメ）命とするので、ここにいう「少女」の五十鈴依媛は「大女」の媛踏鞴五十鈴媛の妹ということになり、この部分の系譜関係は、「地神本紀」の語る系譜関係に一致している（媛踏鞴五十鈴媛にせよ五十鈴依媛にせよ、事代主神の娘とされるのは、後世、事代主神を祭祀した部族が祭神に擬制血縁を結ぶ常套手段に基づ

表⑨

天皇	『古事記』の妃	『日本書紀』の妃	「地神本紀」の妃	『古事記』の皇子女	『日本書紀』の皇子女	「地神本紀」の皇子女
綏靖	・師木縣主の祖 河俣毗賣	・事代主神の少女 五十鈴依媛命	・都味歯八重事代主神の女 次妹五十鈴依姫命	・師木津日子玉手見命	・磯城津彦玉手看天皇	・磯城津彦玉手看天皇
安寧	・河俣毗賣の兄 縣主波延の女 阿久斗比賣	・事代主神の孫 鴨王の女 渟名底仲媛命	・都味歯八重事代主神の孫 天日方奇日方命の女 渟中底・姫	・常根津日子伊呂泥命 ・大倭日子鉏友命 ・師木津日子命	・息石耳命 ・大日本彦耜友天皇	・大日本根子彦耜友天皇 ・常津彦命 ・磯城津彦命 ・研貴彦友背命
懿徳	・師木縣主の祖 賦登麻和訶比賣命 亦の名飯日比賣命	・息石耳命の女 天豊津媛命		・御真津日子訶恵志泥命 ・多藝志比古命	・観松彦香殖稲天皇	
孝昭	・尾張連の祖 奥津余曽の妹 余曽多本毗賣命	・尾張連の遠祖 瀛津世襲の妹 世襲足媛		・天押帯日子命 ・大倭帯日子國押人命	・天足彦國押人命 ・日本足彦國押人天皇	
孝安	・姪　忍鹿比賣命	・姪　押媛 蓋し天足彦國押人命の女か		・大吉備諸進命 ・大倭根子日子賦斗迩命	・大日本根子彦太瓊天皇	

くのであろう。なお、媛踏鞴五十鈴媛は、『古事記』ではヒメタタライスケヨリヒメとされており、しかも、事代神ではなく、大物主神の娘とされている。ここには『古事記』の虚構がある)。

第三代安寧天皇の妃は、『古事記』が、先に師木縣主の祖と述べた河俣毗賣の、その兄のむすめ、阿久斗比賣（アクトヒメ）とするのに対して、『日本書紀』は事代主神の孫にして「鴨王（カモのキミ）」のむすめである渟名底仲媛（ヌナソコナカツヒメ）であるという。『日本書紀』のいうところは、ここでも「地神本紀」と一致しているのであって、「地神本紀」に照らせば、鴨王というのが、天日方奇日方命のことであることが分かる。

これとは別に、十市縣主（トヲチアガタヌシ）系譜（和州五郡神社神名帳大略注解所引）に、「鴨主命、亦曰、天日方」と見え、天日方奇日方命は、鴨王とも鴨主命（カモヌシのミコト）とも呼ばれていたことが知られる。その妻、日向賀牟度美良姫＝鴨部美良姫の名から推定されるごとく、古く、日向にあった鴨（カム＝カモ）部と呼ばれた大母族を率いた父祖としての尊称であったのだろうと思われる。

第四代懿徳天皇の妃は、『古事記』が、これまた師木縣主の祖とする賦登麻和訶比賣（フトマワカヒメ）命とするのに対して、『日本書紀』は、鴨王のむすめ渟名底仲媛の生んだ子という息石耳命（オキソミミの命）の、そのむすめである天豊津媛命であるとする。「地神本紀」には渟中底媛の子に四名（懿徳天皇、常津彦命、磯城津彦命、研貴彦友背命）が揚げられていて息石耳命の名は見えないが、『日本書紀』は本文で渟名底仲媛の子を息石耳命と懿徳天皇の二名とする一方で、分注に一に云くとして常津彦某兄（トコツヒコイロネ）、懿徳天皇、磯城津彦命の三名を挙げている。この分注説は『古事記』の三皇子、常根津日子伊呂泥命、懿徳天皇、師木津日子命に倣ったものと思われる。そこで息石耳命を常津彦某兄＝常根津日子伊呂泥命の別名とする説も生じるが、それなら兄弟順は異なるものの「地神本紀」の常津彦命に当たる。記伝はしかしこの説を「おしあてなるべし」と素っ気なく否定している。すると息石耳命は常津彦某兄＝常根津日子伊呂泥命＝常津彦命とは全くの別人であったことになる。別人であれば、懿徳天皇の兄には複数が伝えられており、『古事記』も『日本書紀』もそのうち一人だけを選んだことになる。下に述べるようなこの系譜構造の虚構性を考える時、その蓋然性は小さくない。

なお、「地神本紀」の四人目の研貴彦友背（タギシヒコトモセ）命は、『日本書紀』の分注に一に云くとして掲げられる懿徳天皇の皇子、武石彦奇友背（タケシヒコアヤシトモセ）命に類似である（『古事記』の多藝志比古〔タギシヒコ〕命に当たる）。どちらかがどちらかの紛れであろう。

さて、はじめの三代について全く異なる妃を伝える『古事記』と『日本書紀』の虚構五代の系譜について、結論をいえば、『日本書紀』の方が、実伝承に近いと思われる。というのも、『古事記』の方に、虚構五代の系譜を、ある方法で整形したと思われる証拠が隠されているからである。『古事記』は、崇神天皇から仲哀天皇に至る五代の天皇系譜を下敷きにしつつ、虚構五代系譜の形を整えたと思われ、その確かな形跡がある。

『古事記』がこうした整形を施した動機の一つは、事代主神系の系譜から、虚構の天皇祖族を引き離すためであったと考えられる。原『古事記』編述の時代、つまり、天武朝までには、カモ祖族系譜と事代主神との結合は、すでに果たされていたと見てよいが、そのうえで、事代主神系カモ祖族と虚構五代（虚構の天皇祖族）との離断が、『古事記』によって図られたのである。これは、事代主神系の父祖であった素材（トヨミケヌ＝オホタタネコ）から虚構された神武天皇を、事代主神から引き離そうとした『古事記』本来の趣旨に沿うものでもある。『古事記』において、事代主神は、天照大御神と対立する出雲神として、出雲で天照大御神に国を譲る託宣をし、神々の服従を統率する役目を与えられた神である。この神が、天照大御神の孫裔である神武天皇及びその近裔の世代と、当初からあまりに密接な関係を結ぶことは、話の都合上、避けられなければならなかったのに違いない。

系図⑩

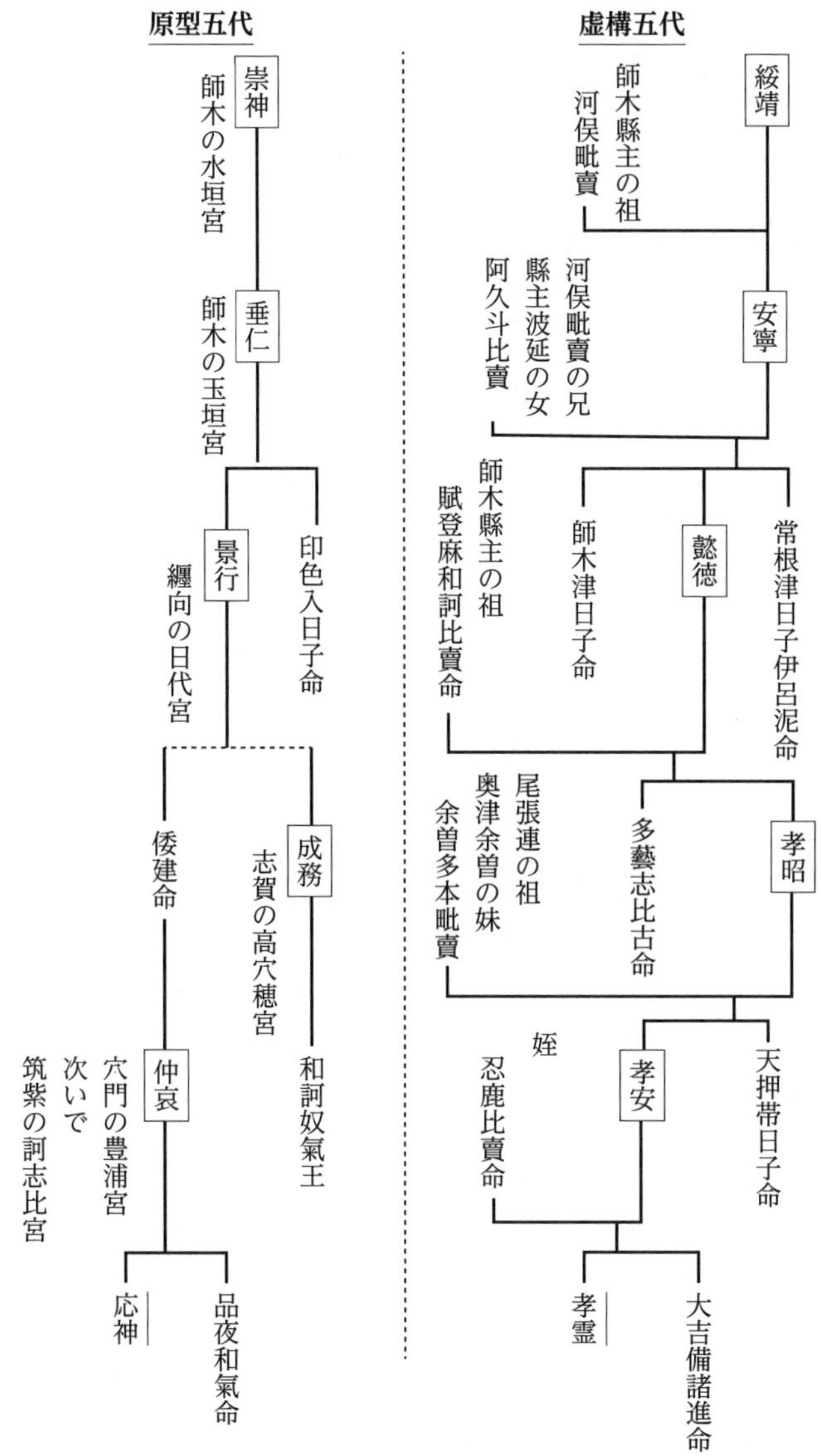

と破線で結ぶ兄弟は異母兄弟を示す

『古事記』による、虚構五代系譜の整形の痕跡を確認しておこう。

虚構五代系譜の整形のための原型となった崇神天皇から仲哀天皇まで五代を、仮に原型五代と呼んでおこう。虚構五代と原型五代とを並べて図示してみると前頁の系図⑩のようになる。

両者を比べてみると、まず、虚構五代の妃が、原型五代の宮の所在地に準じつつ設定されたらしいことが窺える。

すなわち、原型五代の初め三代の宮地は、いずれも師木（シキ＝磯城）の地である。景行天皇の宮地、纏向も、磯城の中の地名である（垂仁天皇の宮を『古事記』に師木の玉垣宮といい、『日本書紀』に纏向の珠城宮という）。この三代の宮地に倣うかのように、虚構五代の初め三代の妃が、師木県主祖族の女とされている（安寧天皇妃の阿久斗比賣〔アクトヒメ〕も、師木縣主の祖とされた河俣毗賣の兄のむすめであるから、同族に数える）。

原型五代の次の成務天皇の宮地は、東国圏内に入るところの近江の志賀（滋賀郡大津市）に移っているが、孝昭天皇の妃は、これに倣うものとして、尾張連の祖の妹である。続く仲哀天皇の宮地は、皇室発祥の地ともいうべき九州に移っているので、孝安天皇の妃も、これに倣うかたちで、血縁者たる姪である。

ただし、虚構五代の最後の二代、孝昭天皇と孝安天皇の妃については、『日本書紀』とも一致しており、実伝承に基づいた妃がそのまま用いられたものと思われる。この二代の妃については、原型五代の宮地との類似性が弱いが、実伝承にこの弱い類似性が偶然備わっていたものと思われる。この偶然の類似性をヒントとして、初めの三代の妃の虚構が考案されたのではないかと思われる。

宮地に因んで妃の出自を揃えるというのは、母系制習俗に基づく発想であることにも注意しておきたい。妻の居地に夫も住んだ古くからの習俗が念頭にあった上での、模倣的虚構と思われる。

虚構五代と原型五代の系譜上の類似は、妃と宮地の間だけに見られるのではない。虚構五代の系譜の構造そのものが、原型五代を下敷きにして作られたのではないかと思われる。すなわち、虚構五代のそれぞれが生む次の天皇の同母兄弟順位が、原型五代に倣って構成されたものと思われるのである。

虚構五代の各々の世継ぎは、順に、安寧・懿徳・孝昭・孝安・孝霊であるが、その同母兄弟順位は、それぞれ、長男・次男・長男・次男・次男である。

これに対して、原型五代の方を見ると、こちらの世継ぎは、順に、垂仁・景行・成務・仲哀・応神であり、その同母兄弟順位は、長男・次男・長男・準次男・次男の順である。虚構五代と比べて、うり二つである（ただし、仲哀天皇は成務天皇と父子関係にないので、仲哀天皇を、成務の唯一子、和訶奴氣〔ワカヌケ〕王に次ぐ、準次男とした）。

このような系譜構造の類似性は偶然のものであろうか。

偶然のものではなく、虚構五代が、原型五代を下敷きにし、系譜の構造までこれに倣って整形されたのだと考えられる。

そう考えてよい証拠がある。実は、『古事記』の系譜には、この虚構五代の系譜の他にも、崇神天皇以下の天皇系譜を下敷きにしてその構造を創作されたらしい系譜がいま一つ含まれる。天照大御神から神武天皇に至る六代の系譜がそれである。つまり『古事記』は、天照大御神から神武天皇までの系譜と、その次の、綏靖天皇から孝安天皇までの系譜を、ともに、崇神天皇以下の実伝承系譜を繰り返し下敷きにして結構し、虚構を繰り返したことが知られるのである。このことは、次節に述べる。

虚構五代は以上見たごとく、特に『古事記』系譜において、妃、つまり、次代天皇の母について、初めの三代で大胆な虚構があって事代主神との離断が図られ、系譜の構造そのものも、後の天皇系譜を下敷きにしつつ虚構されたものであったろうことが推定できたのであるが、この五代そのものの実在性までを疑うことは正しくないであろう。なぜなら、この五代、特に初めの三代は、実伝承系譜であろうことが知られたカモ祖族系譜と、密接不可分な血縁上のつながりを以て伝承された父祖たちであったと考えられるからである。

『日本書紀』には、虚構五代の妃についての別伝が多く伝えられている。このことも、虚構五代の素材になった系譜が、実伝承系譜であったことの傍証となる。虚構五代は、実在の人物として、もともと複数の妻が伝えられていたはずで、それがこれら多くの妃の別伝・異説の源泉になったと理解できるからである。而して『古事記』はこれら複数の妻の中から、原型五代の宮地に対応するべき出自の妻を適宜選んだのであろうと推測される。

これら妃の別伝を、当節末に、『日本書紀』によって掲げておく。『古事記』作者が目にしたであろう虚構五代の原系譜が如何なるものであったか、その残影を忍ぶ参考にはなる。

この表は、十市縣主系譜の考察において重要になるものであるが、十市縣主系譜には、ここでは深入りしない予定である。第十四節で必要最小限の事項について触れる。

カモ祖族の父祖たちが、西暦三世紀の半ば頃から、半世紀をかけて、日向に発して出雲・伊勢・紀伊を経て大和に侵入するといった、邪馬臺国連合に対する侵略経路を辿ったであろうことを前節で見たが、この虚構五代も、同じく三世紀の半ば頃から四世紀初頭にかかる時代の、侵略側の父祖たちである。彼らの侵略経路は如何。

前掲旧著『古事記考』では、その和謚号の主幹部分と記紀が伝える複数の妃たちの出自により、この虚構五代は、早期に越の頸城郡沼川郷方面に拠点を持ち、早くに河内・摂津方面に進出したと推定したが、カモ祖族との密接な血縁関係からすれば、この虚構五代も、最初期には、南九州に拠点を持ったと考えた方がよいと思われる。虚構五代の初代、綏靖天皇ことカムヌナカハミミの妻、イスズヨリヒメの名は、日向市の北辺を流れる五十鈴川に縁故がある名であり、カムヌナカハミミの初めの拠点を南九州と見る根拠の一つとなり得る。虚構五代の侵略経路の詳しい検討は第十二節に譲るが、いずれにせよ、この虚構五代も、カモ祖族と

（後節で見るごとく尾張連祖族らとも）結合しつつ、邪馬臺国連合の侵略に荷担した、当時の有力な実在首長たちであったと考えられる。

　最後に、カモ祖族の父祖たち、および、虚構五代たちの世代を、天皇世代に比定しておこう。天皇系譜は先に見た如く、第六代の孝安天皇と第七代の孝霊天皇の間で、いったん切断されるべきである。孝霊天皇以下の系譜は、複雑に絡み合いながら、崇神天皇、垂仁天皇系譜へと連なるので、実伝承系譜のかなり忠実な採録であることが知られる。系譜によって世代を並べると、左図のようになる（例によって崇神天皇の崩年、旧戊寅年＝三一九年より一代平均在位年十八・八年によって逆算した各世代のおおよその実年代を併せて示した）。

　すなわち、カモ祖族の天日方奇日方と虚構五代の綏靖天皇ことカムヌナカハミミは孝霊天皇（フトニ）と同世代、次のカモ祖族の健飯勝と虚構五代の安寧天皇ことシキツヒコタマデミは孝元天皇（クニクル）と同世代、カモ祖族の健甕槌と虚構五代の懿徳天皇ことオホヤマトクニスキトモは開化天皇（オホビビ）と同世代、カモ祖族の豊御気主（トヨミケヌ＝トヨミケ主）ことオホタタネコと虚構五代の孝昭天皇ことミマツヒコカヱシネは、崇神天皇（ミマキイリビコイニヱ）と同世代、カモ祖族の大御気主と虚構五代の孝安天皇ことオホヤマトタラシヒコクニオシヒトは垂仁天皇（イクメイリビコイサチ）と同世代である。

　次節以下でも、世代を示すのに、孝霊天皇以下の天皇世代を標準として用いよう。

西暦年	二四三～二六二年	二六二～二八一年	二八一～三〇〇年	三〇〇～三一九年	三一九～三三七年
天皇祖族	孝霊	孝元	開化	崇神	垂仁
カモ祖族	天日方奇日方	健飯勝	健甕槌	豊御気主	大御気主
虚構五代	綏靖	安寧	懿徳	孝昭	孝安

注『新撰姓氏録』山城国神別に

神宮部造（カムミヤのべのミヤツコ）。葛木猪石岡（カヅラキのヰイシのヲカ）に天下りたる神、天被命（アメヒラクのミコト）の後なり。六世孫、吉足日命（エタラシヒのミコト）、磯城瑞籬宮御宇〈謚崇神〉天皇の御世に、天下に災（まがごと）有り。因りて吉足日命を遣し、大物主神を斎き祭ら令むるに、災異即ち止みぬ。天皇詔して曰はく、天下の災消（や）み、百姓福を得たり。今より以後、宮能賣神（ミヤノメのカミ）と為る可し。仍りて姓、宮能賣公（ミヤノメのキミ）を賜ふ。然るに後の庚午年籍に、神宮部造と注せり。

とあり、他方、『大三輪鎮座次第』には、

腋上池心宮御宇天皇《孝昭天皇》の御世に、神明らかに吉足日命に憑きて曰く、吾は国造りし大己貴命也。……神託に随ひ、瑞籬を大三輪山に立て、吉足日命を遣し、大己貴命、大物主神を崇齋（まつ）ら令む。吉足日命に詔していはく、今より已後、宮能賣と為る可しと。是、神宮部造の先祖なり。

とある。

栗田寛は、鎮座次第は姓氏録の伝えを誤って伝えたのだとする（この栗田説を引いて佐伯有清氏は、「以下に見える伝承をもとに、後世、吉足日命の治績を古く遡らせて孝昭天皇の時代のこととした」とされている）が、本節に述べた如く、崇神天皇と孝昭天皇とが、実は同時代人であったが故の、二説であったとするのがよい。

崇神朝における災異鎮めのための大物主神拝祭説話は、記紀ではオホタタネコが神主とされており、吉足日命については全く言及がない。このため、鎮座次第は、これが孝昭天皇ことミマツヒコカエシネ命の世代のこととしても伝えられていた事実をもとに、腋上池心宮御宇【孝昭】天皇の御世の事績として書きとどめたものであろう。

天皇	『日本書紀』の妃	『古事記』の妃
綏靖	事代主神の少女　五十鈴依媛命 一書云　磯城縣主の女　川派媛 一書云　春日縣主大日諸の女　糸織媛	師木縣主の祖　河俣毗賣
安寧	事代主神の孫　鴨王の女　渟名底仲媛命 一書云　磯城縣主　葉江の女　川津媛 一書云　大間宿禰の女　糸井媛	河俣毗賣の兄　縣主波延の女　阿久斗比賣
懿徳	息石耳命の女　天豊津媛命 一云　磯城縣主　葉江の男弟　猪手の女　泉媛 一云　磯城縣主　太真稚彦の女　飯日媛	師木縣主の祖　賦登麻和訶比賣命、亦の名、飯日比賣命
孝昭	尾張連の遠祖　瀛津世襲の妹　世襲足媛 一云　磯城縣主　葉江の女　渟名城津媛 一云　倭国の豊秋狭太媛の女　大井媛	尾張連の祖　興津余曽の妹　余曽多本毗賣命
孝安	姪　押媛　蓋し天足彦國押人命の女か 一云　磯城縣主　葉江の女　長媛 一云　十市縣主　五十坂彦の女　五十坂媛	姪　忍鹿比賣命

第八節　神話六代・天孫四代

前節で、虚構五代すなわち第二代綏靖天皇から第六代孝安天皇まで五代の天皇系譜が、崇神天皇から仲哀天皇までの五代（原型五代）の系譜をまねて虚構されている次第を見た。どのようにまねたかというと、前者の妃の出自を原型の宮地に因んで選ぶとともに、世継ぎの皇子の兄弟順位をまねたのである。

この、世継ぎの皇子の兄弟順位を重視して原型系譜の兄弟順をまねながら虚構系譜を捏造するという作業を、『古事記』は、別のもう一つの系譜でも行っている。天照大御神から神武天皇に至る六代の系譜においてである。

この六代の系譜は、虚構五代系譜に似て、やはり崇神天皇以降六代の天皇系譜を模倣して捏造されている。ただし、今回は虚構五代の場合と異なり倭建命（ヤマトタケルのミコト）を経由する直系父子系譜を利用している。

天照大御神から神武天皇に至る六代を、神話六代と名付ける。そうして、その神話六代の系譜の構造を決める下敷きとなった原型系譜、すなわち崇神天皇からヤマトタケル命を経て応神天皇に至る六代を、原型六代と呼ぶ。

神話六代と原型六代の系譜を図に描いて並べて示したものが、次頁の系図⑪である。両者の相似性は、一見して明らかであろう。

神話六代は、天照大御神、天照大御神の長男、天忍穂耳（アメのオシホミミ）命、その次男、番能迩〻藝（ホノニニギ）命、その三男、火遠理（ホヲリ）命、その長男、鵜葺草葺不合（ウガヤフキアヘズ）命、その四男、神武天皇こと豊御毛沼（トヨミケヌ）命の六代である。神武天皇の世継ぎが、三男の綏靖天皇とされている。

つまり、神話六代における世継ぎの子の兄弟順位は、長男・次男・三男・長男・四男・三男の順である。

原型六代の世継ぎの子の同母兄弟中での順位が、これにほとんど一致している。順に見ると、まず、垂仁天皇は長男（同母兄弟中の順位である。以下同じ）、

系図⑪

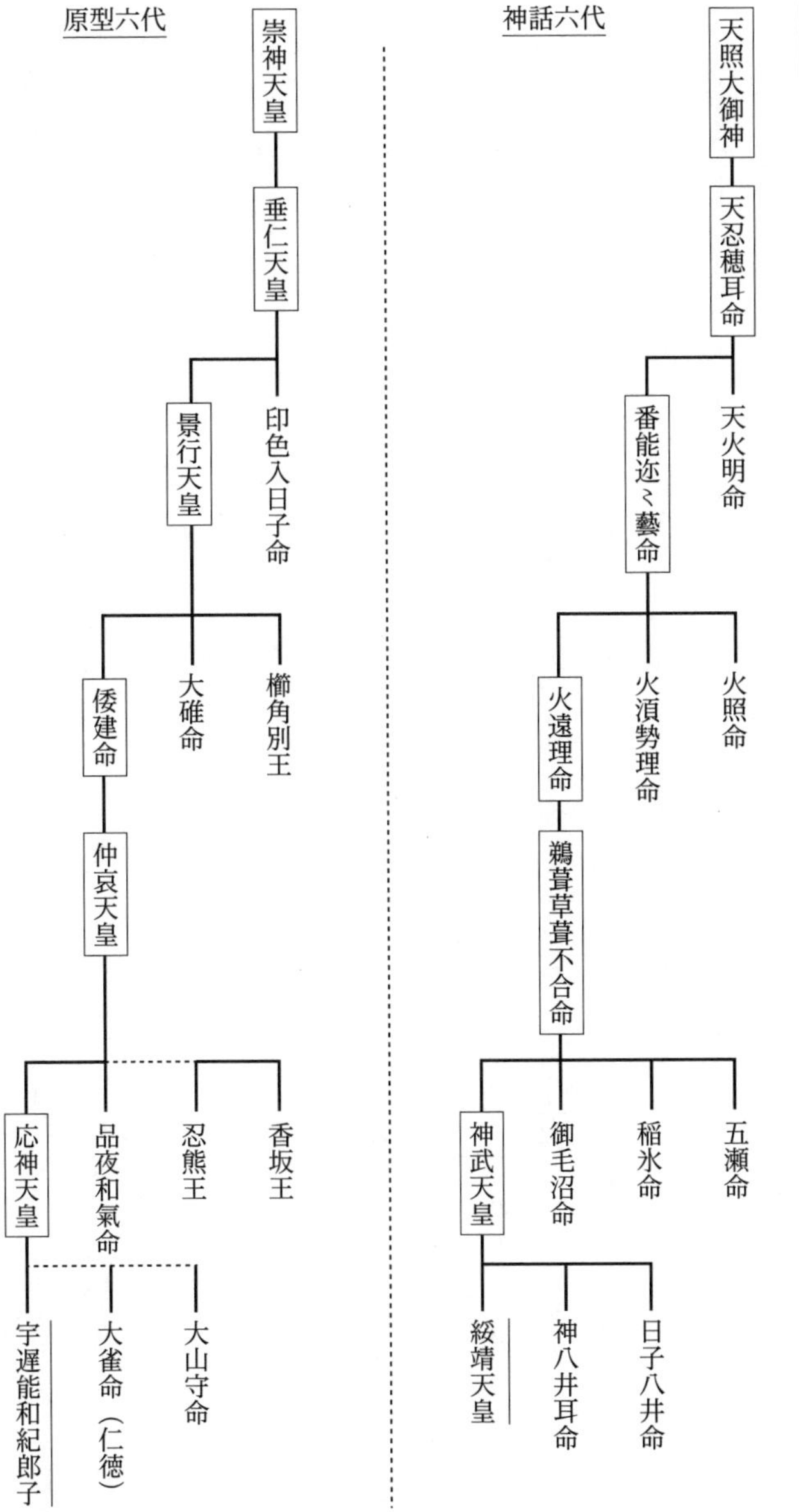
神話六代
天照大御神
天忍穂耳命
天火明命
番能迩々藝命
火照命
火須勢理命
火遠理命
鵜葺草葺不合命
五瀬命
稲氷命
御毛沼命
神武天皇
日子八井命
神八井耳命
綏靖天皇
原型六代
崇神天皇
垂仁天皇
印色入日子命
景行天皇
櫛角別王
大碓命
倭建命
仲哀天皇
香坂王
忍熊王
品夜和氣命
応神天皇
大山守命
大雀命（仁徳）
宇遅能和紀郎子

景行天皇は次男、ヤマトタケル命は三男、仲哀天皇は長男、応神天皇は同母兄弟の中では次男であるが、異母兄弟を含めて四男であるので、準四男とみる。そうして、応神天皇の世継ぎについては、三貴子があって、はじめ日継の皇子とされたのは、最も年若い宇遅能和紀郎子（ウヂノワキイラツコ）であったことが物語から知られる。よって、准三男とする。

結局、原型六代の世継ぎの皇子は、順に、長男・次男・三男・長男・準四男・準三男である。

従って、神話六代の系譜の世継ぎの兄弟順は、原型六代の系譜のそれに酷似しているというべきである。

四男の神武天皇と準四男の応神天皇との相似性が弱いように思われるが、実は神武天皇の兄の二人、稲氷（イナヒ）命と御毛沼（ミケヌ）命は、応神天皇の異母兄弟の二人、忍熊（オシクマ）王と香坂（カゴサカ）王を下敷きにして作られていることがわかるので、相似性は物語によって補強されているのである。

神武天皇が架空の天皇であったことは、前々節で説明したとおりであるが、その兄弟たち三人も全て、架空の兄弟である。

まず、長兄の五瀬（イツセ）命。『古事記』の「寓意の構造」から知られるところであるが、神武天皇が大海人皇子（天武天皇）をダブルイメージとする天皇として語られるのに対して、その長兄イツセ命は、大海人皇子の厳兄、中大兄皇子（天智天皇）を寓意すると思われる人物である。

イツセのセは、兄（せ）であろう。イツには、五（いつ）のほかにも、一（いち）のなまりや、厳（いつくし）などの意味がある。天智天皇は天武天皇の数え五歳上の、ただ一人の兄（あに・せ）であり、貴族・豪族所有の部民を公民化し、貴族・豪族所有であった土地をその公民たちに均分するという、いわば天皇制社会主義革命の古代版ともいうべき大化改新を果敢に推し進めた人物として、厳（いつく）しき兄というに相応しい人格の所有者であった。蘇我氏と深く馴染んで貴族趣味に落ちた大海人皇子にとっては、文字通り、厳しき兄であったはずである。天智天皇が壬申乱の前に崩去するのと同様、イツセ命も、登美毗古

（トミビコ）なる者の矢を手に受けて、大和平定の前に、紀国で「崩」去する。『古事記』が、イツセ命の死に、特に天皇の死を意味する崩の字を用いるのは、イツセ命が、神武天皇の長兄であったというにとどまらず、天皇と同格の者として扱われているためである。イツセ命が、天智天皇をダブルイメージとしていることに符合する。

イツセ命の手を射る登美毗古（トミビコ）の「登美」は、美に登る、と読めるが、「美」字を分解すると、羊と大に解字できる。未（ひつじ）年の大君＝天皇とは、辛未年（旧辛未年であり六七一年である）、つまりひつじ年に崩去した、天智天皇に適合する。また美字の異体字として、羊の下の大を火に書く字体、「美」があり、「火」は古事記では一貫して斬首される大友皇子の頭部、或いは、大友皇子の斬首の宿命を寓意する呪文字である。美＝美字は、羊年に、その大友皇子を（次の天皇として）生んで崩去する王を寓意する文字とも解し得る。

イザナギ（伊耶那岐）・イザナミ（伊耶那美）二神による神生み神話で、火の神を生んだがために神避（かむさ）って黄泉国の住人となる伊耶那美命が、実は天智天皇を寓意する神であり、この時、伊耶那岐命によって斬首される火の神（火之迦具土神）には、壬申乱で大海人皇子軍によって斬首される大友皇子が寓意されており、この神話において、「火」が斬首される大友皇子の首（こうべ）を寓意する表象として確定されるのであるが、この、火の神を生んだがために神避る伊耶那美命が、大友皇子を生んだがために崩去する天智天皇を寓意しており、その天智天皇を、美字が寓意する仕組みになっている。伊耶那美命の「美」である。

登美毗古の「登美」は、その美に登る、つまり天智天皇に登る、天智天皇を凌駕するという寓意である。このような寓意を持つ名の登美毗古なる者は、天智天皇を寓意するイツセ命を射殺す人物の名として相応しい。むしろそのような寓意を込めつつ、登美毗古の名あるいは用字が勘案されたと思われる。

次のイナヒ命は、応神天皇の異母兄弟、忍熊王に倣って造られ、次のミケヌ命は、香坂王に倣って造られている。

イナヒ命とミケヌ命については、『古事記』神代の物語の最末尾に、

故（かれ）、ミケヌ命は、波の穂を跳（ふ）みて、常世国（トコヨのクニ）《海の向こうに在ると考えられていた永生の神の国》に渡り坐（ま）し、イナヒ命は、妣（はは）《亡母のことで、ここでは、海神のむすめ玉依毗賣》の国として海原に入り坐しき。

という、取って付けた如き短文が添えられている。神代の物語はここで終わり、続いて神武天皇の東征説話となる。

ミケヌ命は、常世国にわたり、イナヒ命は、海原に入った。

何故か年下のミケヌ命から語られるこの短文が示す二人の兄の運命は、実は、原型となった、香坂王と忍熊王の運命そのものである。

応神天皇の異母兄弟、香坂王と忍熊王は、応神天皇の母、息長帯日賣（オキオナガタラシヒメ）命（神功皇后である）が太子時代の応神天皇とともに新羅遠征から帰還した折り、この親子を滅ぼそうとする。兄弟は神意を占って狩りをするが、香坂王は、怒る猪に喰われて死に、忍熊王はこの神意を畏れずに軍をおこし、逆に淡海（アハウミ。琵琶湖）にまで追い攻められ、「海に入」って死ぬ。

香坂王は、このように、神の化身である猪に喰われたのであるから、神のミケ（御食）となり、神の国に渡ったのである。そこで、香坂王をまねて造られたミケヌ命は、神の国＝常世の国に渡るのである。

忍熊王は、神意を畏れず、応神天皇らをイナ（否）み、海に入ることになる。そこで、忍熊王をまねてイナヒ命が造られ、海に入るのである（海に入る稲氷・イナヒには、その文字によってまた別の寓意が潜むが、別稿に委ねる）。

神武天皇の二人の兄、イナヒ命と、ミケヌ命は、このように、兄弟順こそ異なるが、それぞれ、忍熊王と香坂王を模倣して造られた、架空の兄たちである。神

武天皇自身が、トヨミケヌなる、天皇ならざる実在の伝承祖を素材にして造られた架空の天皇であったのだから、その兄たちが模造品であったとしても、むしろ当然の成り行きであろう。兄の香坂王の模造品であったミケヌ命の方が弟に造られたのは、名の類似から、トヨミケヌ命のすぐ上の兄とされる必要があったためではあるまいか。

イナヒ命とミケヌ命の運命が、弟のミケヌ命から語られているのは、原型になった方の兄弟順にあわせたか、あるいは、名の由来である事件が起こった順にあわせたものであろう。『古事記』が兄弟の運命を語るのに、弟の方から述べているということに疑問が持たれるのであるが、以上のような模倣の構造が、とりあえずこの疑問への答えになりうる。そして、逆に、この疑問に答えを提出できるということが、とりもなおさず、この模倣説の蓋然性を保証するであろう。

以上、天照大御神から神武天皇に至る系譜、神話六代の系譜は、崇神天皇から倭建命（ヤマトタケルのミコト）を経て応神天皇に至る六代の系譜、原型六代の系譜をまねて造られた虚構の系譜であることが了解されたと思われる。模倣は系譜の兄弟名にまで及んで、深々とした作為を宿している。

なお、『日本書紀』の系譜では、このような整然たる相似関係は見られない。神話六代は大きく崩れ、原型六代も『古事記』とは多くの点で異なっているので、もはや互いの相似性は崩れて姿をとどめていない。

神話六代の虚構と虚構五代の虚構とは連続した作業である。神話六代が原型六代の系譜を下敷きにして捏造された系譜であったと同様、虚構五代の系譜も亦、原型五代の系譜を下敷きにして整形・捏造された天皇系譜であったことに、もはや疑問の余地はないと思われる。

このような虚構系譜が最初に造られたのは、原『古事記』においてであり、現『古事記』はこれを極めて忠実に保存している。用字まで含めて、忠実に保存している。ということは、「勅語の旧辞」を「子細に採り摭（ひろ）」って、元明天皇に奉上した太安萬侶は、「勅語の旧辞」、すなわち、原『古事記』を、用字まで含めて、極めて忠実に、文字通り、子細に採り摭ったのであって、現『古事記』の序文から安直に推測されるが如き、太安萬侶による、音訓文字の選定を含む撰修作業などは、ほとんど存在しなかった、ということになる。このことは、『古事記』の寓意の構造を解き明かす過程で、更にはっきりしてくる。『古事記』序文は、新たな角度から検討し直さなければならない文である。

ところで、神話六代と虚構五代によって、孝霊天皇以下の天皇系譜は、元来血縁関係にせよ宗教的関係にせよ何の関係も無かったはずの天照大御神という女神とつながれることになった。原『古事記』作者は、なぜこのような手の込んだ作為を施したのであろう。

最も端的な理由の一つは、言うまでもなく、天照大御神を、天皇祖族の祖神とするためである。

その動機の最大のものは、これまた、周知の如く、壬申乱において、天照大御神が、天武天皇軍の守護神であったという事実であろう。壬申乱紀には、吉野を遁出して、鈴鹿の関を越えて東国に入った天武天皇が、遙かに天照太神を望拝したとある。

天照太神、日の女神は、元来、東国の守護神であった。このことについては、崇神天皇の妃のひとり、木国造（紀伊国の国造）のむすめの生んだ皇女豊鉏入日賣（トヨスキイリヒメ）命が、日の女神、伊勢の大神を祭った最初の皇女であり、その同母兄豊木入日子（トヨキイリヒコ）命が、垂仁朝に毛野国へ移住し、上・下毛野君の祖となったということなどに代表される事情が背景としてあるのであるが、これを含めた詳しい大和朝廷初頭史は、後に論じる。

ともあれ、天武天皇軍は、伊勢の大神、天照大御神の庇護を得て、戦に勝ったと信じられていたことは疑いがない。この功により、天照大御神は、原『古事記』に於いて初めて、天皇の祖神とされたとまずは考えられる。

加えて、原『古事記』を記述した者が、伊勢の女神に、縁故浅からざる人物であった可能性が考えられねばならない。

筆者が『古事記』のゴーストライターであろうと推

測する稗田阿礼は、天鈿女命の子孫として（弘仁私記序）、猿田毗古神を通じ、伊勢の女神と古来深い縁で結ばれている……。稗田阿礼の出身地、稗田村は、丸迩臣＝和珥部臣の大和における拠点の西隣に位置し、この丸迩臣は『古事記』がことのほか重用する氏名（うぢな）である……。和珥氏の系裔たる小野臣は猨女君の養田を領し、猨女を貢する氏であった（類聚国史巻十九、猨女の条）……。詳細は別稿に譲る。

　天照大御神（アマテラスオホミカミ）という言葉自体も、原『古事記』に始まると考えられる。『古事記』では、アマテラスのアマ（天）は、アメではなくアマと読まれる数少ない「天」の一例であるが、『古事記』の寓意の構造において、アマと読まれる天の字は、大海人皇子（オホアマのミコ）のアマを示唆寓意する文字である。そうして、その天照大御神には、大海人皇子がダブルイメージとして寓意されている。大海人皇子を寓意するために、天照大御神という名が、特に選ばれたと言ってもよい。

　その天照大御神が統治することになる高天原（タカアマのハラ）の「天・アマ」もまた大海人皇子を寓意する文字である。その「天」に付く「高」字は、天照大御神とともに葦原中国（アシハラのナカツクニ）を平定する神、タカミムスビ（高御産巣日）神、亦の名、タカギ（高木）神の名の、「高」字と同じであって、どちらも高市皇子の「高」に因み、「高」字は、『古事記』においては一貫して、大海人皇子に皇位を齎すものの表象である。

　高天原という、初期万葉歌には一度も現れない、当時としては奇妙な言葉も、原『古事記』において初めて用いられた言葉と考えられる。「天（アマ）」と「高」とから成る「高天原」には、大海人皇子と高市皇子が並び立つ所という寓意が込められている。

　大海人皇子と高市皇子が相並んで軍を指揮して、中大兄皇子の立てた国、近江朝を平定した壬申乱と、天照大御神と高御産巣日神が相並んで、地上の国、葦原中国を平定した国譲り神話とは、前者が後者のダブルイメージとなっており、後者が前者を寓意する構造になっている。詳細は、やはり別稿に譲る。

要するに、天照大御神と神武天皇は、ともに壬申乱に大功のあった神および父祖であり、ともに大海人皇子を守護したと信じられたが故に、ともに天皇家と直接の縁故関係は無かったにもかかわらず、原『古事記』において、ともに天皇家の祖とされ、ともに、大海人皇子を寓意する神および父祖として描かれる資格を与えられたのである。

さて、神武天皇は、神話六代の六代目であるが、述べた如く、カモ祖族のトヨミケ（豊御気）主ことオホタタネコを素材として造られた架空の天皇である。そこで、神話六代とカモ祖族の父祖たちを、トヨミケ主と神武天皇を並べる形に、世代を等しく並べ、天皇祖族とも並べてみると、左図のようになる。

このように並べてみると、次のような類似に気が付く。すなわち、トヨミケ主の曽祖父、アメヒカタクシヒカタが、初め日向にあった人物であるのに対応して、トヨミケヌ（豊御毛沼）の曽祖父として造られたホノニニギ（番能迩々藝）は、高天原から初めて日向に天降る天孫である。

またアメヒカタクシヒカタの亦の名がアタツクシネであるのに対応して、ホノニニギは、カムアタツヒメ（神阿多都比賣）と結婚する。アタとは、鹿児島県の薩摩半島の西部、今の万之瀬川流域一帯を中心とする地名である。古来、隼人阿多君（ハヤトのアタギミ）の祖族の拠点であった。

次のホヲリ（火遠理）命は、兄のホデリ（火照）命と争い、これを服従させるのであるが、その兄ホデリは、隼人阿多君の祖とされ、やはり、アタに因む物語となっている。孝霊天皇か孝元天皇世代、同じことだがアメヒカタクシヒカタかその次の世代に、天皇祖族

　　　　　　　　　　　　　　　　孝霊——孝元——開化——崇神
　　　　　　　　　　天日方奇日方《アメヒカタクシヒカタ》——健飯勝《タケイヒカツ》——健甕槌《タケミカツチ》——豊御氣主《トヨミケヌシ》
天照大御神《アマテラスオホミカミ》——天忍穂耳《アメノオシホミミ》——番能迩々藝《ホノニニギ》——火遠理《ホヲリ》——鵜葺草葺不合《ウガヤフキアヘズ》——豊御毛沼《トヨミケヌ》（神武）

やカモ祖族が隼人のアタ君の祖族を平定したか、これと密接であったという伝承があって、これを原型とした神話であった可能性が考えられる。

神武天皇についても、「日向に坐しし時、阿多（アタ）の小椅君の妹、名は阿比良比賣（アヒラヒメ）を娶して、生む子、云々」とあって、やはり、アタの部族との血縁が語られている。阿比良比賣のアヒラも、鹿児島湾を囲む北岸一帯の古くからの地名である。

以上、アタに密接な伝承を担ったカモ祖族・天皇祖族の父祖たちの伝承が、ホノニニギから神武天皇に至る架空の四代に、強く広く影響を与えているのである。

要するに、神武天皇の物語のみではなく、ホノニニギから神武天皇まで四代の物語もまた、カモ祖族四代およびこれと平行する天皇祖族らの祖先伝承から様々な形で素材を得ていた可能性が高いと思われる。

そうした素材をもとにして語られた神話六代のそれぞれの名もまた、天照大御神を含め、『古事記』の創作になると考えられる。

例えば、上にも触れ、別稿において『古事記』の「寓意の構造」を研究する過程で更に明確になるように、『古事記』において「火」は、大友皇子の斬首される頭を意味する寓意文字であるので、例えば火遠理（ホヲリ）命とは、火折りの命、つまり、大友皇子の頭を折る者を寓意する。大友皇子の頭を折る命、ホヲリ命とは、大海人皇子を寓意しつつ語られる天孫である。

大友皇子は、壬申乱で、大海人皇子軍に追われて逃げ場を失い、山前に隠れて自縊して果てる。自縊の現場には、物部連麻呂と一、二人の舎人のみが付き従ったという。大友皇子の屍から、首が斬られて、その頭（こうべ）が、大海人皇子の前に献ぜられた。夏のこととて、恐らく、異臭を漂わせた生首が、大海人皇子とその従者であった舎人ら（その中には稗田阿礼も居たはずである）に、強い印象を与えたに違いない。

ホヲリ命は海神の助けで兄のホデリ命に勝つが、大海人皇子の寓意たる人物に相応しい物語と云うべきである。

鵜葺草葺不合（ウガヤフキアヘズ）命については、

ここでは、鵜が大友皇子を寓意するということを指摘しておきたい。大友皇子は、今述べたごとく、壬申乱で逃げ場所を失い、山前に隠れて自縊するのであるが、山中で、首にひも（帯であろう。帯で身を垂らしたのである。故に『古事記』は「タラシ」に「帯」字を用いる）をくくり、木の枝に首を吊ったものと思われる。この、首にひもを付けた姿を鵜にたとえて、鵜を大友皇子を寓意するものとしたのである。

ウ音を表音文字つまり音仮名で表す時、『古事記』は、ただ一つの例外を除いて、「宇」で表しており、極めて高い統一性を以て文字を操作していることが知られるのであるが、この「宇」にも、鵜の姿に首括った大友皇子の寓意が一貫して秘められている。

ウ音の音仮名の『古事記』におけるただ一つの例外とは、「汙」字である。たまたまうっかりこの文字が用いられたのではない。「汙」は、汚に同じで、汚いとか不潔の意味。宇すなわち汚き宇であるという寓意がここに込められていたと考えれば、この不統一は、実は不統一ではなく、「寓意の構造」の中で、一貫した用字であったことになる。

汙＝宇（～鵜）を初めとして、『古事記』は、殆ど全ての音仮名にそれぞれ特殊な寓意を宛てて運用している。

なお、鵜葺草（うがや）の「葺草」に訓注があり、「葺草を訓むに、加夜（カヤ）と云ふ」とある。鵜とつなげば、鵜加夜となるが、これは鵜に夜を加えると読める。鵜に夜を加えるとは、大友皇子に、夜、すなわち、死の国の闇を与えるという寓意である。ウガヤフキアヘズ命には、こうしてその名と訓注によって大友皇子に夜を加える神霊としての役割が与えられているわけである。ウカヤは元来、連濁によりウガヤと、カが濁ってガとなるのが通常と思われるのに、従って、「加夜」ではなく「賀夜」と訓注するのが本来と思われるのに、「加夜」の訓が当てられているのは、このような寓意を込めるためと考えれば理解しやすい。

『古事記』の分注は、訓注を含めて、このように、寓意の具に用いられていることの明瞭なものが少なくない。分注、訓注の裡に寓意を構えるのである。

『古事記』の分注も、実はその大部分は、原『古事記』にあったものが、現『古事記』に、そのまま「子細に採り摭（ひろ）」われたものと推定される。つまり、訓注を含めて、『古事記』の分注さえ、国文学者たちの多くが信じているが如き、太安萬侶の創意になるような素朴なものでは、決してなかった事が知られるのである。これまた、『古事記』の「寓意の構造」の研究によって、次第に明らかになる重要な基本的事項である。

ともあれ、かくして神話六代は、カモ祖族四代およびこれと平行する世代の父祖たちの伝承を吸収しつつ創作されたホノニニギ命からトヨミケヌ命（神武天皇）までの四代に、天照大御神とその子という母子系譜を被せて六代とし、これを原型六代の系譜を下敷きにして形を整え、寓意文字の数々を巧みに象嵌しつつ創作された虚構の系譜であったと考えて大過無い。

以後、ホノニニギ命からトヨミケヌ命（神武天皇）までの四代を天孫四代と呼ぶ。そうして、孝霊天皇から崇神天皇までを原型四代と呼ぶ（左図）。天孫四代は、原型四代に平行する有力首長たちの伝承を素材としながら虚構されたものである。

原型四代に平行する有力首長の伝承としては、カモ祖族の伝承がまず筆頭に挙げられるが、この他に、次節以下で述べる尾張連祖族や、物部連祖族、さらにこれら祖族の中心にあった天皇祖族つまり原型四代そのものの伝承も素材とされたであろうと推測される。

最後に当節の結論を要約してみれば、繰り返しになるが、要するに神話六代とは、原型四代に平行する世代の実伝承を吸収するものとして虚構されたであろう天孫四代に、天照大御神とその子、天忍穂耳命という、

原型四代　孝霊――孝元――開化――崇神

天孫四代　番能迩々藝――火遠理――鵜葺草葺不合――豊御毛沼（神武）

例外的な母系系譜を被せて六代とされ、原型六代を下敷きとして系譜の骨格が造られたものであった、ということになる。

そうしてこの下に、原型五代によって整形された虚構五代が継ぎ足され、原型四代へのつなぎとされたわけである。

原『古事記』によるこのような虚構方法が明らかになってみれば、いわゆる闕史八代（虚構五代プラス原型四代の初め三代）が、なぜ闕史でなければならなかったのかという理由も判然とする。

すなわち、虚構五代は同世代の者達（原型四代プラス垂仁天皇）より五世代分上代へと引き上げられた結果、事績物語を付すわけにゆかなかったのであろうし、原型四代の初め三代の時代の伝承は、すでに天孫四代神話として物語られてしまったのであり、改めて事績物語を付すことはこれまた不可能であったのである。

こういう次第であるなら、神武天皇の事績、特に東遷神話と大和平定神話は、闕史八代を飛び越えて、崇神天皇の事績物語に直結するはずのものである。

崇神天皇は、日向地方に発した天皇祖族（原型四代）を中心とする父系部族たちが、三世紀半ばからおよそ半世紀をかけて、西から東へと当時の邪馬臺国連合を侵略し、大和を平定した後の、大和における最初の大王であった。

崇神天皇について、『古事記』はその事績譚の末尾に、「ここに初めて男の弓端の調（ゆはずのみつき）《男が弓矢で獲た獲物の献上物》、女の手末の調（たなすえのみつき）《女が手で作った織物などの献上物》を貢（たてまつ）ら令（し）む。故（かれ）、其の御世を稱（たた）えて、所知初国之御真木天皇（はつくにしらししミマキのスメラミコト）と謂（まを）す也」と述べている。

「はつくにしらししミマキの天皇」とは、崇神天皇ことミマキイリヒコイニヱ命が、まさに初めて大和に拠点を据えて初めて租税制度を確立し、以て初めて大和朝廷の基礎を築いた天皇であったという意味であり、以上の考察を以てすれば、右引用の崇神天皇事績は、簡略ながら史実を伝えるものである。

神話六代に虚構五代を繋ぎ、これを原型四代の上に架上することで闕史八代も生じることになったというこの構造は、『古事記』において初めて創作された構造であり、この構造は、編年国史であったはずの天武十年紀国史にもそのまま踏襲され、これが『日本書紀』にも引き継がれた結果、記紀の上代天孫・天皇系譜となって現在に至っている。天皇祖族とは本来関わりのなかった天照大御神＝日の女神が天皇家の祖神となったからくりは、『古事記』が仕組んだものである。

第九節　尾張連系譜

当節では『先代旧事本紀』の「天孫本紀」に残る文献的化石の一つ、尾張連（ヲハリのムラジ）祖族の系譜の骨格を正し、以て尾張連祖族の史的実態を究明する。

第六節の系図⑦、第七節の表⑨、系図⑩などに見られるごとく、虚構五代の四代目の孝昭天皇の妻に、尾張連の祖、奥津余曽（オキオツヨソ）の妹、余曽多本毗賣（ヨソタホビメ）。紀によればヨソタラシ媛）がある。虚構五代の素材そのものは、実在首長の実伝承が用いられたのであるから、このヨソタホビメも実伝承中の女性と考えられる。

「天孫本紀」尾張連祖族の古系譜は、第七節で触れたごとく、孝昭天皇ことミマツヒコカヱシネと崇神天皇ことミマキイリヒコイニヱが実は同世代の人物であることの証拠を含む古系譜である。「天孫本紀」のこの系譜は、尾張連氏の初祖とされる天火明尊（アメのホアカリのミコト）から始まり、その十八世孫に至る父系系譜である。

天火明尊を遡る系譜は、『古事記』のそれを踏襲している。すなわち、天照孁貴（アマテラスヒルメのムチ＝天照大神）―天押穂耳（アメのオシホミミ）尊―天火明尊という系譜であり、『古事記』の通りである。虚構であろうから、この部分はあまり問題にする必要はない。

そのあとが、「天孫本紀」独自の系譜である。子、天香語山（アメのカゴヤマ）命、二世孫、天村雲（アメのムラクモ）命……と続く。

八世孫までを系図にして示すと、次頁の系図⑫のようになっている。

先ず注目するべきは、やはり七世孫の建諸隅（タケモロズミ）命と大海（オホアマ）姫の兄妹である。

タケモロズミについて、「天孫本紀」は「腋上池心宮御宇天皇（ワキガミのイケゴコロの宮にあめのしたしらしめししすめらみこと）」つまり孝昭天皇の御世に大臣として供奉したと伝える。その一方で、オホアマ姫を「磯城瑞籬宮（シキのミヅガキの宮）御宇天

系図⑫

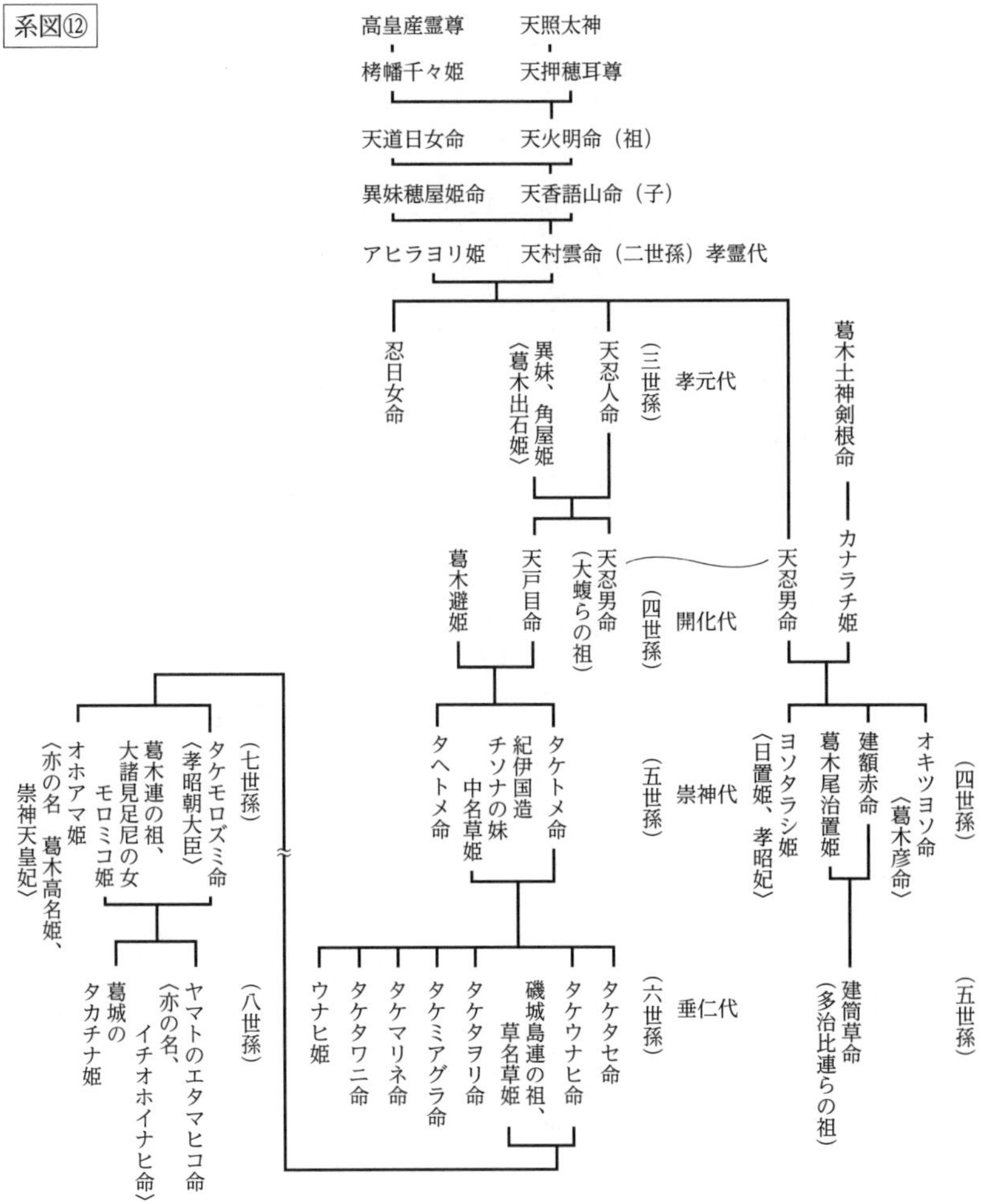

皇」つまり、崇神天皇の皇妃であると伝える。記紀系譜に馴染んだ者にとってよほど不自然なこうした伝承を伝えるという点に、かえって実伝承らしさがある。もし虚構の事柄であれば、タケモロズミを、崇神天皇より五代も前の孝昭天皇朝の大臣とするよりは、崇神朝の前代である開化朝か崇神朝そのものの大臣に造った方が無難であったはずだからである。

前々節で述べた如く、このことが、孝昭天皇こと、ミマツヒコカヱシネ命を、崇神天皇ことミマ

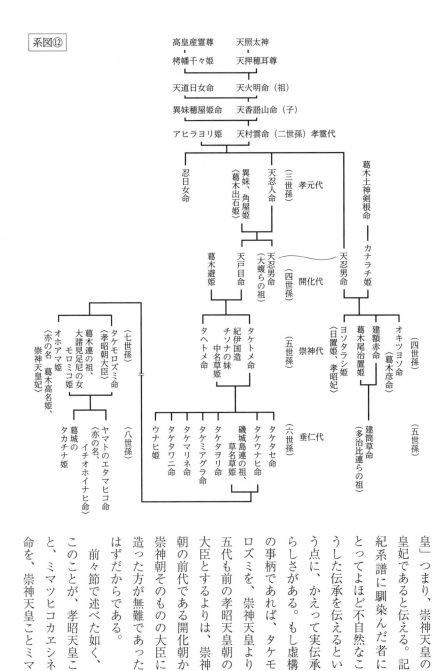

キイリヒコイニヱ命と、同世代の伝承父祖であったと考える主たる根拠の一つである。

ミマツヒコカヱシネのミマと、ミマキイリヒコイニヱのミマとは同じ言葉であろう。ミマとは、朝鮮古語で、王を意味する（当時の韓の南端にあった任那＝ミマナのミマも同じであり、ナは土地、処を意味するので、ミマナとは、王の土地の謂である。大国主命の亦の名、オホナモチのナも同じく土地を意味する言葉であろうと考えられている）。したがって、両者とも、当時の王族の裔であり、ミマキイリヒコイニヱのみならず、ミマツヒコカヱシネも、ともに、従臣部族等によって供奉される身分の者たちであったのであろうと考えられる。

ミマという名の共通性自体が、孝昭、崇神天皇両世代が接近していることの傍証となろうことは既に述べた如くである。

ところで、尾張連系譜のこの七世孫とその上の六世孫との結合に疑問がある。

「天孫本紀」は、六世孫のタケウナヒ命が、二男一女を生むと記すが、実際に記されている七世孫は、タケモロズミ命とオホアマ姫の一男一女のみであり、数において、すでに齟齬がある。しかも、六世孫と七世孫とでは、伝えられる王朝世代が逆転している。

まず、そのタケウナヒ命の弟であるタケタヲリ命は、『新撰姓氏録』に依れば、崇神天皇の孫である第十二代景行天皇の朝における伝承を持つ人物である。姓氏録、左京神別、湯母竹田連（ユオモのタケダのムラジ）条に、「湯母竹田連。火明命の五世孫、建刀米（タケトメ）命の後なり。男、武田折（タケタヲリ）命、景行天皇の御世に、殖（う）ゑむことを擬（はか）りて田を賜ひしが、夜宿（ひとよ）の間に、菌（たけ）、その田に生（お）ひぬ。天皇聞こしめして、姓（うぢ・かばね）を菌田連（タケタのムラジ）と賜ひき。後に改めて、湯母竹田連と為す」とある。

さらに、タケタヲリ命の弟、タケマリネ命については、やはり姓氏録によれば、垂仁朝の伝承が伝えられている。同石作連（イシツクリのムラジ）条に、「石作連。火明命の六世孫、建眞利根（タケマリネ）命の後なり。垂仁天皇の御世に、皇后日葉酢媛（ヒバスヒメ）命の奉為（おんため）に、石棺（いしき）を作りて献りき。仍（よ）りて姓を石作大連公（イシツクリのオホムラジのキミ）と賜ふなり」とある。

以上をもってみれば、六世孫は、垂仁天皇代ないし景行天皇代の人物である。

その親である五世孫のタケトメ命は、従って、崇神天皇代頃に比定できるので、五世孫は、系図⑫に示したごとく、七世孫と世代を等しく並べるべきである。かくして、六世孫と七世孫の系譜上のつながりは虚構であり、実系譜はここで切断されなければならない。

タケトメ命の父の弟に、天忍男（アメのオシヲ）命がある。ところが、その父、天忍人命の弟にも、同じく天忍男命がある。両者は同一人が紛れたものと考えるべきである。そこで後者の天忍男命を前者の天忍男命の位置に並べてみる。つまり四世孫に置いて見る。すると図に見るごとく、天忍男命の子には瀛津世襲（オキツヨソ）命と世襲足（ヨソタラシ）姫命があり、ともに孝昭朝の人物とされている。オキツヨソは、池心朝（イケゴコロのみかど＝孝昭天皇朝）の世に、大連として供奉したと見え、ヨソタラシ姫は、「腋上池心宮御宇（ワキガミイケゴコロのみやにあめのしたしらしめしし）観松彦香殖稲天皇（ミマツヒコカヱシネ天皇＝孝昭天皇）」が立てて皇后とした、と見える。

ヨソタラシ姫を孝昭天皇妃と伝えるのは、記紀ともに同じである。すなわち、当節冒頭にも触れた如く『古事記』には、「ミマツヒコカヱシネ命、……尾張連の祖、オキツヨソの妹、ヨソタホ毗賣を娶して生む子云々」とあり、『日本書紀』孝昭天皇紀には、「ヨソタラシ媛を立てて皇后とす」と見える（ヨソタホ毗賣＝ヨソタラシ媛）。

ともあれ、こうして孝昭天皇代の人物、オキツヨソとヨソタラシ姫は、五世孫と並ぶこととなり、ひいては七世孫とも並ぶ世代になる。この事実は、孝昭天皇ことミマツヒコカヱシネ命が、崇神天皇と同じ世代の人物であったことの、いま一つの根拠になり得る。

孝昭天皇が実は崇神天皇と同世代の、実在の有力な王統の者であったことは、以上で疑いの無い事実になったと思われる。

さて、尾張連祖族の世代をこのように正した上で、崇神天皇世代の五世孫タケトメから、上へ順に世代を比定してみる。系図⑫において、まず、タケトメ命の父、天戸目（アメのトメ）命の世代は、開化天皇世代である。

次に、その父、天忍人（アメのオシヒト）命の世代は、孝元天皇世代である。

従って、その父、天村雲（アメのムラクモ）命は、孝霊天皇世代である。カモ祖族系譜と比べれば、アメヒカタクシヒカタ命の世代が、天村雲命と同世代ということになる。

では、その父、天香語山（アメのカゴヤマ）命は如何。天香語山命は、亦の名を、高倉下（タカクラジ）命とされている。高倉下は、記紀双方において神武天皇の東征説話に登場して、紀伊国から熊野村に廻った天皇軍が病み伏したとき、高天原から賜った横刀を献じて天皇軍を救う人物とされている。神武天皇の大和征討の話は、オホタタネコないしその父の世代、すなわち、開化・崇神天皇親子の世代の伝承を素材とした架空話であるから、天香語山＝高倉下を、孝霊天皇世代より上のこのような位置に置く系譜をそのまま信じることはできない。開化・崇神天皇親子世代を遡ること八・九世代の神武神話という『古事記』の虚構に影響されて、尾張連系譜でも天村雲命の父として、虚構的に架上されたのに過ぎまい。

天香語山命の父、天火明（アメのホアカリ）命も、これが尾張連氏の何らかの父祖の名もしくは父祖名の別称として伝えられたものであろう事は否定できないにしても、このような位置にあったものではないと思われる。天照大神―天忍穂耳―天火明命と続く系譜は、『古事記』の神話六代による系譜であり、神話六代系譜は明らかな虚構の系譜であったから、これを利用したに過ぎない系譜をそのままに信じがたいことはいうまでもない。

「天孫本紀」は、尾張連の祖、天火明命と、物部連の祖、ニギハヤヒ命とを合体させた、天照国照彦天火明櫛玉ニギハヤヒ（饒速日）尊なる者を、両連氏の共通父祖として掲げている。これも何らかの伝えの紛れであろう。

ともあれ、要するに、「天孫本紀」の尾張連祖族の系譜においては、天村雲命を遡っては、確かな伝承父祖は実在しなかったと考えるべきである。

カモ祖族系譜が、実伝承系譜としては孝霊天皇世代のアメヒカタクシヒカタ命までしか遡れなかったのと同様、尾張連祖族系譜においても、確かな実伝承系譜として遡れるのは、同じ孝霊天皇世代の天村雲命までである。

その天村雲命の妻に注目したい。阿俾良依姫（アヒラヨリヒメ）とある。アヒラは、『和名類聚抄』に、大隅国アヒラ郡、同熊毛郡アヒラ郷などとあるアヒラで、古くは、日向に属し（大隅国は、和銅六年〔七一三年〕に日向国から分立した）、薩摩半島のアタ地方とともに、鹿児島湾を囲む海辺地帯の北辺から東辺一帯をさす地名であった。再三引くごとく、神武天皇が、「日向に坐しし時、アタのヲバシの君の妹、名はアヒラヒメ（阿比良比賣）を娶り」と語られる、そのアヒラに同じである（アタは、神武紀に「日向国の吾田邑」とあり、古くアタ地方も日向の地であった）。天村雲命は、カモ祖族のアメヒカタクシヒカタ命同様、孝霊天皇世代にあって、少なくともはじめは南九州の日向のアヒラからアタ近辺に盤踞したと考えられる。

天武天皇こと大海人皇子は、乳母を尾張連の同祖族、大海連氏中に得て育てられた皇子である。天武天皇紀に、天皇の喪に際して、大海宿禰（オホアマのスクネ）菖蒲（アラカマ）が、壬生（みぶ）のことを誄（しのびごと）したとある。壬生とは幼児の養育役である。大海宿禰、もと大海連に壬生を得て育てられたがために、天武天皇の幼名が大海人皇子と名づけられた。壬申乱で天武天皇が速やかに美濃・尾張の軍勢を徴発できたのも、尾張連の同祖族、大海連を通じてのこうした縁故によるのである。

神武天皇の日向時代の妃として、特にアヒラヒメが選ばれたのは、尾張連祖族の南九州時代の伝承妃、アヒラヨリヒメの名が参照された可能性が高い。原『古事記』が天武天皇の勅命を拝して編纂されたことを考えれば、尾張連祖族の伝承が特に参照された蓋然性は小さくない。

次に、ややとんで崇神天皇世代である五世孫、タケトメの妻を見る。「紀伊国造チナソ（智名曽）の妹、中名草姫」とある。つまりタケトメは、紀伊の有力部族から妻を娶っている。

系図⑦を見ると、カモ祖族の崇神天皇世代の父祖は、オホタタネコことトヨミケ主であるが、これもまた、紀伊の名草姫を娶っている。カモ祖族については、妻の出自から、カモ祖族自体が、アメヒカタクシヒカタの時代に日向に発して、四代の後の崇神天皇世代には紀伊にあって、ここから大和へと侵入した、ということが推定されたのであるが、尾張連祖族もまた、同じ四世代をかけ同じような行程を経たのであろうことが推定できる。すなわち、天村雲命の時代にはアタ、アヒラを含む南九州に発して、四世代を経たのちの崇神天皇世代であるタケトメの時には、紀伊に在り、紀伊の有力部族の娘を娶り、紀伊を拠点としつつ、カモ祖族等とともに大和に侵入したものと推定できる。

では、天村雲命とタケトメの中間の世代はどこに居たか。

系図⑫の天村雲命の子、天忍人（アメのオシヒト）命の妻は、「異妹（あらめいも。異母妹）、角屋姫（ツヌヤヒメ）、亦の名、葛木出石姫（カヅラキのイヅシヒメ）」とある。亦の名の葛木と出石はともに地名であろうが、どこの葛木、どこの出石であろうか。葛木は、大和の葛城が有名であるが、孝元天皇世代である天忍人が、すでに大和に入っていたとは考えがたい。ここの葛木・出石は、南九州から紀伊へ向かう東征ルートの中間点にあった葛木・出石であろうと考えるのが、順当である。

ここで参考になるのが、その孝元天皇世代の皇子に関して『古事記』が伝える伝承である。孝霊天皇の皇子には、孝元天皇の他に、その異母兄弟として、大吉備津日子（オホキビツヒコ）命、若日子建吉備津日子（ワカヒコタケキビツヒコ）命があり、この二人の皇子が、吉備國を平定した、と『古事記』は伝える。孝霊天皇は、闕史八代の六代目であるから、孝霊記は事績譚を欠き、ほとんどが系譜の記述で占められているのであるが、その中に、次のように、ごく簡略に、吉備平定次第が語られている。

大吉備津日子命と若建吉備津日子命は、二柱相副（あひたぐ）ひて、針間（ハリマ）《播磨、兵庫県》の氷河（ヒカハ）《加古川かという》の前に忌瓮（いはひべ）《聖なる瓶、戦の無事を祈るまじないである》を据ゑて、針間を道の口として吉備國を言向（ことむけ）け和（やは）したまひき。

播磨から入って吉備を平定したという細部がどこまで真実かはとりあえず不明であるが、この時代に、孝霊天皇の皇子によって吉備国が平定されたという伝えは実伝承であったのであろう。『古事記』は二皇子の子孫を分注して（〈 〉内が分注）、「この大吉備津日子命は、〈吉備の上つ道臣の祖なり〉、次に若日子建吉備津日子命は、〈吉備の下つ道臣、笠臣の祖〉」とする。『日本書紀』孝霊天皇紀は、稚武彦（ワカタケヒコ）命のみ挙げて、「稚武彦命は、これ、吉備臣の始祖なり」といい、『古事記』と伝をやや異にする。しかも『日本書紀』には、稚武彦命による吉備平定のことは記されていない。『日本書紀』は、先に触れたごとく、藤原・奈良朝における派閥対立の影響下に成立した国史であり、反不比等派の氏族については、名誉記事の採録を抑制するところ大である。笠臣は、当時、反不比等派閥に属したことが明らかであり、その始祖とされる稚武彦命の吉備平定の功績が伏せられた可能性がある。従って、『日本書紀』の孝霊天皇段に稚武彦命による吉備平定のことが記されていないことをもって、『古事記』の吉備平定伝承の実伝承性を疑うことはできない。

要するに、孝元天皇の世代に、吉備国が、天皇祖族らによって平定されたという、『古事記』の系譜中に簡略に記された伝承は、『日本書紀』に記載が無いとはいえ、史実を核とした伝承であったことを疑い得ないのである。

当時の吉備国は、邪馬臺国連合の一員であった。

『魏志』倭人伝に「支惟國」とあるのが対応しようか。吉備国は瀬戸内航路の喉元にあり、守る側すなわち邪馬臺国連合にとっても、攻める側すなわち侵略側にとっても、要衝の地であった。この吉備国が、孝元天皇世代に、天皇祖族連合側、つまり、侵略側の手に落ちたのである。

尾張連祖族の孝元天皇世代の父祖、天忍人命の妻の亦の名にある、葛木・出石の地名を、『和名類聚抄』に探してみる。葛木と出石という地名が接近して見出される場所は一カ所しかない。吉備の児島湾の北部、今の旭川の中・下流域である。すなわち、中流域には備前国赤坂郡に葛木郷（今の岡山県御津町あたり）があり、下流域には同国御野（ミノ）郡に出石郷（今の岡山市中心部に上出石・下出石）がある（ちなみに、ミノ地名と、イヅシ地名が連接する土地は、ここの他に、美濃国山県郡出石郷がある）。

しかも、その旭川に沿って、出石郷と葛木郷の中間の東岸一帯から河口にかけての土地は、広く高嶋地名を持つ土地であった。神武天皇の東征説話中に見える吉備の高嶋宮とはこの地の宮である（旭川河口にある島、高嶋及び南岸宮浦が高嶋宮の古趾とされている。吉田東伍著『大日本地名辞書』（冨山房）参照）。

葛木出石姫の葛木・出石を、この備前国の地名であると推定しよう。すると、尾張連祖族は、南九州のアヒラ、吉備の葛木・出石、そうして紀伊という経路を辿って大和に入るという順路を辿っていることになる。

この経路は、神武天皇の東征説話の経路にまさしく一致する。神武天皇もまた、南九州の日向、アヒラ姫のアヒラから吉備の高嶋、そうして紀伊に迂回して、大和を平定する、という経路を辿っている。

尾張連祖族に関する伝承もまた、神武天皇東征説話の構成に深く影響していたと見てよい。

ところで、尾張連祖族においては、天忍人命のあと、葛木の名をおびる人物や、葛木地名をおびる女性との婚姻を為す人物が続出する。系図⑫を見ると、天忍人命の子、天戸目（アメのトメ）命は、葛木避姫（カヅラキのサクヒメ）を娶っている。弟の天忍男命は、上で述べた通り、三世孫の天忍男命と同一人であろうが、これは葛木土神（カヅラキのクニツカミ）劔根（ツルギネ）命のむすめ、賀奈良知姫（カナラチヒメ）を娶っている。生まれた子が、瀛津世襲（オキツヨソ）命で、その亦の名を葛木彦（カヅラキヒコ）命という。その弟の建額赤（タケヌカガ）命は、葛木の尾治置姫（ヲハリオキヒメ）を娶っている。七世孫とされるタケモロズミ命はすでに父系が没却されているが、葛木連の祖、大諸見足尼（オホモロミのスクネ）のむすめ、諸見己姫（モロミコヒメ）を娶っている。また、タケモロズミの妹の大海姫（オホアマヒメ）は、亦の名を、葛木高名姫（カヅラキのタカナヒメ）という。

また、「天孫本紀」には記されていないが、『古事記』孝元天皇段には、孝元天皇の皇子、比古布都押之信（ヒコフツオシノマコト）命の妻として、「尾張連らの祖、意富那毗（オホナビ）の妹、葛城の高千那毗賣（タカチナビメ）」を伝える。この意富那毗（オホナビ）は、系図⑫に見える八世孫、倭得玉彦（ヤマトノエタマヒコ）命、亦の名市大稲日（イチオホイナヒ）命と同一人物であろう。すると、ヒコフツオシノマコト命は、孝元天皇の皇子でありつつ、垂仁天皇世代のタカチナビメを娶っていることになる。ヒコフツオシノマコト命は恐らく開化天皇世代というより崇神天皇世代に属する皇子であろう。実際、ヒコフツオシノマコト命の母は、イカガシコメ命とされ、このイカガシコメ命は開化天皇の妃ともなって崇神天皇を生む女性である。イカガシコメ命の子としてヒコフツオシノマコト命もまた崇神天皇世代と考えて齟齬はない（ただし、『日本書紀』によれば、ヒコフツオシノマコト命の子に屋主忍男武雄心（ヤヌシオシヲタケヲココロ）命なる者が挙げられて、こちらがヒコフツオシノマコト命に替わる系譜上の地位を占めているが、ここは『古事記』説を採っておきたい）。

ともあれ、この『古事記』系譜によって、系図⑫の八世孫には、ヤマトのエタマヒコ命の他に、その妹、葛城のタカチナビメがあったということになるので、系図⑫にはこれを補足してある。これまた、確かに葛木名をおびる同族である。

以上をもってみれば、尾張連祖族の背後には、葛木

＝葛城名をおびる巨大な母族があり、尾張連祖族は、孝元天皇世代から崇神天皇世代にかけて、この葛木部族の中で、婚姻を繰り返していたことが窺える。

尾張連祖族は、大和に入って直後は、まず大和の葛城地方に盤踞したと考えられる。

『日本書紀』神武天皇段に、大和の高尾張（タカヲハリ）という土地を平定するとき、その地の土蜘蛛（ツチグモ。土着部族を蔑んでいう言葉である）を、葛（カヅラ）で結った網で捕らえて殺したので、この地を、葛城と改めたとみえる。葛城地名の起源説話である。この記事を史実性ありとみなして、このことから大和の葛城を尾張連氏発祥の土地と考える説がある。しかしこれは正しくない。尾張連祖族は、崇神天皇世代に大和を平定した後、大和に入り、カモ祖族らとともに大和の葛城の地に拠を占め、これ以降、大和の葛城に葛城地名が定着したものと思われる。崇神天皇の時代である。葛城地名以前の地名は不明とするほかない。

のちに触れる如く、尾張連祖族は、崇神天皇から代替わりした垂仁天皇の時代に、大挙して美濃・尾張その他の東国へと移住することになる。垂仁朝は、大規模な部族再編が断行された時代である。尾張連祖族の東国移住と同じ時期に、旧木族や、カモ祖族の一部も東国への移住を余儀なくされている。旧木族中に生まれた皇女が大和で拝祭していた日の女神（『古事記』いうところの天照大御神、すなわち、伊勢の女神）が、伊勢へ「追放」されたのも、この垂仁朝である。虚構五代がその後衰微したと思われるのも、この垂仁天皇世代以降である。

尾張連祖族が尾張氏名をおびるのは、尾張地方への移住の後であったと考えられる。そうとすれば、葛城が高尾張と称されるのも、『日本書紀』が云うところとは逆に、尾張連祖族が大和葛城から大挙移住して尾張を主たる拠点とした後のことであったはずである。尾張連祖族が、都落ちする前の拠点、大和葛城を、後に特に高尾張と称したのであって、初めから高尾張の名があったわけではあるまいと思われるのである。高尾張という名称自体が、尾張に、高を加えた地名であって、尾張という地名の後に作られるべき地名である。尾張連祖族が尾張名称を名乗るより先に、そもそもの初めから高尾張の名があったとは考えにくい。『日本書紀』が語る、高尾張から葛城地名への変更説話は、地名起源説話によくある後世の作話でしかあるまい。

神武天皇説話から知られるのは、大和葛城の地は、土蜘蛛、即ち土着の人民を平定して得られた土地である、という事実である。事実は、神武天皇ならぬ開化・崇神天皇という、実在した侵略王統による平定である。

『和名類聚抄』によれば葛木地名は、吉備と大和の他に、もう一カ所、肥前国三根郡葛木郷がある。筑後川の西岸流域である。葛木の淵源はあるいはここにあったかと思われるが、吉備の葛木郷近辺が、やはり最も有力な拠点であったことは次のような事実から知られる。

まず、ヲハリ地名をもつ土地を『和名類聚抄』に探すと、備前国に邑久（オホク）郡尾張郷が見いだせる。

更に、神社名が最も端的に、吉備と尾張との古来の密接な関係を示している。即ち延喜式神名帳によれば、ヲハリ名を持つ神社は、尾張国にある三神社（山田郡の尾張神社と尾張戸神社、中島郡の尾張大国霊神社）の他には、次の二社のみが見える。備前国の御野郡に尾針神社（先に述べた出石郷の北方一キロ、岡山市上伊福）と、尾治針名真若比女神社（上伊福の北隣、津島）である。そして、他方で、尾張国の愛知郡には、針名神社があり、右の尾治針名真若比女神社の名に密接である。

また、尾張連氏は、熱田社に、三種の神器の一つ、草薙剱（クサナギのツルギ）を祭ることで有名であるが、『日本書紀』神代第八段の第三「一書」は、スサノヲがヤマタの大蛇を斬ってその草薙剱を得るときに用いた剣は「今、吉備の神部の許に在り。出雲の簸の川上の山、是なり」といい、尾張連祖族と吉備の密接を示唆する。

記伝にはまた、「尾張國海部郡に、伊福郷、神鳳抄に、尾張國伊福部御厨ありて、備前國御野郡にも、伊福郷あり、姓氏録に、伊福部宿禰ハ、尾張連同祖、火明命之後也とあり」と、伊福地名を介した吉備と尾張との密接が指摘されている。

吉備と尾張の親密であることは、このように、地名・神社名などの古層における多くの局面において確認できる。

以上、尾張連祖族は、孝霊天皇世代に、アヒラ地方近辺の南九州に発して、孝元天皇世代には吉備の旭川中下流域、特に葛木郷・出石郷近辺に拠点を移し、この地の葛木名を負う一大母族と緊密な血縁関係を結びつつ、開化・崇神天皇世代には紀伊へ移り、大和平定後、大和葛城に拠点を移した父系部族であったろうことがほぼ明らかになったことと思われる。

この部族は、崇神天皇に同族中のオホアマヒメを妃として出すが、その子ヤサカノイリヒコ（八坂之入日子）命らの時、すなわち垂仁天皇の時代に、大挙して美濃・尾張地方を含む東国へと大移住を強いられることになる。述べた如く、日の女神が伊勢へと遷されることと軌を一にする事件であった。

ここでカモ祖族、虚構五代、尾張連祖族を並べた第七節の系図（三一四頁）を再度ご覧いただきたいが、これによって各世代の妻の出自を辿ると、カモ祖族、尾張連祖族が、虚構五代とそれぞれに密接な血縁関係を維持しつつ、南九州に発して西から東へと、神武天皇の東征説話にほぼ一致する行程を経ながら、四世代をかけて大和へ侵入する過程を読みとることができる（この図で、一部、駿河浅間大社大宮司家所蔵「和邇氏系図」によった部分がある。尾張連祖族のタケトメのむすめ、宇那比姫（ウナヒヒメ）命と、天足彦国押人との結婚と、そのむすめを押姫とする部分である。記紀は、押姫の出自を、単に、孝安天皇の姪とのみ記す。尾張氏系譜にいうウナヒヒメ命と、孝安天皇の姪、押姫との関係を、このような母子関係に伝えるのは、この和邇氏系図のみであるので、参考までに図に加えたのである）。

崇神天皇世代のカモ祖族のトヨミケ主と、同じく崇神天皇世代の尾張連祖族のタケトメが、ともに、紀伊の部族から妻を娶っている点は、何度注意してもしすぎることはない。紀伊平定の成果が、こうした、在地有力部族との婚姻であったのである。名草姫と中名草姫という名からすれば、両者は姉妹であった可能性があろう。崇神天皇自身が、「木国造、荒河刀辨（アラカハトベ）のむすめ、遠津年魚目目微比賣（トホツアユメマクハシヒメ）」を娶っていることに繰り返し注意が必要である（述べた通り、この妃の娘、豊鉏入日賣命が、大和において最初に天照大御神を祭ったとされる皇女であり、この皇女の母族、旧木族は、垂仁朝に東国に遷り、上毛野君・下毛野君の祖となる。同じ時代に尾張連祖族は大挙して美濃・尾張地方へと都落ちを余儀なくされ、日の女神は伊勢へと左遷される）。

カモ祖族、虚構五代、尾張連祖族は、互いに血縁関係を結びながら、三世紀の後半から四世紀の初めにかけて、邪馬臺国連合を西から東へ侵略し、崇神天皇世代のとき、紀伊の部族と血縁関係を結び、大和を攻略することに成功する。吉備において平定のための戦乱があったと同様、紀伊においても、平定戦が戦われ、その後に、在地部族との婚姻関係が結ばれたのであろう。吉備、紀伊のみではなく、東征過程のほとんど全ての国々との間で、戦乱は生じたはずである。その戦乱の証拠が、弥生時代の前後三度に渡って見られる狭義の高地性集落遺跡のうちの、その三度目のものの後半、つまり最後の期の、狭義高地性集落遺跡であろうと思われるが、この高地性遺跡に関する考古学的知見、特にその実年代比定については、いまなお多くの混乱した問題を抱えている。それというのも、西日本全体で統一されるべきはずの土器編年が、その実年代比定において、研究者ごとになお多くの齟齬を抱えたまま、定説に達していないという有様だからである。そこで、ここでは今しばらくこの方面には近づかぬこととし、文献的研究を一通り終えた後に、この問題に立ち返りたい。

さて、カモ祖族、虚構五代、尾張連祖族については、よほどその実体がはっきりしてきたと思われるのであるが、孝霊天皇から崇神天皇までの原型四代を含む、肝心の天皇祖族については如何。

天皇祖族は、軍事を専掌した大部族であった物部連祖族と密接な血縁関係にあり、これら侵略側部族の、中心に位置した王族であったことが知られる。

そうして、この王族は、物部連祖族ともども、はじめは日向のアヒラ地方の高屋を含む南九州に拠点を持ち、孝元天皇世代には出雲を拠点とし、崇神天皇のときにはやはり紀伊の部族と血縁関係を結び、ここを拠点として邪馬臺国（大和）を攻略し、女王に属す諸国連合、邪馬臺国連合を滅ぼし、男王の国、大和朝廷の基礎を大和に築いたものであることが、古系譜の研究から知られる。

まずは、その往古の巨大なる軍事系部族、物部連祖族について研究しよう。天皇祖族はこの物部連祖族と一心同体、密接不可分な血縁関係で結びついているのであるから、物部連祖族の研究は、必然的に、天皇祖族の正体を暴くことにつながる。

第十節　物部連系譜

当節では『先代旧事本紀』「天孫本紀」に残る今一つの文献的化石である物部連（モノノベのムラジ）祖族の系譜の骨格を正し、以て物部連祖族の史的実態を追及する。

「天孫本紀」の物部連祖族の系譜は、饒速日命（ニギハヤヒのミコト）を初祖とし、その子、宇摩志麻治命（ウマシマヂのミコト）、亦云、味間見命（ウマシマミのミコト）、亦云、可美真手命（ウマシマデのミコト）、孫、味饒田命（ウマシニギタのミコト）〈阿刀連等祖〉、その弟、彦湯支命（ヒコユキのミコト）亦の名、木開足尼（キサキのスクネ）と続く。

ここで、ニギハヤヒは、「天孫本紀」では、既述の如く、尾張連の祖、天火明命と合体した名で登場しているが、物部連の祖としては、記紀に掲げられているニギハヤヒ命あるいはクシタマ（櫛玉）ニギハヤヒ命とのみあるのが正しいと思われる。

ニギハヤヒとその子、ウマシマヂ（亦の名、ウマシマミ、あるいはウマシマデ）は、ともに神武天皇説話に登場するということから考えて、物部連初祖ではあり得まい。神武天皇説話に登場するということは、むしろ、開化・崇神天皇世代の物部連中の伝承祖、もしくはその尊称・別称、あるいはそれらから借用・改竄された名称が利用されつつ、作話されたと考えるべきことを示唆するのである。そうして、実際にこのことは、崇神・垂仁天皇世代の物部連氏血縁者の中に、味師内宿禰（ウマシウチのスクネ）なる名の者があることによって傍証されよう。ウマシマヂやウマシマミ、ウマシマデという名は、ウマシウチと類似する。類似の名は、同世代性を示唆するのである。ウマシマヂの子のウマシニギタについても同じである。

ところで、ニギハヤヒとウマシマヂの『古事記』神武天皇説話における登場の仕方は、唐突である。

『古事記』の神武天皇による大和平定物語において、神武天皇軍は、大和平定の最後に、兄師木・弟師木（エシキ・オトシキ）を撃つが、疲れて、援軍を請う歌を誦む。するとニギハヤヒ命が参上して、「天（あま）つ神の御子（みこ）が天降（あまくだ）ったと聞いたので、追って降ってきました」といって、天津瑞（あまつしるし。天のしるしの神宝）を献上して仕えた。そしてニギハヤヒ命が登美毗古（トミビコ）の妹、登美夜毗賣（トミヤビメ）を娶って生んだ子が宇摩志麻遅（ウマシマヂ）命である、と語られる。そしてウマシマヂ命には〈此は、物部連、穂積臣、婇（ウネメ）臣の祖である〉と分注が施される。

ニギハヤヒ命のこの唐突な登場の仕方もさることながら、その登場の直前に、神武天皇が援軍を請うときに歌ったという歌もまた奇妙な歌である。「戦いで腹が減った。鵜飼いの伴（とも）よ、今すぐ助けに来てくれ」と歌うのである。戦いの援軍として、なぜ鵜飼いの伴を呼ぶのであろう。腹が減ったからと鵜飼いを呼ぶのも迂遠であろう。しかも、鵜飼いの伴を呼んで、なぜ物部連の祖のニギハヤヒが登場するのか。

要するに、この部分は、壬申乱をダブルイメージとして寓意が施されている作話なのである。

壬申乱は、大和と近江の都が陥落した後も、まだ終焉に至ってはいない。山前（ヤマサキ）に隠れて自縊して果てた大友皇子の遺体が発見されて、ようやく初めて天武天皇軍の勝ちが確認されたのである。鵜のごとき姿で、首にひも（ひもには帯を用いた。述べた通り、『古事記』において「帯」を「タラシ」と訓む、あるいは「タラシ」に「帯」字を用いるのはこのことを示唆する）をつけて自らの命を絶った大友皇子の傍らには、物部連麻呂が一、二の舎人とともに陪侍していた。この物部連麻呂の降伏をもって、壬申乱は終わったのである。

鵜の姿で崩じた大友皇子の傍らに付き従う者として、物部連麻呂は、鵜飼いに寓意されるべき者である。鵜飼いの物部連麻呂が降伏して、壬申乱は終了した。だから、神武天皇説話でも、鵜飼いの援軍が請われて、物部連遠祖ニギハヤヒが忽然として参上し、これをもって、大和平定が終了するのである。

神武天皇による大和平定説話は、伝承されていたはずの、開化・崇神天皇世代の伝承父祖たちによる素朴なる大和平定の実伝承に、多くの修飾や改竄が施されて、『古事記』にあるが如き偽説話になっているのであるが、この修飾や改竄は、壬申乱の大和平定次第をダブルイメージとして施された。元来あった実伝承は、壬申乱を正当化するべく、壬申乱寓意を満載する形へと、無惨にも変形されて、今見るような神武天皇物語となったのである。

実伝承、『古事記』の神武天皇説話、および寓意の原イメージ（壬申乱）の、互いの関係を示す構図を、今述べた鵜飼いの寓意を中心に描いてみれば左図のようになる。

なお、神武天皇が鵜飼の伴の援軍を請う歌の原文には、「宇上加比賀登母　伊麻須氣尓許泥（鵜飼（うかひ）が伴（とも）、今助（す）けに来（こ）ね）」とある。この「宇上」が鵜であるが、声注〈上〉が付されている。『古事記』の声注はこれも甚だ不思議なものであって、限られた箇所にしか付されておらず、歌謡には、この一カ所だけである。歌謡はもともと声の上げ下げを伴う歌であるので、声注を付けるのであれば、もっと多様な声注が付されてよいはずであるが、しかし他方で、もともと歌なのであるから、声注などなくても構わないはずである。どう考えても、全歌謡の中で、この「宇」一カ所のみに付された声注〈上〉は魔訶不思議な声注なのである。実は『古事記』は声注にも特殊な寓意を与えて運用している。特に声注〈上〉の「上」は「宇閇（うへ）」であり、宇～鵜を閉じる寓意、鵜の姿に首括る大友皇子を閉じる寓意、大友皇子を縊死の姿へ上げる寓意を秘めて運用されている。『古事記』の神武天皇説話には、この他にも数限りな

原伝承	崇神天皇による大和平定		物部連祖族
『古事記』説話	神武天皇による大和平定	鵜	鵜飼い＝物部連祖ニギハヤヒ命
寓意の原イメージ	天武天皇による大和平定	大友皇子	物部連麻呂

い壬申乱寓意が編み込まれているが、今はこの指摘に留めることとしよう。ここでは取り敢えず『古事記』流寓意における、鵜飼いと物部連麻呂との関係を見たのである。

要するにこのような次第であるから、物部連祖族は、神武天皇説話において大和平定の最後に登場するからといって、その原伝承である開化・崇神天皇親子の世代に行われた大和平定伝承でも大和平定の最後に参上して天皇に仕えたわけではない。これは何度も繰り返すようであるが壬申乱を寓意するべく改竄された作り話、真っ赤な嘘でしかない。壬申乱で物部連麻呂が最後に降伏した次第を寓意するべく、そのように神武説話を捏造したのに過ぎない。

物部連祖族は、以下で見る如く、事の初めから天皇祖族と密接な血縁関係を持って西から東へと邪馬臺国連合を侵略し、天皇祖族とともに、大和を侵攻した、古代の大軍事部族である。

「天孫本紀」の物部連系譜に話を戻そう。

ニギハヤヒ命―ウマシマヂ命―ウマシニギタ命については、既述の如く、これを「天孫本紀」が記載するが如き位置に置くことは虚偽と見るべきである。そこでひとまずこれを議論の外に置く。問題は、ヒコユキ命以下の系譜である。ヒコユキ命以下の系譜が、物部連系譜の本体であり、以後の世代はヒコユキ命の子孫のみで占められている。

「天孫本紀」物部連系譜のヒコユキ命以下必要な部分を図示すると次頁の系図⑬のようになる。

ただし、この系図中、七世孫のヒコフツオシのマコト命（彦太忍信命。『古事記』に比古布都押之信命とあるのに同じ）の二人の妻とその子の系図は、『古事記』孝元天皇系譜に依った。

五世孫のウツシコヲ（鬱色雄）と、六世孫のイカガシコメ（伊香色謎）・イカガシコヲ（伊香色雄）姉弟とを破線で結んだのは、『古事記』による場合である。すなわち『古事記』の孝元天皇段に、「ウツシコヲ（内色許男）命のむすめ、イカガシコメ（伊迦賀色許賣）命」とある。つまり『古事記』はイカガシコメの父をウツシコヲであるといっている。イカガシコメと

系図⑬

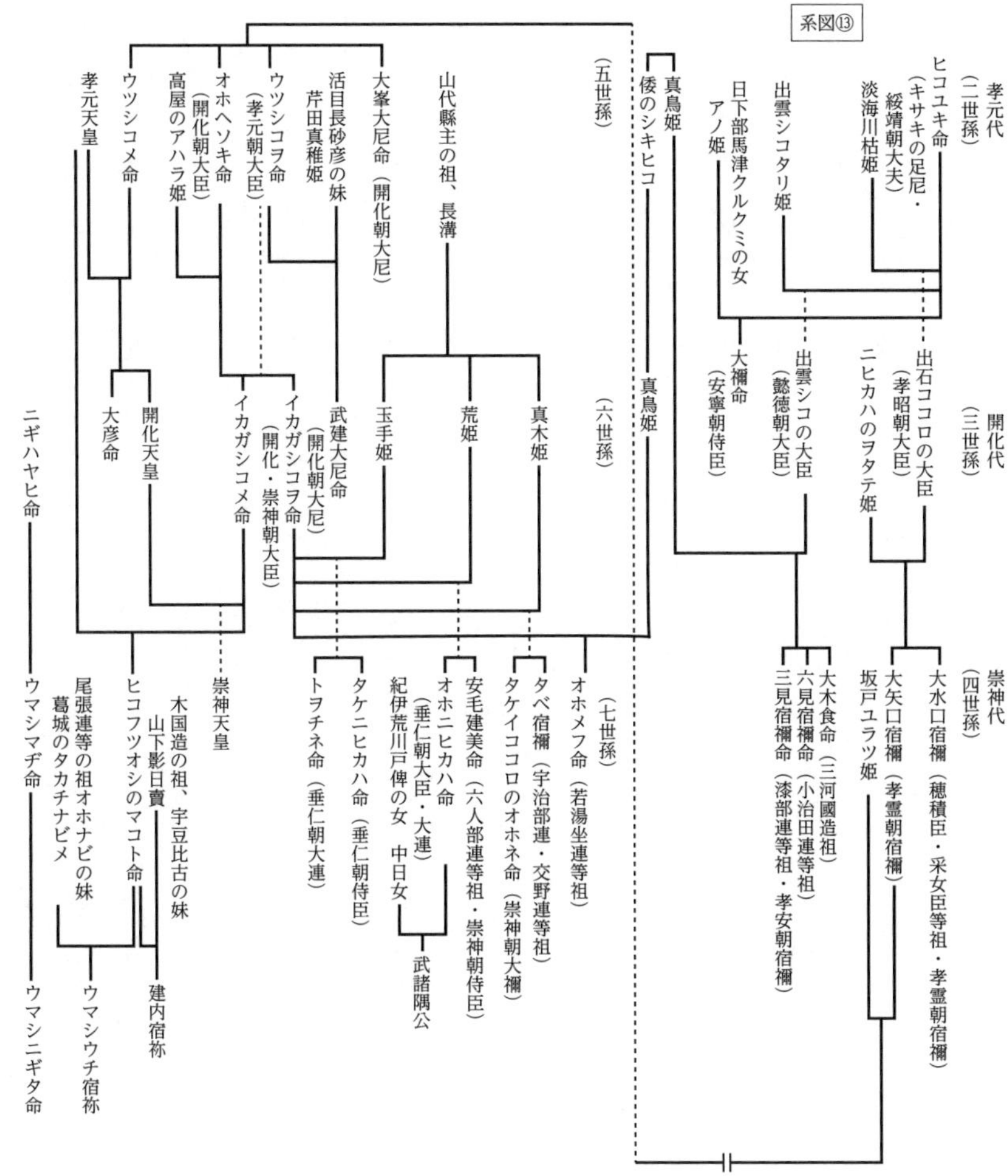

イカガシコヲの名の類似によれば、両者は、「天孫本紀」が記す如く、姉弟と見てよいと思われるので、『古事記』によれば、イカガシコヲの父もウツシコヲとなろう。

しかし「天孫本紀」はこの姉弟の父を、オホヘソキ（大綜杵）命とする。また、『日本書紀』崇神天皇段によっても、イカガシコメは「物部氏の遠祖、オホヘソキ（大綜麻杵）のむすめ」だとある。『新撰姓氏録』によっても、ウツシコヲなる人名は一度も現れず、代わりにオホヘソキ（大閇蘇杵）命が二度見え、しかも、左・右京神別の大宅首条に「大宅首は、オホヘソキ命の孫、タケニヒカハ（建新川）命の後なり」と見える。タケニヒカハが、「天孫本紀」のいうごとくイカガシコヲの子であるなら、イカガシコヲの父が、オホヘソキということになる。つまり、『新撰姓氏録』も、イカガシコヲの父を、オホヘソキとする史料によっていることになる。

イカガシコメ・イカガシコヲ姉弟の父は、『古事記』がいうウツシコヲか、あるいは「天孫本紀」、『日本書紀』、『新撰姓氏録』が一致して云う、オホヘソキのいずれであろうか。

しかし、この二者択一の問い自体に問題があるかも知れない。ウツシコヲとオホヘソキが、実は同一人物であった可能性がある。というのも、ウツシコヲは、その名からして、ウツシコメの兄であるオホヘソキの亦の名であった可能性が高い。

しかしまた、「天孫本紀」が云うごとく、ウツシコヲとオホヘソキが同世代の兄弟であった可能性もなくはない。

このあたりは、甚だ曖昧であり、今は厳密に決定はできないが、両者は恐らく同一人であろうと考えて先に進もう。

ここで余談。

「天孫本紀」の系譜の記述次第を図式化してみると、兄弟とその子が、次のような形式で列挙されている。

三世孫A

　このミコト、Bを妻として三男を生む。Cを妻として一男を生む。

弟D

このミコト、Eを妻として二児を生む。

四世孫F　Aの子

このミコト、Gを妻として二男を生む。

弟H

このミコト、Iを妻として三児を生む。

弟J

このミコト、云々。

弟K

孫L　Dの子
　このミコト、云々。
妹M
　このミコト、云々。

　この系譜記述方法には、一定の規則があって、三男とか二男といえば、子は男子のみであり、二児とか三児といえば、子は男女混合であることを示す。そうして、次世代の兄弟の記述順は、今、四世孫を例にとると、Aの妻Bの子の三男（F、H、J）、Aの妻Cの子の一男（K）、Dの妻Eの子の二児（L、M）の順に列挙され、それぞれが、孫・弟・弟・弟、孫・妹、と題称される。つまり、父が異なる毎に、孫称から始まり、複数の妻の子は、父が同じであるかぎり、孫称に改めずそのまま、弟、弟、……と列挙が続く。そのため、母の違いは、特に注記されぬかぎり、列挙順のみによって区別されることになる。したがって、母の取り違えは極めて生じやすい。父については、孫称の子について父が注記されるが、仮に此の注が抜けたり、列挙順が乱れれば、やはり父の取り違えも、比較的容易に生じ得る。こうした誤伝の生じ易さは、全てこのような系譜列挙法の構造上のもろさに基づいている。他にも誤伝の生じる原因は、数限りなくあろうけれど、系譜の記述法そのものに起因する混乱の性格を認識しておくことは、誤伝・紛伝を解釈する際に役立つことになる。

　閑話休題。

　五世孫のウツシコメは、孝元天皇妃となって開化天皇を生み、六世孫のイカガシコメはこれまた孝元妃となってヒコフツオシノマコト（『古事記』に比古布都押之信、『日本書紀』・『先代旧事本紀』には彦太押信）命を生むとともに、開化天皇妃ともなって崇神天皇を生んでいる。『古事記』、『日本書紀』、「天孫本紀」は、この二人の妃に関する天皇との婚姻出生関係については互いに一致している。

　ところが、この、孝元天皇世代であるべき五世孫の、その父であると「天孫本紀」が伝えるところの四世孫、大矢口宿禰（オホヤグチのスクネ）の、その兄である大水口宿禰（オホミクチのスクネ）を、『日本書紀』や『新撰姓氏録』は、崇神朝ごろの人物として伝える。即ち、崇神七年紀八月七日条に、倭迹速神浅茅原目妙姫（ヤマトトハヤカムアサヂハラマクハシヒメ。孝霊天皇の皇女）と、穂積臣遠祖（ホヅミのオミのとほつおや）大水口宿禰と、伊勢麻績君（イセのヲミのキミ）の三人の男女がともに同じ夢を見て、「オホタタネコを大物主神を祭る主とし、、市磯長尾市（イチシのナガヲチ）を倭大国玉神（ヤマトのオホクニタマのカミ）を祭る主とすれば、必ず天下は太平になる」と奏上したという。

垂仁二十五年紀三月十日条には、天照大神を伊勢に遷す話の分注に、倭大神の神誨を伝える者として、大水口宿禰の名が見える。倭大神は、右の倭大國玉神に同じで、『日本書紀』や「地神本紀」は、大国主神の亦の名と伝える。いずれにしても、出雲神である。その倭大神が、穂積臣遠祖大水口宿禰に憑き、「天照大神は天原を治め、皇孫は葦原中国の神々を治め、私は大地官（おほつちのつかさ、くにのつかさ）を治めよう」と述べ、その結果、倭大神は初め渟名城稚姫（ヌナキワカヒメ）命が祭るも痩せ弱ってできず、長尾市（上出の市磯長尾市に同じ）が祭ることになった次第が分注されてある（渟名城稚姫命の件は崇神六年紀条にも見える）。

因みに、その市磯長尾市の市磯は十市郡の地名。長尾市は垂仁七年紀七月七日条にも登場し、出雲から相撲の勇士、野見宿禰（ノミのスクネ）を召喚する使いとなっている。倭直（ヤマトのアタヒ）の祖とされ、出雲神たる倭大国玉神を大和の地主神として祭った国造クラスの部族長である。

また、『日本書紀』の崇神・垂仁紀によれば、国の祭祀、つまり当時の国政を牛耳っていたのは、いずれも「出雲神」であって、決して天照大神ではなかったことが歴然としている。天照大神の伊勢への遷宮の実体は、再三述べる通り、実は大和から伊勢への追放に等しいものであって、単に遷宮と呼ばれる如き穏やかなものではなかった。このことは、大和朝廷成立史の実相と深く関わる。

大水口宿禰に話を戻すと、『新撰姓氏録』には、左京神別の穂積臣条に、「イカガシコヲの男、大水口宿禰」とある。つまり『新撰姓氏録』は、大水口宿禰を、「天孫本紀」の伝える如きイカガシコヲの祖父世代の者ではなく、逆に、イカガシコヲの子だというのである。この方が、大水口宿禰を崇神・垂仁朝の人物として伝える『日本書紀』の伝えと整合する。

以上をもってみれば、大水口宿禰は、元来、崇神天皇世代の人物であり、イカガシコヲの子、もしくは子の世代の者、すなわち七世孫と同世代の人物であったと考えられる。従って、その弟、大矢口宿禰も、名の類似によって、同じく崇神・垂仁天皇世代ごろに置かれるべき人物であろう。「天孫本紀」がこれを孝霊天皇朝の宿禰であると伝えるのは疑問であり、いわんやオホヘソキらの父ではあり得ない。従って、大矢口宿禰とオホヘソキらとのこの父子関係は、「天孫本紀」系譜の虚構であり、この父子関係は切断されなければならない。

大水口宿禰を含む四世孫と、崇神・垂仁天皇世代であることが明らかな七世孫とは、同世代ということになる。そこで、四世孫と七世孫とを並列に並べてみた図が、系図⑬である。

実は四世孫は、大水口宿禰のみならず、六見宿禰（ムツミのスクネ）もイカガシコヲの子の世代であろうと推定させる徴証がある。

少しややこしい話になるが、『新撰姓氏録』と、『先代旧事本紀』その他の若干の古系譜とを比較すると、後世の諸氏族の祖を記述するに際して、前者は後者に示される祖の父ないし祖父、あるいは、もっと先の著明な高祖に遡って祖を記述するのを通則としていることが認められる。

たとえば「天孫本紀」が、佐為連（サイのムラジ）等の祖をニギハヤヒ十世孫の物部石持（モノノベのイシモチ）連公とするのに対して、『新撰姓氏録』大和神別は、佐為連を、石持連の父に遡って、九世孫である伊己止足尼（イコトのスクネ。五十琴宿禰）の後なりとしている。また、たとえば、「天孫本紀」が、依網連（ヨサミのムラジ）等の祖を十二世孫の物部多波

（モノノベのタハ）連公とするのに対して、『新撰姓氏録』左京神別は、依羅連（依網連に同じ）を、多波の父に遡って、懐大連（フツクルのオホムラジ。布都久留大連）の後なりとし、同右京神別では更に祖父にまで遡って、伊己布都大連（イコフツのオホムラジ。伊莒弗大連）の後なり、とする。

また、「天孫本紀」系譜以外の例についても、たとえば、古屋家家譜が大伴加爾古連公を仲丸子連の祖とするのに対して、『新撰姓氏録』大和神別は、仲丸子を、大伴加爾古の祖父に遡って、金村大連の後なり、とする。

このような通則に従わない例外は僅かであって、そのほとんどは、『先代旧事本紀』や古系譜側の改竄や混乱に起因すると思われる。そうした例外の一つとして、右の六見宿禰の例がある。

「天孫本紀」は、小治田連の祖をこの六見宿禰とするが、『新撰姓氏録』右京神別は小治田連を、イカガシコヲの後なりとする。「天孫本紀」の系譜通りであれば、六見宿禰はイカガシコヲの祖父世代であって、姓氏録は、六見宿禰を遡らずして、かえって、さらにその末裔に、小治田連の祖を当てていることになる。

しかし、おそらくは、これも「天孫本紀」の虚偽のせいであって、『新撰姓氏録』は、実際には六見宿禰を遡って、イカガシコヲに小治田連の祖を求めたものと思われる。つまり六見宿禰は、イカガシコヲより下の世代であったはずである。大水口宿禰の例によってみれば、六見宿禰は、四世孫といいながら、実は、イカガシコヲの子、もしくはすくなくとも、子の世代以下の者であったはずである。そもそも、「天孫本紀」のいうごとくであれば、六見宿禰とイカガシコヲとは父系さえ断絶しており、六見宿禰とイカガシコヲとがともに小治田連の祖であるためには、どこかで二つの父系が合流するという、父系観念上の混交が生じたのでなければならない。六見宿禰が、イカガシコヲの子であったとすれば、このような矛盾は生じない。

では六見宿禰はイカガシコヲの子であったと考えてよいか。もし子であったとすると、六見宿禰の父とされる出雲シコ（醜）の大臣（オホオミ）が、イカガシコヲと同一人物であったことになる。

ここで注目されるのが、系図⑬の左右の並列系譜を中央で結ぶ形になっている、二人の真鳥姫（マトリヒメ）である。倭の志紀彦（シキヒコ）の妹、真鳥姫は、出雲シコの大臣の妻であり、倭のシキヒコのむすめの真鳥姫は、イカガシコヲの妻である。

「天孫本紀」が語る通りであれば、二人の真鳥姫は、叔母・姪の関係なのに、その夫には、三世代の開きがある。この不自然さは、三世孫の出雲シコの大臣と、六世孫のイカガシコヲが実は同世代であったと考えれば氷解する。そうして、実は二人の真鳥姫は同一人物であり、この真鳥姫を娶る出雲シコの大臣とイカガシコヲも、実は同一人物であったことが、強く示唆される。すなわち、イカガシコヲの亦の名、あるいはその尊称を、出雲シコの大臣と称した、と考えれば、すべて合点がゆく。

ここでまた、大水口宿禰を、イカガシコヲの子とする『新撰姓氏録』の伝えが考え併せられなければならない。大水口宿禰らの父を出石ココロの大臣とする「天孫本紀」の父子関係をそのまま認めれば、出石ココロの大臣もまた、イカガシコヲの亦の名、その尊称の一つであった可能性が出てくる。この推定は、イカガシコヲの子にタケイココロのオホネ、オホニヒカハ、タケニヒカハ、という名の子があり、この名が、出石ココロの大臣、その妻、ニヒカハのヲタテ姫の名に類似するところ大であることによって、傍証されるように思われる。

そうであるとすれば、イカガシコヲは、出雲シコの大臣なる別称を持ったと同時に、出石ココロの大臣なる別称も有した、ということになる。すると、ここでもイカガシコヲの母に、複数が登場することになるが、やはり伝の紛れと考えるべきこととなる。例によって母と子の結合が混乱しやすい系譜の構造に基づくのである。

さて、三世孫の出雲シコの大臣・出石ココロの大臣と六世孫のイカガシコヲが、実は同一人物であったとすると、それぞれの父、ヒコユキとオホヘソキ～ウツシコヲもまた、同一人物であったのでなければならない。

ここで注目されるのがヒコユキの亦の名、キサキ（木開）の足尼（スクネ）である。

オホヘソキは、妹のウツシコメを孝元天皇のキサキとし、むすめのイカガシコメをやはり孝元天皇のキサキとし、次いで、開化天皇のキサキともしている。まさしくオホヘソキこそ、キサキのスクネと称されるべき実績のある人物である。キサキのスクネを亦の名とするヒコユキとは、オホヘソキに他ならないと考えてよいのではあるまいか（ただし、奈良時代の音韻によれば、木開＝キサキのキは、乙類のキであり、后＝キサキのキは甲類のキであり、古音としては異なるのだが、平安時代のすでに混乱した音韻により、あえて木開という吉字が選ばれた結果、元来、后の意味であったキサキが木開と記されたものと考えられる）。

結局のところ、二世孫と五世孫も、系図⑬に並列された通り、実は、同世代なのであり、同一人物の別伝であった可能性大であることになる。

以上系図⑬についてまとめれば、二世孫と五世孫は同世代であり、ヒコユキ・オホヘソキ・ウツシコヲは、同一人物の別伝であった可能性が大きく、孝元天皇の世代である。三世孫と六世孫も同世代であり、出雲シコの大臣、出石ココロの大臣、イカガシコは、これまた、同一人物の別伝であった可能性が大きい。それぞれの妻とされる二人の真鳥姫、つまり、倭のシキヒコの妹の真鳥姫と倭のシキヒコの女（むすめ）の真鳥姫も、実は同一人物であろう。この三世孫と六世孫はともに開化天皇世代である。そうして、四世孫と七世孫も同一世代であり、崇神天皇世代である。

世代の接近した者の名の類似性が、世代に関する以上の結論を傍証している。改めて再度確認しておくと、まず、二世孫ヒコユキの妻に出雲シコタリ姫があり、その子が出雲シコの大臣であるが、ここに共通に見られるシコが、五世孫のウツシコヲ、ウツシコメのシコ、六世孫のイカガシコメ、イカガシコヲのシコに共通しており、これだけでも、二・三世孫と、五・六世孫が相接近した世代であろうことが知られる。また、三世孫の出石ココロの大臣のココロは、七世孫のタケイココロのオホネのココロに共通である。これまた、三世孫と七世孫の近接を示唆する。さらに、その出石ココロの大臣の妻にニヒカハのヲタテ姫があるが、七世孫に、オホニヒカハ、タケニヒカハがあり、ニヒカハが共通である。これまた、三世孫と七世孫が、実は互いにごく密着した親族であったろうことを示唆する。

「天孫本紀」物部連系譜は、それぞれの人物が仕えた天皇の名を記述している。孝元天皇以下についてはほぼ問題がないにしても、虚構五代に関してどの程度信用できるかについて検討しておこう。

虚構五代が、実は孝霊天皇以下の五代に平行する王族の一系統であったことを考えれば、「天孫本紀」が伝えるところは、実はおおよそ、世代が整合しているといえるのである。

まず、ヒコユキは綏靖朝の大夫であったという。これは孝霊天皇世代の大夫であったということであり、ヒコユキ～オホヘソキの妹が孝霊天皇の子の孝元天皇の后となることと時代的にはほぼ整合しよう。

次の三世孫はほぼ開化天皇世代であるが、オホネ（大禰）が、安寧朝侍臣であるとは孝元天皇世代ということであり、これも一世代の違いで、許容範囲であろう。

弟の出雲シコの大臣が懿徳朝大臣であるとは、開化天皇世代であるということであり、出雲シコの大臣と同一人物と見られるイカガシコヲが、開化・崇神両朝の大臣とされていることと整合する。

その弟とされる出石ココロの大臣が孝昭朝大臣であるとは、崇神天皇世代の大臣ということであるが、出雲シコの大臣が開化天皇世代、出石ココロが崇神天皇世代というのは、この両者と実は同一人物であろうと考えられるイカガシコヲが、開化・崇神両朝の大臣とされることに、付合する。イカガシコヲの両朝における大臣の地位が、出雲シコの大臣と出石ココロの大臣とに分配された形である。系譜の虚構の過程で、この分配が捻出されたように思われる。

四世孫の六見宿禰と三見宿禰は、並びに孝安朝の宿禰とされている。この世代が、実は崇神・垂仁天皇世代あたりに相当することから、やはりほぼ許容されるであろう。

問題は、大水口宿禰と大矢口宿禰を並びに孝霊朝の宿禰とする部分である。孝霊天皇は孝元天皇の父の世代であり、大水口宿禰は既述の如く崇神・垂仁朝の人物である。そこで、「天孫本紀」のいうところは、この部分だけが大きく世代を異にしている。そこで、大水口宿禰と大矢口宿禰を並びに孝霊朝の宿禰とするこの部分については、「天孫本紀」系譜の、明らかな虚構であると断じて差し支えない。

孝安天皇ことオホヤマトタラシヒコクニオシヒトに陪侍した六見宿禰世代と、孝元天皇世代であるオホへソキとをつなぐべく、大水口宿禰・大矢口宿禰兄弟が孝霊天皇朝の宿禰であるという偽りが勘案され、同時に、オホへソキと偽りの父子関係によって結ばれたものと考えられる。虚構五代が捏造され、孝霊天皇の上に架上されるという虚偽が構えられたためになされた、窮余の策であったのではないか。偽りの上に偽りが重ねられなければ、首尾一貫しなかったのである。しかし、虚偽はここにおいて明らかになったというべきである。

「天孫本紀」に伝わる物部連祖族の系譜を、以上のように、正常な形へと見直した上で、それぞれの世代の妻の出自に注目しよう。

まず、孝元天皇世代の、ヒコユキ~オホへソキの妻である。オホへソキの妻に、高屋のアハラ姫がある。高屋地名は各地に多く、『和名類聚抄』には、西から順に、肥後國天草郡、豊前國仲津郡、安芸國賀茂郡、讃岐国刈田郡、近江國神埼郡、越前國坂井郡に、それぞれ高屋郷が見える。高家郷と書かれるものは、筑後、豊前、播磨、能登、越後、美濃、飛騨、信濃、佐渡、相模、常陸に、延べ十五カ所にわたって分布する。

高屋のアハラ姫の高屋は、これらのうちのいずれかなのであろうか。

しかし、古代の日本において最も有名な高屋は、これらのいずれでもない。日向の高屋である。

『日本書紀』の天孫降臨段である神代第九段の第三「一書」に、天孫初代とされるホノニニギの妻、カムアタカシツ姫（神吾田鹿葦津姫。『古事記』のカムアタツヒメ）が、火中でホホデミの尊（又の名、ホヲリ命）らを生む地の名、竹屋がある。竹屋すなわち高屋である。

『日本書紀』神代第十段の本文には、そのホホデミの尊の陵、「日向の高屋の山上陵」がある。

景行紀十二年十一月条には、日向國の行宮（かりみや。天皇の行幸先の仮宮）として、高屋宮が見える。

ホホデミの陵、日向高屋山上陵は、陵墓要覧によれば、大隅国始良（アヒラ）郡溝辺村大字麓字菅ノ口にあるとされる。

要するに、古代、高屋といえば、日向のアヒラの地にあった高屋のことである。アヒラは、再三言う如く、神武天皇説話において神武天皇が日向に居た頃に娶ったと語られる「アタのヲバシの君の妹、アヒラ姫」のアヒラであり、尾張祖族中の、孝霊天皇世代の父祖、天村雲の妻、アヒラヨリ姫のアヒラである。

物部連祖族の確実なる伝承祖の初代であるオホヘソキらの初めの拠点は、高屋の近辺、つまり、日向のアヒラの近辺にあったと考えられる。これは、カモ祖族や、虚構五代や、尾張連祖族の、確実なる伝承祖の初代たちが拠点としたであろう地域とほぼ同じ地域である。

次に地名の明瞭な妻は、出雲シコタリ姫である。その子が出雲シコの大臣とされる。この出雲シコの大臣が実のところイカガシコヲと同一人物であったとすれば、イカガシコヲは、高屋のアハラ姫と出雲シコタリ姫という二人の母を持つことになるが、そういうことはあり得ないので、「天孫本紀」の伝の紛れ、あるいは、故意の粉飾である。先に見たごとく、母については、容易に紛伝が生じやすく、それだけ粉飾も容易に施されやすいのである。その名からすれば、イカガシコヲの母は、高屋のアハラ姫であるより、出雲シコタリ姫であった可能性が高い。

ともあれ、確実な物部連祖族の初代のヒコユキ～オホヘソキの世代に、はやくも物部連祖族は、出雲の部族と緊密に結びつき、出雲に主たる拠点を据えて、その子の世代には、出雲シコの大臣なる尊称をもつ人物を輩出するのである。

ところで、オホヘソキの時代、つまり、ウツシコメの夫である孝元天皇の世代の時に、孝霊天皇の皇子らによる吉備国平定のあったことが、『古事記』の孝霊天皇系譜から知られたのであるが、孝元天皇の妃に、ウツシコメの他に、河内の青玉のむすめ、ハニヤスビメなる者があったことを『古事記』系譜は伝えている。『日本書紀』の伝えもほぼ一致する。すると孝元天皇時代には、侵略側は、すでに河内にも一定の地歩を築いていたと考えられる。それならば、孝元天皇世代による吉備平定が、播磨を道の入り口として行われたという『古事記』孝霊天皇段の伝えは、あながち信憑性に乏しいものではないということになる。

次の開化天皇世代であるが、オホヘソキの子、イカガシコヲは、出雲シコの大臣なる尊称を持ち、更に、出石ココロの大臣なる別称も持ったと推定された。その尊称の中の、出石という地名につき、先に、尾張連祖族の妻の名、葛木出石姫の出石は葛木と連接するところから、備前国御野郡出石郷の出石に縁故あろうと推定した。ここの出石も、その葛木出石姫の出石、備前国の出石と関連するであろう。だが、古代において単に出石といえば、式大社、伊豆志坐（イヅシにいます）神社のある、但馬国出石郡の地をさした（伊豆志坐神社については第十五節「アメノヒホコ系譜」で論じる）。すなわち、物部連祖族は、イカガシコヲが父権を確立する頃には、但馬国出石郡にも拠点を持ったと考えたい。

第五節に既述の如く、但馬国は、「魏志倭人伝」にいう、投馬国にあたる国と思われるが、ここが、帯方郡から邪馬臺国への航路の中継地点であったであろうことは先に推定した通りである。その但馬国＝投馬国の少なくとも一部が、すでに、開化天皇世代までには、侵略側と密着した関係になっていたことになる。

物部連祖族は、続く崇神天皇世代には紀伊の部族と結合している。崇神天皇世代において紀伊の部族と結びつくのは、カモ祖族も、尾張連祖族も同じであったが、物部連祖族もまた、彼らと同歩調をとっているのである。というより、むしろ逆に、カモ祖族や尾張連祖族の方が、物部連祖族と同歩調をとっていた、というべきであろう。

系図⑬に見る通り、「天孫本紀」は、イカガシコヲの子、オホニヒカハが、紀伊の荒川戸俾（アラカハトベ）のむすめ中日女（ナカヒメ）を娶ったと伝えている。アラカハトベは女性であり、ナカヒメは、そのむすめとして出自が語られている。すなわち、ここに明らかな母系出自が登場している。母親のアラカハトベは、紀伊に盤踞した土着母系制部族の女酋長と見るべき人物である。この人物、紀伊のアラカハトベなる女性に注目しよう。

『古事記』系譜に依れば、崇神天皇の妃の筆頭に、木国造（キのクニのミヤツコ＝紀伊国造）アラカハトベ（荒河刀辨）のむすめ、トホツアユメマクハシヒメ（遠津年魚目目微比賣）があり、トヨキイリヒコ（豊木入日子）命と、トヨスキイリヒメ（豊鉏入日賣）命を生んだとされる。『日本書紀』もこれと一致した系譜を伝えている。

つまり崇神天皇自身が、紀伊の女酋長、アラカハトベのむすめ、遠津年魚目目微比賣を妻としている。

『古事記』は、そのトヨキイリヒコ命とトヨスキイリヒメ命兄妹に分注を施し、トヨキイリヒコ命は、上毛野・下毛野君（カミツケノ・シモツケノのキミ）等の祖であると伝え、トヨスキイリヒメ命は「伊勢大神之宮（イセのオホカミノミヤ）を拝祭した」と伝える。くどいようだが、伊勢大神とは天照大御神＝日の女神である。トヨスキイリヒメに関するこの分注こそ、天照大御神の宮の拝祭に関する、確実な史伝承の初めである。この記事を疑問視する説があるが根拠は弱い。トヨスキイリヒメ命は、邪馬臺国連合の一員であったはずの紀伊国の土着母系制部族中の女酋長の娘の子であったればこそ、日の女神＝伊勢大神を拝祭する初代の斎王とされたのである。この事実は、伊勢の大神が元来、被侵略側の女神であったという真相を示唆して余りある事柄である。

右に見た物部連祖族中のオホニヒカハの妻の母、紀伊のアラカハトベと、崇神天皇の筆頭妃の母、木国造アラカハトベは、いうまでもなく同一人物である。つまり、同じアラカハトベの二人のむすめを、物部連祖族と天皇祖族の同世代の二人が、分け合うように妻に迎えている。紀伊の国造クラスの部族、つまり、紀伊国在住の有力なる土着母系制部族から、侵略側部族の中心に位置した天皇祖族と物部連祖族が、同じように妻を娶っているのである。侵略側の侵略事業そのものを物語る婚姻でなくてなんであろう。

物部連祖族の足跡は、かくして、日向アヒラ近辺の南九州から、出雲における拠点を経て、紀伊平定、そして、その後にようやく、大和平定、という次第であったろうことがここでも確認できる。

念のため言い添えると、このように物部連祖族の孝元天皇世代が出雲に拠点を有している事情は、カモ祖族の孝元天皇世代、すなわち、系図⑦にある健飯勝命(『古事記』の飯肩巣見命)が出雲臣の女子、サマナヒメ(沙麻奈姫)を娶って、やはり既に出雲の部族と親密である事情と軌を一にしているのである。

崇神天皇は、大和平定の後、高志道(コシのミチ。越道、北陸道)や東方十二道(東海道・東北道)を平定し、男女の税体系を整えたので、この世を称えて、「初國知らし御真木天皇(はつくにしらししミマキのスメラミコト)」といったと『古事記』は伝える。『日本書紀』も同じ伝えを記す。

繰り返しになるが、崇神天皇が「初國知らしし」天皇であったとは、まさに史実であったのであり、まさに、邪馬臺国連合を侵略し滅ぼして、大和の地に、大和朝廷の礎を築いた初めての大王が、崇神天皇であったのである。

その崇神天皇に至る天皇祖族を中心に、物部連祖族、虚構五代、カモ祖族、尾張連祖族らが、およそ四世代をかけて、ともに倭の地を西から東へと侵攻し、邪馬臺国連合を滅ぼした、というのが、わが日本古代史、大和朝廷成立史の真実である。西暦三世紀の半ばから四世紀の初めにかかる時代である。

吉備平定がなされたのが、孝元天皇世代。但馬國出石郡が侵略側の統治下に入ったのが開化天皇世代以前、おそらくはやはり孝元天皇世代。

吉備も但馬も、邪馬臺国にとっては、中国への遣使のための要衝であったはずである。その地が、孝元天皇世代の頃には、ともに侵略側の手中に落ちていたとすると、この頃以後、邪馬臺国は、中国への遣使諸国名簿から姿を消していたはずである。実際、孝元天皇世代の西暦二六二年から二八一年ごろという年代は、邪馬臺国が、中国史書から姿を没する年代にほぼ重なる。すなわち、『晋書』武帝紀、同倭人条に、「泰始二年（二六六年）倭人、来りて方物を献ず。」とあるのが、我が女王国が中国史書に見える最後である。二六六年から間もなく、女王国は、中国への遣使の道を閉ざされたのである。

物部連祖族の拠点の移動の様は、その主たる流れについては、右で述べた如き、南九州日向から本州の出雲、そして紀伊を経て大和へという経路であるが、物部連祖族に関しては、これだけにとどまらぬ更にダイナミックな別経路を検出できるので、次にこれを見ておこう。虚構五代の経路と相通じるところがある。

物部連祖族の孝元天皇世代の妻に、淡海川枯姫（アフミのカハガレヒメ）がある。その妻の名によれば、物部連祖族は孝元天皇世代にすでに近江地方に地歩を築いていることがわかる。

川枯を地名として『和名類聚抄』に探すと、ただ一カ所が見つかる。越中国新川（ニヒカハ）郡川枯（カハガレ）郷である。

この越の川枯郷と淡海の川枯姫とは、なんらか密接な関係があったと思われる。その証拠に、開化天皇世代の三世孫・出石ココロの大臣の妻として、ニヒカハ（新河）のヲタテ（小楯）姫が挙げられている。このニヒカハは、右で見た越中国新川郡川枯郷の新川（ニヒカハ）に同じである。

新川郡川枯郷の存在は、淡海川枯姫の母族と、ニヒカハのヲタテ姫の母族との間の、密接な関係を示唆するものと考えられる。淡海川枯姫を妻とする者の子が、ニヒカハのヲタテ姫を娶るという「天孫本紀」の系譜関係そのものが、すでにその密接なる関係を保証している。

さらに四世孫の大水口宿禰に関連して、延喜式神名帳には、近江国甲賀郡に、川枯神社二座と水口神社（旧村社。主神は大水口宿禰）がある。延喜式神名帳には、川枯神社はこれ一社のみで、水口神社は他に大和国城上郡の水口神社があるが、近江国甲賀郡に川枯神社と水口神社がともに式社として存在することは、淡海川枯姫の部族と大水口宿禰との、近しい関係を確認するための材料になろう。

このように見てくると、物部連祖族は、日向アヒラの高屋近辺に発したのち、孝元天皇世代以降、出雲を主たる拠点としつつ、越＝高志から近江に沿う一帯にも、その勢力圏を確保していたであろうことが窺われる。

物部連祖族と出雲国との、深く密着した関係は、以上述べたところから明瞭であろう。物部連祖族と出雲との関係は、孝元天皇世代には既に密接であり、これは崇神天皇世代を遡ること、僅か二世代に過ぎない。そこで、『日本書紀』の崇神天皇段や垂仁天皇段において、物部連祖族中の人物が、出雲国への使者とされているのは、物部連祖族が、元来、出雲に親密なる者たちであった故であることが知られる。すなわち、

崇神紀六十年七月十四日条には、出雲大神の神宝の献上のことが見える。、武日照（タケヒナテル）命（出雲国造の祖、天菩比（アメのホヒ）命の子）が天から携え来たという出雲大神宮の神宝を天皇が見たいというので、献上のため、「矢田部造（ヤタベのミヤツコ）の遠祖、武諸隅（タケモロスミ）」が派遣されたという。この武諸隅は、物部連祖族中の、「七世孫」オホニヒカハが紀伊の荒川戸俾（アラカハトベ）のむすめを娶って生んだ子である。世代からすれば垂仁天皇世代の人物であるが、若い頃、崇神朝に使者とされたと考えれば特に不都合はない。

垂仁二十六年紀八月三日条にも同じく出雲神宝の検校の記事があり、使者は物部十千根大連（モノノベのトヲチネのオホムラジ）である。やはり物部連祖族の七世孫として見える人物である。出雲に何度も使者を遣ったが埒があかなかったため、特にこのトヲチネが

派遣され、検校成って神宝の管掌を委ねられたという。武諸隅といい、トヲチネといい、要するに、物部連祖族中の人物として、当時なお出雲と親密な関係を持っていたがために、特に選ばれて出雲に派遣されたのである。

なおこのトヲチネは、やはり垂仁朝に、石上神宮の神宝も委任されている。まず垂仁三十九年紀十月条に、五十瓊敷命（イニシキのミコト）が川上宮にあって剣一千口を作り石上神宮に納めたという垂仁記類似の記事が述べられ（『古事記』垂仁天皇系譜の中に、「印色入日子（イニシキイリヒコ）命は、……鳥取の河上宮に坐して、横刀一千口を作らしめ、これを石上神宮に納め奉り……」と見える）、同八十七年紀二月五日条に、石上神宮の神宝がイニシキの命から妹の大中姫（オホナカツヒメ。『古事記』の垂仁系譜は、この大中姫を大中津日子命と伝える。『古事記』と『日本書紀』とで性別が逆転していることになるが、『日本書紀』の方が正しい。『古事記』は意図的に性を逆転せしめたのである。『古事記』の「寓意の構造」に深く関わることである）に委ねられようとしたが、手弱女人（たをやめ）である故を以て更にトヲチネ大連に移され、以後、物部連等が石上の神宝を治めるならいになったという。

石上神宮はこのように、古来朝廷の武器を納める武器庫として機能していたが、さらに、諸氏族の神宝を服属のしるしとして奉献せしめて一括管理する宝物庫でもあった（鎌田純一著『先代旧事本紀の研究』〔吉川弘文館〕）。たとえば、垂仁八十七年紀二月五日条には、上の記事に続いて、丹波国人の飼い犬が殺した獣の腹から出た八尺瓊勾玉（ヤサカニのマガタマ）が、今、石上神宮にあると見え、同八十八年紀七月十日条には新羅王子、天日槍（アメのヒホコ）の携え来た神宝を、天日槍の曽孫、但馬清彦（タヂマのキヨヒコ）に命じて献ぜしめ、やはり神府（石上神宮の宝府）に納めたことが見える。

類聚国史延暦廿四年二月条には、「石上神宮を造る。……勅して曰く、此の神宮、他の社に異なる所以は何ぞ。臣奏して云く、多く兵仗を収る故なり」とあり、石上神宮は永く武器庫として、また諸氏の神宝を収納管理する特異な神宮であり続けたことが知られる。

　ところが、天武三年紀八月三日条には、忍壁皇子を石上神宮に遣わして膏油を以て神宝をみがかせた後、「元来諸家の、神府に貯める宝物、今、皆、其の子孫に還せ」という勅が下されたことが見える。神宝の収納を通じて諸家の祭祀を統括してきた石上神宮の機能が、天武朝に至って破棄されたものと考えられる。物部連麻呂の壬申乱における立場と行動、すなわち、近江朝の統領、大友皇子に、最後まで付き従った舎人としての物部連麻呂の行動が、このことに強く関連しているはずであろう。

　天武朝に成立した『古事記』が物部連祖族の功績につき極めて抑制された筆致に終始している理由については、もはや多言を要しまい。他方でまた『日本書紀』は、物部連麻呂こと左大臣石上朝臣麻呂と対立関係にあった親藤原不比等派閥によって記された国史であるという理由によって、やはり物部連祖族の功績に関しては、かなり抑制された記述になっている。物部連氏の実体を把握しようとする場合、こうした事情によって記紀は一定の障害になると思われる。

　以上、当節までで、カモ祖族、虚構五代、尾張連祖族、物部連祖族について、その系譜の虚構を正し、その系譜が語る日本上代史の真相について考察を進めてきたが、次節では、これら父系祖族の中心に位置した天皇祖族の系譜について検討する。

第十一節　天皇祖族と天孫四代神話

当節では天皇祖族、孝霊天皇から崇神天皇に至る四世代（原型四代）の史的実態を追求したいが、下に掲げるパノラマ系図⑭の語るところが、ほぼ全てである。この系図⑭こそ日本の三世紀後半史を語る上で最重要な系図であるので、是非じっくり眺めて頂きたい。

第六節から前節までで、カモ祖族、虚構五代、尾張連祖族、物部連祖族の古系譜の虚構を正し、これら父系祖族が、およそどのような経路を経て邪馬臺国連合を侵略したかを見てきた。その主たる経路は、神武天皇東征説話が語るところにほぼ一致する経路である。すなわち、四祖族はいずれも、アタ地方、およびアヒラ地方を含む古代の日向地方に発して、西から東へ邪馬臺国連合を侵略、大挙して紀伊国に結集し土着部族を制圧、当地の部族と婚姻関係を結び、最終的に女王の都する邪馬臺国、つまり大和を攻略した、という侵略経路を見て取ることができた。

西暦三世紀の半ばから四世紀初頭にかけて、およそ四世代をかけて行われた、大規模な侵略戦争であった。

これら侵略者たる父系部族の中心に位置したのが、他ならぬ天皇祖族である。天皇祖族は、特に孝元天皇から垂仁天皇あたりまでは、前節で見たごとく、物部連祖族とほとんど一心同体、緊密な血縁関係をもって王統を維持している。

系図⑭は、カモ祖族、虚構五代、尾張連祖族、物部連祖族とともに天皇祖族の系譜を、世代を一致させ並べて示したものである。これらが互いに密接な血縁関係を持つことに改めて注意したい。カモ祖族は虚構五代と、虚構五代は更に尾張連祖族と、尾張連祖族は更に天皇祖族と、天皇祖族は更に物部連祖族と、互いに婚姻関係で結びついている。天皇祖族と虚構五代とを中心に系図⑭を眺めると、天皇祖族は、物部連祖族と尾張連祖族から妻を娶っており、虚構五代は尾張連祖族とカモ祖族から妻を娶る、という関係になっている。

四世代の居地の変遷も、こうして眺めてみれば、確かにほぼ同じ経路であったことが改めて確認できる。

繰り返しをいとわず、改めて見ておこう。

系図⑭

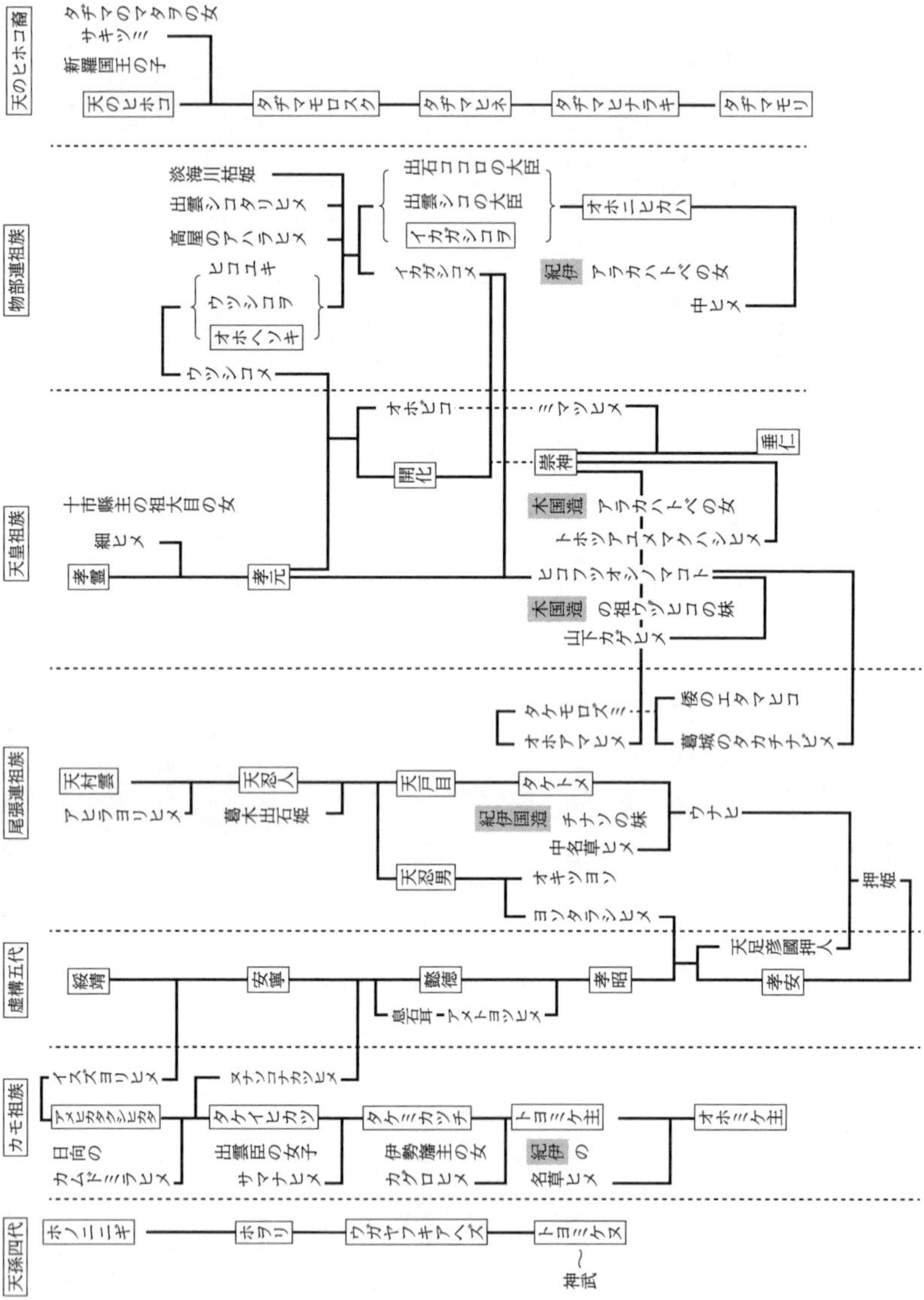
天のヒホコ裔
タヂマのマタヲの女
サキツミミ
新羅国王の子
天のヒホコ
タヂマモロスク
タヂマヒネ
タヂマヒナラキ
タヂマモリ
物部連祖族
淡海川枯姫
出雲シコタリヒメ
高屋のアハラヒメ
ヒコユキ
ウツシコヲ
オホヘソキ
出石ココロの大臣
出雲シコの大臣
イカガシコヲ
イカガシコメ
オホニヒカハ
紀伊 アラカハトベの女
中ヒメ
ウツシコメ
天皇祖族
オホビコ
ミマツヒメ
崇神
垂仁
開化
十市縣主の祖大目の女
細ヒメ
孝霊
孝元
木国造 アラカハトベの女
トホツアユメマクハシヒメ
ヒコフツオシノマコト
木国造 の祖ウヅヒコの妹
山下カゲヒメ
タケモロズミ
オホアマヒメ
倭のエタマヒコ
葛城のタカチナビメ
尾張連祖族
天村雲
アヒラヨリヒメ
天忍人
葛木出石姫
天戸目
タケトメ
紀伊国造 チナソの妹
中名草ヒメ
ウナヒ
天忍男
オキツヨソ
ヨソタラシヒメ
押姫
虚構五代
綏靖
安寧
懿徳
孝昭
天足彦國押人
孝安
息石耳・アメトヨツヒメ
カモ祖族
イスズヨリヒメ
アメヒカタクシヒカタ
日向の
カムドミミラヒメ
ヌナソコナカツヒメ
タケイヒカツ
出雲臣の女子
サマナヒメ
タケミカツチ
伊勢幡主の女
カグロヒメ
トヨミケ主
紀伊 の
名草ヒメ
オホミケ主
天孫四代
ホノニニギ
ホヲリ
ウガヤフキアヘズ
トヨミケヌ
〜
神武

まず孝霊天皇世代を見ると、カモ祖族のアメヒカタクシヒカタは日向の女性を妻としており、尾張連祖族の天村雲は日向のアヒラの女性を妻としている。物部連祖族の初代と見なされるオホヘソキは図では次の孝元天皇世代であるが、日向アヒラの高屋の女性を妻としている。虚構五代の綏靖天皇の妻、イスズヨリヒメのイスズは日向国の五十鈴川に縁があろう。結局、これら祖族は、孝霊天皇世代、先の計算に依れば西暦二四三年から二六二年のあたり、つまり西暦三世紀の半ば頃、古代のアタおよび日向地方、すなわち、後の薩摩・大隅・日向国を含む南九州に、大挙して盤踞していたものであろうことが知られる。それならば天皇祖族の孝霊天皇ことオホヤマトネコヒコフトニもまた、少なくとも当初は同じ地方にあったとするべきであろう。

孝元天皇世代を見ると、カモ祖族のタケイヒカツは「出雲臣の女子」として出自を述べられる女性を妻としている。出雲の地の父系部族、出雲臣祖族中の、ある父祖の女子、という意味と考えてよいだろう[注]。タケイヒカツは出雲に拠点を持った人物であったと思われる。

物部連祖族も、同じ孝元天皇世代のウツシコヲ～オホヘソキ～ヒコユキは、日向の高屋から出雲に入って、出雲シコタリヒメを妻としている。

尾張連祖族の孝元天皇世代の天忍人（アメのオシヒト）は葛木出石姫を妻としており、この葛木・出石は吉備の旭川流域の地名で、神武天皇東征説話に見える吉備の高嶋宮のあった地域の地名であろうと考えられた。

既述の如く、孝元天皇の異母兄弟による吉備平定のことが、『古事記』孝霊天皇系譜に記述されている。出雲に拠点を据えた侵略側が、孝元天皇世代の王族の活躍によって、邪馬臺国連合の一国、吉備国を攻略し、これを手中に収めたのである。

孝元天皇世代は、先の計算で、およそ西暦二六二年から二八一年前後に位置する。孝元天皇の異母兄弟が吉備平定に活躍した時代とは、孝霊天皇世代から孝元天皇世代に移る間の幾年かであろう。二六二年に近い時代と考えられる。

邪馬臺国つまり大和から中国（魏・晋）への遣使に、瀬戸内海航路の果たした役割は大きかったと思われるが、それならば、この吉備国の陥落は、邪馬臺国からすれば、大和から中国へ遣使するための航路の、その喉元を締め付けられる結果になったものと思われる。更にその帰還の道、中国地方沿いの航路から但馬国・若狭湾・近江路を経る還路も、同じ頃には断たれていたと考えてよい。

中国史書から我が女王国、邪馬臺国連合の動向の消滅するのが、この時代におよそ一致する。すなわち、繰り返し述べるなら、『晋書』武帝紀に、「泰始二年（西暦二六六年）、十一月己卯、倭人、来たりて方物を献ず」とあり、同四夷伝の倭人条にも、「泰始、初めて使いを遣はし、訳を重ねて入貢す」とあるのが、女王国が中国史書に見える最後である。西暦二六六年をもって、女王国は、中国史書から永久に姿を没する。

『晋書』武帝紀の右の記事と同じ事項が、『日本書紀』の神功皇后六十六年（『日本書紀』紀年で、新丙戌年、西暦二六六年にあたる）条にも「是年、晋の武帝の泰初の二年なり。晋の起居の注に云はく、武帝の泰初の二年の十月に、倭の女王、訳を重ねて貢献せしむといふ」と見える（ここで、泰初は泰始に同じ。「起居の注」とは、天子の言行・勲功を記した日記体の記録）。

『晋書』武帝紀では、泰始二年の入貢主体が倭人であるという以外に明瞭ではないが、この『日本書紀』の引く晋の起居の注によってそれが「倭の女王」であることがわかる。『魏志』倭人伝にすでに西暦二四八年頃に死んだことの明瞭な卑弥呼ではなく、その後を継いだ宗女、臺與（壹與）のことであろうとされる。

『日本書紀』は、西暦四世紀の人物である神功皇后を、『魏志』に見える西暦二～三世紀の人物、倭の女王と同一視し、紀年を構成するに際して、神功皇后紀と倭の女王の時代とを無理に重ねている。もとより、四世紀の神功皇后と三世紀の邪馬臺国連合の女王とは、全く関係がない。

ともあれ、『晋書』と『日本書紀』所引「晋起居注」により、女王国＝邪馬臺国連邦の女王は、西暦二六六年までは中国に使いを遣わしていた事が知られるが、その後は、杳として消息が知られなくなる。

天皇祖族たちによる吉備平定の頃と相前後して、邪馬臺国は、中国への遣使の道を閉ざされたのである。

そうして、開化・崇神天皇親子の時代が、いよいよ邪馬臺国連合の本丸、邪馬臺国＝大和が征服される時代である。

侵略者たちは、大和攻略に先立って、紀伊に結集する。崇神天皇世代の者たちが、紀伊の母系制部族から、競うがごとく妻を娶っている様に改めて注目しよう。

系図⑭の右から順に眺めてゆくと、まず、物部連祖族中の崇神天皇世代の人物、オホニヒカハは、紀伊のアラカハトベなる女性のむすめ、中ヒメを妻としている。そして、崇神天皇自身も、同じアラカハトベのむすめ、トホツアユメマクハシヒメを娶っている。アラカハトベ母族から、相次いで、妻がとられているのである。アラカハトベ率いる紀伊国＝木国の母系制部族が、いわば、人質として侵略者側に与えた女性であったと考えて大過あるまい。

尾張連祖族の崇神天皇世代の人物、タケトメは、紀伊国造チナソの妹、中名草ヒメを妻としている。そして、カモ祖族の同世代の人物、トヨミケ主ことオホタタネコも、紀伊の名草ヒメを妻としている。中名草ヒメと名草ヒメという名の共通性から、両者は同じ部族、もしくはごく近い部族からの妻取りであったと思われる。

一般に、妻の出自が記述されるとき、某の女（むすめ）、として母親のみが記される場合は、明らかな母系制部族中の女であると見なしてよいが、某の妹―との述べられて父系が不明である場合も、たいていは母系制部族中の女であったと考えられる。従って、ヒコフツオシノマコトの得た山下カゲヒメも、タケトメの得た中名草ヒメも、土着母系制部族中の女であったと考えて大過ない。トヨミケ主の妻、紀伊の名草ヒメも同じであろう。やはり父系が没却されており、土着母系制部族中の女であったと思われる。

このトヨミケ主は、神武天皇の原像であったと考えられた人物であるが、神武天皇の東征説話においても、神武天皇軍は、大和攻略にあたり、紀伊・熊野に迂回する行路を辿る。神武天皇軍の紀伊・熊野迂回説話は、その中に、多くの真偽定かではない、むしろ見てきたが如き嘘話としか思われない多くの虚話をまとって語られているが、紀伊への迂回という行程に限っては、史伝承に基づいた作話であったと断じて差し支えない。神武天皇説話では、紀伊は単なる経由地のように述べられているが、侵略側は、この地に一定の期間とどまり、土着部族との結合を深めたのである。ここに拠点を築いた後、本丸である大和を攻撃した（神武天皇説話でも、紀国の竈山に神武天皇の長兄、五瀬命の陵墓を築いたように記されているので、一定期間の滞留は念頭におかれていたのかもしれない）。

『日本書紀』は、神武天皇軍の紀伊における説話として、『古事記』には無い次のような一文を記載している。すなわち神武天皇即位前紀戊午年六月二十三日条に「軍、名草邑（ナクサのムラ）に至る。則ち、名草戸畔（ナクサトベ）といふ者を誅（ころ）す」とある。極めて簡略なこの『日本書紀』の一文は、例によって真偽定かならぬ説話の一つには違いない。しかし、これが、トヨミケ主の時代、すなわち、崇神天皇世代の者たちによって行われた、紀伊平定の実体を伝える伝承の一つであったであろうことは、もはや疑いあるまい。

崇神天皇世代における紀伊平定が、単なる平和的婚姻関係の締結の数々、などであったのではなく、土着母系制部族に対する、殺戮をともなった侵略戦争であったということの、動かぬ証拠が、この一文である。『日本書紀』には、この文から少し後に、熊野の荒坂津、亦の名、丹敷浦において、丹敷戸畔（ニシキトベ）なる者を殺したともある。ナクサトベもニシキトベもともに、アラカハトベ同様、在地の土着母系制部族の女酋長であったと考えられる。

崇神天皇やオホニヒカハが紀伊のアラカハトベの娘達を娶り、タケトメが中名草姫を娶り、トヨミケ主が名草姫を娶ったその陰には、名草戸畔らの「誅」殺という、侵略者たちによる、紀伊の土着母系制部族に対する殺戮戦があったのである。紀伊出自のこれらの妻たちは、彼女らが属する部族の、これ以上の犠牲を止めるための、人身御供であったはずである。

あらためて注意を喚起しておきたいのは、この系図⑭に見える、一種独特の整合性、すなわち、孝霊天皇世代にほぼ一致して、南九州出自の妻があり、崇神天皇世代に一致して、紀伊出自の妻が揃う、という事態は、決してそれを求めて人為的に系譜を操作した結果の整合性ではないということである。系譜の虚構を虚心に探り出し、それぞれにつき独自に正しい位置へと系譜を並べ直した結果、妻たちの出自に、このような整合性が出現したのである。

而して、崇神天皇世代の五人もの主要な父祖たちが、時代を等しくして、あたかも流行病にでもかかったがごとく紀伊の部族から妻を娶っているということの事実は、崇神天皇世代による紀伊地方の侵略・平定という史実を仮定して初めて、うまく説明することができる。

同様に、更に広く、父系制部族たちによる女王国連合全体への侵略という史実を仮定して初めて、南九州に発して西から東への移動を示す、これら父系系譜が示す一種独特の整合性を説明することができる。

彼らが侵略者たちであったことはもはや疑いないとして、では、かくも強力な侵略者たちは、なぜ、ともに南九州に発したのであろう。当時の南九州は、邪馬臺国連合から見ても、どこから見ても、まちがいなく僻地である。このような当時の文明の中心から遠く外れた土地に、もしも、これほど強力な軍事力を備えた父系制部族が自然発生的に発生したとすれば、それは大変不思議なことのように思われる。不思議どころか、およそあり得ない話である。

しかも、系図⑭を眺めるなら、これら父系制部族は、確かな系譜を辿ることのできる父祖としては、孝霊天皇世代にほぼ一致した世代の者から始まっている。三世紀の半ばに、これらの父系制部族たちが、孝霊天皇世代から、忽然として一斉に、南九州の地に現れたことになる。これは何を意味するのであろう。

これら父系制部族は、南九州以外のどこか他の土地から、孝霊天皇世代の王族を中心にして、大挙、南九州に移住してきた、と考えることが、最もありうべき蓋然性を与える。

かれらが、すでに出雲を拠点としていた師升（スサ）王統の父系部族たちで無かったであろうことは、彼らの南九州起源そのものが語っている。もしも彼らが師升王統の部族であったなら、南九州から発する必要などさらにあるまい。初めから、出雲を拠点にすればよい。天皇祖族たちは、出雲系の部族とは一線を画し、しかし、ごく早い時期に、出雲系部族と深く結託することになった、別系の、出雲系部族より更に強力な、父系制部族であった。彼らは、どこから来たか。

天皇祖族を中心とした侵略者たちの、真の出自を考察しなければならないが、その前に、系図⑭の左端に書き添えた天孫四代を見ておこう。天孫四代とは、日向降臨伝承を付与されたホノニニギ命から、東征説話を付与された神武天皇に至るいわゆる日向四代である。

天孫四代には大量の物語が付されている。今までで明らかになった史実から、この物語を裁いてみよう。

神武天皇東征説話を含む天孫四代の物語は、天孫四代の系譜の右側に並ぶ侵略者たち、特にカモ祖族の史伝承を素材としつつ、これに尾張連祖族の伝承や、天皇祖族自身の伝承などを兼ね併せて捏造されたものであろう。捏造は、繰り返すようだが、天武朝に成った原『古事記』に始まる。神話六代系譜の構成を決めたのも原『古事記』であり、その物語の構成や用字さえもが、原『古事記』によって、決定され記述されたのである。原『古事記』は、写本過程での誤写脱字などを除いては、現『古事記』にほとんどそのまま、忠実に受け継がれている。『古事記』の天孫四代神話はどのようなものであったか。以下、そのおおよそを辿っておこう。

なお、『日本書紀』は天孫四代のうち、特に神武天皇東征説話に、『古事記』には無い、多くの独自説話を編入している。天孫四代そのものが、天皇祖族の史実を、少なくとも素材の一部としており、特に神武東征説話にこのことは顕著に窺われる。史実を核とする物語であってみれば、『古事記』以外の文献が、『古事記』には無い多くの独自説話を拾っていて不思議はないのである。従って、天孫四代説話、とりわけ神武天皇事績譚の考察には、『日本書紀』を初めとする他の文献との比較考証は欠かせないのであるが、しかし当節では、こうした考証の余裕はないので、『古事記』の虚構次第と寓意の構造の一端に触れることを主たる目的として、とりあえず、専ら『古事記』に従ってあらすじを辿ることとするのである。最小限の必要に応じて、他文献を引用する。

天照大御神と高御産巣日神（高木神）が大国主神から葦原中国の統治権を譲り受け、孫のホノニニギ命が高天原から天降るところから、『古事記』天孫四代の神話が始まる。天孫降臨神話である。

『古事記』が語る天孫降臨神話には、全く次元の異なる二種の降臨説話が合体している。

一つは、本来の降臨伝承、つまり、孝霊天皇世代に比定されるべきカモ祖族・天皇祖族等の日向への降臨の伝承を素材とする降臨神話である。そしていま一つは、天照大御神こと日の女神の大和から伊勢への降臨伝承である。こちらは、垂仁天皇朝に生じた事件である。日の女神の伊勢への降臨・遷宮とは、大和から伊勢への追放に他ならない。

『古事記』の天孫降臨神話は次のような説話からなっている。

1．天照大御神と高木神は、かねての予定通り、子の忍穂耳（オシホミミ）命を降臨させようとするが、オシホミミ命は、自分に子、天火明（アメのホアカリ）命と番能迩々藝（ホノニニギ）命が生まれたので、このホノニニギ命を天降りさせたいと申し出て、認められる（故にホノニニギ命は天照大御神の孫である。いわゆる日向四代の初代天孫である）。

2．ホノニニギ命が天降ろうとすると、途中に、猿田毘古（サルタビコ）神が居る。天宇受賣（アメノウズメ）神を遣わして理由を問うと、天神の御子を先導しようとして参向したのだと答える。

3．天降りの随伴神と副賜の品が列挙される。すなわち、中臣連等の祖、アメノコヤネ命を初めとする、五人の男女からなる五伴緒（イツのトモのヲ）、八尺勾璁（ヤサカのマガタマ）、鏡、草那藝劔（クサナギのツルギ）、常世思金（トコヨのオモヒカネ）神、手力男（タヂカラヲ）神、天石門別（アメのイハトワケ）神などであり、鏡を日の女神の御魂（ミタマ）として、思金神とともにイスズの宮（内宮）に祭ることが求められる。外宮の神、登由宇氣（トユウケ）神の名もここに初めて登場する。

4．ホノニニギが大伴連等の祖、久米直等の祖を従えて、筑紫の日向の高千穂の久士布流多氣（クジフルタケ）に天降る。そうして、詔（みことのり）して「ここは韓国に向かひ、笠沙之御前（カササノミサキ）を真来通（まきとほ）りて、朝日の直刺（たださす）国、夕日の日照（ひてる）国なり。故、ここ甚吉（いとよき）き地（ところ）」といって、宮地を定める。

以上の1から4までが、『古事記』の語る天孫降臨神話の全体である。

まず、1は神話六代の系譜を示す部分であるので、『古事記』の創作になる部分である。ここで述べられた系譜は左図の通り。

天照大御神――正勝吾勝々速日天忍穂耳命《マサカツアカツカチハヤヒアメオシホミミ》
高木神――万幡豊秋津師比賣《ヨロヅハタトヨアキツシヒメ》
　├天火明命《アメのホアカリ》
　└天迩岐志國迩岐志天津日高日子番能迩々藝命《アメニギシクニニギシアマツヒコヒコホノニニギ》

ここで、天照大御神（アマテラスオホミカミ）のアマと訓む天の字は大海人（オホアマ）皇子を寓意し、高木（タカギ）神の高の字は高市皇子を寓意することと再三指摘したとおりであるが、ホノニニギ命の長々しい称え名の部分、「天迩岐志國迩岐志天津日高」にも明らかな寓意がかぶせられている。アマと訓む天や高の字とともに、それぞれ独特の寓意を秘める寓意文字から成る名である。別稿で改めて『古事記』の「寓意の構造」を論じて詳述する予定であるが、まず、天迩岐志の迩の正字は邇で、これは爾の字としんにゅうから成る。爾（ニ、ジ）は元来、柄にひも飾りのついた大きな印鑑の象形文字で、璽の原字であり、下地にひたとくっつけて印を押すことから、二（ふたつくっつく）と同系のことば。また、そばにくっついて存在する人や物をさす指示詞に用い、それ・なんじの意をあらわす。邇（ジ。そばにくっつく）・尼（ニ・ジ。そばにくっつく人）と同系のことばである（藤堂明保編『学研漢和大字典』〔学習研究社〕）。なお、説文三下の爾条には「麗爾なり。猶靡麗のごときなり」とあり、白川静著『字統』（平凡社）はこの説に依拠して、胸部の乳房を中心に施した文身の形で、その美麗であることを云う文字とするが、これだけでは爾が何故、汝・なんじの意になるかが不明である。

ともあれ、爾は璽の省文であり、すると爾は天皇のしるしとしての玉璽でもある。この爾にしんにゅうを付けた文字が邇である。ただし、『古事記』は爾と邇を、一貫して略体の尓と迩で記す。

しんにゅうは、之繞（しにょう）の音便である。之（シ）は止（シ）と同類の文字であり、足の形の象形文字から生じている。足が進めば、之（シ、ゆく）であり、足がじっとしていれば止（シ、やむ）である。しにょうを止繞から生じたとみる説もあるが、しにょうの元の形は、行くことが止まると書く。つまり、ぎょうにんべんの下に止という文字を足した字形がしにょうの原型である。

すると、迩という字は、その字形からして、行くことが止まる玉璽、という寓意となる。『古事記』の「寓意の構造」における、行くことが止まる玉璽とは、壬申乱によって世を去った大友皇子の天子位を象徴する玉璽＝「天子の神璽」（養老公式令40）をさすと考えられる（このことの証明は、迩と尓の分布は、尓の分布の研究などからもたらされる。迩と尓の分布は、ある特徴を持った恣意的な分布を示すが、詳論は割愛する）。要するに、迩の字は、「行くことの止まる大友皇子の天子の神璽」という寓意を強く帯びて用いられている。

迩も、アマと訓む天や高の字と同じく、寓意文字なのである。そして、このような寓意を込められつつ、『古事記』において、迩は、ニの音仮名文字として、尓と意識的に混用されている。ニ音を表す音仮名文字として、『古事記』は、迩と尓と仁の三文字しか使っていない。そのうち、仁はただ一回であるが、迩は一八七回、尓は一〇四回の使用頻度である。つまり、ほとんどすべて、迩もしくは尓が、ニの音仮名として用いられている。そうして、何度強調してもよいのだが、『古事記』に於いて、迩は決して、不用意に、うっかりと、不統一に、尓と混用された音仮名ではない。迩と尓は、それぞれ、行くことを止める玉璽、つまり頓挫した大友皇子の玉璽と、しからざる璽、つまり後世に生きながらえる璽（内印）、という対比をもって用いられた寓意文字である。

迩と尓はまた、九画文字と五画文字である。この九・五という数も『古事記』の寓意の構造においては重要な数字である。九は壬申乱を契機として止まるものを寓意し、五は然らざるものを寓意する。而してこの九・五という数字を強く意識して、邇・爾が略体の迩と尓で記されたと考えられるのであるが、九・五の寓意を含めて、事の詳細は、これも割愛し、別の機会に『古事記』の「寓意の構造」論の中で述べたい（九・五の寓意に関しては、前掲拙著『古事記の秘める数合わせの謎と古代冠位制度史』参照）。

因みに、迩・尓を、宣長の『古事記伝』のように邇・爾に修正してはいけない。『古事記』の古写本は全て略体の迩・尓を用いており、原型が邇・爾ではなく、略体の迩・尓で記されていたのであり、略体を用いる確たる理由があったのである。

天迩岐志の岐の字も明らかな寓意文字の一つである。岐の字は、山と支という文字に分解できる。支は枝の原字であり枝の省文でもある。よって、岐とは、山の枝の謂いである。『古事記』の寓意の裡で、山の枝とは、壬申乱で追い詰められた大友皇子が山前（やまさき）に隠れて首を吊った山の枝を寓意している。つまり、岐の字には、大友皇子を自縊せしめる物霊としての山の支＝枝という意味合いが込められている。岐もまた『古事記』に於いては、一貫した寓意を以て操られる寓意文字なのである。

次に、天迩岐志の志にも寓意がある。『古事記』はシの音仮名として、専ら志と斯とを用いる。『古事記』のシ音の音仮名には他に師・紫・色・新・芝があるが、これらはいずれも特殊な少数例であり、シ音音仮名全四七五例中、志は二〇三例、斯は二一四例を占める。『古事記』は、ほとんど意図的に志と斯を混用する。そうして、志の方には死の寓意が込められている。こうした寓意をこめた文字として、志は斯と意図的に混用されるのであって、これまた、不用意に、うっかりと、不統一に、斯と混用されたのではない。

天という文字にも寓意は潜む。天は一と大、あるいは二と人を重ねた字形である。一はひとつ柱となる大友皇子の宿命を、二は皇位二年で終わる大友皇子の宿命を、それぞれ寓意する呪数である。従って天は、一つ柱となって皇位二年で滅ぶ人、大友皇子を示唆寓意する呪文字である。アマと訓む天、アメと訓む天のいずれの天にも、この寓意は共通に秘められている。

天迩岐志とは、こうしてみると、大友皇子の玉璽＝天子の神璽を止め、山の木の枝によって大友皇子に死をもたらし、かくして大友皇子は一つ柱となり皇位二年で潰えるという寓意を負った称え名であったことが分かる。國迩岐志も迩岐志については同じである。國字については、字体に三様があって、國の他に国と国があり、これらが意図的に通用されている。國イコール国イコール国とは、或（まど）ふイコール玉イコール王であり、故に國字は、惑う玉璽を持つ大友皇子を□に閉じ込める寓意を秘める文字である（迩・尓にしても國・国・国にしても、原『古事記』が如何なる字体で文字を記していたかを追究しながら考察しなければ、『古事記』の虚構の仕組みを解くことができない例である。このような例は、他にも頗る多い）。

ともあれ、かくして、大友皇子の世を呪い滅ぼす寓意を満載した称え名を持つ者として降臨初代ホノニニギ命が設定されている。

国迩岐志のあとの天津日高には、述べた通りアマと訓む天と高字があり、高天原や、天照大御神と高木神とのペア神同様、大海人皇子・高市皇子ペアの表象、壬申乱の勝者の表象が象嵌されている。

ホノニニギの兄の天火明命の天はアメと訓む天であって、アマと訓む天ではない。火は先にも述べたように大友皇子の、斬首される頭の表象。天火明命は従って、寓意文字からして壬申乱の敗者の側の表象を負っている。つまりこの名にも、壬申乱の結末の寓意が執拗に込められていたと思われる。この命はここに一度言及されたのみで、その後は何の役割も負っていない。第八節の系図⑪で見た通り、天火明命はホノニニギを原型六代に合せて次男とするために置かれた命である。

正勝吾勝〻速日天忍穂耳命や万幡豊秋津師比賣の名にも寓意が満載されている。しかしこれらを更に論じることはあまりに本題を逸れることになるので割愛し別稿に委ねる。

ともあれ、こうしたわけで、1の系譜は、史伝承からはほど遠い捏造品だと考えておくのが無難である。

次の2と3であるが、これらは、天照大御神の伊勢遷宮伝承に素材を得て造られた神話であり、4のみが、本来の天孫降臨説話を素材とする神話である。つまり、2、3という一連の説話と4とは、互いに全く別系統の説話である。

2と3が、天照大御神の伊勢遷宮伝承に素材を得て造られた神話であることは、伊勢遷宮次第について伝える『倭姫命世記』に、阿佐加の荒ぶる神（猿田彦神）の鎮定説話や、五十鈴原の地主神とされる猿田彦神の裔、宇治土公の祖、大田命による日神への鎮座地献呈の話のあることや、同じ書に語られている日神の随伴神と、『先代旧事本紀』「天神本紀」に列挙される天火明命（尾張連祖）の随従者とを比較することなどから証明される（天火明命の天降りにおける随従者たちとは、尾張連祖族が、垂仁朝に至って、大和葛城から美濃・尾張地方へと都落ちする際の随従者たちに他ならない。この都落ちは、天照大御神すなわち日の女神の伊勢遷宮と軌を一にする事件である。垂仁朝の、大規模な部族再編史の一環である。当本論第十三節や拙著『古事記考』第五章「神々の流離」を参照）。

かくして4のみが、本来の降臨神話である。ただし、大伴連等の祖と久米直（クメのアタヒ）等の祖を従えて天降ったという部分は、壬申乱における大伴連や、勇士来目（クメ）らの活躍が念頭におかれて作話された可能性が高く、そのままには信じがたい。

そこで結局、降臨伝承の核に当たる部分は、『古事記』ではわずかに次のような部分のみとなる。

天津日子ホノニニギ命に詔して、天（あめ）の石位（いはくら）を離れ、天の八重多那雲（やへたなぐも）を押し分けて、伊都能知和岐知和岐弖（いつのちわきちわきて）、天浮橋（アメのウキハシ）に、宇岐士摩理（うきじまり）、蘇理多多斯弖（そりたたして）、筑紫の日向の高千穂の久士布流多氣（クジフルタケ）に天降り坐（ま）さしめき。

そして、詔（みことのり）して、

「ここは韓国（カラクニ）に向かひ、笠沙之御前（カササノミサキ）を真来通（まきとほ）りて、朝日の直刺（たださす）国、夕日の日照（ひてる）国なり。故（かれ）、ここ甚吉（いとよき）き地（ところ）」

と言って、宮地を定めたという一連の部分である。

この文から、天の石位だの、雲を押し分けただの、天の浮き橋だの、高千穂の峰に天降っただのといった、空想的、神話的意匠を剥ぎ取る。そうして、その史伝承的な核心を取り出すとするならば、要するに、単に、ホノニニギが、日向に天降って、つまり、いずこかから、天皇の祖先が日向にやって来て、「ここは韓国に向かっており、カササの崎から直通の地で、日当たりのよいとてもよいところだ」という、唐突でなぞめいた言葉を発した、というほどの事項に縮約されてしまう。

カモ祖族、尾張連祖族、物部連祖族、天皇祖族らの系譜からは、孝霊天皇世代における父祖たちが忽然として日向界隈に現れた、という事実が知られるのであるが、この知見と、右の天孫の日向への天降り説話と、両者を比べてみれば、その質と量において、ほとんど変わるところがない。むしろ、系譜から知られる程度の僅かな伝承が、ホノニニギの日向降臨伝承の核心であった、と言ってもよいほどである。

『古事記』から『日本書紀』本文に目を移すと、天孫降臨神話として語られるところは、まさにわずかに、右の事項に限られている。すなわち、『日本書紀』の神代第九段本文の降臨神話には、サルタビコ神のことも、随伴神のことも、鏡など副賜の品々のことも何もなく、オホアナムチ（大己貴）神（＝大国主神）による国譲り神話の後、直ちに、単に次のように語られている（読み下し文・訓読法は、例によって岩波書紀による）。

> 時に、高皇産霊尊（タカミムスヒのミコト）、真床追衾（マトコオフフスマ）《床を覆う衾》を以て、皇孫（すめみま）天津彦彦火瓊瓊杵尊（アマツヒコヒコホのニニギのミコト）に覆ひて、降りまさしむ。皇孫、乃ち天磐座（あめのいはくら）を離れ、且（また）、天八重雲（あめのやへたなぐも）を排分（おしわ）けて、稜威（いつ）の道別（ちわき）に道別（ちわき）て、日向の襲（ソ）の高千穂峯（タカチホのタケ）に天降ります。既にして皇孫の遊行（いでま）す状（かたち）は、槵日（クシヒ）の二上（フタガミ）の天浮橋より、浮渚在（うきじまり）平處（たひら）に立たして、膂宍（そしし）の空国（むなくに）を、頓丘（ひたを）から国覓（くにま）ぎ行去（とほ）りて、吾田（アタ）の長屋の笠狭碕（カササのミサキ）に到ります。

『日本書紀』のこの短文から、やはり、真床追衾にくるまれて天降っただの、天磐座だの、天八重雲を押し分けただの、高千穂峯に天降っただのといった、空想的、神話的意匠を剥いでみると、残るのはこれまた単に、天皇の祖先が日向界隈に来て、日向はアタ地方のカササの崎に到った、というほどの事項に縮約される。『日本書紀』の天孫降臨説話と『古事記』のその核心部分とで異なる箇所は、『古事記』が、詔の中で、日向の地はカササの崎から直通して韓国に相向かう国であるとしているのに対して、『日本書紀』は、降臨に際して、天孫が日向から、国を求めてカササの崎に到ったと語るところであろう。こういう細部の相違については、たとえば、『日本書紀』が、『古事記』のような先行文献を適当に辻褄合わせに語り変えたと考えられる余地があり、いずれ真面目に考える価値はない。

結局、記紀の伝える天孫降臨神話の史伝承らしき事項の核は、単に天皇の祖先がはじめ日向界隈に来た、というほどの事項に限られることであったと見なしてよい（ここでは『日本書紀』の「一書」群の検討を等閑に付しているが、「一書」群を勘定に入れても同じ結論である）。

では、この記紀説話の史伝承らしき核心部分は、史実であろうか。

一般に、記紀説話の、とくにその神代部分が、史実を反映した伝承であるか否かの判断は、記紀神話のみを論じるかぎりでは、常に水掛け論に終わる。天皇の祖先が日向界隈に来た、という事項が、記紀の天孫降臨神話で共通しているからといって、だからこれが史実を反映している、とはとうてい言えない。

ところが、我々は、天皇祖族およびこれと密接に結託していた諸父系父権制部族の父祖たちが、ほぼ孝霊天皇世代から、そろって日向界隈に在り、ほぼその孝霊天皇世代から、そろって父系系譜を出発させているという著しい事実を、古系譜の研究によって見出した。この事実の裏付けを得て我々は初めて、天孫降臨神話の記紀共通部分、天皇の祖先が、いずこかから日向界隈に来た、という記紀共通の核心部分が、史実の反映であろうことを確定できる。

このようにみてくると、『古事記』の降臨神話が、詔の中で、日向の地を、カササの崎から直通して韓国に相向かう国であるとしていることについて、神妙なる意味合いが生じてくる。天皇祖族たちが、他でもない、まさにその韓国からカササの崎あたりを経て日向界隈へと上陸したという史実を、この詔は反映しているのではないか、という推定を生ぜしめるのである。しかし、天皇祖族の韓国出自は、もっと別の証拠、中国史書の語るところから推定できる。下の第十六・十七節で検討したい。

なお、『日本書紀』が「日向の襲の高千穂峯」というごとく、古代の日向は、後の大隅国の曽於地方をも包含する地域であることに改めて注意しておきたい。既述の通り、大隅国は、和銅六年（七一三年）、日向国から分離独立されて立てられた国であり、これ以前は、日向・大隅を併せた広大な地域一帯をまとめて日向といったのである。

『古事記』のホノニニギに関する神話は、降臨神話のあと、木花（このはな）のサクヤビメ（佐久夜毗賣）との婚姻説話、およびその出産説話へと続く。次のような段落からなる。

1．ホノニニギは、笠沙（カササ）の御前（ミサキ）で、大山津見（オホヤマツミ）神のむすめ、神阿多都比賣（カムアタツヒメ）、亦の名、木花のサクヤビメに逢い結婚を申し込む。大山津見神は、木花のサクヤビメに姉の石長比賣（イハナガヒメ）を添えてホノニニギに奉るが、ホノニニギは石長比賣は醜いからと返し、木花のサクヤビメとのみ一夜の交わりを持つ。大山津見神は、姉の返されたことを恥じて、姉妹を奉ったわけを申し送り、「石長比賣には、天神の御子の命の長からんことを、木花のサクヤビメには、花のごとく栄えるようにとの願をかけたのだが、このうえは、天神の御子の命は、木花のように短くなるだろう」と言う。そうしてこれがため「今に至るまで、天皇命等（すめらみこのみことたち）の御命、長からざる也」と語られる。

2．木花のサクヤビメは妊娠するが、一夜の交わりで妊娠したことを疑われたため、戸の無い八尋殿（やひろどの）に入り、火を著けて、天神の御子の子なら無事産まれるであろうといって、三子を産む。火が盛んに燃える時に生まれた子が、火照（ホデリ）命、次に生まれたのが火須勢理（ホスセリ）命、次に生まれたのが、火遠理（ホヲリ）命、亦の名、天津日高日子穂穂手見（アマツヒコヒコホホデミ）命である。長兄である火照命には分注があり、〈此者（こは）、隼人阿多君（ハヤトのアタのキミ）の祖〉とある。

以上の1と2の話の中に、史伝承の核に当たる部分は、ほとんど見い出し得ない。神話六代系譜全体が虚構の産物であるので当然であろう。ただ、辛うじて、日向時代の天皇祖族やカモ祖族が、在地のむすめと婚姻した伝承が、この婚姻・出産神話を支えている可能性のみが指摘できる。カムアタツヒメという名が、カモ祖族の日向時代の父祖の名、アタツクシネ（アメヒカタクシヒカタの亦の名）の名や、その尊称と思われるカモ（鴨）王、カモ主命に近縁である。その妻、カムドミラヒメにも通じる部分がある。カムアタツヒメという名は、かくしてこの時代の伝承祖の系譜に残る名からヒントを得て作られたものではなかったかと憶測される。

なお、1は天皇短命の起源説話ともなっているが、「天皇命等の御命、長からざる也」と『古事記』が記述する部分に寓意が込められている。天皇（すめらみこと）称に天皇命と命（みこと）称を付け足すのは、異例である。これは、天智天皇の和謚号、天命開別（アメミコトヒラカスワケ）天皇に、命の字が入っていることに関連すると思われる。『古事記』の天皇短命の起源説話は、『古事記』の「寓意の構造」の裡では、実のところ、天智天皇の短命を示唆寓意する話へと変容せしめられていると推定されるのである（この説話の寓意の構造に関して、詳細はやはり別稿に委ねる）。

『古事記』の天孫神話は、ホノニニギの三子中の末子であるホヲリの神話へと続く。ホヲリ神話は、大部分が、有名な海幸彦（ウミサチビコ）・山幸彦（ヤマサチビコ）説話で占められる。隼人アタ君の祖とされた兄ホデリ命が海幸彦で、弟ホヲリ命が山幸彦である。この説話では要するに、弟ホヲリが海神の助けを得て、兄ホデリを懲らしめるということが語られており、隼人アタ君の子孫達が、今も隼人舞を伝えつつ、天皇側近の守護を担当することの起源説話となっている。

説話の概要は次のようなものである。

1．山佐知毗古（ヤマサチビコ）のホヲリは兄の海佐知毗古（ウミサチビコ）、ホデリに、道具の交換を希望して、ようやく許しを得る。ところが、ホヲリは兄から借りた釣り針を海になくしてしまう。兄はかたくなに元の針を返すことを弟に求める。

2．ホヲリが海辺で泣いていると、塩椎神（シホツチのカミ）が、海神の宮を訪ねることを教える。教えのままに海神の宮に到り、ホヲリは海神のむすめ、豊玉毗賣（トヨタマビメ）と結婚して三年を過ごしたのち、失った針のことを話す。針はタイの口から見つかる。針を得たホヲリに海神は兄を懲らしめるための呪術を教える。

3．サメに乗って一日で帰り着いたホヲリは、呪術を以て兄にその針を返す。兄は呪いを受けて貧しくなり弟を攻めるが、弟は、更に呪術を用いて兄を塩（しほ・うしほ）に溺れさせて苦しめる。兄は弟に謝罪し、これ以後、昼夜の守護人となって仕えることを誓う。これ故、隼人アタ君の子孫達は溺れたときの種々の仕草を絶やすことなく、今に至るまで天皇に仕えている。

4．ホヲリの子を身ごもった豊玉毗賣は、海辺の波限（なぎさ）に、鵜の羽を葺草（かや）にして産殿を造るが、葺く間もなく陣痛がはじまり、生むときの姿を見るなと夫に言い置いて産殿に入り、天津日高日子波限建鵜葺草葺不合（アマツヒコヒコナギサタケウガヤフキアヘズ）命を産む。夫が禁を冒してのぞき見ると、妻の姿は八尋和迩（やひろわに、巨大な鮫）であった。豊玉毗賣は、恥じて海坂（うなさか）を塞ぎ海に帰る。

5．豊玉毗賣は、夫を恋うて、弟の玉依毗賣（タマヨリビメ）に附けて歌を送り、夫は答歌を歌う。

6．ヒコホホデミ＝ホヲリ命は、高千穂の宮に伍佰捌拾歳（五八〇歳）住み、その御陵は、高千穂の山の西にある。

以上の1から6までがホヲリ神話である。1から3までが、海幸彦・山幸彦説話であるが、細部はいずれも荒唐無稽なおとぎ話であり、隼人平定のこと以外に、どのような史実の反映があるかについては、判定しがたい。海神の宮訪問譚に、天皇祖族と海の向こうの母国との通交を示唆する要素があるかもしれない。

この説話の中には多くの寓意文字が駆使されている。ホヲリとは、火折りであり、火折りには、火すなわち、大友皇子の頭を折る大海人皇子が寓意されていることは、既に触れた通りであるが、この他にも、多くの寓意文字が駆使されており、たとえば、海や海塩（うしほ。潮）の、兄に対する優位が語られる構造となっている。水～淡海朝（近江朝）を創始した兄、天智天皇（中大兄皇子）への、海～大海人皇子側からする対抗意識が強く反映されているのである。淡海の淡水に対する海・海塩、という対立図式は、近江朝対大海人皇子という対立図式の寓意として『古事記』の「寓意の構造」の一つの重要な要素をなしている。

なお、『古事記』において、火照命・火須勢理命・火遠理命という三兄弟のうち、火須勢理命は、系譜が語られたのみで以後の言及は一切ない。第八節の系図⑪に見る通り、原型六代との相似関係を求めて、火遠理命を同母兄弟中の三男にする要請によって誂えられただけの天孫である。ホノニニギの兄、天火明命と類似する。

4の鵜葺草葺不合（ウガヤフキアヘズ）命の誕生譚における「鵜」に、鵜の姿に縊死する大友皇子が寓意されていることは、すでに触れたごとくである。この話にも史実の核は見出し難い。

5の歌物語も、史実の核云々以前のものであろう。歌には寓意が潜む。

6の御陵伝承の、史実反映性も、不明とするほか無い。

結局、ホヲリ神話の1から6までに、史実の核が見いだせそうな部分は、隼人祖族の奉仕起源譚ぐらいのものであろう。天皇祖族らが、初め日向に盤踞するにあたり、はやくに隼人アタ君祖族と提携したであろう可能性は大いに有り得るからである。つまり、アタの隼人が、天皇家側近の守護人となるそもそもの淵源が、孝霊・孝元天皇世代に遡る可能性が大いにあるというわけである。隼人の研究はそれだけで一冊の書物となるほどの領域であるが、孝霊・孝元天皇世代に遡る天皇祖族と隼人祖族との関係の可能性を論じたものを、筆者は寡聞にして知らない。

記紀人代に初めて現れる隼人は、履中天皇記や履中天皇即位前紀に見える、仁徳天皇の皇子、墨江中津

（スミノエのナカツ）王に仕える近習の隼人である。『古事記』では曽婆加里（ソバカリ）、『日本書紀』では刺領布（サシヒレ）という名で見える。『日本書紀』清寧天皇元年十月九日条には更に、雄略天皇陵の側らで、隼人が七日間食事をとらず哀泣して死んでしまったという記事がある。これらに依れば、隼人は五世紀にはすでに天皇・皇子らの側近くに仕える者を出した部族であったことがわかる。従来は、これら履中天皇紀や清寧天皇紀の記事の信憑性を疑い、たとえば、岩波書紀補注は、「(隼人が）大和朝廷の支配下に入ったのはそう古い時期ではなく、記録として確実なのは、天武十一年七月三日条の方物を貢したという記事以後であろう」とする（岩波書紀補注2―一八）。しかし、五世紀の隼人の伝承を疑う根拠が明らかでない。むしろ、アタの隼人らは、天皇祖族との孝霊・孝元天皇世代にも遡る古くからの関係によって、五世紀に至ってなお、皇族の近習者とされていたと考えられる。

再三述べているごとく、カモ祖族の父祖で初め日向にいたと考えられる天日方奇日方命＝櫛御方命の亦の名、アタツクシネ（阿田都久志尼）のアタが、まさにこの阿多隼人（アタハヤト）の拠点、アタである。

またこれも再三引くごとく、神武記に、「(神武天皇が）日向に坐しし時、阿多（アタ）の小椅（ヲバシ）の君の妹、名は阿比良比賣（アヒラヒメ）を娶して生める子、多藝志美美（タギシミミ）命、云々」とある、その阿多に同じであり、ここにいう阿多の小椅の君と、『日本書紀』に隼人の祖とされるホノスソリが、吾田君小橋（アタのキミヲバシ）等が本祖なり、とされているその吾田君小橋とは同じである。

要するに、カモ祖族を含む侵略側祖族とアタ隼人との、孝霊・孝元天皇世代に遡っての密接な関係が、ホヲリ命説話や神武天皇説話に反映されたものと考えられる。

次はヒコナギサタケウガヤフキアヘズ命代の神話であるが、これは系譜記事のみであるので、全て捏造であると考えてよい。『古事記』には、次のように記されている（〈 〉内は例によって分注である)。

この天津日高日子波限建鵜葺草葺不合命、その姨（おば）玉依毗賣（タマヨリビメ）命を娶りて、生みし御子の名は、五瀬（イツセ）命、次に稲氷（イナヒ）命、次に御毛沼（ミケヌ）命、次に若御毛沼（ワカミケヌ）命、亦の名は豊御毛沼（トヨミケヌ）命、亦の名は神倭伊波礼毗古（カムヤマトイハレビコ）命〈四柱〉。故（かれ）、御毛沼命は、波の穂を跳（ふ）みて常世国（トコヨのクニ）に渡りまし、稲氷命は、妣（はは）の国として、海原に入り坐（ま）しき。

このウガヤフキアヘズ命の系譜が、すべて捏造であり、とくに、ミケヌ命とイナヒ命の運命が、応神天皇の兄弟、香坂王と忍熊王の運命を下敷きにして記述されていること、既に述べたとおりである。ここに、史実の核は何もない。カムヤマトイハレビコ（神倭伊波礼毗古＝神武天皇）ことトヨミケヌとは、カモ祖族系譜の研究によって明らかになったごとく、オホタタネコの亦の名、トヨミケ主に同じであり、神武天皇はこの実在父祖を素材として虚構された天皇である。くどいようであるが、神武天皇説話は、カモ祖族の日向時代から紀伊を経て大和に入洛する伝承その他を吸収して作話されたものである。

なお、カムヤマトイハレビコのカムはカモに同じ。イハレのイは伊。『古事記』はイ音を表すのに、終始一貫して音仮名の伊の字を用いて表す。この伊の字も寓意文字である。壬申乱に破れて斬首された大友皇子の幼名を伊賀皇子という。そこで伊の字は伊賀皇子の切り離された頭を寓意する。つまり伊は火と共通の寓意を以て『古事記』に多用される寓意文字である。従って、カムヤマトイハレビコという名は、大友皇子すなわち伊賀皇子の斬首の運命を内蔵する名でもある。

そのカムヤマトイハレビコ＝神武天皇の説話であるが、『古事記』は、ウガヤフキアヘズ系譜までを上巻とし、次に中巻を立てて、「神倭伊波礼毗古命とその伊呂兄（いろえ、同母兄）五瀬命と二柱、高千穂宮に坐して議（はか）りて云はく、云々」と、神武東征神話を始める。神武東征神話は、以下、次のような段落から成る。各段落ごと、《 》内に寓意のいくつかを指摘して若干のコメントを添える。

1．天下を治めるための土地を求めて、神武天皇らは、日向から、まず筑紫に向かう。豊国の宇沙（ウサ）で、宇沙都比古（ウサツヒコ）・宇沙都比賣が、足一騰宮（アシヒトツアガリのミヤ）を作ってもてなす。

《ここでは、特に「宇」字に注意する。『古事記』の「宇」は既述の通り、ただ一つの例外「汙」を除いて、ウ音を表す唯一の音仮名である。「宇」は鵜であり、壬申乱で首括って自縊して果てた大友皇子を寓意する寓意文字として汎用されている。その「宇」を持つ地名である「宇沙」の「沙」は、三水～水が少なしと解字できる音仮名であって、この「沙」もまた、水つまり淡海朝が短命で終る寓意を秘める寓意文字である。この「宇沙」の地で、宇沙都比古と宇沙都比賣が作った「足一騰宮」という奇妙な宮にも寓意がある。壬申乱の最後に山前（ヤマサキ）に隠れて首括った大友皇子は、何かを足場にして自縊したと思われるが、舎人の誰かが膝を差し出したに違いない。「足一騰宮」の「足」とは、脚のうち、膝から下を示す象形文字から発展した文字である。故に、足とは脚の膝から下の意味である（前掲『学研漢和大字典』）。そこで、舎人が膝を曲げて大腿部を踏み台に差し出した形が「足一つ騰（あが）りの宮」である。足一つ騰って、大友皇子は首を吊ったのであり、そこが大友皇子の最期の宮地となったわけである。「足一騰宮」という奇妙な宮には、要するに、大友皇子の臨終の場面が寓意されている。

神武天皇は大海人皇子をダブルイメージとして語られる天皇であるが、その東遷の最初の宮地として、大友皇子の自縊の宿命を呪定する「宇沙」の「足一騰宮」が作られたのである。

従って、神武天皇軍の宇沙経由について、ここに史実の反映があるか否かは、甚だ微妙な問題である。『日本書紀』に依れば、一柱騰宮（アシヒトツアガリノミヤ）における饗奉のとき、天皇の勅によって、ウサッヒメが、侍臣、天種子命（アメのタネコのミコト）に妻として与えられたとされ、天種子命は中臣氏の遠祖であるとされる。中臣連遠祖の天種子命の伝承を含めて、中臣連祖族について検討されなければならないが、ここでは省略したい。拙著『古事記考』第五章第四節④参照。》

２．そこから、筑紫の岡田宮に一年、阿岐国の多祁理宮（タケリのミヤ）に七年、吉備の高嶋宮に八年。そこから上幸し、速吸門（ハヤスヒのト）で、亀に乗った倭国造等の祖・槁根津日子（サヲネツヒコ）に遇（あ）い、海道を知る案内人として船に引き入れる。《『古事記』が語る神武天皇の遷宮順路、筑紫の岡田宮―阿岐国のタケリ宮―吉備の高嶋宮という順路は、『日本書紀』では、筑紫国の岡水門（ヲカのミナト）―安藝国の埃宮（エのミヤ）―吉備国の高嶋宮となっていて、吉備の高嶋宮のみが『古事記』と一致する。しかし、岩波書紀頭注に依れば、安芸国のエの宮のエは勝れたもの・優越なるものの謂いで、タケリもタケ・アリの縮約とみれば、エと同義。よって、元来、同意味の訓読文字が在って、一方ではエと訓み、一方ではタケリと訓んだのではないかという。とすれば、安芸国の宮も記紀で一致する。だからといって、無論、阿岐国のタケリ宮と吉備の高嶋宮については史実の反映があるとは即断できないが、少なくとも吉備の高嶋宮については、尾張連祖族の経路によって、尾張連祖族の史伝承中の拠点の一つであったろうことが窺える。むしろ逆に、尾張連祖族等の史伝承を素材としつつ、吉備の高嶋宮が作られた可能性がある。天皇祖族らが、西から東へと拠点を移して大和に入ったという伝承が存在したであろうことは、天皇祖族はじめ、カモ祖族、虚構五代、尾張連祖族、物部連祖族の系譜が証明した通りであり、疑いはない。ただしそれは、孝霊天皇から崇神天皇に到る時代、西暦三世紀半ばから西暦四世紀の初めに及ぶ時代のことであって、孝霊天皇を遡ること六代に始まる遙か昔のことではない。のみならず、天皇祖族の東征拠点には、出雲国が初期の最も主要な一国として入るべきであるが、『古事記』東征説話は、これを隠している。神武天皇とカモ祖族の間に距離を置こうとする『古事記』の一貫した方針に沿う隠匿である。

吉備の高嶋宮を出たのち、神武天皇一行は、速吸門で槁根津日子と出逢い、これを船に引き入れる。『古事記』によれば、速吸門は明石海峡になるが、内海の海峡であり、速吸門という名には相応しくなく、不自然である。『日本書紀』は、槁根津日子を椎根津彦（シヒネツヒコ）と表記して、類似の話を東征開始直後に置く。こちらであれば速吸門は豊予海峡となり、その名に相応しく、こちらが本来の伝承に近いのであろう（記伝に、「神名帳に、豊後国海部郡早吸日女神社あり、此地にて、此神名によれる地名なるべし」とある）。

ここで『古事記』のいう、槁根津日子の槁の字に注目すると、高と木に分解できる。槁根津日子は、高木神と同じ寓意、すなわち、壬申乱において吉野を脱出する大海人皇子一行に途中から合流した、悉軍事将軍、高市皇子をダブルイメージとしていると思われる。この寓意を孕みつつ、速吸門の位置も、吉備の後に置かれたものと考えられる。》

3．そこから浪速の渡（ナミハヤのワタリ。大阪湾）を経て、青雲の白肩津（アヲクモのシラカタのツ。蓼津）に停泊、ここで登美能那賀須泥毗古（トミノナガスネビコ）と戦い、五瀬命は、手に矢を受け、「日に向かって戦うことは良くない」といって、南方へ廻り、血沼海（チヌのウミ）で血を洗い、紀国の男之水門（ヲのミナト）で、男建（おたけ）びして崩じた。そのためそこを男水門という。五瀬命の陵は紀国の竈山（カマヤマ）に在る。

《既に触れたごとく、五瀬命には天智天皇が寓意され、登美ノナガスネビコの登美には、美＝天智天皇に登る、という寓意が込められている。両者ともに史実の反映があるのか否かは、従って不明である。五瀬命が矢を手に受けたという「矢」にも「手」にも著しい寓意が込められているが、別稿に譲る。男之水門の水の字は、淡海朝の表象である。この段落における、確実な史実の反映は、天皇軍が紀国に赴いたという点である。天皇祖族等は、大挙して紀伊地方に移り、ここに拠点を

据えて、大和平定に向かったのである。》

4．神武天皇軍は、熊野村に到る。そこに大熊が出現し、天皇も軍もともにヲエ（遠延）して（毒気にあたって正気を失い）倒れてしまう。そこに、熊野の高倉下（タカクラジ）が、天照大神と高木神の命令によって建御雷（タケミカヅチ）神が天から下した神剣〈佐士布都（サジフツ）神、亦の名、甕布都（ミカフツ）神、亦の名、布都御魂（フツのミタマ）。此の刀は、石上神社に坐す〉を献ったので、天皇も軍もみな正気にもどり、熊野の山の荒ぶる神たちは皆切り倒された。

《天皇祖族が平定した紀伊の土着部族は、邪馬臺国連合の有力な一国であったはずである。「魏志倭人伝」に、鬼国とあるのが、紀伊国に当たる可能性がある。既述の通り、天皇祖族は、この紀伊国を平定した時代までには、邪馬臺国側の日の女神の祭祀を自陣に取り込んでいたと思われる。熊野地方の平定に至って天照大神の名が見えるのは、この間の事情を反映したものかもしれない。熊野の高倉下は、尾張連系譜にいう、天火明命の子、天香語山命の亦の名とされている。高倉下が献ったという神剣、フツノミタマは、「天孫本紀」によれば、更にトヨフツ（豊布都）神とも呼ばれる。トヨフツ神は、『古事記』では建御雷（タケミカツチ）神の亦の名とされる。タケミカツチ神の神体が神剣トヨフツであるという関係であろう。タケミカツチ神は、元来、中臣連（ナカトミのムラジ）祖族の祭った神であり（故に鹿島神宮の主神である）、トヨフツ神は、大国魂神とともに葛木二上山神社の祭神でもある。石上神社は、古代より諸氏の神宝を合祀して、これを一括管理してきた神社である。その管理主体が物部連であったのであり、神剣トヨフツが石上神社にあるからといって、これが物部連氏のみの祭神であったわけではないであろう。中臣連祖族は、古代にあっては、尾張連祖族の部族連合体に属したと考えられる。このあたりの詳細は、拙著『古事記考』第五章参照。

ともあれ、かれこれ考え併せると、この4には、ある程度の史実の反映が看取される。紀伊から大和を攻めるに当たっては、侵略者たちは、総力戦を展開したはずである。つまり、天皇祖族を中心にして、物部連祖族、尾張連祖族、虚構五代、カモ祖族らが結集して紀伊・熊野地方の平定、大和攻略へと歩を進めたはずである。熊野平定神話に、尾張連祖族や、これに追随したと思われる中臣連祖族らの活躍の影が映じていたとしても不思議はない。熊野高倉下伝承・フツノミタマ神話に、これら祖族たちによる侵略伝承がそれなりの影を落としていたと思われる。》

5．高木神は天神の御子の先導役に、八咫烏（ヤタカラス）を派遣する。天皇軍は八咫烏の案内で、吉野河の河尻に到り、阿陁（アダ）の鵜飼の祖、贄持之子（ニヘモツノコ）に遇い、次いで、尾ある人、井氷鹿（ヰヒカ）〈吉野首等の祖〉に遇い、吉野山に入って、また尾ある人、石押分之子（イハオシワクノコ）〈吉野国巣の祖〉に遇う。そこから、「踏み穿ちて宇陁（ウダ）に越え」出て行ったので、そこを宇陁の穿（ウガチ）という。

《ヤタカラスは、『日本書紀』には頭八咫烏とあり、「其の苗裔は、葛野主殿縣主部（カドノのトノモリのアガタヌシラ）是なり」とある。既述の如く、葛野主殿縣主は、賀茂縣主、鴨縣主、葛野鴨縣主と同じであり、『新撰姓氏録』逸文によれば、賀茂縣主は武津之身（タケツノミ）命の後で、この人物が大鳥となって神武天皇を先導した、という。すなわち、「賀茂縣主本系。神魂命の孫、武津之身命の後也。……ここに神魂命の孫、鴨建耳津身命（上の武津之身命に同じ）、大鳥となりて……道（みちびき）奉る。……天八咫烏の号、此より始まれり。よりて葛野県を賜りて居れり云々」と見える。

やはり既述の如く、山城国風土記によれば、この鴨縣主の祖、賀茂建角身（カモタケツノミ）命（右の武津之身命、鴨建耳津身命に同じ）は、日向の曽の峯（ヒムカのソのタケ。『日本書紀』にいう、日向の襲の高千穂峯に同じ）に天降った後、神武天皇の先導役として大和の葛木山の峯に宿り、そこから次第に遷り、山代国の岡田の賀茂（式社に岡田鴨神社あり。京都府相楽郡加茂町）を経て、賀茂河を遡り、最後に久我国（賀茂川上流域の古称。山城国葛野郡）の北の山もと

（下賀茂神社の旧社地と伝える）に鎮座したと述べられている。

賀茂建角身命という名は、カモ祖族系譜のオホタタネコの孫にあたる大鴨積（オホカモツミ）命と酷似し、いっそ同一人物であったかと思われる。大鴨積命は、系譜からすれば景行朝の人物となるが、「地神本紀」には、崇神朝に賀茂君の姓を賜ったと記されている。

山城国風土記の伝える賀茂建角身命説話は、おそらく、日向世代すなわち孝霊天皇世代から、大和入洛世代すなわち崇神天皇世代、およびその後の世代に至る祖先の伝承が賀茂建角身命一身に集約されて形成されたものであったと考えられる。この点で、トヨミケヌ＝トヨミケ主こと神武天皇が、孝霊天皇世代から崇神天皇世代までの伝承を一身に集めて語られているのと同じ状態を呈する。つまり賀茂建角身命の場合も、賀茂建角身命自身は、山城の葛野郡の賀茂の地に遷った時代の父祖であったと思われ、この父祖に日向世代以降の伝承が集約されたのであろう。

而してこの賀茂建角身命世代における鴨縣主祖族の大和から山城への北下という事件もまた、尾張連祖族の東下の時代と同じ、垂仁朝のことであったと思われる。とすれば、賀茂建角身命はやはり垂仁朝ごろの人物であったということになる。垂仁天皇世代とみれば、これが、カモ祖族系譜にオホタタネコの孫だとされる大鴨積命と同一人物であったとしても、大きな齟齬は生じないことになろうし、また、崇神朝に賀茂君の姓を賜ったことが真実か否かは別にして、崇神朝の伝えを持つという点のみについては、これまた、大きな時代的齟齬は生じないことになろう。ともあれ、結局の所、鴨縣主は、カモ祖族の裔、鴨君に同じか、少なくともその一分流であったと見て大過ないことがここでも確認できる。

「天神本紀」の天火明命の随従者に、鴨縣主らの祖、天櫛玉命や、葛野鴨縣主らの祖、天神魂命が見える。鴨縣主祖族は、尾張連祖族の東下に従った部族連合体の一員であった。

風土記によれば、賀茂建角身命は、孝霊天皇世代の事件であるべき日向降臨伝承を持つことになるが、以上のように考えてくると、これは本来は、カモ祖族の孝霊天皇世代の父祖、天日向奇日向命の降臨伝承であったのではないか。むしろ逆に、賀茂建角身命＝大鴨積命が日向降臨伝承を持つということこそが、カモ祖族が、元来、日向降臨伝承をたずさえていたことの証左となろう。

5のヤタカラス伝承には従って、大和侵攻にたずさわったカモ祖族ないしその分流によって伝えられた伝承が反映されていると考えられる。

その次に語られる、阿陁の鵜飼の祖、贄持之子や、尾ある人、井氷鹿〈吉野首等の祖〉、尾ある人、石押分之子〈吉野国巣の祖〉などに、どの程度の史伝承の反映があるか不明である。鵜飼の鵜には先述のごとく寓意があるが、さらに、井氷鹿の井・氷・鹿もそれぞれ寓意文字であり、石押分の石にも寓意がある（全て別稿に委ねる）。それらの寓意を求めてこれらの記述があったとすれば、ここに不用意に史伝承の反映を求めるのは危険である。》

6．神武天皇軍は、宇陁に入って、その地の兄宇迦斯（エウカシ）・弟宇迦斯（オトウカシ）を平定する。大伴連等の祖、道臣（ミチのオミ）命と久米直等の祖、大久米（オホクメ）命により兄は討たれ、弟は天皇軍に従う。弟宇迦斯は宇陁の水取等の祖である、とされる。

《ここの宇にも、大友皇子＝伊賀皇子の自綸の象徴である鵜の寓意がある。その証拠に、兄宇迦斯が仕掛けた罠を弟宇迦斯の密告で知った天皇軍側は、兄宇迦斯を呼び寄せてその罠のある大殿に追い入れる。このとき、「伊賀（イガ）《お前が》作った大殿に、「意礼（オレ）《お前が》」まず入れといって、兄宇迦斯を自ら作った罠に追い入れるのである。伊賀のイ＝伊は、ここでは、相手をおとしめていう卑称の二人称として用いられているが、ここにだけ用いられる特殊な用例である。本居宣長も『古事記伝』において「此は他に例もなく、甚（いと）心得がたき言なるを、云々」と戸惑っている。要するに、「伊賀……」と命じられる兄宇迦斯に、伊賀皇子＝大友皇子が寓意されていることを明瞭にするための仕掛けである。宇＝鵜の表象を持つ長子、兄宇迦斯とは伊賀皇子であるということである。

弟宇迦斯について、宇陁の水取の祖なり、とある、その「水」は、繰り返すようだが、淡海朝を示唆する寓意文字である。故に「水取」とは淡海朝を取り殺す寓意を秘める字句である。

兄宇迦斯を討つのに専ら大伴連等の祖と久米直等の祖が当ったように作られているのは、天孫降臨にやはり両者の祖が従ったというのと同じく、この大和平定説話にも壬申乱がダブルイメージとされているのである。》

7．忍坂（オサカ）の大室（オホムロ）で、尾ある土雲（ツチグモ）の八十建（ヤソタケル）を討ち、次いで、登美毗古を討つ。

《土雲は、『日本書紀』に土蜘蛛とある。弥生時代人の多くは、土地を掘りくぼめて地中に床を設ける竪穴住居に住んでいたが、一部では洞穴を住居として利用していた者もいた。土蜘蛛とはこうした弥生人の居住形態に基づく、被征服民に対する蔑称である。『古事記』に於いて、雲は、日、太陽、天照大御神、大海人皇子に敵対するものの象徴であり、この寓意のもとで、イヅモに出雲の字が充てられ、この寓意のもとで、天照大御神とその孫裔すなわち天皇祖先たちに敵対し屈服するものとして、出雲及び出雲の神々の設定がなされている。『古事記』がツチグモに土雲の字を充てたのも、この寓意に基づく。出雲・出雲族が天皇祖先に敵対し屈服する者たちであったとするのは、全く『古事記』の創作なのであり、事実は、出雲は天皇祖族の最初期の拠点の中心であったのであり、出雲族は実は天皇祖族のごく密接なる姻族であり親族であった。》

8．兄師木（エシキ）・弟師木（オトシキ）を撃とうとして、天皇軍は疲れ、鵜飼の伴に援軍を要請する歌を歌ったところ、ニギハヤヒ命が参赴して、「天神の御子が天降ったと聞いたので、あとを追ってやって来ました」といって、天津瑞（あまつしるし）を奉って仕える。ニギハヤヒ命が登美毗古（トミビコ）の妹、登美夜毗賣（トミヤビメ）を娶って生んだ子が、宇麻志麻遅（ウマシマヂ）命で、此が物部連、穂積臣、婇臣の祖である。

《この部分にも、明瞭な壬申乱寓意が存在する。繰り返しになるが、鵜は大友皇子を寓意し、「鵜飼の伴」もニギハヤヒも物部連麻呂を示唆寓意するのである。物部連祖族は、ことの初めから天皇祖族とともに大和攻略に従ったのであって、ニギハヤヒが大和平定の最後に至って初めて名を現すなどというのは、壬申乱で、大友皇子自縊の現場に最後まで従った物部連麻呂が発見されて、ようやく壬申乱が終焉したという次第を寓意するために作話されたものでしかない。》

9．こうして、「荒ぶる神達を言向（ことむ）け平（たひら）げ和（やは）し、伏（したが）はぬ人等を退け撥（はら）ひて、畝火（ウネビ）の白檮原宮（カシハラのミヤ）に坐して、天下を治めき」

《既に部分的に触れ、又、別稿にて縷々論じる如く、『古事記』に於いて、火・白・檮などは全て寓意文字である。また、神武天皇という天皇が天皇としては実在しなかったのであるから、その宮名なども、全て虚構と考えるべきである。》

以上1から9までが、『古事記』によって初めて形成された神武天皇東征説話の全貌である。ここには、様々な趣向を凝らした「寓意の構造」が、網の目のように張り巡らされており、本来の、素朴な史伝承の趣は、大いに損なわれている。従って、多くの部分において、そこから史実の核を取り出すのは至難のわざとなる。

しかし、系図⑭から知られる事柄の多くを傍証する事項を指摘することはできる。

天皇祖族を中心とした侵略者たちの侵略経路が、日向に発して東進し、紀伊に結集したあと、大和を攻略したものであることが傍証されるのみではない。熊野高倉下物語には、尾張連祖族や中臣連祖族が天皇祖族と協力していた跡が窺えるし、ヤタカラス伝承からは、カモ祖族が、日向降臨伝承を携えつつ、大和攻略にも協力したのであろうことを窺うことが出来る。またニギハヤヒ伝承からは、これが壬申乱寓意によって大いに姿をゆがめられるとはいえ、物部連祖族がこれまた確かに大和平定に関わっていたことが確認できるのである。

さて、先にも述べたように、神武天皇の大和平定は、開化・崇神天皇親子という、実在の天皇祖族を中心とした父系制部族たちによる、邪馬臺国に対する侵略戦争を素材とした神話であるから、『日本書紀』にも、多くの独自伝承が集められている。

『日本書紀』の神武天皇東征説話を、この観点から見直してみよう。天皇軍の活躍に目を奪われるのではなく、天皇軍によって征服された者たちに、注意を傾けてみる。そうすれば、天皇軍、侵略者たちによって討たれたものたち、つまり、西暦三世紀の半ばの倭の地に息づいていた人々、我々の本来の祖先であったものたち、土着の日本人たち、邪馬臺国連合に属した人々が、どのような人々であったかが、僅かながらも推測できる。節を改めてこの点について論じてみたいが、その前に、解説し残してあった虚構五代の侵略経路について論じておきたい。

注　出雲臣について

出雲臣は出雲国造のカバネが臣であったのでこう呼ばれた。のちの出雲宿禰。

『古事記』に「天菩比（アメのホヒ）命の子、建比良鳥（タケヒラトリ）命、〈此、出雲国造、无邪志国造、上菟上国造、下菟上国造、伊自牟国造、津嶋縣直、遠江国造等之祖也〉」とあり、

『日本書紀』神代第六段本文に、「天穂日（アメのホヒ）命、〈是、出雲臣、土師連等祖也〉」とある。

姓氏録左京神別に「出雲宿禰。天穂日命子、天夷鳥（アメのヒナトリ）命之後也」とあるのは、『古事記』に同じで、建比良鳥命＝天夷鳥命である。同山城国神別には天日名鳥命とある。

出雲国造神賀詞にも「出雲臣等我遠神、天穂比（アメのホヒ）命乎、……」と見える。

姓氏録右京神別に「出雲臣。天穂日命十二世孫、鵜濡渟（ウカツクヌ）命之後也」とあり、同河内神別にも「出雲臣。天穂日命十二世孫宇賀都久野（ウカツクヌ）命之後也」とあるが、

『旧事紀』「国造本紀」の出雲国造条には、「瑞籬朝（崇神朝）、天穂日命十一世孫宇迦都久怒（ウカツクヌ）を以て、国造に定め賜ふ」とある。

ウカツクヌについては、天穂日命十二世孫とする伝えがある一方で、十一世孫とする伝えがあるわけである。

崇神六十年紀七月十四日条に、崇神天皇が、武日照〈タケヒナテル。一名、武夷鳥、又云、天夷鳥〉が天から持ってきた神宝が出雲大神宮に蔵されているのを見たいといって、矢田部造（ヤタベのミヤツコ。物部連同祖族）の遠祖、武諸隅（タケモロスミ）〈一書云、一名、大母隅也〉を遣したところ、出雲臣の遠祖、出雲振根（イヅモフルネ）が神宝を管理していたが不在であったので、其の弟、飯入根（イヒイリネ）が、弟の甘美韓日狭（ウマシカラヒサ）と、子の鸕濡渟（ウカツクヌ）に付けて献上した、とある。

これをもってみれば、ウカツクヌは崇神天皇世代もしくは垂仁天皇世代の人物である。天穂日命は実在初祖とすれば、天皇祖族が出雲の帥升王裔から国譲りを受けた史伝承の中で語られる人物であるから、これは、孝霊・孝元天皇世代あたりになるはずである。するとウカツクヌはその天穂日命から、離れていてもせいぜい四世代以内でなければならず、十一世孫といい、十二世孫というのは、出雲臣系譜において、上古への引き延ばしが行われた結果の世孫数ということになる。国譲り説話が、遥か神代の神話へと繰り上げられたことに対応する虚構であろう。いくつもの別伝があったとして不思議ではない。

ともあれ、タケイヒカツ命の妻の、「出雲臣のむすめ」というのは、本文で述べた如く、出雲臣の祖のむすめ、と理解するべきである。当時、出雲にあった、出雲国造の祖である。

第十二節　虚構五代の経路

虚構五代すなわち第二代天皇とされる綏靖天皇以下、安寧、懿徳、孝昭、孝安天皇の五代は、実は第七代天皇とされる孝霊天皇から第十一代垂仁天皇に至る五代と平行する世代であり、カモ祖族や尾張連祖族らと密接に結合しつつ、天皇祖族とともに、西暦三世紀の半ば頃から四世紀初頭にかけて、邪馬臺国連合を侵略した父系制部族の首長系譜を素材として虚構された捏造天皇であろうこと、素材となった五代は、そうした侵略側父系制部族中の、王族の一系であったであろうことを、第七節で見た。

当節では彼らの侵略経路について考察する。まず虚構五代系譜を記紀対照表の形で次頁に掲げる。各天皇の漢謚号・和謚号・宮名を掲げた行の次に、一段下げて妻の出自と名、更に一段下げてその子の順に掲げる。漢謚号は系譜には無いものであるが、便宜上掲げた。

この虚構五代も、最初期には、南九州に拠点を持ったと考えられることはすでに述べたとおりである。カモ祖族や尾張連祖族との密接な血縁関係からそう考えるのが自然であるし、また、虚構五代の初代、綏靖天皇こと神沼河耳（カムヌナカハミミ）命の妻、五十鈴依姫（イスズヨリヒメ）の名が、日向市の北辺を流れる五十鈴川に縁故がある名であることなども考え併せられた。

さて、虚構五代の初代綏靖天皇こと神沼河耳（カムヌナカハミミ）命であるが、ヌナカハは、『和名類聚抄』にただ一カ所、越後国頸城郡沼川郷、延喜神名帳に同郡奴奈川神社とあるその沼川・奴奈川に同じ。『古事記』や出雲国風土記島根郡美保郷条に、大国主神が高志（越国）の沼河比賣を妻問いしたと伝えられる、その沼河である。この沼川郷は、越中国新川郡の東隣に位置する。

万葉三二四七番歌に「渟名川（ヌナカハ）の　底なる玉　求めて得し玉かも……」とあるごとく、ヌナカハのヌは、記紀神話に見える天沼矛（アメのヌボコ）や天沼琴（アメのヌゴト）のヌなどと同じく、瓊（ヌ、ニ）、すなわち玉のことであり、ヌナカハとは玉を産

『古事記』

綏靖天皇　神沼河耳命　葛城高岡宮

師木縣主之祖、河俣毘賣

師木津日子玉手見命〈一柱〉。

安寧天皇　師木津日子玉手見命　片塩浮穴宮

河俣毘賣之兄、縣主殿延之女、阿久斗比賣

常根津日子伊呂泥命

大倭日子鉏友命

師木津日子命

此天皇之御子等、并三柱

師木津日子命之子、二王坐。

一子孫者　伊賀須知之稲置、那婆理之稲置、三野之稲置之祖。

一子、和知都美命者、坐二淡道之御井宮一

此王、有二二女一。

蠅伊呂泥／意富夜麻登久迩阿礼比賣命

蠅伊呂杼

懿徳天皇　大倭日子鉏友命　輕之境崗宮

師木縣主之祖、賦登麻和訶比賣命／飯日比賣命

御真津日子訶恵志泥命

多藝志比古命〈二柱〉　血沼之別、多遅麻之竹別、葦井之稲置之祖。

孝昭天皇　御真津日子訶恵志泥命　葛城掖上宮

尾張連之祖、奥津余曽之妹、余曽多本毘賣命

天押帯日子命　春日臣、大宅臣、粟田臣、小野臣、柿本臣、壹比韋臣、大坂臣、阿那臣、多紀臣、羽栗臣、知多臣、牟耶臣、都怒山臣、伊勢飯高君、壹師君、近淡海國造之祖也。

大倭帯日子国押人命〈二柱〉

孝安天皇　大倭帯日子國押人命　葛城室之秋津嶋宮

姪、忍鹿比賣命

大吉備諸進命

大倭根子日子賦斗迩命〈二柱〉

『日本書紀』

綏靖　神渟名川耳天皇　葛城の高丘宮

事代主神之少女、姨、五十鈴依媛（命）

一書云、磯城縣主女、川派媛

一書云、春日縣主大日諸女、糸織媛

磯城津彦玉手看天皇

安寧　磯城津彦玉手看天皇　片鹽の浮孔宮

事代主神孫、鴨王女、渟名底仲媛命／渟名襲媛

一書云、磯城縣主葉江女、川津媛

一書云、大間宿祢女、糸井媛

息石耳命

大日本彦耜友天皇

一云、常津彦某兄

大日本彦耜友天皇

磯城津彦命　猪使連之始祖

懿徳　大日本彦耜友天皇　輕の曲峡宮

息石耳命女、天豊津媛命

一云、磯城縣主葉江男弟、猪手女、泉媛

一云、磯城縣主太真稚彦女、飯日媛

観松彦香殖稲天皇

一云、天皇母弟、武石彦奇友背命

孝昭　観松彦香殖稲天皇　掖上の池心宮

尾張連遠祖、瀛津世襲之妹、世襲足媛

一云、磯城縣主葉江女、渟名城津媛

一云、倭國豊秋狭太媛女、大井媛

天足彦國押人命　此和珥臣等始祖也

日本足彦國押人天皇

孝安　日本足彦國押人天皇　室の秋津嶋宮

蓋天足彦國押人命之女乎、姪、押媛

一云、磯城縣主葉江女、長媛

一云、十市縣主五十坂彦女、五十坂媛

大日本根子彦太瓊天皇

出する川を意味する。そして、越後の沼川郷近くの姫川は、翡翠の原石を産出することで古来有名である。そこで、カムヌナカハミミ一族が蟠踞した初期の主要な拠点として、この沼川郷近辺を挙げておきたい。その子、安寧天皇こと、師木津日子玉手見（シキツヒコタマデミ）命の名にも通じる土地である。

先に、物部連祖族が、すでに孝元天皇世代には出雲から越中新川郡、近江を結ぶルートを確保していたであろうことを指摘したが、こうしてみると、最初期の侵略側は、越後沼川郷から越中新川郡一帯を広く拠点の一つとしていたと考えられる。孝元天皇世代の侵略側が出雲の部族とすでに深く結んでいたとすれば、その縁故による越（コシ。エツ）地方との早くからの結びつきではなかったかと考えられる。

日向、出雲、越などは、当時の邪馬臺国連合にとっては、ともに、辺縁・僻遠の地域である。こうした辺縁地域は、帥升王統が倭国大乱の後に退けられて盤踞していた土地であろう。帥升王統の退去後の中心地は、オミヅヌ＝八束水臣津野命による出雲の国引き伝承から知られるごとく出雲であったが、上で触れた大国主命の妻問い説話は、この帥升王統出雲族と越との親密な関係を示唆している。

天皇祖族を中心とした今回の侵略側は、しかし、出雲に発したのではなく、南九州に発している。このことが、天皇祖族と帥升王統との間に、一線が画される理由の一つであった。

天皇祖族の根源については、第十六・十七節で考察する予定であるが、ともあれ、天皇祖族を中心とした侵略側は、出雲系部族と早くに手を結びつつ、まずはこうした周辺地域から遠巻きに拠点を固め、邪馬臺国連合の動向をうかがいながら侵略戦を開始したのである。

カムヌナカハミミの妻として、『日本書紀』は五十鈴依媛（イスズヨリヒメ）を挙げるのであるが、『古事記』は、代わりに、「師木縣主（シキのアガタヌシ）の祖、河俣毗賣（カハマタビメ）」を挙げる。ヌナカハミミに複数の妻があったとすれば、双方を史伝承中の妻と考えることを妨げる理由はない。『日本書紀』

と『古事記』の二人の妻の存在を認めれば、子である安寧に二人の母ができることになるが、母と子のつながりが古系譜では常に曖昧に傾き易いことは、第十節の物部連系譜に関して述べた通りである。ここはすでに述べた如く（第七節）、『古事記』の方に、母と子の結合につき虚構が為されたものと考えられる。

師木（シキ）縣主のシキは、鴨大御神の名とされる阿遅志貴高日子根（アヂシキタカヒコネ）神のシキに同じであり、カモ祖族に縁故深い地名である。

鴨大御神は出雲国造神賀詞や延喜式神名帳によれば、大和国葛上郡に鎮座する高鴨アヂスキ（スキ〜シキ）タカヒコネ命神社の祭神である。同郡には鴨都波八重事代主（カモツハヤヘコトシロヌシ）命神社や鴨山口神社などがあり、大和の葛城は、大和が攻略された後、尾張連祖族とともにカモ祖族のうちの特に鴨君祖族らの拠点となっている。

しかし、今問題にしている孝霊天皇世代のカムヌナカハミミの時、侵略側はまだ大和に入ってはいない。『新撰姓氏録』には二系のシキ縣主が見える。皇別系の志紀縣主と神別系の志貴縣主である。前者は、河内国皇別と和泉国皇別にみえ、綏靖天皇の兄とされる神八井耳命を初祖と伝え、多臣（オホのオミ。太臣・太朝臣）と同祖族である。後者は和泉国神別に「志貴縣主、饒速日（ニギハヤヒ）命七世孫大賣布（オホメフ）之後也」とある如く、物部連同祖族である。シキ縣主祖族という母族に綏靖天皇の兄弟の系列と、物部連祖族の系列が入り込んで、複祖を形成している。二系列の混合の原点は、綏靖天皇世代つまり孝霊天皇世代かその子の世代まで遡る可能性があろう。なお、綏靖天皇を実在の有力首長と見るとともに、その兄、神八井耳（カムヤヰミミ）命にも、何らかの実在の親族の存在を想定している。第八節の系図⑪で見た如く、綏靖天皇の二人の兄は、原型六代の側の、応神天皇の三貴子に倣って立てられた二兄と思われ、特に日子八井（ヒオヤヰ）命の実在性などは疑わしく、その子孫注記も本来、神八井耳命の子孫を分けて作られたものである。

本居宣長は『古事記伝』において、磯城縣主が天武十二年紀十月に連姓を賜ったことを引き、「神八井耳命の流れには連姓は無いので、物部連同祖族であろう」と決めつけているようであるが、宣長にしては珍しい失考である。神八井耳命の子孫にも、小子部連や坂合部連など連姓の名族が属しているので、単に連姓を後世賜姓されたというだけで、磯城縣主を物部連の流れであると決めつけることはできないのである。

さて、カムヌナカハミミの妻の一人と認められる件のシキの縣主の祖、カハマタビメのカハマタは、『和名類聚抄』にただ一カ所、河内国若江郡川俣郷があり、延喜式神名帳に同郡川俣神社と見えるその川俣である。この河内国若江郡の南隣に志紀（シキ）郡があり、その東隣の安宿（アスカ）郡には玉手（タマデ）村があり、綏靖の子、安寧天皇こと師木津日子玉手見（シキツヒコタマデミ）命の名に縁故が深い。

さらに、記紀がシキツヒコタマデミの宮地とする片塩（カタシハ）の浮穴（ウキアナ）宮であるが、まず、大和志が葛下郡三倉堂村にその旧蹟地を当てるのは大和国内に無理に当てはめようとしたものであって誤りである。これは、『古事記伝』に指摘されるごとく、延喜式神名帳に越前国今立郡加多志波（カタシハ）神社があるので、まずもってこちらに縁故深い宮地名であろう。さらに『古事記伝』は、河内国に、カタシハ地名とウキアナ地名があったと指摘する。万葉一七四二番歌に河内の片足羽（カタシハ）河が歌われており、河内志に、この河を、志紀郡と安宿郡の境を流れる石川の旧名であるとする。また『新撰姓氏録』河内国神別に浮穴直（ウキアナのアタヒ）があり、『続日本後紀』に河内国若江郡の人、浮穴直永子なる名が見えることから、浮穴地名が河内にあったと推定し、シキツヒコタマデミの宮、浮穴宮は、志紀郡と玉手村のある安宿郡との境を流れるカタシハ河の近くに位置したであろうとする。

シキツヒコタマデミの妻として、『古事記』はカハマタビメの兄、縣主ハエ（殿延／波延。『日本書紀』に葉江）のむすめ、阿久斗比賣（アクトヒメ）を挙げる。綏靖天皇の妻同様、これまた『日本書紀』の挙げる妻（鴨王のむすめ、渟名底仲媛〔ヌナソコナカツヒメ）」と全く異なるが、この場合も綏靖天皇の場合と全く同様に、複数の妻がいたと考えれば、記紀双方の妻を史伝承中の妻と考えることを妨げる理由はない。

アクト名については、延喜式神名帳に、摂津国嶋上郡に阿久刀（アクト）神社がある。

孝元天皇世代の皇子によって播磨を道の入り口として吉備が平定されたことを考えれば、虚構五代もこれと同世代のシキツヒコタマデミの時に、すでに、河内から摂津方面に婚姻圏が拡大していたと考えてよいだろう。

以上をもってみれば、カムヌナカハミミとシキツヒコタマデミ親子は、物部連祖族が孝元天皇世代というかなり早い時代に、越から近江に入っていたごとく、やはりすでに孝元天皇世代までには、このように越から河内の志紀・安宿近辺に入り、さらに摂津へと版図をのばしていた、侵略側の有力なる王族の一系であったと考えられる。

蛇足ながら、倉野憲司博士は、『古事記全註釈』（三省堂）第五巻、師木津日子玉手見命の註釈において、師木や玉手の地名が、大和にも河内にもあることを指摘して、これらは大和の地名であろうと推断される。即ち「ところで『師木』も『玉手』も共に、河内にも大和にも見える地名であって、何れとも決めがたいが、大和の方のそれに因んだと見たい。宣長は玉手は大和の方ではないやうに言ってゐるが、彼も指摘してゐるやうに、孝安天皇の御陵は葛上郡の『玉手岡上』にあり、また天智紀九年四月に法隆寺が焼けた時の童謡の中に『玉手の家の、八重子の刀自』といふ句が見えるからである」とその根拠を示しておられるのであるが、これだけでは、河内と大和の双方に玉手地名があることを指摘したに過ぎず、なぜ大和の玉手が先なのかの説明にはなっていない。大和に侵入する以前の玉手であってみれば、大和か河内かといえば、まずは河内の玉手と考えるべきである。

次に、シキツヒコタマデミの子、懿徳天皇こと大倭日子鉏友（オホヤマトヒコスキトモ）の、スキはシキに同じであろう。

その兄の常根津日子伊呂泥（トコネツヒコイロネ）

は、第七節に述べた如く、複数の兄から懿徳天皇を次男にするために選ばれた兄であった可能性がある。記伝は、このトコネツヒコイロネについては、その名義未詳といってそっけない。イロネとは同母兄を意味する一般名詞である。

懿徳天皇の弟の師木津日子（シキツヒコ）命については、二人の子があるとして兄（一子孫）の子孫注記と弟（和知都美〔ワチツミ〕命）の宮地（淡道之御井〔アハヂノミヰ〕宮）及びその子、蠅伊呂泥（ハヘイロネ）・蠅伊呂杼（ハヘイロド）姉妹が記載されている。しかしこのシキツヒコの二子に関しては実は『古事記』特有の寓意がかけられており、史的実態を追及するための素材とは成し難い。加えてハヘイロネ・ハヘイロドは、孝霊天皇の妻となって吉備平定の主役二皇子の母となる姉妹であり、その意味では実在性の高い姉妹ではあるが、そうであるなら、この姉妹は、孝元天皇世代であるべき安寧天皇の三世の孫とされるような姉妹であったはずがない。即ち、姉妹の出自をこのような形で皇親とするところにも大いなる虚構があるわけである。これらの点については第十四節に詳論したい。ともあれ、このようなわけで、このシキツヒコ系譜は、ここでは等閑に付すのが無難である。

さて、懿徳天皇とその子、孝昭天皇こと御真津日子訶恵志泥（ミマツヒコカヱシネ）命の親子は、開化・崇神天皇親子と同世代である。すなわち、天皇祖族を中心とした侵略側が、紀伊平定を経て邪馬臺国連合の本丸であった大和を攻め、邪馬臺国を滅ぼした世代である。特にミマツヒコカヱシネは尾張連祖族と血縁関係を結んでおり、ともに大和攻略に関わったはずである。

カモ祖族の一部、鴨君祖族や尾張連祖族は、大和平定後、大和の葛城に盤踞したと考えられるが、すると、記紀が記述する虚構五代の宮城所在地のうち、孝昭・孝安天皇親子が、葛城に宮を営んだという記紀の記述は、史伝承に基づくと考えてよいのではないか。孝昭天皇らが大和に入洛後、大和の葛城に居住したとすれば、これまでに見た史実の全体像に適合する。

また、孝昭天皇妃を『古事記』は「尾張連之祖、奥津余曽（オキツヨソ）之妹、名余曽多本毗賣（ヨソタホビメ）命」とし、『日本書紀』も「尾張連遠祖、瀛津世襲（オキツヨソ）之妹、世襲足媛（ヨソタラシヒメ）」として一致しており、『旧事紀』「天孫本紀」も同じであるが、「天孫本紀」は世襲足媛の亦の名を日置姫（ヒオキヒメ）命とする。これが事実であれば、倭名抄、大和国葛上郡に日置郷があるので、世襲足媛、亦の名日置姫命は、確かに大和葛城の地に地縁を結ぶ名である。このことは、尾張連祖族の大和入洛後における葛城地方盤踞の史実に整合しているであろうし、世襲足媛を妻とする孝昭天皇の葛城所在を傍証するものでもあろう。

従ってその孝昭天皇の子、孝安天皇の宮、葛城室之秋津嶋宮も、伝承宮地として矛盾は無いと考えられる（葛城の室は倭名抄の葛上郡牟婁郷、今の奈良県御所市室）。

翻って、孝昭天皇の祖父である安寧天皇の河内拠点、片塩浮穴宮は、上で推したごとく、実状に適うと見てよい。それなら、孝昭天皇の父、懿徳天皇の宮も、史伝承に基づくと見てよいであろう。『古事記』に依れば高市郡の軽之境岡宮（カルノサカヒヲカノミヤ）といい、『日本書紀』は軽の曲峡宮（マガリヲノミヤ）という。高市郡の軽は古来有名な土地で、葛城の東隣である。子の孝昭天皇とともに大和に入った可能性の高い懿徳天皇の宮地として矛盾はしないのではないか。

他方、宮地としてあり得ないのは、綏靖天皇の宮地である葛城の高岡宮（紀に葛城の高丘宮）であろう。これがもし大和の葛城の宮とすれば、明らかな捏造の宮城である。記伝に「高岡此ノ名は他に見えたることなし」とある。

なお、いうまでもなく、綏靖天皇の父とされる神武天皇の宮地、畝火之白檮原宮（ウネビノカシハラノミヤ、『日本書紀』に畝傍の「橿原宮」）も捏造の宮である。オホタタネコことトヨミケヌの墓陵の所在地に因み、さらに『古事記』独特の寓意に基づいて設定された虚構の宮地であろう。

『古事記』は、その寓意の構造の裡で、白色を、天皇あるいは、天皇権の当色として用いている（天皇の皇の字が、白き王と分解できる)。また、畝火の火は、すでに触れたが、大友皇子の斬首された頭を寓意する文字である。檮＝擣は木であり、木は根の国、死者の国への通路である。手偏は実は壬申乱前の皇位である帝位を寓意する文字素である。そこで畝火の白檮(＝擣)原宮とは、大友皇子の斬首の宿命と、その帝位が滅ぶ宿命であることを寓意呪定する宮名となっている。こうした寓意の目的を持って、畝火だの白檮(＝擣)原だのといった土地や文字がわざわざ当てられたと推測できる。詳細は別稿に譲る。

神武天皇は、あらゆる寓意を駆使しつつ、天武天皇をダブルイメージとして捏造された虚構の天皇である。虚構五代がこの神武天皇の子孫であるというようなことも、繰り返すまでもなく、全くの虚構、『古事記』の創作に過ぎない。

以上、とりあえず虚構五代の和謚号や妻の出自や名を主な拠り所として、その足跡を辿ってみた。これによれば、虚構五代は、初めカモ祖族と、次いで尾張連祖族らと血縁関係を結びつつ(系図⑭)、すでに孝元天皇世代までには、越から河内の志紀・安宿近辺に入り、さらに摂津へと版図を広げ、開化・崇神天皇世代にはともに大和攻略戦を戦い、大和平定後、大和の軽や葛城に拠点を獲得したものであろうと推定される。

第十三節　被侵略者たち及び垂仁朝の部族再編と日の神「追放」について

当節では題字に掲げたように、天皇祖族らによって侵略された側の者たちの実態を究明し、併せて崇神天皇から垂仁天皇への代替わりに当たってなされた部族再編の概略と、これと同軌の事件であった日の女神の伊勢への遷宮が、いわば「追放」と呼ぶべきものであったことについて再論する。

既述の通り、神武天皇の東征説話は、実在の天皇祖族を中心とした父系制部族連合によって行われた、邪馬臺国連合に対する侵略戦争の神話化である。この侵略戦争は、三世紀の半ばから四世紀の初頭にかけて、主として西から東へと、倭の地（主として近畿以西の西日本）に展開された戦争である。日向界隈に発した孝霊天皇世代に始まり、出雲を主要な拠点の一つとした孝元天皇世代を経て、紀伊地方に結集したのち大和を攻略した開化・崇神天皇親子世代に至る、およそ四世代をかけて行われた、一大侵略戦争であった。女王国、邪馬臺国連合はこれによって滅び、三世紀の末または四世紀の初頭に、崇神天皇ことハツクニシラシシミマキ天皇によって、父系王朝、大和朝廷の基礎が、大和、すなわち、嘗ての邪馬臺国連合の中心地に建てられた。

この侵略戦争の史実は、各父系制部族の伝承系譜とともに様々な形で後世に伝えられたはずであるが、最終的には、原『古事記』における神武天皇東征説話の成立とともに、その多くがこの中に吸収されることになったと思われる。

そこで、神武天皇東征説話において、討伐・制圧されたものたちこそ、実は、邪馬臺国連合に属した側の人々であったことになる。そして、この、討たれた側の邪馬臺国連合の構成員こそ、かつての倭の地の土着民であり、われわれ最大多数の本来の祖先たちである。

邪馬臺国連合の人々については、「魏志倭人伝」に、おぼろげな姿が描かれているが、記紀の神武天皇説話からも、かくのごとく、討たれた側の人々を見つめることで、おぼろげな姿の別の一面を、垣間見ることができる。

記紀の神武天皇東征説話で誅殺される人々を、以下に一覧表にして挙げてみよう。

上段に『古事記』の語る被誅殺者、下段に『日本書紀』の語る被誅殺者を挙げた。記紀で対応するものは同じ行に記した。

	『古事記』	『日本書紀』	
①		紀国の名草邑の名草戸畔	
②		熊野の荒坂津〈亦の名、丹敷浦〉の丹敷戸畔	
③	熊野の山の荒ぶる神	（熊野の神）	
④	宇陁の兄宇迦斯	菟田縣の魁帥（ヒトゴノカミ）、兄猾（エウカシ）	
⑤		国見丘の八十梟帥（ヤソタケル）	賊虜
⑥	忍坂の大室の尾ある土雲八十建	忍坂邑の大室の虜（国見丘の八十梟帥の余党）	
⑦	登美毗古（登美の那賀須泥毗古）	鳥見の長髄彦（ナガスネビコ）	
⑧	兄師木・弟師木	兄磯城	逆賊、賊虜
⑨		倭国の磯城邑の磯城の八十梟帥	虜の兵（⑨⑩）
⑩		倭国の高尾張邑〈或本に云、葛城邑〉の赤銅（アカガネ）の八十梟帥	
⑪		層富縣の波哆丘岬の新城戸畔	三處の土蜘蛛（⑪〜⑬）
⑫		和珥の坂下の居勢祝	
⑬		臍見の長柄丘岬の猪祝	
⑭		高尾張邑の土蜘蛛（改めてその邑を号けて葛城と曰ふ）	

この表で、『古事記』の③熊野の山の荒ぶる神とされる者が、『日本書紀』が云う、②熊野の荒坂津（アラサカのツ）〈亦の名、丹敷浦（ニシキのウラ）〉の丹敷戸畔（ニシキトベ）たちであったのではないかと思われる。すると、②と③はむしろ同列に並べるべきかも知れない。『日本書紀』では熊野の神そのものは天皇軍を病み伏さしめる神としてのみ描かれ、『古事記』のように切り倒される対象とはされていない。

注目したいのは、『日本書紀』の独自記事である。その独自記事において『日本書紀』は、被誅殺者として、明らかな女性名を三名挙げている。①の紀国（キのクニ）の名草邑（ナクサのムラ）の名草戸畔（ナクサトベ）、②の熊野の荒坂津、亦の名、丹敷浦の丹敷戸畔、⑪の層富縣（ソホのアガタ、大和国添上郡・添下郡）の波哆丘岬（ハタのヲカサキ）の新城戸畔（ニヒキトベ）である（三者に共通するトベ〔戸畔〕という接尾語は女性を示す称号である。崇神天皇妃の荒河刀弁のトベに同じ。特に甲類べは甲類メに同じで、女の意味であり、戸畔＝戸賣である。小島憲之氏他校注・訳『日本書紀』〔小学館〕の頭注は、トベ＝戸畔は戸のほとり〔畔〕に居る者を言い、必ずしも戸女を意味せず性別不明というが、戸畔という表記にこだわる根拠が不明である）。

①については、『日本書紀』の神武天皇即位前紀戊午年六月二十三日条の冒頭に、「軍（いくさ）、名草邑に至る。則ち名草戸畔といふ者を誅（ころ）す」と、極めて簡略な記事がある。文飾が施されていないだけに、却ってその史伝承の確実さが窺われる。

②は、①と同じ条に数行を隔てて「天皇独（ひとはしら）、皇子（みこ）手研耳（タギシミミ）命と、軍を帥（ひき）ゐて進みて、熊野の荒坂津〈亦の名、丹敷浦〉に至る。因（よ）りて丹敷戸畔といふ者を誅す」とある。「天皇独云々」という前文には虚構が混じろうけれど、丹敷戸畔の誅殺記事は、これまた、①同様の簡略さである。やはり、却って史伝承としての確実さが窺われる。

なお、『日本書紀』は、①と②の間に、天皇軍が熊野の神邑（ミワのムラ）に到り海上で暴風にあい、稲飯（イナヒ）命は海に入り、三毛入野（ミケイリノ）命は浪秀（なみのほ）を踏んで常世国に往った、とする話を挿入している。『古事記』のイナヒ命とミケヌ命に関する唐突な架空話の辻褄を合わせて造られた明らかな架空話である。

⑪は、①②からはるかに下って、物部氏の遠祖ニギハヤヒがトミノナガスネビコを殺して天皇に忠孝を示したという記事のあとに見える。すなわち、神武天皇即位前紀己未年二月二十日条に、「諸将に命（みことおほ）せて士卒を練（ととの）ふ。是の時に、層富縣（ソホのアガタ）の波哆丘岬（ハタのヲカサキ）に、新城戸畔（ニヒキトベ）といふ者有り。又、和珥（ワニ）の坂下（サカモト）に、居勢祝（コセのハフリ）といふ者有り。臍見（ホソミ）の長柄丘岬（ナガラのヲカサキ）に、猪祝（ヰのハフリ）といふ者有り。此の三處（みところ）の土蜘蛛（ツチグモ）、並びに其の勇力（たけきちから）を恃（たの）みて、肯（あ）へて来庭（まゐこ）ず。天皇、乃ち偏師（かたいくさ）《一部の軍》を分け遣はして、皆誅す」とある。

若干の文飾が混じるが、ニヒキトベ、コセのハフリ、ヰのハフリという三首長とその一族が殺された伝承が存在したのであろうと思われる。

コセ祝やヰ祝という者の性別は定かではないが、祝（ハフリ）とは、祭祀を司った人物であり、やはり部族の酋長であったと思われる。祭政一致時代の実体が、かくのごとく、祝が部族の代表として討たれているところに見て取れる。とすると、コセ祝もヰ祝も、やはり、母系制部族中の酋長として、女性であった可能性が高い。

『古事記』も『日本書紀』も、これら誅殺される者たちを、様々な蔑称で呼ぶ。ツチグモ（⑥、⑪、⑫、⑬、⑭）、賊虜（あた。賊とは悪人、虜とは敵をののしる言葉。⑤、⑧）、逆賊（⑧）などなど。そうして、重要なことは、『古事記』や『日本書紀』において、かくののしられた者たちこそが、我々の真の祖先達の同胞であったであろうという点である。かくののしられた側の者たちこそ、嘗ての女王国、邪馬臺国連合の構成員たちであったはずである。そうして更に重要なことは、かく誅殺された者たちの首長として、明らかな女性名があり、彼女たちは、土着の母系制部族の族祖母、女性酋長たちであったと思われることである。

　神武天皇東征説話における『日本書紀』の独自史料によって、邪馬臺国時代の土着部族が、基本的には母系制部族であったろうことが、このようにして、窺い知られることになる。


　次に、上代の天皇・皇子たちが娶った妻たちを見てみよう。母系によって出自が記述されている妻が見える。また、某の祖（おや）とのみ述べられていたり、出身地名のみが述べられて、父系が語られていない妻も見える。こうした妻の多くがやはり、在地の母系制部族、あるいは、母系制習俗に深く馴染んだ部族中に生い育った女性たちであった可能性は高いと思われる。

　孝霊天皇以下の天皇・皇子たちについて、『古事記』系譜に基づいて、このような妻を列挙してみよう。（小文字で補足した部分は虚構五代の妻、及び、天之日矛（アメノヒホコ）の裔である。虚構五代は天皇の直系ではないが、同じ王族に属したと思われるのでこのように補足した。天之日矛については後節で触れる。やはり別系の王族として小文字で補足した）。

A　明らかな母系出自の妻
・第九代開化天皇の皇子、日子坐（ヒコイマス）王の妻
　春日の建国勝戸賣（タケクニカツトメ）の女、沙本（サホ）の大闇見戸賣（オホクラミトメ）
・第十代崇神天皇の妃
　木国造、名は荒河刀弁（アラカハトベ）の女、遠津年魚目々微比賣（トホツアユメマクハシヒメ）

B　某の祖とのみ記述されて、母系制部族もしくは母系制習俗に馴染んだ部族の族祖母となったと思われる妻
・第十代崇神天皇の妃
　尾張連の祖　意富阿麻比賣（オホアマヒ

メ）

・第二十六代継体天皇の妃

　三尾君等の祖、若比賣（ワカヒメ）

・第二代綏靖天皇の妃

　師木縣主の祖　河俣毗賣（カハマタビメ）

・第四代懿徳天皇の妃

　師木縣主の祖　賦登麻和訶比賣（フトマワカヒメ）

C　神の女として、父系出自の没却された妻

・前掲日子坐王の妻

　近淡海（チカツアフミ）の御上（ミカミ）の祝（ハフリ）のもち拝（いつ）く、天の御影神（ミカゲのカミ）の女、息長水依比賣（オキナガミヅヨリヒメ）

D　どこそこの某とのみ記されて、やはり父系出自を欠き、当該地の母系制部族中の宗女と考えられる妻

・前掲日子坐王の妻

　山代の荏名津比賣（エナツヒメ）

・日子坐王の子、丹波比古多々須美知能宇斯王（タニハのヒコタタスミチノウシのミコ）の妻

　丹波の河上の摩須郎女（マスイラツメ）

・日子坐王の三世の孫（成務天皇世代）、息長宿祢王（オキナガスクネのミコ）の妻

　葛城の高額比賣（タカヌカヒメ）

　河俣の稲依毗賣（イナヨリビメ）

・第十二代景行天皇の妃

　日向の美波迦斯毗賣（ミハカシビメ）

・景行天皇皇子、倭建命（ヤマトタケルのミコト）の妻

　山代の玖々麻毛理比賣（ククマモリヒメ）

・第十五代応神天皇の妃

　日向の泉長比賣（イヅミナガヒメ）

　葛城の野伊呂賣（ノイロメ）

・第二十八代宣化天皇の妃

　川内の若子比賣（ワクゴヒメ）

・天之日矛（アメノヒホコ）の四世孫（垂仁天皇世代）

清日子（キヨヒコ）の妻

当摩（タギマ）の咩斐（メヒ）

以上が、皇族の妻のうち、母系制部族、あるいは、母系制習俗に深く馴染んだ部族中に生い育った女性たちであった可能性が高いと思われる女性たちである。

この一覧表を眺めると、顕著な特徴が見出される。これらの妃・妻たちは、第十五代応神天皇世代以前か、第二十六代継体天皇及びその子（宣化天皇）の妃・妻に集中している。

系図①で見たごとく、第十五代応神天皇系譜までの天皇系譜は、仁徳天皇以後の系譜に比して、より厳密な父子直系相続系譜をなしている。つまり、王位の継承において後代に比してより厳格な父子相承が行われていた時代が、応神天皇以前なのである。その時代において、妃・妻については、逆に母系出自、ないしその可能性の強い妃・妻が多いのである。これは何を語っているか。

父系制部族からなる侵略側が、母系制部族からなる土着の民を侵略し、在地の土着部族の支配懐柔のために、土着の母系制部族から妃や妻を娶るとき、王位の厳密な父系相続の時代に、却って母系出自あるいはその可能性の強い妃・妻が多くなる、侵略の時代から間もないほどこうした傾向は強く出現する、という事情を語っている。応神天皇以前に母系出自の可能性の強い妃・妻が多いことは、このように考えてはじめて了解出来ると思われる。その後は天皇を取り巻く父系制豪族の広がりによって、天皇系譜からこの現象は覆い隠されてゆく。

ところが第二十六代継体天皇とその子に、母系出自の可能性の強い妃が再び現れる。

継体天皇という天皇は、古代天皇の中で最も異色の、ある意味で画期的な天皇である。記紀によれば、第二十五代武烈天皇に子が無く、そのあとを継いで即位した天皇である。応神天皇の五世の孫とされる。これほど遠い皇統が即位したのは、継体天皇が初めてである。『日本書紀』によれば、継体天皇の母は垂仁天皇の七世の孫、振媛（フルヒメ）で、父は彦主人王（ヒコウシのキミ)。その彦主人王は、近江の三尾(ミヲ。高島郡高島町)の別業(なりどころ。別邸)から使いを遣り、振媛を越前の三国(ミクニ。福井県坂井郡三国)の坂名井(サカナヰ)に迎えて、継体天皇を生んだという。そうして、彦主人王の死後、振媛は親もとの高向(タカムコ。福井県坂井郡高椋)に帰って継体天皇を養育したという。

要するに継体天皇は、鄙生まれの鄙育ち、大和の貴族達から見れば、全くの東国人、田舎者であった。それを裏付けるように、継体天皇は即位後二十年目にしてようやく大和に入ったように『日本書紀』には記されている。すなわち、その遷都次第によれば、元年に河内の樟葉宮(クスハのミヤ。倭名抄、河内国交野郡葛葉郷。今の大阪府枚方市楠葉)で即位し、即位五年目に山城の筒城(ツツキ。京都府綴喜郡)、十二年目に弟国(オトクニ。京都府乙訓郡)、そして二十年目に、ようやく大和の磐余玉穂宮(イハレのタマホのミヤ。奈良県桜井市池之内の辺)に入るという順である。

右表のBに掲げた継体天皇の妃、三尾君等の祖、若比賣は、即位前からの妻の一人とされる。母系制部族中の女性であった可能性は高い。『日本書紀』には、「三尾角折君(ミヲのツノヲリのキミ)の妹、稚子媛(ワカコヒメ)」とあり、やはり、父系によらない出自である。

Dに掲げた継体天皇の子である宣化天皇の妃、川内の若子比賣なども、母系母権的環境で育った女性であった可能性が高い。

継体天皇親子に至って、突如として再び母系制部族もしくは母系制習俗に強く馴染んでいたと思われる部族中からの妃が登場するとすれば、それは、継体天皇が、突如として登場した地方人天皇であったことに正しく相応しているというべきである。地方に根強く残存していた母系母権制的な要素が、この異色の天皇の登場とともに、ここで再び顔を出したと考えられる。

応神天皇以前の妃・妻に再び話を戻し、まず、Aの、明らかな母系出自の妃・妻に注目しよう。第九代開化天皇の皇子、日子坐王は、次の第十代崇神天皇と同世代である。大和を平定して大和朝廷の初代大王となったのが、崇神天皇である。崇神天皇が、紀伊の部族の女性酋長と目されるアラカハトベのむすめを娶っているのは、侵略対象となった紀伊の母系制部族から得た、いわば人身御供であったろうことは、すでに縷々述べたごとくである。アラカハトベ部族の服属のしるしとして、そのむすめが天皇の妃の一人とされたと考えられるのである。それならば、同世代の日子坐王が娶った母系出自の妻、春日のタケクニカツトメのむすめ、沙本のオホクラミトメも同様の意味合いで娶られた女性であったと考えられる。同一世代における、同一事象である。

このように考えてよい証拠が、此の女性たちの生んだ子らが辿った運命である。

崇神天皇が、アラカハトベのむすめ、トホツアユメマクハシヒメを娶って生んだ子として、記紀は、豊木入日子（トヨキイリヒコ）命と豊鉏入日賣（トヨスキイリヒメ）命を挙げる。『古事記』には、二人に分注があり、豊木入日子命は、上毛野・下毛野君（カミツケノ・シモツケノのキミ）の祖だといい、トヨスキヒメ（トヨスキイリヒメに同じ）は、伊勢の大神の宮を拝（いつ）き祭ったとされる。分注の原文は「拝祭伊勢《勢の異体字。以下、勢とする》大神之宮也」である。

伊勢大神、すなわち天照大御神の、皇族による実際の祭祀のことは、『古事記』では、トヨスキイリヒメに関するこの分注において、初めて言及される。この分注こそ、大和朝廷における天照大御神祭祀に関する初めての記事といってよい。

邪馬臺国連合の一員として、紀伊のアラカハトベ部族も、女性日神を祭っていたはずである。その部族が服属するにあたって、侵略側は、日神祭祀の継続を認めたはずである。

天皇祖族を中心とする侵略側は、侵略戦争を成功裏に進めるために、土着の文化をすべて破壊するなどという道は選ばなかったはずである。侵略の主たる目的は、被侵略者たちを働かせてこれを搾取することにある。全てを破壊する愚を犯すはずはない。侵略者たちは、土着の祭祀を利用しつつ占領政策を進めたに違いない。であれば、日神祭祀も、それが邪馬臺国全体の共通の祭祀であればなおのこと、これを慎重に自陣に取り込みながら、被侵略側の懐柔に努めたと思われる。崇神朝において、天照大御神が先ずは大和に祭られているのは、そのような懐柔策の一環であったと考えて大過ない。

その天照大御神を最初に大和に祭る祭主に、アラカハトベの孫むすめにあたるトヨスキイリヒメが当てられている。伊勢大神＝天照大御神を、皇族として、初めて大和で祭る者が、被征服者側の血統を受け継ぐトヨスキヒメであったのは、全ての状況からして、然るべき人選であったと思われる。

天照大御神という言葉は、原『古事記』が、大海人皇子（オホアマのミコ）のアマに因んで創作したものと考えられるが、伊勢大神の元来の呼び名は不明である。ヒルメ（日の女・妻）、オオヒルメ、オホヒルメノムチ（『日本書紀』第五段本文）などの呼称が伝わる。ただし、ヒルメ＝日ル女・妻と言うときのヒ＝日は男神であった可能性があり、ヒルメは男王国側、出雲族側からする呼称であったのではないか（ヒルメが日ル女の意味であれば、ヒルメに対してはヒルコという古語がある。これは日ル子、日の子であり、ヒルメと対照される言葉であったとすれば、日の男子の意味。『古事記』の水蛭子〔ヒルコ〕が元来、このヒルコであったとする説がある）。

卑弥呼の国では、太陽は、単に、日の神であり、こちらは女神であって、卑弥呼＝ヒミコとはその女性日神の御子、日の御子の謂いであったはずである。母系制下では日の神も日の御子も女性と決まっていたであろう。原始、女性は太陽であった。

以下、必要のない場合は、天照大御神の代わりに、日の女神と呼ぼう。伊勢の神、あるいは、伊勢大神と呼んでも混乱はない。『古事記』のトヨスキイリヒメの分注がこの呼び方を用いている。分注には、前掲のごとく「伊勢大神之宮」という具合に、之の字が伊勢大神と宮の間に挟まれている。伊勢大神宮と続けると、伊勢にある大神宮のことになってしまうが、伊勢大神

─の宮、といえば、日の女神の宮─、という意味合いとなり、必ずしも、伊勢にある神宮を示すことにはならない。実際、トヨスキイリヒメの時には、日の女神はまだ、大和に祭られている。従って、『古事記』分注は、特に之の字を入れて、慎重な言い回しをしたものと思われる。

日の女神が伊勢に遷されるのは、崇神天皇の子、垂仁天皇の時代である。『古事記』はこの遷宮次第には沈黙を通している。意図的に隠しているのである。ただ、垂仁天皇の皇女、倭比賣（ヤマトヒメ）命（母は丹波のミチノウシ王の娘、ヒバスヒメ）に分注があり、「拝祭伊勢大神宮也」とある。トヨスキヒメに対する分注と同じ内容であるが、ただ一点、之の字が有るか否かの違いがある。ヤマトヒメの分注では、之の字がなくなり、「伊勢大神宮」となっている。この僅かな違いの裡に、伊勢大神の宮が、トヨスキイリヒメの時と、ヤマトヒメの時とでは、異なる場所であることが示唆されたと考えられる。伊勢大神宮は、文字通り伊勢にある大神宮のことである。ヤマトヒメの時に、伊勢大神は伊勢に遷ったのである。

日の女神の伊勢への遷宮次第は、『日本書紀』が暴露している。『日本書紀』は、なぜか日の女神を敬遠している。日の女神に『古事記』が与えた地位と権威を、『日本書紀』は、故意に剥奪したり、貶そうとしている（拙著『国の初めの愁いの形──藤原・奈良朝派閥抗争史』参照）。

『日本書紀』によれば、崇神朝に天照大神と倭大国魂（ヤマトのオホクニタマ。大国主神の亦の名）とを天皇の大殿の内に並べ祭っていたが、神の勢いを畏れ、共に住むことに不安が生じたため、天照大神を、トヨスキイリヒメに託して倭笠縫邑（ヤマトのカサヌヒのムラ）に祭り、大国魂神の方は、ヌナキノイリヒメに託して祭ったという（崇神紀六年条）。笠縫邑の現在地は不明である。

日の女神の伊勢への遷宮次第は、垂仁紀二十五年三月十日条に見える。そこに、「天照大神をトヨスキイリヒメより離し、ヤマトヒメに託した。ヤマトヒメは大神の鎮座地を求めて、ウダの笹幡、近江、美濃を廻って、伊勢国に入った。時に、天照大神はヤマトヒメに『この神風の伊勢の国は、常世（とこよ）の浪がしきりに寄せる国、大和から隔たったよいところだ、ここに住もう』といったので、祠を伊勢国に立て、斎宮を五十鈴川のほとりに興（た）てた。是を磯宮（イソのミヤ）という。則ち天照大神が始めて天より降った処である」と語られている。

伊勢内宮の地は、大和から見て東の果ての地。大和から見て日出ずる地ではあるが、最果ての僻地である。当時にあっては「よいところ」であったはずがない。このようなところに、皇族の祖神が好んで遷されたはずもないのであって、この移遷は、日の女神、伊勢大神が、実の所、皇族の祖神でも何でもなく、侵略された側の主神であったことのよい証拠である。大和の主神はといえば、この日の女神ではなく、三輪の大神（大物主神）、大国主神、大国魂神の方である。記紀神話では出雲神とされている神々である（大物主神も大国魂神も、実は大国主神の分霊であるとする伝が有力）。日の女神は、初期の倭地平定の事業が成った後、崇神天皇から垂仁天皇への代替わりに際して、大和から遠く離されたのである。大和から伊勢へと追放されたに等しい。ただし、代々皇女によって拝祭されなければならぬ女神として、伊勢の地に隔離されたのである。伊勢に赴いた初代の皇女がヤマトヒメであり、初代斎王である。

日の女神がトヨスキイリヒメから離されて伊勢へ遷されるのと同様の事象が、トヨスキイリヒメの兄、トヨキイリヒコの身にも起こっている。崇神紀四十八年四月条に、「活目尊（イクメノミコト＝垂仁天皇）を立てて皇太子とする。豊城命（トヨキノミコト＝トヨキイリヒコ命）を以て、東国を治めしむ。是、上毛野君・下毛野君の始祖なり」とある。

トヨキイリヒコ・トヨスキイリヒメ兄妹は、木国造アラカハトベのむすめの生んだ皇子女であるから、元来、紀伊国を拠点とする海洋系部族に親密な皇子女である。そのトヨキイリヒコが、海のない毛野国の祖となって東へ遷るとは、東国を治めるという口実があったにせよ、左遷に等しい。日の女神の伊勢遷宮と同じ意味合いの、都落ちに他ならない。海の幸に恵まれた紀伊から、海のない毛野国への、これも一種の隔離であった。ケノクニ（毛野国）とは、キノクニ（木国）の訛であったと思われる。

垂仁天皇ことイクメ命の母は、前々節の系図⑭にも見るごとく、物部連祖族に近親なる御真津比賣（ミマツヒメ）命（『日本書紀』では御間城姫〔ミマキヒメ〕）である。すなわち、物部連祖族中のウツシコメが孝元天皇妃となって生んだ皇子、大毗古（オホビコ）命の娘である。繰り返すようだが、物部連祖族は、孝元天皇世代にすでに出雲を拠点としている巨大な軍事系部族である。その物部連祖族に近しい母をもつ垂仁天皇が、崇神天皇の跡目を継ぐということは、物部連祖族とほとんど一心同体であった天皇祖族にとっては、当然の道筋であったろう。被侵略系の母の子であったトヨキイリヒコが、その垂仁天皇と仮に王位継承を争ったとしても、初めから勝ち目はなかったはずである。

右に引いた崇神紀四十八年四月条の直前の、同紀同年正月十日条に、トヨキ命（＝トヨキイリヒコ）とイクメ命（垂仁天皇）が天皇によって夢占いをされ、イクメ命が皇位を継承せしめられ、トヨキ命が東国を治めしめられたという話が伝えられているが、事実からはよほど隔たった作話でしかあるまい。とはいえ、この話を、垂仁天皇の即位と、トヨキイリヒコの毛野国への都落ちとが、実は表裏一体の出来事であったことを示唆している話、と見ることは許されよう。

紀伊の部族の女性酋長と目されるアラカハトベの服属のしるしとして、そのむすめが崇神天皇の妃の一人とされ、そのむすめの産んだ皇子と皇女、トヨキイリヒコとトヨスキイリヒメが、一方は、毛野国へと、隔離に等しい天下りを強いられ、一方は日の女神の祭主に当てられて、現世での婚姻（少なくとも祭主である間の公的婚姻）の道を断たれた、とすると、この間の事情は、被侵略側に対する、侵略側王権からする統治政策として、首尾一貫する。

崇神天皇が、紀伊の部族の女性酋長と目されるアラカハトベのむすめを娶っているのは、侵略対象となった紀伊の母系制部族から得た、いわば人身御供であったろう、という推定の証拠として、そのむすめの子たちが辿った運命を挙げることが出来るとした所以である。

では、皇族の妻のうち、母系出自の明白な今一人の女性、第九代開化天皇の皇子、日子坐（ヒコイマス）王の妻についてはどうか。Aに掲げた、春日の建国勝戸賣（タケクニカツトメ）の女、沙本（サホ）の大闇見戸賣（オホクラミトメ）であるが、これまたやはり、春日土着の母系制部族中から娶られた人身御供的な女性の一人であったと考えられる。

その子に、沙本毘古（サホビコ）王と沙本毘賣（サホビメ）命とがある。日子坐王が崇神天皇世代であるから、二人は垂仁天皇世代である。実際、サホビメは垂仁天皇の妃の一人となる。

そうして、『古事記』垂仁天皇段の最初の説話が、このサホビコ・サホビメ兄妹と垂仁天皇との間に行われた戦の物語である。この物語には、サホビメが夫の垂仁天皇と兄のサホビコとの狭間に立って悲劇的な運命を辿った様が、多くの虚構をまといつつも語り伝えられている。『古事記』によってあらすじを辿ると次の通り。

垂仁天皇がサホビメを后とした後、サホビコはサホビメに、「夫と兄と、どちらがいとしいか」と問う。サホビメは、兄の方だと答える。サホビコは、サホビメに小刀を渡し、垂仁天皇の暗殺をはかる。サホビメは天皇がサホビメの膝枕で寝ている隙にその頸を小刀で刺そうとするが、刺せずに涙が落ちる。垂仁天皇は、沙本から来た雨が顔に降り小蛇が頸に巻き付く夢を見て目を覚まし、夢の意味をサホビメに問う。サホビメは天皇にことの真相をうち明ける。垂仁天皇はサホビコを討つ。サホビメは兄を思う思いにたえられず、兄の作った稲城（いなき。稲を積んで造った応急の城）の中に入る。懐妊していたサホビメは稲城の中で皇子を産む。天皇軍は、皇子を受け取る際にサホビメもともに引き出そうとするが、皇子のみ獲て、サホビメの引き出しに失敗する。天皇軍はついにサホビコを殺し、サホビメもまた兄に従った（おそらく自害したのであろうが、不明）。

『日本書紀』も大同小異の話を記述する。『日本書紀』ではサホビメが、すでに生まれていた皇子を抱いて稲城に入ったという点などが異なっているが（また、兄妹ともに自経したことになっているが）、記紀いずれが史実に近いか、真偽のほどは不明である。記紀いずれにせよ、脚色の跡は拭いがたい。特に『古事記』は寓意文字を満載しながら話を造っている。

ともあれ、記紀ともに、サホビコの謀反としてこの物語を語るのだが、これも実のところは、垂仁朝における部族再編期に生じた、権力闘争の一環であり、元を正せば、被侵略側の部族対、侵略側部族という対立図式の、代替わり後の表面化の一端であったと思われる。

サホビメの悲劇は、侵略側と被侵略側の狭間に立たされた者たちに降りかかった悲劇の一典型であろう。

『日本書紀』には、サホビコを撃つ者として、上毛野君の遠祖、八綱田（ヤツナダ）なる者が命じられ、サホビコ討伐の功績によって倭日向武日向彦八綱田（ヤマトヒムカタケヒムカヒコヤツナダ）の称号を与えられたとされている。この八綱田は『新撰姓氏録』和泉皇別に登美首（トミのオビト）の祖として見え、同摂津未定雑姓、我孫（アビコ）条にもその祖として見え、両条とも、八綱田をトヨキイリヒコの男とする。これが事実であれば、被侵略系部族同士が相撃ったことになる。八綱田の母筋が不明であるので、トヨキイリヒコと、サホビコとの直接の関係にまで話を及ぼすべきではないが、天皇権力の側が、被侵略側の部族間もしくはその支流間の対立を活用しながら、巧みな統治政策を進めていたであろうことを瞥見する材料とはなろう。八綱田の得た称号が古い伝えであるとすれば、この称号に日向が二度も繰り返されているのは、八綱田が、侵略側の利害に適う働きをしたことを示していると見てよいのかもしれない。

次に、Bの、「某の祖とのみ記述されて、母系制部族もしくは母系制習俗に馴染んだ部族の族祖母になったと思われる妻」のうちの最初の女性、第十代崇神天皇の妃、尾張連の祖、意富阿麻比賣（オホアマヒメ）に注目したい。

尾張連祖族は、元来は侵略系の父祖に発する父系制部族であったはずである。その尾張連祖族が、なぜ、このBに分類される女性を輩出することになっているのか。

その理由はすでに第九節に述べたところに尽きる。すなわち、系図⑫において繰り返し確認できるごとく、尾張連祖族においては、天忍人命が葛木出石姫を娶ったあと、葛木の名を帯びる人物や、葛木地名を帯びる女性との婚姻を為す人物が続出している。再度確認しておけば、天戸目命は、葛木避姫を娶り、天忍男命は、葛木土神劔根命のむすめを娶っている。生まれた子が、オキツヨソ命で、その亦の名が葛木彦命。その弟のタケヌカガ命は、葛木の尾治置姫を娶り、これと同世代だが七世孫とされるタケモロズミは、葛木連の祖、オホモロミのスクネのむすめ、モロミコ姫を娶っている。妹のオホアマ姫は、亦の名を、葛木高名姫という。

また、『古事記』によって知られるごとく、八世孫、ヤマトのエタマヒコ命、亦の名イチオホイナヒの妹に、葛城のタカチナビメがあった。これまた、葛木名を帯びる同族である。

尾張連祖族の背後には、このように葛木名を帯びる巨大な土着系母族があり、尾張連祖族は、孝元天皇世代から崇神天皇世代にかけて、この葛木母族の中で、婚姻を繰り返していたことが窺えるのである。

物部連祖族の方は、その「天孫本紀」系譜を眺めてみれば、自族内で、おじ・姪結婚を数多く繰り返しつつ部族の同一性を保とうとしていたことが知られるのであるが、尾張連祖族はこれとは対照的である。尾張連祖族は、早い段階から土着系部族を強力なバックボーンとして勢力を保った部族であり、父系の定かならぬ氏上を出している。尾張連祖族は、侵略系の父系父祖を持つものの、その実体は、すでに土着の部族に同化すること速やかであった一大部族であった。系図⑫において、七世孫、タケモロズミとオホアマヒメ兄妹が、すでに父系定かならぬ同族である。尾張連祖族としてのまとまりを支えていた葛木母族中の有力な者が、尾張連祖族を代表する者として信任を得れば、このように、父系の表に出ない氏祖となり得るわけである。

その「尾張連の祖、オホアマヒメ」は、崇神天皇の妃となって四子を生んだと『古事記』は伝える。大入杵（オホイリキ）命、八坂之入日子（ヤサカノイイリヒコ）命、沼名木之入日賣（ヌナキノイリヒメ）命、十市之入日賣（トヲチノイリヒメ）命の四名である。このうち、ヌナキノイリヒメは、先に見たごとく、崇神朝に、トヨスキイリヒメとともに、神祭りの祭主とされている。すなわち、繰り返し引くが、崇神紀六年条に、崇神朝に天照大神と倭大国魂を天皇の大殿の内に並べ祭っていたが、共に住む不安のため、天照大神を、トヨスキイリヒメに託して倭笠縫邑に祭り、大国魂神の方は、ヌナキノイリヒメに託して祭ったとある。これには後日談があり、同条にすぐ続けて、ヌナキノイリヒメは、髪は落ち、体も痩せて、祭ることができなかった、とある。さらに、垂仁紀二十五年三月十日条、天照大神の伊勢遷宮次第を記す細注には、一云（あるにいはく）として、大国魂神を、ヌナキイリヒメの代わりに、大倭直（ヤマトのアタヒ）の祖、長尾市宿禰（ナガヲチのスクネ）に祭らせた次第が記されている。この細注は、大國魂神が物部連祖族の四世孫、大水口宿禰（系図⑬参照）に神懸かりして、天照大神、天皇、大国魂神の役割分担を託宣したと伝えている。すなわち、その細注に、倭大神（ヤマトのオホカミ。大国魂神）が穂積臣の遠祖、大水口宿禰に神懸かりして曰うに、「太初の時、『天照大神は悉く天原（あまのはら）を統治し、皇孫は葦原中國の八十魂神（ヤソミタマの神）を統治し、自分は大地官（おほつちつかさ）を統治しよう』と契った。ところが先皇の崇神天皇は、祭祀を粗略にしたので、短命に終わった。汝尊（垂仁）は、先皇の及ばざるところを悔い慎んで祭れ。そうすれば、命は長く、天下も太平となろう」といったので、垂仁天皇は、中臣連の祖、探湯主（クカヌシ）に占わせ、ヌナキノイリヒメに命じ、神地を穴磯邑（アナシのムラ。奈良県桜井市穴師）に定め、大市の長岡岬に倭大神を祠った。ところが、ヌナキノイリヒメは痩せ弱って祭ることができず、大倭直の祖、長尾市宿禰に命じて祭らせた、とある。

　崇神紀と垂仁紀細注とで、時代把握にズレがあるが、ともあれ、巫女、ヌナキイリヒメの悲劇は、大国魂神の祭祀が、時の権力によって強いられたものであろうことを示唆している。そうして、物部連祖族の大水口宿禰の神懸かりによる託宣がこうした人事を主導したというのであれば、そのことはおのずから、少なくとも崇神・垂仁朝においては、物部連祖族に比して、尾張連祖族の朝廷内の地位の低かったことを示唆している。このことは、垂仁朝の部族再編に際して尾張連祖族の辿った運命に直結している。

　土着部族に馴染むことの速やかであったこの尾張連祖族は、毛野君祖族同様、垂仁天皇世代の時に、大挙して、大和葛城から美濃・尾張方面へと、天降り、すなわち都落ちをする。カモ祖族の一分派、鴨縣主祖族が大和葛城から山城の葛野地方へ遷ったのも同じ頃であった。

　尾張連祖族の東遷、美濃・尾張方面への都落ちについては、すでに太田亮氏の『姓氏家系大辞典』（角川書店）にほぼ論じ尽くされている。ここには若干の誤謬を含むので、《　》注にて訂正しつつ、祖述しておきたい。参考までに、『先代旧事本紀』「天孫本紀」の尾張連系譜により、系図⑫の続き、七世孫から十世孫までの系譜を図示しておく。次頁の系図⑮である。大海姫（オホアマヒメ）命の子孫については、『古事記』によって、成務天皇までの系図を併せた。

『姓氏家系大辞典』一〇四三～一〇四四頁において、太田亮氏は、「天孫本紀」の尾張連系譜によって、次のように解説する。

（四）尾張氏の美濃に移住せし事実。

　上述の如く、建諸隅《タケノモロズミ。七世孫。崇神妃である大海姫命の兄であるにもかかわらず、孝昭朝大臣とされている人物である。「天孫本紀」のこの記述が誤っているのではなく、孝昭天皇を崇神天皇の五代上に位置づける記紀系譜が虚構なのであること、すでに見た通りである》までは、此の氏の人、代々殆んど大

系図⑮

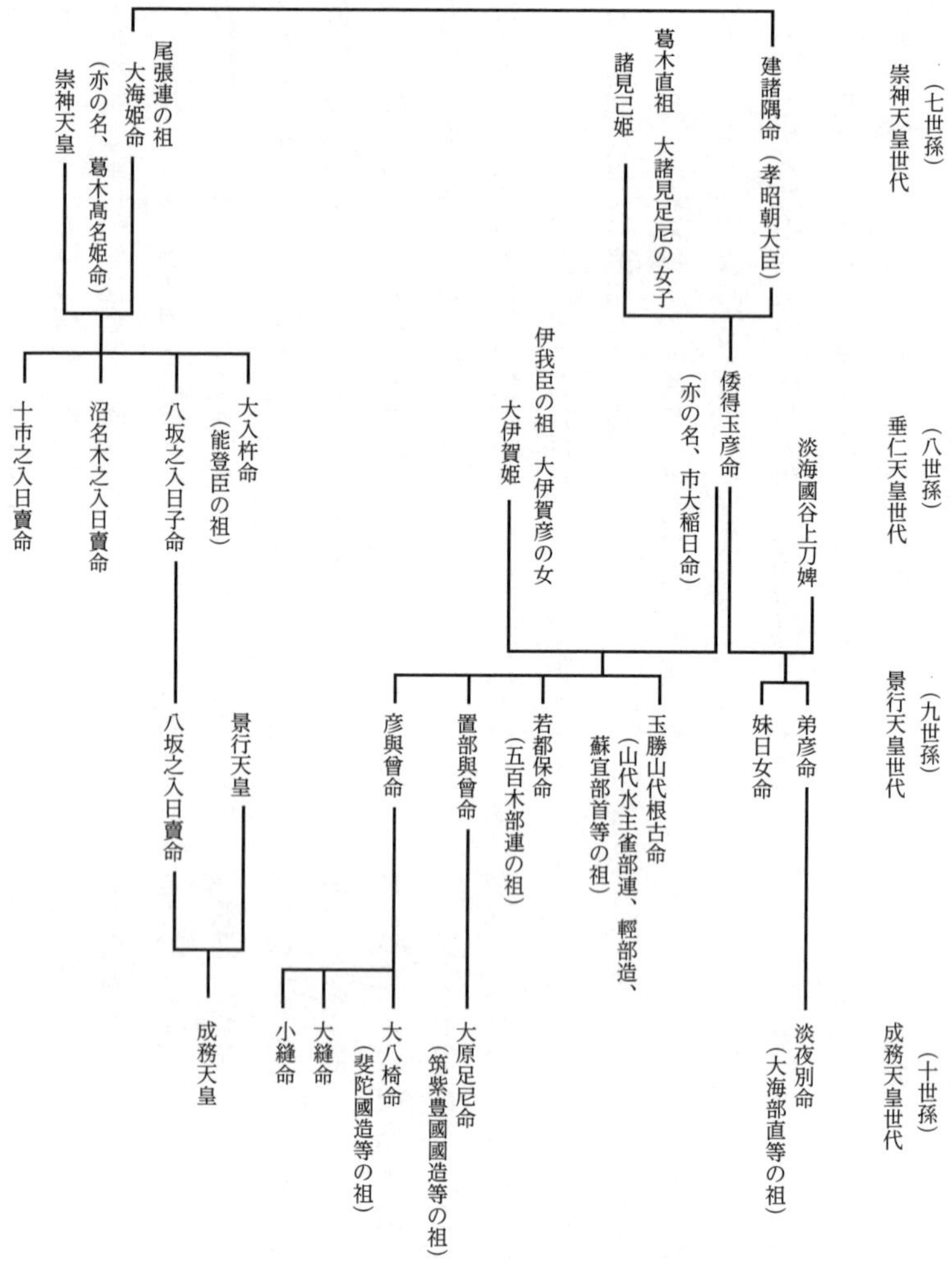

和葛城の人と婚せるに係はらず《ここに大和葛城というのは、誤りである。これは、太田氏のみならず、多くの古代史家が誤るところ。尾張連系譜にいう葛木は、大和葛木とは限らず、上代の多くは吉備の葛木であろうこと、すでに論じた通りである》、その子、倭得玉彦（ヤマトのエタマヒコ）即ち古事記に所謂る意富那毗（オホナビ）は然らずして、淡海国（アフミのクニ。近江

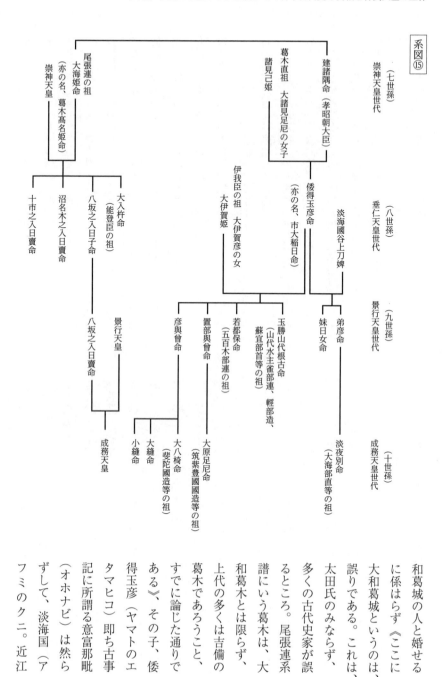

国）谷上刀婢（タナカミトベ）、および伊我臣（イガのオミ）の祖、大伊賀彦が女（むすめ）、大伊賀姫を妻とせり。斯くの如きは唯単独に考察する時は何等不思議の事にもあらざるが如し。大和の人の近江の女と婚する、敢て異とするに足らざればなり。されど其腹なる弟彦（オトヒコ）命等の美濃に在たる事実より、此の結婚を観察する時は軽々に看過すべきにあらざるが如し。因りて以下先ず弟彦命兄弟につきて説かしめよ。

（イ）弟彦命は建諸隅の孫なれば、世数より推考すれば、景行帝朝の人なり。而るに同時代に弟彦公（オトヒコのキミ）てふ人見ゆ。即ち景行紀に『日本武尊（ヤマトタケルのミコト）曰（いは）く、吾、善く射る者を得て、共に行かんと欲す。其れ何処にか善く射る者あらんか。或る者、啓（まう）して曰く、美濃国に善く射る者あり。弟彦公（オトヒコのキミ）といふ。是に於いて日本武尊、葛城《これは大和の葛城である》の人、宮戸彦（ミヤトヒコ）を遣はして弟彦公を喚（よ）ぶ。』とある之なり。此の弟彦公、必ずや弟彦命なるべし。何となれば、時代を等しくし、名を同じくすればなり。公とあるに疑を起す人のあらんもはかり難けれど、当時地方の豪族を呼ぶに公を以てする事少なからず、近き例を以て云へば、前に引きたる火明命十二世孫建稲種（タケイナダネ）命を熱田縁起に建稲種公とあるによりて知るべし。

猶ほ、此の弟彦を武尊の喚び給ふにあたり、尾張氏の本居なる葛城の人を以て使とせられしは、其の間の消息、眼前に見るが如きにあらずや、弟彦公は、弟彦命なる事、疑ひなし。

（ロ）弟彦の弟（異母弟）に若都保（ワカツホ）命あり。「天孫本紀」五百木部連（イホキベのムラジ）の祖とせり。五百木部は、伊福部とも云ふ。……和名抄美濃国池田郡に伊福郷ありて、大宝二年美濃国山方郡三井田里戸籍、加毛郡半布里戸籍……に五百木部氏、伊福部氏等、多く見ゆ。又「尾張、美濃二国、殿富門を造る、伊福部氏也」と拾芥抄にあり。因りて若都保命の美濃と関係の浅からざるを知るべし（故栗田博士は伊福部氏の本貫を美濃とせらる）。

（ハ）彦与曽（ヒコヨソ）命の子、即ち弟彦の甥、大八椅（オホヤツハシ）は、国造本紀によれば斐陀国造（ヒダのクニのミヤツコ）の祖なり。

以上、弟彦、若都保、大八椅が美濃飛騨に極めて深き関係を有する事実を、倭得玉彦の淡海谷上刀婢との結婚に関連して考ふれば、次の推定を得べし。「尾張氏は倭得玉彦（意富那毘）の頃《垂仁朝である》より漸次東して景行帝の頃には其の嫡流、美濃にありたり」と。

（五）八坂入彦命の東下

此の尾張氏の美濃移住と殆ど同時代と思はるる頃、八坂入彦命の東下あり。八坂入彦命は崇神帝の皇子にして、御母大海媛（オホアマヒメ）は、尾張連の祖、建宇那比（タケウナヒ）の女《というのは実は嘘であって、「六世孫」建宇那比は垂仁世代の人物であり、崇神世代の「七世孫」大海媛と直接の血縁関係がないことは、第九節で示したとおりである。大海媛は結局、古事記のいう尾張連の祖という以外に、明確な父系出自が知られない》、建諸隅の妹なり。即ち皇子と倭得玉彦とは従兄弟にあたる《八坂入彦皇子から見て母方従兄弟》。此の皇子の美濃に坐（いま）せし事は、景行紀四年の条に「天皇美濃に幸す。左右奏して言く、茲の国に佳人あり、弟媛と曰ふ、容姿端正、八坂入彦皇子の女也と。天皇、得て妃となさんと欲し弟媛の家に幸す。……（時に弟媛、天皇に請うて曰く）妾（やっこ）に姉あり、名を八坂入媛と云ふ、容姿麗美、志亦貞潔、宜しく後宮に納るべしと。天皇之を聴（ゆる）す。仍りて八坂入媛を喚びて妃となし、七男六女を生む。……」とあるに因りて容易に知るを得べし。

皇子の下向し給ひし時代は史籍に伝ふる処なしと雖、崇神帝の時ならずば垂仁帝の御代か、二代の外に出でざるべし。然らば則ち尾張氏の美濃移住と殆ど同時ならずや。是処に於いて両者の間に密接なる関係ありとせざるべからず、皇子は尾張氏の生み奉りし方なればなり。

即ち次の推定を得べし、曰く「尾張氏は崇神帝朝頃まで葛城にありたるが《ここも、尾張氏は、崇神天皇世代において大和攻略ののち、大和葛城地方に居を定めたが、と改める必要がある》、其の時代、或いは垂仁帝の朝に至りて自家の女（大海媛）の生みまつりし皇子八坂入彦命を奉じて東し、美濃に下りたり」と。時に此氏を率ゐしは倭得玉彦か。弟彦、若都保は其の子にして美濃に止り、大八椅は其の孫にして隣国飛騨に行き、成務帝の御代、斐陀国造に任ぜられたり。

太田氏は以上のように述べて、垂仁天皇世代であるヤサカノイリヒコ（八坂入彦）、倭得玉彦らの東下を推定し、その時期を崇神朝あるいは垂仁朝ごろの事として提示された。基本的に太田氏のこの推測に間違いはないと思われるが、若干補足しておく必要がある。

ヤサカノイリヒコのむすめが美濃に居るからといって、必ずしもヤサカノイリヒコ自身が美濃にあったことにはならない。母系制習俗下の妻問い婚が行われたとすれば、ヤサカノイリヒコが美濃の母系制部族に通って生んだむすめは、当然の事ながら母族のある美濃で生育することになるからである。

ヤサカノイリヒコ自身が美濃・尾張界隈へと下ったであろうことについては、母親（オホアマヒメ）が尾張連の祖とされていることや、ヤサカノイリヒコと同世代の者達の動向、すなわち、崇神天皇崩御後の垂仁天皇の即位とその即位に伴う部族の再編成という大きな流れなどを見極めて推断され得る事項である。

記紀系譜が伝えるところによれば、崇神天皇には三人の妃があり、それぞれに長男があった。これら三長子は、次頁の系図⑯に見るごとく、ミマツヒメ命の子、垂仁天皇と、木国造アラカハトベのむすめの子、トヨキイリヒコ命、そして、尾張連の祖、オホアマヒメの子、ヤサカノイリヒコ命の、三人である（『古事記』

系図⑯

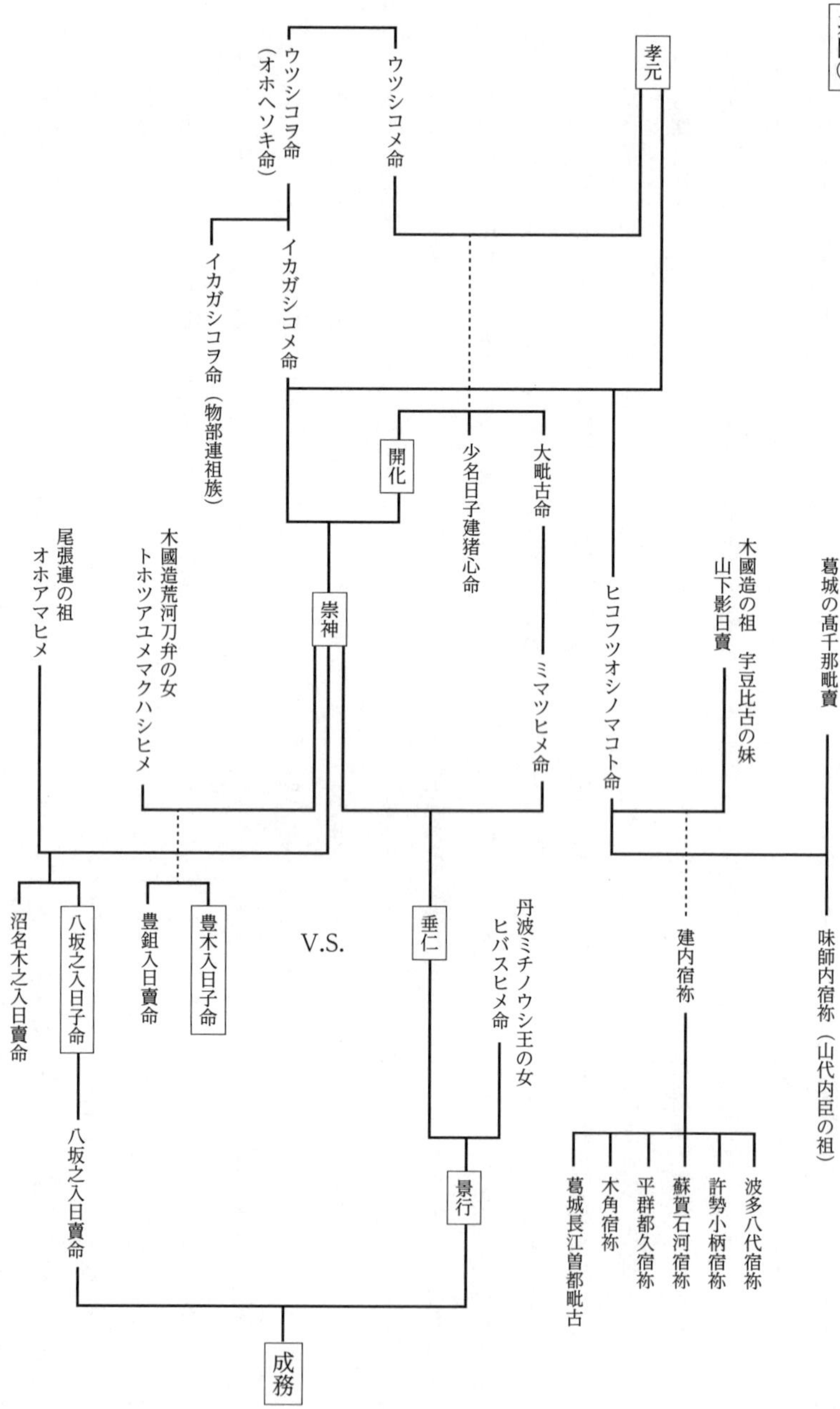
孝元
ウツシコメ命
ウツシコヲ命（オホヘソキ命）
イカガシコメ命
イカガシコヲ命（物部連祖族）
少名日子建猪心命
開化
大毗古命
ミマツヒメ命
ヒコフツオシノマコト命
木國造の祖 宇豆比古の妹 山下影日賣
尾張連等の祖 オホナビの妹 葛城の高千那毗賣
味師内宿祢（山代内臣の祖）
建内宿祢
波多八代宿祢
許勢小柄宿祢
蘇賀石河宿祢
平群都久宿祢
木角宿祢
葛城長江曽都毗古
崇神
木國造荒河刀弁の女 トホツアユメマクハシヒメ
尾張連の祖 オホアマヒメ
豊木入日子命
豊鉏入日賣命
八坂之入日子命
沼名木之入日賣命
V.S.
垂仁
丹波ミチノウシ王の女 ヒバスヒメ命
景行
八坂之入日賣命
成務

はヤサカノイリヒコの兄に大入杵（オホイリキ）命があったとするが、書紀にはこの皇子の記載がない）。

崇神天皇死後の王位継承において、この三皇子の間に、何らかの緊張関係があったと考えるのは自然である。この緊張関係の帰結こそ、トヨキイリヒコ命を奉じたアラカハトベ系旧木族（木国造アラカワトベ系の部族を、垂仁朝頃、毛野国へと大移住をする部族として、旧木族と呼んでおく）の毛野国への東下であり、ヤサカノイリヒコ命を奉じた尾張連祖族の美濃・尾張への天降りであったと思われる。

系図⑯によって、垂仁天皇対、トヨキイリヒコ命、ヤサカイリヒコ命の対立図式を、明瞭に見て取ることができる。物部連祖族に密接なミマツヒメ命の子、垂仁天皇に対する、被侵略部族系の母族（旧木族）中の妃の子、トヨキイリヒコ命と、侵略側部族の父系を入れつつも土着系母族（葛木族）を強力なバックボーンとするに至った尾張連祖族中の妃の子、ヤサカイリヒコ命らとの間の対立図式である。

この図には崇神天皇の母方兄弟であるヒコフツオシノマコト命の子、建内宿祢（タケのウチのスクネ）と味師内宿祢（ウマシウチのスクネ）の系譜も併せ示した。

タケノウチノスクネの母は、木国造の祖、宇豆比古（ウヅヒコ）の妹、山下影日賣（ヤマシタカゲヒメ）と伝えられる。注意するべきは、アラカハトベが木国造であり、ウヅヒコが木国造の祖だとされる点である。アラカハトベのむすめとウヅヒコがほぼ同世代であるわけだから、ウヅヒコの方がアラカハトベより後の世代である。にもかかわらず、アラカハトベが木国造で、ウヅヒコが木国造の祖であるとは如何なる理由か。アラカハトベ系木国造家、即ち旧木族が、トヨキイリヒコを奉じて毛野国へと東下したその後に、紀伊にあって木国造を継いだのが、ウヅヒコの苗裔であったということだと思われる。してみると、ウヅヒコの部族は、東下した旧木族とは対照的に、当時にあっては朝廷権力側により親密に与した紀伊の部族であったことになる。

そのウヅヒコの妹がヒコフツオシノマコト命の妻と

なって生んだ子が、建内宿祢とされる。

他方、味師内宿祢の母は、尾張連祖族中の葛城の高千那毗賣（タカチナビメ）である。こちらは、東下した側に属する。

すると、いままでの流れから、建内宿祢と味師内宿祢との間にも、なにがしかの対立関係を予測することができる。はたして、両者の確執の伝承が、応神天皇紀に見える。応神天皇九年紀四月条である。

応神天皇九年紀四月、建内宿祢が筑紫に遣わされて、百姓を監察した折り、弟の味師内宿祢は天皇に兄を讒言する。「兄建内宿祢は密かに筑紫を裂いて三韓を招き、天下を取る謀をしている」と。天皇は使いを遣わして建内宿祢を殺そうとするが、建内宿祢に容貌のよく似た壱伎直（イキのアタヒ）の祖、真根子（マネコ）が身代わりとなって死に、その間に建内宿祢は天皇に無罪を弁明する。建内宿祢と味師内宿祢は、互いに熱湯に手を入れて正邪を占う探湯（くかたち）を行い、建内宿祢が勝つ。建内宿祢は味師内宿祢を斬り殺そうとするが、天皇の勅によって、味師内宿祢は紀直（キのアタヒ）等の祖に奴隷として与えられた。

この伝説の細部は例によって信じがたい。讒言のこと、真根子の件、探湯の占いのことなど、真偽定かならぬ事柄が多い。しかし、建内宿祢と味師内宿祢の両者の間に、何らかの確執があり、結果として、味師内宿祢が、紀直等の祖、つまり木国造の祖の奴隷とされた、というあたりには、史実の核が存在すると思われる。建内宿祢の母が木国造の祖の妹であるから、味師内宿祢は、建内宿祢の母家の奴隷とされたのである。

ともあれ、以上、Bの「某の祖とのみ記述されて、母系制部族もしくは母系制習俗に馴染んだ部族の族祖母になったと思われる妻」である第十代崇神天皇の妃、尾張連の祖の意富阿麻比賣に関連して、尾張連祖族の背後には、葛木名をおびる巨大な土着系母族があり、尾張連祖族は、孝元天皇世代から崇神天皇世代にかけて、この葛木部族の中で、婚姻を繰り返し、侵略側の父系に発するとはいえ、その実体はすでに半ば母系制部族化したものとなっていたであろうこと、そうして、かくのごとく土着部族に馴染むことの速やかであったこの尾張連祖族は、毛野君祖族すなわち旧木族と同様、垂仁天皇世代の頃に、大挙して、大和葛城から美濃・尾張方面へと都落ちをしたものであろうことを、主に、太田亮氏の説論を一部訂正しつつ検証した。

この尾張連祖族の美濃・尾張地方への東下は、まさに、カモ祖族の一分派、鴨縣主祖族が大和葛城から山城の葛野地方へ遷ったのと同じ頃であろうと思われる。かくして尾張連祖族らが葛城を去った後、葛城地方に権勢を伸ばしたのが建内宿祢の子とされる葛城長江曽都毗古（カヅラキのナガエソツビコ）の一族であろう。

ところで、垂仁朝頃に行われた大和から東国への移住は、旧木族、尾張連祖族、鴨縣主祖族のみにはとどまらない。たとえば、尾張連祖族とともに、多くの関連部族が、大挙して東国各地へと移動したことが知られる。垂仁朝における部族再編と称すべき、ほぼ時代を一にしての広範なる部族の東遷の様を、我が古代史から発掘することができる。大雑把にいうならば、邪馬臺国連合が滅ぼされて大和朝廷の礎が崇神天皇によって大和に立てられた後の、垂仁朝への代替わりにおいて、主として嘗ての土着系部族に近親であった部族を中心に、東国への移住を強いられた一大事件が、この垂仁朝の部族再編であったといえるのである。

先に指摘したごとく、『古事記』は天孫降臨説話に、日の女神の伊勢遷宮伝承を合体させている。そうして、まさにこれがために、後の文献は、伊勢遷宮に殉じた部族の東下伝承、つまり都落ち伝承を、『古事記』の天孫降臨伝承に沿う形で、天下り伝説へと転化させて語るという虚偽を犯すこととなった。

倭姫命世記によれば、ニニギの命に副従した神々として三十二神が挙げられている。ところが、この三十二神は、『先代旧事本紀』「天神本紀」において、尾張連の祖、天火明命に随従して天降ったとされる防衛三十二人と同じである（詳細は省くが、「天神本紀」・「天孫本紀」ともに、尾張連の祖天火明命と物部連の祖ニギハヤヒとを奇妙に合体させ、前者の都落ち伝承と後者の天降り伝承とを混合して語っているので、注意しなければならない)。その防衛三十二人の列記名簿をみると、尾張連等の祖、天香語山(アメのカゴヤマ)命があり、鴨縣主等の祖、天櫛玉(アメのクシタマ)命および、葛野鴨縣主等の祖、天神魂(アメのカムタマ・カミムスビ)命らが名を連ねている。ともに垂仁朝頃の都落ち組である。

そうして、この防衛三十二人が祖とされる部族を調査してみると、そのうちのかなり多くの部族の本体もしくは一部につき、垂仁朝の頃に東国へと東下したであろうことが推断できる。

三十二氏中、具体的にはたとえば、尾張連祖族は美濃・尾張へ、鴨縣主祖族は山代葛野へ、忌部首(イムベのオビト)祖族は安房(アハ)国へ、中臣連(ナカトミのムラジ)祖族は常陸鹿島へ、安芸(アキ)国造の一部は東北地方の倭国最北境へ、阿曇連(アヅミのムラジ)祖族は信濃へ、思兼神(オモヒカネのカミ)の裔は信濃・秩父へと、それぞれ移住したことが知られる。三十二氏中の他の氏族もこれら東下に従った氏族と密接なる部族連合を成していたことが知られる(以上、防衛三十二人に関して詳細は前掲拙著『古事記考』第五章「神々の流離」の第四節を参照されたい)。

これら諸氏の移住が、部族の膨張による自然な移住ではなかったであろう事は、安芸国造一族の分布の特殊性や、毛野君祖族すなわち旧木族や、阿曇連祖族ら海洋性部族の内陸への移住などが示唆するところである。いずれも高度に政治的な事件であったと思われ、その「政治性」の中枢に、日の女神の伊勢遷宮という、やはり高度に政治的な大事件が存在していたと考えられる。

侵略戦が終結して、大和朝廷の礎を固めた崇神天皇世代が過ぎ去り、垂仁天皇代に代替わりした、あるいは代替わりしようとしていた朝廷権力が、垂仁天皇政権の確立の前提たる国家政策として打ち出したものが、右の一連の部族再編政策であったと思われるのである。

なお、日本古代史家の中には、伊勢の日の女神を古くからの一地方神に過ぎなかったと考える論者も居られるが疑問である。皇女が齋内親王となってこれを祭る習いは、崇神天皇の皇女、豊鉏入日賣（トヨスキイリヒメ）命、次いで、垂仁天皇の皇女、倭比賣（ヤマトヒメ）命以来、連綿、七世紀初めの推古朝までは続いており（用明天皇の皇女、酢香手姫〔スガテヒメ〕まで、歴代九人の齋内親王の名が今日に伝えられている）、この齋内親王の歴史を否定する根拠はない。一地方神ごときに、代々皇女が齋内親王とされ続けたということは、理解し難いであろう。伊勢の日の女神は、これこそが嘗ての邪馬臺国連合の共通の女神であったがために、その神威を畏れて、あるいはまた、被侵略側の部族の懐柔策の一環として、皇女がこれを祭るならいとされたのである。

また、「天神本紀」の防衛三十二人を、物部連祖族に随従した部族と考える論者がおられるが、これも疑問である。この防衛三十二人に、物部連と関連の深い氏族の参加が認められないのが何よりの証拠である。物部連と防衛三十二人とは、ほとんど何の関係もないのである。尾張連の祖の東下伝承と、物部連祖族の天降り伝承とが、奇妙に合体させられたことが、今日の学者を混乱させている。こうした合体や混乱のおおもとが、『古事記』による、天孫降臨伝承と、日の女神の伊勢遷宮伝承の合体という、虚史の捏造にあった。

第十四節　天孫・天皇系譜の虚構の構造と十市縣主系譜

『古事記』における上代天孫・天皇系譜の虚構の仕組みについて、ここで整理し若干の補足をする。

天照大御神から天皇系譜に至る記紀系譜の主要部は、左の図のようになっている。

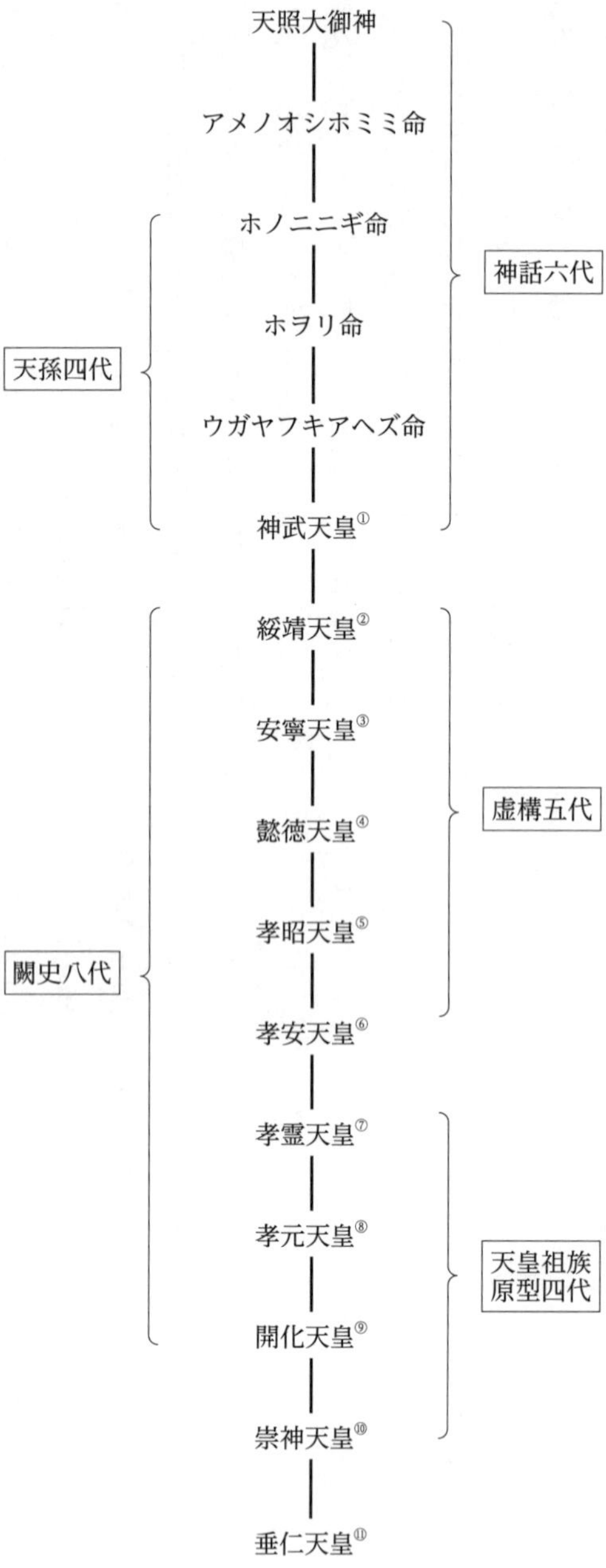

この系譜の構造は、壬申乱の後、天武天皇の勅令を受けた一個の頭脳によって構想され記述された原『古事記』において初めて確立されたものである。その証拠に、この系譜も、『古事記』特有の「寓意の構造」を秘めている。

たとえばホヲリ（火遠理）とは火折りであり、大友皇子の頭（火）を折るという寓意を与えられた天孫である。このホヲリが海神の助けで兄を懲らしめる話の裡にも、大海人皇子（天武天皇）が、兄（中大兄皇子＝天智天皇）を凌ぐという寓意が込められている。ウガヤフキアヘズのウは鵜であるが、鵜とは、壬申乱で首にひもをくくって自縊した大友皇子（天智天皇の長男）の姿の寓意である。神武天皇には大海人皇子がダブルイメージとして掛けられており、神武天皇の大和平定説話には、壬申乱の寓意が満載されている。

全てのこうした『古事記』における「寓意の構造」は、機会を改めて詳論したい。

天皇家の実系譜は、孝霊天皇こと、大倭根子日子賦斗迩（オホヤマトネコヒコフトニ）命までしか遡れない。それより上の系譜は、前節までに明らかになったところをまとめると、次のようにして構成されたと考えられる。

まず孝霊・孝元・開化・崇神天皇という天皇祖族四代（**原型四代**）の時代に相当する祖伝承（主としてはカモ祖族の伝承であり、これに尾張連祖族の伝承や天皇祖族自体の伝承などが併せ勘案されたものと思われる）を吸収するべく、ホノニニギ命・ホヲリ命・ウガヤフキアヘズ命・神武天皇という**天孫四代**が設定された。神武天皇ことトヨミケヌは、壬申乱で功績のあった、大和平定伝承を持つ、カモ祖族の祖、オホタタネコことトヨミケ主が素材とされて捏造された初代天皇である。

この天孫四代の上に、天照大御神（アマテラスオホミカミ）とその子アメノオシホミミという特異な母系系譜がかぶせられた。天皇の系譜を天照大御神につなぐための虚構である。天照大御神という神名も原『古事記』において創作された名であろう。アマと読まれる天の字は、大海人皇子のアマを寓意する寓意文字であり、天照大御神という神名は、この寓意文字を持つ神名として考案されたのである。天照大御神は、大海人皇子をダブルイメージとして語られている。天照大御神こと伊勢の日の女神は、壬申乱において、大海人皇子が吉野を脱出して朝明郡（(アサケのコホリ。今の三重県三重郡）に至った時、迹太川（トホカハ、今の朝明川）のほとりでこの女神を望拝したと『日本書紀』は伝える。伊勢の女神の加護によって壬申乱に勝つことができたという信念が、これを皇祖に祭り上げる動機の一つになったものと思われる。くどいようだが、伊勢の女神と天皇祖族は、かたや女王国・邪馬臺国連合の主神、かたやその邪馬臺国連合を侵略し滅ぼした父系制部族であり、元来は敵同士であったのであり、当然の事ながら、伊勢の女神と天皇家とは、もともと何の関係もない。だが、天照大御神と神武天皇（トヨミケ主）は、ともに壬申乱に功績のあった女神および氏神であり、ともに大海人皇子寓意を担うという、強固な共通点を持つ。

さて、こうしてできた六代の系譜が、崇神天皇以下、ヤマトタケルを経て応神天皇に至る六代（**原型六代**。崇神天皇・垂仁天皇・景行天皇・倭建命・仲哀天皇・応神天皇）の系譜をまねてその骨格が形成され、**神話六代**系譜が捏造された。

スサノヲ追放後の神話六代の神話を見ると、しばしば指摘される如く、天照大御神と高木神による葦原中国（アシハラのナカツクニ）の平定と出雲における大国主神の国譲り神話に、天孫四代の日向降臨から東征説話に至る一連の説話が、互いにかなり不自然な形に接ぎ木されて、物語の筋立てとしてはいかにも無理な流れになっているのであるが、この不自然さに神話六代系譜の接ぎ木的捏造が密接に関連する。出雲の神、大国主命から国譲りを受ける話が先に出て、さて、天孫第一代の天降る地が日向であるというのは、いかに考えても不自然である。系譜も物語も、不自然につぎはぎされ、虚構的に結合されたためである。しかも、これらの神話には、様々な局面で壬申乱前後史をダブルイメージとしつつ、微に入り細を穿って、寓意の数々が練り込まれている。

ともあれ、この神話六代と孝霊天皇以下の天皇祖族系譜とをつなぐために、その間に**虚構五代**が挿入される。この虚構五代は、孝霊天皇以下の五代に平行する時代に実在した王統分流の系譜が素材とされて、崇神天皇以下の五代の天皇（**原型五代**。崇神天皇・垂仁天皇・景行天皇・成務天皇・仲哀天皇）の系譜を下敷きにして形を整えられた、やはり捏造の天皇系譜である。

虚構五代とそれに続く孝霊・孝元・開化を併せた八代の天皇は、天皇としての事績伝承をほとんど欠くため、古来、**闕史八代**と呼ばれてきた。闕史八代が、なぜ闕史であるかは、すでに明らかである。繰り返しになるが、虚構五代は、元来は、孝霊天皇世代つまり、日向降臨世代から始まる系譜なのであり、崇神天皇世代のトヨミケ主を素材として作られた神武天皇の伝説のあとに来るべき系譜ではない。真の時代が逆転しているため、しかもそもそも、王統主流の系譜ではなかったがために、これに伝承を付すことは不可能であったものと思われる。

虚構五代に続く三代は、実在の天皇父祖たちであったが、やはりその伝承はすでに天孫四代神話に吸収され、いまさら伝承をつけるわけにいかない次第となっている。

すなわち、系譜の捏造の過程を知れば当然の結果として、闕史八代は闕史であるほかなかったのである。神武天皇の東征説話は、従って、直ちに崇神天皇説話へと直結されるべきものである。

ただし、闕史八代といいながら、厳密には、例外として、その初代である綏靖天皇ことカムヌナカハミミ命の即位前の説話がある。『古事記』によってその凡そを示せば次の通り。

綏靖天皇の父に造られた神武天皇には二妃があり、日向時代に娶った阿多（アタ）の小椅君（ヲバシのキミ）の妹、阿比良比賣（アヒラヒメ）と、天下平定後に娶った大后（おほきさき）伊須氣余理比賣（イスケヨリヒメ）の二人である。それぞれの子として、前者には多藝志美美（タギシミミ）命と岐須美美（キスミミ）命の二子があり、後者には、日子八井（ヒコヤヰ）命、神八井耳（カムヤヰミミ）命、神沼河耳（カムヌナカハミミ＝綏靖天皇）命の三子があった。

神武天皇の崩後、タギシミミは継母のイスケヨリヒメを娶り、イスケヨリヒメの生んだ三人の弟を殺そうと謀るが、イスケヨリヒメは歌によって我が子に後夫の陰謀を知らせる。そこでカムヌナカハミミは兄のカムヤヰミミに庶兄のタギシミミを殺すよう進言する。しかしカムヤヰミミは手足が震えて殺せない。カムヌナカハミミは兄の武器をとり、庶兄タギシミミを殺す。これを以て、その名を称えて建沼河耳（タケヌナカハミミ）命という。

兄のカムヤヰミミは弟に、「自分は兄だが仇を殺せなかったので忌人（いはひびと、神に加護を祈る役目の人）となって、汝に仕えるから、汝は上となって天下を治めよ」と皇位を譲り、そこでカムヌナカハミミは天下を治めた。

『古事記』は、手足震えて仇を殺し得なかった兄カムヤヰミミに分注して、意富臣（オホのオミ）、小子部連（チヒサコベのムラジ）ら計十九氏の祖だとする。

この物語は、大和を舞台にして語られており、当然、日向世代である綏靖天皇の物語としては全くの捏造譚である。これが捏造であるという証拠はまた別方面からも検出される。

虚構五代の系譜の構造が、崇神天皇から仲哀天皇に至る五代の天皇（原型五代）の系譜を下敷きにして形を整えられたであろう事を第七節で指摘したが、実は系譜の構造ばかりでなく、右で見た綏靖天皇即位前の物語も、原型五代の物語を真似ていることが推定される。虚構五代と原型五代の対応関係では、綏靖天皇は崇神天皇に対応するのであるが、崇神天皇にも、庶兄による謀反譚があり、やはりその謀反は、歌による暗示で暴露される。すなわち、『古事記』崇神天皇段は、崇神天皇の庶兄建波迩安（タケハニヤス）王の謀反が、山代の少女の歌によって露見する話を語っている。庶兄による謀反である点、謀反が歌によって露見する点など、綏靖天皇の庶兄による謀反譚は、この崇神天皇段の話に酷似している。系譜の相同が求められた際、物語もついでに真似られたものと思われるのである。

綏靖天皇はまた、神話六代（天照大御神から神武天皇までの六代）と原型六代（崇神天皇からヤマトタケルを経て応神天皇までの六代）の系譜の相似対応においては、仁徳天皇こと大雀（オホサザキ）命の弟、宇遅能和紀郎子（ウヂノワキイラツコ）に対応するのであろうことを第八節で指摘した。しかし、原型六代において即位するのは、ウヂノワキイラツコではなく大雀命である。ウヂノワキイラツコが早逝したため、その生前の希望通り、大雀命に天津日継が譲られた形になっている。そこで恐らくはこの譲位譚が、神話六代では神八井耳命から綏靖天皇への譲位譚のヒントになったものと思われる。

即位前の綏靖天皇には、庶兄の謀反譚と、兄からの譲位譚があり、綏靖天皇に関する事績譚はこれで全てであるのだが、その悉くが、系譜の原型となった者たちにまつわる伝承話の物まねであったということになる。綏靖天皇の捏造の捏造たる所以である。

ところで、カムヤヰミミは意富臣（オホのオミ）らの祖とされる皇子である。意富臣は太臣、後の太朝臣（オホのアソミ）である。現『古事記』の序文を著し、現『古事記』を元明天皇に献上した太朝臣安萬侶（オホのアソミヤスマロ）が元明朝当時の同氏の氏上である。

カムヤヰミミについて『古事記』が語る物語、すなわち、カムヤヰミミが、手足わななき、仇である庶兄タギシミミを殺すことができず、弟の忌人になったという物語は、太朝臣氏にとって、名誉な記事とは考えられなかったはずである。今日的に考えるなら、人殺しができなかったことは、必ずしも不名誉ではない。しかし、『古事記』の筆調は、明らかにこれを不名誉な物語として記している。

現『古事記』の編纂者を太朝臣安萬侶なりとする説の成立しがたいことは、この説話のみ見ても明らかであろう。太朝臣安萬侶が、このような自族にとって不名誉な筆調を帯びたなまなましい物語を、あえてみずから編案したとは考えがたい。

カムヤヰミミのこの不名誉物語は、原『古事記』にはじめから備わっていたのである。謹厳実直な官吏であった太朝臣安萬侶は、稗田阿礼の訓導宜しきを得て、これをも「勅語の旧辞」として、一字一句「子細に採り摭（ひろ）」ったのである。

カムヤヰミミの物語は、右で見たごとく、ウヂノワキイラツコから大雀命への譲位物語をヒントとして造られた全くの捏造譚であるのだが、大雀命の譲位譚には、譲位する側の不名誉要素は無い。大雀命とウヂノワキイラツコは、互いに位を譲り合っているうちに、ウヂノワキイラツコが早くに崩じたため、大雀命が即位したと『古事記』は語っている。

従ってカムヤヰミミの手足わななく不名誉物語は、原『古事記』の創作である。なぜこのような不名誉物語がわざわざ作られたのか。

この創作が成された背景には、やはり、壬申乱寓意があったはずと思われる。

カムヤヰミミは太朝臣氏とともに小子部連（チヒサコベのムラジ）氏の氏祖でもあるが、その小子部連氏については、壬申乱紀に特異な記事がある。

大海人皇子は壬申年（実は旧壬申年＝六七三年）の六月二十二日に吉野宮にあって発兵と不破道を防ぐ詔を出す。村国連男依（ムラクニのムラジヲヨリ）・和珥臣君手（ワニのオミキミテ）らを発遣し、美濃の安八磨郡（アハチマのコホリ。安八郡）の湯沐令（ゆのうながし。大海人皇子のための在地の物資調達係）であった多臣品治（オホのオミホムヂ。多臣は太臣に同じ）に告げしめて、兵を発し、国司を通じて諸軍を徴兵し、不破道を塞げと命ずる。大海人皇子は、六月二十四日に吉野を出る。六月二十五日には鈴鹿関を塞ぐ。六月二十六日には、既述の如く伊勢の女神、天照大御神を朝明郡から望拝し、先に使いに出していた村国連男依から、美濃の兵士三千人を発して不破道を塞いだという報告を受ける。そして、六月二十七日、尾張国司であった小子部連鉏鉤（チヒサコベのムラジサヒチ）が、二萬の兵を率いて大海人皇子に帰順する。大海人皇子はこれを誉め、兵を配って諸道を塞ぐ。

この、二萬の軍を率いたという尾張国司、小子部連鉏鉤の名は、壬申乱紀ではこの後しばらく見えないが、壬申乱が終結し、近江朝側の左右大臣らの処罰が下された八月二十五日の条に、「是より先に、尾張国司、小子部連鉏鉤、山に匿（かく）れて自ら死す。天皇の曰く、『鉏鉤は功有る者なり。罪無くして何ぞ自ら死なむ。其れ、隠せる謀（はかりごと）有りしか』と」とある。

『日本書紀』に記載された小子部連鉏鉤に関する記事は以上に尽きる。小子部連鉏鉤について知られることは結局、壬申乱に際して大海人皇子側に帰順したが、乱が終息する頃、山に隠れて自殺した、という事実である。壬申乱は同氏族さえ東西に分かれて相討った古代の大戦争であった。小子部連鉏鉤の自殺はそうした壮絶な戦乱の強いた悲劇の一つであったに違いない。

小子部連鉏鉤のこの悲劇が、『古事記』のカムヤヰミミ説話の形成に、深い影を落としていたのではないかと思われる。大海人皇子は、小子部連鉏鉤に陰謀でもあったか、と疑っているが、その後の調べで、近江側の者を殺せなかったというような事情のあったことが判明したのではあるまいか。これは単なる憶測にしか過ぎないが、しかし、壬申乱における、小子部連鉏鉤の事件が、特異な印象をもって、小子部連氏の祖、カムヤヰミミ説話の形成に強く関与した可能性がある。この不名誉記事の背後に、壬申乱寓意があったはずだという所以である。

小子部連鉏鉤の事件は、鉏鉤の身に寄り添って考えれば、鉏鉤の誠実なる人間性に触れる真相を秘めていた可能性が濃厚である。だが、『古事記』のカムヤヰミミの説話の語り口からは、カムヤヰミミの誠実さを語ろうとする配慮は感じられない。『古事記』の筆調は、カムヤヰミミの臆病をひたすら卑下する語り口でしかない。寓意主体すなわち原『古事記』編纂者の、ある種の傲慢さがこういうところに看取される。『古事記』の「寓意の構造」を仕組んだ人物は、この「寓意の構造」そのものが醸し出す、貴族趣味に馴染んだ、ある種の傲慢さを体現する人格を持っていたはずである。その人物は、天武天皇直々の命を受けて、原『古事記』編纂にいそしんだ人物であり、天武天皇こと大海人皇子の利害に一致した利害をもって壬申乱前後の時代を生きていた人物であろう。壬申乱前後、大海人皇子の利害と自らの利害が一致していた者達はその妻子を含めて数多かったと思われるが、大海人皇子の吉野遁世以後も皇子に従い続けた舎人達もまた、その主要な一部であったはずである。壬申乱紀には、「元より従へる者」として、「草壁皇子・忍壁皇子、及び舎人、朴井連雄君・(中略)・調首淡海の類、二十有餘人、云々」と、舎人の名十一名を列挙するが、名の列挙に漏れた舎人はなお十名ほど居たはずである。名を挙げられなかったのは、彼らが卑姓の舎人たちであった故ではなかろうか。そうして、筆者の憶測というのが、この中に、原『古事記』の作者も含まれていたのではなかろうかというものである。そうして、その作者こそ、舎人、稗田阿礼であったのではなかろうかというものである。彼は、大海人皇子の側近くに仕えつつ、壬申乱前後、大海人皇子の運命と自らの運命を一致させながら生きており、天武朝に至って、大海人皇子のいわば代筆人のような立場で原『古事記』の編纂を委ねられ、舎人という立場からではあれ、天武朝の利害に一致すると思われる寓意の数々を、密かにそこに練り込んだのではなかったか。天武朝の政治そのものが、ある種の貴族趣味と、ある種の傲慢さに彩られた政治であったのであるが、原『古事記』にも、その色彩が、相当程度及んでいるように思われるのである。ただし、ヤマトタケル物語のヤマトタケル崩去譚に潜む一種哀切なロマン主義や、民の視座から見たようにさえ思われる仁徳天皇の聖帝物語などに、天武天皇自身の性向や政治姿勢からは異質な要素が垣間見える。これらは、原『古事記』作者が、天武天皇自身とは人格を異にしていた証拠と見なすことができる。

話をもどすと、闕史八代の闕史に関する例外として、今一つ、孝霊天皇系譜中に記述された吉備平定伝承がある。孝霊天皇の皇子、大吉備津日子（オホキビツヒコ）命と若建吉備津日子（ワカタケキビツヒコ）命について、「二柱（大吉備津日子と若建吉備津日子）相副（あひそ）ひて、針間（ハリマ）の氷河（ヒカハ。今の加古川）の前（さき）に忌瓮（いはひべ。神事に用いる酒瓶）を居（す）ゑて、針間を道の口として吉備国を言向（ことむ）け和（やは）せり」とある。極めて簡略な記事であり、ほぼ史伝承に忠実な記事であろうと思われる。これが、孝元天皇世代の皇子達によって、西暦二六二年前後に近い時代（二六六年から間もなくであろう）に為された、邪馬臺国連合の一国、吉備国に対する平定伝承であったろうこと、既述の通りである。

ところで、その大吉備津日子と若建吉備津日子の母は、それぞれ、蠅伊呂泥（ハヘイロネ）、亦の名、意富夜麻登久迩阿礼比賣（オホヤマトクニアレヒメ）命と、その弟（おと。妹）蝿伊呂杼（ハヘイロド）とされる。

　ところが、この二人の孝霊天皇妃、ハヘイロネ・ハヘイロド姉妹は、『古事記』によれば、安寧天皇の曽孫とされている（『日本書紀』は二人の出自については何も語っていない）。安寧天皇ことシキツヒコタマデミは虚構五代の二代目として孝元天皇と同世代のはずであるから、ハヘイロネ・ハヘイロド姉妹の出自に関して、『古事記』は虚偽を記述しているのである。安寧記によれば、安寧天皇には三男子、常根津日子伊呂泥（トコネツヒコイロネ）命、大倭日子鉏友（オホヤマトヒコスキトモ。懿徳天皇）命、師木津日子（シキツヒコ）命があり、その師木津日子命について、「師木津日子命の子、二王坐しき。一子孫は、〈伊賀須知（イガのスチ）の稲置（イナギ）、那婆理（ナバリ）の稲置、三野の稲置の祖〉、一子、和知都美（ワチツミ）命は、淡道（アハヂ）の御井宮（ミヰのミヤ）に坐しき。故、此の王に、二女有り。兄の名は蝿伊呂泥、亦の名、意富夜麻登久迩阿礼比賣命、弟の名は、蝿伊呂杼なり」とある。

　次頁の系図は『古事記』がこのように語る系譜を図示したものである。

　図の中段の破線は、孝安天皇と孝霊天皇の結合が虚偽であることを示すためである。この結合が虚偽であれば、ハヘイロネ・ハヘイロド姉妹の出自にも虚偽が存在するはずである。

　実際、先ず、この『古事記』の系譜自体に、おかしなところがある。ハヘイロネ・ハヘイロド姉妹が、『古事記』の述べる如く安寧天皇の曽孫であれば、世代にすれば孝安天皇世代であり、『古事記』そのままによるとしても、孝霊天皇の父の世代の女性と言うことになる。数えれば父の世代となる女性を妻とすることは、あり得ぬことではない。シキツヒコ、ワチツミ、ハヘイロネ・ハヘイロドと続く間に、世代のずれが生じることは有り得る。しかし、そうはいいながら、やはりここに、この系譜が虚偽であることの一傍証としてのちぐはぐさを認めることはできる。

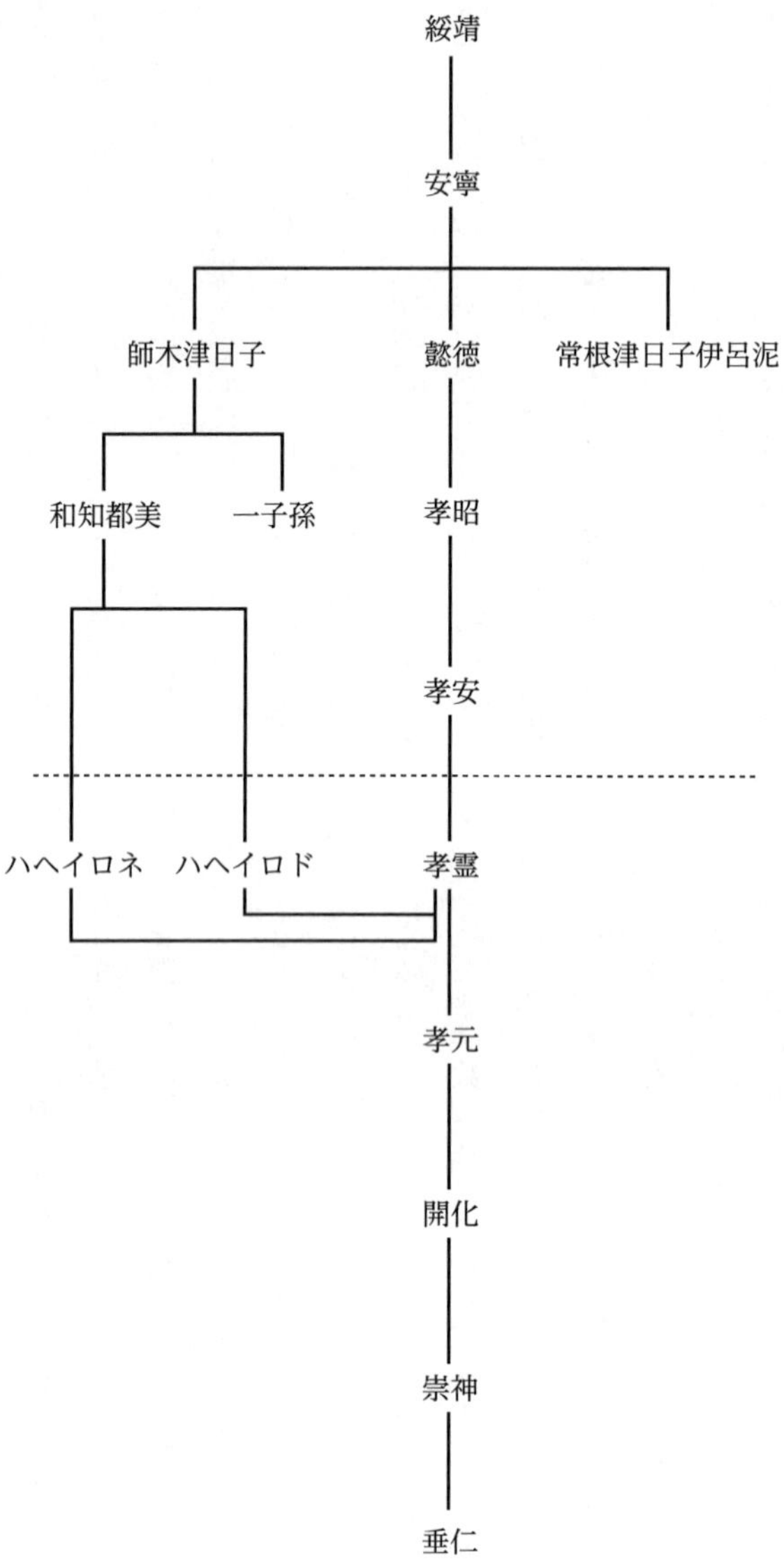

今ひとつこの系譜の不自然なところは、ワチツミの兄が、「一子孫」とされているところである。孫を孫裔の意味ととらずに、名前だとして、「一子、孫〈ウマゴ〉は〈伊賀須知の稲置、那婆理の稲置、三野の稲置の祖〉」と読む説があるが、ここはやはり敢えて名を落とした上で苗裔のみ分注したものと思われる。そう考えられる理由が、やはり、ここに壬申乱寓意が込められていると考えられるところにある。

壬申年の六月二十四日、大海人皇子一行は吉野を出て夜半、隠郡（ナバリのコホリ）に至って其の駅家（うまや）を焚き、邑中に呼びかけて人夫を集めようとしたが一人も参集する者がなかったと『日本書紀』は記す。すなわち、壬申乱において、ナバリ郡の無功績であった次第がわざわざ記述されているのである。

一子孫の苗裔中の、ナバリ稲置が、このナバリ郡の古来の首長部族である。そのナバリ稲置が、名を没した者の苗裔として名を挙げられていることと、この壬申乱におけるナバリ郡の無功績とは、決して無縁の事柄ではなく、むしろ、『古事記』のこの奇妙な苗裔記載の形は、壬申乱におけるナバリ郡民の無功績への報復のように思われる。

加えて、『古事記』において稲置という字には特殊な壬申乱寓意が籠められている事が知られる。いまこのことを簡略に解説してみよう。

まず、『古事記』においては、稲という文字が、顕著なる寓意文字の一つである。稲＝イナはイナむ＝否むという寓意で一貫する。

また、稲置の置という文字も寓意文字である。置字には、目の字が二つ含まれ、一つの目は倒れており、一つの目は立っている。目は、『古事記』に於いてこれまた顕著な寓意文字の一つであり、地上大権の根源、皇位の芽を象徴する。そこで、二つの目の一方は倒れ、一方は立つ形であるところの、この置という文字には、一方は倒れ、他方は立つ寓意、要するに、壬申乱の結末を肯定する寓意がこめられている。そこで、稲置には、置を否む、つまり、壬申乱の結末を否むという寓意がある。従って、「ナバリ稲置」とは、壬申乱に際して、ナバリ郡民が大海人皇子側に非協力的であった次第を寓意している文字配りであると見ることができる。そのナバリ稲置の祖として、「一子孫」があったとすれば、孫が名であったというより、むしろ不名誉を与える意図をもって敢えて名を落としたと見るのが相当なのである。

『古事記』で稲置という姓（かばね）の登場する初例が、この、「一子孫」の苗裔分注である。稲置という卑姓を集めるこの分注に、壬申乱寓意が、したたかに、濃厚にこめられている。

ナバリ稲置の同族として、その直前に、伊賀須知（イガのスチ）稲置がある。伊賀須知の伊賀には、伊賀皇子すなわち大友皇子の寓意がある。大友皇子の母は、伊賀の采女、宅子娘（ヤカコのイラツメ）であり、大友皇子の幼名、伊賀皇子の名も、この母の縁によると考えられる。おそらくまた、この母の縁によって大友皇子に伊賀出自の乳母が宛てられもしたのではあるまいか（大海人皇子の名を含めて、当時の皇子の幼名が乳母族の名に因む例は少なくない）。

ともあれ、そこで伊賀須知稲置にもまた、伊賀皇子が壬申乱の結末（～置）を否（～稲）む、という寓意が籠められていると考えて齟齬は無い（須・知も寓意を宿す寓意文字であるが略す）。稲置という姓は最も身分の低い姓の一つであり、ここに至って初めてそうした卑姓が不思議な登場の仕方をするのは、偏に、ここにこうした壬申乱寓意を置かんがためであったと考えて大過ないのである。

そうして、このような寓意を仕組む系譜として、シキツヒコの子、「一子孫」が置かれたものとするならば、このような工作を可能にしたシキツヒコ命の系譜自体の信憑性も大いに揺らぐことになろう。

とはいえ、虚構五代の系譜は、繰り返すようであるが、実在の王統分流の系譜が利用されたものと思われ、シキツヒコとその子の系譜は、虚構五代の素材となったもともとの実系譜にあった系譜を利用して、そこに件のごとき寓意が乗せられたものであったのかも知れない。いずれこうしたところは微妙な部分であって、全くの虚構か、史伝承の利用か、曖昧にならざるを得ない。

『古事記』が語るハヘイロネ・ハヘイロド姉妹の出自の怪しさ、というよりその虚偽であることは、しかし、このような迂遠で微妙な推理に依るより、もっと直接に、十市縣主（トヲチアガタヌシ）系譜によって、確認できる。

和州五郡神社神名帳大略注解所引の十市縣主系譜の詳しい史料批判は別の機会に譲るが、結論のみ言えば、この系譜によって、ハヘイロネ・ハヘイロド姉妹は、安寧天皇の子孫などではなく、十市縣主の祖とされる、大日彦（オホヒヒコ）なる者のむすめであったことが知られる。つまり、十市縣主系譜は、『古事記』が皇族であると主張するハヘイロネ・ハヘイロド姉妹を、皇統とは関係のない、十市縣主祖族の出自であると主張しているのである。

　十市縣主系譜には、『日本書紀』が記述する虚構五代の妃に関する異説を連綴しただけの虚構部分が多いのであるが、その中で数少ない独自史料がハヘイロネ・ハヘイロド姉妹の出自部分である。

　『古事記』のいう出自が虚偽であることは虚構五代と孝霊天皇以下の系譜の真の関係から明白であるが、そうとすれば、ハヘイロネ・ハヘイロド姉妹の出自については、十市縣主系譜の語るところ、すなわち両者は十市縣主の祖、大日彦のむすめである、というのが、むしろ本来の出自に近いと考えられるのである。皇族出自を敢えて否定するところが、却ってその真実であろうことを信認せしめる。

　十市縣主系譜は、ハヘイロネ・ハヘイロド姉妹の兄弟に倭絙彦（ヤマトのハヘヒコ）を挙げ、これを中原連（ナカハラのムラジ）の祖とする。他方、中原氏系図なるものがあり、ここに「安寧天皇第三皇子、磯城津彦命の後なり。云々。天禄二年（九七一）九月日、博士有象、助教以忠等、十市首（トヲチのオビト）姓を改め、中原宿禰（ナカハラのスクネ）となす」と見える。すなわち、中原氏の前姓は十市首であったことが知られる。十市首というのは、十市縣主の氏姓（うじかばね）であるので、倭絙彦が中原連の祖であるとは、十市縣主の祖であるというに等しいこととなる。従って十市縣主系譜と中原氏系図とは史的真相において図らずして相付合すると言うべきである。これによっても、ハヘイロネ・ハヘイロドの十市縣主出自は動くまいと思われる。ただし、中原氏系図が、始祖を安寧天皇第三皇子、磯城津彦命に結ぶのは、『古事記』に影響された仮託であろう。

　ところで、十市首は十市部首に同じだが、その十市部首の祖は、「天神本紀」に、天火明命の天降りの時の随従五部人の中の一人として見える（十市部首等の祖、富々侶〔ホホロ〕）。即ち十市部首祖族は、尾張連祖族の下に組織されていたであろう部族連合中の一氏であったと目される。その十市部首祖族＝十市縣主祖族に出自するハヘイロネ・ハヘイロドの子が吉備平定をなし、その吉備の葛木郷を、尾張連祖族が孝元天皇世代以後、重要な拠点の一つとしている。十市縣主と尾張連の、往古の密接な関係の淵源をここに窺えそうである。

ともあれ、先に示した系図に明らかに見られるごとく、『古事記』系譜では、虚構五代と孝霊天皇以下の系譜との虚構的結合を補強する鎹（かすがい）のように、師木津日子―和知都美―ハヘイロネ・ハヘイロドという一連の虚構系譜が仕組まれているのであるが、この一連の補強用鎹は、和知都美とハヘイロネ・ハヘイロドとの間が本来切り離されるべきものであるという結論によって、補強用具としての機能を全く失うこととなる。ハヘイロネ・ハヘイロド姉妹は尾張連祖族と親密であった十市縣主祖族（＝中原連祖族）に出自する姉妹であったのであり、決して皇孫ではなかったのである。

『古事記』は、孝霊天皇妃たるハヘイロネ・ハヘイロド姉妹の本来の出自である、十市縣主の祖のむすめという部分をとり払った。しかし、取り払われたこの出自は、別の孝霊天皇妃の出自とされている。すなわち、孝霊天皇の妃として筆頭に挙げられている別の妃、細比賣（ホソヒメ・クハシヒメ）の出自が、十市縣主の祖のむすめとされている。すなわち、「此の天皇、十市縣主の祖、大目（オホメ）の女、名は細比賣命を娶して、生む御子、大倭根子日子國玖琉（オホヤマトネコヒコクニクル）命（＝孝元天皇）」とある。

大目のむすめ、細比賣命＝細媛命は、『日本書紀』でも、孝霊天皇の妃、孝元天皇の母とされていて、この点は『古事記』と一致する。しかし、大目を『古事記』は右の如く、十市縣主の祖とするのに対して、『日本書紀』は、同じ大目を、磯城縣主とするのである。すなわち孝元紀に「（天皇の）母を細媛命と曰ふ。磯城縣主大目が女なり」とある。

記紀いずれが正しいのか。

いずれが正しいかを論ずるに記紀を単純に比較するのみでは、水掛け論に終わるだろう。十市縣主と磯城縣主は同じとする結論さえ出かねない。しかし、『古事記』の「十市縣主の祖、大目」に、例によって、強い寓意が籠められているとすれば、『古事記』の方に疑念が生じることとなる。

寓意は確かに籠められている。大目の目が明らかな寓意文字であるからである。述べた如く『古事記』において「目」は地上大権の根源、皇位の芽を寓意する寓意文字である。そうして、十市縣主の十市には十市皇女の寓意が籠められている。十市皇女とは、大海人皇子と額田（ヌカタ）王の間に生まれたむすめで、大友皇子の妻となった女性である。すると、「十市縣主の祖、大目」には、十市皇女の父、大海人皇子が寓意されていたのではないかと推測されてくる。大目イコール大海人皇子であり、地上大権の根源、皇位の芽たる「目」の寓意に適うのである。

孝霊天皇系譜の「寓意の構造」は更に追求されるべきであるが、後論に委ねたい。ここでは、十市縣主の祖大目に寓意が籠められていたであろうことを確認するにとどめ、『日本書紀』のいう「磯城縣主大目」の方に、より信憑性があろうことを指摘するにとどめたい。ただし、「磯城縣主大目」は「磯城縣主の祖、大目」とあるべきであろう。

以上、『古事記』における上代天孫・天皇系譜の捏造の仕組みについて、概括し補足した。重要であるのは、この系譜の骨格が、勝れて人工的な造形を持ち、意図的な虚構の構造を為しているという点である。壬申乱に功績のあった往古の被追放神、伊勢の女神と、これを侵略した側のカモ祖族の父祖トヨミケヌを、かたや皇祖に据え、かたや初代天皇に据えるという明確な意図によって造作されたものである。かかる造作、つまり捏造は、原『古事記』によって初めてなされ、天武天皇の強権力を背に負って、諸氏族の祖伝承にも、圧倒的な影響を及ぼし、同時にまた大いなる混乱をも、もたらした。

崇神天皇よりわずか三世代を遡るだけであった日向世代は、『古事記』によって、さらに六世代以上遡る天孫四代へと引き上げられてしまった。他氏の系譜は、これに歩調を揃えるべく、様々な工夫・虚偽を強いられた。

原『古事記』の上代天皇系譜の捏造によって影響された諸氏の系譜の、具体的な例は枚挙にいとま無いのであるが、たとえば、本論で挙げた、「地神本紀」のカモ祖族系譜（第六節）、「天孫本紀」の尾張連系譜（第九節）、同、物部連系譜（第十節）に、その典型例を見ることができる。重複を厭わずふり返ってみよう。

まず**カモ祖族系譜**（系図⑦—第六節）については、次のようにして、崇神天皇世代であるオホタタネコと、日向世代である天日方奇日方命との間の引き延ばしが図られている。すなわち、まず、オホタタネコ以下三代の系譜（オホタタネコ—大御気持＝大御気主—大鴨積ら）の上に、オホタタネコの伝承父祖とその妻の別伝もしくは紛伝をオホタタネコの父母として虚構的に付け加え（健飯賀田須命と鴨部美良姫）、更にその上に、元来、オホタタネコ自身を含んだ系譜であった五代の系譜（天日方奇日方からオホタタネコこと豊御気主を経て大御気主に至る五代の系譜）を架設した。天日方奇日方命が事代主神の子とされたのは、オホタタネコの子孫、鴨君が事代主神の祭祀を司った縁故によるのであって、天日方奇日方が事代主神の子であったからではないと考えるべきである（第六節でも述べた如く、事代主神を、実在の事代主の神話化であるとすると、その実年代は、西暦二三八年から二五七年頃、一方天日方奇日方命の実年代は、西暦二四三年から二六二年頃となり、ほぼ同世代の人物でなければならない）。

ともあれ、この虚構によって、崇神天皇世代であるオホタタネコから日向世代である天日方奇日方命までは都合三世代分引き離されたことになる。それだけ、日向世代が上代へと遡上せしめられたのである。『古事記』の捏造系譜に、少しでも適合させようとした稚拙な捏造が施されたわけである。稚拙であるが故に、元の真系譜の骨格をなお良好な形で残しており、史実の究明に役立つこととなった。

尾張連祖族の系譜（系図⑫―第九節）についても同様なことが知られる。尾張連祖族系譜は、崇神天皇世代である大海（オホアマ）姫を、本来垂仁天皇世代であるはずの六世孫の子とする虚偽を造って、日向世代の天村雲を二世代分上代に引き上げており、加えてその上に神武天皇伝説に登場する高倉下の別称たる天香語山に至る父祖伝承を架上して、『古事記』の捏造天皇系譜に何ほどか適合させようとしている。しかし、これも中途半端で幼稚な虚構であって、馬脚を現している。すなわち、オホアマ姫の兄、タケモロズミが、孝昭天皇ことミマツヒコカヱシネに仕えたという伝承をそのまま記載したがために、孝昭天皇と崇神天皇とが実は同世代人であったという史的真相を暴露する重要な証拠を提供してくれている。尾張連祖族系譜もまた、真の系譜の骨格を相当良好に保存している文献的化石である。

物部連祖族の系譜（系図⑬―第十節）は、今少し手の込んだ虚構を造っている。物部連祖族は、孝元天皇世代には既に出雲を拠点にしていた古代の一大軍事部族であったが、その父祖たちは多くの別称・尊称を持つことが一般であったらしく、五世孫のオホヘソキはウツシコヲ、ヒコユキ、キサキのスクネなどと呼ばれていたものと思われ、その子のイカガシコヲは、出雲シコの大臣、出石ココロの大臣などの別称・尊称を持っていたらしい。「天孫本紀」の物部連系譜は、それら別称・尊称を別人として利用しつつ、系譜の上代への引き延ばしを図ったものと思われる。その上で、神武天皇神話に登場するニギハヤヒとその子ウマシマヂを、ヒコユキの父祖として上乗せし、記紀天皇系譜に適合させせんとしたのである。しかし、この手の込んだ虚構系譜も、たとえば、二人の真鳥姫という馬脚を現し、崇神天皇世代であるべき四世孫大矢口宿祢を、孝元天皇世代であるウツシコヲ・ウツシコメらの父に充てて、その虚構の正体を露見せしめる結果となっている。

物部連系譜の虚構の暴露は、天皇祖族の正体をも暴露するものである。天皇祖族は、物部連祖族と一心同体の如くに血縁関係を維持しながら、出雲を拠点にしつつ、吉備国を撃ち、紀国を平定し、ついには、邪馬臺国連合の女王の拠点、邪馬臺国＝大和を攻め滅ぼし、大和に大和朝廷の基礎を築いたのである。天皇祖族とともにこの侵略戦争を戦った部族として、物部連祖族があり、虚構五代があり、カモ祖族があり、尾張連祖族たちがあった。

以上、古系譜の虚構の構造を読み解くことで、記紀神話が語る大和朝廷成立史とは大いに異なる史的真相を、相当程度、読み解くことができた。

では、邪馬臺国連合を滅ぼした侵略者達、この、天皇祖族を中心とした父系制部族たちは、どこから来たか。次節以下、しばらくこの点に焦点を当てたいが、まず、天之日矛（アメノヒホコ）系譜について述べておく。

追記 孝霊天皇妃、春日の千〻速真若比賣について

『古事記』が挙げる孝霊天皇妃としては、細比賣、ハヘイロネ・ハヘイロド姉妹の他に、今一人、「春日之千〻速真若比賣（カスガノチチハヤマワカヒメ）」がある。細比賣の次に第二妃として掲げられている妻である。

この千〻速真若比賣には、出自として地名の春日だけが付されている。するとこれは、前節の冒頭で、上代の天皇・皇子たちが娶った妻たちについて、在地の母系制部族、あるいは、母系制習俗に深く馴染んだ部族中に生い育った女性たちであった可能性の高い妻たちを挙げた表の中で、Dの「どこそこの某とのみ記されて、やはり父系出自を欠き、当該地の母系制部族中の宗女と考えられる妻」に含めてよさそうである。だが、この妻は『古事記』が虚構した妻である可能性が高いために除外した。

『日本書紀』本文は、この春日の千〻速真若比賣のみ孝霊天皇妃のうちに挙げておらず、ただ「細媛命を立てて、皇后とす」という本文の分注に、「一云、春日千乳早山香媛（カスガのチチハヤヤマカヒメ）。一云、十市縣主等が祖の女、真舌媛（マシタヒメ）」と見えるのみである。他の三名の妃については記紀一致するのに、これのみ記紀で異なる。だから直ちに『古事記』の方が虚偽であるとは言えないが、しかし、『古事記』の「春日之千ゝ速真若比賣」には『古事記』独特の寓意が掛けられていたことが窺える。

『古事記』において「春日」の「春」字は春宮に住んだ東宮、大海人皇子を寓意する寓意文字である。そこで、「春日之千ゝ速真若比賣」には春日のチチ～大海人皇子のワカヒメとして十市皇女の寓意が掛けられていた可能性がある。

孝霊天皇の妻の筆頭に、十市縣主の祖大目の女、細比賣があり、これに大海人皇子のむすめとしての十市皇女が寓意されていたであろうことを当節本論で指摘したが、すると、これを妃とする孝霊天皇には大友皇子のダブルイメージが掛けられていたはずである。その孝霊天皇の、細比賣に続く第二妃としての「春日之千ゝ速真若比賣」に、再び、十市皇女が寓意されていた可能性があるのである。

のみならず、『古事記』は、千ゝ速真若比賣の子として、一子のみ挙げており、「千ゝ速比賣」とする。この名は、母の名から、「真若」を取り去った名である。取り去られた「真」字は、十～十市皇女が（を）具（そな）ふと解字解読できる字形をしており、『古事記』の「真」字は、実は一貫して、十市皇女の夫、大友皇子を寓意する寓意文字である。その大友皇子が滅び消滅する宿命であることが、この母とむすめの名によって示唆寓意されていた可能性がある。この寓意を仕組むために、『古事記』は敢えて虚構の妻「春日之千ゝ速真若比賣」を付加したと考えることができる。

別の機会に詳論したいが、「春日之千ゝ速真若比賣」は、実はハヘイロネの別称であったものを、『古事記』がこれをハヘイロネとは別人であるかのように虚構して、これに十市皇女寓意を付与した可能性が指摘できる。

要するに、「春日之千ゝ速真若比賣」とその子、「千ゝ速比賣」については、『日本書紀』本文にこれが採られていない上に、『古事記』特有の寓意の影が濃厚に認められる。それ故前節冒頭のDからは除外したのである。

なお、孝霊天皇の系譜から、この「春日之千〻速真若比賣」とその子「千〻速比賣」を虚構の母子として除く時、第七節に掲げた表⑧（三一七頁）において、孝霊天皇の妃と女子の数を一名ずつ減らさなければならないが、この操作を施しても大勢に影響は無く、そこで述べた結論にも影響はないことを言い添えておきたい。

第十五節　アメノヒホコ系譜

天之日矛（アメノヒホコ）は、『古事記』の第十五代応神天皇の段に記述されている、いわゆるアメノヒホコ伝説の主人公である。アメノヒホコは『古事記』の系譜をそのまま信じるなら、およそ孝霊天皇世代、つまり、西暦三世紀半ば頃の人物であったことになるのであるが、『古事記』の語るその伝説は次のようなものである。

昔、新羅国（シラギのクニ。韓の一国。西暦三世紀の半ばにあっては、新羅は辰韓と呼ばれた韓諸国の中の一小国であったが、ここでは、後の新羅の地、当時の辰韓の地を広く指すのであろう）の国主の子に、アメノヒホコという人がいて、日本に渡ってきた。そのわけは、新羅国に阿具奴摩（アグヌマ）という沼があった。そのほとりで一人の賤女が昼寝をしていると、其の陰部に虹の如き日が射し、賤女は妊娠して赤い玉を生んだ。この玉が、国主の子、アメノヒホコの手にわたって乙女と化し、アメノヒホコの嫡妻となったが、アメノヒホコの罵倒に遭い、女は、自分の祖（おや）の国に行くと言って、逃げ渡り、難波に留まった（これが、難波の比賣碁曽（ヒメゴソ）社のアカルヒメの神である[注1]）。アメノヒホコは妻のあとを追って難波に来たが、そこの渡りの神が塞いで入れず、還って多遅摩（タヂマ）国（但馬国）に停泊し、この国に留まった。このアメノヒホコの持ってきた物を玉津宝（タマツタカラ）といい、并せて八種あった[注2]。これが、伊豆志（イヅシ、出石）の八前（ヤマへ）の大神である。

以上が、アメノヒホコ伝説の概略である。およそ荒唐無稽な話に満ちているが、アメノヒホコとして説話化された人物が、かつて、朝鮮から日本へ渡来し、但馬国に留まったというあたりには史実の核がありそうである。

このアメノヒホコ説話の、玉津宝の段の直前、アメノヒホコが但馬に留まったと語られたあとに、次頁に図示するような、アメノヒホコの系譜が記されている。図において点線四角枠で囲った部分が、この系譜を図

応神記のアメノヒホコ系譜

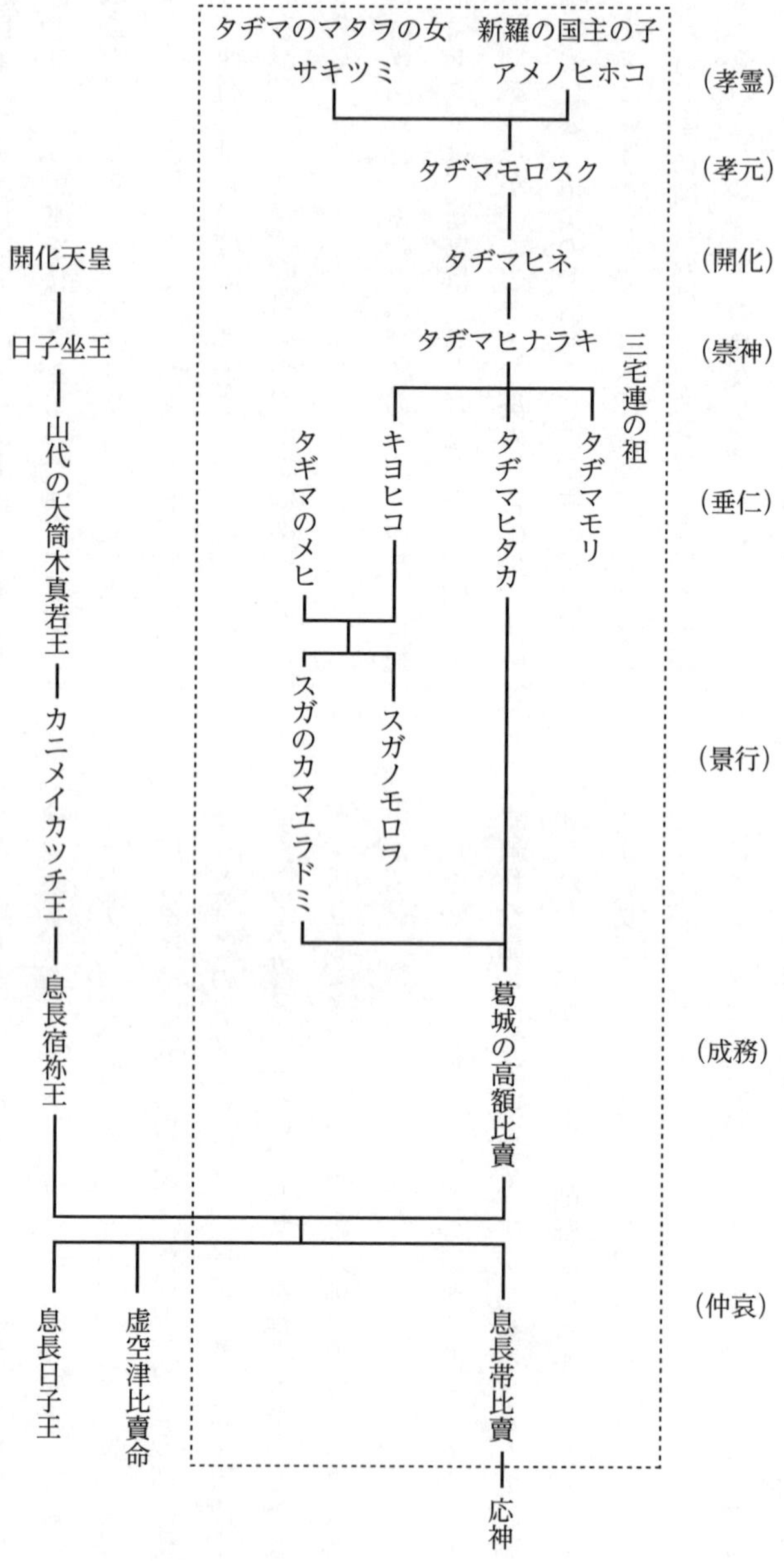

にしたものである。枠の外にある系図は、開化天皇系譜から補充したものである。

見る如く、アメノヒホコ系譜は、アメノヒホコを初祖として、およそ次のように記述されている。すなわち、アメノヒホコが、多遅摩（タヂマ。但馬国）の俣尾（マタヲ）の女（むすめ）、名は前津見（サキツミ）を娶って生んだ子、多遅摩母呂須玖（タヂマモロスク）、その子、多遅摩斐泥（タヂマヒネ）、その子、多遅摩比那良岐（タヂマヒナラキ）、その子、多遅摩毛理（タヂマモリ）、次に、多遅摩比多訶（タヂマヒタカ）次に、清日子（キヨヒコ）。このキヨヒコが當摩（タギマ）の咩斐（メヒ）を娶って生んだ子が、酢鹿之諸男（スガノモロヲ）、次に、妹、菅竈由良度美（スガのカマユラドミ）。そうして、上のタヂマヒタカが、姪のカマユラドミを娶って生む子が、葛城の高額比賣（タカヌカヒメ）命である。そうして、その葛城の高額比賣命に分注して「此、息長帯比賣（オキナガタラシヒメ）命の御祖（みおや）ぞ」とある。オキナガタラシヒメは、仲哀天皇の大后、いわゆる神功皇后のことで、仲哀天皇が崩じた後、子の応神天皇を身ごもったまま軍船を指揮して韓国を征討したと伝えられる女性である。この系譜の目的の一つが、オキナガタラシヒメの系譜の記述にあったことは疑いない。

しかし、ここでこの系譜に注目したいのは、その世代である。

まず、アメノヒホコ四世の孫であるタヂマモリは、垂仁天皇段の有名な説話の主人公である。

垂仁天皇がタヂマモリを常世国（トコヨのクニ。海の彼方にあるという不死の国）に遣わして「ときじくのかくの木実（このみ）」（つねにあって香る木の実、今の橘という）を求めさせたところ、タヂマモリはその国に到って首尾良く木の実を得て帰還するが、天皇は既に崩じたあとであり、タヂマモリは天皇陵に木の実をささげ、号泣して死んだ、と物語られている。

例によって右の物語の細部のいちいちは信じがたいものの、タヂマモリが垂仁朝の人物であり、航海・外交を得意とした部族に属したであろうことは疑いない。タヂマ（多遅摩）とは但馬国である。古代の但馬国が、邪馬臺国連合の一国、投馬国であったろうことは、第五節に指摘したとおりである。西暦三世紀の頃には、北九州から邪馬臺国への航路の、重要な寄港地であったことが知られる土地である。航海・外交に長けた部族が盤踞した土地柄であること言うまでもない。タヂマモリは、そうした部族の系をひく人物であったが、この系は、アメノヒホコ系譜を信じれば、アメノヒホコの妻、多遅摩の俣尾の女、前津見の属した部族にまで遡ることができる。前津見が、但馬の土着部族の娘で、その子が、代々、タヂマ姓を名乗り、タヂマモリに至っている。タヂマモリが派遣された常世の国とは具体的に何処であったかは知られないが、船を操って達せられる土地であったことだけは確かであろう（記伝は新羅国であろうという。述べた通り、当時の辰韓の地）。

ともあれ、タヂマモリが、この説話によって垂仁天皇世代の人物と見なせる点が、目下のところ重要である。

上の系図に示した如く、タヂマモリが垂仁天皇世代なら、その父タヂマヒナラキは崇神天皇世代、その父タヂマヒネは開化天皇世代、その父タヂマモロスクは孝元天皇世代、そうして、その父アメノヒホコは孝霊天皇世代となる。

従って、アメノヒホコの系図を、天皇祖族や、物部連祖族、尾張連祖族、カモ祖族ら、各祖族と世代を等しく並べると、第十一節の系図⑭に図示したように並ぶのである。

アメノヒホコの妻、「多遅摩の俣尾の女、名は前津見」に今一度注目してみると、その俣尾（マタヲ）という人物は、下で述べる通り女性である。すると、前津見は母系出自を持つ女性ということになる。つまり、前津見も、当時の但馬の土着母系部族中の宗女であったと思われる。

孝霊天皇世代であるアメノヒホコは、以上見たごとく、韓半島から倭地に海を渡ってきた人物として伝えられ、但馬において、土着母系部族中から妻を娶ったと思われる人物なのであるが、他方で、系図⑭の孝霊天皇世代の者達は、一斉に日向地方から起って東へ向かい、半世紀の後、邪馬臺国連合を制圧する父系部族連合体の首長たちであった。

アメノヒホコと同世代である、系図⑭の各祖族の孝霊天皇世代の者達が、当初から強大な軍事力、組織力、文化的力を備えていたであろうと思われることからして、決して日向の土着民から起こった者達ではあり得なかったとすれば、では、どこから日向地方に来たのか。どこから、日向に、「天降」ったのか？

アメノヒホコが、新羅すなわち当時の韓の辰韓の地の国主の子であり、辰韓の地から渡海した者であったとすれば、系図⑭の孝霊天皇世代の祖父たちも、同じ頃、同様に、韓の地から日向地方へと渡来した者達であったのではないか。

アメノヒホコ説話は、述べた如く、ほとんどが荒唐無稽な説話からなる。ところが、その系譜に注目する時、右のような推定を促す話として、新たな価値を持つことになる。

更にいえば、『古事記』のアメノヒホコ系譜は、他ならぬ系図⑭との整合性によって、それ自身、文献的化石と見なしうることにもなる。

さて、このアメノヒホコ説話に示唆されつつ、次節で邪馬臺国連合を侵略した者達、天皇祖族達の正体を追求することとしよう。

なおここで、『古事記』のアメノヒホコ伝承にある「伊豆志（イヅシ。出石）の八前（ヤマヘ）の大神」に関連して若干補足したい。

出石は、『和名類聚抄』に但馬国出石郡出石郷とある地である。

出石郷は『和名類聚抄』には他に、備前国御野郡出石郷、美濃国山縣郡出石郷の二カ所があるが、第九節に述べた如く、この二カ所は共に、尾張連祖族に縁故深い出石郷である。

しかし、古代、単に出石といえば、ここ、但馬国出石郡の出石郷の地を指した。

この地にあった八前の大神とは、延喜式神名帳に、但馬国出石郡伊豆志坐神社八坐【並名神大】とある神社で、今の出石神社、地元で「一宮さん」と呼ばれる神社である。

孝霊天皇世代のアメノヒホコもしくはその子孫は、韓から渡来して間もなく、タヂマの此の地、出石郡出石郷の地に拠点を築いたと考えられる。

『日本書紀』垂仁天皇三年三月条の細注一云説にもアメノヒホコ系譜が述べられているが[注3]、こちらに依れば、アメノヒホコの妻は、「但馬国の出嶋（イヅシ）の人、太耳（フトミミ）の女（むすめ）、麻多烏（マタヲ）」だとある。この妻の名は『古事記』のそれと異なるものの、『古事記』のいう妻、サキツミの親の名、俣尾と同じである。故に俣尾は女性なのである。しかも出嶋が出石に同じであるとすると、アメノヒホコの妻が但馬国の出石郷の出自であることが明示されていることになる。

「天孫本紀」系譜に、物部連祖族の孝昭朝大臣とされる出石ココロの大臣（これは、出雲シコの大臣とともに、いずれも、開化・崇神朝の大臣とされたイカガシコヲの別称・尊称もしくは、これと同世代の、イカガシコメと極めて密接な人物であろうと考えられた人物である）が見えるが、その名にある出石が、ここのアメノヒホコ伝説に見える但馬国出石郡出石郷であろうこと、第十節に述べた如くである。

注1　『日本書紀』垂仁二年十月条の細注に、難波のヒメゴソ社の起源について別伝がある。崇神朝に到来した意冨加羅（オホカラ）国の王子、都怒我阿羅斯等（ツヌガアラシト）、亦の名、于斯岐阿利叱智干岐（ウシキアリシチカンキ）《本文に云う、任那人、蘇那曷叱智（ソナカシチ）と同人かという》が、本国に居た折、黄牛（あめうし）の代償として得た祭神の白石が乙女と化して日本に渡り、比賣語曽社の神となったとされる。『古事記』は、恐らく、この伝承を利用改竄して、天之日矛説話に組み込んだのであろう。

注2　八種の宝は、「珠二貫（たまふたつら）、又、振浪比礼（なみふるひれ）、切浪比礼（なみきるひれ）、振風比礼、切風比礼、又、奥津鏡（おきつかがみ）、邊津鏡（へつかがみ）、并せて八種なり。」とある。

注3　『日本書紀』にも、アメノヒホコ説話が採られている。『日本書紀』はアメノヒホコの倭地への渡来

を、垂仁朝のこととして伝えるが、間違いである。垂仁天皇三年紀春三月条に、「新羅の王の子、天日槍（アメのヒホコ）来帰（まうけ）り。将（も）ち来たる物、羽太（はふと）の玉一箇、足高（あしたか）の玉一箇、鵜鹿鹿（うかか）の赤石（あかし）の玉一箇、出石の小刀一口、出石の桙（ほこ）一枝、日鏡（ひのかがみ）一面、熊の神籬（ひもろぎ）一具、併せて七物。則ち但馬国に蔵（をさ）めて、常に神の物と為す。」とあり、その細注に、一云として、アメノヒホコが初め播磨国にとどまり、天皇の使いの三輪君の祖、大友主（オホトモヌシ）と、倭直（ヤマトのアタヒ）の祖、長尾市（ナガヲチ）に問われて、「葉細（はほそ）の珠」以下八種の神宝を貢献（たてまつ）った後、宇治川を遡り、近江国、若狭国を経て、但馬国に至って住処を定めた、とある。三輪君の祖や倭直の祖がアメノヒホコと交渉した結果八種の神宝を献ったという話などは、時代を違えた偽りの氏祖功績譚に相違ないが、この後に続けて、アメノヒホコの系譜が記述されている。『古事記』のそれとは若干の異同がある。図示すると、次頁の通り。

『古事記』の系譜との重要な違いは、アメノヒホコの妻を、『古事記』はマタヲの娘であるとするのに対して、『日本書紀』はマタヲ自身とする点（本文で注意した通り、マタヲが女性であることは、このことから知られる）、また、『古事記』はその子タヂマモロスクの子孫を、タヂマヒネ―タヂマヒナラキ―タヂマモリと繋いでいるのに対して、『日本書紀』は、タヂマヒネを欠落させて、タヂマヒナラキ―キヨヒコ―タヂマモリとまったく異なる系譜を作っている点である。記紀、どちらが正しいのか判定しがたいが、確かであるのは、記紀いずれの説を採ろうとも、タヂマモリは、アメノヒホコの四世孫すなわち玄孫であり、垂仁天皇世代に生きた人物であり、従って、アメノヒホコは孝霊天皇世代とならざるを得ないという点である。

垂仁天皇八十八年紀秋七月十日条にもアメノヒホコに関する記事がある。「群卿（まへつきみたち）に詔して曰く、『朕聞く、新羅の王子、天日槍（アメのヒホコ）、初めて来し時、将ち来たる宝物、今但馬に有り……』即日、使者を遣はし、天日槍の曾孫、清彦に詔して献らしむ。……」とあり、出石の小刀に関する説話が続き、最後に、また、アメノヒホコの系譜の一部が繰り返される。「(天日槍は) 則ち但馬に留まり、

垂仁三年紀のアメノヒホコ系図

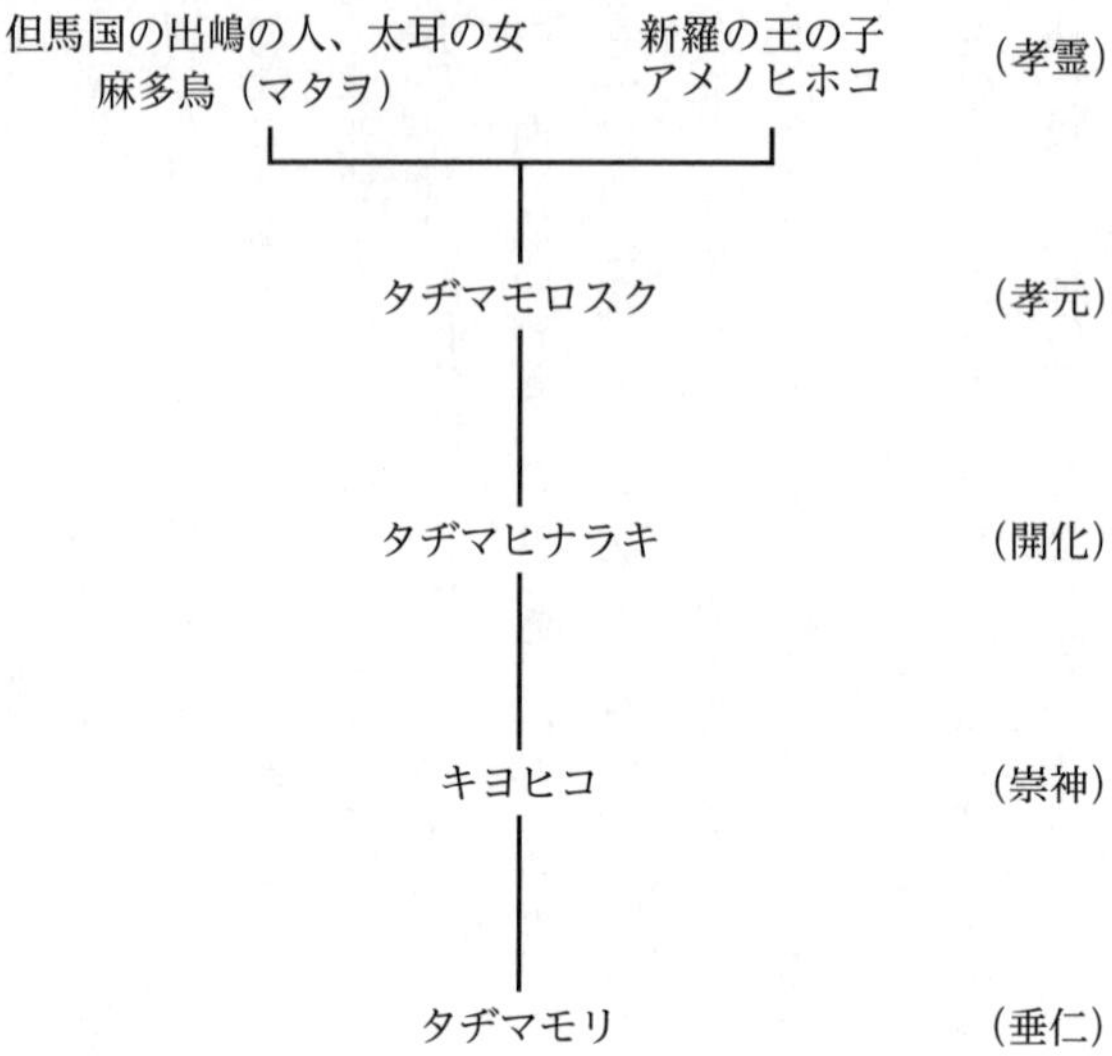

其の国の前津耳（サキツミミ）〈一云、前津見。一云、太耳〉が女、麻拕能烏（マタノヲ。『古事記』のマタヲに同じ）を娶りて、但馬諸助（タヂマモロスク）を生む。是、清彦が祖父なり」とある。つまり、この垂仁天皇八十八年紀条では、先の三年紀条の細注一云説と異なり、マタノヲの母をサキツミミ（サキツミ）とする説を採っている。『古事記』と比べると、母と娘が逆転している。いずれにせよ、アメノヒホコの妻が、母系出自であったことだけは間違いがない。

アメノヒホコの妻についてまとめれば、結局、次の三説となる。

　タヂマの俣尾（マタヲ）の女、前津見（サキツミ）……………………『古事記』説
　但馬国の出嶋の人、太耳（フトミミ）が女、麻多烏（マタヲ）……………垂仁三年紀細注説
　前津耳〈一云、前津見。一云、太耳〉が女、麻拕能烏（マタノヲ）…………垂仁八十八年紀説

『日本書紀』に太耳の性別は明示されていないが、こうしてみるとやはり女性であったと考えるべきであろ

う。新羅の地から渡海したアメノヒホコは但馬国の出石に出自する母系部族から最初の妻（それがサキツミかマタヲかは今や不明であるが）を娶ったのである。

なお、播磨国風土記には、揖保郡（イヒボのコホリ）の粒丘（イヒボヲカ）の条、宍禾（シサハ）郡の川音村（カハトのムラ）条・奪谷（ウバヒタニ）条・高家里（タカヤのサト）条・伊奈加川（イナカガハ）条・波加村（ハカのムラ）条・御方里（ミカタのサト）条、神前（カムザキ）郡の糠岡（ヌカヲカ）条・八千軍（ヤチグサ）条などに、天日槍（天日桙）命が登場して、葦原志許乎（アシハラシコヲ）命（大国主命の亦の名）や伊和（イワ）大神などと争いを含む交渉を持った様子が語られている。この種の民間伝承は、各神を祭る民の間の交渉を、各神同士の交渉として語る場合が多く、史実の核を取り出せるものとも思われないため、本文では議論の外に置いた。

第十六節　古代東アジア史、特に古朝鮮・韓史

邪馬臺国連合を滅ぼした父系制部族たちは、どこから来たか。

記紀神話によれば、天孫四代の初代、ニニギ命は、日向の襲の高千穂の峯に「天降」ったことになっている。天孫四代神話は、再三述べた如く、系図⑭（第十一節）に見る、カモ祖族、虚構五代、尾張連祖族、天皇祖族、物部連祖族たちの初め三～四代に平行する時代の史実に基づく伝承説話の神話化である。これら祖族の孝霊天皇世代の父祖とその子たちが、初め日向界隈に「天降」ったのである。

古代日本の三世紀史を語る上で基本的なこの系図⑭が語る如く、史実として、彼ら孝霊天皇世代の父祖達は、一斉に、日向地方を拠点としている。忽然と、天から降ってわいた如くに、日向から出立しているのである。では、史実として、彼らは一体全体、どこから日向地方へ入ったのか。

まず、彼らの実年代を今一度、確認しておこう。父子直系系譜における一代平均年、十八・八年という数値（第四節）を用いて計算すると、各天皇世代の推定実年代は次のようになった（第六節参照）。これは、『古事記』が伝える崇神天皇の崩年干支、戊寅年を、旧干支紀年法（第二節）により、旧戊寅年・西暦三一九年と見て逆算したものである。

	推算実年代（西暦）
孝霊天皇世代	二四三～二六二年
孝元天皇世代	二六二～二八一年
開化天皇世代	二八一～三〇〇年
崇神天皇世代	三〇〇～三一九年

『古事記』は、ニニギ命が日向に天降ったとき「ここは韓国に向かっており、笠沙（カササ）の崎から直通の地で、朝夕日当たりのよい、とてもよいところだ」と述べたと語る。この唐突でなぞめいた言葉は、天皇祖族たちが、当時の韓国からカササの崎を経て日向へ上陸したという史実を反映しているのではないか。そ

うして、その時期は、孝霊天皇世代の始まる頃、つまり、西暦二四三年前後の頃ではなかったか。

西暦三世紀半ば頃の朝鮮半島史を、中国史書によって探ってみよう。この時代に、韓の王朝が、日本へと押し出されるような、のっぴきならない事情があったのであろうか。

確かに、そのような、危機緊急の事態のあったことが知られる。

以下しばらく、古代東アジア史、特に古朝鮮史・古代韓史について概観してみよう。次頁の図表⑰に古朝鮮半島史年表を掲載した（西嶋定生著『秦漢帝国』〔講談社学術文庫〕、礪波護・武田幸男著『随唐帝国と古代朝鮮』〔中央公論社〕など参照）。

アフリカ大陸と、これと地続きのアジア・ヨーロッパ大陸つまりユーラシア大陸は、旧大陸あるいは旧世界と呼ばれる。南北アメリカ大陸などを新大陸あるいは新世界と呼ぶのに対比させた呼び方である。人類はこの旧大陸に発祥し、牧畜、ついで農業が発明されて発展し、文字が発明されて歴史時代が幕を開け、世界四大文明が誕生する。

牧畜や農業の発明は、人類の生産力の爆発的な進化を可能にし、人間一人の労働の生み出す価値を巨大化した反面、有り余る剰余の価値は、人による人からの搾取を可能にし、欲望の嵐を地上にもたらした。

過剰な食料が人類に肥満・糖尿病・高脂血症・高血圧その他の生活習慣病・メタボリックシンドロームをもたらした如く、有り余る富は、その正当な分配方法を学ぶ以前の人類に毒の如くにはたらいて、人類に精神的肥満症・心のメタボリックシンドロームともいうべき病態をもたらし、搾取の組織的暴力的実現、つまり侵略・戦争という行動異常、大規模な相互殺戮を人に強いる悲劇を生み出す根源となった。かくして戦争もまた、生産性の爆発的発展のもと、まず旧大陸において発生し進化した。

戦争の発生は、人類の家族制度が母系制から父系制へと大転換を果たす事情と表裏の関係にあること、序論で論じたとおりである。母系制から父系制への転換もまた、まず旧大陸から始まったのである。

図表⑰　古朝鮮半島史年表

	檀君朝鮮　桓雄天王降臨。 堯の即位50年に、桓雄の子、檀君王倹が平壌城に都し、朝鮮と称す。
B.C.11c	箕氏朝鮮　周の武王、殷の遺臣、箕子を朝鮮侯とする。
B.C.221	秦の始皇帝、天下を統一。当時の朝鮮王、箕氏の否は、秦に服属。 否の子、準が朝鮮王の位につく。
B.C.206	秦滅ぶ。
B.C.202	前漢の成立（高祖５年)。盧綰を燕王に任じ、燕に朝鮮を治めさせる。
B.C.195	衛氏朝鮮　高祖の末年、燕王盧綰が漢に背いて匈奴に逃亡したとき、燕人の衛満は、朝鮮に亡命し、準を追い出し、朝鮮王を称し、王倹に都した。準は韓王となるも衰微し、馬韓の人が辰王となる。
B.C.194~180	恵帝・高后の時、遼東太守は、朝鮮王衛満を公認。 衛の孫、右渠の時代になると、朝鮮に逃亡してくる漢人はますます増えた。しかし、右渠は漢に入朝せず、真番近隣諸国の漢への使いも妨害した。
B.C.109	漢は右渠討伐軍を派遣。
B.C.108	四郡設置　右渠は殺され、漢は朝鮮を平定し、真番・臨屯・楽浪・玄菟の四郡を置く。 右渠がまだ国を滅ぼさぬ時、朝鮮国の相、歴谿卿は右渠に諫言したが取り上げられず、東に走って、辰国に行った。
B.C.82	真番・臨屯の２郡を廃止し、楽浪・玄菟に併合。
B.C.75	玄菟郡を遼東郡内に移す（朝鮮は以後、楽浪郡のみの管轄となる)。 以後、中国の混乱期━前漢の衰微と滅亡（A.D.8)、王莽の新の興亡(8~23)、後漢の成立（25)
A.D.20~23	王莽（新の皇帝）の地皇年間（20～23)、楽浪郡は、辰韓の廉斯鑡を通訳として辰韓に侵入し、漢人の捕虜を解放した。辰韓からは１万５千人の人間を出させ、弁韓からは１万５千匹の布を出させた、という。
25	楽浪郡で王調の乱。王調、大将軍・楽浪太守を自称。
30	後漢の光武帝、王遵を楽浪太守に任命し、王調を討伐。楽浪郡の南部都尉・東部都尉を廃止し（楽浪郡の縮小)、原住民の濊貊の首長たちを県侯に封じた。
44	三韓のうちの廉斯の人、蘇馬諟なる者が楽浪郡に朝貢。光武帝は、邑君なる称号を与え、楽浪郡に所属させた。 この間、考古学的には、前世紀以来の南韓における支石墓の盛行が認められる。
147～189	桓帝から霊帝の末年にかけて、韓濊の力が盛んとなり、楽浪郡・県の力では制することができず、民衆は多く韓国に流入した。2世紀の末、後漢の衰退が決定的となる。
189	公孫延の子、公孫度、遼東太守となる。
204	度、死に、子の康が位を相続。
205～220	公孫康は魏の太祖から襄平侯にとりたてられ、左将軍に任命された。 帯方郡新設　公孫康は楽浪郡の南に帯方郡を作り、旧郡県民を連れもどし、韓濊を討った。 以後、倭と韓は帯方郡の支配をうける。康死し、弟の恭が遼東太守となる。220年、後漢滅ぶ。

228	康の子、淵は恭を脅して位を奪い、淵は魏の明帝より遼東太守の位、次いで、楽浪公を授けられた。
238	魏軍により、8月淵父子は斬り殺され、遼東郡・玄菟郡・楽浪郡・帯方郡はことごとく平定された。
239	６月、倭の女王、魏に朝献。
240	倭王、魏に上表。
243	倭王、魏に上献。
246頃	魏の帯方郡は辰韓八國を割いて楽浪郡に移す。反抗した韓は帯方郡を攻撃。対して帯方太守の弓遵と楽浪太守の劉茂は兵を興して征討を行い、弓遵は戦死するも、二郡の軍は、韓を滅ぼした。
247	倭女王、郡に遣使。狗奴国との相攻撃の状を説く。
~248	卑弥呼、死す。壹與（臺與）を王とする。魏に朝貢。
256~265	倭女王、又、しばしば至る（『晋書』四夷列伝東夷倭人条）。
261	7月、楽浪外夷、韓、濊貊、各其の属を率いて来たり（魏に）朝貢す。
263~265	晋は263年に蜀を滅ぼし、265年に魏を滅ぼした。
266	倭女王、遣使し、訳を重ねて、（晋に）入貢。
274	2月、晋は、幽州の５郡を分割し、平州を置き、昌黎・遼東・楽浪・玄菟・帯方５郡を統治。
276	2月、東夷8国、（晋に）帰化。7月、東夷17国、（晋に）内附。
277	馬韓、（晋に）復た来る。
278	馬韓、又、（晋に）内附を請う。
280	馬韓の主、遣使し、（晋に）方物を入貢す。辰韓の王、遣使し、（晋に）方物を献ず。呉滅ぶ。
281	馬韓の主、遣使し、（晋に）方物を入貢す。辰韓、復た来て（晋に）朝貢す。
286	馬韓、又、（晋に）至る。　　辰韓、又、（晋に）来る。
287	馬韓、又、（晋に）至る。
289	馬韓、又、（晋に）至る。
290	馬韓、東夷校尉に詣り、上献す。
313	10月、高句麗、楽浪郡を攻撃。
314	9月、高句麗、帯方郡を攻略。高句麗は、朝鮮を占拠するに至った。316年、晉滅び南北朝時代へ。
4世紀中頃	百済、新羅が勃興。
4世紀後葉、	倭は、百済・新羅を征略。
5世紀	朝鮮半島は高句麗、百済、倭、新羅の攻防の地となる。413~502年「倭の五王」、南朝に遣使。
6世紀	任那日本府滅ぶ。
7世紀	百済・高句麗滅ぶ。新羅が韓を統一。
8世紀	新羅、朝鮮の南部を唐より獲得。
10世紀初葉	新羅滅び、高麗興る。
14世紀末葉	高麗滅び、李氏朝鮮興る。朝鮮・韓の統一。
19世紀末	国号改名。朝鮮国から大韓国に改称。
20世紀	日韓併合。第二次世界大戦後、朝鮮半島は再び南北に分裂。

旧大陸におけるこの転換史は、多くは歴史時代以前に属しており、文献にその姿をすでに消滅させているか、あるいは、神話や伝説、遺跡・遺物などに、ようやくその痕跡を残すのみであることが多い。

当節で注目する地域は、その旧大陸の東の端である朝鮮半島である。黄河流域に源を発する古代王朝のめまぐるしい転変興亡史を辿りつつあった中国の傍らにあって、その転変の荒波を、西から東へと次第に深く強烈に受けてゆくことになる地域である。

中国古代王朝の転変興亡。王朝名のみ概要を順に挙げれば、夏、殷、周、秦、前漢、新、後漢、三国（魏・呉・蜀）、西晋、東晋、南北朝、隋、唐、五代と続き、現代に向かっては、北宋、南宋、元、明、清、中華民国、中華人民共和国へと連なっている。

朝鮮半島の北半分は、古来、朝鮮と呼ばれていた地域であり（一時期、東部に濊貊〔ワイパク〕あるいは貊と呼ばれる部族〔夫余（フヨ）族〕の国家も在った）、南半分は韓と呼ばれて区別されていた。この区分は中国から見ての伝統的区分であった（北を朝鮮、南を韓と呼ぶこの区分は、第二次世界大戦を機に、こんにちに復活している）。

そこで、以下、朝鮮と韓とを併せて指すときには、混乱を避けて、朝鮮半島といい、単に朝鮮といえば、ことわらぬ限り、朝鮮半島の北半分の地域をさし、単に韓といえば、南半分の地域をさすこととする。どこから半分に分けるかは、時代によって変化するので、厳密な区分でなく、おおよその区分である（我が国の史書、特に『日本書紀』は、三韓という言葉で、後の高句麗〔コウクリ＝高麗・コマ〕・新羅〔シラギ〕・百済〔クダラ〕を指している。高句麗・新羅・百済は、四世紀以降、朝鮮半島の、それぞれおよそ北・南東・南西の各地に在って、朝鮮半島を鼎立支配した三つの国である。そこで、『日本書紀』の用語においては、韓は、朝鮮半島全てに渡ることになるが、これは後世の呼称に過ぎない。四世紀以前において、三韓といえば、後述の馬韓・弁韓・辰韓を指し、韓といえば、朝鮮半島の南半分だけを指したのである）。

記録の上での古代朝鮮半島史は、まず北の朝鮮史から始まる。檀君が開いたという檀君朝鮮から幕があく。

檀君朝鮮に関する現在最古の記録は、高麗時代、十三世紀の著『三国遺事』と『帝王韻記』である。『三国遺事』は、高麗の仏教僧侶、一然（一二〇六～一二八九年）が著作した朝鮮半島史であり、『帝王韻記』は李承休（一二二四～一三〇〇年）がうたった史詩である。いずれも十三世紀の後半、ほとんど同じ頃に同系統の記録によって書かれたとされる。

『三国遺事』は、正史『三国史記』（金富軾〔一〇七五～一一五一年〕撰述）と並び称される史書であるが、この『三国遺事』は、『三国史記』には漏落する古記や、古代の神話・伝説・民俗・地名起源説話などを幅広く自由に拾遺している。その「紀異第一」冒頭の古朝鮮条に、「古記」によりながら、王倹朝鮮として、檀君朝鮮史が記述されている。魏の時代から二千年前、堯の時代のことだという。およそ次のような内容である。

「昔、桓因（帝釈天。梵天と並ぶ、仏教の二大護法神の一）の庶子、桓雄がいて、父の命を得て、太白山（江原道と慶尚北道の境の山。標高一五四九メートル）の頂の神檀樹の下に降臨。桓雄天王といった。風・雨・雲の師伯を連れ、人間の世を統治教化したが、ここに、人間に化すことを桓雄に願う熊と虎がいて、熊が願いを成就し、女子となり、桓雄の子を孕んだ。生まれた子が、檀君王倹。王倹は、堯の即位五十年に、平壌城に都し、はじめて朝鮮と称した。のちに阿斯達（アシタツ。『新増東國輿地勝覧』〔国書刊行会〕によれば、黄海道文化縣九月山の古名。平壌の東南七〇キロの地）に都を移した。

国を治めること千五百年。周の武王が即位した己卯年（紀元前一〇二六年）に、箕子を朝鮮に封じるや、檀君は蔵唐京に移り、のち、阿斯達に隠れて山神となった。年齢は千九百八歳であった」。

「古記」を引いてかく語られた檀君朝鮮の神話が、果たして史実の核を含むのか、含むとすれば、どのような核かについて、明確なことは知られていない。

『帝王韻記』によれば、「尸羅（シラ）、高礼（コウレイ）、南・北沃沮（ヨクソ）、東・北夫余（フヨ）、穢貊（ワイパク）は、みな檀君の後裔である」という。尸羅は新羅、高礼は高句麗。高句麗が百済とともに夫余と同祖であることは『三国史記』の記すところでもあるが、『帝王韻記』は更に遡って、新羅も夫余も濊貊とともに、檀君を共通祖とすることを主張している。要するに『帝王韻記』によれば『後漢書』や『三国志』などに記述されている東夷の諸種族のほとんどが、元来、檀君という単一祖先の出自を持つことになる。「ここにおいて朝鮮王の檀君は、北東アジアの古代諸種族に君臨する神話的な帝王として出現し、非中国世界を糾合した理想的な帝王として登場するのである。……たぶん檀君神話は十～十一世紀の頃、ちょうどキタイ（契丹）の高麗侵攻のころに形づくられたのであろう。そして、十三世紀のモンゴルの高麗攻略の前後には、一段と高い関心を引いたのであろう。朝鮮民族が大きな苦難に直面するたびに、檀君神話がよみがえり、民族統合の精神的エネルギーとなってきたのである」（前掲『随唐帝国と古代朝鮮』二五五～二五六頁）。

右引用文中にいう、「檀君神話が十～十一世紀のころに形づくられた」ということが当たっているか否かは、やはり不明と言うしかない。ここでもやはり、『三国遺事』の段で述べたように、檀君神話が果たして史実の核を含むのか、含むとすれば、どのような核かについて明確なことは知られていないと繰り返す他はないのである。

確実なことは、いかなる民族といえど、そのもとを訪ねれば、いつかは共通の祖先にたどり着くのであって、結局、祖先が同じか異なるかというのは、母系にせよ父系にせよ、祖先を何処までどのように遡るかの問題にすぎないわけである。

檀君神話が、古代東夷諸民族の同一祖たることを主張するとすれば、その限りでは、真実であろう。

檀君神話の細部における真偽のほどは別にして、これが、分裂し抗争を繰り返す後裔諸民族の和合に役立つとすれば、それなりの歴史的意味を持つのであり、実際そうした役割を期待されて伝世されてきたのである。

檀君朝鮮の次が、周の武帝が己卯年に朝鮮に封じたという箕子による箕氏朝鮮である。箕子は殷末の聖者で、箕国に封じられて箕子と称し、時の紂王の無軌道ぶりを諫めていれられず、狂人をよそおって奴隷となったが、やがて周が殷を滅ぼすと、朝鮮に逃れ、周の武帝によってその地に封じられたと伝えられる。

『魏志』濊伝に、「箕子が朝鮮にやってくると、八条の教えを定めて教化したので、泥棒はいなくなった」とあり、『漢書』「地理志」にも箕子は殷の遺臣であると伝えて曰く、「殷の道衰え、箕子去りて朝鮮に之（ゆ）き、その民に教ふるに、禮義、田・桑・織作を以ってす。楽浪・朝鮮の民、禁八條を犯さば、相殺すには當時（ただち）に償ひ殺すを以ってし、相傷（そこな）ふには穀を以って償はしむ。相盗めば、男は没し入れて其の家の奴と為し、女子は婢と為し、自ら贖（あがな）はんとすれば、人ごとに五十萬。免れて民と為（な）ると雖も、俗、猶、之を羞じ、嫁を取るに讎（むくゆ）らるる所無し。是を以って其の民、終に相盗まず、門戸の閉ざすこと無く、婦人、貞信にして淫辟（いんへき）《みだらでよこしまなこと》ならず」とある。

『魏志』韓伝所引の『魏略』には「むかし箕子の子孫の朝鮮侯は、周王朝が衰え、燕王が勝手に王を僭称して東方への侵略を企てているのを見ると、自分も朝鮮王を称した」とある。燕とは当時朝鮮の西にあった部族国家である。「僭称」とか、「王を称した」とは、要するに中国の許可を得ずに覇権を唱えた、という謂いで、燕や箕氏朝鮮からみれば、自主独立の王権を樹立した、ということである。中国側文献が、「僭称」と言い落としながらもそのことを伝えているのを見れば、これらは史実なのであろう。

同『魏略』の続きに、「朝鮮王の子孫が次第に驕り高ぶって無道なことをするようになると、燕は朝鮮の西部地域を攻め、満番汗（マンハンカン）《遼東半島》まで兵を進め、ここを燕と朝鮮との境とした。朝鮮は以後力を失った」とある。

紀元前二二一年、秦の始皇帝は中国を統一する。同『魏略』の続きに、「秦が天下を統一した。当時、朝鮮では否が王位にあった。ひとまず秦に服属したが、参内はしなかった。否が死ぬと息子の準が位についた。二十年余の後、天下乱れ、燕、斉、趙の民は戦乱を嫌って、準のもとに逃げ込む者が多くなった」とある。

斉、趙とは、紀元前四~前三世紀の戦国時代に燕の南と西に、渤海を包むように位置した国々であり、秦による統一後も、当該地域がもとの国名で呼ばれたのである。

秦帝国の初代、始皇帝の後代の評価は芳しくない。有名な万里の長城の建設（戦国時代からあった北方の長城を補完連結し延長した大工事であった）、巨大な帝都の中心、阿房宮（アボウキュウ）の建設（正殿の規模は東西約一五〇〇メートル、南北約七〇〇メートルあったといわれ、現在残る土壇がほぼこの大きさである）、自らの墓陵、驪山（リサン）陵の建設などの大土木工事によって人民の疲弊を齎したこと、いわゆる焚書坑儒によって儒学・儒学者に残虐な弾圧を加えたことなどが、その後代における評価を劣悪たらしめている。

始皇帝は、天下統一（紀元前二二一年）から十年後の紀元前二一〇年七月、五回目の地方巡幸中に病死する。末子の胡亥（コガイ）が、陰謀を用いて、二世皇帝の座に就くが、失政によって農民反乱が勃発、秦帝国は混乱のうちに紀元前二〇六年をもって滅ぶ。天下統一から僅か十五年の短命であった。

漢代以降、儒学が国学化される後代において、始皇帝の評価はいよいよ悪化したが、その業績のうちには、後代に多大の影響を与えたものや、あるいは、高く評価されるべきものもある。武器の収公、郡県制と官僚体制の確立、度量衡の統一、貨幣の統一、文字の統一（この時代にいわゆる「篆書（テンショ）」が整理統一された）などが挙げられる。また、いわゆる顓頊暦（センギョクレキ）と呼ばれる暦法が、秦の時代に全国的に公用されていたことも特筆されるべきである。『漢書』律暦志に、漢の建国に当たり、秦の暦法を受け継いで顓頊暦がまず採用された旨が記されており、一九七二年四月、山東省臨沂（リンキ）の漢墓から発見された竹簡暦書によって、この顓頊暦が、前漢の中頃である紀元前一三四年当時、半日分、朔を繰り下げる修正のもと、実際に用いられていたことが確認されている（前掲藪内清著『科学史からみた中国文明』〔NHKブックス〕の二〇二〜二一〇頁「臨沂出土の竹簡暦書」。同氏『増補改訂　中国の天文暦法』〔平凡社〕の「補遺」三五九頁）。

この顓頊暦は四分暦と呼ばれる暦の一種である。四分暦法は太陽太陰暦の中で最も簡単な計算で算出できる暦法であり、既述のとおり、七十六年ごとに、全く同じ大小月・閏月のパターンを繰り返せばよい暦法である。

顓頊暦は、十月を歳首とし、閏月をすべて年終の九月の後に、後九月として置く置閏法をとるほかに、今日の干支紀年法ではなく、一年を下った古いタイプの旧干支紀年法を伴うという特徴を持つ。

この旧干支紀年法は、顓頊暦を踏襲した前漢時代にも継続され、紀元前一〇四年、太初暦に改暦されるまでは用いられていたようである（新城新蔵著『東洋天文学史研究』〔臨川書店〕五八五頁）。

四分暦法に基づくこの簡便な暦法は、秦末の混乱を避けて朝鮮へ、さらに韓地へと疎開したであろう秦時代の文化人やその末裔たちによって当該地に齎され、長く用いられ続けたと考えられる。これがのち、韓の辰王朝に、更には（当節結論を先取りして言えば）その辰王の末裔によって建てられた大和朝廷に継承された暦法であろう。

『古事記』が記す十五天皇の崩年は、この暦法の伝統を継ぐものと考えられる。崇神天皇に「戊寅年十二月崩」とあるのは、崇神天皇の時代に、すでに何らかの暦法を用いていた証拠であるが、第二、三節に述べた通り、この暦法が顓頊暦直系の暦法であったと考えられる。従って戊寅年とあるのは、現行干支紀年法による戊寅年ではなく、顓頊暦由来の干支紀年法、即ち一年を下った旧干支紀年法による旧戊寅年であり、新戊寅年・三一八年ではなく、一年下った三一九年である。

この古い干支紀年法は、我が国では大和朝廷建国以来連綿と墨守されており、新干支紀年法、つまり現行の干支紀年法が公用とされたのは、持統天皇の即位の年、持統天皇四年紀（旧己丑年・新庚寅年・六九〇年）からである（前掲拙著『日本書紀編年批判試論』、或はこの修正補足版『6～7世紀の日本書紀編年の修正――大化元年は646年、壬申乱は673年である――』参照）。そこで、例えば、乙巳年の変によって蘇我蝦夷・入鹿が滅ぼされた大化元年は新乙巳年・六四五年ではなく、旧乙巳年・六四六年の事件である。つまり大化改新は六四五年の事件ではなく、六四六年の事件である。壬申乱も新壬申年・六七二年の事件ではなく、旧壬申年・六七三年の事件である（今日のすべての教科書・年表の類は、『日本書紀』の虚偽編年を信じる余り、これらに間違った西暦年を充てている）。

話を戻すと、秦帝国の崩壊後、天下は乱れ、燕・斉・趙の地域からは、戦乱を避けて、民衆が西から東へ流れてゆく。戦乱に絞り出される如く、そこでの「敗者」たちが、亡命者となって逃げのびる。逃亡の先に朝鮮があり、更にその先に韓地があり、またその先には、最果ての地、極東の国、倭国があった。

韓の国名、馬韓や辰韓の名が史上に登場するのが、ほぼこの頃からである。

『後漢書』東夷伝の韓条に、「韓に三種あって、馬韓、辰韓、弁辰という。馬韓は西にあり、北は楽浪と接し、南は倭と接している。辰韓は東にあり、北は濊貊と接している。その辰韓の南に弁辰（『魏志』に弁韓）があり、弁辰の南はまた倭と接している。（三種の韓は）皆、古（いにしえ）の辰国である」とある（『魏志』東夷伝韓条に類似の記事があるが、『後漢書』とは若干異なる。後述）。

右引用文中、楽浪というのは楽浪郡であり、紀元前一〇八年、前漢が朝鮮を滅ぼして朝鮮に建てる四郡の一である。

三韓、つまり馬韓、辰韓、弁韓（弁辰）の位置関係がこの文から確認できる。朝鮮四郡の最も南の楽浪郡に接して、その南にある韓を三つに分けるところの三国である。更に、「馬韓は……南は倭と接している」・「弁辰の南はまた倭と接している」というので、後漢時代のうちのいつの頃からか、既に韓の南端に倭の領土のあったことが知られる。そうして、三韓は、古の辰国なるものが分立して成立したものであるとされている。この辰国、辰王朝こそ、天皇祖族、大和朝廷の、真の出自であろうと推測されるのであり、その証明がすなわち当節・次節の主題である。

この記事は『後漢書』の記事であるが、歴史上、韓が史的事件の舞台として登場するのは、秦の時代以後である。『後漢書』および『魏志』の韓伝辰韓条に、「辰韓は、老人が自ら言うに、秦の亡命者の子孫で、秦の苦役を逃れて韓国にやって来たとき、馬韓が東の地を割いて与えてくれたのだという。秦の言葉と似たところがあり、名付けて秦韓ともいう」とある。

これは辰韓の古老が伝えるという伝説であるが、秦の周辺国からのみならず、秦国自体からの亡命者も、朝鮮を経て更に韓へと流れ下っていたことが知られる。こうした亡命者の移住が、秦国の暦、顓頊暦や、これに付随した旧干支紀年法の韓地への伝来を齎した淵源であろうと考えられる。

紀元前二〇二年、高祖（劉邦）の五年、前漢が成立。前漢成立から間もない頃に、また、韓の地が中国正史に登場する。

前漢の時代、箕氏朝鮮は準をもって終わり、衛氏朝鮮が成立する。すなわち『魏志』韓伝所引『魏略』の続きによれば、「漢王朝は、盧綰（ロワン）を燕王に封じた。朝鮮は燕と浿水（はいすい。鴨緑江）で境を接することになった。盧綰が漢に背いて匈奴に逃亡したとき、燕の住人、衛満は、朝鮮王、準のもとに亡命し、中国からの亡命者たちを自分の配下に入れた。のち、衛満は、準をだまして、朝鮮から追い出した」という趣旨のことが語られている。衛氏の満が、漢からの亡命者たちを従えつつ、箕氏朝鮮を滅ぼし、衛氏朝鮮の初代の王になった。『史記』朝鮮列伝にも同様の記事がある。「亡命した満は、党千餘人を集め、浿水を渡り、真番や朝鮮の蛮夷、もとの燕・斉らの亡命者を部下として朝鮮の王となり、王倹《平壌》に都した」とある。

さて、『魏志』韓伝には、この時の敗者、準が、朝鮮を追われて韓に移住し、一時期、韓王を名乗ったことが、次のように記されている。「朝鮮侯の準は朝鮮王を僭称していたが、燕からの亡命者、衛満に国を攻奪され、左右側近や宮女を率いて海に走り入り、韓地に移居し、自ら韓王を名のった。其の後裔は絶えたが、今も韓人にはなおその祭祀を続けている者が有る。後漢の時、楽浪郡に属し、季節毎に朝謁していた」。『後漢書』韓伝には、同じ事が、「朝鮮王準、衛満の為に破られて、衆数千人を率いて走って海に入り、馬韓を攻めて此を破り、自ら立って韓王となる。準の後は滅絶し、馬韓の人、復た自ら立って辰王となる」とある。

中国での敗者が朝鮮へと逃げのび、朝鮮での敗者が、韓へと逃げて、敗者のそのまた敗者たちが、朝鮮、さらには韓へと、歴史の風雨に翻弄されつつ、東の果てへと吹き寄せられている様を窺うことが出来る。

衛満が準を追い出して朝鮮王となり、王倹（平壌）に都し、衛氏朝鮮（前一九五～一〇八年）が成立すると、前漢の側は、衛満を容認するにあたり、条件を科した。『史記』朝鮮列伝によると、「恵帝・高后（前一九四～一八〇年）の時、天下が初めて平定すると、遼東郡の太守は衛満を漢の外臣と為し、約束を交わして、『塞外の蛮夷を保ち統御して、辺境では彼らに掠奪させず、また諸蛮夷の酋長が漢に入って天子に謁見を望んだとき、阻止してはならない』こととした」とある。同朝鮮列伝は更に次のように続く。

「そのため衛満は軍力と財物を得、付近の小邑を攻めては降した。真番郡や臨屯郡《朝鮮・江原道地方。前一〇八年に漢武帝が置いた。ここではこの後世の郡治所の名によって地域を示しているのである》の衆もみな来て服属し、その範囲は数千里四方に及んだ」。

そうして約一世紀の時が流れる。同朝鮮列伝の続きに、「朝鮮王の位は衛満の子に伝えられ、孫の右渠（ウキョ）の時代になると、漢人で誘われて朝鮮に逃亡してくる者はますます増えた。しかし、右渠は、未だ嘗て漢に入朝したことがなく、真番の近隣諸国が（『三国遺事』には、真番と辰国が、とある）漢の天子に謁見を臨んでも、抑えて取りつがなかった」とある。

紀元前一〇九年、漢は右渠の背信行為を詰問したが、右渠は従わず、翌、紀元前一〇八年、右渠は漢に寝返った大臣の放った刺客によって殺され、曲折の後、漢は遂に朝鮮を平定。漢は、ここに、真番郡・臨屯郡・楽浪郡・玄菟郡の四郡を置いた。

前漢による右渠討伐に至る経過は『史記』朝鮮列伝に詳しいが割愛する。真番郡の位置については大きく二説あり、一は韓の地（馬韓のあたり）、二は朝鮮の地（浿水＝鴨緑江流域）というが、朝鮮四郡の一郡として、後説がよいか（韓地説にも、東部説と西部説があり、これも決定していない）。

ともあれ、かくして、衛氏朝鮮は前漢によって滅ぼされ、朝鮮の地は、前漢の出先機関たる四郡による直接統治の対象となった。

『魏志』韓伝所引『魏略』には、右渠が破れる前のこととして、次のような記事が見える。

「右渠が未だ破れざる時、朝鮮国の相の官にあった歴谿卿（レキケイケイ）は、右渠を諫めたが用いられず、東の辰国に行った。従った民は二千余戸」。

衛氏朝鮮が破れるに当たってもまた、朝鮮から韓へ逃げ延びる集団が生じたようである。

朝鮮半島の南半分、つまり韓の地は、このように見てくると、このころまでは、中国やその周辺国、さらには朝鮮からの亡命者たちが身を寄せることのできた土地である。つまり韓は、このころもなお、少なくとも中国からは支配の手の十分には及ばぬ土地であったのである（このことからも、真番郡は、韓ではなく、朝鮮にあったとする説を採るべきと思われる）。

朝鮮に置かれた四郡も、その後まもなく、住民の抵抗によるのであろう後退を余儀なくされてゆく。

臨屯・真番の二郡は前八二年（昭帝の始元五年）に廃止されて楽浪・玄菟二郡に併合され、前七五年（昭帝の元鳳六年）には玄菟郡が治所を遼東郡内に移され、結局朝鮮半島に残されたのは楽浪郡一郡のみとなった。

なお、倭が中国史に登場してくるのは、この四郡設置以後のこととみられる。『漢書』地理誌に「楽浪海中に倭人あり。分かれて百余国となる。歳時を以て来たり献見すという」とあるのが、倭人つまり日本人が中国の史書に明記される最初である。しかし、政治史の中で倭が登場するのは、更にこれより一世紀ほど後である。

まずは、韓の地に、楽浪郡の軍隊が攻め込む事件が起こる。中国側が韓を直接攻める事件として、正史初見の、看過すべからざる事件である。

『魏志』韓伝所引『魏略』に、およそ次のようなことが記述されている。

「王莽（新国の初代にして最後の王）の地皇年間（紀元後二〇～二三年）に、廉斯鑡（レンシサク）が辰韓の右渠帥（ウキョスイ）になると、楽浪郡の土地は美しく人民は豊かに楽しんでいることを聞き、逃亡して楽浪郡に投降しようと考えた。邑を出たところで漢人の戸来という者に出会った。そしてその仲間千五百人が韓の奴隷にされて三年になることを聞き、廉斯鑡は戸来とともに楽浪郡の含資県に出頭。県は郡に報告し、郡は廉斯鑡を通訳として大船に乗り、辰韓に侵入。戸来の仲間千人を取り返したが、五百人は既に死んでいた。そこで賠償として、辰韓は人間一万五千人を出し、弁韓は布一万五千匹を出した。郡は廉斯鑡の功績義徳を表彰し、冠、頭巾、田、屋敷を賜った。その子孫は数代続き、安帝延光四年（一二五年）にも課役の免除を受けていた」。

辰韓に漢人の奴隷千五百人が居たというのであるから、韓と楽浪郡はすでに戦闘を経ていたのであり、その意趣返しの侵冦を辰韓・弁韓が楽浪郡から受けた事件として語られている。

新朝末期におけるこの楽浪郡による韓への侵略戦から数年後、楽浪郡内部でも、反乱があった。更始帝（劉玄。王莽打倒のため、前漢景帝の末裔を称する南陽の土着名族、劉氏一族が、更始元年〔二三年〕、漢王朝再建のために立てた皇帝である。後漢光武帝・劉秀も同族）が赤眉の軍（王莽に対する貧農の反乱から発展した軍団である。初め更始帝に服属するも、その後離反する）との戦いで敗死した年、すなわち後漢建国元年である建武元年（二五年）、楽浪郡で、王調というものが反乱し、時の楽浪太守を殺して独立、大将軍・楽浪太守を自称した。

これまで見た如く、戦国時代から秦を経て前漢時代にかけ、朝鮮へ移住して土地の土豪となった漢人は多く、楽浪郡設置後はその郡県の下僚となっていた者もあって、右の王調なども、そうした者の一人であったのではないかと解されている。

二七年正月、赤眉軍を平定して傘下に収めた光武帝は、建武六年（三〇年）に、王遵を楽浪太守に任じ、王調を討伐させた。

王調が滅ぼされ、楽浪郡が後漢の手に戻ったその年に、後漢は、楽浪郡の東部都尉を廃した。すなわち、朝鮮の東部の諸県を全て放棄したのである。代わってこの地方に対しては、渠帥すなわち原住民である濊貊の首領たちを県侯に封じ、原住民を通じての間接統治に切りかえた。

続いて、『後漢書』光武帝建武二十年（四四年）秋の条には、「東夷の韓国人が、衆を率いて楽浪に詣（いた）り、内属した」とある。同じ内容のことが、同書韓伝には、「建武二十年、韓人で廉斯の人、蘇馬諟（ソバシ）等が楽浪に詣り、貢献した。光武帝は、蘇馬諟を封じて漢の廉斯の邑君とし、楽浪郡に所属させた。四季毎に、朝謁した」と記されている。

以上、王莽の新朝末に韓が楽浪郡による軍事的介入を受けて以来、後漢初葉にかけて、押しつ戻りつしながらも、また、直接支配と間接支配の差はありつつも、中国の圧力が、韓の地にまで、次第に迫る過程が見て取れる。

而して、一世紀半ば（五七年）に、倭の地から、後の邪馬臺国連合の一国たる、奴国による中国への朝貢がある。そうしてまさにこのころより、先述の帥升（スサ）王統祖族による半世紀をかけた、倭地に対する侵略・統一戦争が起こったと推定される（第五節・第十八節参照）。

しかも、その帥升王統は、朝鮮半島とくに、韓の地の、後の新羅の地（従って辰韓の地）に起源を持つと推測された王統である。

このように見てくると、帥升王統祖族というものは、まさにこの西暦一世紀半ばころ、新朝末の混乱期を経て、後漢の圧力が着実に強まる時代に、何らかの形で、韓から倭へと押し出された、在地の王統を継ぐ者達であったのではないかと推測されるのである。とすれば、韓から押し出された王統、特に、このころ既に存在したと思われる辰王朝の王統が、何らかの形でスサ王統につながっていたのではないかと憶測される。

右に述べた推測・憶測は、なお直接的な証拠を欠き、その意味では、文字通り単なる憶測説に過ぎない。しかし、スサ王統祖族が西暦一世紀の後半をかけて西日本一帯に、大規模な戦乱を引き起こしたであろう事自体は、先に少し触れた狭義の高地性集落遺跡が有力な証拠を提供するのである（第十八節参照）。

さて、上記の『後漢書』建武二十年の記事以後については、『後漢書』東夷伝の序論部分に、遼東太守の祭肜〔サイユウ〕が〔建武二十五年・西暦四十九年に〕北方の貊人の侵寇を平定した後、濊貊・倭・韓がはるばると朝献するようになり、章帝（七五～八八年）・和帝（八八～一〇五）以後も使者が通ったと記されてはいるものの、これは総論風の記述であり、濊貊・倭・韓それぞれの朝献の時期を明示している記事ではない。事実としては、建武二十年ののち、約一世紀にわたって、朝鮮・韓に関する限り、その消息は、中国正史に見えない。

この間、三韓を統治していた王朝として、再三述べたところの、辰王朝なるものがあった。先に抄録したところを含めて『後漢書』韓伝には、三韓・辰王朝につき、次のように記されている。

「韓に三種が有る。一を馬韓と曰い、二を辰韓と曰い、三を弁辰と曰う。

馬韓は西に在り、五十四国を有する。其の北は楽浪と、南は倭と接している。

辰韓は東に在り、十有二国。其の北は穢貊と接している。

弁辰は辰韓の南に在り、亦、十有二国。其の南は亦、倭と接している。

凡そ七十八国。伯済、是、其の一国である。大は萬余戸、小は数千家。各、山海の間に在る。地は合わせて方四千余里。東西は海を以て限りとする。

皆、古の辰国である。馬韓は最大であり、共に其の種を立てて、辰王とする。辰王は目《月の誤写》支国に都し、尽（ことごと）く三韓の地に王として君臨する。其の諸国王の先は皆、馬韓種の人である」。

つまり、後漢の時、韓はすでに三韓に分かれ、馬韓五十四国、辰韓十二国、弁辰十二国、併せて七十八国であり、古くはすべてまとめて辰国と言っており、今、馬韓が最大で、馬韓の人間が共立されて辰王となり、馬韓の月支国に都し、三韓を統治している。辰王の代々の諸祖先は、皆、馬韓の人であった、というのである。

『魏志』韓伝になると、これとは微妙に異なる記述となっているが、後に見る。

辰国を統治していたという辰王とは、そもそも何者であろう。此については、江上波夫氏による考証がある。しかしこれも後に見ることとして、朝鮮半島史を更に続けて見てゆこう。

朝鮮半島史について、中国正史には、先述の建武二十年の記事から一世紀を隔てて、次のような記述が現れる。

「桓帝・霊帝時代（一四七～一八九年）の末、韓・濊の力が強く盛んで、楽浪郡やその配下の県の力では制することができず、多くの民衆が韓国に流入した」（『魏志』韓伝）。

そうして、後漢は、一八四年に始まる黄巾の乱（黄天を神とする信仰集団「大平道」による武装蜂起）以来、内乱華やかなる時代を迎え、二二〇年に至って滅ぶ。

この後漢末の擾乱に乗じて、遼東・朝鮮、更には韓・倭にまで及んで覇権をふるうのが公孫（コウソン）氏である。

公孫氏による朝鮮半島支配の経緯を『魏書』公孫度伝などによって見ると、次のようである。

公孫延とその子、度（タク）の親子は、本来は遼東郡襄平県の人であったが、父親の延が官吏勤めを避けて玄菟郡に居り、度はその玄菟郡の郡吏に任じられた。度は玄菟太守の寵愛を受けて昇進するものの、流言によって罷免されたという。しかし、その後、玄菟郡出身の高官の推薦で遼東太守となる（一八九年）。太守となってから公孫度は強権をふるい、郡中を震慄せしめ、東は高句麗を伐ち、西は烏丸を撃って、その威勢は海外に行き渡ったという。初平元年（一九〇年）遼東郡を分割して遼西中遼郡を設け、太守を置き、海を渡って東莱郡（慶尚南道）の諸県を支配下に治め（「東莱」は今の釜山を中心とした地方であり、『魏志』韓伝弁辰条に見える弁辰瀆盧国に当たるとされる。この瀆盧国は、「倭と堺を接」するとされる土地である。この場合の「倭」とは、具体的には、当時、倭人の入植地とされていた金官加羅＝金海に当たる狗邪韓国を指すと思われる。後者は前者の西隣である）、自ら遼東侯を名乗った。更に、漢の二祖、高祖・光武帝の廟を建立し、天子の儀を行った。

建安九年（二〇四年）、度死し、子の公孫康が位を継いだ。建安十二年（二〇七年）康は武功により、魏の太祖（曹操、武帝）から襄平侯とされ、左将軍に任じられた。

次いで、『魏志』東夷伝韓条に、次のように記されている。

建安中《一九六～二二〇年》、公孫康、《楽浪郡の》屯有県以南の荒地を分けて帯方郡と為し、公孫模・張敞等を遣し《その地の漢の》遺民を収集し、兵を興して韓・濊を伐たしむ。旧民《上記の遺民たちである》稍《やや。少しずつ》出づ《郡に戻った》。是の後、倭・韓、遂に帯方に属す。

すなわち公孫康は、楽浪郡の南を分けて帯方郡を置き、韓地にいた漢の旧民を帯方郡に集めるとともに、韓・濊を討伐して、倭・韓を支配下に置いたという。つまり、後漢による支配が長く空白になっていたと思われる辰王治める韓の地に、公孫氏の権力が軍をもって侵入し、これを支配することになったのである。公孫康の時代以後、韓への外圧が急速に増す。

ここで右の文に関して、併せて注目しておきたいのは、康が韓・濊を伐った結果、倭・韓が遂に帯方郡に属したと云っており、倭を伐ったとは言っていないにも拘わらず、倭・韓が帯方に属したとする点である。そこで思うに、先に公孫度の時、すでに海を渡って、東莱郡を支配下に置いていたのであったが、この時、恐らくはそのすぐ西隣であった倭の入植地たる狗邪韓國に当たる土地も同時に支配下に置いていたのではなかったか。公孫氏は、東莱郡のみならず、倭人の地となっていた土地をも含めて、韓の背後を広く支配下に置いたのち、公孫康の代になって、辰王朝、韓を南北からはさむようにしてこれを制圧したのではなかったか。それ故に、韓を伐ったことで、倭・韓がともに帯方郡に統属されることになったと言われたのではなかろうか。そうであれば、公孫度・康の親子二代をかけて、辰王朝を攻略する戦略が練られ遂行されたことになる。

ともあれ、この後、康は死に、康の子の淵らが幼かったため、人々は弟の恭を遼東太守に擁立する。

二二〇年、後漢は滅び、二二〇年に魏、二二一年に蜀、二二二年に呉が成立して、三国鼎立時代となる。

太和二年（二二八年）、公孫淵は恭を脅して位を奪った。魏の明帝は淵を揚烈将軍・遼東太守に任じた。

しかし、やがて淵は南の呉とよしみを通じ、呉は使者を送って淵を立て燕王にしようとしたが、淵は呉の使者の首を斬って魏の明帝に送った。明帝はこの功績により淵を大司馬に任じ、楽浪公に封じた。もとの持節・郡領（将軍職、遼東太守）はそのままとした。

景初元年（二三七年）七月、明帝は使者を遣って淵を魏の都に招聘しようとしたが、淵は軍を出して使者を追い返した。

景初二年（二三八年）春正月、明帝は、大尉、司馬宣王を淵の討伐に派遣。八月二十三日、司馬宣王の大軍により淵親子は斬殺され、遼東郡・玄菟郡・楽浪郡・帯方郡はことごとく平定された。

魏の覇権は、更に韓へ向かう。

『魏志』韓伝は、淵討伐による朝鮮の平定、および、それから間もない韓の平定に関して、次のような事柄を伝えている。

「景初年間（二三七〜二三九年）、明帝は密かに帯方太守の劉昕（リュウキン）と、楽浪太守の鮮于嗣（センウシ）とを派遣し、海から二郡を平定させた。そうして、諸々の韓国の臣智たちに邑君の印綬を授け、それに次ぐ者達には、邑長の位を与えた」。

そうして、更に、次のような経緯を記す。楽浪・帯方平定から十年ほど後のことである。楽浪太守・帯方太守ともすでに、右記事の者から交替している。「部従事の呉林は、楽浪郡がもともと韓国を統治していたことを以て、辰韓の八国を分割して楽浪郡に与えたが、役人通訳たちにさまざまな意見があり、韓国の臣智たちは韓の怒りをあおりたて、帯方郡の崎離営を攻撃した。

そこで帯方太守の弓遵と楽浪太守の劉茂は、兵を興してこれを伐った。弓遵は戦死したが、二郡は遂に韓を滅ぼした」。

文中「韓国の臣智たちは韓の怒りをあおりたて」の原文は「臣智激韓忿」であり、右の和訳はこれを「臣智、韓の忿りを激せしめ」と読んだのであるが、また「臣智は激し、韓は忿り」と読むことも可能である。しかし、この原文については、末松保和氏の指摘があり、百衲（ひゃくのう）宋本魏志には「臣智激韓忿」ではなく「臣幘沾韓忿」とあるので、これが原型であったとすると、「臣幘沾韓が忿り」と読め、その「臣幘沾韓」とは、馬韓五十餘国の中の臣濆沽国にほかならないであろうとされる（『末松保和朝鮮史著作集1』〔吉川弘文館〕二八五頁註65）。さすれば辰韓の分割に、馬韓の一国、臣濆沽国が怒って戦を始めたということである。いずれにせよ、辰王朝と魏との間に戦が生じたことを意味するのである。果たして戦は激しく、帯方郡太守弓遵が戦死するほどに及んだ。

しかしこの激戦の結果、楽浪・帯方二郡は「遂に韓を滅」ぼす。

要するに、魏は、公孫淵親子を討ち滅ぼし、やがてその勢いを韓に及ぼし、韓をも攻略したのである。「韓を滅」ぼしたと『魏志』韓伝がいうところは、どの程度の、「滅ぼし」であったのか。韓地深くにまで魏軍が侵攻したことはまちがいない。

帯方太守の弓遵については、「魏志倭人伝」の正始元年（二四〇年）条に、魏皇帝の詔書と印綬を卑弥呼に与える使いを遣わす太守として名がみえ、同濊伝には、正始六年（二四五年）、濊を攻撃する太守としても名が見える。そうして、「魏志倭人伝」の正始八年（二四七年）条には、新たな帯方太守として、王頎の赴任したことが見えるので（この王頎は、『魏志』毋丘倹伝に、正始六年、玄菟太守であったことが見える）、弓遵が戦死したのは二四五年から二四七年の間、二四六年あたりと考えられる。激戦の末、帯方・楽浪二郡が韓を「滅ぼし」たのは、この二四六年から間もない頃であったと考えてよい。

『魏志』三少帝紀の正始七年（二四六年）条に、「二月、毋丘倹が高句麗を討ち、五月、濊貊を討ち、之をことごとく破った。」という記事のすぐあとに、「韓那奚ら、数十国が、各々、種族を率いて落降した」とある。「韓那奚ら数十国」という「韓那奚」とは、『魏志』韓伝弁辰条の伝える弁辰諸國中の「冉奚国」であろう。「那」の古い異体字に「郍」があり、冉は郍の省文であると考えられ、すると冉奚イコール郍奚＝那奚である。結局、この冉奚国＝那奚國を初めとして辰王の統治下にあったであろう諸国を含むところの数十国が、種族を率いて魏に落降したということであれば、この文こそ、まさに二四六年、帯方・楽浪二郡が、韓を「滅ぼし」たという、その結末を語る文言であったと考えられる。

この西暦二四六年という年は、孝霊天皇の即位年として推算された二四三年という年にほぼ重なることに改めて注意しておきたい。

孝霊天皇の推定即位年の方は、当然、十年前後の誤差を見込む数値であるが、両者の一致には、偶然の一致という以上の意味があると見てよい。韓の滅亡とは、辰王国の滅亡であり、それが、孝霊天皇代の始まりに、ほぼ、一致するのである。

ともあれ、事実として、韓は、建安年間に公孫康によって伐たれ、次には、西暦二四六年のころ、魏軍によって決定的な侵冦を受けた。

この流れは、丁度二世紀前に、韓地の被った経緯、すなわち、新朝末に韓が楽浪郡による軍事的介入を受けてのち、後漢時代に移ってからも中国の圧力が次第に韓の地にまで迫った経緯とよく似ている。この時は、帥升王統祖族の倭への渡海避難があったと推測された。今回も、類似の推測が成立する。

三国時代の韓については、『魏志』韓伝に、おおよそ、次のように記されている。辰王・辰国と三韓との関係につき、『後漢書』韓伝に記されていたところと、やや異なる点がある。

「韓は帯方郡の南に在る。東西は海を限りとし、南は倭と接する。方四千里ほど。

三種あり。一を馬韓といい、二を辰韓といい、三を弁韓という。

辰韓は古の辰国である。

馬韓は西にあり。其の民は土着し、穀物の種を植え、蚕桑の技術を知り、綿布を作る。

各、酋長があり、大を臣智と自称し、次を邑借とする。

山海の間に散在し、城郭無し。

爰襄国、……臣濆沽國、伯済国、……月支国、……楚離国あり《爰襄国から楚離国まで五十五の国名がここに羅列されている》、およそ五十余国。大国は萬余家、小国は数千家、総て、十余萬戸。

辰王は月支国に治す。

辰韓は馬韓の東に在り。その地の古老が代々伝えて自ら言うに、自分たちは古の亡命者で、秦の課役を避けて韓国に来たところ、馬韓が其の東部の土地を割いて与えてくれたのだと。

城柵が有る。言語は馬韓と同じではない。名づけて国を邦と為し、弓を弧と為し、賊を寇と為し、行酒を行觴と為し、互いに皆を呼んで徒と為す。秦の人に似たところがある。ただに燕や斉の名の物のみが似ているのではない。

楽浪の人を名づけて阿残という。東方の人は自分を阿というが、楽浪の人はもともと自分たちの残余の人だから、阿残というのである。

今も辰韓を秦韓という者が有る。

辰韓には始め六国が有ったが、次第に分かれて十二国となった。

弁辰もまた十二国からなり、諸々の小別邑があって、各々に渠帥が有り、大は臣智といい、その次に険側が有り、次に樊濊が有り、次に殺奚が有り、次に邑借が有る。

已柢国、……冉奚國、……斯盧国、優由国《ここに、二十三カ国の羅列がある》が有る。

弁・辰韓合わせて二十四国。大国は四、五千家、小国は六、七百家、総て四、五萬戸。

其の《うちの》十二国は辰王に属す。辰王は常に馬韓の人を用いてこれを作り、世々相継ぐ。辰王は自ら立って王と為ることができない。〈『魏略』にいう。明らかに辰王は流移の人であるが故に、馬韓の為に制せられるのである〉」。

『魏志』韓伝がかく伝える三韓と辰王との関係は、『後漢書』韓伝の伝えるそれと、微妙な違いを見せている。

というより、『後漢書』は『三国志』より後に編まれたものであるから、むしろ『後漢書』韓伝の伝える三韓と辰王との関係が、『魏志』韓伝のそれと微妙な違いを見せている、というべきかもしれない。

とはいえ『後漢書』には、独自に資料を求めて記されたと思われるところは決して少なくない。そうして、確かに『三国志』を見ながら『後漢書』を編んだはずの范曄が、敢えて『三国志』と異なる著述をしているのであり、このことは軽視されるべきではない。

辰王・辰国と三韓との関係につき、『後漢書』韓伝と『魏志』韓伝との主な違いは、次のような点である。
①『後漢書』は、三韓すべてを古の辰国とする。対して、『魏志』は、辰韓のみについて、これを古の辰国とする。
②『後漢書』は、辰王を、三韓全ての王であるとするが、『魏志』は、弁韓・辰韓合わせて二十四国のうち、十二国が辰王に属すとしており、すべてが辰王に属するとは言っていない。
③『後漢書』は、辰王は、馬韓人が同じ馬韓人を共に立てて辰王とし、その先代も全て馬韓人である、と単純明快な言い方をしているが、『魏志』は、辰王は常に馬韓の人を用いて王とし、代々相継いでいるが、辰王は自ら立って王となることができない、とやや難解な言い回しをしている。そうして、『魏略』を引いて、辰王は流移の人であるとも注釈している。
『後漢書』の伝えるところの方が、辰王・辰国ともに明快である。『後漢書』によれば、三韓とは、かつて

辰王が治める辰国なる一国が、のちに分立したものか、あるいは元来分立していたものを辰王が統一したものであったことになる。

『魏志』の伝えるところは、その三韓と辰王との関係が、時代とともにやや変容した姿であったと考えれば、『魏志』のいうところの歯切れの悪さも納得しやすい。後漢時代には辰王が三韓の地全てを統治していたが、三国時代になると、辰王の都のある馬韓はともかくとして、弁韓・辰韓の諸国についてはその半分のみが辰王に属するところに変わっていた、と考えることができる。

すなわち、後漢時代と三国時代とで、辰王と三韓との関係が、やや変容したのだと考えれば、『後漢書』と『魏志』の説くところの辰王・辰国と三韓の関係の微妙な違いが、理解しやすくなる。

なお、「古の辰国」を、辰韓のみにあてようとする『魏志』は、おそらく何らかの誤解であろう。「古の辰国」の範疇に、代々辰王を出し、辰王の都もあるという馬韓が含まれないとすれば、何としても不可解である。

また、『魏志』韓伝所引の『魏略』が、その辰王を流移の人というのは、馬韓に住む辰王の出自に関わる。辰王は、高句麗・百済の王家と同じく、もと夫余族に出る王統であったと推定されるが、後に触れたい。

ともあれ、以上によって知られるのは、中国が魏・呉・蜀の三国に鼎立していた時代には、韓は馬韓・辰韓・弁韓（弁辰）の三韓に分かれており、代々、馬韓人から辰王が立てられ、辰王は、馬韓の中の一国、月支国に都し、その辰王に、馬韓全土と弁・辰韓の半ばが所属していた、という事実である。

そうしてその辰王によって治められていた韓が、西暦三世紀の初葉には公孫氏によって攻撃され、三世紀の半ばには、魏によって、「滅」ぼされた。

辰王・辰国は、三世紀半ばまでの韓に実在した王国として、『魏志』にその名を留めたのち、文献からは、以後、忽然として、その消息を絶つ。辰王・辰国は、魏によって、「滅」ぼされた。しかし、魏軍が辰王の首を挙げたという記事は中国文献には見えない。辰王は、どうなったか。

三世紀の半ばに、辰王の王統が、相次ぐ外圧に押しつぶされるが如く、韓から押し出され、大挙して倭へと亡命し、倭の地において新天地を求めるべく必死の闘いを始めた、というのが、以下で証明したい事柄である。

系図⑭に、繰り返し立ち戻ろう。系譜⑭が指し示す、三世紀半ばに推算即位年を持つ孝霊天皇世代における突如たる父系系譜の開始の秘密、日向降臨伝承の史的核心、ここには、以上述べてきたがごとき、激動の朝鮮半島史が、深く関与する。

執拗に繰り返すようであるが、系図⑭に見るごとく、天皇祖族たちの史実上の初祖、すなわち孝霊天皇世代の父祖達は、三世紀の半ば、一斉に、日向界隈を拠点としている。忽然と、天から降ってわいた如くに、日向から出立している。史実として、彼らは一体全体、どこから日向地方へと入ったのか。彼らはそもそも何ものか。

孝霊天皇とは辰王の正統を継ぐ人物であり、孝霊天皇から実系譜が始まる天皇祖族とは、辰王の正嫡の王統であったのであり、この天皇祖族たちは、三世紀の前半から半ばにかけて、初め公孫氏の支配を受け、次いで魏帝国による軍事的圧力を受けて韓から倭へと押し出された。そうして彼らが亡命の身を宿すためのとりあえずの拠点の一中心として選んだのが、当時の倭国の（邪馬臺国連合の）政治的空白地帯というべき日向地方であった、というのが、当節以降の主張の中心である。以下、節を改めてその証拠を挙げてゆきたい。

しかしその前に、当節の残りで、その後の朝鮮半島史を概観しておきたい。必然的に、わが邪馬臺国の興亡史がこれに絡むことになる。

二三八年、魏軍により、淵父子が斬り殺され、遼東郡・玄菟郡・楽浪郡・帯方郡四郡が魏によって平定されたが、その翌年二三九年の六月、わが女王国、邪馬臺国連合の卑弥呼が、使いを帯方郡に遣り、魏の皇帝に朝献を願い出た。以後、卑弥呼の時代とその後継女王、壹與（イヨ。しかし、トヨ＝臺與の誤写と考えたい）の時代にかけて、しばらく、倭女王と魏との外交が頻回に続く。この間、韓と魏との外交関係は、二六一年まで見えない。すなわち、『魏志』三少帝紀景元二年（二六一年）七月条に「楽浪外夷、韓、濊貊、各々その属を率いて来たり朝貢す」とあるのが、韓と魏との外交記事の、その後の初見であり、最後の外交記事でもある。韓の魏に対する服属儀礼としての朝貢であったろう。韓の中国への遣使・朝貢は、この後、晋が成立してから、頻回となる。

晋は、蜀・魏・呉をこの順に滅ぼして、中国を統一する。二六三年に蜀が滅び、二六五年に魏が滅び、二八〇年には呉が滅んだ。

倭の女王から中国への遣使の記事は、二六六年をもって最後となる（『晋書』）。倭の女王国は、この記事を最後に、中国正史から、全く消息を絶ってしまう。

ところがこれとは対照的に、このあとから、つまりわが女王国と入れ替わるがごとくに、馬韓、辰韓から晋への遣使・朝貢の記事が、頻回となる。図表⑰に見られるごとく、二七七年から二九〇年まで、馬韓は延べ八回、辰韓は延べ三回に及んで、晋に遣使・入貢している。

倭女王国から晋への遣使の道は、西暦二六六年以降、何らかの事情で途絶えた。推測されるその理由についてはすでに述べた。すなわち、二六六年の前後に、出雲の部族、狗奴国と密接に結んだ天皇祖族たち、主として孝元天皇世代の者達が、吉備平定などにたずさわり、こうした侵略戦争の伸展によって、倭の女王国の遣使の道が塞がれたためであろうと推測された。

「魏志倭人伝」によれば、帯方太守の弓遵が戦死したあとの正始八年（二四七年）、新たな帯方太守として、王頎が赴任したという記事のあとに、倭の女王は狗奴国の男王、卑弥弓呼（ヒミクコ。卑弓弥呼＝ヒコミコの誤りかとされる）ともとより不和で、女王は帯方郡に使いを遣わして、この狗奴国と相攻撃する状態を説明したとある。

「魏志倭人伝」には、当時、邪馬臺国は、狗奴国との み戦っているように記されているのであるが、これは邪馬臺国連合側の認識か、『魏志』の認識か、いずれかにすぎず、実態はそうではなかったと考えられる。

当初は確かに戦闘の相手は狗奴国のみであったのかもしれない。しかし、前節までに縷々説いた如く、実際には、二四六年頃から少なくとも一世代あとの時代までには、つまり、孝元天皇世代までには、狗奴国すなわち出雲国の背後には、天皇祖族らが密接に結びついていたのであり、こちらが、邪馬臺国連合を滅ぼす真の中心となる。

孝元天皇世代までには、確実に出雲に拠点を有していた天皇祖族たちは、出雲において、スサ王統の末裔、記紀で大国主（オホクニヌシ・オホクヌ）命と呼ばれた出雲国の国主、あるいはその子の世代のものから、「国譲り」を受けていたはずである。『日本書紀』本文の伝える出雲の国譲り神話に、天照大御神が登場しない所以であろう。『日本書紀』本文の伝える出雲「国譲り」神話の高天原側の主催神は、男神である高御産巣日神のみであり、女神である天照大御神はなんら関与していない。しかるべき理由があったのである。

要するに、出雲「国譲り」神話の史実としての核は、孝霊・孝元天皇世代のころに、男王の国、出雲の王、大国主命もしくはその子から、父系王統であった天皇祖族の史的初代もしくはその子にたいしてなされた、出雲の国の国譲りであったと思われる。この国譲りに、卑弥呼の神話化もしくは卑弥呼の祭った女性日神が関わる余地などは本来無いわけである。

「魏志倭人伝」が正しく伝える如く、邪馬臺国連合の女王、卑弥呼にとっては、当初、敵軍は、狗奴国であったのであり、やがてその背後に天皇祖族がつくことは、なお未知の事柄に属していた可能性がある。卑弥呼・臺與の側が、天皇祖族の正体について知ることは、ついになかった可能性すらある。少なくとも、戦乱の初めにおいては、女王国にとって、天皇祖族はいまだ敵軍の黒幕のままであり、その実体を把握しかねていた可能性がある。邪馬臺国連合側が、滅亡までの間に敵軍の実体について知り得たか否かすら、永遠の謎としておいてよいかもしれない。

さて、馬韓による晋への朝貢記事は、二九〇年をもって最後となる。

この頃、倭国内では、開化・崇神親子の世代によって、紀伊、次いで、邪馬臺国連合の本丸、大和の邪馬臺国が攻略されて邪馬臺国連合は滅び、崇神天皇の即位をもって、大和において大和朝廷の礎が築かれる。三世紀末から四世紀初めの頃である。

四世紀に入ると、夫余系の部族国家、高句麗が、朝鮮へ南下してくる。高句麗は、三一三年には楽浪郡を攻撃して、ここを占拠し、翌三一四年には帯方郡をも攻略した。

韓では、四世紀中頃までに、馬韓の一国であった伯済が馬韓を統一し、百済国を興す。この百済王朝は、高句麗と同じ夫余系である。また、同じ頃、辰韓ではその中の一国、斯盧国が辰韓を統一、新羅国を建てた。斯盧国は、伯済の場合とは異なり、土着韓族の部族連合体であり、伝説によれば、六村の首長が合議し、一人の偉人を立てて共同の指揮者にしたことになっている。

大和朝廷は、朝鮮半島のこうした動きに敏感に反応しており、四世紀半ばから、朝鮮半島への軍事行動の準備と実行の時代へ突入する。

『古事記』によれば、崇神・垂仁・景行天皇の三代が大和の磯城の地に宮を営んだのに対して、次の第十三代成務天皇の宮地は、近江の高穴穂宮とされる。また、『日本書紀』によれば、景行天皇五十八年紀に景行天皇が近江の志賀の高穴穂宮に三年居て、六十年紀にそこで崩じたとされている。この『日本書紀』の記事に史実の核が有ると見れば、景行天皇末年から成務天皇初年にかけて、大和朝廷の王都が、大和から近江に遷されたことは事実と見なければならない。

崇神、垂仁、景行天皇と三代にわたって大和の磯城郡纒向周辺の地に宮が営まれていた例に反して、景行天皇の末年もしくは、成務天皇に至って、突如として宮地が近淡海之志賀高穴穂宮（チカツアフミノシガのタカアナホのミヤ）に遷っているのである。『古事記』崩年干支によれば、成務天皇ことワカタラシヒコ天皇は、旧乙卯年・三五六年に崩じた天皇であるので、景行天皇末年から成務天皇初年にかかる時期とは、三四〇年の前後十年ほどを出ない時期となろう。百済、新羅の勃興が、丁度この頃、即ち、四世紀中頃までに起こった事象であろうと推定されるので、この時期に一致してなされた近江への遷都は、朝鮮半島の一連の政変に応じた、防衛的な遷都であった可能性が高い。

尾張連祖族中の八坂入日賣命を母とする成務天皇が天皇位を継いだことに象徴されるごとく、前々代の垂仁天皇朝に東国へと天下りを余儀なくされていた諸族が再び中央に糾合される時勢となるのも、こうした国際状況に対応した動きとして理解できる。

果たして、成務朝は、外に対して防衛を固めつつ、内に対しても、治世を固める。成務天皇の時に、大国・小国の国造、大県・小県の縣主が定められたことを、成務記は簡潔に伝えている。史実の核を持つ記事であったと考えられる。内政統治機構が整備されたのである。

成務天皇の次の天皇、仲哀天皇の時代に至って、宮地が、穴門、次いで筑紫に遷り、その仲哀天皇の大后、神功皇后による征韓伝承が記紀説話として語られているが、これら説話にも、史実の核が有ると考えられる。

神功皇后という女性が先頭に立つことで、倭地土着の母系部族社会を対朝鮮戦争へと導く効果が期待されたのではないかと思われる。

四世紀の朝鮮半島に、大和朝廷が、海を渡って出兵し、半島深くまで侵入している事実は、広開土王碑文にも記されているところである。この記事を疑問視したり過小評価する必要は無い。

『古事記』によれば、神功皇后＝息長帯日賣命の時、韓を征討して、新羅国を御馬甘（みまかひ。御料馬を飼育する部民）とし、百済国を渡りの屯家（わたりのみやけ）と定めたという。天皇家がもし、百済と同じ、夫余系辰王の出自であり、性、侵略を生業とする王権であったとすれば、その天皇家が、朝鮮半島の政変に、かくも敏感に反応し、宮地を一旦近江に置いた後、反転して北九州に出て、更には海を渡ってまで半島に兵を送ったという、一連の事象の理由も釈然としよう。辰王直系の天皇家による、故地回復という強烈な意志に動機付けられた侵略行為として、理解できることになる。そうしてまた、大和朝廷と出自を同じくする百済を「渡りの屯家」とし、出自同じからざる新羅を「御馬甘」としたという、顕著な格差の理由も了解できることになる。このように理解了解できるということが、逆に、天皇家の辰王朝出自を傍証するといってよいかも知れない。次節で再論したい。

その後の朝鮮半島史の概略は、図表⑰に記した如くである。

すなわち、五世紀には、高句麗、対、新羅、対、大和朝廷の後ろ盾を得た百済、という三つどもえの、虚々実々の駆け引き、戦乱が展開される。

六世紀（欽明二十三年紀（五六二年））には、新羅に伐たれて、任那（ミマナ）官家（日本府）が滅ぶ。

任那は、朝鮮半島南端の地で、「魏志倭人伝」に狗邪韓国とある地を含む。

再三述べてきたとおり、狗邪韓国はもともと倭の領土であり、邪馬臺国連合の時代には、連合国の内の一国に数えられていたが、天皇祖族によって女王国が奪取されてからは、天皇家の領地となったと考えられる土地である。加羅、伽耶などとも記される。

任那は、狗邪韓国および、もとの弁韓の地にほぼ重なる土地を含む地域である。

『日本書紀』、崇神天皇六十五年紀七月条に、任那が朝貢したという記事がある。『日本書紀』における任那の初見である。

崇神朝に任那が朝貢してきたという事実を疑う根拠は無いと思われる。これも再三述べた如く、崇神天皇の和諡号、ミマキイリヒコイニヱ命のミマは任那＝ミマナのミマと同じであり、朝鮮古語で王を意味する。崇神天皇と同世代の伝承祖である孝昭天皇ことミマツヒコカヱシネ命のミマも同じである。女王を滅ぼし、王の城に入ったイニエがミマキイリヒコイニエ＝崇神天皇である。

任那＝ミマナのナを土地の意味と解すれば、ミマナとは、王の土地、というほどの意味になる。任那とは、狗邪韓国とともに弁韓の地が広く初期大和朝廷の王土とされた上での命名であったろうと思われる。垂仁二年紀是歳条には、任那人が帰国する記事もある。『新撰姓氏録』左京皇別・吉田連条にも、崇神朝における任那国との交渉の伝えがある。任那国が崇神朝に、任那の東北の土地の平定を要請し、派兵を請うて見返りにその地を朝廷の部民にしたい、と奏上したという伝えである。この伝承全体の細部の真偽のほどは不明であるけれど、要するに、崇神・垂仁朝において、韓南端のミマ直轄地たる任那と大和朝廷との通交は、当初より多々密接であったことが窺えるのである。

その任那に残っていた大和朝廷の拠点が、六世紀半ば、新羅によって滅ぼされた。

七世紀には唐・新羅連合軍のために、百済が滅び（六六三年）、続いて高句麗も滅ぼされる（六六八年）。この後、唐と新羅の対立が深まり、新羅は高句麗に傀儡政権を立て（六七〇年）、六七六年頃に至って唐は韓を放棄。ここに、新羅による韓地の統一時代が始まる。

八世紀には新羅は朝鮮の南部を唐より獲得する。

十世紀初葉に新羅が滅び、高麗が興る。

十四世紀末葉には高麗が滅び、李氏朝鮮が興る。この李氏朝鮮において朝鮮・韓が広く統一された。朝鮮・韓の地が、併せて朝鮮と呼ばれることとの、実質的始まりである。

十九世紀末、国号が改称され、朝鮮国から大韓国となる。朝鮮イコール韓となる実質的始まりである。

二十世紀初め、日韓併合（一九一〇年）。併合といえば聞こえはよいが、日本による韓国の侵略占領に他ならない。

第二次世界大戦後、朝鮮半島は再び南北に分裂（一九四五年）。北の朝鮮と南の韓国である。奇しくも、古代朝鮮半島の南北区分呼称が、現代に再現した形である。この先祖返りは、悲劇的である。戦争の時代をついに止揚できていない人類の愚かさの象徴、と言っては言いすぎであろうか。

追記　池内宏氏の神功皇后新羅征略説話批判説への疑問

池内宏氏は名著『日本上代史の一研究』（中央公論美術出版）において、『日本書紀』の神功皇后四十六年条（丙寅年。新丙寅年とすると、干支二運を繰り下げて三六六年）に、百済が甲子年（新甲子年なら三六四年）、使いを卓淳国（喙淳国。任那列国の一）に遣し、その国を介して大和朝廷に通じようとした事情が記されているのを、百済記に基づく史実であろうと推定したうえで、「甲子の年（西紀三六四）に少しく先立つ西紀第四世紀の中ごろ、わが大和朝廷の勢力は、すでに半島南部の加羅諸国に及んでいたのみならず、そのころこれらの諸小国をたすけて、當時ようやく勃興の勢を示した新羅にたいしてある打撃をあたえたことがあり、それがさらに百済をして自国の利益のためにわが国に通聘せしめるようになったのであろう。換言すれば百済来服の事実は、それに先だって、ある新羅征伐のあったであろうことを推測せしめるものである」と述べておられる（同書五四頁）。

池内氏はこう論じる一方で、神功皇后による新羅征略説話については、その内容が記紀ともに空疎であり、架空の記事を含む故をもって、これを史実とは認めず、後世の百済・新羅関係を反映させた仮託の説話であろうとしておられる（同六四～六五頁）。

しかしたとえ「（朝廷が）新羅を討ち新羅が降伏した」との記載のみであっても、内容の空疎にかかわらず、これを否定する根拠が無い場合には、史実の核を含む伝えとして尊重されるべきではなかったか。

なお、同二五頁に「女王国の王はもと男子であったが、国内にひさしく兵乱のうちつづいた結果、ついに卑弥呼という女子をたてて王とした」とあるが、「女王国の王」がもと男子であったわけではない。この部分、池内氏の単純なミスであろうか。少なくとも氏は「魏志倭人伝」のいう「女王国」を正しく理解されてはいなかったように思われる。

第十七節　騎馬民族征服王朝説および天皇祖族の出自

辰王・辰国は、三世紀半ばまでの韓に実在した王・王国として、『三国志』の『魏書』（『魏志』）にその名を留めたのち、文献からは、忽然としてその消息を絶つ。辰王・辰国は、その後、どうなったか。

三世紀の半ばに、辰王の王統が、相次ぐ外圧に押しつぶされるが如く、韓から押し出され、大挙して倭へと亡命し、国難に因って結束を固めつつ、倭の地において新天地を求めるべく必死の闘いを始めた。わが第七代天皇とされる孝霊天皇はこの辰王の正統を継ぐ人物であり、天皇系譜は実にこの孝霊天皇から実際の伝承系譜が始まる。つまり、孝霊天皇から実系譜が始まる天皇祖族とは、辰王の正嫡の王統であったのであり、この天皇祖族たちは、西暦三世紀の半ば、魏帝国による軍事的圧力を受けて韓から倭へと押し出され、亡命の身を宿すためのとりあえずの拠点の一中心として、当時の政治的空白地帯たる日向地方を選んだ。

前節で推測・予告されたところを再述すれば、このようになる。

このこと、特に、孝霊天皇にはじまる天皇祖族が辰王の王統を継ぐ者であったろうことを証明するのが、当節の目的である。

天皇家が辰王朝の出であろうことは、しかし、すでに江上波夫氏が主張しておられる。

江上波夫氏は、有名な騎馬民族征服王朝説のなかで、このことを説かれた（以下、江上波夫他『倭から日本へ』〔二月社〕、同『論集 騎馬民族征服王朝説』〔大和書房〕、『歴史と旅・騎馬民族王朝大特集』〔秋田書店〕、江上波夫・佐原真『騎馬民族は来た⁉来ない⁉【激論】江上波夫VS佐原真』〔小学館〕などを参照・引用する）。

江上氏の騎馬民族征服王朝説そのものは、特にその考古学的な考証において独断が多く信じがたいが、天皇家と辰王朝とを結びつける文献学的な考証の部分は、いまなお十分な説得力をもつ貴重な見解として、再評価されるべきと思われる。

江上氏の騎馬民族征服王朝説の概要は、以下のような事項からなっている。

1．大和朝廷は、朝鮮半島から渡来した、大陸系の騎馬民族によって樹立された。

2．その考古学的根拠として、古墳文化の急変がある。すなわち、四世紀の前期古墳文化と五・六・七世紀の後期古墳文化の間には、急激な変化が認められ、前期古墳文化は弥生時代の延長上に位置する祭祀的、呪術的、平和的な文化である一方、後期古墳文化は、騎馬民族的文化であり、王侯貴族的、実用的、軍事的な文化である。両文化間のこうした急激な変化は、騎馬民族が四世紀に日本を侵略して大和朝廷を建てたためにもたらされた。

3．日本を征服した騎馬民族王朝の初代は、崇神天皇ことハツクニシラシシミマキ天皇であり、この崇神天皇が、三世紀末から四世紀初頭の頃に、朝鮮半島南端の国、任那（ミマナ）から北九州に渡った。

4．この崇神天皇にはじまる日本の天皇家は、四世紀末の応神天皇の代になって、北九州から畿内へと東征・進出し、大和に入って大和朝廷を建国した。

5．崇神天皇に始まる天皇家は、韓の辰王朝の出であろう。

江上説のうち、まず、3と4、つまり、三世紀末から四世紀末にかけて、天皇家が、北九州、次いで、ここから畿内に向かって倭の地を征服、ないし服従させていったという部分は、このことを明証する考古学的物証が見出されないため、江上氏自身が、ミッシングリング、つまり将来発見されるべき考古学的事象だと述べておられるところである。しかし、これはミッシングリングではなく、この時期における渡来民族による西日本各地を巻き込むような侵略・征服の史実は、もともと存在しなかったがために、これを確定、あるいは、示唆するような考古学的事象もまた、発見されていないのである。

このことは、文献学的にも明瞭にしめされるところである。たとえば神武天皇東征説話などは、崇神天皇以降の時代の説話を反映するのではなく、崇神天皇以前の時代の説話を反映するものであることは、先に述べたところであるが、記紀説話の、特に崇神天皇から応神天皇にかかる時代の説話には、主として西から東へと進められたであろう征服過程を反映する説話などは皆無であり、崇神天皇から応神天皇に及ぶ天皇系譜によっても、却って、大和を中心とした王権が（時代に応じた紆余曲折はありつつも）各地の諸豪族と結託しつつその権力基盤を確実に伸展せしめている様が読みとれるばかりである。

ところで、西日本各地を巻き込む大戦争は、古墳時代の前代、つまり弥生時代には、確かに存在した。その考古学的証拠が、すでに触れた、弥生時代の「狭義の高地性集落遺跡」である。弥生時代に、大きく計三度——最後のものを更に前期と後期に分ける細分化に従えば、計四度、比較的短期間に出現しては消えるという消長を繰り返した遺跡群である。多くは稲作などには不便な高台に、時として石鏃や石弾、防御用の柵孔跡などを伴って見出され、戦争における見張り・避難など軍事上の機能を持って、それぞれ約半世紀内外の短期間だけ営まれたと推定される遺跡群である。弥生時代の畿内土器編年によるⅢ期、Ⅳ期、およびⅤ期（Ⅴ期は、その末期を、古墳時代への過渡期と見て、Ⅴ期から分け、Ⅵ期とするのが最近の流れである。Ⅵ期には主として庄内式土器の時代が重なる）のそれぞれの期に、短期間ずつ、三度（細分化すれば四度）に及んで見出される。

そうして、実はこの「狭義の高地性集落遺跡」こそ、弥生時代に大きく三度にわたって生じた大戦争の考古学的証拠として揺るぎない物証なのであるが、そのうちの最後のもの、畿内土器編年によるⅤ期のものでさえ、つまり三度目の「狭義の高地性集落遺跡」の時代でさえ、実年代では三世紀の後半、弥生時代末期のものであって、江上説がいう、三世紀末から四世紀末という時代からは、著しくずれており、江上説より約半世紀から一世紀ほど前代へ遡った時代の遺跡である。

なお、近年、古墳時代の始まりを三世紀半ば、つまり卑弥呼晩年の時代まで遡らせようとする見解が、一部の考古学者やマスコミ報道などにより、あたかも定説のような扱いで伝えられている。このような説によれば、弥生式土器編年である畿内土器編年の最後の期であるV期は、三世紀前半を下り得ないこととなるが、この説は、不確かな論拠のみに基づいていて根拠薄弱であり、確定的実年代比定としては、軽率に採るべきではない。考古学報道におけるマスコミの軽率さは、旧石器捏造問題で如実に示されたところである。一部の考古学者の一方的意見のみを確定的に伝える過ちは繰り返されてはならない。畿内土器編年V期は、三世紀前半以前ではなく、二世紀末から三世紀後半までを含むほぼ一世紀にわたる期間でなければならず、その後に続く古墳時代（定型前方後円墳時代）の始まりも、三世紀末から四世紀初めであって、卑弥呼晩年からは、半世紀の後である（但し出雲や吉備地方の初期古墳は三世紀後葉から始まる）。このことは、次節でなお詳しく再論するところである。

さて、江上氏は、騎馬民族による征服を示唆する考古学的証拠が、前期古墳時代には見出されず、これをミッシングリングだといって逃げておられるが、西日本全土を巻き込んだ、「騎馬民族」による一大征服過程を示す考古学的物証が、今なお未発見であるとは、およそ考えがたい。これは、江上氏の最も大きな独断的失考の一つというべきである。天皇家による倭地の侵略過程を、前期古墳時代、三世紀末から四世紀末の時代に想定することは、考古学的にそもそも無理である。

ところが、というべきか、それゆえ、というべきか、この無理を繕うべく、江上氏は、日本に来た「騎馬民族」すなわち天皇祖族は、戦わずして天下を取った、と主張される。

「騎馬民族」が、戦わずして天下を取った実例として、江上氏は、中国の南北朝時代の北魏の例を、次のように、いくらか虚偽を交えて語っておられる（前掲『騎馬民族は来た⁉来ない⁉』一一〇〜一一五頁）。なお、引用中の《 》注や傍線は、例によって筆者による。

（旧大陸の）遊牧民は初め農耕民を相手に侵寇・略奪をしたんです。けれど、略奪といったって相手が万里の長城のような防衛線を敷くとそう簡単にかっぱらうことはできない。

そうすると今度は脅しですよ。米などを持ってこい、絹や刺繍を持ってこい、たまには酒の材料を持ってこいというんです。

持ってこないなら略奪しに行くぞって脅かすんです。

こうやって半分脅しながら交易をやるわけですよ。そして、自分が欲しいものをたくさんくれないと、またかっぱらう。

そのうち彼らはおもしろいことに気がつくんです。農耕地帯は文明世界で、立派な都市もあるけれど、必ずしも内部秩序が整っていないところもあるし、不平分子もいるんだと。兵力もあるけれど、あの兵隊だって我々の騎馬戦術で短期戦に持ち込めば何とかやっつけることはできそうだと。一対一なら絶対勝つ自信があるけれど、ただ相手は大勢だから、兵を集中して長期戦に持ち込まれたら話しにならない。それだったらどうするか。それで彼らは一計を案じた。

今言ったように長城地帯に交易場を開くでしょう、関市（かんし）というんですけれど。その外側に小さなモデル都市を造るんです。

……

そして知識人や有能な人材を優遇し、宗教も自由に平等にする。外交的にも文化的にも攻勢に出て、情報センター化し、軍隊も騎馬民族のそれは表に出さず本土人を傭兵にするんです。

……こうして、モデル都市が遊牧騎馬民の戦士階級と在地の地主を貴族階級とする新しい都市国家へと発展するわけです。

次にはもう少し農耕都市文明地帯の中心部に本拠を一つ造る。その次にまた動く。最後は都まで行くわけですよ。それまでは悠々としてこの人間をみんな鎮撫しながら行くわけですよ。中国の歴史をふり返ると、その三分の一くらいはこのような征服王朝の歴史です。

もとはわずかな人間だけど、入っていくときはみんなくっついていっちゃう。この王様にくっついていけばというんで、無頼の徒やそうでないのまでみんなくっついていくようになっちゃう。

たとえば、鮮卑。《江上氏のお話は、ここから、北魏成立に関する具体例となる。》

鮮卑は初めは匈奴の家来（隷民）みたいなものだった。ところが匈奴が漢にやられちゃって、西に逃げたり、南に下ったりした。それで匈奴の代わりに居座ったんだけど、この連中が南下してきて、長城沿線に最初に造ったのがオルドスというところ。今の雲岡（うんこう）のそばで盛楽城というのを造ってね、これが鮮卑の拓跋部（たくばつぶ）《北魏である》の最初の城ですよ。

そこへみんな呼び入れて、中国の芸人でも、機織りでも医者でも外交官でもみんな入れて、役に立つ人は入ってください、貴族・王族・高位高官の方々には自分たちの娘をさしあげますというふうにやるわけですよ。

そこである程度人が集まったら、今度は山西省の中心の大同に入るわけだ。そこで巨大な仏さんを大岩壁に作っちゃって、こんなこともできるようになりました、戦争はあまりありません、どうぞあなたがたも信仰してくださいというような顔をするわけですね。

鮮卑も漢人も等しく北魏（大魏）の国民であることを明らかにしたのです。

そこで今度は漢の都の洛陽に入った。戦争をせずに中国の北半を支配してしまった。

北朝の貴族たちがみんなへへーって、国は治まり、ありがとうございましたっていうことになってしまうんでね。

鮮卑族はモンゴル人と同族で、知ってるからね、中国の高い文明、たくさんの人間、それから大きな経済力。そういうところに切り込んでくるような馬鹿なことはしないんだ。日本の軍隊はそれをやったからだめなんですよ。

とにかく、熟柿の落ちるのを待つというやつでね。

右に引用した江上氏のお話は、騎馬民族の行った征服・侵略の実際を、おとぎ話にしてしまわれている。江上氏のお話に従えば、騎馬民族の王様は、知略を尽くし、目的の土地の内紛・反抗分子などを利用しながら、次第に民・豪族たちを従え、少しずつ都を中心部へと移して、ついに、戦争もせずして、目的の国を奪う、と語られている。実例として挙げられたのが、北魏である。

しかし、魏・呉・蜀三国時代が終わり、晋（西晋）によるつかの間の統一時代を経て、南北朝の時代へと移ったその北朝は、五胡十六国と呼ばれる戦乱の時代（三〇四～四三九年）に突入するのであり、この戦乱期を経て北朝最初の統一王朝となる北魏（三九八～五三五年）の成立史たるや、これまた当然のことながら決して江上氏の語るごとき牧歌的な過程を経たわけではない。このことは、当時の中国史を少しひもとくだけで知られるところである。以下、主として川勝義雄著『中国の歴史3　魏晋南北朝』（講談社）によりつつ、この間の事情を概観しておこう。

三世紀初期の魏・呉・蜀の三国時代の末に、魏の将軍司馬炎（シバエン）が蜀を滅ぼし（二六三年）、魏を奪い（二六五年）、かくして晋王朝を開き（後の東晋と区別して西晋という）、二八〇年には呉を滅ぼしてここに中国の統一を果たすのだが、これもつかの間であった。北方・西方の異民族が活動を始める。

北方・西方の異民族とは、五胡十六国というその五胡を主とする部族で、匈奴（キョウド）、羯（ケツ）、鮮卑（センピ）、氐（テイ）、羌（キョウ）という五種類の異民族である。

このうち匈奴は秦漢の時代に中国北辺を圧する最も強大な異民族であったが、後漢の光武帝の討伐にあって、西暦四八年に南北に分裂、南匈奴は漢に服属し、北匈奴の主力は西に逃げて、フン族という名で西方の民族大移動を引き起こす原動力となった。

衰微移動したその匈奴の跡を襲うように、中国北辺に勢力を伸ばすのが鮮卑である。江上氏が「鮮卑は初めは匈奴の家来（隷民）みたいなものだった。ところが匈奴が漢にやられちゃって、西に逃げたり、南に下ったりした。それで匈奴の代わりに居座った」というのが、この事情のことである。

鮮卑は多くの部族に分かれており、当時、六つの部がそれぞれ有力であった。慕容部（ボヨウブ。前燕、後燕、西燕、南燕）、段部（ダンブ）、乞伏部（キツブクブ。西秦）、禿髪部（トクハツブ。南涼）、拓跋部（タクバツブ。代、北魏）、宇文部（ウブンブ。北周）という六部である（参考までにそれぞれが建てた国名をかっこ内に記した。北魏・北周以外はすべて五胡十六国に数えられる国々である）。

これら異民族は、華北に侵入し、洛陽や長安を攻略、三一七年に西晋は滅び、この間に戦乱を避けて南下した西晋の貴族たちは、嘗ての呉の都、建業（今の南京）を建康と名を変えて、ここを都として晋王朝を継続した。これが南朝の東晋（三一七～四二〇年）である。南朝には、この呉および東晋に続き、宋・斉・梁・陳の計六つの王朝が続くので、これを六朝ともいう。

異民族が侵入した華北は、五胡十六国と称される戦乱の時代、さまざまの異民族が興亡を繰り返す一大混迷期へと突入した。この中から、やがて鮮卑の拓跋部がぬきんでて北魏（三九八～五三五年）を建て、華北統一を果たすのだが、いうまでもなくこの統一事業は、江上氏がいうがごとき、平和な行程を経て行われたわけでは決してない。北魏は、巨大な軍事力を縦横に行使しつつ、華北統一を果たすのである。

三九六年、鮮卑慕容部の国、後燕国の王、慕容垂が死ぬと、その国の乱れに乗じて、北魏の王、拓跋珪（タクバツケイ。太祖、道武帝。彼は三八六年に代王となり、その年のうちに、魏王と称した。これが北魏の始まりである）は、四十万の軍勢をもって一斉に中原（黄河中下流域の平原。黄河文明発祥の地であり、漢民族の本貫である。ここをもって中国ともいうのである）へとなだれ込み、翌三九七年には、およそ黄河以北の華北平原を征服する。ついで、拓跋珪の子、拓跋嗣（タクバツシ。太宗、明元帝）の晩年、四二二年には、南朝宋の武帝（劉裕）が死んだ機会に、黄河渡海作戦を敢行、洛陽を含む河南省一帯を奪取。四二六年には、夏国を攻撃して、長安を占領。四三一年には関中（中国陝西省渭水盆地の長安＝西安を中心とした一帯。前漢や唐の中心地）全域を占拠。四三六年には北燕国を滅ぼし、四三九年には北涼国を滅ぼして、ここに華北統一がなる。

要するに、江上氏が、「（北魏は）戦争をせずに中国の北半を支配してしまった。北朝の貴族たちがみんなへへーって、国は治まり、ありがとうございましたっていうことになってしまうんでね。」と述べておられることとは全く逆に、北魏は、その巨大な軍事力をもって、各地で戦争を繰り返しながら、中国の北半を征服したのである。

江上氏はこれに続けて、「鮮卑族はモンゴル人と同族で、知ってるからね、中国の高い文明、たくさんの人間、それから大きな経済力。そういうところに切り込んでくるような馬鹿なことはしないんだ。日本の軍隊はそれをやったからだめなんですよ。とにかく、熟柿の落ちるのを待つというやつでね」と述べておられるが、北魏の第三代、つまり、明元帝の子、太武帝は、四五〇年に、みずから大軍を率いて南征し、揚子江北岸域を荒らし回り、南朝宋の都、建康の北まで迫り、宋を震撼させたものの、結局、相当の損害をこうむって北に帰らねばならなかったのである。「そういうところに切り込んでくるような馬鹿なこと」を、しなかったのではなく、その馬鹿なことをやってみて、成功しなかったのである。

旧大陸の騎馬民族というものは、元来、極めて好戦的な遊牧民族であり、広大な土地と利権を求めて戦争を繰り返すうちに、早い時期に、つまり、文字の発明の遙か前、歴史時代に入る遙か以前に、母系制から父系制社会へと転換していた部族である。

江上氏は、「騎馬民族は戦争をせずして侵略する、頭を使って王になる。農耕民族はこれと対照的である」という趣旨の発言をされているが、江上氏が農耕民族であるとする漢民族の方に、むしろ、戦争をせずに王朝を建設した実例がある。先述した、西晋からの亡命貴族たちによる、江南での東晋の建設が、まさに、武力らしい武力も持たない亡命貴族たちの手でなされたのである。

東晋の初代の王、司馬睿（シバエイ）は、僅かな数のお供とともに、建業（建康）に乗り込み、晋の王統の秩序を継ぐものとしての大義名分と、文明貴族人としての教養に裏打ちされた人脈と、江南の豪族たちの勢力の対立のバランスを巧みに利用する術によって、東晋の国家的基礎を固めていったのである。大きな軍事力によらずして江南の地を治めることに成功したのは、騎馬民族ではなく、江上氏が農耕民族だという漢民族の方に、むしろその典型を見出すことができる。

さて、天皇祖族たちは、後述するように、実のところ、「騎馬民族」というにはほど遠い実体を持っていたのであるが、彼らによる侵略戦争を証明する考古学的証拠は、三度目（これを前期と後期に細分化した場合には、その後期の方。従って細分化しての四度目）の「狭義の高地性集落遺跡」、つまり、畿内土器編年Ⅴ期の「狭義の高地性集落遺跡」という形で、瀬戸内地方を中心とした弥生文化圏全域を覆って広く発見されている。これは、江上説が主張する時代より半世紀から一世紀を遡る時代、三世紀半ばから三世紀末にかかる時代の集落遺跡である。この考古学的物証は、江上説が力説するような崇神天皇から応神天皇にわたる時代のものではなく、孝霊天皇から崇神天皇の四代にわたる時代のものであり、この四代によって行われた、邪馬臺国連合に対する侵略戦争と、時代的に整合する物証である。

弥生時代に三度にわたって出現したことが知られている狭義高地性集落遺跡の、三度それぞれについての史的解明は、土器編年の絶対年代を確定せしめる議論としても極めて重要なものであるので、後に詳しく論じたい。

次に江上説の2であるが、これこそ江上説の最も重要な論拠の一つである。前期古墳文化から後期古墳文化への急変という事象が、江上氏をして、騎馬民族征服王朝仮説を着想せしめたと言ってもよい。

ところが、肝心のその前期古墳文化から後期古墳文化への急変という事実そのものが、考古学者の間では、一般的に認められていない。

前期古墳文化から後期古墳文化への変貌は、急変というより、比較的速やかな変化、というほどの変遷である。この程度の変化は、四世紀における激動の朝鮮半島と緊密な関係を持たざるを得なかった大和朝廷の、辿るべくして辿った変貌であったと言っていい。

江上氏自身が、次のように述べておられる。すなわち江上氏は、後期古墳時代の墳墓から発掘される副葬品に、前期古墳の祭祀的な副葬品とは異なった武器や馬具など、生活や戦闘に実用されていたものが広く発見され、これらが三世紀から五世紀ごろにかけて満蒙・北シナ地域で活躍した東北アジア系の騎馬民族に普遍的に見られるものであることを指摘したあと、さらに次のように言及されるのである。

衣服も古墳時代前期の貫頭衣などと異なり、埴輪でご存知のように、筒袖の上衣と膝上でたくしてしばった太型のズボンに革帯という、騎馬民族特有の服装になります。広くユーラシアを眺めてみても、騎馬民族と接触した、あるいはそれに征服された民族の多くはこういう服装をするようになります。たとえばペルシャ人やギリシャ人やローマ人なども、元来は片肩を露出した寛潤な衣服を着ていましたが、北方の騎馬民族の影響をうけてからは、すくなくとも統治者や武人たちは、筒袖の上衣とズボン・革帯の騎馬服を着用するようになりました。中国でも、匈奴や烏桓・鮮卑などとの幾度にもわたる戦闘を通じて、やはりかれらの騎馬服を採用しました。

つまり、騎馬民族によって征服されなくとも、騎馬民族との、幾たびかの交渉・戦闘を経験するだけでも、騎馬民族的文化の影響を受けて、服装まで変化するのだということを、江上氏自身も保証しているのである。

それならば、四世紀、激動の朝鮮半島に、幾度も兵を送った大和朝廷が、朝鮮半島およびその北方の平原を当時駆けめぐったであろう騎馬民族たちの文化の多くを、比較的性急に取り込んだとしても、むしろ世界の趨勢に適う変化であったと見ることができる。

要するに、前期古墳文化から後期古墳文化への変化というものは、この時期に、騎馬民族によって新たに征服されなければ実現し得ない変化ではなかったことを、江上氏自身が、例を挙げて証明していることになる。

ところが、江上氏は、この点について、四世紀当時の大和朝廷が、自ら率先して朝鮮に進出したとは考えがたいのだという。すなわち、次のように述べておられる。

（前期古墳文化に見られる）農耕社会のなかから、（後期古墳文化が示唆する）騎馬民族的な略奪や戦闘に専従するものが（自然発生的に）生まれ、しかもそれが農耕社会の社会構造、生活様式、その価値観までを変化させたといった例は、ほとんどどこの国にもみられないことであり、日本の場合だけ、その例外をなすとは考えられません。

というのは、本来、農耕民族は自らの伝統的な文化に固執する性格がつよく、自分たちのそれと非常に異質な他民族の文化を大幅に受容するといったケースは、きわめて少ないのです。とりわけ日本の場合、大陸とは海を距てた位置にあり、自分たちのほうから大陸の、それもまったく異質な騎馬民族的文化に接触して、これを全面的に受容するということは考えにくいように思われるからです。

ところで、この点についての、日本古代史の定説的な解釈は、畿内を中心として成立したヤマト朝廷の日本国家が、朝鮮半島に進出することによって、そこに来ていた大陸系文化を輸入したのだ、というのですが、先ほどからお話ししてきましたような前期古墳文化の内容から見て、その担い手が朝鮮半島に武力をもって進出できるような軍事的実力を持っていたとは到底考えられないのです。

ましてて朝鮮には、当時すでに高句麗・扶余な

> どの東北アジア系騎馬民族が南下し、当時の日本と比べて遙かに先進的な社会体制と文化をもった高句麗、ついで百済などの国家を建設していたのですから、農耕的で非軍事的な、前期古墳文化人である倭人が、そのような朝鮮半島の征服活動ができたというような解釈は、非常に無理だといわざるをえません。

江上氏はこのように論じて、記紀神話の伝える神功皇后による朝鮮半島征討説話や、広開土王碑文の伝える倭による朝鮮半島における軍事行動を全面的に否定し、無視されるわけである。そのうえで、

> こういった事実から考えても、最初に申しましたように、東北アジア系の騎馬民族が朝鮮半島を経由して北九州に入り、更には畿内に進出して、前期古墳文化とは異なる別系列の社会と文化をつくったとみてよいのではないか、そして、その日本における統一国家の実現の象徴が、あの世界最大規模を誇る巨大な応神・仁徳陵ではないかと、私はそのように考えています。

と述べるのである。

平和的農耕文化の色濃い前期古墳文化人が、朝鮮半島に、進んで兵を送ったとは考えがたい、だから、逆に、朝鮮半島から、騎馬民族が、日本に渡ってきたのである、というのが、江上説の急所であり、大いなる独断的失考部分である。

この江上説には直ちに反論が可能である。農耕文化は、決して、平和な文化であったのではない。土地をめぐっての争いや、農奴獲得をめぐっての戦争を幾たびも経験することになる文化である。遊牧文化、騎馬民族文化が、その高い生産性と労働の巨大な剰余価値ゆえに、土地と労働力をめぐっての奪取・搾取合戦を繰り返すようになったと同様、農耕文化もまた、その高い生産性と巨大な剰余価値ゆえに、土地と農奴の獲得をめぐって不断の争いを引き起こすことになってゆくことは、人類史の悲しむべき真実の一面であった。

ところが、江上氏は、前期古墳の副葬品からみて前期古墳時代は、平和的、呪術的、祭祀的な治世の時代であったとして、このような伝統に固執する農耕民族

が、自分たちのほうから朝鮮半島に武力をもって進出したとは考えがたいとされる。ものいわぬ考古学的物証に、無理に口を割らせようとしてこうした独断を語られている。

前期古墳文化の担い手が、三世紀半ばから半世紀をかけて倭の土着の農耕文化民のなかに深く入り込んだ侵略者たち、つまり、孝霊天皇にはじまる天皇祖族たち、および、彼らにすでに服従した在地首長たちであったとする視点は、これまでの日本古代史観に、全く欠落していたか、ほとんど軽視され続けていた視点である。

しかし、この視点に立つならば、崇神天皇世代に至るまでに、すでに、孝霊・孝元・開化天皇三世代にわたる侵略王統による侵略・支配の歴史が、倭地に展開されてきたことになる。この間に、侵略側は、倭の土着文化を取り込み、これを支配の具として利用するべく、自らも身につけたはずであろう。このことの具現が、前期古墳文化であったとすれば、前期古墳の副葬品が、在地の呪術・祭祀による支配形態を取り込んだ、弥生文化的色合いの濃い文化複合体を表現していたとして、何の不思議もあるまい。

しかも、このような、外来支配王朝による支配技術については、江上氏自身が、次のように明確に解説しているところである。

……騎馬民族は農耕民族を征服し、あるいは同化して、さまざまな国家を建国しているのですが、その征服と支配のパターンは次のように定式化できるように思われます。つまり、かれらの支配の方式というのは、直接に農耕民を統治するのではなくて、旧来からの土着豪族との合作を通して、かれらの征服以前の農耕民社会の支配体制を基本的には温存し、それを利用することによって摩擦や衝突を避けつつ、自己の支配権の確立と強化を図るという間接的なものであったのです。

……（かれらは）ある限定された地域に一時的に軍事力を集中することは得意でありますが、しかし、その軍事行動の結果手に入れた地域に恒常的な支配力を直接及ぼそうとして兵力を分散・定着すれば、被征服者である土着豪族の支配能力と大差がなくなってしまう。それで広い地域を支配するためには、どうしても従来からの支配層との結合・合作という、今述べたような間接的統治方法をとらざるをえなかったのです。

江上氏自身が、かくも明快に解説されている如く、侵略者たち、つまり、天皇祖族たちは、在地の有力部族と提携し、その権力装置を利用しつつ、間接的に支配権をふるったのであり、そこで必然的に、少なくとも初期においては、土着部族の権力装置、すなわち、伝統的な、祭祀的・呪術的権力装置を利用せざるを得なかったのである。

このように考えてくれば、初期大和朝廷の文化形態であるところの前期古墳文化が、祭祀的、呪術的な、一見平和的な農耕文化的様相を呈していたとしても、もはやそのことは決して、この時代がなお土着民による穏やかで平和な権力が支配した農耕時代であったなどという絵空事を示す証拠となりえないことは、誰の目にも明白であろう。

全国的に突如として始まる画一的な前方後円墳という墳墓形態を齎した前期古墳時代こそ、平和であるべき土着系部族社会の上に打ち立てられた、全国的な侵略王朝の始まりを告げるものである。前期古墳時代とは、圧倒的な武力を背景に、倭地全土に対して巨大な覇権を唱える大和朝廷の開始された時代である。巨大な墳墓の造営に、土着系の被支配民達が駆り出され、その反抗の芽を摘み取られ続けることとなった時代である。このことを否定する考古学的事実は無い。

江上氏は、さらに、騎馬民族による征服の過程というものが、数世代にわたって行われる、息の長い過程であることについて、次のように実例を挙げつつ指摘されている。

騎馬民族の支配の方法と共に、征服の過程それ自体にしても、決して短期決戦的な性急なものではありませんでした。一例ですが、北シナを統一した鮮卑族の国家、北魏は、盛楽・大同・洛陽と三度都を遷して、中原に入るまでに約百五十年をかけています。……かれら騎馬民族が極めて長期的な雄大な企画性と共に、すこぶる現実的・実利的な政治性をあわせ持っていたことを見落としてはならないと思います。

……かれらは自分たちに都合のよいもの、役に立つものはどんどんとるし、また誰であろうと才能あるものは使っていく。異国の風俗であろうが文字であろうが、その担い手が異民族であろうが、実利的であれば躊躇せずに取り入れる。自分たちの持っているものも役に立たなくなればさっさと捨てるし、変えていきます。その吸収力、包擁力は実にすばらしいといわねばなりませんが、しかし、騎馬民族は、かれらの結合の原理である契約主義、職分主義、開放主義などと共に、その兵制・軍事組織だけは必ず保持して、これは変えません。というのは、かれらはそれをもって騎馬民族存立の基本要件であると自ら確信しているので、それは絶対に変えないわけです。

数世代をかけて、息の長い侵略戦争を戦ったものたちの実例として、われわれは、孝霊天皇から崇神天皇まで四世代をかけて邪馬臺国連合を侵略した天皇祖族を挙げることが出来る。

天皇祖族が、江上氏が考えるような「騎馬民族」であったかなかったかはさておき、天皇祖族たちの侵略と支配の実体は、まさに、江上氏の解説のごときものであったろうと思われる。天皇祖族による邪馬臺国連合諸国に対する侵略支配の実体の解説を、右の江上氏の論説がそのまま語ってくださっているとみてよい。

「かれらは自分たちに都合のよいもの、役に立つものはどんどんとるし、また誰であろうと才能あるものは使っていく。異国の風俗であろうが文字であろうが、その担い手が異民族であろうが、実利的であれば躊躇せずに取り入れる。……その吸収力、包擁力は実にすばらしい。……しかし、……かれらの結合の原理である契約主義、職分主義、開放主義などと共に、その兵制・軍事組織だけは必ず保持して、これは変えません」。まことに、天皇祖族側から見る限りにおいて、「その吸収力・包容力は実にすばらし」く、邪馬臺国連合に属していた土着部族たちは、部族体制を丸抱えにされつつ、大和朝廷の父系権力の支配の下に、「すばらし」く巧みに組み敷かれてゆくのである。それ故に、一方で根強い母系母権制習俗を温存しつつ、他方で権力基盤を支える装置としての父権・父系系譜主義が強固に継承されるという、我が国特有の、奇妙な二重構造が形成され、継承されることにもなった。

ところで、江上氏は、以上の議論において、一貫して、大和朝廷を建てた天皇家を、騎馬民族として、その有するところの騎馬の軍事力というものを頼りに強調しておられるのであるが、実際には、征服側・天皇祖族側が有する軍事力は、土着民側の軍事力を上回る軍事力でさえあれば、特に騎馬の軍事力でなくとも、同様の支配を土着民側に及ぼすことは可能であったはずであろうことに注意しておきたい。土着民の軍事力を凌ぐ軍事力があったのであれば、必ずしも騎馬兵や騎馬戦術が必要であったわけではない。その比較的に強力な軍事力を保持しながら、土着民側の支配機構を利用しつつ、数世代にわたる息の長い征服戦争によって、目的の征服を果たしたのが、天皇祖族たちであった。

このことを確認しておくことは、三世紀半ばという時代における韓すなわち、辰王朝の軍事力の実体を考える上で、すこぶる重要である。実際、当時、三世紀半ば頃の辰王朝の主たる兵力たるや、決して、江上氏が想定するような、騎馬戦術に長じた騎馬武者たちでは無かった。

このことは『魏志』韓伝に明記されているところである。すなわち、その馬韓条に、「彼らの間に、綱紀（統治上の法律細則）は少なく、居所は草の屋根、土の壁で、家族が共に住み、長幼男女の別がない。埋葬には、槨（棺を包蔵する施設。棺の外箱）は有るが、棺がない。牛や馬に乗ることを知らず、牛馬はすべて副葬品としてしまう」とある。

馬韓が騎馬民族国家であったなら、その民が、牛や馬に乗ることを知らぬはずはない。馬韓人が牛馬に乗ることを知らないと『魏志』に記されているということは、馬韓の俗が、騎馬民族のそれではなかったということの明証である。

さらにその辰韓・弁辰条には「今の辰韓の人は皆頭が扁平で、男女は倭人に近似して、身体に入れ墨をしている。歩兵戦に慣れており、兵器は馬韓と同じである」と記されている。

要するに、当時の韓人たちは、馬韓であれ辰韓・弁辰であれ、騎馬戦ではなく、歩兵戦に慣れた、非騎馬集団であった。このことは韓地の大部分が、騎馬戦にはおよそ不適当な山岳地からなる、平原の少ない土地柄であったことによく適合している。従ってこの地に君臨した辰王の辰国もまた、仮にかつての出自が騎馬民族であったとしても、もはや韓地にあっては騎馬軍団をもってこの地を治めた者達であったとは考えない方が実状に適う。『魏志』韓伝が記す如く、騎馬軍団ではなく、歩兵に長じた軍団こそ、辰国の軍団の中枢であったと考えられる。

そうして、その辰王の裔たちこそ、かかる歩兵軍団を以て、韓地に似た地勢を有する倭地の征服戦を戦った者達であった。

天皇祖族がこの辰王の裔であることを証明するのが、他ならぬ、江上説のうちの、1と5に関する論証部分である。ただし1は「大和朝廷は、朝鮮半島から渡来した、大陸系の父系部族によって樹立された」と読み替え、5は、「崇神天皇に始まる天皇家は」ではなく、「孝霊天皇に始まる天皇家は」に改める。すなわち、「孝霊天皇に始まる天皇家は、韓の辰王朝の出であろう」とするのが妥当である。

そうして実はこの部分、特に5に関する議論が、江上説のうち、最も重要で最も説得力のある部分である。

1と5については、江上氏は、朝鮮半島からの渡海第一世代を崇神天皇とするが、間違いであり、時代を半世紀遡らせ、渡海第一世代を孝霊天皇とするべきこと、何度も述べた通りである。このように直してはじめて、侵略事実を証する考古学的事実が、ミッシングリングではなくなり、「狭義の高地性集落遺跡」という形で実在することになる。

1と5を証明する議論は、5の証明に集約される。5で江上氏は天皇家の出自を辰王朝であろうと推定される。この推定の根拠として江上氏の指摘されたのが、まずは、倭の五王の称号問題である。

江上氏の説くところに、しばし、耳を傾けよう。

倭地に渡来した騎馬民族が辰王の子孫を中核としたものではなかったかという、私の仮説の根拠として、いわゆる倭の五王が、中国の南朝に使臣を遣わして上表し、再三叙正を求めた称号の問題があります。

倭国王を名のる、これら日本の天皇たちは、「使持節都督、倭・百済・新羅・任那・秦韓・慕韓六国諸軍事、安東大将軍、倭国王」と自称、あるいは「使持節都督、倭・百済・新羅・任那・加羅・秦韓・慕韓七国諸軍事、安東大将軍、倭国王」と号して、中国にその認証を求めているのですが、これをどう解釈したらよいのか。倭国が東海の大国であることを誇大に表現したものである、といった説明では理解できません。

まず異様なのは、いま言った六国ないし七国のうち、秦韓（辰韓）、慕韓（馬韓）という、百済・新羅建国以前の旧国名をあげていることで、この二国は倭の五王が南朝に遣使した五世紀にはすでに存在していないのです。

それから、このようにすでに消滅した国名を執拗に記しながら、辰韓・馬韓と共に三韓を形成していた弁韓の名があげられていません。広大な支配権を誇示するために過去の国名まで数え上げたなどという解釈は、常識からいっても通用しがたいものですが、仮りにそうだとすれば、なぜ弁韓だけが省略されているのか、一層説明がつかなくなるわけです。

ではいったい、この称号は、どのように解釈すればよいのか。

ここで、先ほど申しましたように、倭の土地に渡った騎馬民族の王が辰王の子孫で、それが倭国王になったとすれば、あるいは一層具体的に言って、倭王がその出自について南朝鮮のかつての支配者、辰王の後裔であると確信しており、辰王の南朝鮮に対する宗主権を継承していたとすれば、倭国王が南朝への上表に、なぜ馬韓・辰韓を並記しながら弁韓を含めなかったのか、という疑問も容易に解けるように思われます。

すなわち、辰王の子孫である倭王は、辰王がかつて馬韓のほかに弁韓・辰韓の半ばを領有し、支配していたことを根拠に、百済・新羅に対する、馬韓・辰韓にさかのぼっての潜在的主権を主張したと考えられるからです。そして、弁韓については、現にその任那・加羅を領有しているので、いまさら弁韓にさかのぼって、その潜在的主権を主張する必要が無く、したがって弁韓の名を明記しなかった、と解釈することができるのです。

倭の五王が南朝宋に求めた六国あるいは七国諸軍事の称号の問題は、江上氏の指摘の通り、極めて興味深く、示唆に富む問題であるので、繰り返し見ておくと、すでに第二節の表Bに引いた如く、この称号問題は、主に『宋書』「倭国伝」に伝えられているところである。まず、倭の五王の珍（反正天皇）が、宋に使いを遣わし貢献した時、自ら使持節都督、倭・百済・新羅・任那・秦韓・慕韓六国諸軍事、安東大将軍、倭国王を称したことが見え、次いで、済（允恭天皇）のときに、宋から、使持節都督、倭・新羅・任那・加羅・秦韓・慕韓六国諸軍事の号が実際に与えられていることが見える。

珍の自称と、済に与えられた称号とを比べてみると、珍の自称した称号のうちから百済を除き、代わりに加羅を加えて六国諸軍事としたものが、宋から済に与えられた称号である。百済についてはすでに宋は百済王に対して百済王の認証を授けており、百済軍事をもし倭王にも与えてしまうと百済と倭への二重授与となってしまう。倭に百済軍事の称号は避けられるべくして避けられたのである。代わりに倭王には、百済にとっても異存のない、元来倭の領地であり当時もそうであった加羅の軍事を加えて六国諸軍事とし、数を合わせたうえで、これを倭王済に授与したものと考えられる。

それにしても、宋が、倭王の求めたこの奇妙な重複的称号を、大筋として認めていることは注目に値する。同じようなことは、武の時代にも繰り返されている。すなわち、武（雄略天皇）もまた、自ら使持節都督、倭・百済・新羅・任那・加羅・秦韓・慕韓七国諸軍事、安東大将軍、倭国王を称し、これについてもやはり宋の側から、百済軍事を除いた上で、武に使持節都督、倭・新羅・任那・加羅・秦韓・慕韓六国諸軍事の号が叙されている。百済軍事についてはついに倭王側の望みは達せられなかったわけだが、それ以外の大筋は、これまで同様に繰り返し認められているのである。

江上氏の主張通り、このことは要するに、天皇家の祖先が三韓を統一支配していた辰王朝時代にまで、天皇家の正史を遡ったうえで、中国側が、倭王に称号を付与したがために、このような重複称号の付与になったのであろうと考えるのが、最も分かりやすく、理に適っていると思われる。

江上氏が、天皇家の出自を辰王朝であろうと推定される今一つの有力な根拠は、『隋書』東夷伝倭国条に記された、大業三年（六〇七年）条に続く明年条に記された外交記事である。この外交については、『日本書紀』にも、推古天皇十五年紀（従来説通り、六〇七年）七月庚戌（三日）条に、小野妹子を派遣したことが見える。日本側の国書に「日出づる處の天子、書を日没するところの天子に致す。恙無きや」とあったため、隋の煬帝の不興を買ったという有名な遣隋使事件である。この翌年、隋から裴世清が倭国に派遣される。『隋書』東夷伝倭国条に、裴世清は朝鮮半島の西海岸を南下して、都斯麻（対島）国を経、一支（壱岐）国、竹斯（筑紫）国に至り、東して、秦王国に至る、と書かれており、当時の大和朝廷の都を、「秦王国」と記している。江上氏はこれを指摘して、天皇家の出自が辰王朝である証拠とする。すなわち、たとえば『江上波夫の日本古代史』（大巧社）二九九〜三〇〇頁に、

「秦王国」という国名は、倭国王の出自が三韓時代に韓国の大半を支配した辰王朝にあったと

いうことを示唆しております。というのは、倭国での「秦」という字は、中国側の記録では常に「辰」の字であらわされており、そのことは倭の五王の上表で、三韓の中の辰韓が例外なく秦韓と記されている事実からも明らかでありま す。したがって倭国王の都した大和の国を「秦王国」というのは、三韓時代の辰王朝が倭国に移動してきて都した国という意味に解するのが最も合理的と思われるのであります。

百済の夫余隆も辰朝の出なりといっているので、同じ辰王家から出た倭国王の天皇家が、辰王の国として飛鳥時代まで伝えられていても不思議ではないと思うのであります。

とある。江上氏のこの説に賛成したいと思う。最後の四行については、下にも述べる。

天皇家の祖先が辰王朝出自であったということは、つまり、渡海初代に当たる孝霊天皇にはじまる天皇祖族こそが、元来、辰王朝の嫡裔であったということである。

馬韓の月支国に都して三韓を治めていた辰王朝正嫡の子孫が、諸臣と共に、三世紀半ばの国難を避け、ひとまず南九州、日向の地に「天降り」、ここに宿営を築き、間もなく、出雲の師升王統と結託し出雲国から国譲りを受け、この地に拠点を移し、四世代、半世紀をかけて邪馬臺国連合を侵略し、滅ぼしたという経緯の初発部分がこのようにして明瞭になる。

馬韓では、四世紀前半までには、その中の一国、伯済が馬韓を統一して百済を建国する。百済王朝が、高句麗と同じく扶余族の出であることは三国史記にも明記されているところであるが、さらに百済王が、実は辰王の苗裔でもあったことが、江上氏の発見した義慈王の娘の墓誌に記された扶余隆に関する記述によって確認されている。

義慈王は、百済の第三十一代の王で、この王をもって百済は滅ぶのだが、是より先、その子、扶余隆は、王の四年（六四四年）に太子に立てられたものの、王の二十年（六六〇年）、唐に攻められ、王とともに唐に捕らえられ唐の都、長安に送られる。その後、百済では、第三十代の王、武王の甥の鬼室福信が、人質として日本に居た義慈王の子、扶余豊（『日本書紀』には豊璋あるいは余豊と見える）を王として迎えて唐・新羅に抵抗する。しかしそれも空しく六六三年、白村江の戦いにおいて倭・百済軍は唐に大敗し、百済は滅び、扶余豊は高句麗に逃げる。この間、扶余隆は唐により、熊津都督（熊津は古代朝鮮の地名。現在の韓国忠清南道公州市）、次いで、熊津都督帯方郡王とされたが、新羅の力が強かったため、故国に入れず、高句麗に身を寄せているうちに、そこで亡くなったという。

その百済王子、扶余隆について、件の墓誌には、「公、諱（いみな）は隆、字（あざな）は隆、百済辰朝の人なり」とある。

この中の辰朝とはいうまでもなく辰王朝のことで、扶余隆がその辰王朝の人であったということは、辰王の血統が、三国時代の百済の王統へと続いており、連綿、七世紀の扶余隆にまでその血筋を引いていたということになる。

『古事記』によれば、神功皇后の時、大和朝廷は、韓地の政変に対応して、海を渡り韓を征討、新羅国を御馬甘（みまかい。馬飼い）、百済国を渡りの屯家（わたりのみやけ。天皇家直轄地）に定めたという。馬を飼う部民と、屯家とでは、全く格が異なるのであるが、天皇家が、百済と同じ、扶余系辰王の出自であったということであったとすれば、天皇家と出自を同じくする百済を「渡りの屯家」とし、同じからざる新羅を「御馬甘」としたということの顕著な格差の理由も、明瞭に了解できることになる。神功皇后による渡海征韓というのも、要するに、辰王家つまり天皇家の母国の政変に対する介入として理解できる。このように理解できるということが、逆に、天皇家の辰王朝出自を傍証するといっても過言ではないこと、前節に述べた如くである。

さて、江上氏は、天皇家の出自が辰王朝であることを明示される一方で、この辰王朝が、騎馬民族であることをしきりに強調される。しかし、三世紀半ばの辰王朝が、騎馬軍団を操る、騎馬戦に長けた軍事部族であったわけでないことは、先に述べたとおりである。

『魏志』韓伝の馬韓条の関連部分を、繰り返しになるが再度、省略せずに全文を訳文によって示しておくと、二郡（帯方郡と楽浪郡）が「韓を滅ぼした」という記事のあとに、馬韓の習俗が語られていて、そこに次のように明確に、馬韓人は、牛や馬に乗ることを知らなかったと記されている。

「その俗、綱紀（規則・法律）は少なく、国邑に主帥（首長）はいるが、互いによく制御しあってはいない。跪拝の礼《つまづきおがむ礼》は無く、居所は草葺き土壁で、形は塚のよう。戸口は上にあり、一家はすべて共にその中に住み、長幼男女の別がない。埋葬には槨はあるが棺は無い。牛・馬に乗ることを知らず、牛馬は全て死者とともに埋葬する」。

辰王の統括していた当時の韓の土着社会は、長幼男女の別の定かならぬ、社会的階級のなお未分化な部族社会を基盤としていたことが窺える。綱紀少なく治まっていた社会である。部族毎の自主性もそれなりに重んじられていた如くである。そして、牛・馬を乗りまわすことなどは決して一般的ではなかった農耕社会の様相がここには明記されており、江上氏が夢想したような、騎馬兵が縦横に駆けめぐっていたであろう騎馬民族の面影などは、微塵も無い。

同韓伝の、辰韓・弁辰の習俗を述べる部分にも先に引用した如く、「土地は肥えて美しく、五穀や稲を植えるのによく、蠶桑の業に通じ、縑布（かとりぎぬ。二本の糸をより合わせて固く織った絹織物）を織る。牛・馬に乗ったり馬車を引かせたりする。……この国は鉄を産し、韓・濊・倭は皆、ここから鉄を手に入れる。……男女の様子は、倭に近く、また、入れ墨をしている。歩兵戦に巧みで、兵器は馬韓と同じである」とある。

辰韓・弁辰の俗においては、馬韓のそれに反して「牛・馬に乗ったり馬車を引かせたりする」とは記してあるものの、騎馬戦を得意としていたというわけではなさそうである。後半に明記されている如く、辰韓・弁辰の人々は、歩兵戦に巧みで、兵器も、馬韓のものと同じであるという。であるからには、牛・馬に乗らぬ馬韓人同様、その兵器は騎馬戦向きの兵器などではなかったはずである。要するに、辰韓・弁辰とも、馬韓同様、軍隊の主力や軍事の得意分野は、歩兵・歩兵戦なのであって、決して騎馬軍団・騎馬戦術などではなかったと考えなければならない。

韓の地において、このような習俗に馴染んでいた辰王朝が、大陸の熱風に煽られる如く蒼惶として朝鮮半島を押し出され、三世紀半ばから半世紀をかけて、邪馬臺国を侵略して大和朝廷を建てるにあたっては、主として歩兵戦によったのである。

そして、その結果として前期古墳文化を作りだしたのであるから、前期古墳文化に騎馬民族的様相が貧困であるのはむしろ当然のことである。倭地に渡海した辰王末裔たちは、倭の土着文化である、祭祀的、呪術的文化を取り込みつつ、ある時は武力により制圧し、ある時は交渉によって寧撫しつつ、倭地全土に次第に主権を確立していったのである。土着民のそれを優に凌ぐ軍事力がその征服王権の基礎にあったことは言うまでもないが、その軍事力たるや、決して、江上氏が想定していたような騎馬軍団を中心とするものではあり得なかった。

後期古墳文化に急速に浸透したことが窺われる騎馬民族文化は、四世紀の朝鮮半島の動乱期に、本来の故地を守護するべく、半島深くにまで軍事を展開した大和朝廷が、高句麗、新羅らと熾烈な交渉を繰り返す過程で、四世紀の後半をかけ可及的速やかに取り込んだ輸入文化であったと考えて無理はない。

以上、天皇祖族が、朝鮮半島に起源を持つこと、中でも、いつの頃からか朝鮮半島の南部、韓の地に王朝を建国していた、扶余系の父系制部族、辰王朝の出自をもつ者達であったろうことを、江上波夫氏の騎馬民族征服王朝説を批判的に継承する形で論証した。

ところで、江上波夫氏の騎馬民族征服王朝仮説の独断的失考の最たるものは、述べた如く、天皇祖族による侵略の時代を三世紀末から四世紀末に至る時代に掛け、侵略第一次の王、渡海の王を崇神天皇、侵略第二次の王、東征の王を応神天皇としたことであろう。このような説では、その時期の侵略征服という憶測を証すべき考古学的明徴は何もなく、文献学的にも、記紀説話からはまるで無縁の歴史となり、まさに木に竹を接いだ珍妙な説となってしまっている。

しかし、江上氏の失考は、このような史的事実関係に関する失考ばかりではない。氏は、騎馬民族征服王朝説の締めくくりとして、次のような壮大なる文明論・世界観を語っておられる。曰く、

もし日本に、騎馬民族の征服による国家統一ということがなかったとすれば、おそらく日本列島は、ボルネオとかフィリピンなどと同じように、農耕社会はあるけれども、国家的統一も発展もない地域になってしまったのではないかと思う。また、その意味で、東北アジア騎馬民族系の人々が、かつて、朝鮮という橋を渡って、日本という統一国家をつくったことは、世界史的に大きな意味をもつものではないかと思う。

縄文・弥生のころまでの日本は、東南アジアのすべての島々、人々と、その発展状況にあまり差はなかった。その日本だけが、現在まで、特異な歴史的発展をとげた。この唯一の例外を生んだのは、農耕民族とは全く違う民族が来て建国し、その上に大陸から種々の文化を担った人々を数多く呼び、そうしてさらに新しい文化を創造していったことによる。このようにわたしは理解している。（前掲『論集 騎馬民族征服王朝説』二三六～二三七頁）

江上氏の論理は、最後に至ってもやはり、木に竹を接ぐ論法で終わっている。

ボルネオやフィリピンに、もし日本に遅れをとっている部分があったとしても、それは、この地が、長く近代資本主義列強の植民地として、母国語さえ没収され、手ひどい収奪の対象とされ続けてきたからに他ならない。

千七百年も昔に騎馬民族による征服を受けたとか受けなかったとかいうような違いが、日本とボルネオ・フィリピンの違いの原因として現代にまで続いているなど、常識的に考えてもあり得ない話である。

日本が東南アジアの国々と、何ごとか異なる点があるとすれば、長い鎖国によって、幸か不幸か、西欧資本主義列強によって、土足で踏み荒らされることが少なかったという事実が挙げられなければなるまい。

しかし代わりに日本は、天皇の名の下に、アジア隣国を、土足で、踏み荒らす側にまわった。

アジアにおいて、確かに日本は、近・現代史においての「特異な歴史的発展をとげた」が、その特異な歴史の功と罪を、せめて冷静に分析し、反省する姿勢に徹することが、歴史学者たるものの、最低限の正しい仕事であろう。

紀元前数世紀から紀元後三、四世紀に至る古代東アジア史、とりわけ、中国から遼東へ、遼東から朝鮮へ、朝鮮から韓へ、そうして韓から倭へ、と西から東へ及んだ父系王権の互いのせめぎ合いの歴史、強い王権による弱い王権の追い出し、結果としての弱者の逃避という歴史の波濤は、極まるところ、極東の最果ての国、我が倭国へと押し寄せて、当時の土着系の女王国・邪馬臺国連合にとどめをさした。邪馬臺国が滅びた。

……しかし、土着民たちは、滅びたのか？

被侵略側の民は、滅ぼし尽くされることはなかった。大和朝廷の収奪の対象として、生き続けた。生き延びて、今日の我々に至る子孫を、懸命に育みつなぎ続けた。

新たな王権は、よりよい収奪を目的として、新たな科学技術、当時にあっては、より効率的な工作技術、天文暦学や土木、治水・灌漑技術、その他もろもろの生産性を高める高度な技術を民に教え込んだ。民はよくこれを学んだ。……民はこれによって潤ったか？

より高い技術の教化とその習得は、民を潤すはずである。そうして潤された民や階層は、確かに存在した。しかし、多くの場合、大多数の民にとって、むしろ、ことは逆に進む。

生産性が高められれば余剰の人手が出る。その余剰の人手で仕事を分け合い、少ない仕事で、豊かな余暇を楽しみ、生活にゆとりが生じる、という具合には進まなかった。

決してそうではなかった。収奪に貪欲な権力が世にある限り、余剰の人手は、ただちに権力側の安価な労働力として、ただ働きの「奴隷」として、苦役に駆り出され、残された者達も、いくらかましな階級として、より高い生産性を求められ、更に仕事に追い回されるという時代に入るのである。かくして、収奪の激しさは、たとえば飢饉・疫病の発生を容易にする。記紀の崇神朝の初めの物語が、「この天皇の御世に、疫病多く起こり、人民、死にて尽きむとしき。云々」と始まることが、まさにこうした新時代の到来を、なにより も雄弁に物語っている。

いつの時代も、疫病・流行病は、貧しい階層の人々を温床として力を蓄え、ついには全人民を襲うのである。現代も、例外ではない。現代世界においてもなお広がる目を覆わんばかりの貧富格差は、なによりも、富める者、力ある者達の大罪である。罪には、常に報いがもたらされるはずである。

江上氏の騎馬民族征服王朝説に対する批判を、考古学者の佐原真氏が、著書『騎馬民族は来なかった』（日本放送出版協会）において展開されている。江上氏が持説を補強するために持ち出された我が国における騎馬民族的習俗のかずかずについて、考古学的、民族学的には、ことごとく論拠が薄弱であり、多くは誤っていること、騎馬民族的文化の、重要な習俗（肉食・内臓食・血食・乳製品の利用、人畜の去勢、祭祀における犠牲など）が、古代日本には基本的に見出しがたいことを、佐原氏は逐一指摘されて、騎馬民族征服説が根本的に誤っていること、古代史学、考古学者、民俗学者の大勢は、騎馬民族征服王朝説を疑っていること、その一方で、騎馬民族説は、誤ったまま、漫画的な形で巷間に流布していることを、真剣に愁えておられる。

佐原氏の批判は、更に、民族移動や征服王朝に関する旧来の歴史的把握の方法論に関する批判にまで及んでおり、雄大深刻な問題を提起されている。いわく、「江上波夫さんの騎馬民族説は差別の思想であり、文化の変貌や伝播を征服で理解するのは旧式の発想である」と。

たとえば文化や文明の発展・進歩は、戦争や征服によるのではなく、自然との闘いの中で獲得された、平和な刻々における、民の創意工夫によるのである。戦争が技術を進歩させるのではない。その技術に注ぎこまれる富や人智が進歩させるのである（戦争は富や人智を逆に破壊する）。この基本点を間違えると、戦争肯定論にさえ導かれるという、恐ろしい結果になる。

佐原氏が明証された如く、古代日本に「騎馬民族」は、来なかった。四世紀以降、騎馬文化の一部は輸入されたが、「騎馬民族」は、たしかに、来なかった。

来たのは、韓を追われた辰王朝である。時代は、三世紀の半ばから末にかかる時代である。この半世紀の間に、弥生時代は終わりを告げ、巨大前方後円墳という定型的で特異な墳形を、全国的に突如として生み出すところの、いわゆる古墳時代が始まる。

邪馬臺国連合が滅んで、大和朝廷が始まったのである。西暦三世紀の末から四世紀初めのことであり、崇神天皇ことハツクニシラシシミマキ天皇が、邪馬臺国の王都であった大和に入って、初代の大和朝廷の大王となる。

崇神天皇のミマキイリヒコイニヱノミコトという和諡号は、ミマ＝王のキ＝城に入った大王としての尊称であろう。邪馬臺国の中心地、大和の城こそ、ミマキ＝王の城であったのである。

江上説が云うごとき、任那（ミマナ）の王としての尊称が、ミマキイリヒコであったのではなく、順序はむしろ逆である。ミマ＝王の所有地として、かつての邪馬臺国連合の所属地、加羅（狗邪韓国）とともに、弁辰の大部分が大和朝廷直轄の地として所属せしめられたがために、ミマ（王）のナ（土地）、ミマナ＝任那という呼び名が定着したものと考えられる。

崇神天皇の崩年は、戊寅年、旧干支紀年法によって、西暦三一九年である。父王の開化天皇こと若倭根子日子大毗々（ワカヤマトネコヒコオホビビ）命も、崇神天皇とともに大和に入り、大和で没したものと思われる。開化天皇陵をいずれの古墳に比定するかは問題であるが、これが前方後円墳であった可能性は小さくない。

崇神天皇の祖父、孝元天皇の、その異母姉妹である倭迹迹日百襲姫（ヤマトトトヒモモソビメ。記にヤマトトモモソビメ。母はハヘイロネ）も、大和で没している。『日本書紀』崇神七年紀二月十五日条に、大物主神（オホモノヌシのカミ）がヤマトトトヒモモソビメに神懸かりして神託を下し、この託宣に従って大物主神を祭ったという話があり、同十年紀九月二十七日条の「是後」段には、有名な箸墓伝説がある。

ヤマトトトヒモモソビメが大物主神の妻となり、神の姿が蛇であったのを見て驚いたため、神は恥じ、大空を踏んで御諸山（ミモロのヤマ＝三輪山）に登った。ヤマトトトヒモモソビメはその神を仰ぎ見て、悔い、すわりこんだ途端、箸で陰部を突いて死んだ。ヒメは大市（奈良県櫻井市北部、纒向遺跡群の地）に葬られた。名付けて箸墓という、この墓は、昼は人が作り、夜は神が作った。大坂山から墓まで、人民が相連なり、手から手へと石を運んで作った。

『日本書紀』にはこのように語られている。細部は作り話であろうが、崇神天皇の祖父の姉妹にあたる女性が、三輪山の神の妻、すなわち、その祭主・巫女となり、大和で死んで、多くの人民を使役して墓が作られた、という話などは、史実の核を持つと見てよいのであろう。

ヤマトトトヒモモソビメを卑弥呼とする説があるが、この説は憶測に終始して根拠に乏しく、全くの誤りである。

ヤマトトトヒモモソビメの夫とされる三輪山の神、つまり大物主神は、大国主神と同一視される神である。その名を文字通りに理解すれば、物（兵器・宝物など物の怪を宿すモノ。物部連の物に同じ）を司る神である。記紀神話によれば、大国主神が出雲に居たとき、大国主神がひとり愁えていると、大物主神が海から寄り来て、自分を大和の三輪山に祭れば国が完成するだろう、と言ったという話がある。大国主神の国譲りの前段の神話でもあり、また、大物主神が、崇神天皇朝に至って、はじめて実際に三輪山に祭られることになる前提となる説話でもある。出雲の帥升王統と天皇祖族との結合を背景とする神話であるが、大物主神は、要するに、邪馬臺国を侵略した側の神である。卑弥呼がその妻となるはずもなく、卑弥呼がこれを祭ったり、その神託を告げたりするはずもない。ヤマトトトヒモモソビメを卑弥呼と同一視しようとする説は、いかなる点から見ても、誤謬である。かつて私自身も箸墓を卑弥呼の墓とする説に荷担したことがあるが、ここに改めて全面的に撤回したい。

箸墓は、最初期の前方後円墳の墳形に分類され、纏向古墳群の中心的古墳の一である。

卑弥呼の墓が、どんな墳形であったかは不明とするべきであるが、円墳もしくは当時最も一般的であった方形周溝墓ではなかったか。『魏志』倭人伝に「卑弥呼、以て死す。大いに冢を作る。径百余歩。徇葬する者、奴婢百余人」とある。

墳形未詳とは言え、三世紀の半ばに卑弥呼の墓が実在したことは疑うべくもない。

しかし、天皇祖族による大和平定の後にも、卑弥呼の墓は存続したのであろうか、大いに疑問である。跡形もなく破壊された可能性が高い。

記紀説話に、顕宗天皇が、父の仇を晴らすため、雄略天皇の陵を破壊しようとして、兄（後の仁賢天皇）に諫められたという話がある。天皇陵といえど破壊の対象となり得たとすれば、被侵略側の女王の墓を、侵略側の王が破壊しつくす可能性は、更に高いであろう。

卑弥呼の墓を発見した、というような話がもしあれば、先ずは、眉に唾を付けておくのが無難である。ましてや、その墳形が前方後円墳であったりすれば、いよいよ怪しい。

すでに触れたことであるが、前方後円墳という、この特殊な墳形は、甂（みか。甕・かめ。水や酒を容れたり、酒を醸すのに用いた大ぶりな容器）の形状を模写したものではなかったか。最も古式の祝詞の形式を今に伝える祝詞の一つと推定されている出雲国造神賀詞に示されているところによれば、出雲の祭祀の儀式形態は、祭主が潔斎して甂に籠もって（従ってこの甂は人が入ることのできる大型の土器である）、この中で、神の返事、神託を受けるというものであった。そこで、神祭りに関わった者たち、つまり、当時の政治的権力者、神の代弁者たちにも、死後に及んでも神の言葉を受ける形の葬儀を施して、これを瓱の形の墓、今に云う、前方後円墳の形の墓に埋葬したのではなかったか。

前方後円墳は、特に初期のものほど、瓱口の比較的短い壺型をしており、死者は、当然のことながら、その壺の口の方ではなく、つまり、前方部ではなく、壺の身の方、つまり、後円部側に潔斎して籠もるが如くに埋葬されることになる。実際、前方後円墳は、後円部の方が、高く立派に盛り上げられており、常にこの後円部分に主たる墓室が設けられていて例外はない。

考古学の話は避ける予定であったが、かつての拙見を撤回するついでに、墳形起源論に関する憶測を再論したのである。次節が、専ら考古学の話になる。狭義の高地性集落遺跡の絶対年代の推定から逆に、土器編年の絶対年代を推定してみたい。

第十八節　本論のまとめと狭義高地性集落遺跡・弥生時代の戦乱、および土器編年の実年代

（一）本論第十七節までのまとめ

本論第十七節までで、西暦一世紀から四世紀初頭頃までの日本古代史の実相を、かなり明らかにできたと思われる。ここでこれを、改めてまとめておこう。

まず第一節で、父子直系王統系譜においては、王の平均在位年と、王が次代の王をもうける平均年齢とは、互いに等しいという簡明な定理を証明した。この定理は簡明ではあるが重要である。たとえば、ある古い父子直系王統系譜について、その実年代（西暦何年という年代である）を推定しようとするとき、平均在位年を十年ほどと仮定したり、あるいはまた三十年ほどと仮定したりして、その王達の実年代を推定しようとする議論があるが、その場合、平均在位年を、十年とか三十年といった数値に仮定するということ自体に、そもそも疑問符がつくことになる。なぜなら、父子直系王統系譜において平均在位年が十年とは、王が次代の王をもうける平均年齢が十歳ほどということになり若すぎるであろうし、平均在位年が三十年ほどということは、王が次代の王をもうける平均年齢が三十歳ほどということになり、西暦一世紀から四世紀ごろの王統を考えようとする場合には、長きに過ぎる。

前者、平均在位年を十年ほどとする議論は、たとえば安本美典氏の説であるが、氏は後世の天皇系譜（第二十一代雄略天皇から第四十九代光仁天皇まで）で、兄弟相続やらおじ甥相続やらを含む王統系譜を一網打尽に統計処理して、平均在位年を約十年と算出し、雄略天皇を遡ること二十代の神武天皇の時代を、西暦二七八年頃と推算しておられる。神武天皇から続く父子直系王統系譜には、実は兄弟相続やおじ甥相続が混入していたのを虚構的に父子直系系譜に改めているところなどもあるはずだからこの推算でほぼ間違いない、と考えておられるのである。神武天皇から雄略天皇までの途中の系譜は信用できないが、神武天皇の実在は信用できるというのであるらしい。また、神武天皇か

ら雄略天皇までに二十代の王位がある、というその世代数も信用できるというのであるらしい。神武天皇の実在と雄略天皇までの二十代という世数は確実だが、その間の系譜には、兄弟相続やおじ甥相続を父子相続に置き換えるなどの大胆にして大いなる虚構があったはずである、というわけである。しかも、それがどのような虚構なのかは、論中でついに具体的に明らかでない。

要するに、安本氏の議論には、疑問点が多すぎて、そのまま利用することは、かなり危険を伴うのである。

後者、平均在位年を三十年ほどとする議論は、たとえば那珂通世博士や田中卓博士の説である。両者の論には、安本氏の議論のごとき奇怪な曖昧さはないが、田中氏の計算は、比較的新しい皇統譜（西暦六世紀から八世紀にわたる）に基づき、また、父子直系系譜を得るために、皇位から遠く離れた皇族を複数含まざるを得ない材料に頼ることとなっているため、平均在位年が三十年という、長い数値になってしまったものと思われる。

那珂通世氏の論については、本論第一節の追記において若干の批判を試みたので参照されたい。

西暦一世紀から四世紀頃の父子直系王統譜に利用できる平均在位年を概算する仕事は、第四節で行った。主として『古事記』の崩年干支記事を基礎資料とし、西暦四世紀から六世紀初めまでの王統譜を素材として概算した。そうして、平均在位年十八・八年という数値を得た。これは次代の王をもうける平均年齢が十八・八年というに等しく、まずまず納得できる数値であろう。

この計算は、『古事記』の崩年干支記事が信用できるものであるという事実を確認したうえでなされた。この際、『古事記』のこの崩年干支が、現行干支紀年法ではなく、現行干支より一年引き下げられた旧干支紀年法（顓頊歴干支紀年法の伝統を引く古いタイプの干支紀年法）に依っているという事実を指摘した。これによって、反正天皇の崩年「丁丑年七月」（従来説では四三七年七月）と、『宋書』文帝紀が記す四三八年四月条の倭王「珍」＝反正天皇に対する「為安東将軍」記事の、時間的な逆転が解消されたのであった（丁丑年は旧丁丑年であるので、実は四三八年である）。『古事記』の崩年干支記事が信用できるものであることは、田中卓氏の論に学びつつ、第二節に論じ、『古事記』の干支紀年法が古い干支紀年法に基づくことは、友田吉之助博士の論に学びつつ、主として第三節に述べた。

後者は、『古事記』の成立史に深く関わり、いわゆる和銅日本紀と現存の『日本書紀』との対立関係にも及ぶ事柄である。のみならず、天武朝までの我が国の干支紀年法が旧干支紀年法に基づいていたであろう事をも主張するものであり、現『日本書紀』の更に詳細な史料批判が行われなければならない。たとえば、乙巳の変に始まる大化改新や、いわゆる壬申年の役、壬申乱は、今日のどの教科書も、前者は西暦六四五年の事件、後者は西暦六七二年の乱としているが、天武朝まで用いられていた旧干支紀年法によって乙巳年の事件なり壬申年の役などと言い習わされていたものであったとすれば、これらが六四五年や六七二年の事件であるというのは間違いであって、正しくは、前者は西暦六四六年、後者は六七三年の事件であったことになる。のちのちまで戸籍の基準とされたいわゆる「庚午年籍」なども、新庚午年・六七〇年の戸籍ではなく旧庚午年・六七一年の戸籍であったことになる。

旧干支紀年法の議論は、このように、極めて微妙で重大な問題を孕んでおり、前掲拙著『日本書紀編年批判試論』やその修正補足版である『6～7世紀の日本書紀編年の修正――大化元年は646年、壬申乱は673年である――』に詳論したところであるが、ここでは右の指摘にとどめておく。

古代の父子直系王統譜の平均在位年十八・八年という数値を用いることで、第五節では、『古事記』と『粟鹿大神元記』に伝えられるスサノヲ王統譜が、『後漢書』に、倭国王、帥升と見える人物を始祖とする王統譜の文献的化石であろうことを明らかにし、この王統譜が、出雲国風土記が伝える出雲建国説話の真相を明らかにすると共に、中国史書の記すところともよく整合することが確認された。

まず、帥升は古代の発音ではシュィシャンであり、シュィシャンすなわちスサであり、スサすなわち、日本神話のスサノヲに当たるであろうことを推定した。そして、帥升は、西暦一〇七年に、後漢の王、安帝に、生口（奴隷）百六十人を献じて請見を願ったとされる倭国王であるので、この一〇七年を帥升ことスサ、すなわちスサノヲの即位年に近いと見てスサノヲ系譜を辿ると、スサノヲ―ヤシマジヌミ―フハノモヂクヌスヌ―フカブチノミヅヤレハナ―オミヅヌ―アメノフユキヌ―オホクニヌシと続く父子直系王統譜のなかの、スサノヲ四世孫オミヅヌは、平均在位年十八・八年を用いて推算して、およそ一八二年頃から二〇一年頃の王ということになるが、このオミヅヌは、出雲国風土記において出雲建国の王として位置づけられている八束水臣津野命に同じである。そしてスサノヲ＝帥升の即位（上述の如くほぼ一〇七年に近いと見た）からオミヅヌ即位まで、約七十五年ほどである。「魏志倭人伝」に「其の国（倭国）、本亦（もとまた）、男子を以て王と為し、住（とどま）ること七、八十年。倭国乱れ、相攻伐すること歴年。乃（すなわ）ち共に一女子を立てて王と為す。名づけて卑弥呼と曰う」とあるが、ここで、「本亦、男子を以て王と為し、住ること七、八十年」とある男子の王統がすなわち、倭国王帥升の男王の系裔すなわちスサ＝スサノヲから続く王統であろう。これのとどまること七、八十年というので、これ則ちスサノヲ王統譜におけるスサノヲ即位からオミヅヌ即位に至るまでの期間にほぼ等しい。すると、オミヅヌが即位するかしないかの頃までに、「倭国乱れ、相攻伐すること歴年。乃（すなわ）ち共に一女子を立てて王と為す。名づけて卑弥呼と曰う」ということになる。

オミヅヌが即位するかしないかの頃に、歴年の戦乱は収束し、卑弥呼が共立され、倭国には邪馬臺国連合が成立した。

他方でオミヅヌには、出雲国建国神話がある。

そこで、これを合理的に理解しようとすれば、出雲国風土記が語るオミヅヌの出雲建国神話つまり、有名な、八束水臣津野命による国引き神話とは、倭国全土に七、八十年続いてきた男王の系裔が、オミヅヌの代に至って決定的に倭国王の地位を追われて国をひき、出雲に退いたことを示すのであり、この出雲への退去という屈辱の歴史を真相とする史実から変容形成されたものが、八束水臣津野命による出雲建国神話、出雲の国引き説話に他ならない、ということになる。

オミヅヌが即位するかしないかの時代に戦乱が絶頂に達してオミヅヌが出雲に退き卑弥呼が共立され邪馬臺国連合が成立したとすると、この戦乱、いわゆる倭国大乱を二世紀の末葉と位置付ける中国史書と、平均在位年十八・八年を用いてスサノヲ王統譜から推算したオミヅヌの即位年代と、風土記の出雲国引き説話の真相とが、三者それぞれ互いによく整合することになるわけである。

オミヅヌの子と孫に当たるアメノフユキヌとオホクニヌシは従ってともに出雲国の王であって倭国王という地位の者ではない。オホクニヌシはまたつづまればオホクヌでもある。卑弥呼が素より不和であったという狗奴（クナ・クヌ）の国とは、このオホクヌの国、つまり出雲国（島根県東部。古代の「根の国」）である。更に、狗奴国を出雲国とみれば、中国史書が語る倭地の方位の矛盾を全て整合的に理解することができる（第五節）。

ところで、ふり返って、帥升王統が倭国を統一する前の時代はいかなる時代であったろうか。中国史書に依れば、前漢時代（紀元前二〇二年～紀元後八年）には倭国は百余国に分かれており、年ごと季節ごとに前漢に朝貢していたという（『漢書』地理志）。ただし、前漢時代といっても、朝鮮に四郡がおかれた時代以降の話とすれば、紀元前一世紀から紀元後一世紀初頭ごろまでの事情になる。

西暦五七年には、有名な、倭の奴国による後漢への朝貢記事が『後漢書』倭伝に見える。「建武中元二年（西暦五七年）正月　倭の奴国、奉献朝賀す。使人、自ら大夫と称す。倭国の極南界なり。光武、賜うに印綬を以てす」とあるのがそれである（奴国は、古代の筑前国儺縣。今の福岡市博多を中心とする一帯。「倭国の極南界」は、もと「女王国の極南界」であったのを、女王国成立以前の記事に変更して「女王国」を「倭国」に改めたため意味不明の文言となったのであろうこと、第五節の補論「魏志倭人伝ノート」に述べた通り)。

この後に見えるのが、西暦一〇七年の倭国王、帥升による後漢への願請見記事「安帝の元年、倭の国王、帥升等、生口百六十人を献じ、請見を願う」である。

西暦五七年の奴国は後に邪馬臺国連邦のうちの一国としても名が見える国であるから、西暦五七年から一〇七年までの間に、帥升王権によって制圧された側の国であったと考えられる。つまり、西暦五七年から一〇七年までの間に、奴国を含む、倭地全土を巻き込んだ戦乱があり、倭を統一して帥升王権が成立したと考えられる。

その後、既述の通り二世紀の末葉に、ふたたび、倭国大乱と通称される戦乱が起こって、帥升王統は退けられ、卑弥呼を共立して、邪馬臺国連邦・邪馬臺国連合が成立する。

ところが、邪馬臺国連合は、三世紀の半ばに、乱れる。

卑弥呼は西暦二三九年、二四三年、二四七年と四年ごとに魏に遣使しているが、この間の二四五年に倭は魏から戦旗である黄幢を授けられ、二四七年の遣使にあたっては、女王卑弥呼は素より不和であった狗奴国と相攻伐する状を魏の朝鮮出先機関である帯方郡に報告している。この戦乱に際して卑弥呼は死に、男王を立てたが国中治まらず、千余人が殺される内乱が生じた。

「倭の女王卑弥呼、狗奴国の男王卑弥弓呼と素より和せず。倭の載斯烏越等を遣わして郡に詣り、相攻撃する状を説く。塞曹掾史（さいそうえんし）張政等を遣わし、因りて詔書・黄幢を齎（もたら）し、難升米に拝仮し、檄を為（つく）りて之に告喩す。卑弥呼、以て死す。大いに冢（つか）を作る。径は百余歩、徇葬する者、奴婢百余人なり。更に男王を立つるも、国中服さず、更ごも相誅殺し、当時千余人を殺す」と「魏志倭人伝」は語る。

引用文中の張政は帯方郡の官吏で、黄幢を倭地にもたらす役目を果たし、難升米を介して卑弥呼に檄（軍令文書）を告げてもいるが、張政は北九州に留まって仕事をしていたはずである。そこで、このたびの狗奴国との内乱というものは、邪馬臺国つまり、大和周辺で起こった、比較的規模の小さい戦乱であったと思われる。少なくとも、倭地全土を巻き込む大きな戦乱には、なお至っていない。卑弥呼の死後、男王が立てられたが、内乱は収まらず、再び女王を立てて、ひとまず戦乱は終息する。すなわち、「魏志倭人伝」は、右の文に続いて次のように倭人伝最後の文を記している。

「復た卑弥呼の宗女、壹與（イヨ。しかし、臺與＝トヨであろう）、年十三なるを立てて王と為す。国中、遂に定まる。政等、檄を以て壹與を告喩す。壹與、倭の率善中郎将の掖邪狗等二十人を遣わして、政等の還るを送らしむ。因って臺（魏の都、洛陽）に詣り、男女生口三十人を献上し、白珠五千孔・青大勾珠二枚、異文雑錦二十匹を貢す」。

「魏志倭人伝」の記述はこうしてひとまず大団円で終わる形で締めくくられているのであるが、戦乱の終息は、実は一時的であった。

第六節から第十七節までをかけて縷々説明したごとく、このころ、つまり、三世紀の半ばには、即位年として西暦二四三年前後が推定される孝霊天皇ことフトニを初祖とする天皇祖族を中心とした父系父権軍事政権による邪馬臺国連合に対する侵略戦争が、すでに始まろうとしている。かれらは初め、南九州のかつて広く日向（ヒムカ）と呼ばれた地域に最初期の拠点を築き、推定即位年二六二年の孝元天皇ことクニクルの時代にはすでに出雲国＝狗奴国から国譲りを受け、出雲国の部族と密接な血縁関係を結びつつここを拠点として倭全土を侵寇。結局、天皇祖族は、孝霊・孝元・開化・崇神天皇の四世代、三世紀後半の約半世紀をかけて、邪馬臺国連合を滅ぼし、大和朝廷を樹立するのである。

孝霊・孝元・開化・崇神天皇の四世代による邪馬臺国連合の侵略過程は、第十一節に掲げた系図⑭によって俯瞰できる。孝霊天皇ことフトニの在位年はほぼ西暦二四三年〜二六二年の間から大きくズレない年代であるが、この世代の侵略側父系部族連合の者たちは、第十一節冒頭に述べた如く、尾張連祖族、虚構五代、カモ祖族のいずれもが南九州、日向地方から発しており、天皇祖族と一心同体のごとき物部連祖族も、系譜上は孝霊世代から半世代か一世代ほど遅れる形になってはいるものの、やはり、日向はアヒラ地方の高屋あたりに最初期の拠点を持つ。

次の孝元天皇ことクニクルの在位年は西暦二六二年～二八一年を大きくズレない時期であるが、この時代に入るか入らない頃に、すでに侵略側は物部連祖族の系譜が如実に示す如く出雲国に拠点をもっており（言い換えるなら、出雲国から国譲りを受けており）、孝霊天皇の皇子、つまり、孝元天皇の異母兄弟たちによる吉備（岡山県）平定も同じ頃に行われている。吉備平定は播磨の国を道の入り口として行われたと『古事記』の孝霊天皇系譜に記されているので、これが事実なら、播磨（兵庫県）はすでにこの段階で侵略側の拠点となっていたようである。尾張連祖族の孝元天皇世代の父祖、アメノオシヒトが葛木出石姫を娶っているが、この葛木は吉備の葛木であろうこと、第九節に述べた如くである。この孝元天皇世代に当たる時期に女王から魏・帯方郡への遣使の道は閉ざされ、邪馬臺国は、二六六年の西晋への遣使を最後に、以後、中国史書から消息を絶つ。

次の開化天皇ことオホビビの在位年は西暦二八一年～三〇〇年の間から大きくズレない頃であり、その子、崇神天皇ことイニヱ（ミマキイリヒコイニヱ）は、在位年としては西暦三〇〇年～三一九年の間を大きくはズレない時代の人物である。この開化・崇神天皇親子が、紀伊の名草地方（和歌山平野）を平定し、此の地に侵略側父系部族が結集する。系図⑭に如実な如く、侵略側部族の崇神天皇世代の者たちが、競うようにして紀伊の部族の娘と婚姻しているのが、何よりの証拠である（神武天皇紀に名草邑の名草戸畔を誅殺したとあるのはこの時期の紀伊侵略史実の神話化である。神武天皇とは、繰り返すが、カモ祖族中の、崇神天皇世代の人物、トヨミケヌ＝豊御気主＝豊御毛沼ことオホタタネコを主たる素材として作られた虚構の天皇である。第六節参照）。而してここ紀伊国を一大拠点として、侵略側は、邪馬臺国連合の中心、大和を攻略し、倭地を統一、大和朝廷を立てる。崇神天皇ことミマキイリヒコイニヱが大和の王（ミマ）の城（キ）に入り、侵略王権として、最初の倭王となって、ハツクニシラシシ天皇と称される。三世紀の末もしくは四世紀の初頭である。

（二）弥生時代の戦乱史と狭義高地性集落遺跡との照合

以上、前節までに論じた西暦一世紀から四世紀初頭までの倭国史を、ごく大まかにまとめなおしてみたのであるが、このように眺めてみれば、倭地全土を巻き込む戦乱が、この間に、少なくとも大きく三度あったことが知られる。

【倭地全土を巻き込む戦乱史】

一．はじめは、帥升王統が成立するまでの戦乱である。西暦五七年から一〇七年までの間である。

二．次は、帥升王統を邪馬臺国連合が退ける戦乱、いわゆる倭国大乱である。西暦二世紀の後半あるいは、その末葉である。この大乱によって、帥升～スサノヲの四世孫、オミヅヌの時代に帥升王統は出雲などに退けられたと考えられる。オミヅヌの推定即位年一八二年前後のことである。

三．次に、邪馬臺国連合を、天皇祖族が滅ぼす戦乱である。西暦三世紀の後半である。ただし、この時期には、邪馬臺国と狗奴国との戦乱および、これと一連のものと思われる卑弥呼死後の男王継承をめぐる内乱を主とする短期間の戦乱が前哨戦としてあり、これは畿内を中心とする比較的小範囲の戦乱であったと思われる。西暦二四七年前後である。

そののちに、天皇祖族を中心とした邪馬臺国連合に対する大侵略戦争が本格化し、二六六年以後、邪馬臺国から中国（西晋）への遣使の道が絶たれ、邪馬臺国連合は滅び、崇神天皇の推定即位年三〇〇年前後に大和朝廷が成立する。

さて、この倭地全土を巻き込んだ、前後三度の大きな戦乱に、考古学的な証拠が伴っている。小野忠凞（おのただひろ）博士らによって研究されまとめられた、弥生時代の高地性集落遺跡、とくに狭義高地性集落遺跡である。

筆者は考古学について全くの門外漢であるため、できる限り、考古学者の記述に即して、以下の所論を組み立てることとするが、前節までに得られた文献学的な所見に照らし、これを基礎としつつ、僭越ながら考古学者の説くところを補訂する形を取りたい。特に、後一世紀から四世紀にかかる時代の絶対年代について補訂してみることとする（本論序節にも基本方針として述べた如く、前節までの議論においては、考古学的所見の援用を、意識して避けてきた。中国史書と我が古系譜のみを主たる基礎とし、文献学的考察に徹して絶対年代の考察を進めてきた。絶対年代の比定において、考古学からは独立して考察を進めたうえで、考古学にその結果を応用するという方法でなければ、循環論法に陥るか、考古学自体が未だに陥っている水掛け論に陥るか、いずれにせよ、論理の破綻を招くことになろうと思われたからである）。

小野博士の論文集『高地性集落論――その研究の歩み』（學生社）によれば、弥生時代の高地性集落は、広義と狭義の高地性集落に、一応分けられている。以下、専ら、この小野博士の論文集に依存しつつ論じる。

広義の高地性集落とは、水田経営が時代の趨勢であり、低地居住が一般であった弥生時代に、水田経営と日常の居住条件を犠牲にしてまで、山の尾根や丘の頂上などに営まれた異常な集落一般をさす。戦乱に対する防衛、見張り、避難所としての機能のみならず、畑作や狩猟機能をも具備する集落を広く含む概念である。

これに対して狭義の高地性集落とは、なにがしかの軍事的防衛機能を持つもの乃至持つことが推断されるものに限定した集落をさす。そうして、この狭義の高地性集落は、その機能を明確化する意図のもと、かつて、防衛的高地性集落と呼ばれた。しかしながら、「防衛的」といっても、必ずしも、防衛側・被侵略側の集落ということではない。たとえば見張り機能としての軍事機能であれば、侵略側の営んだ集落であってもよいわけである。被侵略側の高地性集落であっても、侵略側が当地を占拠するや、今度は侵略側の軍事的集落として営まれることになった集落もあったはずである。そこで今日では、防衛的高地性集落と呼ぶ代わりに、誤解を避けて狭義高地性集落と呼ぶ。

ついでながら付記すれば、広義の高地性集落といえども、これまた、軍事的機能を併せ持ちつつ営まれた集落が、実は、少なからず有るはずである。「研究史上の事情から、広義や狭義の区別にかかわりなく、『高地性集落』イコール軍事的防衛集落とみる概念が一般化している」と小野博士の指摘する所以である。

小野博士による高地性集落遺跡の研究は、昭和二十五年、周防灘に注ぐ島田川流域の遺跡群に、弥生時代の趨勢に反して水田経営や居住に不適当な高所に立地する異常な集落遺跡が存在することに着目するところから始められた。このような異常な立地の弥生集落遺跡は、瀬戸内地方を中心とする西日本に優位な分布を示し、しかも、弥生文化小期毎に、間欠的に現れては消えるという異常さをも併せ持つ。

弥生期の高地性集落の総合研究は、小野博士を中心として、昭和四十六年に企画され、翌四十七年度より、文部省の科学研究費の交付を受けて開始され、昭和五十年度の研究では、集落遺跡の出現期の編年にあたって障害となっていた、土器編年の地域的ズレの調整がなされた。

弥生時代の年代論の基礎になっているのは、昔も今も、土器の相対編年である。土器の編年は、土器の様式毎の特徴の新古比較や、当該土器を出土した地層や住居跡などの深浅・新古などに応じて編年が勘案決定されるのであり、こうして決定されるのは、あくまでも、土器の様式毎の前後関係のみであって、絶対年代を決定することは原理的に不可能である。そのため、相対ということばをわざわざ付けて、相対編年と呼ばれる。十年前後の誤差の範囲内で絶対年代を確定することは、炭素14年代法や年輪年代法など、今日の種々の科学的技法を以ってしてさえ、実は、今も昔と同様、ほぼ不可能な状況である。

弥生式土器の相対編年は、森本六爾と小林行雄とが編集した『弥生式土器聚成図録』（昭和十三・十四年）を経て、小林行雄・杉原荘介が編集した『弥生式土器集成資料編』（昭和三十三・三十六年）、および同じく小林・杉原編集の『弥生式土器集成本編』（昭和三十九年）によって、ほぼそのスタンダードが成立したが、高地性集落の研究に際して問題となったのは、地域ごとの編年のズレであり、その調整統一が重要な課題であった。この課題の克服は、高地性集落論の副次的成果であったが、克服されてみればこれは弥生土器編年論において、極めて大きな成果であったのである（以下、近年の習慣に従い、弥生式土器という言葉の代わりに弥生土器という言葉を用いる。水稲経営が開始され普及するに至る時代で古墳時代以前の時代を弥生時代と定義し――従って従来縄文晩期とされていた時代が弥生早期として繰り込まれることになる――その弥生時代に作られた土器を弥生土器と呼ぶ、という定義に従うのである。古くは、逆に、弥生式土器という様式の土器を出す時代を弥生時代と呼ぶ習いであったが、弥生式土器という様式の定義が、そもそも確定し難いという難点があった）。

「この課題（土器編年の地域的ズレの調整という課題）では特に畿内・瀬戸内系土器と、九州系土器の分布の接触地域にあたる、周防地方から西瀬戸内沿岸の研究者が集まって実物に則した研究会議を重ね、その結果を畿内と東瀬戸内や四国の土器研究者の研究会議に資料として持ち寄って討議し畿内と北部九州の弥生土器編年のズレの調整に努めた。この成果を全弥生文化圏的視野から文章化するため、小田富士雄・佐原真の両氏が検討を加え、文化小期毎の時点の空間を描き出すのに必要な土器の編年表にまとめた」（前掲『高地性集落論』一三六頁）。

こうして、昭和五十四年、小野博士編集による『高地性集落跡の研究　資料篇』（以下、『資料篇』）が學生社から刊行された。この中に、右文中に述べられている小田富士雄・佐原真の両氏によって作定された弥生土器編年の調整表がある。これを、次の表⑱に掲げた（この表の時間軸は、上から下へ向かって流れている）。

表 ⑱

文化小期	畿内編年		九州編年		筑前	豊前	長門	周防	安芸	北四国	南四国	山陰
Ⅰ	前期	第Ⅰ様式	前期	Ⅰ	遠賀川式 板付Ⅰ 板付ⅡA 板付ⅡB （諸岡）	長井 下伊田 原　28号 台ノ原　B35号 （高槻・長井）	（中ノ浜） 綾羅木Ⅰ 綾羅木Ⅱ 綾羅木Ⅲ	（＋） 宮ノ原 （下東）	中山ⅠA 中山ⅠB 中山Ⅱ	室本 三井 阿方	入田Ⅰ 西見当Ⅰ 西見当Ⅱ 大篠	タテチョウ （原山） 鰐石 （＋）
Ⅱ	中期	第Ⅱ	中期	Ⅱ	城ノ越	馬場山33号	綾羅木Ⅳ （伊倉15号土壙）	吉田	中山Ⅲ	五条Ⅲ	田村	亀嵩
Ⅲ		第Ⅲ様式		Ⅲ	須玖Ⅰ 須玖Ⅱ	馬場山　Ⅶ溝 馬場山　51号	土井ケ浜　Ⅱ・Ⅲ 北迫貝塚	岡山B （宮ケ久保）	中山Ⅳ （＋）	北谷 （土井窪Ⅲ） 紫雲出Ⅱ	城 北カリヤ	（＋） 天神 （大道原）
Ⅳ		第Ⅳ	後期	Ⅳ	原ノ辻　上層 （高三潴・伊佐座）	（＋）	（鎧）	（大円寺の一部）	塩町	紫雲出Ⅲ	バーガ森　北	知井宮 （青木Ⅰ）
従来Ⅴ　新Ⅴ	後期	第Ⅴ様式		Ⅴ	下大隅	（別府）	（＋）	天王C	樋渡 （神谷川）	八堂山Ⅱ	神西	波来浜
従来Ⅴ　Ⅵ					西新 《庄内式に並行》	高島 （別府）	土井ケ浜　Ⅳ	吹越A4号	西山　最上層 （金平A地点）	原	ヒビノキⅠ ヒビノキⅡ	九重

この表の左端のローマ数字ⅠからⅤは、畿内土器編年に因んだ文化小期である。すなわち、畿内第Ⅰ様式の時期を第Ⅰ期、続く畿内第Ⅱ様式の時期を第Ⅱ期……というように呼んで、弥生時代を第Ⅰ期から第Ⅴ期に分ける。

第Ⅴ期の次に続く土師器は、古墳時代の土器であるが、第Ⅴ期末には既に、従来のⅤ期の土器と併存する形で、弥生時代から古墳時代への移行期の土器としての早期土師器が含まれる。そこで、今日では、従来第Ⅴ期とされていたものの後半を第Ⅵ期として、弥生時代から古墳時代への移行期の文化小期と見なすことが一般的である。すなわち、第Ⅵ期とは、従来の第Ⅴ期後半を指し、早期の土師器の時代を含む文化小期である。早期土師器とは、今日のいわゆる庄内式土器と、これと重なる早期布留式土器のことである。従来の第Ⅴ期前半は、今まで通り第Ⅴ期と呼ぶが、実質は、狭まったⅤ期＝新第Ⅴ期である。

そこで、混乱を避けるため、従来の第Ⅴ期を、仮に従来Ⅴ期と呼ぶこととする。従来Ⅴ期は、新第Ⅴ期と第Ⅵ期を併せた文化小期のことである。『資料篇』から前掲『高地性集落論』に至る小野博士の著作に言う第Ⅴ期とは、従来Ⅴ期のことである。

その『資料篇』から引用すると、表⑱を解説して、次のように述べられている。例によって《 》内は筆者注である。

「北九州地方・畿内地方の弥生土器を、各様式ごとに比較すると、畿内第Ⅰ様式は、北九州第Ⅰ様式よりおくれて始まっている。しかしその後の各様式は、相互にほぼ同時期のものとみることができる」。

「弥生時代を第Ⅰ～Ⅴ期《＝従来Ⅴ期》によびわける場合、これを前期・中期・後期の3時期区分と対応させると北九州・畿内両地方間に喰い違いを生じてしまう。すなわち、北九州地方では第Ⅱ、第Ⅲ期を中期、第Ⅳ、第Ⅴ期を後期とあつかうのに対して、畿内地方では第Ⅱ～Ⅳ期を中期、第Ⅴ期を後期としている」。

「第Ⅳ期を北九州地方で後期、畿内地方で中期にあつかうという差異を生じるにいたったのは、……両地方の研究の現状からしても、それぞれ最も妥当であって、北九州地方においては、第Ⅲ期と第Ⅳ期の間に大きな差違をみいだすことが出来る。こうして両地方の研究者はそれぞれの『中期』、『後期』をもちいるため、両地方にわたる弥生時代に関する記述は混乱せざるを得ず、研究上の大きな障害となっている」。

「いま、その混乱をさける一つの試みとして、ここでは上にかかげた第Ⅰ～Ⅴ期の5期区分を採用して、北九州地方と畿内地方に共通する時代区分とし、この時代区分を中・四国地方、および東日本各地方にもあてはめることにする」。

「なお、従来の前・中・後期の記述を第Ⅰ～Ⅴ期の区分に書き改めるにあたっては、畿内、中・四国の研究者が『中期』としてきたものを『Ⅱ・Ⅲ・Ⅳ』期、『後期』を『Ⅴ』期、また九州の研究者が『中期』としてきたものを『Ⅱ・Ⅲ』期、『後期』としてきたものを『Ⅳ・Ⅴ』期とすればよい」（小田富士雄・佐原真）。

さらに、当『資料篇』の性格として、小野博士の次のようなコメントは重要である。

「この資料篇は読むだけのものではなく、今後調査の進展によって明らかにされる新知見を記載し、読者の資料集として充実していただくことを意図している。すなわち、本書の遺跡台帳には未発掘遺跡が多いので、今後の発掘によって新事実が提供された場合、所載の記事を補正し、空欄を補填して活用されることを期待している」。

「高地性集落跡は発掘調査が行われているものが極めて少なく、現状では集落機能を明らかにすることができなかったり、傍証的条件からしか推測することができない遺跡がほとんどなので、この資料篇では調査者の判断を尊重し、報告されたままを掲載することにした」。

小野博士自身は、昭和五十八年に広島大学を退官されたのち、画家に転身され、この第二の道においても国際的評価を確立された。併せて氏は、自身の被爆体験をバックグラウンドとして、病身を押しつつ、画業とともに平和活動に邁進され、二〇一九年、九十九歳で大往生された。

高地性集落論については、今日、小野博士の進めまとめられたほどのスケールを以て、その後これを発展させた仕事を、筆者は寡聞にして知らない。かようなわけで、考古学の門外漢としては、今も小野博士が書き残された論文に主として依存するほかすべがない（但し、小野博士との文通によって得られた新知見があり、必要に応じて付記したい。節末の補論7に、晩年の小野博士と筆者との間で交わした通信の一部を掲載した）。

西日本一帯を巻き込んだ大きな戦乱を示唆する狭義高地性集落遺跡は、およそ三つの時期、第Ⅲ期、第Ⅳ期、そして第Ⅴ期（＝従来Ⅴ期）の各文化小期ごとに、いずれもごく短期間のみ出現している。その分布図として現在手に入るものは、前掲『高地性集落論』に収められている。『資料篇』において描かれた分布図を基図として作図された分布図である。第Ⅱ期のものを含めてそのコピーを掲げると、それぞれの期の分布図は、次の図⑲の1から4までのごとくである。ただし、このうち、第Ⅴ期（＝従来Ⅴ期）のものは、実はさら

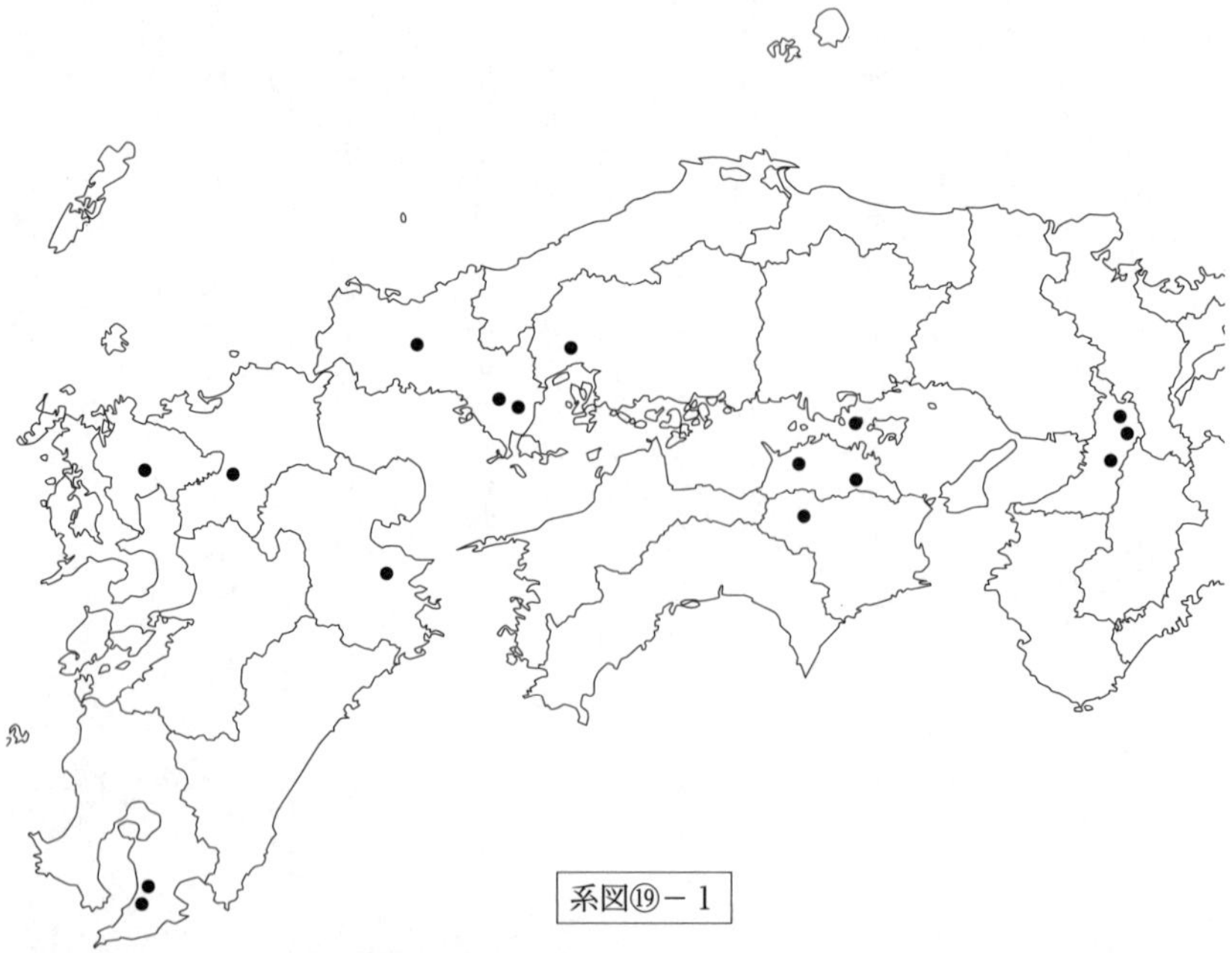

系図⑲－1

防衛的高地性集落遺跡・文化小期別分布図―第Ⅱ期―

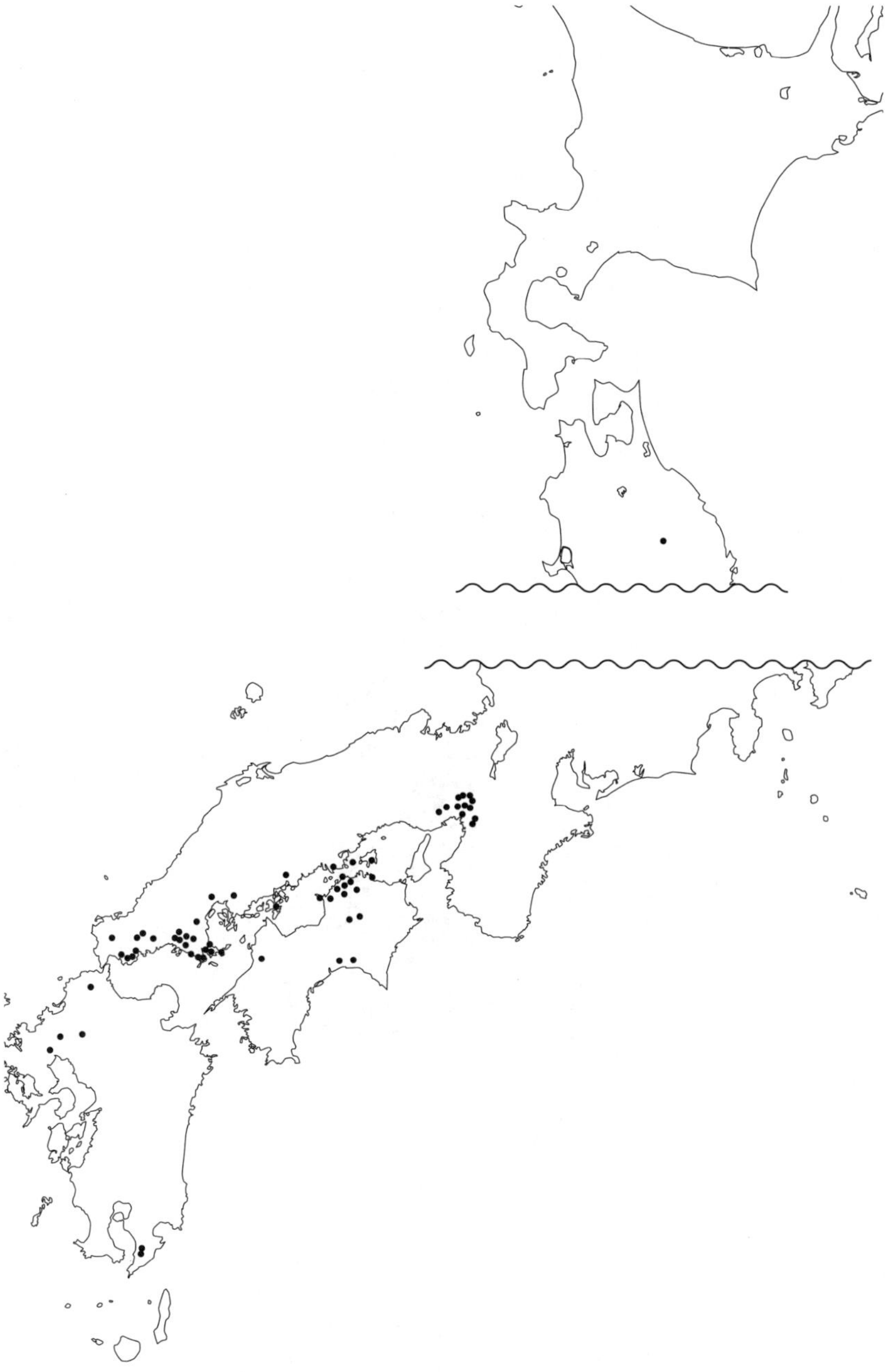

系図⑲－2

防衛的高地性集落遺跡・文化小期別分布図―第Ⅲ期―

系図⑲－3

防衛的高地性集落遺跡・文化小期別分布図―第Ⅳ期―

系図⑲－4

防衛的高地性集落遺跡・文化小期別分布図―第Ｖ期―

に、前期V1と後期V2の二時期に分かれることが小野博士によって指摘されている（森浩一編『三世紀の考古学　中巻――倭人伝の実像をさぐる』〔學生社〕五八頁。前掲『高地性集落論』に再録。二一四頁。また、同著一八八頁に表がある）。小野博士からの平成二十二年十一月の私信によればV1は新第V期に属し、V2は第Ⅵ期に属する。

まばらにしか分布しない第Ⅱ期のものを除くと、各期の分布状態は、次の通りである。

【狭義高地性集落の出現期とその分布】

1．第Ⅲ期のものは、九州、山陽、四国、畿内にかけて出現し、特に瀬戸内に密度が高い。

2．第Ⅳ期のものは、主に中部・東部瀬戸内、四国、畿内、紀伊水道の東岸にわたる、畿内系土器の分布圏に分布。

3．第V期＝従来V期のもののうち、第V1期のものは、中部瀬戸内から畿内にかけての地域と紀伊水道の東岸に分布。第Ⅳ期のものに類似。

第V2期のものは、第Ⅲ期に似た分布を示す。すなわち、九州、山陽、四国、近畿、中部、関東、東北地方にかけて出現している。

これを、上で述べた【倭地全土を巻き込む戦乱史】の一．～三．と突き合わせてみよう。最後の方から順に対応させてゆくと、先ず、三．の後半の「天皇祖族を中心とした邪馬臺国連合に対する大侵略戦争」は、当然、最後の第V2期（第Ⅵ期に属す）の狭義高地性集落に対応する。従って、その前の三．の前半、「邪馬臺国と狗奴国との戦乱および、これと一連のものと思われる卑弥呼死後の男王継承をめぐる内乱を主とする短期間の戦乱」が、第V1期（新第V期に含まれる）の狭義高地性集落に対応する。その前の二．「倭国大乱」は、すると第Ⅳ期の狭義高地性集落に対応し、最初の一．「帥升王統が成立するまでの戦乱」は、第Ⅲ期の狭義高地性集落に対応する、ということになる。

以上、半ば機械的に決まってしまった対応関係をまとめてみれば、次のような次第である。

1．第Ⅲ期の狭義高地性集落は、一．の、帥升王統が成立するまでの戦乱に応じて出現した高地性集落であろうと思われ、その絶対年代は、一世紀の後半からその末葉にかかる時代（西暦五七年から一〇七年までに含まれる）となる。

2. 第Ⅳ期の狭義高地性集落は、二．の、帥升王統を邪馬臺国連合が退ける戦乱に応じて出現した高地性集落であろうと思われる。その絶対年代は、二世紀の後半からその末葉にかかる時代である（一八二年前後がピークであろう）。

3. 第Ⅴ期＝従来Ⅴ期の狭義高地性集落は、三．の、邪馬臺国連合を、狗奴国・天皇祖族連合が滅ぼす戦乱に応じて出現した高地性集落であろうと思われる。絶対年代は、ほぼ三世紀の後半である。ただし、これは、前後の二時期に分かれている。

　前期、第V_1期の狭義高地性集落は、「魏志倭人伝」に言うところの、邪馬臺国と狗奴国との戦乱を主とする短期間の内乱および、これと一連のものと思われる卑弥呼死後の男王継承をめぐる内乱を主とする短期間の戦乱に応じて出現した高地性集落であろうと思われ、絶対年代は、二四七年前後である。

　後期、第V_2期の狭義高地性集落は、天皇祖族を中心とした邪馬臺国連合に対する大侵略戦争が本格化した時期に応じて出現した狭義高地性集落であろうと思われる。三世紀後半から四世紀初頭にかかる時期である（二六六年頃から三〇〇年頃までを含む）。

　このように見れば、第Ⅲ期の狭義高地性集落の分布（図⑲の2）と、従来Ⅴ期のうちの後期、第V_2期の狭義高地性集落の分布（ほぼ図⑲の4である）がよく似ている事情にも、自然な解釈が可能となる。いずれも、土着系部族社会に対する、大陸系父系父権王権による侵略戦争であったがためである。それも、第Ⅲ期のものは、帥升王統祖族による侵略戦争であり、第V_2期のものは、その帥升王裔と結託した天皇祖族による侵略戦争であったのであるから、似るのは更に当然であったといえよう。しかし、第Ⅲ期と第V_2期とには違いもある。たとえば、第V_2期の分布域に、第Ⅲ期にはない南九州の日向地方や紀伊地方などが含まれている点である。天皇祖族の最初期の拠点が日向地方にあったことや紀伊地方も激戦地であったことの傍証となろう。

なお、図⑲の4では、吉備地方のうちの岡山県の高地性集落が空白であるが、プロットが落ちているのである。『資料篇』によれば、岡山県には従来V期の高地性集落として玉野市に石槌山北遺跡（迫間町大字田和）・同南遺跡（暮石）・正蔵院裏山遺跡（三滝）・日の田山上遺跡（和田町日の田）・瓶割池東山頂遺跡・瓶割池西遺跡・矢出山遺跡・王子が岳遺跡・相引池北山遺跡（以上、渋川）などが密集しており、これらと「高嶋宮」跡地を間に挟んだ地域である赤磐郡山陽町大字河本には、用木山遺跡・愛宕山遺跡・さくら山遺跡などがあって、いずれも当時の激戦地であったと思われる。

（三）弥生時代の文化小期Ⅲ～Ⅴ期の実年代比定と各期の特徴

ともあれ、以上をもってみれば、弥生時代の第Ⅲ期は、一世紀の後半からその末葉にかかる時代を含むことになり、第Ⅳ期は、二世紀の後半からその末葉にかかる時代を含むことになり、従来Ⅴ期は、三世紀後半から四世紀初頭にかかる時代を含むことになる（更に細かく言えば、新第Ⅴ期は三世紀の半ば頃を含み、第Ⅵ期はほぼ三世紀後葉から四世紀初頭にかかる時代を含むことになる）。いいかえればすなわち、弥生時代の第Ⅲ期の始まりは一世紀の後半を下らず、その終わりは、一世紀の末葉を遡らない、第Ⅳ期の始まりは二世紀の後半を下らず、その終わりは、二世紀の末葉を遡らない、従来Ⅴ期の始まりは、三世紀の半ば前後を下らず、その終わりは、四世紀初頭を遡らない、ということになる。

弥生時代の第Ⅱ期、およびその先の第Ⅰ期の絶対年代の比定については、これまでの議論からは特定できないが、第Ⅱ期のはじまりについては、当節末の補論4において若干の推論を付した。また近年、第Ⅰ期の始まりが、紀元前八〇〇～九〇〇年頃に遡るのではないかという結果が、加速器質量分析法を用いた高精度炭素14年代測定法により、国立歴史民俗博物館から提出されている。ただしこの方法は、炭素14年代の補正をどのように行うかでも、かなりの誤差が出るなどのため、なお議論が多いようである（弥生時代の始まりとは、倭地への水稲耕作技術の伝来のみならず、倭人・倭文化の起源・由来にも関わる事柄であるので、決してなおざりにできない問題なのであるが、拙稿の範疇を超える）。

以上の議論によって第Ⅲ期から従来Ⅴ期に関する絶対年代を表にしてみれば、およそ次の表⑳のように表せる。ただし、既述の通り、表中の年代で、一八二年は出雲国主オミヅヌの即位年として概算された年代であり（第五節）、二四七年は、卑弥呼が狗奴国と相攻撃する状を帯方郡に告げたと「魏志倭人伝」が記す年代であり（第五節）、三〇〇年は、崇神天皇の即位年

表⑳

第Ⅲ期	西暦五七年、倭の奴国、後漢へ奉献朝賀。 帥升王権の成立。西暦一〇七年、倭国王、帥升、後漢へ請見を願う。
第Ⅳ期	男王時代（帥升王統の覇権時代） 二世紀後半ないし末葉、倭国大乱。卑弥呼の共立。帥升王裔はオミヅヌの頃、出雲国などへ退く（一八二年前後）。
従来Ⅴ期	邪馬臺国連合時代。
V_1期	三世紀半ば、邪馬臺国と狗奴国（帥升王裔の国、出雲国）との内乱（二四七年前後）。
V_2期	三世紀後半から四世紀初頭。天皇祖族による邪馬臺国連合への侵略の本格化（二六六年以後、吉備平定）を経て、大和朝廷の成立（三〇〇年前後）の頃まで。

として概算された年代である（第六・七節）。

念のため、この絶対年代比定を参考年代として、これに基づいた弥生文化小期と狭義高地性集落の分布域との対照表を、前掲『高地性集落論』の表11（同著一八八頁）に倣い、これに若干の改変を加えつつ示してみれば、次頁の表⑳のようになる。

なお、この表は、小野博士と平成二十二年に交わした私信から得た知見を併せつつ作成したものである。

さて、小野博士著『日本考古地理学』（ニュー・サイエンス社）は、「考古地理学」という新たな分野の創立を告げる博士の記念碑的な書籍であるが、その第3章「原史時代の考古地理」（ここで原史時代とは弥生時代と古墳時代を併せた時代）において、北部九州に渡来した稲作農耕が、東方へ波及していった時期とその原因に関して、次のような記述がある。例によって《　》内は筆者注。

「渡来した稲作社会の集団は、第Ⅰ期の前半を経過するうちに充実し、その後半から幾つかの期を画して間欠的に波及した。そのうちでも顕著な時期は、第Ⅰ期後半、第Ⅲ期後半、第Ⅳ期の3回で《これに更に従来Ⅴ期を加えるべきである》、第Ⅳ期ごろから第Ⅴ期《＝従来Ⅴ期》になると、畿内や東瀬戸内の土器文化が、逆に九州やさらに東方の関東へ波及しており、文化の中心が北部九州の地から畿内に移動して文化の波動の方向が大きく変わったことを物語っている」（九五頁）。

この指摘のうち、特に、後半の指摘、すなわち、第Ⅳ期ごろから第Ⅴ期（＝従来Ⅴ期）になると、文化の中心が北部九州の地から畿内に移動して文化の波動の方向が大きく変わったという指摘は重要である。表⑳によってみれば、第Ⅳ期は、帥升王統による倭国の統一時代であり、第Ⅴ期（＝従来Ⅴ期）は邪馬臺国連合による統一時代であり、Ⅳ期から従来Ⅴ期にかけて、その中心が畿内に移っていたことを物語るのである。

同著には、更に次のような指摘がある。

「北部九州を中心とする第1次の波動《第Ⅰ期後半》は、遠賀川式土器《第Ⅰ期の土器様式の総称。福岡県遠賀郡水巻町立屋敷の遠賀川河床で発見された土器を

表⑳'　弥生系狭義高地性集落の出現期とその分布地域

参考年代	弥生の九州編年	弥生の畿内編年	文化小期			狭義高地性集落分布地域
			縄文晩期			北西部九州に高原性集落のみ。
B.C.100	前期	前期	弥生文化	第Ⅰ期		瀬戸内北岸。
	中期	中期		第Ⅱ期		北部九州から瀬戸内。
A.D.57				第Ⅲ期		九州、山陽、四国、畿内。特に瀬戸内に密度が高い。
107 182	後期			第Ⅳ期		中部・東部瀬戸内、四国、畿内、紀伊水道東岸にわたる畿内系土器の分布圏に分布。
247		後期		従来Ⅴ期	新第Ⅴ期	中部瀬戸内から畿内にかけての地域と紀伊水道の東岸に分布（V_1）。
266 300	過渡期（庄内式期）				第Ⅵ期	九州、山陽、四国、近畿、中部、関東、東北地方。第Ⅲ期に似た分布を示す（V_2）。
	古墳時代		古墳前期			西日本にまばらに分布。中部、関東地方にも分布がある。
			古墳中期			南部九州に出現するが、狭義高地性集落は積極的には指摘できない。
			古墳後期			

AD57年：倭の奴国、後漢へ奉貢朝賀。
107年：倭国王帥升等、請見を願う。帥升王権成立。以後、男王の時代。
182年：帥升の４世孫、オミヅヌの推定即位年。倭国大乱によって出雲などに退く。以後、邪馬臺国連合の時代
247年：女王国と狗奴国の戦乱。
266年：女王国から中国（晋）への遣使の最後。なお、孝元天皇の推定即位年は262年であり、この時代に、天皇祖族・帥升王統連合によって吉備国が平定された。
300年：崇神天皇の推定即位年。大和朝廷成立。古墳時代の始り。

代表とする。西日本各地のみならず、東海地方から天竜川水系を遡り中部高地にまで分布している》で標識される装飾文の多い土器が使われた時期で、東は渥美湾岸にまで達した。この期は稲作農民の移住による新村の成立期であり、生産様式が異なることから在地の先住民の抵抗をうけなかったようである」(九六頁)。

要するに倭地における稲作文化の波及は、初期には、ほとんど平和裡に進行したのである。前掲『三世紀の考古学』では、第Ⅱ期の高地性集落は、長門・安芸・備後・摂津にかけて、ごく疎らに点在しているにすぎないことが言及されており(その後、やや拡大した分布図が図⑲の1)、当時の稲作文化の波及が、ほとんど土着民の抵抗に遭うことなく、平和裡に進行したことが、この点からも知られるのである。当時の高地性集落は、立地のあり方から、その多くが焼畑耕作民の小村落であったであろうと想定されるが、しかしまた、当時のフロンティアにおける防衛機能をもった開拓村とみる仮説も有り得るとされている。争いは、仮にあったとしても局地的なものであった。

「第2次の波及期《第Ⅲ期後半》は、北部九州を中心に大型の甕棺葬が盛行していた時期で、須玖Ⅱ式土器をもつ農耕文化が波及した一方、畿内では櫛目文土器文化を四隣に伝播して東は関東地方まで及ぶなど、北部九州と畿内との二大文化中心が併存していた時期である。中細形銅剣と銅戈やガラス製勾玉などの玉類が、北部九州から東瀬戸内以東の大阪湾岸に持ち込まれたのもこの時期で、軍事上の防衛機能をもつ高地性集落の出現とその分布域が、九州勢力が東方へ進出したことを示唆している」(九六〜九七頁)。

ここでは、狭義高地性集落が、第Ⅲ期後半に始まると読めるが、前掲『三世紀の考古学』では、この期の高地性集落は第Ⅲ期後半にピークをもって、その後放棄されたと述べられている。いずれにせよ、第Ⅲ期後半こそ、とりもなおさず、帥升王権成立に至る父系父権王統による、倭地侵略戦争のピークの時代であったと考えられる。中細形銅剣と銅戈やガラス製勾玉などの玉類が、北部九州から東瀬戸内以東の大阪湾岸に持ち込まれたというのも、帥升王権の支配下で生じた事態であろう。

ここで注意するべきは、第Ⅲ期の前半と後半とでは文化的諸相において、相当の変化があった点である。基本的な土器様式についてみると、第Ⅲ期の前半は、第Ⅱ期に出現した櫛描紋（先端が三つ以上に分岐した櫛状の施紋具により引っ掻いて描かれる文様で、櫛目式文様ともいう）の最盛期であるが、第Ⅲ期の後半には、回転台を比較的高速で回すことによって描かれる凹線紋が出現し、第Ⅳ期という凹線紋の主流期へと続く。つまり、櫛描紋という、比較的低速で引っ掻きながら描く文様に対して、凹線紋という、比較的高速に回転する回転台の使用によって撫でるように描かれる文様という対立図式からいえば、畿内学派が弥生時代の中期と目すところの、第Ⅱ・Ⅲ・Ⅳ期は、第Ⅲ期の前半と後半との境のあたりで一線を画しており、第Ⅲ期後半は、櫛描紋全盛期の第Ⅲ期前半から、その櫛描紋が主流の座を凹線紋に明け渡す第Ⅳ期へと時代転換する、その過渡期として位置付けられることになる。この過渡期がまさに、帥升王権による倭国侵略戦争の時代に重なると考えられるのである。

なお、考古学で回転台という言葉は、轆轤（ロクロ）とは区別して用いられている。ロクロとは、その上に粘土塊を載せて高速で回転し、その遠心力を用いて粘土塊から器の形を挽き出す装置であり、大きな回転力を得るために重く、これを回し続けるには、相応の力が必要である。そのため、世界の民族例を見る限り、ろくろを使わない土器作りは、女が分担し、ロクロを用いる土器作りは、男が分担する場合が多い（金関恕・佐原真編『弥生文化の研究３』〔雄山閣出版〕八頁）。

これに対して回転台とは、ロクロと異なり、台上で粘土ひもを積み上げてあらかたの器の形を成形したのちに回転させ、遠心力を利用して細部を仕上げるためのものである。つまり、ロクロと回転台の違いとは、粘土塊の段階から回転させて形を作り出すか、粘土ひもを積み上げておおよその形を作ったのちに回転させるかの違いである。弥生時代の土器は、すべて粘土ひもを積み上げて成形されており、この意味で、弥生時代全期を通じてロクロの使用はなかったと考えられている。

ではそのロクロとは見なされない弥生時代の回転台は、女と男の、どちらが専ら用いたのであろう。凹線紋が土器を比較的高速で回転させて形成する紋様であるところから、高速回転型の回転台は、これもやはりロクロ同様、専ら男が用いたのではないかと推測される。そうして又、男王時代たる帥升王権成立に伴って、高速回転型の回転台が普及進展したものと推測される。この時代に、男性からなる、土器製作の専門職能集団が形成された可能性が高い。高速回転台が一旦用いられれば、櫛描紋も同じ回転台の上で描かれたであろうけれど、櫛描紋の分布は、回転台の使用とは無関係に広がっており、回転台の存在を本質的に必要とした凹線紋と、回転台の存在とは本来無関係であった櫛描紋とは、基本的に異なる系譜に属すると考えられる。

佐原真博士が、土器の紋様の変遷に注意しつつ、弥生土器編年表をまとめておられる（佐原真著『銅鐸の考古学』〔東京大学出版会〕一五四～一五五頁）。次の見開きページに、表㉑としてそのコピーを示した。この表によっても、第Ⅲ期後半が、その前後の時代転換の過渡期であり、第Ⅲ期の前期と後期との境に、凹線紋の出現という一つの画期のあったことが見て取れよう。第Ⅲ期後半と第Ⅳ期の間にも凸帯紋の消滅という画期が見て取れるが、畿内では第Ⅲ期後半から第Ⅳ期への変化は、漸進的とされる（和島誠一編『日本の考古学Ⅲ――弥生時代』〔河出書房新社〕一一二頁）。

『日本考古地理学』の引用をさらに続けよう。

「第3次の波及期《第Ⅳ期》は、北部九州で原の辻上層式、畿内では畿内第Ⅳ様式の土器が使われていた時期である。北部九州では鉄器が石器と交替し、武器が鉄製品にかわって戦闘力を増強していたのに対し、東瀬戸内から畿内にかけてはまだ石製武器が主力戦闘器として使われ、大型の打製石鏃が量産され、石槍も使われた。

この期には、防衛機能をもつ高地性集落の出現地域が畿内第Ⅳ様式の土器の分布地域に限られる傾向が強いことから、次の二つの仮説が生まれる。その一つは、九州勢力の最後の東方移動、つまり九州政権の東遷とみる見解であり、他の一つは、畿内の勢力圏の内部における統一戦とみる見方である。この期を転期に、北部九州の後期の中ごろ《つまり、第Ⅳ期終末ないし従来Ⅴ期初めの頃》から大型甕棺葬が激減し、土壙墓や箱式石棺墓へと交替するという先祖帰り的現象が生じ、副葬品も質量ともに貧弱化して、鏡も小形仿製鏡に変わるなど、文化の内容が極度の衰退を示す一方、畿内の土器文化が逆に九州へ波及し、文化の中心の移動にともなう文化波動の流れが大きく変わったことを示していて、九州政権の東遷を示唆する前者の仮説に真実が含まれている公算が多いように思われる」（九七頁）。

第Ⅳ期の狭義高地性集落は、表⑳で見たごとく、二世紀後半ないし末葉の倭国大乱における戦乱に対応した考古学的物証であり、このいわゆる倭国大乱とは、それまで七、八十年続いてきた男王の時代、すなわち、帥升王統の覇権時代を、土着の母系母権部族系の勢力が退けて、女王卑弥呼を共立し、邪馬臺国連合が成立するに至る戦乱である。戦乱の結果、帥升王裔は出雲国などへ退き、古い土着系の部族連合が復活する。

第Ⅳ期そのものは従って帥升王統が倭国王として倭国を統一していた時代であった。このことは、土器様式の変遷の仕方にも如実に現れており、土器様式は、上で触れた如く、少なくとも畿内では第Ⅲ期後半から第Ⅳ期にかけて、なだらかに漸進的に変化して、第Ⅳ期には、「第Ⅲ様式（古）の段階《つまり第Ⅲ期前半》で認められた畿内における小地域《毎の個性》は解消して、中部瀬戸内までふくめた土器の斉一化がみとめられる」（前掲『日本の考古学Ⅲ　弥生時代』一一二頁）ということになるわけである。帥升王統による統一という史実と、このような土器の斉一化という考古学的事象がよく照応している。

この第Ⅳ期では、土器製作にあたって回転台が盛んに用いられた。しかし、邪馬臺国連合時代、すなわち第Ⅴ期に入ると、回転台は凹線紋ともども、速やかに消滅する。このいかにも時代の逆行のように見える現象も、土器製作が再び女性の手に戻った証と考えられる。

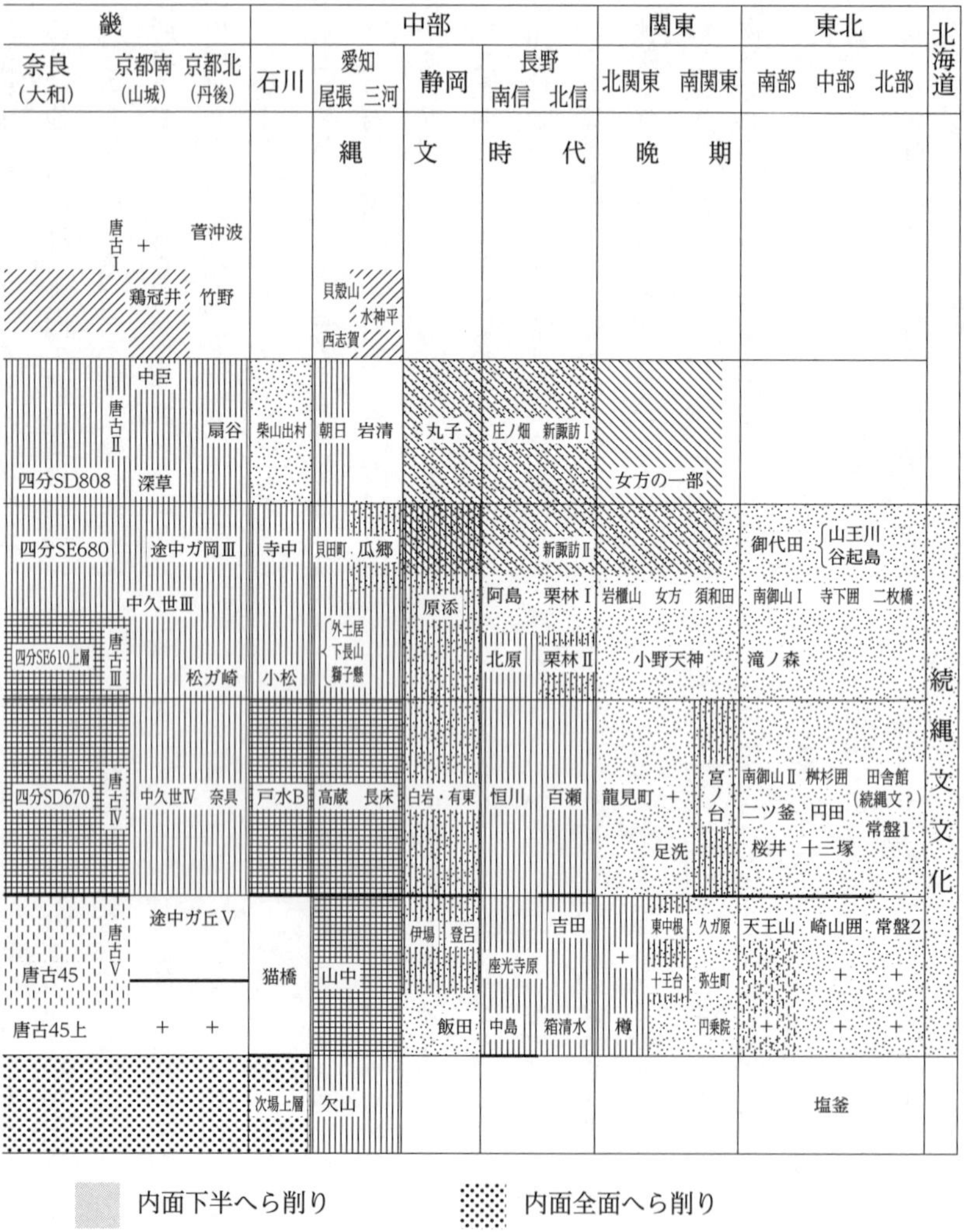
畿
中部
関東
東北
北海道
奈良（大和）
京都南（山城）
京都北（丹後）
石川
愛知 尾張 三河
静岡
長野 南信 北信
北関東 南関東
南部 中部 北部
縄文時代晩期
唐古Ⅰ
＋
菅沖波
鶏冠井
竹野
貝殻山
水神平
西志賀
中臣
唐古Ⅱ
扇谷
柴山出村
朝日 岩清
丸子
庄ノ畑 新諏訪Ⅰ
四分SD808
深草
女方の一部
四分SE680
途中ガ岡Ⅲ
寺中
貝田町 瓜郷
新諏訪Ⅱ
御代田
山王川
谷起島
中久世Ⅲ
原添
阿島 栗林Ⅰ
岩櫃山 女方 須和田
南御山Ⅰ 寺下囲 二枚橋
四分SE610上層
唐古Ⅲ
松ガ崎
小松
外土居
下長山
獅子懸
北原
栗林Ⅱ
小野天神
滝ノ森
続縄文文化
四分SD670
唐古Ⅳ
中久世Ⅳ 奈具
戸水B
高蔵 長床
白岩・有東
恒川
百瀬
龍見町 ＋
足洗
宮ノ台
南御山Ⅱ 桝形囲 田舎館
(続縄文？)
二ツ釜 円田
常盤1
桜井 十三塚
途中ガ丘Ⅴ
唐古Ⅴ
唐古45
唐古45上
猫橋
山中
伊場 登呂
飯田
吉田
座光寺原
中島 箱清水
樽
東中根
十王台
久ガ原
弥生町
円乗院
天王山 崎山囲 常盤2
次場上層
欠山
塩釜
内面下半へら削り
内面全面へら削り

表㉑

	九州	中国	四国	近
	鹿児島　熊本　福岡	山口・響灘　広島　岡山　島根 鳥取	愛媛　香川　高知	兵庫西（播磨）　和歌山（紀伊）　兵庫東大阪（摂津）　大阪南（和泉）　大阪東（中南河内）
Ⅰ期	板付Ⅰ 板付Ⅱ 板付Ⅲ	中ノ浜 綾羅木Ⅱ　中山Ⅰ　{高尾　上野1 門田下層 綾羅木Ⅲ　中山Ⅱ　門田　上野2	持田　室本　入田Ⅰ ＋　三井　西見当 阿方　五条Ⅱ　入田Ⅱ	最内第Ⅰ様式　吉田　＋　安満　池浦　鬼塚 小山Ⅷ　池上G溝　中垣内 ＋　池上L下層
Ⅱ期	入来　城ノ越	土井が浜Ⅰ　中山Ⅲ　高田　南方2　上野3	土居窪Ⅱ　五条Ⅲ　田村	第Ⅱ様式　小山Ⅶ　＋　目垣　池上B溝下層　鴻ノ池　壷井　池上B溝上層
Ⅲ期	山ノ口　黒髪Ⅰ　須玖 大隅式	土井が浜Ⅱ・Ⅲ　南方3 菰池	土居窪Ⅲ　北谷　城 稗佐古　紫雲出Ⅱ　北カリヤ	第Ⅲ様式　市ノ郷3　太田黒田　＋　池上B小溝　山畑A ＋　＋　池上A溝　国府5379−SK3
Ⅳ期	一ノ宮　黒髪Ⅱ　原ノ辻上層	＋　前山2　塩町　＋　仁吾	檜端　紫雲出Ⅲ　神西　龍河洞	第Ⅳ様式　極田　宇田森　丸山　＋　西ノ辻N
Ⅴ期	免田　西新	＋　＋　上東　波来浜　九重	大空 ＋　芳奈・住吉 原	第Ⅴ様式　大中　＋　芝谷　＋　＋　西ノ辻1　西ノ辻E・D
土師器	成川（薩摩式）　安国寺	土井ガ浜上層　酒津　鍵尾		橋詰　庄内　上田町

条痕紋　櫛描紋　縄文　凸帯紋　凹線紋

1．＋で示したのは、該当する土器の存在はあるが、適当な様式名がついていないものである。
2．{でくくった様式名は同時共存を示す。
3．弥生前期・中期・後期という言葉について、Ⅱ～Ⅳ期を中期とする論者、Ⅱ期のみを中期とする論者、Ⅱ・Ⅲ期を中期とする論者があり、時期によって変化している論者もいるため、前期・中期・後期という言葉は避ける。

この第Ⅳ期から従来Ⅴ期への転換期に北部九州で「大型甕棺葬が激減し、土壙墓や箱式石棺墓へと交替するという先祖帰り的現象が生じ、副葬品も質量ともに貧弱化」したと小野博士が述べられるのも、父系父権王権時代という、大陸流の「先進」文化時代から、土着母系母権時代という、土着流「後進」文化への「先祖返り的」な時代転換の考古学的側面を言い当てておられるのである。男王の時代＝帥升王統時代から女王の時代＝邪馬臺国連合時代へ、文化は「先祖返り」したのである。

副葬品の「貧弱化」とは、寡占権力の衰退、格差社会の解消を物語るのであって、邪馬臺国連合時代に、民衆生活は、却って幸多き世へと復古したに違いない。「鏡も小形仿製鏡に変わるなど、文化の内容が極度の衰退を示す」とあるのは、幸多き復古の一側面とみるべきであり、物の貧困、必ずしも精神の貧困を意味するのではない。「先進」文化必ずしも民衆に幸福を与えず、「後進」文化必ずしも貧しからざることは、昔も今も、そう変わりはない。「後進」文化が「先進」文化より却って心豊かな側面をもつことがあり、まさにそれ故にこそ、帥升王統たる男王の時代を退けて、女王国・邪馬臺国連合も実現したのに違いない。

「（北部九州で）文化の内容が極度の衰退を示す一方、畿内の土器文化が逆に九州へ波及し、文化の中心の移動にともなう文化波動の流れが大きく変わった」と小野博士がいうのも、倭国大乱後、大和を中心とした邪馬臺国連合という土着系部族連合が成立したという事実を単純に証するのである。博士は、このことによって「九州政権の東遷を示唆する前者の仮説に真実が含まれている公算が多いように思われる」と述べておられるが、しかしこうした「東遷」の有無は、単にこれだけの考古学的事実からは判定不能とされなければならない。「九州政権の東遷」があったか否かは、これだけの材料から推論することは無理である。小野博士はあるいはここで記紀の神武東遷説話を念頭に置いておられたのかも知れないが、神武東遷説話は、すでに前節までで見た如く三世紀後半の天皇祖族を中心とした父系部族による東征伝承を核とする説話である（博士は後に右の東遷説を撤回された）。

次が、『日本考古地理学』からの最後の引用である。「第４次の波動に対する抵抗現象《従来Ｖ期の狭義高地性集落の出現》は、弥生文化の末から古墳文化への過渡期のころにみうけられ、文化の流れは畿内や東瀬戸内を中心に西や東への方向をとり、文化と勢力の中心が北部九州の地を離れて東瀬戸内から畿内の間に移っており、北部九州の地は主導的核心文化が姿を消し受動的地域に変容している。

文化波動の抵抗現象の現れとみられる高地性集落も多く、その分布は第３次の波動期《第Ⅳ期》より広く、第２次《第Ⅲ期》とよく似た地域に出現し、この時期をもって広域にわたる防衛機能をもった高地性集落《つまり狭義高地性集落》が姿を消している」（九八頁）。

従来Ｖ期の狭義高地性集落は、邪馬臺国連合の滅亡と大和朝廷の成立をもたらす、三世紀後半の戦乱の考古学的物証である。いいかえれば、狗奴国と邪馬臺国との争いを経て、孝霊天皇から崇神天皇まで四代にわたる天皇祖族による邪馬臺国連合に対する一大侵略戦争までの争いの、物証である。大和朝廷の成立とは、考古学的には、巨大定型前方後円墳時代の開始である。従って当然のことながら、従来Ｖ期の狭義高地性集落の主たるものは、新第Ｖ期ではなく「弥生文化の末から古墳文化への過渡期のころ」つまり第Ⅵ期に出現のピークがある。

従来Ｖ期、特にその前半（新第Ｖ期）は、邪馬臺国連合の時代である。「文化の流れは畿内や東瀬戸内を中心に西や東への方向をとり、文化と勢力の中心が北部九州の地を離れて東瀬戸内から畿内の間に移っており、北部九州の地は主導的核心文化が姿を消し受動的地域に変容している」と小野博士が語られるのは、邪馬臺国連合の中心が、北九州ではなく、畿内にあったことの、考古学的証言となっている。

「この時期をもって広域にわたる防衛機能をもった高地性集落が姿を消している」というのも、大和朝廷成立後は、倭地全土を巻き込むような大きな戦乱が絶えたことを意味しており、これは、崇神朝以後の記紀の記述と合致している。

大和朝廷の時代すなわち巨大古墳・前方後円墳の時代とは、大きな戦乱がついに絶えた時代である。朝廷は、民衆の反乱へと向かう力を、巨大古墳の造営という事業へ向けて絞り上げ、反乱の芽を摘み取り続けた。邪馬臺国連合の民、すなわち我々の本来の祖先たちは、こうして天皇祖族たちを支配者として受け入れつつ、過酷な課役を負い、過酷な課役に耐えながら、子孫を後世につなぎ続けることとなる……。但し、不幸中の幸いともいうべきことは、四世紀から六世紀に至る古墳時代が、世界的にポスト・ローマン海進期とよばれる温暖な時期に当たっており、せめてもの天与の恵みが倭地をも包んで、我が祖先らの苦難の道を多少とも潤してくれたことであろうか。

以上、本論前節までの文献的考察から得られた史実によって弥生時代の第Ⅲ期から従来Ⅴ期（新第Ⅴ期＋第Ⅵ期）の絶対年代を推定した。もう一度まとめてみれば、まず、第Ⅲ期の前半は、倭の奴国が後漢に遣使した西暦五十七年を含む時代であり、第Ⅲ期の後半は、これ以後、帥升王権が、倭国を統一する（西暦一〇七年に近い頃）に至る戦乱の時代を含み、第Ⅳ期は、帥升王統の時代、つまり、倭国王、帥升以下、七、八十年続いたと「魏志倭人伝」の伝える男王の時代、すなわち、帥升＝スサノヲ（一〇七年頃）から始まって一八〇年代頃にオミヅヌ（スサノヲの四世孫）が出雲国に退去するまでの時代に、ほぼ重なり、続く従来Ⅴ期は、主として前半が邪馬臺国連合の時代であり、後半が主として過渡期（弥生時代から古墳時代への過渡期）に当たる。従って従来Ⅴ期は、二世紀の末葉頃から、三世紀の末頃までである。この従来Ⅴ期の半ば頃に、まず、狗奴国すなわち、スサノヲ六世孫たるオホクヌ（大国主）の国、つまり出雲国と、これと元より不和であった邪馬臺国との間の内乱および、これと一連のものと思われる卑弥呼死後の男王継承をめぐる内乱とが前哨戦としてあり、その後、長くはない間を置いて、天皇祖族を中心とした父系部族連合による邪馬臺国連合に対する一大侵略戦争が本格化する。そうして、三世紀末ないし四世紀初頭に邪馬臺国は滅び、崇神天皇が大和において即位、大和朝廷時代へと転換する。大和朝廷の成立すなわち古墳時代＝巨大定型前方後円墳時代の始まりである。

わが古系譜と中国史書とに専ら基づいた文献的考察による帰結と、小野博士等によって遂行された高地性集落跡の研究とを、相互に整合させようとすると、右のように考えるのが、もっとも妥当な整合方法と思われる。而して、このように整合させてみると、文献的考察によって得られ推定される文化史的経緯と考古学的事象とが、互いに補い合うようによく付合することも知られる。すなわち、第Ⅲ期前半の土器にはなお地方色が豊かであり、個性的であり、この頃までの櫛描紋には遊び心が満ちあふれている。第Ⅲ期前半はまだ「分かれて百余国」（漢書地理志）あった部族社会の、ほぼ平和的な共存時代であったと考えてよい。第Ⅲ期後半から第Ⅳ期にかけて、この平和な部族社会を侵略制圧した帥升王権の成立と帥升王統による倭国統一時代があり、この時代に、回転台によって描かれる凹線紋が次第に主流となり、倭地の広範囲に渡って土器の斉一化がすすみ、回転台使用の最盛期を迎える。しかるに、邪馬臺国連合時代の従来Ⅴ期に至るや、回転台は姿を消し、文化諸相は、父系父権王統による支配の時代から母系母権的土着勢力の復権時代へという時代の転換に合わせて、先祖返り的な様相を広く示すことになり、しかし半世紀後にはまた反転して、大和朝廷時代＝古墳時代への過渡期へと移る。

以上のような経緯を俯瞰してみると、弥生時代の、少なくとも第Ⅲ期から従来Ⅴ期の絶対年代については、述べたごとき比定法（表⑳・表⑳'参照）が最も蓋然性が高いと思われるのである。

弥生狭義高地性集落遺跡と史実との関係については、従来、なぜか二世紀後葉の倭国大乱との関連だけに言及する論説が多いが、弥生狭義高地性集落遺跡は、小野博士が正確に指摘された如く、弥生Ⅲ期、Ⅳ期、従来Ⅴ期のそれぞれ三時期（従来Ⅴ期を新第Ⅴ期と第Ⅵ期に細分すれば、四時期）に、各短期間の出現をみているのであって、このことに言及無く、単に、倭国大乱との関連だけを論じて済ませてよいものではない。

さて、弥生第Ⅲ期から従来Ⅴ期について右で得られた絶対年代比定は、実は、前掲『三世紀の考古学』(昭和五十六年刊)で、小野博士がすでに提示されているところと一致している。

このなかで小野博士は、「土器の編年と暦年代の調整」という節を特に設けて、次のような瞠目すべき推論を展開しておられた(同書六四~六五頁)。

まず博士は、第Ⅲ期の高地性集落出現期の歴史上の事象を推定する手がかりとして、倭人伝の、「其の国、本(もと)亦(また)男子を以て王と為す。住(とどま)ること七、八十年にして倭国乱れ、相攻伐すること暦年。乃(すなわ)ち共に一女子を立てて王と為し、名づけて卑弥呼と曰う」という記事をあげ、この文章によれば、倭国大乱から七十~八十年前に男王を戴く集団が住みついたと読め、これは一世紀末か二世紀初頭ごろ、もしくは一世紀後半から二世紀初頭の間となり、これが、第Ⅲ期後半の高地性集落の出現期とその分布域に照応する、と実に的確に指摘されている。そうして、第Ⅳ期の防衛機能をもつ高地性集落の歴年代は、二世紀後半の倭国大乱の時期に当たると指摘し、さらに、第Ⅴ期前半(新第Ⅴ期)の高地性集落出現期は三世紀の前半にあたり、狗奴国の動乱や男王時代の内乱(卑弥呼の死後、男王を立てた際の内乱)に比定される可能性を指摘、その分布が東瀬戸内から畿内と紀伊の北西部に限られているということに特に注意を促しておられる。そうして、「弥生時代最後の《従来Ⅴ期末、すなわち第Ⅵ期の》高地性集落の出現が弥生時代の終末期に当たり、三世紀の後半に比定されるところから、倭の記事が中国古文献に見られない、いわゆる欠史時代の初頭ごろに当たるので、歴史上の事象や考古学上の知見との照合に期待がかけられるという仮説がたてられよう」と、見事な予想を立てておられた。

(四) 考古学説の錯綜

しかし、その後の考古学史は、小野博士がここで期待を込めて与えた仮説の方向へは進んでいない。博士自身も、『三世紀の考古学』から一年後の昭和五十七年に刊行された『東アジアの古代文化』三十号所収

「二、三世紀へのアプローチの前提――年代のズレの問題――」（前掲『高地性集落論』二二三頁以下に再録）では、やや慎重に、幾つかの仮説を掲げつつ、幾分後退し混乱した推論に終始しておられる。

弥生時代の絶対年代比定については、そもそも考古学者間で大きな見解の相違が見られ、考古学の範囲で議論する限りでは、定説の成り立ちにくい絶望的状況がいまだに続いている。いま、やや古いが、永井昌文他編『弥生文化の研究1』（雄山閣）にまとめられた弥生時代歴年代研究史の表（同書一三頁）を引くと次頁の表㉒の如くである。

この表を見ると、たとえば、第Ⅳ期の絶対年代について、杉原庄介氏（一九六一年）は後二世紀としており、上で見た年代とほぼ合致する見解を提出しておられるが、森貞次郎氏（一九七四年）は、後五七年以後、紀元一世紀末頃とし、岡崎敬氏（一九七一年）は、後五七年を上限、後二世紀前半を遠く下らない期間とし、高倉洋彰氏（一九七二年）は、焼溝漢墓第3期後半（王莽の新の時代・後八～二三年の前後）から第4期（後漢前期。二五年～一世紀末葉頃）までとし（要するに西暦一世紀頃とみるのである）、橋口達也氏（一九七九年）は、紀元直後から後三世紀中頃までとし、岡内三真氏（一九八六年）は、後八年～一〇〇年とし、小田富士雄氏（一九八六年）は、後一世紀後半とし、宇野隆夫氏（一九八八年）は、後一世紀前半頃とする。要するに、互いにかなりの異同があり、ほぼバラバラといってよい。こうしたバラバラな見解がある原因を訊ねてみれば、当然のことながら各人各様の推論の論拠と推論の方法の違いということに行き着く。概数ではあれ絶対年代比定そのものの真理は一つであるとすれば、各人各様のそうした論拠や推論方法のほとんど全てが、それ自体の中に曖昧な部分、誤った部分を抱えているといってよいことになる。

疑問のある暦年代比定の具体例として、宇野隆夫氏によってまとめられた弥生時代の暦年代の表を掲げてみる（前掲『弥生文化の研究1』一九頁）。次々頁の図㉓の上段の図である。その下に描いたのは、我々が導いた暦年代のおおよその図表であり、比較のために

表㉒ 弥生時代暦年代研究史

		根 拠	比 定 年 代
小林 行雄	1951	漢鏡、貨泉、楽浪郡	Ⅱ～Ⅳ期は紀元前後の1、2世紀にわたる。Ⅰ～Ⅴ期は前2、3世紀から後2、3世紀。
杉原 荘介	1961	漢鏡＋約100年	Ⅲ期が後1世紀。Ⅳ期が後2世紀。
森 貞次郎	1966	漢鏡、楽浪郡	Ⅰ期末・Ⅱ期初が楽浪郡設置頃。Ⅲ期が前1世紀中頃～末。
森 貞次郎	1968	朝鮮青銅器、漢鏡 燕昭王、衛氏朝鮮、楽浪郡	Ⅰ期初は前4世紀末～3世紀初の政治変動を契機とする。 Ⅰ期末は前2世紀初の衛氏朝鮮成立と関係する。Ⅲ期は前2世紀末の楽浪郡設置後、後1世紀前半まで（表8ではⅠ期末が前170年頃から、Ⅲ期が前50年頃から）。
森 貞次郎	1974	森1966・1968 奴国遣使、倭国大乱 卑弥呼遣使	Ⅰ期初は前3世紀前半。Ⅰ期末は楽浪郡設置後。Ⅳ期は後57年以後、紀元1世紀末頃、Ⅴ期末は後3世紀中頃。
田辺 昭三 佐原 眞	1966	土器様相、石製武器、高地性集落、楽浪郡、分為百余国、使驛所通三十国、倭国大乱	Ⅰ期末は楽浪郡設置。Ⅳ期末は後180年頃。
佐原 眞	1970	田辺・佐原1966 朝鮮系遺物、古墳年代	Ⅰ期は前200年～前50年。Ⅱ～Ⅳ期は前50年～紀元200年。Ⅴ期は後200～300年。Ⅰ期初は遡って前200年ないし前3世紀後半。Ⅴ期末は後3世紀の中。
佐原 眞	1975	佐原1970	
岡崎 敬	1971	漢鏡、楽浪郡、奴国遣使	Ⅲ期は前2世紀末の楽浪郡を上限とする。Ⅳ期は後57年を上限とし、後2世紀前半を遠く下らない。
岡崎 敬	1977	漢鏡	Ⅲ期新は上限が前74年、前1世紀後半～後1世紀前半に埋葬、Ⅲ期古との差はわずか。
高倉 洋彰	1972	漢鏡、長期の使用期間を否定	Ⅲ期は焼溝漢基第2期～第3期前半。Ⅳ期は焼溝漢基第3期後半～第4期。Ⅴ期は焼溝漢基第5期～第6期の様相と一致。
宇野 隆夫	1977	朝鮮青銅器	Ⅰ期末は楽浪郡設置後。
橋口 達也	1979	漢鏡他＋20～30年 土器1様式約30年	Ⅲ期（KⅢb型式）の上限は前64年。Ⅳ期の上限は紀元直後（以上漢鏡から）。板付Ⅰ式開始期は前300年頃。Ⅴ期新は後3世紀中頃（以上土器様式数から）。
柳田 康雄	1982	漢鏡＋20～30年	Ⅴ期新は後3世紀前半。
柳田 康雄	1983	朝鮮青銅器、漢鏡、壁	Ⅰ期末は前200年前後。Ⅲ期は楽浪郡設置以後、下限は紀元直後。稲作開始は前400年頃（土器様式数か）。
岡内 三眞	1982	朝鮮青銅器、中国鏡	Ⅰ期新は前220～前150年頃に相当。Ⅲ期は前50年～紀元前後。
岡内 三眞	1986	朝鮮・中国の青銅器・鉄器	Ⅰ期前半の下限は前320年。Ⅰ期新・Ⅱ期は前320～150年。Ⅱ・Ⅲ期は前150～後8年。Ⅳ期は後8～100年。Ⅴ期は後100～250年。
都出比呂志	1982	須恵器年代、土器様式数、北九州中国系遺物	Ⅴ期新は後200年前後に年代の1点をもつ。Ⅵ期は後3世紀中頃に年代の1点をもつ。Ⅵ期末は後300年前後。
森岡 秀人	1984	畿内・北九州中国系遺物 土器様式の細別	Ⅴ期は後1世紀中頃から3世紀初。
小田富士雄	1986	朝鮮・中国青銅器 衛氏朝鮮、準王、楽浪郡、奴国遣使、師升等遣使	Ⅰ期後半（板付Ⅰ式）は前4世紀以降。Ⅰ期末の上限は前2世紀中頃。Ⅲ期は前1世紀後半～後1世紀前半。Ⅳ期は後1世紀後半、Ⅴ期新は後3世紀代。
宇野 隆夫	1988	朝鮮土器・石器・青銅器 漢鏡、歴史事件	Ⅰ期は前2・3世紀頃。Ⅰ期末・Ⅱ期は前1世紀前半頃。Ⅲ期は前1世紀後半頃。Ⅳ期は後1世紀前半頃。Ⅴ期は後1世紀後半～2世紀頃。Ⅵ期は後3世紀頃。

図㉓

宇野隆夫氏説『弥生文化の研究１　弥生人とその環境』19頁表より引用

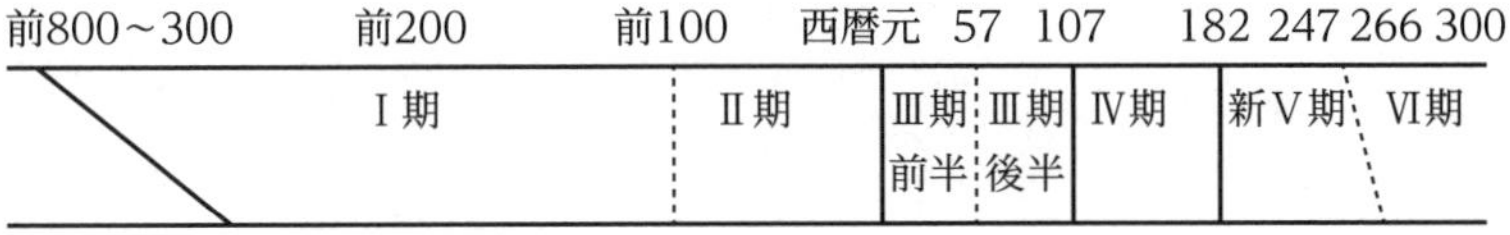

西暦 57年：倭奴国、後漢に奉献朝賀。
西暦107年：倭国王、帥升等、後漢に請見を願う。
以後、帥升王統時代。
西暦182年：スサノヲ＝帥升の４世孫、オミヅヌの推定即位年。
倭国大乱の終息年。
女王卑弥呼の共立。以後、邪馬臺国連合時代。
西暦247年：女王国と狗奴国の戦乱。
西暦266年：女王国から中国への最後の遣使。
西暦300年：崇神天皇の推定即位年。大和朝廷の成立。
Ⅱ期の始まりについては、当節補論４参照。

掲げた。図では従来Ｖ期を新Ｖ期とⅥ期に二分する新法によっている。Ⅵ期は主としては庄内式土器の時代であり、弥生時代から古墳時代への過渡期に当たる。Ⅵ期に新Ｖ期末を含めて過渡期と見る見方もある（下段の図表ではⅥ期の終わりを明示していないが、三〇〇年を二〇年ほど下ろうか――補論1参照）。

宇野氏の表を見て、一見して違和感があるのは、Ⅱ期、Ⅲ期、Ⅳ期がいずれも約半世紀と短いのに対して、（新）Ｖ期は約一世紀半におよび、Ⅵ期（庄内式期）も約一世紀という比較的長い期間が当てられている点である。古い時代の様式の変転周期が短く、新しい時代の様式の変転周期が長い、という具合になっている。

これまで見てきたように、我が国土で全国的な戦乱が繰り返されるようになるのは後一世紀の半ば以降であるが、これ以後の土器様式の変転は、当然のことながらこれ以前より忙しくなるはずである。百余国に分かれて存在した部族社会の時代を含むⅢ期前半以前は、争いはあったとしても局地的なものにとどまっており、時代の変化は遅く、従って、一つの土器様式の期間はそれだけ悠長であったと思われる。しかしその後のⅢ期後半以降には、この比較的平和であった社会に全国的覇権をめぐっての戦乱が繰り返し生起することとなる。そうしてこの戦乱史に応じて、土器の様式各期もまた、戦乱の画期毎に短く区切られて変化することとなる。それならば、Ⅲ期後半以降の土器様式の変化の周期が、それ以前に比べて、逆に長くなるとは考えにくいのである。仮に争いが無かったとしても、農耕社会の進展と共に、時代の変化は次第に急峻になるのが道理であるはずであろう。宇野氏の表は、こうした基本的傾向に反しているという点で、不自然である。

このような不自然な表が導かれた理由を詮索してみると、宇野氏の年代比定の出発点は、Ⅲ・Ⅳ期の暦年代比定に置かれているが、この出発点の比定法にそもそもの間違いがあることがわかる。宇野氏の比定方法は、墓に副葬された中国製の鏡の年代に基づいてなされている。前掲書に宇野氏は次のように述べている。

「……Ⅲ期が前漢鏡の副葬期、Ⅳ期が前漢末・後漢初期鏡の副葬期である。……以下では、Ⅲ・Ⅳ期、Ⅰ期新・Ⅱ期、Ⅰ期、Ⅴ・Ⅵ期の順に検討するが、それはより確実な考察が可能な段階から始めるべきと考えるからである。

まずⅢ・Ⅳ期の暦年代であるが、Ⅲ・Ⅳ期には、多くの前漢鏡・後漢鏡をはじめとする中国製品が出土するため、小林行雄以来、中期（Ⅱ～Ⅳ期）の中に西暦紀元前後の年代を含むことが指摘されてきた。以後、森貞次郎、岡崎敬、高倉洋彰をはじめとする研究によって、Ⅲ期の鏡は前漢後期鏡（前一世紀第２四半期～末）、Ⅳ期の鏡は新・後漢初期鏡（後一世紀前半頃）のものであると考えられてきた。また現在では、岡村秀典によってⅣ期の鏡は前一世紀後葉～後一世紀初めに属するものであることが明らかにされている。

従来、Ⅲ期とⅣ期の堺の年代については、後五七年の奴国遣使に比定する森・岡崎の考えと、高倉以後の西暦紀元前後にあてる考えとが存在したが、岡村の年代観によってⅣ期の鏡の副葬期を後一世紀前半頃と考える。

……Ⅲ期の中国鏡は古い鏡式を含んでいるが、現在のところ、Ⅲ期古（須玖式）に洛陽焼溝漢墓２期（前一世紀第２四半期～中頃）の鏡が存在することから、これらの鏡を副葬するⅢ期は前一世紀後半頃と考える」。

というわけで、表㉓の上の表のような図になっている。

宇野氏はⅣ期の始まりの年代について、後五七年と紀元元年前後の二説しかないように述べておられるが、表㉒で見たように、それ以外に、二世紀初め頃と見る杉原氏の説も有力な説としてあった。三説は約五十年ずつの隔たりがある。それはともかくとして、宇野氏は、岡村氏の漢鏡年代観に依拠しつつ、その漢鏡の制作年代と墓への埋没（副葬）年代とが、あまり離れていない（長くて五十年程度）と見て、つまり漢鏡の伝世期間があまり長くないと見て、副葬年代を推定している。実は、ここに間違いのもとがある。

中国から舶載された鏡は、岡村氏があまたの例を挙げているごとく（岡村秀典著『三角縁神獣鏡の時代』〔吉川弘文館〕一〇二頁以下の「伝世のひろがり」参照）多くは部族の首長のしるしとして、百年、二百年と、幾世代にもわたって伝世されたものであり、伝世されるべきものであった。これがついにある首長の墓に葬られることになるのは、それなりの部族社会の小さくない変化があった上でのことである。「変化」の大なるものとして、一世紀半ば以降繰り返された、およそ三度にわたる、倭地全土を巻き込む戦乱史があった。このような権力構造の転変に応じて、舶載の鏡や剣といった伝世の宝物は、人為的に地中に姿を隠すことになった。

宝物の製作年代と墓の築造年代とは、宝物の伝世の期間を百年とすれば、百年以上のズレを生じることになり、伝世期間が二百年とすれば、二百年以上のズレを生じることになる。つまり、伝世の期間が決定できなければ、副葬品の製作年代から、墓の製作年代を割り出すことは、もともと不可能なはずである。

そうして、宝物の伝世期間たるや、先ず宝物の製作年代（というよりもっと正確には、墓に葬られた人物の幾世代か前の先代がその宝物を手に入れた年代）とその墓の築造年代との双方が確定された後に初めて確定するものであろう。根拠もなく推定された伝世期間から逆に墓の築造年代を推定して、Ⅲ期なりⅣ期の年代を推定する、というのは、推定の方法論そのものが、はじめから正しくないのである。宇野氏の推論はこうした誤った方法論に依っているがために、間違った結論を出すことになっている。

新品の青銅器は、さびである緑青によって変色する前は、金色に輝く宝物である（因みに、古代中国の殷・周の頃には、金とは主に青銅のことであった）。そうした舶載の光り輝く青銅鏡や細型銅剣は、これを所有する首長の権威を示すと共に、その首長の指導のもとにある部族の安全や繁栄を約束するものでもあった。部族の安全や繁栄に実績のある宝物は、おのずから長い伝世の実績を持ったはずである。逆に、昨日今日に落手された宝物は、もしそれを手に入れ護持した首長が部族の危機を招来したなら、伝世はおろか、副葬されるべき宝物としての地位を得ることができたかすら大いに疑問であろう。むしろ、不吉な代物として放棄されたり、さもなくば破壊された上で棺外に埋められたりした可能性さえ考えられる。実際、前漢末から新・後漢初頭の頃に作られた新しい漢鏡（岡村氏の言う漢鏡４期鏡）は、Ⅲ期後半からⅣ期初めの首長墓では、破壊された状態で発見されることが多い（前掲『三角縁神獣鏡の時代』六七頁）。邪馬臺国連合の滅亡期、すなわちⅤ期末の首長墓や遺跡においても、漢鏡（漢鏡７期鏡〔二世紀後半～三世紀初頭〕が多い）の伝世の中止とその破壊とが普遍的に見られる（同書一四〇頁）。こうしたことを考えても、完品として副葬された宝物を祖先が手に入れた時期と、副葬の時期とを、あまり近くに推定することには、躊躇が伴うはずであろう。

かくして、宇野氏の推論方法には、さまざまな観点からみて疑問が生じるのである。

宇野氏の年代観は、上に述べたように岡村秀典氏の年代観に依っている。岡村氏は、九州編年で弥生中期後葉（第Ⅲ期後半）に属する北九州の甕棺墓（福岡県春日市須玖岡村遺跡D地点甕棺墓、同県前原市三雲南小路遺跡一号・二号甕棺墓、同県飯塚市立岩遺跡甕棺墓）から出土した漢鏡が、岡村氏いうところの、漢鏡2期（前二世紀後半）と漢鏡3期（前一世紀前半から中ごろ）のものであるところから、これら甕棺墓への埋葬年代を前一世紀中ごろと推定した。そうしてこの推定を補強する物証として、畿内編年の弥生中期後葉（近畿第Ⅳ様式）に属する大阪府の池上曽根遺跡のヒノキ柱材が、年輪年代法（奈良国立文化財研究所の光谷拓実氏測定）で紀元前五十二年の伐採とされたという分析結果を掲げて、「北部九州と近畿の弥生中期後葉はほぼ平行するという近年の土器研究《これは間違いで、両者のあいだには、ズレがある》に照らしてみるならば」、この年輪年代法の結果は、「漢鏡から導いた弥生中期後葉の年代と矛盾無く一致し、漢鏡による年代観をむしろ補強するものとなった」と述べておられる（前掲『三角縁神獣鏡の時代』四一頁）。

しかし、副葬品からする埋葬年代の推定は、述べた如く極めて曖昧な推論である。しかも、岡村氏が援用した年輪年代法による木材の伐採年代（あるいは倒木・枯死の年代）の数値については、近年、鷲崎弘朋氏らによって、約一〇〇年ほど古く狂っているであろうことが指摘されるに至っている（同氏「年輪年代・炭素14年代法と弥生・古墳時代の年代遡上論」二〇一〇年七月二十七日付けでインターネットに公開された論文による。しかし更に一五〇年以上狂っている可能性すらある）。のみならず、古代の建材が、すべて伐採（あるいは倒木・枯死）からほどなく当該建物に用いられたものかどうかという重要な一点についても、これまた極めて曖昧な事柄に属するのである。

年輪年代法とは、樹木の年輪が、年ごとの寒暖の差によりその厚さが変化することに注目して、その木材の伐採年代や倒木あるいは枯死の年代を正確に求めようとする自然科学的年代測定法である。日本では奈良文化財研究所の光谷拓実氏らを中心にして確立されたと見做されており、古代木製品の材木の、伐採（ないし倒木・枯死）年代について多くの結果が発表されているが、年輪を照合するための年輪パターンは光谷氏ら一部の研究者のみが保持するもので、いわばブラックボックスとなっており、未だ第三者による追検証を経ておらず、従って試料の照合結果の当否についても、当然、第三者による追検証がなされていないという状況が続いている。このような状況で提示された「科学的」結果は、「科学的」の名には値しないものである。

岡村氏は、この、恐らくは誤っているであろう年輪年代法による分析結果のうち、自説に都合のよい例のみを挙げておられる。同じ年輪年代法によれば、弥生時代中期後葉の環濠集落、滋賀県下之郷遺跡の環濠から弥生時代中期後葉の土器と共に検出された木製の盾の推定年輪年代は前二〇〇年ごろと推定されている。つまり、同じ弥生時代中期後葉の木材について同じ年輪年代法を適用して、前五二年と前二〇〇年という年代が示されている。この二例を比べれば、両者一五〇年の差がある。

また、弥生時代中期中葉（第Ⅲ期）の兵庫県武庫庄遺跡の柱材の年輪年代は、前二四五年に限りなく近い年代であるという結論であり、この測定結果を出した光谷拓実氏自身が、「この結果は、土器の年代より約二〇〇年も古い《いや、三〇〇年近く古い》。この年代差をどう埋めていくのか。実に頭のいたい問題を投げかけた事例の一つである」と述べておられる。（光谷拓実著『日本の美術No.421 年輪年代法と文化財』〔至文堂〕四四頁）

弥生時代の建物に用いられた材木について、たとえその伐採（ないし倒木・枯死）年代が年輪年代法その他の方法によって正確に分かったとしても、実際に当の建物が建てられた年代は、その材木の伐採（ないし倒木・枯死）年代より、百年、二百年以上あとである可能性は、いくらもあり得る。弥生時代の材木は、伐採にも運搬にも加工にも、並々ならぬ労力を要したはずである。その並々ならぬ労力に見合った高い価値を弥生時代の材木は持っていたのであり、大きな柱材などは、それだけ大きな価値をもって幾世代にもわたって使い続けられたはずである。百年、二百年昔の材が繰り返し大切に用いられることはむしろ常であったはずである（たとえば、柱材にいかだ孔があるから、古材の転用ではない、というような理屈には、およそ説得力がない）。

そういうことであるならば、都合のよい年輪年代のみを証拠として指摘すること自体が、年代の推論方法として、原理的に間違っているということになる。このような誤った方法論に依っているがために、岡村氏の実年代比定も、誤った結論に陥っているといってよい。

岡村氏はまた、弥生後期初頭の暦年代比定において、中国の新（後八～二三年）の時代の貨幣である貨泉が、弥生後期初頭の遺跡層から出土していることを理由として、弥生後期初頭を一世紀第１四半期に比定しておられる。すなわち前掲『三角縁神獣鏡の時代』で、氏は次のように解説する。

「前漢王朝を簒奪して新王朝をたてた王莽は、紀元後一四年、それまでの五銖銭を廃止し、新たに貨布と貨泉を鋳造した。王莽銭と呼ばれるこの銅銭は一世紀初頭の短期間に鋳造されたことから、漢鏡と同じように出土遺跡の年代決定に役立っている。このうち貨泉は、対馬・壱岐島・北部九州・肥後などで弥生後期の遺跡から出土しているほか、岡山市高塚遺跡では弥生後期初頭の土坑から二五枚がまとまって出土し、大阪府八尾市亀井遺跡・東大阪市巨摩廃寺遺跡・大阪府瓜破遺跡などでも弥生後期初頭の層から貨泉が多数出土している。このような事例から、瀬戸内東部の弥生後期初頭が一世紀第１四半期にあり、北部九州とほぼ同時に大量の貨泉が流入していたことがわかる」。（同書八〇頁）。

岡村氏が年代決定に役立っていると説く王莽銭すなわち貨布・貨泉については、その鋳造年代は確かに岡村氏が説く通り、天鳳元年（後十四年）から更始三年（後二十五年）までという短期間である。しかしよく知られているように、中国での王莽銭の使用期間は、必ずしもその製造期間に限定されず、光武帝が五銖銭を再び鋳造しはじめる建武十六年（後四十年）までは盛んに流通し、遅い例では後漢代中葉（後一八〇年頃）まで使っている（金関恕・佐原真編『弥生文化の研究6』〔雄山閣〕八八頁）。従って、王莽銭の出土が直ちに年代決定に役立つという岡村氏の解説には、これまた疑問符がつくのである。

更に、王莽銭がその鋳造年から程なく日本に大量に流入していたとしても、破鏡された漢鏡片の二〇〇年に及ぶ伝世を認める岡村氏が、なぜ貨泉の伝世については考慮されないのかもよく分からない。

王莽銭は、岡村氏が挙げた弥生後期初頭の遺跡のみではなく、中期後半（Ⅲ・Ⅳ期）の遺跡からも出土しており、後期後半（Ⅵ期）の遺跡からも、また古墳時代の遺跡からも出土している。

このような次第であれば、王莽銭出土という考古学的事実は、その遺跡の出現の上限を決定することが出来るのみであって、その遺跡の出現年代の決定にとっては、原理的に無力に近いと言わざるを得ない。つまりここでも岡村氏の年代論は、根拠薄弱な推論によって、不確かな結論を導いてしまっている。

（五）弥生墳丘墓時代・定型前方後円墳時代の実年代

近年、古墳時代＝前方後円墳時代の始まりを、三世紀半ばにまで引き上げる論が主流になりつつあるように見える。ところがこの説も、上で見たのと同じ、怪しい推論方法を用いている。

古墳時代とは、大和朝廷成立の時代から七世紀に及ぶ時代、つまり巨大古墳の時代である。そうして大和朝廷の成立は、ハツクニシラシシミマキ天皇たる崇神天皇の即位をもって標識することができようから、古墳時代幕開けの年、すなわち大和朝廷成立の年に対しては、崇神天皇の即位推定年、西暦三〇〇年前後という暦年代を当てることができる。

弥生Ⅴ期から古墳時代への過渡期（第Ⅵ期）とは、孝霊天皇に始まる天皇祖族たちが邪馬臺国連合を侵略し滅ぼす時代である。この間の歴史は、第十七節までに論じ、当節冒頭に要約した通りである。すなわち、繰り返し述べれば、韓の辰王の直裔と考えられる孝霊天皇世代が南九州日向地方に最初期の拠点を経営した後、孝元天皇世代は出雲の勢力、乃ち帥升王統の系裔たちと密着し、出雲に拠点を据える。さらに同時代に、孝元天皇と同じ世代の皇族、すなわち、孝元天皇の異母兄弟たちによって、吉備が征服される。孝元天皇の推定即位年が西暦二六二年頃であるから、吉備平定も、この前後のことであったと考えてよい。天皇祖族連合はこうして孝元天皇の時代には、出雲に主たる拠点を持ち、吉備平定を終え、続く開化・崇神天皇親子の時代に、紀伊を平定し、紀伊に天皇祖族連合の一大拠点を築いた後、大和を攻略し、邪馬臺国連合が滅ぶ（系図⑭がその根拠である）。開化天皇の推定在位期間は西暦二八一年頃から三〇〇年頃に及ぶ時代である。

弥生V期と古墳時代の間の過渡期、第Ⅵ期は、少なくとも、吉備平定の頃から大和攻略のころまでを含む時代である。その暦年代は、およそ西暦二六二年前後から三〇〇年前後までに当たり、第Ⅵ期は、この時代を含まなければならない。

この過渡期を示す考古学的物証として、従来V期後半、すなわち第Ⅵ期に編年される弥生墳丘墓がある。吉備の墳丘墓と山陰の墳丘墓が著名なものである。いずれも、侵略側の首長もしくは、侵略側に服従し侵略側に与した首長の墓であろうと思われる。

吉備の墳丘墓の代表は岡山県倉敷市楯築（たてつき）墳丘墓である。直径約四三メートル、高さ約五メートルの不正円形の主丘の北東部と南西部の両側に突出部をもち、全長は約八〇メートルにも及ぶと想定される大きな墳丘墓である。墳丘中心部の埋葬施設は楕円形の土壙内に木槨を築き、木棺が納められている。棺内に鉄剣一つと多数の玉類が発見されている。

「そこ（楯築墳丘墓）には、弥生中期の畿内や北九州にみられた、墳丘をもつ特定集団墓から大きく変質した、特定個人墓としての首長墓が見出せるのである。楯築墳丘墓では、その円丘部から大型の特殊壺と特殊器台が約三〇組以上……検出されている。……特殊壺と特殊器台は、この墳丘墓に供献するために特別に豪華につくられた壺とそれを載せる器台で、後の（古墳時代の）壺形埴輪・円筒埴輪の起源になるものである。この時期以降弥生時代終末にかけて、岡山県地方では真備町黒宮大塚（南丘）など方形のものや、総社市立坂墳丘墓など円形のもの、さらに同市宮山墳丘墓のように円丘に突出部をもった前方後円形のものなどさまざまな墳形の墳丘墓が営まれ、その墳丘の形態は統一されることはなかった。ただそれらの墳丘墓にはいずれも共通の特殊壺・特殊器台が供献されており、この地域の首長たちがその葬送に際し共通の祭祀を執り行っていたことをはっきりと物語っている。この特殊壺・特殊器台の分布は、一部出雲などにも及ぶが、基本的には後の備前・備中・備後・美作、すなわち吉備の範囲に限られるのである」（白石太一郎著『古墳と古墳群の研究』〔塙書房〕一〇頁）。

楯築墳丘墓は白石氏が解説される如く、特定個人墓へと著明に変質した様相で他を威圧する大きな墳丘墓として立ち現れている。吉備のこのころの墳丘墓には方形、円形、前方後円形など、さまざまな墳形があり、古墳時代前夜の様相を示している。しかし、共通するのが、葬送祭祀に用いたと考えられる特殊壺・特殊器台であり、これが古墳時代の壺形埴輪・円筒埴輪へと引き継がれる。これら特殊壺・特殊器台は土器形式でいえば、従来Ⅴ期中葉～後葉に属する上東鬼川市Ⅲ式ないし才の町Ⅰ式とされる。

同じ時期の山陰の墳丘墓はいわゆる四隅突出型墳丘墓（四隅突出墓）である。一部は従来Ⅴ期前半からみられるが、盛行するのは、やはり従来Ⅴ期中葉以降である。

「（四隅突出墓は）現在までに十四遺跡二十五基を数える。東は富山県から西は広島県まで広範囲に分布する。もっとも多いのは島根県の十四基、以下鳥取県六、広島県三、富山県二の順である。富山県の二基以外は、中国地方に集中し、そのなかでも広島県の三基はすべて北部の山間地、すなわち山陰に近接して位置する。しかも富山県の二例中の一は古墳時代に属し、他は未発掘のため、時期をたしかめえない。これらの事実から、四隅突出墓は山陰と中国山地に分布の中心をおく特有の墓制とみることができるかもしれない」（金関恕・佐原真編『弥生文化の研究8――祭と墓と装い』〔雄山閣〕一四二頁）。

四隅突出型墳丘墓の代表は島根県出雲市西谷三号墓である。突出部を含まない方丘部だけで東西約四十メートル、南北約三十メートル、高さ約四・五メートル。鬼川市Ⅲ式に平行する時期のものである。墳頂部の埋葬施設はやはり土壙のなかに木槨を備え、木棺を納める。棺内には副葬品として多数の玉類のみが発見されている。土壙の上部や墳丘上から吉備の特殊壺・特殊器台などが出土している。

「この土壙の上部からは……約一〇〇個体ほどの土器が出土しており、……特に興味深いのは、これらの土器のなかに、おそらく吉備からもたらされたと考えられる特殊壺二のほか、山陰東部から北陸地方にみられる器台・高杯・把手付短頸壺などが相当量含まれることである。ほかに墳丘の頂部や斜面などから吉備の特殊器台・小型特殊器台・特殊壺が出土しており、この儀礼には、山陰東部ないし北陸地方の人々やさらに吉備の人びともかかわったことが知られるのである」

（前掲白石太一郎著『古墳と古墳群の研究』一二三頁）。

山陰出雲と吉備とのこうした密接な関係は、天皇祖族による吉備平定の後に確立し強化された関係であろう。三世紀の後半、二六二年前後以降（二六六年から間もなくの時期以降）のことと考えられる。

吉備の楯築墳丘墓について、近藤義郎氏は「前方後円墳に酷似する要素とまったく異質な要素が入りまじるこの墳丘墓は、前方後円墳出現に先立つ、吉備地方に特有な弥生墳丘墓のひとつの典型である」と述べている。

吉備の墳丘墓も山陰の大型四隅突出型墳丘墓も古墳時代への過渡期の墳丘墓として位置付けられるものである。

繰り返すようであるが、古墳時代すなわち巨大定型前方後円墳の時代は、開化・崇神親子による大和平定の後、すなわち三世紀末ないし四世紀初頭から始まるのであって、この点で、嘗ての小林行雄氏らによる伝統的理解を変更する必要は無いものと思われる。

(六)「卑弥呼の鏡」の行方

弥生墳丘墓から鏡の発見が無いことにも注意が必要である。

「(弥生時代墳丘墓の副葬品について) 楯築墳丘墓は豊富な副葬品をもっているが、ふつうはほとんど副葬品をもたない。鏡の副葬例としては備中鋳物師谷一号墳丘墓第一石室の爬龍鏡、備中宮山墳丘墓石室の飛禽鏡、播磨西条五十二号墳丘墓石室上面の内行花文鏡が知られているにすぎない。北部九州における甕棺などの多量の副葬品や、畿内を中心とする地域の前期古墳への中国鏡多量副葬に比していかにも乏しい」(前掲『弥生文化の研究8』一四一頁)。

「卑弥呼の鏡」として大いに議論華やかである「舶載」三角縁神獣鏡については、これが、卑弥呼が魏と交渉する過程で手に入れた魏鏡であるかないか、つまりこれが中国製か日本列島製か、という基本的な事柄についてさえ、さまざまな肯定・否定の議論が繰り返されている現状では、考古学の門外漢が迂闊なことを口に出来ない雰囲気がある。しかし、「舶載」三角縁神獣鏡が、卑弥呼・壹與らが魏との外交交渉の過程で手に入れた魏鏡であろうという最も常識的な仮説に立つにしても、これが天皇祖族による侵略過程において土地毎に没収され、その土地を支配統治する道具として侵略側によって利用され、古墳時代のある時点に至って、鏡が本来の役を失うに従い、伝世最後の首長と共に古墳に納められた、という仮説の成り立つ可能性は小さくない。

なぜなら、このように考えると、伝世を中止していない従来V期後葉（第VI期）の墳丘墓に鏡がないことは、むしろ当然の現象として理解できる。しかも、三角縁神獣鏡は多くの場合、埋葬主体を納める棺の内部ではなく、棺の外に、棺を取り巻くようにして納められている。すなわち、埋葬主体の守護霊たる位置付けを持たず、逆に、脇役としてのぞんざいな取り扱いを受けている。これすなわち三角縁神獣鏡が、よしんば卑弥呼の鏡であったとしても、そのほとんどが侵略側によって接収された後、被侵略側を懐柔統括するための具として存在し続けた鏡に過ぎなかった、と考えてよい可能性を示唆している。

侵略側が、魏によって朝鮮半島を追い出された辰王朝の末裔であるという仮説に立てば、魏の鏡を掲げて抵抗する邪馬臺国連合諸国の統治にあたり、魏鏡の没収という手続きは、侵略側にとっては必須の仕事であったには違いないと思われる。

三角縁神獣鏡が、卑弥呼・壹與らによって入手された魏鏡であったとすれば、入手後、ほとんど間をおくことなく、邪馬臺国すなわち大和を中心に当時の邪馬臺国連合の首長たちに分配された可能性が高い。しかし、天皇祖族による侵略戦争の進展につれて、鏡を分配できる範囲は次第に制限を受けたはずである。鏡の新旧と鏡の分布に、なんらかの相関があるとすれば、このような事情が考慮されてよいかも知れない。ただし、侵略者の手によって、鏡の分布が改変されていなければ、という前提が必要である。つまりたとえば、侵略側が、没収した鏡を各自の拠点に持ち帰るとか、侵略経路に沿って運び移動させたとか、あるいは更に後の大和朝廷が全国的に魏鏡を没収し、改めて分配し直した、というようなことがなければ、という前提が必要である。そして実は、このようなことがない、という確たる保証は見出しがたい。むしろ逆に、このようなことは、大いにあり得たという状況証拠の方が存在する。

小林行雄氏による同笵鏡の研究によれば、古墳のなかに、一組の同笵鏡を二面以上副葬しているものが少なからずあることが知られている。岡山車塚・京都大塚山・兵庫吉島・京都南原・福岡石塚山古墳（以上「舶載」鏡）、大阪紫金山・山口長光寺山・福岡銚子塚・愛知出川・佐賀谷口西・神奈川矢上・岡山丸山古墳（以上「仿製」鏡）などである（小林行雄著『古墳時代の研究』「同笵鏡考」〔青木書店〕一一七頁。ただしこれは黒塚古墳の三角縁神獣鏡三三面などの発見以前の研究である）。小林氏はこれを、同笵鏡の包みをほどいて分配してゆくということがあったとして、分配の未完成時点で残った同笵鏡を示すもの、というような可能性について論じておられるが、同笵鏡二面以上を副葬する古墳がこれほど多いことは、こうした論法だけでは説明し切れないのではあるまいか。

侵略者が、ある土地を侵略し、近隣の複数の首長を降服させ、彼らの鏡を没収するという過程があったとすれば、近隣首長の手に分配されていた同笵鏡が、同一の侵略者の手に集約されるという事態は、大いに起こり得たと思われる。このように考えれば、同じ一組の同笵鏡が二面以上、同じ古墳に副葬されることが少なくないという、考えてみれば不思議な現象も自然に理解できるのではあるまいか。

三角縁神獣鏡の編年論を基礎にして、その分配の時期的位相の違いを推定し、そこから分配時期の相対年代さらには実年代を推定し、さらにそこから直ちに古墳の築造年代を推定しようとする議論がある。しかし、鏡の分配時期と古墳への副葬時期との間には、これまた伝世（侵略者による没収・伝世）という、その長短を決めがたい挿入項が入ってくるのであって、その伝世の期間が決定できない限り、鏡の分配時期の推定から、古墳の築造年代は、決して短絡的に決定できないはずである。

近年、三角縁神獣鏡の編年論は福永伸哉氏らによって進められて、「船載」三角縁神獣鏡は四段階A・B・C・Dに編年され（福永伸哉著『三角縁神獣鏡の研究』〔大阪大学出版会〕第三章八一頁）、古い段階A・Bの鏡のみを副葬する古墳、中期段階Cまでの鏡を副葬する古墳、最終段階Dまでの鏡を副葬する古墳が分類されている（同書八八頁表8）。ところが、副葬の鏡の新旧と、古墳の形式編年により推定される古墳自体の新旧が、一致しない。理由は明らかであって、副葬の鏡の新旧が、よしんば鏡の配布時期の新旧に相関するとしても、これさえ実は侵略側による没収・移遷・再分配を含む、小さくはない攪乱過程を考慮しなければならないのであり、加えて伝世の長短がある以上、副葬の鏡の新旧は、古墳の築造年代を反映するものでは決してない。両者の齟齬は当然の帰結なのである。

つまるところ、三角縁神獣鏡の編年論や配布時期に関する精緻な研究が如何に進んだとしても、それが古墳の築造年代論に大いに寄与できると考えることには、様々な意味で原理的な無理があると思われるのである。三世紀後半をかけて遂行された天皇祖族による侵略戦争という、攪乱要因ひとつを考慮してみるだけで、三角縁神獣鏡の製造・運搬・分配という事実と、三角縁神獣鏡の古墳への副葬という事実の間には、侵略側による没収・移動という中間項や、侵略側によって敷かれたその後の政治の変質というような要因が必然的に入り込むであろうことが容易に推定でき、両事実の間を、単純に繋ぐことは出来ないであろうことが知られるのである。

前掲『三角縁神獣鏡の研究』の一七二頁に福永氏は三角縁神獣鏡の古段階AおよびBの鏡の分布図を示しておられるが、これによって俯瞰してみると、三角縁神獣鏡は日向地方にも、出雲地方にも分布を広げている。このことは、古段階三角縁神獣鏡が、たとえ魏から倭の女王に贈られた鏡、いわゆる「卑弥呼の鏡」であったにせよ、その最終的分布たるや、当初の分配の範囲を越えて、侵略者側の勢力圏にも広く拡散していることを示しているわけである。これすなわち、敵地深くまで卑弥呼の力が及んでいたと考えるより、侵略側による鏡の没収・移動・再分配といった形での、分布の攪乱というものがあったと考える方が妥当であろう。

（七）庄内式土器

ところで、吉備や山陰の大型墳丘墓は、既述の如く第Ⅴ期から古墳時代への過渡期（第Ⅵ期）の遺跡として位置づけられるのであるが、この過渡期、第Ⅵ期を特徴付ける土器様式としては、畿内の庄内式土器がある。吉備や山陰の墳丘墓よりやや遅れて始まると思われる土器様式である。

この庄内式土器について、金関恕・佐原真編『弥生文化の研究4――弥生土器Ⅱ』（雄山閣）には、次のような解説がある。「庄内式土器は主に河内・和泉・摂津地方の土器であり、……庄内式土器は甕に顕著な特徴があって、これを指標にしている」「庄内式甕は、北部九州、山陰、北陸地方など遠隔地にまで移動している」「（庄内式甕には）丸底、薄い器壁を早くに達成した吉備地方の甕の影響が考えられる。河内地方に流入した吉備地方の甕は庄内式の全期間におよび、吉備地方の甕の変化が庄内式甕の変化とよく対応するともいわれる。……庄内式甕を作ったのは吉備地方の土器作りを学んだ河内地方の人々である。……しかし、その系譜をたどりにくい部分がある。甕の細い叩き目とその整美さである。この点、韓国府院洞遺跡における陶質土器の叩き目は参考になる。河内地方ではこの時期、朝鮮半島からの土器の流入も知られるところである」「(庄内式期に)河内地方では吉備地方の外に、他地域からの土器の搬入が知られる。……遠隔地からの土器は吉備、山陰地方のものが多い」(以上、前掲書九六頁〜一〇一頁)。

第Ⅴ期から古墳時代への過渡期、第Ⅵ期とは、何度も繰り返すようであるが、我々の文献学的考察に依れば、朝鮮半島から天降った辰王朝の末裔、天皇祖族が日向を発して、出雲に拠点を据え、吉備を伐ち、紀伊を占拠し、大和を平定するに至る西暦三世紀後半から末葉にかかる期間を含む時代に当たる。庄内式土器は、侵略側の辿った足跡・版図を窺うことのできる物証でもある。

(八) 纒向遺跡

天皇祖族が大和を攻略した後に、いわゆる纒向(まきむく)古墳群をもつ纒向遺跡が三輪山の東に造営されるが、この纒向古墳群の時代が、庄内式土器様式の盛行するに至る時期である。

近年、纒向遺跡を邪馬臺国時代の中心地に比定する説があるが、誤りであろう。纒向遺跡は、侵略側が、大和入洛後に築いた遺跡であって他ではない。従って たとえばホケノ山古墳のように三角縁神獣鏡を副葬していない古墳があったとしても怪しむに足りない。天皇祖族による侵略過程の当初からであるにせよ途中からであるにせよ、天皇祖族側つまり反邪馬臺国側に与した者の墓として、三角縁神獣鏡を持たぬことは大いに有り得るであろう。

纒向遺跡については、岡村秀典氏が、前掲『三角縁神獣鏡の時代』のなかで次のような解説をされている。「この時期(庄内式土器の時期)には、九州から関東までの広い範囲で土器が移動し、地域間交流が活発化する。とくに奈良盆地東南部の櫻井市纒向遺跡では、この時期に突如として大規模な集落と大型墳丘墓の建設がはじまり、西は瀬戸内・山陰地方、東は関東・北陸地方など各地の土器が流入する。纒向遺跡では東海系土器が目立ち、八尾市久宝寺・中田遺跡など河内平野一帯では、瀬戸内・山陰地方の土器のほか、朝鮮半島の陶質土器や軟質土器もみられる。……また、階層分化がいちじるしくなり、首長や族長個人を埋葬した墓が集落に隣接する共同墓地から独立し、平野を一望する丘陵上や山頂にその墳丘墓が営まれるようになる」（同書一三九頁）。

岡村氏もこの纒向遺跡を、卑弥呼時代のものとするが、山陰出雲地方から搬入された土器などを出す纒向遺跡は、卑弥呼時代の遺跡ではあり得ない。早くとも開化天皇の即位年として推算された西暦二八一年前後以降の遺跡であろう。

また岡村氏の指摘にもあるように、纒向遺跡には、東海系土器、特に伊勢・尾張系の土器が多いが、この現象は、垂仁朝成立前後に於ける部族再編に関連する事項である。後に補論する（補論2）。

（九）白石太一郎氏の暦年代説

古墳時代の始まりの実年代を三世紀半ばと推論する考古学者の代表として、白石太一郎氏を挙げることができる。白石氏は、前掲『古墳と古墳群の研究』「12弥生・古墳時代の暦年代」（原論文『岩波講座　日本考古学』所収「年代決定論（二）」（岩波書店））において、弥生時代の暦年代を、先に引用批判した宇野隆夫氏による暦年代比定（図㉓の上図）より、半世紀から一世紀ほど前後にずれた暦年代を想定しておられる。すなわち、次頁の図に示した如く、弥生Ⅰ期末を紀元前二〇〇年頃、立岩式甕棺の時代すなわち第Ⅲ期後半を紀元前一世紀代、桜馬場式甕棺の時代すなわち第Ⅳ期を後一世紀終わり頃まで、第Ⅴ期（＝従来Ⅴ期）の終わりすなわち古墳時代の始まりを後三世紀半ば頃としておられる。これまた、宇野氏の図以上に、不自然な配分となっている。

白石氏はさらに、原論文の再録に際しての補注として、Ⅳ期の暦年代を訂正し、年輪年代法の知見により、「第Ⅳ期が前一世紀に遡ることがほぼ確実になった」と記して、岡村氏説同様の推論を述べておられる。先に述べた年輪年代法を援用した岡村氏説に関する批判

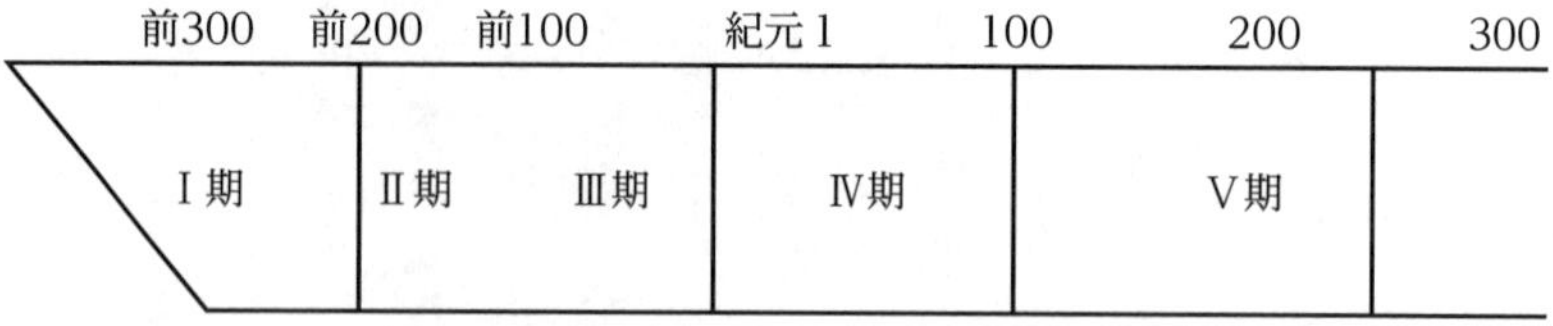

は、白石氏説にたいしても、そのまま当てはまることになる。

Ⅲ期とⅣ期の境を前一世紀に置こうとするこのような説の反証として、福岡県の平原遺跡を挙げることができる。平原遺跡については、岡村氏が前掲『三角縁神獣鏡の時代』の中で解説されている（同書九三頁以下）。

平原遺跡のうち、一九六五年に発掘された一号墳（周囲に一八×一四メートルの溝をめぐらせたいわゆる方形周溝墓）からは、四〇面の鏡が出土している。鏡は、ことごとく破砕された状態で、棺外の墓坑の四隅から発見されており、副葬時に破砕されて埋葬されたものと見なされている。四〇面中、三五面が中国鏡、五面が日本の倣製鏡である。棺外頭側には中国製の素環頭大刀があり、そうして、棺内からは頭部と右腕の付近から、ガラス勾玉・管玉・小玉・メノウ管玉・コハク管玉などが多数出土している。これら副葬品から、被葬者は女性と考えられている。三五面の中国鏡は、漢鏡4期の鏡と同5期（後一世紀第2四半期から一世紀後半）の鏡である。これらの銅鏡は、日本製を含めて全て、弥生時代の前漢鏡と同じ、華北の銅を材料として作られていることが、鉛同位体比の研究によって知られている（これに対して魏鏡である「舶載」三角縁神獣鏡は、華中・華南の銅を原料としている。『平原弥生古墳』〔葦書房〕所収、馬淵久夫他「平原弥生古墳出土青銅鏡　および　ガラスの鉛同位体比」。『季刊邪馬台国60号　三角縁神獣鏡論争に新視点』〔梓書院〕の一三五〜一四六頁に転載）。

この平原一号墳の西隣から、同じ東西向きの墓坑を持つ方形周溝墓、五号墳が発掘されている。そうして、その周溝を破壊する甕棺墓も検出されており、その甕棺墓や周溝から出土した土器は、弥生中期末から後期初頭（Ⅲ期後半末からⅣ期初頭）の形式であった。従ってこの五号墳は、遅くともⅢ期後半末頃からⅣ期初頭頃までには出現しており、一号墳についても、同じ頃までには築造されていたと推定できる。

そうしてこの一号墳が、一世紀第2四半期から一世紀後半とされる漢鏡5期の鏡を大量に副葬しているのであるから、Ⅲ期後半末・Ⅳ期初頭は、一世紀第2四半期を遡り得ない、という結論になる。Ⅲ期を前一世紀以前に置こうとするどのような説に対しても、この一号墳は反例となっている。

平原一号墳に眠る女首長は、一世紀後半に生じた帥升王権による侵略戦において奴国を含む土着系部族社会が征服され、帥升王統すなわち男王の時代へと推移してゆくその渦中に没して、それまで伝世してきた鏡、あるいはこれから伝世されるはずであった鏡を、ことごとく破砕し、もろともに地中に埋葬された女首長であったのではないかと考えられる。

平原一号墳は、原田大六氏によって発掘された当時は、二世紀代、あるいは三世紀終末ごろの遺跡とみなされ、卑弥呼の墓とも目されて話題を呼んだが、五号墳の周溝を破壊する甕棺墓の検出や、副葬鏡の鉛同位体比の研究などにより、卑弥呼の墓でないばかりでなく、それよりはるかに古い墓であることが確定した。平原一号墳は、卑弥呼の墓ではないが、卑弥呼へと繋がる者の墓ではあった。そうして、Ⅲ期後半、Ⅳ期初頭という時代の暦年代を正すことになる墓でもあった。

以上、弥生時代の暦年代比定は、結局、先に示した、図㉓下図のごときものを想定すればほぼ大過ないものと考えてよい。なによりも、我が古系譜（系図⑭）と中国史書とから導き出した弥生時代史とよく整合し、弥生高地性集落遺跡論ともよく整合し、伝世されるべき鏡が、なぜ墓の中に副葬されねばならなかったか、あるいは破砕されねばならなかったかについても説明が通る。

（十）銅鐸の編年と実年代

弥生時代の考古学的遺物としては、また銅鐸がある。銅鐸は、およそ二千五百年昔から中国にあった、今の風鈴に似た青銅器で、中に吊した棒（舌〔ぜつ〕）を揺らして打ち鳴らした楽器であった。佐原真氏は、その吊り手（鈕〈ちゅう〉）の形態に着目し、それが、本来の吊す機能にふさわしい分厚いものから、装飾を加えて薄く扁平になってゆく経時的変化を見出し、「聞く銅鐸」から、「見る銅鐸」へと移り変わるとして、銅鐸を古いものから順に四形式に大分類した。1．菱環鈕式（りょうかんちゅうしき）、2．外縁付鈕式（がいえんつきちゅうしき）、3．扁平鈕式（へんぺいちゅうしき）、4．突線鈕式（とっせんちゅうしき）の四形式である。その編年については、1．菱環鈕式はおよそⅡ期で、Ⅰ期新段階に遡る可能性もあり、2．外縁付鈕式はおよそⅢ期（Ⅱ期末からⅢ期前半）、3．扁平鈕式はおよそⅣ期（Ⅲ期後半からⅣ期）、4．突線鈕式はおよそⅤ期（＝従来Ⅴ期）という対応がつく（補論10参照）。このうち扁平鈕式銅鐸が最も精巧で高い技術力を示す銅鐸である。

福永伸哉氏はその著『邪馬台国から大和政権へ』（大阪大学出版会）に、銅鐸の共伴出土例を次頁のような一覧表（表㉔）にして整理し、次のように解説されている。

「同じ地点から複数の銅鐸が出土した事例は確実なものだけで三七ヶ所あり、合計一五九個の出土を数えることができる（表）。これらについて、銅鐸の型式との関係をみるとすでに指摘されているとおり、扁平鈕式以前のものと突線鈕2式以降のものとの共伴例が皆無であることが注意される。つまり、古い銅鐸は古いものどうし、新しい銅鐸は新しいものどうしで埋められており、両者が混じり合うことがないのである。

このことは扁平鈕式以前の古い銅鐸が埋納される時期と、新しい突線鈕式銅鐸が埋納される時期が大きく隔たっていたことを示唆している。そして、少ない情報からではあるが、古い銅鐸の埋納が集中的に行われた時期がまさに、弥生型社会が大きく変化した中期末から後期初頭にあたっていることが確かめられるのである」。

福永氏の暦年代比定は、岡村氏や白石氏のそれと類似で、古墳時代を三世紀半ばから始まるものとしてこれに都合のよい事例のみを挙げて誤った推論を展開さ

表㉔　複数出土銅鐸の型式組み合わせ

遺跡名	銅鐸型式							
	菱環鈕	外縁付鈕	扁平鈕	突線鈕				
				1	2	3	4	5
島根・荒神谷	1	5						
福井・井向	1	1						
兵庫・気比		4						
兵庫・中山		2						
京都・梅ケ畑		4						
島根・加茂岩倉		30	9					
島根・志谷奥		1	1					
兵庫・野々間		1	1					
兵庫・桜ヶ丘		4	10					
大阪・流木		1	1					
奈良・秋篠		1	2					
島根・城山			2					
岡山・百枝月			2					
徳島・長者ヶ原			2					
徳島・椿町曲り			2					
徳島・星河内			7					
徳島・安都真			4					
大阪・大和田			3					
大阪・四条畷			2					
和歌山・新堂			2					
和歌山・亀山			3					
近江・山面			2					
岐阜・上呂			2					
愛知・二ノ宮山			2					
島根・中野			1	1				
徳島・源田			2	1				
近江・大岩山B				3	3	4		
高知・韮生野						2		
京都・下安久						2		
静岡・釣荒神山						2		
静岡・船渡						2		
静岡・敷地						2		
静岡・木船						2		
和歌山・荊木						1	1	
愛知・伊奈						1	2	
近江・大岩山A						9		1
静岡・白須賀								2

れているため、右でいう「弥生型社会が大きく変化した中期末から後期初頭」を一世紀末から二世紀初頭とみておられるのであるが、これもズレており、「弥生中期末から後期初頭」とは畿内編年でいう時代区分で

あり、弥生Ⅳ期末から弥生Ⅴ期初頭、つまり、二世紀末葉頃、ちょうど倭国大乱の時期に当たると考えるべきである。帥升王統を出雲などの周辺地域へと退けて、邪馬臺国連合が成立する時代であり、この時代に福永氏の言う「扁平鈕式以前の古い銅鐸」が一斉に埋納されたと考えられる。

表㉔において、外縁付鈕式・扁平鈕式（と突線鈕1式の一部）を共伴する遺跡が、丁度この時期に銅鐸を埋めた、あるいは、埋めたままにした遺跡であろう。その中に、島根県の加茂岩倉遺跡がある。外縁付鈕式三〇体、扁平鈕式九体、合計三九体という突出した数量の銅鐸を埋納していた遺跡である。出雲に退いた帥升王統が埋納した古式銅鐸群とみれば、この突出した大量埋納についてよく説明が付くように思われる。倭地に覇権を敷いた帥升王統の退避地であったればこその、銅鐸の大量保有、大量埋納であったと理解できる。

銅鐸が地下へ姿を隠す契機は、しかしこの倭国大乱だけではなかった。三度の防衛的高地性集落遺跡の出現が語る如く、少なくとも、大きく三時期にわたる契機があった。一世紀後半の、帥升王統による倭地征略の時代、二世紀末葉の、倭国大乱の時代、そうして、三世紀後葉の、天皇祖族による邪馬臺国連合侵略の時代という、計三回である。各時代に応じて、銅鐸が地下に埋められたままになる時代が到来したものと思われる。表㉔でいえば、菱環鈕式・外縁付鈕式が埋納されたままになった時代、外縁付鈕式・扁平鈕式・突線鈕1式が埋納されたままになった時代、突線鈕式が埋納されたままになった時代、という三時代がそれぞれに対応すると考えられる。

（十一）環濠（壕）集落の時代と戦争の時代

既述の如く、弥生時代において、全国規模の戦乱が生じるのは、第Ⅲ期狭義高地性集落の時代以降である。つまり、西暦一世紀後半、帥升王権による倭地征服戦争の時代以降である。それ以前は、争いが起こったとしても、局地的な争いに収まっていて、戦争と呼べるような大規模の争いは無かったと考えられる。つまりほぼ平和な農耕文化が、母系母権制部族を主体とする土着部族社会において、次第に成熟しつつあった時代である。

白石氏は、弥生Ⅰ期の環濠（壕）集落を、「戦いの時代の到来を告げるムラのまわりに濠をめぐらした環濠集落」と表現しておられるが（白石太一郎編『日本の時代史1　倭国誕生』〔吉川弘文館〕二九頁）、これではいかにも弥生初期から、戦争が社会に一般的になったかのような考えに導かれる。

しかし環濠（壕）の役割については、さまざまな可能性が指摘されており、環濠（壕）の存在が直ちに人間集団間の争いを意味するわけではないと思われる。熊、狼、猪、鹿、狐、狸、蛇、鼠その他の野獣や害獣からムラを守るためや、排水などの必要が、弥生初期の環濠（壕）集落の環濠（壕）の、主たる役割であった可能性が考えられる。少なくとも弥生初期の環濠（壕）についてはそう考える方が蓋然性が高いというのが、高地性集落論からの、一つの帰結でなければならない。

（十二）杉原庄介氏という職人的先駆

弥生時代の土器編年と暦年代および各期の文化変容に関しては、前掲『日本農耕文化の生成　本文篇』（昭和三十六年）における杉原庄介氏による総論が、優れた解説となっている。小野忠凞編『高地性集落跡の研究　資料篇』（昭和五四年）に先立つこと十八年前の出版であるが、すでにここにおいて、北九州編年の城ノ越式（Ⅱ期）と須玖式（Ⅲ期）が、畿内編年の唐古Ⅱ式と唐古Ⅲ式にそれぞれ平行し、北九州編年の伊佐座式～原の辻上層（Ⅳ期）と水巻町式（従来Ⅴ期）が、唐古Ⅳ式と唐古Ⅴ式にそれぞれ対応するであろうことを正しく指摘しておられる。そうして、弥生前期・中期・後期を、北九州編年に従って定義し、Ⅰ期を前期、Ⅱ・Ⅲ期を中期、Ⅳ・Ⅴ期（従来Ⅴ期）を後期として、従来、畿内編年がⅡ・Ⅲ・Ⅳ期を中期、Ⅴ期（従来Ⅴ期）を後期としたために北九州編年と畿内編年との間に生じていた齟齬を、矯正しておられる。弥生中期と後期の定義が互いにずれていたために議論がかみ合わなかった点を、すでに正しておられるのである。

その上で杉原氏は次のように暦年代を推定しておら

れる（『日本農耕文化の生成　本文篇』一五頁）。
「前者《須玖遺跡・須玖式＝Ⅲ期》の甕棺には、前漢時代後半に製作された銅鏡を内蔵していたし、後者《桜馬場遺跡・伊佐座式＝Ⅳ期》の甕棺には、新王莽時代から後漢時代前半に製作された銅鏡を内蔵していた。これは、須玖式土器と伊佐座式土器の編年関係からすると、かなり敏感に大陸文化を摂取していたものとすることができるのである。しかし、それらの銅鏡が中国で製作され、ついで日本の北九州地方の族長の手に入り、かれらがそれらを宝器として愛蔵し、ついにかれらの死とともに副葬されたこの期間だけは考えねばならない。銅鏡の製作年代にこの期間を加えた年代が、甕棺の年代である。これにより、須玖式土器の行われた年代《Ⅲ期》を西暦後一世紀、西暦一―一〇〇年、伊佐座式土器の行われた年代《Ⅳ期》を西暦後二世紀、西暦一〇〇―二〇〇年と判断することとする。これに基準をおいて、須玖式土器以前に編年される城ノ越式土器《Ⅱ期》を西暦前一世紀に行われたもの、伊佐座式土器以後に編年される水巻町式土器《従来Ⅴ期》を西暦後三世紀に行われたものと推定したいのである。残る問題は前期《Ⅰ期》の年代づけであるが、土器型式を二～三型式として、今までの例から推算して、それを西暦前三世紀から二世紀の間に行われたものと推定する。これにしたがって、弥生時代の前期（Ⅰ期）を西暦前三〇〇年―西暦前一〇〇年の間、中期（Ⅱ・Ⅲ期）を西暦前一〇〇年―西暦後一〇〇年の間、後期（Ⅳ・従来Ⅴ期）を西暦一〇〇年―西暦三〇〇年の間と年代決定を行いたいと思うのである」。

杉原氏が右の僅か数十行で行った暦年代推定は、我々が前節までで延々と文献的考察を重ねてきて達した結論と、およそのところで一致していることに、まず驚くのであるが、右の数十行に至る杉原氏の脳裏で遂行された考証には、弥生土器の全てに精通した職人的洞察力が関与しているはずである。そのように考えてみれば、これは驚きでも何でもなくして、土器の手触りにまで馴染んだ長年の経験の積み重ねがもたらしたところのいわば直感力が関与した上での数十行であったと了解できそうである。職人の技量には、素人の立ち入りがたい要素が確かにあるのであって、相応の敬意が払われるべきであると改めて感じ入るところである。

（十三）巨大古墳の歴史的意味

さて、この弥生時代のあとに古墳時代が続く。三世紀末ないし四世紀初頭以降である。

古墳時代について、先に私は次のように述べた。

「大和朝廷の時代すなわち巨大古墳・前方後円墳の時代とは、大きな戦乱が遂に絶えた時代である。朝廷は、民衆の反乱へと向かう力を、巨大古墳の造営という事業へ向けて絞り上げ、反乱の芽を摘み取り続けた」と（五七八頁上段）。

古墳の築造に要する労力・費用計算について、白石太一郎氏は著書『古墳の語る古代史』（岩波現代文庫）で次のように解説しておられる。

「大林組のプロジェクトチームが、一九八五年に大仙陵古墳（伝仁徳天皇陵）の建設に要する工期と工費を試算した興味深いデータがある。それによると最新の土木機械を活用した現代工法では、一日当たり、ピーク時で二〇〇〇人、延べ二万九〇〇〇人の作業員で、工期は二年六カ月、工費は二〇億円で築造が可能という。またもし現在、現代人が古代工法で造営するとすると、一日当たりピーク時で二〇〇〇人、延べ六八〇万七〇〇〇人を動員して、工期は一五年八カ月、工費は七九六億円と見積もっている。なおこの試算の対象は二重目濠までであり……葺石採取・運搬・施工や埋葬施設の石室の工事などすべてを含むが、不確定要素の多い埴輪作りの作業員と工費は除外されている。したがって、墓域全体や陪塚をも含むと、この見積りはさらに増加することになろう。……古墳時代における労働力動員のメカニズムは不明だが、正当な対価が支払われたとは考えにくい。だから、今日の八〇〇億円に相当する経費が必ずしも必要であったわけではないが、延べ数百万人の動員は、当時においてもたいへんな事業であったことは疑いない」（同書七～八頁）。

「正当な対価が支払われたとは考えにくい」とか、「今日の八〇〇億円に相当する経費が必ずしも必要であったわけではない」とか白石氏がいわれるのは、要するに奴隷労働、よくいえばボランティア労働（ただし強制されたボランティア労働）が行われた可能性があるという意味であろう。「たいへんな事業であったことは疑いない」のである。

巨大古墳に投入され続けた、こうした途方もないエネルギーに関して、福永伸哉氏は前掲『邪馬台国から大和政権へ』で、次のように述べておられる。

「巨大な前方後円墳を眼前にしたときの、その巨大さに対する驚きは、高層ビル群を見慣れた現代の私たちにも新鮮である。

世界各地の農耕社会の成立から巨大な王陵誕生までの時間を比較した佐原真は、西アジア、中国、ヨーロッパで数千年を要したのに対して、日本では弥生時代開始から六〇〇年ほどで前方後円墳を生み出したことに注目する。たしかに、日本列島における王陵誕生の速度はきわめて速かった。

……さらに、その後三五〇年にわたって大豪族から有力農民にいたる各層がこぞって墳丘や周溝をもつ墳墓を作り続けた点も特異といわざるをえない。

この間に築造された古墳の数は三〇万基とも四〇万基ともいわれる。気の遠くなるような多くのエネルギーが古墳築造を含む葬送儀礼に投入されたのである。

これだけのエネルギーがたとえば道路整備に向けられていたなら、車両による運搬がはやくに導入され、物資流通の効率が劇的に向上したかもしれないし、農地開拓にあてられていれば農業生産の飛躍的な増大が各地でみられたかもしれない。しかし、一部で大規模な灌漑・運搬用の人工水路が開削された可能性はあるものの、古墳築造に匹敵するような公共工事が行われた形跡は稀薄である。増加した農業生産も、つぎつぎと古墳築造に投入されていったというのが実態であろう。

逆説的ではあるが、古墳時代とは巨大な墳丘の威容とはうらはらに、ある意味で停滞の時代ではなかったかとさえ思えるのである」（同書八八～八九頁）。

まさにその通りであろう。福永氏はこのあとに付け足して、「しかし、日本という国家の形成へ向かうためには、葬送儀礼に精力を注いで各地の倭人社会をつなぎとめ、古墳に社会の秩序を語らせた三五〇年間もまた必要であった。社会内部の十分な成熟を待たずして東アジアの国際舞台へ登場した倭国にとって、古墳時代とは早熟な王権形成がはらむ諸矛盾を儀礼のなかに解消しようとした時代だったのである」といって、古墳時代の時代的必要性に説き及んでおられるが、物資流通の劇的向上や農業生産の飛躍的増大といった、民の福祉に役立つ可能性を全て犠牲にしたことが、時代の必要であったとは考え難い。侵略王権が、被侵略側の反抗の芽をつぶしつつ生き延びるため民衆に払わせた犠牲の大きさが、とりもなおさず、古墳の巨大さであったのであり、侵略王権の命脈を保つという侵略側の利己的な損得勘定が、巨大古墳と引き替えに、長い停滞の時代をもたらしたという、厳しい歴史の真実に目を凝らしておきたい。それで十分だと思われる。この歴史の真実を侵略者のために弁護する必要は、さらに無いと思われる。

補論１　弥生時代・古墳時代の時代区分と暦年代

前掲福永伸哉著『邪馬台国から大和政権へ』の十二ページに「弥生時代・古墳時代の時代区分と暦年代」の表が掲載されている。次頁の表Ａである。

この表Ａで古墳時代中期以降の年代は、一型式約二十年の見当で暦年代が比定されている。父子直系王統譜における一代平均在位年が十八・八年であることからして、ほぼ妥当な見当と思われる。権力ストレスから遠い土器工人の一代平均年は王統の一代平均年よりやや長かったとすれば、一代平均二十年という数値は丁度よい値と思われる。

それなら、前期の布留式も一型式約二十年とするほうが一貫性があるのではないか。このように見ると、布留０式の始まりは、中期初頭（高蔵七三型式初頭）四〇〇年から遡ること八〇年の勘定となり、西暦三二〇年頃とするのが妥当ではあるまいか。丁度崇神天皇の没年ごろということになる。過渡期の土器形式である庄内式から移行する時期として、まずは妥当な暦年代であろうと思われる。当節本文の図㉓下段の図とつ

（表A）

時代	年代	時期	土器
弥生時代		前期	第Ⅰ様式
		中期 前葉	第Ⅱ様式
		中期 中葉	第Ⅲ様式
		中期 後葉	第Ⅳ様式
	AD1		
		後期	第Ⅴ様式
	190		
		終末期	庄内式
	260		
古墳時代		前期	布留０式
			布留１式
			布留２式
			布留３式
	400		
		中期	高蔵73型式
			高蔵216型式
			高蔵208型式
			高蔵23型式
			高蔵47型式
	500		
		後期	陶器山15型式
			高蔵10型式
			陶器山85型式
			高蔵43型式
			高蔵209型式
	600		
		終末期	飛鳥様式

などと、次頁の表Bのような暦年代表ができる。表Aより、むしろ表Bのような暦年代の方が蓋然性が高いと思われる。

補論２　纒向年代

石野博信氏の『邪馬台国の候補地　纒向遺跡』（新泉社）の二十一頁に、纒向土器の編年表が掲げられ、次頁の左端に掲げた表のように推定年代が比定されている。

この編年表では、庄内式期、すなわち弥生時代から古墳時代への過渡期に当たる時代が、三世紀初めから末葉までに当てられてしまっており、正しい編年とは思われない。そもそもこの編年によると、纒向１類か

（表B）

時代	年代	時期	土器
弥生時代		前期	第Ⅰ様式
	前100	中期　前葉	第Ⅱ様式
	後1	中期　中葉	第Ⅲ様式
	107	中期　後葉	第Ⅳ様式
	182	後期	第Ⅴ様式
	266	過渡期	第Ⅵ様式（庄内式）
古墳時代	320	前期	布留０式 布留１式 布留２式 布留３式
	400	中期	高蔵73型式 高蔵216型式 高蔵208型式 高蔵23型式 高蔵47型式
	500	後期	陶器山15型式 高蔵10型式 陶器山85型式 高蔵43型式 高蔵209型式
	600	終末期	飛鳥様式

ら纒向5類までの各期間が、それぞれ順に、三〇年、四〇年、二〇年、二〇年、六〇年というバラバラの長さになるが、筆者には、その理由が不明である。

ここは、補論1に倣って、各期の長さとして、工人

180年
纒向1類（弥生5様式末）
210年
纒向2類（庄内古式）
250年
纒向3類（庄内新式）
270年
纒向4類（庄内新新式・布留0式）
290年
纒向5類（布留1式）
350年

一世代平均年と見積もられる二〇年という期間を採って年代を当ててみる。この方が、少なくとも公平であろうと思われる。

補論1の表Bでは、纏向4類に当たる布留0式が、西暦三二〇年からの二〇年間、布留1式がその後の二〇年間となっているので、これを単純に二〇年ずつ上代へ遡及して年代を当ててみると、次頁の表で牧尾編年として示したような年代となる。その右に、この年代に当たる事件を記した。この卑説編年によれば、遺跡群の消長や、纏向への搬入土器の実体に合致する知見が得られることに注目したい。

石野氏は『邪馬台国の候補地』の二〇頁以下で、纏向遺跡からの出土土器には外来系土器が多く、少なくとも一五パーセント、多い地点では三〇パーセントを占めており、吉備系土器より尾張・伊勢のいわゆる東海系土器が非常に多いことを指摘しておられる。曰く（《》内は、例によって筆者注。傍線も筆者である）、「纏向遺跡からは、七次調査までで整理箱に一〇〇〇箱をこえる土器が出ている。その土器をいっしょに調査、整理をした橿原考古学研究所の関川尚功（せきがわひさよし）と分類していく過程でわかったことは、各地域の土器がかなり混じっていることであった。

……外来系土器は纏向2類＝庄内式土器出現段階からふえはじめ、もっとも多いのは纏向3類から4類である。暦年代にすると西暦二一〇年ごろから、庄内式後半である纏向4類が終わる二八〇年から二九〇年頃にかけてが、外来系土器がもっとも多いことがわかってきた《牧尾編年に従えば、「外来系土器は、纏向2類出現段階である西暦二八〇年ごろからふえはじめ、最も多いのは、纏向3類から4類、つまり、西暦三〇〇年前後から三四〇年頃にかけてが、もっとも多い」となる》。

……纏向遺跡の外来系土器のなかで、隣のカワチの土器が多いのは当然であるとしても、遠隔地でもっとも多いのはオワリ・イセ系統の土器であった。……調査が始まって外来系土器が多いことに気がついた段階では、おそらくキビの土器が多いのではないかと予想していた。キビ系の特殊器台が先入観としてあったか

石野編年	牧尾編年
180年	260年
纒向1類（弥生5様式末）	262年前後　孝元天皇即位。 出雲を一の拠点として、邪馬臺国連合への侵略戦争が本格化する。 孝霊天皇の皇子世代が吉備を平定。尾張連祖族と吉備葛木母族の結合。 266年を最後に、邪馬臺国から中国への遣使が途絶する。 この後、吉備などに弥生墳丘墓が盛行する。
210年	280年
纒向2類（庄内古式）	281年前後、開化天皇即位。 開化・崇神親子による大和（邪馬臺国）平定時代。 この前後に、唐古・鍵遺跡の衰微　突線鈕式銅鐸の破壊 弥生環濠集落の廃絶　侵略途上におけるヒミコの鏡の没収と再分配 以後、纒向遺跡時代へ。
250年	300年前後　崇神天皇即位、大和朝廷樹立。
纒向3類（庄内新式）	定型前方後円墳時代へ。
270年	319年　崇神天皇崩御。 垂仁天皇即位　この前後に、尾張連祖族、美濃・尾張へ東下。 旧木族、毛野へ東下。 日の女神、伊勢へ東下。
纒向4類（庄内新新式・布留0式）	この頃、景行天皇即位。
290年	340年
纒向5類（布留1式）	この頃、百済・新羅の勃興。 この頃、成務天皇即位　この前後に、近江へ遷都。 纒向遺跡の衰滅。
350年	356年　成務天皇崩御。
	360年
	363年　仲哀天皇崩御。 朝鮮征略（天皇祖族による故国奪還）。

らである。

……しかし、調査が進み整理が進むにつれてキビ系土器は少ないことがわかってきた。それにくらべオワリ、イセのいわゆる東海系土器が非常に多かった」。

このように考古学的事実を指摘した後、石野氏は「これは、どういうことなのだろうか」と自問し、「もしヤマトが邪馬台国であったとすると、倭国と戦争をした狗奴国（くなこく）の有力候補はオワリ・イセの東海西部地域だといわれている。その地域の土器が大量に三世紀の前半から後半にかけて入ってきているということをどう考えたらいいのか、という新たな課題がおこってくる」と述べて、途方に暮れておられる。そうして、苦し紛れに、「もし邪馬台国が北部九州であれば、邪馬台国とはまったく無関係に、ヤマトとオワリ、イセとの間に強い交流があったことを考えることになる」と述べておられる。

つまり、石野氏の暦年代比定と推論に従えば、三世紀に、纒向と「狗奴国の有力候補地」オワリ・イセとの関係が強いことと、この時代に邪馬台国と狗奴国とが対立して争っていたという「魏志倭人伝」の伝えとを整合させるためには、纒向と邪馬台国は、別物でなければならないということになりそうなのである。そこで、「もし邪馬台国が北部九州であれば、云々」などと苦し紛れの考察を付け加えるはめにも陥っておられるわけである。しかし、石野氏は、同著で、邪馬台国の候補地として、まさにこの纒向遺跡を取り上げているのであるから、この部分は、石野氏としては、極めて不本意な一文であったに違いない。

こうした自己撞着をもたらす石野氏の推論には、もともと幾つかの誤りが含まれている。先ず、狗奴国の有力候補地をオワリ・イセとするところに根拠がない。オワリ・イセ地方に、帥升王統の影響が及んでいた可能性は小さくないが、此の地が狗奴国そのものではない。狗奴国は、出雲を中心とした、帥升王統裔の盤踞する地域であって、オワリ・イセは、傍系に属する。

石野氏の推論で最も問題であるのは、やはり、その暦年代比定である。纒向1類から5類のそれぞれの始まりの時期を、石野氏は、いずれも五〇年から八〇年ほど古く見積もっておられる。

しかし卑説編年によれば、外来系土器がもっとも多い纒向３類から４類の時代とは、西暦三〇〇年前後から三四〇年前後の時代、およそ崇神朝・垂仁朝に当たる時代である。

この時代、特に、垂仁天皇の即位の前後の時代は、大和朝廷の初代大王と言ってよい崇神天皇から二代目の垂仁天皇へと代替わりする時代で、第十三節に述べたとおり、皇位継承をめぐって、部族再編とも言うべき大きな事態が生起した時代であった。この時期、崇神妃「尾張連の祖、オホアマヒメ」の子らは、北陸を含む東国、主としては、美濃・尾張地方へと大挙して東下し、別の崇神妃「木国造、荒河トベ」の子らは、遙か毛野地方へと東下してゆく。日の女神（記紀いう天照大御神）の伊勢への遷宮（追放に近い）も、同じ位相の下で生じた出来事である。

尾張連祖族、毛野臣祖族らと同様にこの時期、続々東国へと下った部族は少なくないが、詳細は、前掲拙著『古事記考』の第五章「神々の流離」を参照されたい。

ともあれ、この過程で、尾張連祖族らが、大挙して美濃・尾張方面に下ったとすれば、その尾張連祖族等は、最も多くの貢ぎ物をせっせと纒向に運んだはずと思われ、景行天皇の時には、その尾張連祖族は大和に一定の復権を果たしており（ここには述べた如く、朝鮮半島状況が関わると思われる）、景行天皇の尾張連出自の妃、八坂入日賣命の生んだ成務天皇が次代天皇となるのである。こうした状況が、纒向遺跡の土器相に反映されたものと推測できる。纒向３・４類の暦年代を卑説編年のように修正すれば、文献的事象と考古学的事象とを、ほぼ整合させることが可能である。

石野氏の同著三六頁には、纒向１・２類の時代に、銅鐸が破壊される現象のあったことが報告されている。曰く、

「かつて、纒向遺跡辻地区で二世紀末・三世紀初（纒向１類の時期が、石野編年ではこうなる）に破壊された銅鐸飾耳がみつかった（一九七二年の調査）。二世紀末から三世紀前半にかけて《纒向１・２類の時期が、

石野編年ではこうなる》三輪山周辺では弥生時代のカミまつりのシンボルである銅鐸が、ぞくぞくと破壊されるという異常事態が発生していたのである」。

この現象の理由として、石野氏は次のように解説しておられる。

「おそらく天候異変のために農作物の不作がつづき、ひたすらカミに祈りつづけたが、事態は一向に好転しなかった。それが、三品彰英がいう地的宗儀（銅鐸）から天的宗儀（鏡）への転換だった。

二世紀末に突如出現した都市・纒向の人びとは旧来のカミを否定し、新しいカミを迎える行為を積極的に実行したのである」。

二世紀末に（と石野氏は信じておられる）突如として出現した都市・纒向において、この突然の変化なるものがあった、つまり、邪馬台国連合時代が始まって間もない頃に、この突然の変化があって、しかもそれが、天候異変の為に起こり、銅鐸祭祀から鏡祭祀へと転換した、というのである。しかし、節末の補論7にも述べる通り、二世紀末の天候異変とは、温暖期であった弥生第Ⅲ期から一転、いわゆるローマン海退期と呼ばれる小氷期が訪れたために生じた気候の寒冷化異変のことであるが、これは気候変動論が示す通り、弥生第Ⅳ期の出来事である。そうして第Ⅳ期の銅鐸は、いわゆる扁平鈕式銅鐸であって、次の突線鈕式銅鐸へと続く銅鐸である。この突線鈕式銅鐸が、弥生第Ⅴ期である邪馬臺国時代に盛行する銅鐸であり、邪馬臺国の滅亡と突線鈕式銅鐸の消滅が並行する。つまり突線鈕式銅鐸の消滅は三世紀後半から末にかかる時代のできごとであって、二世紀末とは関連がない。石野氏の論は疑問が多く、単なる空想の域を出ないものである。

石野氏は同著の別のところ、一八頁や三九頁で、弥生時代の大集落である唐古・鍵遺跡の土器の量が、右と丁度同じ頃、つまり、纒向1類の時期に、急激に減ってしまう現象を指摘しておられる。その理由として、唐古・鍵の人々が纒向に移住したためだとされる。曰く、

「唐古・鍵の多量の土器は弥生5様式末（纒向1類）で突然激減し、纒向はそのときから突然始まる。唐

古・鍵の人びとが纒向に移住したと考えられる」（同著三九頁）。

然るに、卑説編年に従えば、纒向１類の時期は、西暦二六〇年前後から二八〇年前後にあたり、これは、天皇祖族による邪馬臺国連合に対する侵略戦が激しくなる時期に一致している。この時期はほぼ孝元天皇世代に当たり、天皇祖族が出雲の帥升王統と結託し、吉備を占拠し、やがて、開化・崇神親子による紀国・大和の平定へと向かう時期に当たっている。

この時期以降、第Ｖ期の共同体青銅器と目される突線鈕式銅鐸が、やがて続々と破壊され、邪馬臺国時代の集落であった唐古・鍵集落も急速に衰え、大和平定後に、これと入れ替わるがごとく、纒向に天皇祖族らの拠点が建設されたと推測できる。こう推測する方が、文献学的にも全ての点で整合する。

纒向遺跡の消滅に関しては、石野氏の同著、八二頁に、次のように述べられている。

「纒向遺跡は土器編年でいえば弥生第５様式の末、纒向編年でいえば纒向１類、おそらく西暦の一八〇年代後半に相当する時期にとつぜん始まり《恐らく、実際の始まりは纒向２類・庄内古式の頃よりはあと、開化天皇世代以降、つまり西暦二八〇年代よりはあとであろう》、そして、四世紀の中頃・三五〇年ごろ、布留１式と布留２式の間、布留１式の終末とともにとつぜん消滅した」。

石野氏は、布留１式の終末を四世紀の中頃・三五〇年頃、始まりを二九〇年頃とされているのであるが、すると石野編年では布留１式は約六〇年の長きにわたることとなる。その理由を、石野氏は特に示されてはいないが、時代が下がるほど、一つの様式の継続年代が長くなるような年代比定そのものに疑問符がつくことは、すでに本文でも述べたとおりである。布留１式も二〇年ほどの継続と考えられ、その始まりは、恐らく三四〇年頃、終末は三六〇年頃である。

さて、纒向遺跡が布留１式の終末とともに忽然と消滅したのは、なぜであろう。これについても、石野氏は同著の中では特に理由を示されていない。

然るに、布留１式の時代は、卑説編年に従えば成務天皇が即位する時代の前後に当たる。『古事記』によれば、初期大和朝廷の宮地は、崇神・垂仁・景行天皇の三代にあってはいずれも大和磯城の地（纒向を含む）であったのに対して、次の成務天皇の宮地は、近淡海（近江国）の高穴穂宮とされている。

『日本書紀』によれば、すでに景行天皇の五十八年紀に、「近江国に幸して、志賀に居すこと三歳。是を高穴穂宮と謂ふ」とあり、三年後の六十年紀には「天皇、高穴穂宮に崩」とある。

結局、景行朝末から成務朝初めにかけて、何らかの理由で、朝廷は、大和纒向の宮地を棄てて、近江国へ引っ越したのである。

この頃、朝鮮半島の韓の地では、辰韓を倒して新羅が勃興し、馬韓の地では百済が勃興するという大きな政変があった。すると、こうした半島情勢に対応して、半ば防衛的措置として、大和から近江への遷都が急遽行われたと考えれば、この遷都は、時代の趨勢、当時の東アジア情勢に整合する。かつ、この事態が、とりもなおさず、纒向遺跡の突然の消滅をもたらしたと考えられる。

以上、纒向土器の編年に関しては、石野氏の編年に依るより、卑説編年の方が、考古学が示す多くの事象を、文献学的見地からも整合的に説明できると思われる。

表に示した卑説編年には、言うまでもなく前後十年程度の誤差を見込む必要はあろうが、おおよそのところは、示した通りの暦年代比定でよかろうと思われるのである。

補論3　森岡秀人氏の弥生土器年代について

近年の弥生土器編年に関しては、近畿地方のこの方面の第一人者とされる芦屋市教育委員、森岡秀人氏による土器編年が、今日のスタンダードとして、広く用いられるに至っている。氏による弥生土器の畿内様式編年は、一九八四年発表のものと一九九八年発表のものとを対照させつつ、およそ次頁の表のようにまとめられている（春成秀爾・今村峯雄編『弥生時代の実年代　炭素14年代をめぐって』〔学生社〕一二一頁の表

2)。

一九八四年のものと一九九八年のものとを比べると、後者の方が、より細密な分類を果たしている。すなわち、第Ⅰ様式は当初の三様式から四様式に増え、第Ⅱ様式も、当初の二様式から三様式に増え、第Ⅲ様式は二様式のままであるが、第Ⅳ様式は二様式が四様式に倍増し、第Ⅴ様式は五様式が六様式となり、第Ⅵ様式＝庄内式も、二様式であったものが、布留0式＝庄内新新式を取り込んで三様式に整理されている。

なおかつ、暦年代は、全体として、後者の方が、ほぼ半世紀ほど、より古い方向へと編年替えされている。

補論2の石野氏の編年表と対照させておくと、石野編年にいう纒向1類（弥生5様式末）がⅤ—6様式にあたり、纒向2類（庄内古式）がⅥ—1様式、纒向3類（庄内新式）がⅥ—2様式、纒向4類（庄内新新式・布留0式）がⅥ—3様式に、それぞれ相当する。

暦年代		弥生土器の畿内様式編年	
		【森岡 1984】	【森岡 1998】
紀元前	400		
			Ⅰ－1様式
			Ⅰ－2様式
	300	第Ⅰ様式（古）	Ⅰ－3様式
			Ⅰ－4様式
		第Ⅰ様式（中）	Ⅱ－1様式
			Ⅱ－2様式
		第Ⅰ様式（新）	Ⅱ－3様式
	200		Ⅲ－1様式
		第Ⅱ様式（古）	Ⅲ－2様式
		第Ⅱ様式（新）	Ⅳ－1様式
	100	第Ⅲ様式（古）	Ⅳ－2様式
			Ⅳ－3様式
		第Ⅲ様式（新）	
		第Ⅳ様式（前半）	Ⅳ－4様式
	1	第Ⅳ様式（後半）	Ⅴ－1様式
紀元後			Ⅴ－2様式
		第Ⅴ様式（1）	Ⅴ－3様式
	100	第Ⅴ様式（2）	Ⅴ－4様式
		第Ⅴ様式（3）	Ⅴ－5様式
		第Ⅴ様式（4）	Ⅴ－6様式
	200	第Ⅴ様式（5）	Ⅵ－1様式
		庄内式（Ⅰ）	Ⅵ－2様式
		庄内式（Ⅱ）	Ⅵ－3様式
		布留式（Ⅰ）	布留1様式

森岡氏のこの表は、先に引用した石野氏の編年表を、暦年代比定ともども、そのまま上代に延ばした編年表になっているのであるが、石野氏の暦年代比定が正しくないので、森岡氏の暦年代比定も、

当然、正しくないのである。

そもそもこの編年表の一九九八年案では、第Ⅳ様式の時代が、倭の奴国の時代より更に前の時代になっており、これでは弥生Ⅳ期が、「魏志倭人伝」や『後漢書』倭伝が百余国あったとする時代に重なってしまう。

第Ⅳ様式の時代は、本節本文でも述べた如く、全国的に土器の斉一化が進行し、回転台の使用が隆盛し、Ⅳ期の終焉とともに、土器は一転多様化し、回転台も衰退するという逆進が見られるという、極めて特徴的な時代である。

卑見によれば、この第Ⅳ期の時代こそ、倭国王帥升（シュイシャン＝スサ～スサノヲ）王統の時代であり、倭国大乱によってこの帥升王統が退けられた後、時代は逆進的に邪馬臺国連合へと推移したために、文化様式にもⅣ期からⅤ期へと逆進が認められたと推定された。森岡氏の一九九八年案では（一九八四年案でも同じであるが）、こうした大局的な変化を説明することが難しいと考えられる。

森岡氏の対照表の土器の暦年代は、一九八四年案でも、全体に五〇年から一〇〇年、一九九八年案に至っては、一〇〇年から一五〇年ほど、上代へズレているように思われる。一〇〇年から三〇〇年の誤差を含む年輪年代法や、もともと誤差の大きな炭素14年代法を、自説に都合の良い方法で偏った用い方をした結果ではないかと思われる。

他方で、土器編年の細分化については、特に一九九八年案の第Ⅳ様式以降の部分については、さもありなんと思われるところがある。たとえば第Ⅳ様式は四期に細分されるに至っているが、このⅣ期は、述べた如く、帥升王統、つまり、「魏志倭人伝」に言う男王七、八十年の時代（西暦一〇七年前後～一八二年前後）と推定されるので、例によって一様式約二十年と見ると、四様式分で約八十年となり、勘定が合うように思われる。

また、新第Ⅴ様式から第Ⅵ様式に到る時代は、述べた如く、邪馬臺国時代から、天皇祖族による侵略戦争を経、大和朝廷が成立して二十年程を経た頃（布留０式の直前頃。森岡編年のⅥ－2様式頃）まで（西暦一八二年前後～三二〇年前後）の約一四〇年ほどに当たり、この間、Ⅴ期が六様式、Ⅵ期のⅥ―２までが二様式、都合八様式に細分されているのであるから、一様式の平均が約十七年ほどとなり、これもまずまず妥当な勘定になりそうである。戦乱の時代を中に挟んでいるので、その影響によって一様式の平均が若干短くなっているのかもしれない。

第Ⅲ期以前については、戦争の時代以前の時代であり、時代の変転スピードは、格段に緩やかであったと思われるので、右のような算術がそのまま成り立つとは思われない。

補論４　白井克也氏の「勒島貿易と原の辻貿易――粘土帯土器・三韓土器・楽浪土器――」について

弥生土器編年の絶対年代比定は、西暦五七年前後（Ⅲ期前半）から後については、おおよその比定は、当節表⑳や図㉓の下図によってほぼ達成されたと考えられる。しかし、これより先の実年代比定についてはは我々の論法による限りいままでのところはなお曖昧なままである。理由は明瞭であって、中国史書に見える倭国の実年代が、西暦五七年の倭の奴国による後漢への奉献朝賀記事以降であること、および、我が国の文献的化石ともいうべき古系譜が、ようやくスサノヲ王統譜に見える、西暦二世紀中の系譜を嚆矢とすることによって、実年代比定の可能性が上限を与えられているためである。

然るに、弥生土器編年の暦年代比定の可能性を更に上代へと遡らせるために、中国史書に残る古代朝鮮・韓に関する史実に頼る道が考えられる。

古代朝鮮・韓の土器編年と弥生土器編年の平行関係を知り、これを仲立ちとして、中国史書の古代朝鮮・韓関連記事と弥生土器編年との相関関係を究明し、以て、暦年代を究明することはできないか。

古代朝鮮・韓土器は弥生土器と共伴することがあり、古代朝鮮・韓土器に類似した土器が弥生時代に我が国で作られたことも知られている。我が国で出土するこれら古代朝鮮・韓土器あるいはその類似土器の、時代毎の分布や量の多寡を知ることは、古代日本と古代朝鮮・韓との交流の質と広がりを知ることにもつながる。当然の事ながら、これまでに探求された倭と朝鮮・韓との関係に関する考古学的物証ともなることが期待される。

古代朝鮮・韓の考古学については、筆者は日本の考古学以上に門外漢であり、よく論じることはできないが、幸いなことに弥生土器編年と古代朝鮮・韓の土器編年との関連を基礎にして、古代の彼我の貿易関係を論じた興味深い論説が、東京国立博物館の白井克也研究員によって、インターネット上に公開されている。「勒島貿易と原の辻貿易――粘土帯土器・三韓土器・楽浪土器――」と題されたこの論文は、二〇〇一年に埋蔵文化財研究会第四十九回研究集会実行委員会主催による「第四十九回埋蔵文化財研究集会　弥生時代の交易――モノの動きとその担い手――」において発表された。

副題にいう粘土帯土器は、断面円形粘土帯土器（水石里〈スソンニ〉式）と断面三角形粘土帯土器（勒島〈ロクトウ〉式）に分けられ、勒島式はⅠ式からⅢ式までの3式に細分される。水石里式土器と勒島式土器は、古代朝鮮・韓のいわゆる無文土器時代後期を指標する土器様式である（水石里は現在の韓国忠清南道青陽郡大峙面水石里、勒島は同慶尚南道泗川市勒島洞の勒島遺跡）。

副題にいう三韓土器は、弁辰韓Ⅰ期から弁辰韓Ⅴ期までに分けられている。

副題の最後にある楽浪土器は、楽浪Ⅰ期から楽浪Ⅴ期までに分けられている。

以上、粘土帯土器、すなわち水石里式・勒島式と、三韓土器、楽浪土器の互いの編年関係、および、これらと弥生式土器の平行関係は、白井氏によれば、次頁の表㉕の如くである。

白井氏はこの編年表の左欄に暦年代を記しておられるが、右端には卑説による暦年代と歴史的事象を記した。白井氏の暦年代と卑説の暦年代とは、互いに約半世紀から一世紀半のズレがある。

この編年表を基礎に白井氏が弥生時代の長距離交易について指摘されたところは、氏の掲げる暦年代比定

表㉕

	古朝鮮・楽浪地域	朝鮮半島東南部		北部九州など	並行関係の手掛かりとなる遺跡など		牧尾説西暦年代
	古朝鮮	水石里式		前期末～城ノ越式	諸岡遺跡	弥生Ⅰ期末～Ⅱ期	BC108
		勒島Ⅰ式		須玖Ⅰ式（古）	勒島遺跡	弥生Ⅲ前期	AD 1
		勒島Ⅱ式		須玖Ⅰ式（新）	勒島遺跡		
100BC	楽浪Ⅰ期	弁辰韓Ⅰ期	勒島Ⅲ式	須玖Ⅱ式（古）	那珂遺跡	弥生Ⅲ後期	AD57 倭の奴国、後漢へ朝賀
1AD	楽浪Ⅱ期	弁辰韓Ⅱ期	茶戸里式	須玖Ⅱ式（新）	漢鏡3期 横隈鍋倉遺跡		107　帥升王権の成立　　以後、男王時代
	楽浪Ⅲ期	弁辰韓Ⅲ期		高三潴式	経隈遺跡	弥生Ⅳ期	
100AD	楽浪Ⅳ期	弁辰韓Ⅳ期					182頃　オミヅヌ推定即位年。倭国大乱 卑弥呼共立、邪馬臺国連合時代
				下大隈式		弥生新Ⅴ期	247頃　女王国と狗奴国の戦争。
200AD	楽浪Ⅴ期	弁辰韓Ⅴ期		西新式・庄内式	久宝寺遺跡	弥生Ⅵ期	266年、女王国から中国への最後の遣使 300頃　崇神天皇推定即位年。大和朝廷の成立
300AD	（＋）	古式新羅加耶土器		古墳前期		古墳時代	

による限り、了解し難いところがある。文献的考証とうまく整合しないのである。しかし、卑説の暦年代比定によるとき、了解可能になる部分が多い。

白井氏の論文の「3．粘土帯土器・三韓土器・楽浪土器からみた弥生時代の交易」は、特徴的な交易機構として、時代順に、勒島貿易、原の辻貿易、博多湾貿易が認識されるとして、各文化小期毎に次のような興味深い指摘をされている。いつも通り《　》内は、筆者注。傍線も筆者による。

「(1) 弥生前期末～中期初頭《表㉕の前期末～城ノ越式。すなわち弥生Ⅰ期末～Ⅱ期》

弥生前期末から中期初頭にかけて韓人が北部九州に渡来・移住したことは、水石里式土器と擬朝鮮系無紋土器により明らかである。その背景に朝鮮半島における政治変動があったと思われる。

朝鮮半島情勢の手がかりとして重要なのが、沖縄県の貝塚文化後期の遺跡で出土する滑石混和土器である。下地安広は浦添市・嘉門貝塚、読谷村・大久保原遺跡、同村・中川原貝塚、宜野湾市・真志喜荒地原第一遺跡で出土した滑石混和土器を楽浪土器とみなした【下地安広一九九九】。しかし、共伴土器に年代幅のあるものを除いて考えれば、沖縄の滑石混和土器は南部九州の弥生前期中葉から中期前半にかけての弥生土器とともに出土しており、楽浪建郡以前にさかのぼる。そのため、筆者は沖縄出土の滑石混和土器を西北朝鮮の古朝鮮土器と考えている【白井克也二〇〇〇・九四】」。

白井氏は、ここで下地安広氏の説を批判しているが、批判は正当とは言い難い。下地安広氏は、沖縄の滑石混和土器を楽浪土器とみなしたが、白井氏は、これが弥生前期中葉から中期前半（弥生Ⅰ期中葉～Ⅲ期前半。表㉕でおよそ古朝鮮土器の時代。水石里式から勒島Ⅱ式まで）に位置する土器であることから、氏の暦年代比定を用いる限りで、その実年代は紀元前二世紀以前となり、紀元前一〇八年の前漢による楽浪郡等四郡設置以前の土器ということになるため、「楽浪建郡以前にさかのぼる」土器であるとして、下地氏の説を批判しているのである。

しかし、卑説によれば、弥生Ⅲ期前半は紀元後五七年を含み、このころから始まるであろうⅢ期後半の約半世紀という長さをⅢ期前半にも当てはめれば、Ⅲ期前半の始まりは、紀元元年前後の実年代になるものと思われる。すると、これを一世紀遡る紀元前一〇八年はⅠ期末からⅡ期の間に含まれると考えられよう。よって、件の沖縄の滑石混和土器は、「楽浪建郡以前にさかのぼる」わけではなく、下地氏の論ずる如く、楽浪土器とみて矛盾は無いことになる。

さて、Ⅰ期末から水石里式土器が北部九州に現れ、このことが、韓人が北部九州に渡来・移住したことを示し、「その背景に朝鮮半島における政治変動があったと思われる」ということであるなら、実はⅠ期末こそ、紀元前一〇八年前後の時代であり、紀元前一〇八年における、前漢による衛氏朝鮮の討伐と朝鮮四郡設置という史実こそ、水石里式土器が北九州に現れる背景にあった、「朝鮮半島における政治変動」であった、と考え得ることになる。

すると、Ⅱ期は、紀元前一〇八年頃より以降、Ⅲ期直前まで、つまり、紀元前二世紀末頃から紀元前一世紀末頃まで、と推定できそうである。

「滑石混和土器を出土する沖縄の遺跡では青銅器片などを出土する場合があり、弥生前期末～中期初頭の北部九州に朝鮮産青銅器が流入することと一連の物資の流れが沖縄まで及んだと考えられるが、古朝鮮の人びとが南方に移動するような情勢がその背景にあったと考えられる」。

朝鮮を侵略支配するに至った前漢の圧倒的な軍事力が、時代の大きなうねりを、朝鮮半島から、はるか沖縄にまで及ぼしたと考えられる。

「渡来の経路は、北部九州に上陸したもののほか、山陰に向かう流れや、九州西側を回って有明海や南九州に向かう流れがある。……水石里式土器が搬入されたとき、渡来した韓人は青銅器や鉄器を西日本各地にもたらし、またそれらへの倭人の需要を刺激したと考えられる」。

「（2）弥生中期前半《ここでは主に弥生Ⅲ期前半。表㉕で須玖Ⅰ式土器の時代》
（倭地に）擬朝鮮系無紋土器は知られているが、船載粘土帯土器が流入しない時期である。水石里式土器の船載を朝鮮半島の政治変動に由来する韓人の移住と考えるなら、この時期に粘土帯土器が船載されない状況は、朝鮮半島情勢が安定し新たな交易機構が確立したためであろう。

この時期の日本列島では、渡来韓人が佐賀平野などに定着し、本格的に青銅器生産を営んだ【片岡宏二一九九七】。こうした青銅器工房の経営には、銅素材の安定的な供給が欠かせない。

一方、この時期には戦国系鋳造鉄斧などの船載鉄器が北部九州のみならず、日本海沿岸や畿内地域にもたらされている。……

このほか、多鈕細紋鏡も北部九州・山口・畿内にもたらされている【岩永省三　一九八三】。

したがって、粘土帯土器が日本列島に船載されない弥生中期前半にも、朝鮮半島から西日本に及ぶ継続的な物資の往来があったと考えねばならず、その交易の主たる舞台は日本列島の外に求めるしかあるまい。

そこで注目されるのが、勒島遺跡である。この島では、勒島式粘土帯土器を中心とする時期、弥生土器の須玖Ⅰ式を中心とする時期に存続していたが、その前後にはあまり利用されなかったようである。しかも、日本列島で粘土帯土器が出土しない時期に弥生土器を多く出土する遺跡であることも考えれば、勒島遺跡がこの時期の重要な貿易拠点であったと考えられる。

勒島遺跡を舞台とする物資の交換を想定し、これを勒島貿易と呼んで、その性格を考えてみたい。

勒島貿易は、朝鮮半島の政治変動による韓人の日本列島移住という事態のなかで鉄器・青銅器に対する倭人の需要が刺激されたのに対し、朝鮮半島の政情安定によって朝鮮半島からの物資の流入が鈍ったために、倭人の側から積極的に朝鮮半島南岸での交易を展開したことにより成立したと思われる。

勒島貿易での主要な交易品と考えられる鉄器・青銅器・金属素材などは、山陰・畿内にももたらされたはずであるが、勒島でみられる弥生土器の大半が北部九州の土器であることからすると、主に北部九州の倭人が山陰・畿内への金属器・金属素材供給に介在したと考えられる。そして、その流通路は、瀬戸内よりも山陰日本海岸を経由したようである。……」。


白井氏は、勒島Ⅰ・Ⅱ式というこの時期の粘土帯土器が日本で出土しない時期にも朝鮮半島から西日本への継続的な物資の往来があったことによって、この時期の交易の舞台を日本列島の外に求め、朝鮮半島南岸の島、勒島洞の勒島遺跡で日本の須玖Ⅰ式弥生土器が多く出土することに注目して、これは、倭人の側から積極的に勒島に移住して朝鮮半島南岸での交易を展開したことによると推定されている。その限りでは的確な推定と思われる。

しかし、その理由として、朝鮮半島が政治的に安定し、朝鮮半島からの物資の流入が鈍ったためであるとされているが、この点は疑問である。政治的安定は、却って物資の交易を積極的にするはずである。

そもそも、白井氏の暦年代比定（表㉕左端）によれば、勒島Ⅰ・Ⅱ式の時期は、紀元前二世紀をすっぽりと含む時期であり、これは衛氏朝鮮の成立と、周囲へのその覇権の拡大、そしてその滅亡に至るまでの時代であって、果たして「政治的に安定していた」時期と言ってよいかどうか疑問であるし、かりにそうであったとしても、そのことがなぜ朝鮮半島からの物資の流入が鈍る原因になったのか不明である。白井氏自身、この時期にも「朝鮮半島から西日本に及ぶ継続的な物資の往来があった」ことを指摘しておられるにもかかわらず、である。

ここはむしろ、倭人の側が、政治的安定の力を得て、積極的な交易活動に乗り出したためであると考えておくのが穏当ではあるまいか。

実際、白井氏の暦年代比定を離れ、拙論の暦年代比定に立ち戻って考えれば、このⅢ期前半という時期は、倭の奴国が後漢に奉献朝賀した時代、西暦五七年あたりまでを含むのであり、倭地の、特に北九州の土着系部族が、後漢に使節を派遣するほどの実力を蓄える期間に当たる。勒島貿易を主催した倭人の政治的背景には、倭の奴国に代表される我が土着系部族国家による活発な政治的外交的活動があったと考えられる。『漢書』地理志に「楽浪の海中に倭人あり。分かれて百余国となる。歳時を以て来たり献見すという」とある時代である。

勒島遺跡をふくむ地は、「魏志倭人伝」に狗邪韓国と記される土地である。この土地一帯からは須玖Ⅰ式土器を中心とした弥生式土器が夥しく出土しており、弥生Ⅲ期前半を中心とした時期における倭人の居住を示唆している（片岡宏二著『弥生時代　渡来人と土器・青銅器』〈雄山閣〉一四二頁の図33）。

狗邪韓国が少なくとも邪馬台国連合の時代には倭国の一部と見なされていたことは、第五節の補論「魏志倭人伝」ノートに記したとおりである。『魏志』韓伝に「韓は帯方の南に在り。東西は海を以て限りと為し、南は倭と接する」とあるとおり、韓は倭の土地、狗邪韓国と接しているのである。

さらに『後漢書』韓伝には「韓……其の北は楽浪と、南は倭と接す。」とあるから、更に遡って、後漢時代に既に狗邪韓国の地は倭の土地とみなされていたと考えられる。

この狗邪韓国の地すなわち加羅・加耶の地は、後の任那の中心地であり、後世、日本府が置かれた土地でもある。この加羅の地一帯から、須玖Ⅰ式土器を中心とした土器群が、倭人の定住を示唆する規模で出土しているわけで、要するに、奴国が後漢に朝貢した時代を含む弥生Ⅲ期前半にはこの地にすでに倭人が大挙して移住しており、中国の認識において、後漢の時代にはすでに当地一帯は倭に属する土地と見なされており、この伝統が、邪馬臺国連合時代にも継続していたものと考えられる。すなわち、勒島遺跡を含む狗邪韓国、加羅の地は、単に倭国の貿易拠点であったにとどまらず、当時すでに倭の一部として存在していたと思われる。

「（3）弥生中期後半《Ⅲ期後半。表㉕の須玖Ⅱ式の時代》

勒島遺跡への弥生土器の流入は須玖Ⅱ式古段階ころまでで終了し、代わって日本列島に勒島Ⅲ式の粘土帯土器が流入するようになる。また、現時点での既報告資料のみで判断するのは難しいが、勒島遺跡自体も、勒島Ⅲ式・須玖Ⅱ式古段階ころまででその機能を終えるようである。これはこの時期に勒島貿易が求心力を失ったことを示す。

その背景としては、西北朝鮮における衛氏朝鮮の滅亡と楽浪郡など漢四郡の建郡による交易機構の解体・再編が考えられる」。

白井氏は、ここでも氏の暦年代比定をもとに論じておられるため、やはり時代考証がずれて的はずれな指摘となっている。勒島貿易の主体を倭人としながら、その「求心力」の消失を、衛氏朝鮮の滅亡・漢四郡の建郡といった西北朝鮮事情に転嫁しておられる。倭人主体の貿易拠点の衰退ということであれば、まずは倭国の政変と倭国内部の交易機構の解体・再編が考察されなければならないのではないか。

拙論による時代比定では、Ⅲ期後半というこの時期は、まさに、倭国に大きな政変があったと推定される時代である。韓に出自すると目される帥升＝スサ（スサノヲ）に始まる男王権力が、奴国などの土着系部族国家を支配下に収めて、倭地に覇権を樹立するに至る時代である。「魏志倭人伝」に「もと亦、男子を以って王となし、とどまること七、八十年」という帥升王朝が成立してくる時代である。倭地の土着系部族国家が裁量権を有していたはずの勒島貿易が衰退したのは、このような倭国の政治的転換に起因すると考えられる。逆にいえば、勒島貿易の衰退という考古学的事象は、倭国の政変、すなわち帥升王権による侵略事象を傍証するものであると言えるのである。古代韓の土器が、半世紀～一世紀の空白期の後、この時代に再び日本列島に流入し始めるのは、帥升王権の韓地出自を傍証する。

白井氏の考古学的指摘の批判的摂取は、かくして帥升王権の実体を窺うのに有益である。続けて白井氏の論を学んでみよう。

「弥生中期後半にもたらされた勒島式土器・茶戸里（タホリ）式土器（茶戸里は慶尚南道昌原市東邑茶戸里の茶戸里遺跡）は、水石里式土器のときとは違い、九州での出土が少なく、長崎県上県郡（対馬）峰町・大田原カモト遺跡や原の辻遺跡（壱岐）など、対馬・壱岐で増加するようである。また、山口県下関市に六連島遺跡【杉原和恵一九八七】と秋根遺跡【伊藤照雄・山内紀嗣（編）一九七七】の出土例があるなど、海上交通の要衝に集中している。

日本列島に再びもたらされた粘土帯土器のうち、原の辻遺跡のみで擬朝鮮系無紋土器が生み出されている【片岡宏二　一九九九】。これは、韓人が原の辻遺跡に居住し、交易に従事していたことを示すであろう。また、原の辻遺跡で出土する弥生土器が糸島地域などの北部九州の土器であるとすれば、勒島に代わって壱岐が交易の重要拠点となり、韓人・倭人が島外からこの地を訪れて物資の交換に従事したと考えられる。これを原の辻貿易と呼ぶことにする。

弥生中期後半に対馬・壱岐で粘土帯土器が増加する現象について後藤は、壱岐・対馬が『積極的な中継者としての位置を獲得したため』とみなし、そこから、『交渉の主導権が小地域社会からそれらを統合することにより上位の集団・支配者層へと移り、交渉の規模と性格が拡大・変化した』と解釈した【後藤直一九七五】。その後の発掘成果によって粘土帯土器出土遺跡の分布はいくぶん変わってはいるが、後藤の理解を踏襲しても問題はないと考えられる」。

奴国を含む百余国の部族国家社会を制圧した帥升王権という韓系の統一王権が、白井氏いうところの「原の辻貿易」の主体をなしたと考えられる。まさに後藤氏の説く通り、「交渉の主導権が小地域社会からそれらを統合することにより上位の集団・支配者層へと移り、交渉の規模と性格が拡大・変化した」のである。

「弥生中期後半には、北部九州の三雲遺跡群や比恵・那珂遺跡群などの集落で集住化が起こっており、そうした拠点集落では石器の使用が衰退して鉄器の使用が日常化しているようである。また弥生中期前半（Ⅲ期前半）まで筑紫平野の渡来人集落に散在していた青銅器生産工房はいくつかの遺跡に集約され、続く弥生後期には、福岡県春日市・須玖岡村遺跡などで名高い春日丘陵が中心的な青銅器生産地となる【片岡宏二　一九九九】。このような拠点集落は、食料や鉄器・銅素材などを安定的に供給する機構が存在しなければ維持が難しいと思われる。

そのため、楽浪建郡の余波で結束を強めた北部九州の倭人集団が、集落維持のために原の辻貿易のいわば〝大株主〟となっていた状況が想定できよう」。

白井氏はここでも、楽浪建郡の余波を集権化の原因とされているが、楽浪建郡の時代とは、繰り返すようであるが、我が国が百余国に分かれていたと『漢書』地理志に記されている時代にすぎず、統一王権成立前夜の時代、多くの部族国家が相互に交流しあっていた時代であって、原の辻貿易を主宰する如き「大株主」の存在は、時期尚早であったはずである。

しかし、考古学的事象は明らかに「大株主」の成立を示唆しており、その実年代は、白井氏のいう楽浪建郡の時代からは大きくずれて、実際には、西暦一世紀後半の帥升王権成立に至る時代であったと考えるべきである。こう考えることで、文献上の整合性が叶う。

なお、弥生Ⅲ後期（後一世紀後半ごろ）の中に、漢鏡３期が入っているが、３期漢鏡は紀元前一世紀前半に属する鏡である。これが弥生Ⅲ後期に属するとは、一〇〇年から二〇〇年ほどの伝世を経ていた鏡であったことになる。述べた通り、このような伝世期間不明な鏡の同伴によって時代を推断してはいけない。

「（４）弥生中期末～後期前半《Ⅲ期末～Ⅳ期。表㉕では須玖Ⅱ式時代の末から高三潴式、すなわち、原の辻上層土器の時代まで。以上、弥生前期・中期・後期

の分割は北九州編年によっているのである。》

弥生中期末に三韓土器・楽浪土器が搬入され始めるようである。三雲遺跡群には楽浪人が居住し、政治的な交渉が行われたと考えられる。漢鏡や金銅四葉座金具【町田章一九八八】、ガラス璧などは、かかる交渉の結果としてもたらされた政治性の強い遺物と考えられる。

原の辻貿易による輸入品として、まず鉄器が挙げられる。畿内でもこの時期に船載鉄器が増加し、その余波が埼玉県朝霞市・向山遺跡【照林敏郎一九九七】などの関東にも一部及んでいる」。

原の辻貿易の輸入品の筆頭に鉄器が挙げられている。前代以来、鉄素材・鉄器は韓からの輸入でまかなわれている。『魏志』韓伝弁辰条に「(弁辰国は)鉄を出す。韓・濊・倭は、皆、従いて之を取る」とある通りである。

「畿内や瀬戸内の弥生中期末には高地性集落がみられ、この時期を堺に旧来の拠点集落が廃絶し、新たな拠点集落が営まれる。これは北部九州からの物資の新たな流通に対処するための集団の再編を示すと考えられる【松木武彦一九九五】。瀬戸内が北部九州から東へ向かう主たる交易経路となるのも、このときであろう。そうした間にも、原の辻遺跡における交易が継続し、それと深い関係にあった北部九州の三雲遺跡群や比恵・那珂遺跡群のような拠点集落が存続していることを考えると、やはり前節でも述べたとおり、原の辻貿易ではおもに北部九州の倭人が活躍しており、瀬戸内・畿内への物資の流通もある程度制御していたと考えられる。

一方、山口県宇部市・沖ノ山遺跡で出土した、半両銭と五銖銭を大量に入れた茶戸里式土器の甕【小田富士雄一九八二】は、貨幣の使用を知る韓人が瀬戸内で交易に関与していた可能性をも示唆している」。

すでに拙論本文に述べた如く、畿内・瀬戸内の土器編年に基づく弥生中期というのはⅡ・Ⅲ・Ⅳ期のことであり、北九州の土器編年に基づく弥生中期とはⅡ・Ⅲ期のみである。白井氏が、右の文で、「畿内や瀬戸内の弥生中期末には高地性集落がみられ」という、その弥生中期末とは、畿内編年による弥生中期末なのか、北九州編年による弥生中期末なのか、不明である。両者は互いに、約一世紀近くずれている。

畿内編年による弥生中期末とは、Ⅳ期末であり、これは倭国大乱の時代である。しかし北九州編年による弥生中期末とは、Ⅲ期後半の末であり、帥升王権による倭地征服の成就期に当たる。どちらにしても、高地性集落が造営される時代的背景はあるのだけれど、どちらの編年による弥生中期末であるのか、明瞭に区別して論じなければならない。

白井氏の議論は、このあと、畿内編年と北九州編年を区別しないで展開されており、時代区分がそれだけ不鮮明になっているように思われる。

原の辻貿易を主題として言われる弥生編年は当然、北九州編年に依っているのであるから、白井氏が（４）節として表題する「弥生中期末～後期前半」とは、北九州編年によってⅢ期後半の末～Ⅳ期を示すと考えられる。するとこの時代は、帥升王統の覇権時代のただ中であり、原の辻貿易の全盛期であったと考えてよい。

帥升王統の覇権時代、朝鮮半島からの鉄素材などの輸入は、帥升王統の牛耳るところとなったであろう。

当時の古朝鮮・韓の土器である三韓土器・楽浪土器が粘土帯土器に続いて日本へ流入するのも、帥升王権が古代韓に出自するとなれば、極めて自然の流れである。

この時代に平行する畿内・瀬戸内の考古学を援用するには、畿内編年でいう「弥生中期後半」の考古学的事象のみを選ぶべきである。このように限定した上で、畿内・瀬戸内の交易の実状が検討されなければならない。北九州編年と畿内編年のズレを調整した上での考古学的考察を待ちたい。

次の「（５）弥生後期後半《新Ｖ期》」は、卑説によれば、邪馬臺国連合時代に当たる。帥升王権を退けたあと、卑弥呼は帯方郡を経て魏と外交交渉を活発に行うに至っており、帯方郡すなわち楽浪地域との交渉が考古学的事象にも当然反映される。前代の帥升王統が韓と密接であったのとは対照的な様相が、考古学的事象にも現れるはずである。

「(5) 弥生後期後半《新V期。表㉕では下大隅式土器の時代》

原の辻貿易が継続し、繁栄していた時期である。

この時期、三韓土器は北部九州から瀬戸内・畿内に分布するが、一方、楽浪土器には器種構成や分布の変化が起こっている。

まず、器種をみると、物資の運搬に有利な、大きすぎない壺・鉢・杯が主体となる。このような器種構成の変化は、楽浪人の側に原因を求めるべきである。すなわち、三雲遺跡群での楽浪人の滞在という特殊な政治状況から、交易を中心とする交渉へと遷り変わった可能性がある。その場合、弥生後期後半の楽浪土器搬入が、楽浪人によるものか、韓人や倭人によるものか、問題となろう。

分布を見ると、福岡県糸島郡二丈町・曲り田遺跡や深江井牟田遺跡で楽浪土器が出土するようになる。特に深江井牟田遺跡では川上のⅡb類に当たる土器群を出土し、ほぼ御床松原遺跡などと同様の様相をしめすようであるが、港としての性格が想定される御床松原遺跡に対し、曲り田遺跡や深江井牟田遺跡はいくぶん広い平地を持っており、楽浪人と倭人の直接の交易に有利な場所といえる。しかも深江井牟田遺跡では、楽浪土器は出土するが三韓土器はみられず、楽浪人の活躍を示唆している。

また、弥生後期後半～終末には対馬の墳墓に楽浪土器の副葬が増加することも重視したい。……楽浪土器を産地から遠く離れた対馬で用いることは特異であり、対馬の人々にとって身近に楽浪土器が流通していたか、あるいは楽浪人が対馬の近辺で積極的な交易活動に従事していたと考えられる。

一方、これまで楽浪土器の見られなかった福岡平野・筑後平野に登場した楽浪土器は、いずれも一点ずつであり、交易などで倭人が楽浪土器を少量入手した状況が窺われる。川上のⅡａ類に当たる。

以上より、弥生後期後半には楽浪人が朝鮮半島南部・対馬・壱岐・北部九州玄界灘沿岸で積極的に交易に関与し、各地の倭人もそれに応じて、楽浪土器の分布が拡散したと考えられる。

川上は、三韓土器の分布よりも楽浪土器の分布が狭いことを指摘し、『列島と楽浪郡、朝鮮半島南部との交渉が別の系譜であった』と解釈した（川上洋一一九九五）。

しかし、深江井牟田遺跡を除けば、楽浪土器の分布域は三韓土器の分布域に含まれており、特に矛盾を示すわけではない。楽浪人は西日本の交易機構に大きな改変を迫ることはなく、むしろ、従来の交易機構のなかに取り込まれ、それを利用することで交易を成り立たせていたと考えられる。

しかし、楽浪人の交易参加による楽浪遺物《ママ》《楽浪品？》の拡散によって、瀬戸内などにも楽浪遺物《楽浪品？》への関心が高まったであろう。岡山県では、……門前池東方遺跡の筒杯形土器のほか、……岡山市・百間川兼基遺跡で、楽浪の木製奩《レン。箱》を模したかと思われる土器が出土している。《両者》ほぼ同時期であり、土器で認識できる以上に楽浪遺物、特に漆器など木工品がこの時期瀬戸内にもたらされていた可能性がある」。


川上洋一氏は、前代以来の三韓土器の分布より、楽浪土器の分布が狭いことから、「列島と楽浪郡、朝鮮半島南部との交渉が別の系譜であった」と解釈されている。これに対して白井氏は、楽浪土器は出土するが三韓土器はみられない深江井牟田遺跡を例外として、楽浪土器の分布域が三韓土器のそれに含まれていることを以て、対韓交渉と対楽浪交渉を別系統としなくとも矛盾はないとして、川上氏の指摘をあまり重視されないが、分布域の広狭は、やはり川上氏の指摘通り、重要な意味があると思われる。邪馬臺国連合は、帯方郡の役人を、北九州以東には招き入れていないということに、改めて注意してよいと思われる。白井氏自身の指摘にも、「楽浪土器には器種構成や分布の変化が起こっている。まず、器種をみると、物資の運搬に有利な、大きすぎない壺・鉢・杯が主体となる。このような器種構成の変化は、楽浪人の側に原因を求めるべきである。すなわち、三雲遺跡群での楽浪人の滞在という特殊な政治状況から、交易を中心とする交渉へと遷り変わった可能性がある」とあって、時代の変化を鋭敏に指摘しておられる。弥生第Ⅳ期における帥升王統と韓との密接な交渉往来の時代から、時代は大きく舵を切って、新第Ⅴ期、邪馬臺国連合時代における、楽浪・帯方郡との頻繁な「外交」交渉の時代へと変転している。「交易を中心とする交渉へと遷り変わった可能性」と表裏一体の変化であろう。「列島と楽浪郡、朝鮮半島南部との交渉が別の系譜であった」と見る川上氏の指摘はほぼ的を射ているのである。

次の「(6) 弥生終末《Ⅵ期。庄内式期》」は、拙論によれば、主として、韓の王朝、辰王朝の末裔である天皇祖族による邪馬臺国連合に対する侵略戦が展開された時代である。天皇祖族を中心とした部族連合体は、日向地方に最初期の拠点を据え、次いで、邪馬臺国連合によって山陰出雲（島根半島）に退けられていた帥升王統と早期に結託して出雲を拠点とし、瀬戸内地域を侵冦、最終的に紀伊名草地方（和歌山平野）に拠点を据えて、邪馬臺国（大和国）を滅ぼす。

「(6) 弥生終末《Ⅵ期。表㉕の西新式・庄内式の時代》

三韓土器や楽浪土器の分布に大きな変化がなく、島根半島近辺で三韓土器が散見されたり、瀬戸内・大阪湾岸で三韓土器の形態をもつ在地産土器がみられることなどのわずかな変化がある。

しかし、弥生土器の移動や集落の消長を考えあわせると、交易機構の大きな変化が窺われる。

福岡市早良区・西新町遺跡や、大阪市平野区・大阪府八尾市の加美・久宝寺遺跡群では、弥生終末に大規模な集落が成立し、山陰・瀬戸内・畿内に由来する土器群が搬入され、三韓土器も出土する。それぞれの土器群がすべての人の移動を意味するとは限るまいが、西日本各地の倭人は西新町遺跡や加美・久宝寺遺跡群で、韓人と直接交易できる機会に恵まれたことになる。……

弥生後期後半以来、韓人（・楽浪人）と瀬戸内・畿内の倭人との直接交渉が拡大して、弥生終末になって各地に交易拠点を築くに至ったと考えられる。

こうした状況は原の辻貿易とは相反するものであるが、原の辻貿易の〝大株主〟であったはずの北部九州の拠点集落にも、このころには西日本各地の外来系土器がみられる」。

辰王朝正嫡の王統が、邪馬臺国連合を侵略席巻し、各地に三韓土器を搬入する条件を樹立していった時代の様相が、考古学的にも見出される、ということである。かくして、天皇祖族・帥升王統連合軍によって邪馬臺国連合は滅ぼされ、崇神天皇を初代の大王として、大和朝廷が大和に成立する。朝鮮半島との交易拠点は、博多湾に集約されつつ、山陰・瀬戸内など西日本各地との交易機構が成立する。白井氏のいう、「博多湾貿易」の成立である。

「（7）古墳前期

古墳前期に至っても原の辻遺跡は存続しており、交易の拠点として無視できない存在であるが、最盛期は過ぎている。これに対して重要な拠点となったのが博多湾岸である。福岡市西区・生の松原遺跡、同市早良区・西新町遺跡、同市博多区・博多遺跡群、同市東区・箱崎遺跡群、同区・唐原遺跡では、山陰・瀬戸内などに由来する外来土器とともに、古式新羅加耶土器や楽浪土器が出土している。……特に西新町遺跡では竪穴住居跡に作りつけのカマドが設置されており、渡来人の居住の可能性を示している。……

加美・久宝寺遺跡群などが果たしていた交易機能が、この時期の博多湾に集約されたと考えてよければ、古墳前期に博多湾岸の海浜集落で山陰・瀬戸内、さらに朝鮮半島諸地域の人びとが集まって交易を行う状況を、西日本各地に及ぶような新たな交易機構の成立と捉えることができよう。これを博多湾貿易と呼ぶことにする」。

以上、白井氏の論文に学びながら、弥生時代時代史について拙論で展開した仮説の数々の傍証を得た。暦年代の見直しを行うことで、古代朝鮮・韓の考古学に、より深い史的整合性がもたらされることになる。

見直された新たな暦年代によって、この方面の研究が更に進展することを祈念したい。

補論5　三角縁神獣鏡の実年代論をめぐって

本文中で弥生土器研究の畏敬すべき職人として杉原庄介氏を掲げたが、同じ伝で、例えば弥生銅鐸研究の職人として佐原真氏を挙げることが出来るであろうし、三角縁神獣鏡研究の先駆的職人として小林行雄氏を挙げることが出来るであろう。同じ言い方で、たとえば福永伸哉氏は、三角縁神獣鏡の鈕孔研究の新たな職人と言ってよいかもしれない。

福永氏は三角縁神獣鏡の鈕孔が長方形という特殊な形状であることや、外周突線と氏が呼ぶ、鏡の紋様の最外周を廻る突線の有無、「同出余州」・「甚獨奇」といった特徴的な銘文などに着目して、「舶載」三角縁神獣鏡が、魏において特注された魏の鏡であろうことを、ほぼ立証された。王仲殊氏の説、「三角縁神獣鏡は呉の工人が日本に来て製作した鏡である」という説を否定した説でもある。

しかし福永氏は「舶載」三角縁神獣鏡と、いわゆる「仿製」三角縁神獣鏡、福永氏の言う「倣製」三角縁神獣鏡とを、直列に並べ、「倣製」三角縁神獣鏡を単純に「舶載」三角縁神獣鏡に後続する鏡であるとしてその暦年代を勘案し、「舶載」三角縁神獣鏡の暦年代を、西暦二三九年ごろ以降、三〇〇年頃まで、半世紀以上にわたる期間に位置づけ、「倣製」三角縁神獣鏡を次の西暦四世紀全体を占める一世紀間にわたる鏡として編年しておられる。氏の議論は細部に及び、私のような考古学の門外漢の容易に追試できない次元に及んで難解であるが、結論だけを眺めて奇妙に思われるのは、「舶載」三角縁神獣鏡の伝来期間が、三世紀末にまで及ぶとされる点である。「舶載」三角縁神獣鏡が、氏が立証された如く、卑弥呼の鏡すなわち、西暦二三九年の魏への遣使が持ち帰った特注品に始まるとするなら、同類の「舶載」三角縁神獣鏡が魏から倭に持ち込まれることができたのは、邪馬臺国の女王の中国への遣使が中国史書にみえる最後の二六六年ごろより前に限られる。しかも、連続して次々と持ち込まれたのは二三九年以降、四年ごとの遣使の三回目まで、二四七年の遣使まででであろうと思われ、それ以降は、狗奴国との戦乱、続いては天皇祖族との戦乱により、中国鏡の舶載が滞る事態は急速に進行したものと思われる。

福永氏の前掲『三角縁神獣鏡の研究』によれば、「現在《同書刊行の平成十七年当時》確認されている」三角縁神獣鏡は、舶載鏡が約三九〇枚、倣製鏡が約一三〇枚である（同著八四頁）。そうして氏による「舶載」三角縁神獣鏡の四段階、Ａ・Ｂ・Ｃ・Ｄ段階ごとの出土枚数をみると、順に七七枚、一五三枚、九四枚、五六枚となっていて（同書八六頁）、Ｄにおいてすでに枚数の急減が見られる。Ｃ段階のあとに鏡の舶載が滞り始めたものとみれば、Ｃ段階までの鏡が西暦二四七年ごろまでに持ち込まれた鏡で、Ｄ段階がそれ以降二六六年ごろまでに持ち込まれることの出来た鏡であろうと推測できる。そうして、倣製三角縁神獣鏡は、Ｃ段階舶載鏡のあと頃から、倭地において蒼惶として製作された鏡ではなかったかと推定される。Ｃ段階までの舶載鏡の製作期間が二三九年から二四七年までの八年間をあまり越えない短期間のうちに収まるのであれば、氏が五段階に分類する倣製鏡の期間も、あまり長い期間ではなかったと見なければなるまい。二四七年ごろからせいぜい三世紀末ごろまでに収まる製作期間であったはずである。

福永氏は、倣製鏡の五段階Ⅰ・Ⅱ・Ⅲ・Ⅳ・Ⅴをさらに細分類し、Ⅰ・Ⅱ・Ⅳをそれぞれａ・ｂ・ｃの３段階、Ⅲをａ・ｂの２段階に細分類し、結局倣製鏡を十二段階に細分類した上で、このうちⅠｃとⅡａが突出して枚数が多いことを指摘して、同著一二二頁以下で次のように説いておられる。

「Ⅰａ段階に踏み返し技法による少量の製作が開始された倣製三角縁神獣鏡生産は、Ⅰｃ段階には生産量が急増して続くⅡa段階にピークに達するが、その後生産量は急減する。……つまり、倣製三角縁神獣鏡を数量的にもっとも必要としたのは生産の前半段階であり、その後はⅢa段階にわずかに需要が復活する以外は急速に必要性が低下していったと理解できるのである。

……倣製三角縁神獣鏡は製作の早い段階に特に需要が大きかった……逆にいえば、このような切実な必要性があったからこそ、製作を開始し、同笵鏡技法による量産体制を速やかに確立していったとも考えられるのである。

この必要性の背景には、やはり舶載三角縁神獣鏡の不足という事態を想定するのがもっとも妥当であろう。……製作の初期にもっとも多量の倣製三角縁神獣鏡を必要とした状況からみて、それまで十分に確保されていた舶載鏡の入手ルートがかなり突発的に断たれたと推定される点が重要である。つまり、限られた在庫の鏡を少量ずつ分配していった結果ついにストックが底をついたというよりも、補充できるルートを確保したうえで精力的に分配活動を進めていた最中に突然そのルートが失われたというのが実状に近いのではあるまいか」。

舶載三角縁神獣鏡の入手ルートの突然の断絶には、三世紀後半の、邪馬臺国連合が被った天皇祖族による侵略戦争が考えあわせられるべきである。むしろ逆に、入手ルートの突然の断絶という、福永氏が考古学的に抽出してみせた事件こそ、邪馬臺国連合が被った尋常ならざる事態を示唆するもの、と見なければならない。

ところが、福永氏はこの「突然そのルートが失われた」理由として、三世紀末葉から四世紀初葉ごろまでをかけて進行した晋の混乱とその滅亡、その間の楽浪、帯方両郡の消滅といった経緯を想定されるのである(以下も例によって引用文中の《 》内は筆者注)。

「晋《二六五～三一六年》では二九〇年に没した武帝司馬炎の後を継いで恵帝司馬衷が即位したが、王室内の政争が表面化していわゆる八王の乱《三〇〇～三一六年》がおこり、華北一帯は諸王が武力を競う戦乱状態に陥った。晋の弱体化によって遼東、朝鮮半島の勢力図が流動化するなかで、東夷に対する中国の窓口でもあった楽浪、帯方両郡は高句麗の侵攻をうけて三一三～三一四年に相次いで滅亡する。西晋自体も匈奴の侵入により三一六年には滅亡し、その後華北は諸勢力が興亡を繰り返す五胡十六国の時代にはいるのである。

晋朝内部の混乱、朝貢先の楽浪、帯方郡の消滅、さらに西晋の滅亡。これら一連の事件は長く続いた中国王朝との交渉、それに伴う三角縁神獣鏡入手を不可能にするに十分な出来事だったであろう。倣製三角縁神獣鏡の製作開始時期はこうした情勢が確定的になった四世紀の第１四半期のうちに求めるのがもっとも合理的である」（同書一一四頁）。

しかし、我が国と晋との外交交渉は、中国史書に記載されているところでは二六六年までが確実なところであり、これ以降の倭国が中国大陸とどれほどの交渉を持ったかについては明らかではない。恐らく、これ以後、女王国は、ほとんど交渉ができず、また、天皇祖族側、すなわち初期大和王朝は、交渉を避けていたと見るべきである。

魏によって朝鮮半島から追い出された辰王朝末裔が、海を渡って三世紀後半をかけて邪馬臺国連合を滅ぼし、四世紀初頭ごろに大和朝廷を樹立した、という我々がたどり着いた結論からすれば、三世紀末から四世紀初めにかかる時代は、むしろ倭と中国との間は、疎遠なままに経過したと考えるべきであり、立ち上がったばかりの大和朝廷がこの時期の中国情勢によって急激な変化を被るというような歴史的基盤そのものが本来欠けていたと考えるのが妥当である。福永氏が主張されるような、三世紀末から四世紀初めにおける三角縁神獣鏡の入手ルートの急な断絶という事態も、従って架空のことに属する。

この点については、岡村秀典氏が前掲『三角縁神獣鏡の時代』において次のように福永説を批判しておられる。

「魏は二六三年に蜀を滅ぼし、魏をついだ西晋は二八〇年に呉を滅ぼして中国の再統一が完成する。不安定な朝鮮半島の情勢も、西晋代にはほぼ鎮静化した。『晋書』によると、この時期、東夷諸国がたびたび西晋に来朝し、朝鮮半島の馬韓のばあいは二七七年から二九〇年まで毎年のように朝貢が記録されている。これにたいして、倭に関する記事は二六六年の一回きりである。これは倭人伝の記録が失われているというより、楽浪・帯方郡の周辺が安定に向かうとともに、海をこえて想定されていた安保体制の範囲が朝鮮半島まで後退し、倭にたいする関心がしだいに遠のいていったからではなかろうか。……

倭にむけた三角縁神獣鏡の製作が、西晋王朝の衰退する四世紀初頭まで半世紀あまりつづいたとみる説がある（福永伸哉……一九九四年）。東夷諸国が西晋にひんぱんに朝貢していることがその根拠のひとつであるが、いまみたような東アジア情勢の変化からすると、その製作が三世紀後半までつづいたと考えることはむずかしい。来朝のあてもない倭人のために、西晋が鏡を特鋳し、『丁重に汝に好物を賜う』必然性はなかったからである。そのうえ、模倣と図像の組みかえによる三角縁神獣鏡の特殊な量産体制と倭にむけた限定的な流通状況からすれば、それはごく短期間の臨時体制であったにちがいない。その下限を厳密に決めることはできないが、二六六年の西晋への朝貢がひとつの目安であり、おそらくこれより下ることはないだろう。西晋の泰始六年（二七〇年）・七年・九年の紀年をもつ神獣鏡が三角縁神獣鏡と大いにちがっていることからみても、そのことが裏付けられる」（同書一七三～一七五頁）。

福永説への岡村氏の批判は、至極もっともなところと思われる。

ただし、右の文中、一点だけ異議を唱えさせて頂きたい箇所がある。破線部である。「……これにたいして、倭に関する記事は二六六年の一回きりである。これは倭人伝の記録が失われているというより、楽浪・帯方郡の周辺が安定に向かうとともに、海をこえて想定されていた安保体制の範囲が朝鮮半島まで後退し、倭にたいする関心がしだいに遠のいていったからではなかろうか」と岡村氏は説かれるが、「楽浪・帯方郡の周辺が安定に向かう」状態と「安保体制の範囲が朝鮮半島まで後退し、倭にたいする関心がしだいに遠のいていった」という状態は、このような因果関係ではうまく繋がらないのではなかろうか。「楽浪・帯方郡の周辺が安定に向か」ったのなら、安保体制の範囲は、後退するより、逆にさらに広がってしかるべきではないのだろうか。

ここは、倭内部における大きな政変、つまり、親魏倭王すなわち魏に親しき倭の女王がおさめていた邪馬臺国連合を、魏に敵対して朝鮮半島を追われた辰王朝末裔が侵攻簒奪して大和朝廷を建てたという、政変の存在を考え合わせなければならない。すなわち、魏の後続王朝である西晋は、嘗ての親魏倭王＝邪馬臺国女王に対する立場を安易に変更したとは思われず、侵略王朝に他ならない大和朝廷が、その西晋にたいして容易に遣使できる状況にはなかったということが考えられなければならない。西晋からする「倭に対する関心がしだいに遠のい」たからではなく、逆に、西晋は嘗ての倭に関する関心をなお継続していたからこそ、新興の大和朝廷は西晋への遣使朝貢を控えるほかすべがなかったものと思われるのである。またそれ故にこそ「来朝のあてもない倭人《邪馬臺国連合人である》のために、西晋が鏡を特鋳し、『丁重に汝に好物を賜う』必然性」も失われたのである。

侵略王朝・大和朝廷に代わって、その母国である馬韓・辰韓のほうは、西晋に頻回に朝貢を繰り返し、こちらは正当な権利としてその存在を西晋に認めさせている。

補論６　安本美典氏著『「邪馬台国畿内説」徹底批判』批判——絹と鉄鏃について

『季刊　邪馬台国』の編集責任者である安本美典氏は、邪馬台国東遷説を一貫して主張し、時に激しく時に鋭く、時に熱い言葉で、自説の深化・広報に尽力されておられる学者である。私も氏の広く深い学識と情報収集力に、かねがね敬服し、多くを学ばせて頂いている者の一人である。しかし、氏の主張には、少なからぬ誤解や判断ミスの存在することを認めぬわけにはいかない。氏は折に触れて、痛烈に辛辣に邪馬台国畿内説を批判されておられる。『「邪馬台国畿内説」徹底批判』（勉誠出版）に、その論拠の集約があるが、これを読むと、氏の誤解や判断ミスがどのようになされたかがよくわかる。例えばこの中で氏は、布目順郎氏の『絹の東伝』（小学館）が説くところの、弥生後期の絹製品を出した弥生遺跡が全て北九州にあることをもって邪馬台国の所在地は北九州にあった公算が大きく邪馬台国の東遷があったとする推定を、自説を支持する説として引用しておられる。

布目氏も指摘される通り、「魏志倭人伝」は「わが国で養蚕が行なわれ、縑（けん）や緜（めん）を産出していることを記し、さらに正始四年（二四三年）に、倭の女王卑弥呼が魏帝斉王（せいおう）に倭錦・絳青（こうせい）の縑・緜衣（めんい。綿入れ）・帛（はく。帛は絹織物の総称としても用いられるが、ここでは白いうすぎぬを指している）などを献上したことや、卑弥呼の死後、壹与（いちよ）の代になってから、魏帝に異文雑錦二〇匹その他を貢（たてまつ）ったことを記している」（『絹の東伝』一〇八頁）。そこで布目氏は、卑弥呼の時代、つまり邪馬台国の時代は考古学での弥生時代後期に相当するとして、右のような推測説を提示されているのである。

さて、「わが国で養蚕が行なわれ、縑（けん）や緜（めん）を産出している」ことを記すのは、「魏志倭人伝」の初めのほうである。「其の風俗、淫（みだ）らならず」と始まって、倭国の風俗・服飾を記す段に、「蚕桑（さんそう）《桑を植え蚕を飼うこと》緝績（しゅうせき）《糸を紡ぐこと》し、細紵（さいちょ）《繊細に織られた麻布》・縑緜（けんめん）《絹織物と真綿》を出す」とある。従って、倭国で桑を栽培して養蚕し、絹を紡ぎ、絹布を産出していたことは事実である。ただし、その養蚕が邪馬臺国連合の全域で主要産業になっていたとは記されていない。「魏志倭人伝」の右の文のすぐ前には次のような文がある。「其の風俗、淫らならず」から引用すると、

其の風俗、淫（みだ）らならず。男子は皆、露紒（ろけい）《冠・頭巾などを着けぬこと》し、木緜を以て頭に招（ま）き《木綿の布ではちまきし》、其の衣は横幅（おうふく）《巾の広い布》にして、但（ただ）結束して相い連ね、

略（ほぼ）縫うこと無し《この無縫の衣は伊勢神宮の神衣祭で織られる「敷和・ウツハタ」などに伝統を引く衣である》。婦人は被髪屈紒（くっけい）《髪をまげて後ろに垂らすこと》し、衣を作ること単被（たんぴ）の如く、其の中央を穿ち、頭を貫きて之を衣（き）る《貫頭衣。南方の俗である》。禾稲（かとう）《稲》・紵麻（ちょま）《紵は苧に同じでカラムシ。イラクサ科の多年草で茎から糸をとる》を種（う）え、蚕桑緝績し、細紵・縑緜を出す。

つまり、この文章からすれば、倭人の日常の服装は、木綿（ユウ。楮・苧麻・大麻などから取った繊維で作った布。中国では古貝・古終・吉貝などと言われる草木から採取される綿とその綿から織られた布）で織った無縫の衣・貫頭衣である。つまりこれら日常の服装は絹製品ではない。

当時の蚕は今日の蚕とは異なる。品種改良されて大型化し、糸も太く強くなった現在の蚕と比べて、当時の蚕は小型で、糸も細く弱いものであった。

現在、皇室が古代より代々受け継いで育てている「小石丸」と呼ばれる品種が、この古代の蚕の伝統を引く蚕とされている。繭は小さく、糸も細くて弱い。正倉院の古代裂（こだいぎれ）を復元する際に、現代の蚕の糸は太すぎてとても駄目だったため、「小石丸」の絹糸が奈良時代の絹にいちばん近いということで、これが用いられ、宝物「紫地鳳唐草丸文錦（むらさきじほうおうからくさまるもんにしき）」などが復元された。

弥生時代の蚕とその絹も、同じように、細く弱い糸であったと思われる。これで織られた布は、光沢があって繊細な美しさを持つ布ではあったかもしれないが、邪馬臺国連合社会の一般は、北九州を除けば、土着の母系母権社会を主体とする古い部族社会であり、要するに労働者の社会であって、繊細で美しいとはいえ華奢で軟弱な貴族好みの絹製品が好まれたとは思われない。北九州以外で、絹製品がほとんど出土しないのは、女王国、つまり邪馬臺国連邦内では、野良着に適し、吸水性・保温性に優れ、繰り返しの洗濯に耐える木綿製の布が重宝されていたのであり、絹製品があまり尊重されなかったということを示す考古学的事実である。

従って、弥生後期の絹製品を出した弥生遺跡が全て北九州にあることをもって、邪馬臺国の所在地は北九州にあった、との結論は疑問である。

正始四年の卑弥呼から魏帝への、また、卑弥呼死後の壹与から魏帝への献上物に絹製品があるのは、魏帝の好みそうなものが何であるかが分かって以後のことである。景初三年に、卑弥呼が最初に魏帝に献上したのは、「班布（縞もしくは絣（かすり）の織物）二匹二丈」であった。「班布」は「斑布」とも書かれ、木綿を原材料として織られる布のことである。卑弥呼は絹布ではなく、丈夫で長持ちのする木綿の布を価値ある布として魏帝に献上したのである。魏帝からは返礼として、夥しい数の華美な絹織物・毛織物類が送られてきたことは、「魏志倭人伝」の証言する通りである。この後に、ようやく卑弥呼からの献上品に絹製品が含まれることになる。地方の特産品を献上したからといって、送り主がその地の在住者であるとは限らない。

絹製品の北九州偏在は、むしろ邪馬臺国が北九州には存在しなかったことの考古学的証拠ではないか。

安本氏はまた、「魏志倭人伝」に「兵《武器》には矛・楯・木弓を用う。木弓は下を短く上を長くし、竹箭（ちくせん）には或いは鐵鏃（てつぞく）、或いは骨鏃」とあって、倭人が鉄鏃を用いると記されていることと、川越哲志編『弥生時代鉄器綜覧』（広島大学文学部考古学研究室）に記載された「鉄鏃」が北九州に多く、近畿に比較的少なく、西高東低であることをもって、邪馬臺国畿内説を駁しておられる。

しかし、鏃（やじり）のような消耗品に、当時なお貴重品であったはずの鉄素材が常用されたとは考え難い。貴重品として温存されていた可能性のある「鉄鏃」の出土の多寡をもって、邪馬臺国が北九州にあったとする説には疑問符が付く。

戦乱時の防衛的・避難所的・見張り台的機能が推測される弥生時代の高地性遺跡に残る鏃は、殆どが石鏃である。実際の戦闘に用いられた鏃は弥生時代の全期間を通じて、石鏃であって、鉄鏃ではない。

前掲小野忠凞編『高地性集落跡の研究　資料篇』（学生社）には、長崎県域から秋田県域まで、三十三県域にわたり、高地性集落遺跡とされる延べ五四九遺跡が登録されており、各遺跡毎に「集落跡の特質と遺物の特色」の項があり、ここに石鏃・鉄鏃の出土の有無が記されている。石鏃出土あるいは鉄鏃出土の明記がある遺跡を数え上げてみると、石鏃については、全遺跡中一〇四遺跡、鉄鏃は僅か一九遺跡である。これらのうち、邪馬台国時代である弥生第Ｖ期のみに出現した高地性集落に限れば、石鏃出土遺跡は二五遺跡を拾える一方で、鉄鏃出土遺跡は七遺跡のみである。それぞれの遺跡の県別の内訳を示せば次の通りである。

石鏃出土遺跡一〇四例（弥生全期）

長崎県2
佐賀県1
福岡県2
熊本県5
宮崎県2
広島県8
岡山県18
愛媛県14
高知県8
徳島県2
香川県9
大阪府15
奈良県3
和歌山県7
福島県4
宮城県3
秋田県1

このうち、**Ｖ期のみ**の遺跡は次の二五例

熊本県3
宮崎県2
広島県2
岡山県3
大阪府3
奈良県1

和歌山県4
福島県3（アメリカ式石鏃）
宮城県3（アメリカ式石鏃）
秋田県1（アメリカ式石鏃）

鉄鏃出土遺跡一九例（弥生全期）
佐賀県1
山口県1
広島県2
岡山県1
愛媛県2
高知県2
兵庫県2
大阪府7
神奈川県1

このうち、**Ｖ期以降のみ**の遺跡は次の七例
佐賀県1
山口県1
広島県1
大阪府4

これらを一瞥すれば、鉄鏃の実用が、決して「西高東低」などではなかったことが窺える。加えて、西であれ東であれ、実用に供されたのはもっぱら石鏃であって鉄鏃でなかったことも一目瞭然である。鉄鏃は貴重品として温存されることの多かった鏃であり、このような鉄鏃は、労働者の国、女王国では、とりわけ実戦用にはあまり尊重されなかったと思われる。

なお、右の一覧表は、『高地性集落跡の研究　資料篇』に明記されたものだけを掲げたので、取りこぼしがある。正確を期するにはそれぞれの遺跡に関する各文献に当たった上で石鏃・鉄鏃の出土物を確認しなければならない。例えば、香川県の紫雲出山（シウデヤマ）遺跡は昭和三十年代初めに徹底的に調査され、詳細な報告書（『紫雲出』〔香川県三豊郡詫間町文化財保護委員会〕）が作成された高地性集落遺跡として著名な遺跡であり（弥生第Ⅲ～Ⅳ期と、Ⅳ～Ｖ期の二度の出現）、多量の石鏃も発見された遺跡であるが、『高地性集落跡の研究　資料篇』の「集落跡の特質と遺物の

特色」の項には「多くの土器と石器を出土」とのみ記されていて詳細は略されているため、右の集計には含まれていない。他にも「石器」出土とのみ記された遺跡があり、本来なら、全ての遺跡について、逐一各文献に当たるべきであるが、筆者には荷が重い。上の一覧表は、あくまで『高地性集落跡の研究　資料篇』に明記されたものだけの集計であることを繰り返しお断りしておく。

ともあれ、「鉄鏃」の出土の多寡をもって、邪馬臺国が北九州にあったとする説には従い難い。

補論７　小野忠凞博士からの書簡

日本考古地理学の基礎を築いて発展させた小野忠凞博士は、一九七九年、『高地性集落跡の研究　資料篇』を編纂出版された。私は、旧拙著『古事記の解析』（一九八二年、栄光出版社）を上梓するにあたり、当資料篇に掲載された「防衛的高地性集落遺跡分布図」をコピーして利用させていただいた縁で、その後、小野博士と筆者の間で文通が始まった。筆者はその後紆余曲折の人生を辿りつつ、『邪馬臺国と神武天皇』と題する論文、つまり、当拙稿に取り掛かり、二〇〇九年正月に、その序章と第一章の草稿（今回の拙稿の序論と本論の草稿）をお送りして高覧を仰ぎ、何年後でもよいのでご批判・ご指導をいただけないかとお願いした（草稿段階のもので、現在のものとはいくらか相違していた。例えば、本論第五節の補論「魏志倭人伝ノート」は含まれておらず、これに関連した文章も当然無く、また、ここに掲げた補論１以下も、補論４を当初、追記として付記していた以外、含んでいなかった）。その後の文通は、この草稿に基づいたやり取りが多くなった。例えば翌二〇一〇年三月十四日付けの卑信に、筆者は、こんなことを書いている（信書原文は全て横書きである）。

……第11節に掲げました系図⑭が第１章《拙稿の「本論」。以下同じ》前半で最も重要な結論と考えていますので、これだけ眺めて頂くだけで結構かと思います。この系図こそ、西暦３世紀後半という歴史の空白時代を補完する、ほとんど唯一の文献学的資料ではないかと私は考えています。

西暦3世紀後半が歴史の空白の時代であったことについては、一時代前の考古学者たちが良く認識していたと思います。

今は、邪馬臺国時代と大和朝廷時代を直結させる議論が主流であるかのようにマスコミが喧伝していますが、怪しい限りだと思っています。纒向遺跡を邪馬臺国時代末の遺跡群と見て、纒向古墳群の中に、卑弥呼の墓があるかのように説く論すらあるのですが、卑弥呼の墓は、纒向古墳群を築営した側の者によって破壊され尽くされ、もはや地上には残っていない可能性の方が限りなく大きいと私は考えています。

年輪年代法や炭素14年代測定法の欠点の一つは、例えば、伐採や自然倒木の生じた年代は判明しますが、その木が用いられ続けた年月を割り出すことが原理的に不可能である点だと思います。弥生時代の巨木材などは伐採や運搬の至難を考えれば極めて貴重な材であったはずですから、百年単位で繰り返し家屋内の支柱など風雨に晒されない場所に用いられ続けたとすれば、年輪年代法などによる伐採年代と、これが出土する遺跡の間には百年単位の齟齬が生じてもよいはずではないでしょうか。

年輪年代法や炭素14年代測定法がいかに精緻になっても、遺跡の実年代は、本来これだけからは割り出せないはずだと思っていますが、どうなのでしょうか。

高地性集落遺跡の実年代比定につきましては、九州学派のいう弥生中期・後期と畿内学派のいう弥生中期・後期のズレを曖昧にしたまま議論し、そのために、高地性集落遺跡を倭国大乱にのみ結びつけ、結果的に実年代比定を誤るという説を未だに目にしますのは残念なことと感じています。

西暦一世紀から三世紀の古代日本史に関しまして、須佐之男命系譜の重要性に気がつきましたのは、私としても意外なことでしたが、気がついてみますと、この須佐之男命系譜に見える父系王統の妻の出自が母系出自である者が少なからず見出されます。これは天皇祖族系譜にみられる現象と共通する現象で、父系観念に馴染んだ父系制部族が古いタイプの母系制部族社会が支配的であった土地を侵略した史実を傍証する事実であろうと考えています（須佐之男命系譜の実態は、「魏志倭人伝」のいう、男王の時代七、八〇年を占める帥升王統系譜であり、貴重な文献的化石であろうと私は考えています）。

年輪年代法や炭素14年代測定法の欠点を述べたくだりなど、釈迦に説法のごとき文章で今読めば汗顔の至りであるが、拙著の「キモ」（系譜⑭の重要性など）をお伝えしたい一心は理解していただけたようである。

同年（二〇一〇年）の十二月に、博士からは多量の論文史料類のコピーとともに、次のような懇切な信書をいただくことになった。ここには、弥生第Ｖ期（従来Ｖ期）の狭義高地性集落遺跡の出現期が、前期（新第Ｖ期）のものと後期（第Ⅵ期）のものと、前後二期に弁別されるという所見が明示されていた。この見解は、すでに『高地性集落跡の研究　資料篇』（学生社）の一〇四七頁の表や、『三世紀の考古学　中巻』（学生社）所収の「高地性集落論」の表と文章、『高地性集落論――その研究の歩み――』（学生社）の一八八頁の表などに、「広義」の高地性集落分布地域として、隠れた形で示されていたものであり、「広義」とされていたところから、ともすれば見逃されがちな所見であったが、小野博士の高地性集落論という画竜に点睛を加える所見ともいうべきものである。以下、その書簡の全文である。《 》内は現時点での筆者注。傍線も筆者による。

牧尾一彦先生

冠省　牧尾先生には崇高で多忙な医業の第一線で活躍されながら、至難な日本古代史や人類史の研究と取り組んでおいでのこと、常々敬仰し励まされております。

二〇〇九年の一月十七日に戴いた有り難い

お便りに強い感激と感銘を覚え、ご要請に応えるとともに、私のやり残した弥生系高地性集落の研究の責任を果すよい機会を与えてくださったことと受けとめ、取り組みました。

一年ぐらいで現役時代の調査・研究の復習と、その後の新知見や論説の勉強をすれば追いつけると考えていましたが、老衰による身体の故障や家庭の事情もあって（私が脊骨の多発性圧迫骨折で歩行が不自由なため何事もスローになり、病の妻との老々介護の生活なので）資料の吟味や考察が緩慢なうえ断続的になり、ご返事が長びいてしまいましたこと、申し訳けございません。現役を引退し、絵画の世界に入ってから四半世紀がたち、その間に高地性集落の調査や研究に携わる人達が減る一方、広大な低地帯の地域開発の急速な進展に伴い、低地の環壕集落跡の調査と研究が蓄積され、低地性遺跡の考古学の目覚ましい展開をみました。

二年近く前にお引き受けして、六〇年前に始めた古い調査の記録や論文の再検討と、リタイヤー後に行われた若い研究者達の調査の成果や論文を勉強し、教わるところが多にありました。しかし、日本古代史の場合、基礎資（史）料や年代の推・確定に未解決な問題があって、現状では決定的な決め手が得られないことを痛感しました。

私が現役時代以来、多くの協力者の教示と支援を得て取り組んできた弥生系高地性集落の調査・研究から得た卑見を、現在の時点で発言し得るものに絞って摘記し、報告に当てさせていただきます。

この度びの再検討に際し、その前提として以下のことを考慮しながら進めた卑見を略記します。

1．今回は狭義の高地性集落に絞り、政治や経済活動を背景として生じた軍事的機能をもつ高地性集落の出現・消滅期の分布と密度の変遷を再検討しましたところ、分布地域の広がりは総研の資料篇《「総研」とは文部省科学研究費を受けて昭和四七・四八・五〇年度に行われた弥生系高地性集落に関する総合研究であり、「資料篇」とはその成果が盛られた前掲『高地性集落跡の研究　資料篇』のこと》刊行当時とあまり変わらないが、遺跡の新発見があって密度に変化が見受けられました。総研の全国的調査の当時、現地調査者の手薄だった山陰から北越地方にかけての地域の調査が進んで新知見が提供されたので、甘粕健さん編著の『倭国大乱と日本海』を同封いたします。

2.無意識からの〝思い込み〟を極力排除することに心掛け、見直してみました。

北部九州の文化や政治勢力が畿《ママ》内の大和への移行は間違いのない史実だと思うのですが、移行の時期やコースには諸説があり、多くの研究者達が解明に精魂を傾けています。アプローチの基本的視座と視点として古文献に拠る文献史学と、物的証拠による考古学と考古地理学や第四紀学《「第四紀」は地質時代のうち、人類の時代とされる二五八万八千年ほど前から今までを意味する。「第四紀学」はこの時代をあつかう自然科学分野である》などのほか、複数分野の資料を自由に活用して組み立てる方法がとられています。

研究者は皆合理的かつ論理的に取り組んでいるのですが、私を含め無意識のうちに〝思い込み〟の過ちを犯したことを反省し、今回〝思い込み〟の排除を意識して取り組み、日本古代史研究の資料を提供することに主眼をおきました。このような意図から、拙著『高地性集落論――その研究の歩み――』学生社1983年刊の第Ⅳ章の第二節は残し、第三節「2、3世紀のアプローチの前提」を削除することにしました。《第二節は、九州編年と畿内編年の間の弥生区分のズレを調節した結果として、倭国大乱は弥生第Ⅳ期の高地性集落期に当たることを指摘し、更に、この倭国の動乱から七十～八十年前に男王を戴く集団が住みついたと推測されることから、その時期、つまり一世紀後半から二世紀初頭の間が、第Ⅲ期後半の高地性集落の出現期とその分布地域に照応し、この時期にも軍事的緊張があったとする重要な推測を導いておられる。また下っては、第Ⅴ期前半の高地性集落出現期は狗奴国の動乱や男王擁立時の内乱に比定されると指摘され、同時にまた第Ⅴ期末の高地性集落の出現が、3世紀の後半に比定されるところから、倭の記事が中国古文献に見られない、いわゆる欠史時代の初頭ごろに当たるとして、歴史上の事象と考古学上の知見との照合に期待がかけられる、とする見事な予想が記されている。他方で第三節では、弥生区分とフェアブリッジの海面変化との照合につき、混乱した見解が示されていて、理解不能な記述となっており（二二六頁）、更には「邪馬臺国が出現した二世紀末の第Ⅴ期の末葉」（二二九頁）とか「倭国の大乱より七、八十年前が九州編年の第Ⅳ期のころに当る」（二三〇頁）など、第二節に示された見解からかけ離れた記述もあり、読む者に混乱を強いておられる。この第三節の削除が宣言されたのである》

3．弥生系高地性集落の消長と自然環境営力との関係については、当初から人文的営力とともに鋭意取り組んできました。今回、その後の新知見を含めて検討しましたが、特に変更するところはありません。

4．歴史事象の暦年代に関わる問題

重要にして何人もが納得のいく「確定」の困難な問題です。現在から数えて遡る素朴な年輪年代法が理想的ですが、伐採年と使用年とのズレがあるなど、未解決な課題として横たわり、一方、客観的で合理的とみられる理化学的な方法もまた、測定値に広い幅と揺れがあって、使用が難しいこと、牧尾先生のご意見と同感です。

やむなく使う場合は、おおよそ、ほぼといった概略的に大掴みに指摘する域を出ないことを充分心得て、便宜上使っています。信頼のできる暦年代は、往時の古文献や金石文に記載されている暦年に拠っていますが、確定の困難な空白の年代は、上記の方法に拠っていることをご了知ください。

5．弥生系高地性集落の出現・消滅期

この項は、私にとって、多くの研究者や協力者によって得た知見から日本古代史解明への中心的な提示資料です。

今回狭義の弥生系高地性集落の典型的な出現・消滅期を再検討したところ、右の添付表の右の欄外に赤インクで示したように1次から5次の5回を指摘することができました

《上に引用した『高地性集落跡の研究　資料篇』の一〇四七頁の表、あるいは『高地性集落論――その研究の歩み――』の一八八頁に掲げられた表を一部改訂したものに、赤色インクで捕捉された表である。次頁に活字に直して示した。但し、赤インク部分は黒色太字で記しアンダーラインを引いた》。

弥生編年で文化小期の第Ⅰ期は前期、第Ⅱと第Ⅲ期が中期、第Ⅳ期と第Ⅴ期の前半が弥生後期とし、第Ⅴ期の後半は後期の土器に併行して古式の土師器が出現する過渡期に当たることから「終末期・第Ⅵ期」として扱うことにしました。なお古式の土師器～早期の土師器は庄内式土器と古布留式土器の別名です《つまり、ここでは弥生前期・中期・後期の区分を、九州編年による区分に従うと述べておられるのである》。

狭義の高地性集落の出現・消滅期のうち、特に顕著な時期は2次と5次で共に分布域が広くて密度が高く、軍事的機能も明らかなも

のが多いという特徴を示しています《卑見によれば、2次は帥升王統祖族による、5次は天皇祖族・帥升王統連合による、土着系部族に対する侵略戦争として性格が共通する。分布域が共通するのはそのためである》。

弥生系高地性集落の出現期とその分布地域

文化小期		広義の高地性集落出現期	分布地域	狭義の高地性集落出現期
縄文晩期		第1期	北西部九州に高原性集落出現	
弥生文化	第Ⅰ期	第2期	瀬戸内北岸に高原性集落出現	1次
	第Ⅱ期	第3期	北部九州から瀬戸内に高地性集落出現	2次
	第Ⅲ期		九州、山陽、四国、畿内、紀伊水道東岸にかけて、高山性、高原性、高地性、集落出現、特に瀬戸内に密度が高い。	
	第Ⅳ期	第4期	中部・東部瀬戸内、四国、畿内、紀伊水道東岸にわたる畿内系土器の分布域に分布	3次
	従来第Ⅴ期　新第Ⅴ期	第5期	中部瀬戸内から畿内にかけての地域と紀伊水道の東岸に分布	4次
	第Ⅵ期	**第6期**	九州、山陽、四国、近畿、中部、関東、東北地方に出現、第3期に似た分布を示す	5次
古墳前期		**第7期**	西日本にごくまばらに分布 **中部・関東地方に分布する。**	
古墳中期			南部九州に出現。**狭義の高地性集落は積極的には指摘できない**	
古墳後期				

弥生前期の1次の分布は中国地方から近畿

の西辺地域の間で、発見例が少ない現状です。

３次と４次の出現期は、中部・東部瀬戸内から近畿地方の西辺までの地域で密度が高いところに特色があります。共に紀伊半島西岸の紀伊水道に面した斜面の高地に立地し、密度が高いところに注意が惹かれます《卑見によれば、３次は土着系部族が帥升王統を、出雲などの周辺域に退ける戦乱であり、４次も土着系部族の内乱が主体であるので、類似するのである》。

出雲を含む山陰地方では典型的な狭義の高地性集落が少なく、不思議に思っています。しかも多くの銅剣が未使用のまま銅鐸とともに埋納されていた事実に驚くと同時に、銅鐸の廃棄埋納が弥生中期末葉の一回だけということも見逃せない重要な知見です《卑見によれば、ここの「弥生中期末葉」は畿内編年による「中期末葉」と見なければならない。つまり第Ⅳ期末のことであり、博士の云う３次の狭義高地性集落出現期に当たる。帥升王統が銅剣・銅鐸などを担いで逃げて隠匿埋納したものと考えられる。小野博士も、後に卑見の年代比定に賛同してくださった》。

考古学上の知見や高地性集落の在り方で注目を惹く地域に九州島が挙げられます。古代の中国や朝鮮半島に近いことから、水稲栽培と金属器渡来の門戸となった北部九州の地域に新来の文化勢力が醞醸し、中・南部九州の地を横目で見ながら中国や四国から近畿地方へと波及し交渉を続けています。弥生時代を通して中・南部九州の地はあたかも置き去りにされたかのように文化の内容の地域格差があることを《ママ》考古資料から指摘され、高地性集落の場合も同様な現象が見受けられます《この現象は、投馬国や邪馬臺国が中・南部九州には在り得ないことの考古学的証拠でもある》。

今一つ特異な高地性集落の在り方を示す地

域に、中部地方と関東地方があります。中部地方は高峻な地勢と根強い土着文化とが相俟って稲作農民の東進が阻止された地域であったことから、防衛機能をもつ典型的な高地性集落が数多く出現し、西日本の地域よりも長く古墳時代まで存続しているようです《崇神朝におけるオホビコ親子による東征説話や、景行朝におけるヤマトタケルによる東伐説話などが考え併せられる。西日本平定後も、大和朝廷による東日本の平定事業は継続されたのである》。

以上、弥生系高地性集落の調査と研究に関わる再検討で気付いた主な諸点を略記しました。引用文献を付けて論文風に書くつもりでいましたが、体力と家庭の事情から果たせませんでしたこと、誠に申し訳けございません。どうかご寛恕ください。

文献史学の視座から系譜を視点に関係諸学を視野に入れての独特な研究の成果が、日本古代史の解明に光輝を与えられる日を信じ、待望しております。

2010年12月11日　小野忠熈

このお便りの中にある甘粕健氏編著の『倭国大乱と日本海』は二〇〇八年一〇月、同成社から出版された市民の考古学シリーズのなかの第5巻にあたる書籍である。山陰と北陸地方の高地性集落遺跡について、興味深い考察が述べられているが、ここでは割愛する（この本では、弥生前期・中期・後期という区分が、九州編年によるものか畿内編年によるものか、明示されることなく用いられている上に、その実年代観が、どうやら半世紀ほど上代にずれており、このような用語と年代観で語られた物語は、今の筆者にはほとんど夢物語のように感じられる。卑見によれば、これらの地域は、弥生第Ⅲ期後半に、帥升王統祖族による侵寇を受けて屈服し、その後、第Ⅳ期末葉には邪馬臺国連合によって退けられた帥升王統の退去地域の一角となり、従来第Ⅴ期後半には、逆に邪馬臺国連合を攻める側の拠点となり、古墳時代に入っては大和系・出雲系の両勢力が併存する地域となっている）。

このお手紙とともに送っていただいた資料の中には、また、石野博信氏の『邪馬臺国の候補地・纒向遺跡』（新泉社）が紹介されてあった。その感想を十二月二十三日付けの卑簡に、次のようにしたためたことであった。この文章が、上の補論２の原資になっている。

……で、とりあえず、先生のお手紙の中に含まれていました石野博信先生の『邪馬臺国の候補地・纒向遺跡』を学んでみました。先にお送りしました拙稿で手薄でありました纒向遺跡の時代考証につき、重要なヒントが得られました。

その『邪馬臺国の候補地・纒向遺跡』21頁に纒向の土器編年表がありましたので、拙稿の延長上での私なりの絶対年代を、（僭越ながら石野先生の絶対年代比定を否定しながら）土器の各様式に振って、拙稿の時代比定を確認してみましたところ、邪馬臺国連合が天皇祖族によって滅ぼされ、大和朝廷が成立して前方後円墳時代に移行する過程が、この土器編年と善く一致するように思われました。

同封の表に石野編年と牧尾編年を並べてみました《補論２の二番目に掲げた図表にほぼ同じ》。……土器年代や、「２６２年前後」などの「前後」は、前後10年ほどの誤差をみているとお考え下さい。

石野先生の表では纒向１類から５類までの各継続期間を、順に30年、40年、20年、20年、60年とされているのですが、不勉強な私にはその理由が皆目分かりません。……各類を土器工人の世代ごとの変化と見なして、均一に各20年と見て絶対年代を当ててみましたのが、右側の牧尾編年です（戦乱期である纒向１類は、或いはもっと短期間であったかも知れません）。……布留０式を３２０年からの20年間としましたので、これに準拠して下から順に20年ずつを割り振っただけです。

このように割り振ってみますと、纒向１

類・弥生5様式末（弥生第Ⅵ期・高地性集落第6期・狭義高地性集落5次）から纒向2類への移行期（280年前後）が、突線鈕式銅鐸がぞくぞくと破壊され、唐古・鍵遺跡が衰滅し、入れ替わって纒向遺跡が突然始まり庄内式に移る時代であり（『邪馬臺国の候補地・纒向遺跡』36、39頁）、これは、丁度、天皇祖族による邪馬臺国連合への侵略戦が、吉備平定を終えて紀伊に拠点を据え大和侵冦・大和平定・大和朝廷樹立へと向かう時代に、ほぼ重なることになります。

纒向4類頃のホケノ山古墳の埋葬施設が韓のそれに類似するのは（『邪馬臺国の候補地・纒向遺跡』65～69頁）、天皇祖族が韓の辰王朝由来であろうことに矛盾しません。

纒向遺跡の衰弱は、纒向5類・布留1式の末というのですから（『邪馬臺国の候補地・纒向遺跡』82頁）、丁度、韓半島で、馬韓・辰韓が消えて百済・新羅が勃興する時期に一致して大和朝廷の都が大和から近江へ移ったらしい事情（景行朝末～成務朝初め）に一致すると思われます。

箸墓の築造終了年代は正確には不明ですけれど、箸墓が卑弥呼の墓であろうはずはありません。卑弥呼の墓は、恐らく天皇祖族によって全て破壊し尽くされたものと思われます。そうして、その上に大和朝廷の首長らによって前方後円墳が作られる時代になったのだと思われます。

前方後円墳は出雲國造神賀詞にある通り、その昔、神官が神託を得るために潔斎して閉じ籠もる瓶の形を模したものと私は考えています。

以上、とりあえず、大急ぎで思うところを素描させていただきました。纒向遺跡について手薄であった部分を、補強する必要をつくづくと感じているところです。ありがとうございました。

炭素14年代法による弥生土器の年代決定問題については、国立歴史民俗博物館の春成先生のグループの仕事に対して極めて厳しい批判が多いようですね。批判されて当然の、怪しげで恣意的な年代決定だと私も思っています。

最後に1つだけ質問させていただきたいのですが、先生のお手紙に、山陰での銅鐸の廃棄埋納が「弥生中期末葉」の1回だけ、とありましたが、その「弥生中期末葉」は、畿内編年の「弥生中期末葉」だと私は考えていますが、それでよろしいでしょうか。

畿内編年の弥生中期末葉は、弥生第Ⅳ期末に当たります。……銅鐸の作りが最も精巧になるのが、扁平鈕式銅鐸の時代で、この時代が、弥生第Ⅳ期にほぼ重なり、倭王帥升（シュィシャン＝スサ＝その神話化が須佐之男命）王統たる、2世紀初頭から七、八十年間にわたる男王時代に相当する時代であったと考えています。その終焉が倭国大乱（弥生第Ⅳ期・狭義3次）《狭義3次は、上に掲げた表における第3次の狭義高地性集落遺跡出現期》で、この大乱期に扁平鈕式を含む銅鐸が埋納されたままになったと考えています。

この大乱を契機に、帥升王統は出雲を含む辺縁域に国退きをして、時代は女王を共立した邪馬臺国連合時代に先祖帰りし、銅鐸も型は大きいもののやや粗造な突線鈕式に移り、やがて、3世紀半ばに、出雲の帥升王統末裔は、狗奴国（国主国）として再び邪馬臺国連合と、先ず争うことになる（弥生第Ⅴ期・狭義4次）、というのが、私の考え方です。その後、この狗奴国と結託した天皇祖族が本格的に邪馬臺国連合を侵略するのが弥生第Ⅵ期・狭義5次であろうと考えています。

先の帥升王統が倭国を統一するに到る戦争（1世紀後半から2世紀初頭）が弥生第Ⅲ期・狭義2次で、狭義2次と狭義5次が類似するのは、いずれも、父系王統による土着社会に対する広汎な侵略戦争であったことを物語っていると考えています。……

翌二〇一一年二月には、森岡秀人氏の論文等を含む文献（補論3に引いた『弥生時代の実年代　炭素14年代をめぐって』などである）のコピーを送っていただき、併せて多くの論文を紹介していただいた。そこで同年三月一日付けの卑信に、次のようにしたためたことであった。この文章が上の補論3の原資となっている（東日本大震災の起きる十日前である）。

先日は、お便りと、森岡先生の論文のコピーを中心に、多数の史料をお送りいただき、ありがとうございました。

鳥ケ崎遺跡の旧石器に関して、先生のお仕事を「否定したり妨害」していた人々がいたとのお話には驚きました。学問の世界も、色々な意味で厳しい世界ですね。学問に地位や名誉や金銭が、避けがたく関わることからの、必然なのでしょうか。私のように手弁当の貧しい在野の研究人からしますと、なにやら伏魔殿に近いような不気味な感じもいたしますが、学問で最後に残るのは、真実へ肉薄しようとする人間の誠実な努力の軌跡のみであろうと思います。それが残せれば、あとは天命を待つほか、ないのでしょうね。待つもの到れば以て僥倖……。先生の僥倖にあやかりたいと思います。

別の同封資料に、森岡先生の「考古年代と科学年代の比較対照表」がありました。

この表では、土器編年と年輪年代が隣同士に並んでいて、一見、土器編年と年輪年代の相対関係が、土器と木材の共伴史料から緊密な関連を以て確定されたもののように見えましたが、よく見ますと、どうもそうではないようです。たとえば、B.C.223年＋α〈下之郷〉は、下之郷遺跡の環濠から発見された木製の盾という辺材型資料の年輪年代であり、他方、下之郷遺跡自体は弥生中期後葉の遺跡のはずです。すると土器編年とちぐはぐな場所に年輪年代が置かれていることになります。B.C.２４５年＋α〈武庫庄〉も武庫庄遺跡という弥生中期の遺跡とは、時期的に無関係の対応になっています。また他方で、A.D.１７７年＋18〈纒向石塚〉の纒向石塚遺跡は、庄内式土器の時代ですから、土器との対応関係は合っているのでしょうが、肝心の年輪年代を示す木材資料は辺材型の資料で、光谷先生の報告では、その残存最外輪の暦年１７７年は確定されるものの、削除された辺材部を１センチと見積もっており（光谷先生の推定）、これを平均年輪幅０・５８㎜で割って小数点以下を切り上げたものが18年で、これを１７７年にプラスしてA.D.１７７年＋18となっているわけですが、ここにからくりがあります。削除された部分が本当に1センチしかなかったのかどうか、実は不明なはずです。更には、実は「A.D.１７７年」自体にも、疑問が提出されています。

全てをチェックする必要がありますが、取り敢えずの印象では、森岡先生のこの対照表は、科学的な装いを纏ってはいますが、何となく、木に竹を接いだような表に思われます。ひょっとして、邪馬臺国に庄内式を被せようとする動機が、意識的にせよ無意識的にせよ働いて、暦年代に土器編年をまず適当に組み合わせ、その暦年代に添って、年輪年代を、機械的に並べただけのものではなかったのでしょうか。全体に曖昧模糊としたところに無理矢理折り合いを付けた表のように思われます。

そもそもこの編年表の１９９８年案では、第Ⅳ様式の時代が、倭の奴国の時代より更に前の時代になっており、これでは「魏志倭人伝」や『後漢書』倭伝が百余国あったとする時代になってしまい、疑問です。第Ⅳ様式の時代は、ご存知のように、全国的に土器の斉一化が進行し、回転台の使用が隆盛し、Ⅳ期の終焉とともに、土器は一転多様化し、回転台も衰退するという逆進が見られるという、極めて特徴的な時代です。卑見によれば、これこそ、倭國王帥升王統の時代であり、倭国大乱によって、逆進的に邪馬臺国連合へと推移したために、文化様式にも逆進が認められたと推定されたところです。森岡先生の１９９８年案では、こうした大局的な変化を説明することが難しいと感じます。

森岡さんの対照表の土器の暦年代は、やはり、全体に50年から１００年ほど、上代へズリ上げられているように思われます。

他方、土器編年自体の細分については、もっと学んで見たいところで、参考になります。たとえば第Ⅳ様式が４期に細分されるのは、さもありなんと思われます。このⅣ期は、述べましたように、帥升王統、つまり、「魏志倭人伝」に言う男王七、八〇年の時代（西暦１０７年前後〜１８２年前後）だと推定されますから、１様式約20年と見ると、４様式分で約80年となり、勘定が合うように思います。

第Ⅴ様式から第Ⅵ様式に到る時代は、卑見によれば邪馬臺国時代から、天皇祖族による侵略戦争を経、大和朝廷が成立して40年程を経た頃（布留１式の直前頃）まで（西暦１８２年前後〜西暦３４０年前後）の約１６０年ほどに当たり、この間、９様式に細分されていますから、１様式の平均が約18年ほどとなり、これもまずまず妥当な勘定になりそうです。

『新潟考古』掲載の森岡先生の論説『高地性集落をめぐる弥生時代研究の課題』の３頁目に、歯冠計測分析法やＤＮＡ遺伝子研究から、弥生期の埋葬者が、夫婦ではなく、「兄弟、括弧付きの兄弟」が、埋葬の中心になっていることが認識されてきた旨のお話があり、刮目いたしました。これまた、さもありなんと思われる事柄です。母系制家族制度史論が、こうした地道な研究の集積から裏付けられるようになってくると期待できます。

同論説の８頁目あたりを読むと、土器の原料の土の粒度組成分析というような方法も用いながら、高地性集落遺跡を低地で支えていたはずの母集落との関係なども解明できる時代になってきているのですね。

無理な暦年代比定に苦労するより、これら様々な科学的研究の推進の方が、実りは大きいのではないかと思われます。

先生のお便りに、「編年研究と年代推定に時空的ズレがあり今もって確定できない」とありますが、僭越ながら考えますに、こういう結論を出すことの方が、研究者としては、多分、誠実なのだと思います。どなたか、考古学的には今のところこのような結論を出すほか無い、という事情を、分かりやすく丁寧に、具体的に、分析して解説・総説して頂けないか、というのが、門外漢の切なる希望であります。

ともあれ、せっかくお送り頂いたコピーですので、これも先にいただいた資料共々、いつか、詳細に検討させて頂きたいと思っています《補論３を読んでいただければわかる通り、今もって、「いつか、詳細に検討させて頂」く時間も能力もないままに過ぎて来ていることは恥ずかしい限りである》。

……

垂仁天皇の即位の前後は、大和朝廷の初代大王と言ってよい崇神天皇から代替わりする時代で、皇位継承を廻って、部族の再編とも言うべき大きな事態が起こっています。その過程で、崇神妃「尾張連の祖、オホアマヒメ」の子らが、北陸を含む東国、主としては、美濃・尾張地方へと大挙して東下します。別の妃「木國造、荒河トベ」の子らは、遙か毛野へと東下します。日の女神（記紀いう天照大御神）の伊勢への遷宮（追放に近い）も、同じ位相の下で生じた出来事であったと私は推定しています。

尾張連祖族、毛野臣祖族らと同様にこの時期、続々東國へと下った部族は多く、詳細を、昔、拙著『古事記考』の第5章「神々の流離」に記し自費出版しましたが、この『古事記考』は正式な上梓本とはならずに終わっています《一度はBOC出版から上梓したものの、トラブルがあって不本意なできになったため棄てて改定版を私家本として出した。このことである》。

石野先生が『邪馬台国の候補地　纏向遺跡』の中でも指摘されていますように、庄内式土器の時代に、纏向地方に最も多く搬入された地方土器は（美濃）・尾張・伊勢地方の東海系土器であったと目されます。おそらくは、この時代に東下した尾張連祖族らが、最も多くの貢ぎ物をせっせと纏向に運んだのであり、その結果が、纏向の土器相に反映されたのであろうと私は推測しています。

この推測が正しければ、纏向遺跡に東海系土器が激増する時期は、纏向土器の後半以後つまり、早くても庄内新式の時期以降であろうと予想できます。この予想を調べる暇と資料が、今のところ私にはありません（纏向土器編年から学び直さなければなりません）。

纏向遺跡は、天皇祖族が大和を平定して経営した王権の中心地であったと推測され、そのように考えれば、唐古・鍵遺跡の衰滅・纏向遺跡の興隆と衰滅《纏向遺跡の衰滅は、景行朝末から成務朝初めにかけての、纏向から近江への遷都と照応》、外来土器に東海系土器が多い理由など含め、考古学的事象と、文献学的事象とが、全てうまくかみ合うと思われます。

日本古代史にとって出雲（帥升王統の国退

き後の拠点の一中心としての出雲・次いで孝元天皇世代の天皇祖族の拠点としての出雲）の理解は重要に違いなく、天皇祖族と出雲との関係については、物部連祖族の古系譜の分析が決定的に重要でした。これによって、物部連祖族と出雲の関係が推測でき、その物部連祖族と一身同体のごとき姻戚関係をもって成り立つ天皇祖族と出雲との関係も推測できたのでした。記紀神話は、この史実を隠しました。大和朝廷の源が、侵略王朝であった史実を隠すためにも、このことは是非とも必要であったと思われます。しかし、歴史学から見れば、この種の隠蔽の所業は明白な大罪であるに違いありません。

邪馬臺国論争の紛糾も、その罪作りな所業のせいだというと、言い過ぎでしょうか。学問的な論争は大いに行われるべきでしょうけれど、空しい論争になりかねないところが、心配です。

……

多くの資料のご恵送に預かりましたことに改めて深謝致しますとともに、

先生と奥様のご健勝とご多幸を、遙かにお祈り申し上げております。　　　　早々

同年三月一一日の大震災の直後から、小野先生は安否確認やら激励のお電話を何度となく掛けてくださった。仙台の我が家は、東松島で津波に遭って避難してきた長女夫婦の避難場所となった。介護が必要な妻を抱えて、電気・水道・ガスが復旧するまで一カ月余りの辛抱が続いた。……

翌二〇一二年、小野先生から長いお手紙をいただいた。一月二十五日付けのこの書簡は、高地性集落遺跡の研究に、各期に亘って気候変動の要素を加味するべきことを論じた重要な書簡である。全文を転載する。やはり《 》内は現時点での筆者注である。

牧尾一彦先生

冠省　牧尾先生の著書と発刊前の原稿に盛られた論説や懇切なお便りと電話を通しての

会話などのうちに、先生が古文献と年・系譜を決め手の資料とし解明の方法とされ、日本の古代史を構成されたものと理解し、啓発され感服すると同時に、資料と手法の差異から生ずるズレと若干の違和感を抱きました。

そこで、弥生系高地性集落を活用される場合の参考として、私が用いた資料と解明の方法と、それから帰納して得た要点を摘記し、併せて、高地性集落の出現と放棄に及したとみられる潜在的営力の自然環境の側の資料として、この道の現役の権威の安田喜憲さん（国際日本文化研究センター教授・今年3月定年退職の予定）による弥生時代の大阪平野の変遷の論文のコピーを同封しました《『小野忠凞博士退官記念論集　高地性集落と倭国大乱』（雄山閣）二八二～三二五頁に所収の論文「続・「倭国乱」期の自然環境」である》。研究上の主体性を堅持されながら、ご参考にと呈上した次第です。

1．弥生系高地性集落の時代的地域的（時空的）消長に関わる諸問題と取り組む基本的視座と視野と視点は、採捕経済の縄文人が居住する日本列島へ水稲耕作民が渡来して以後生じた非生産的な高所への集落の垂直的遷移現象の実態と、遷移を生ぜしめた積極的動因と消極的潜在的要因を解明することでした。

今までの調査と検討の結果、非生産的、反居住的な高地性集落の出現と放棄に及ぼした動因は地域住民の人文側にあり、自然環境の営力は潜在的要因であることが解りました。

弥生中期《Ⅱ期》から、中期末《Ⅲ期後半》の高地性集落跡が出現した時代は気候の温暖期で、暖海性のハイガイやオキシジミとマガキなどの貝塚をもつ遺跡が多いところに特色がある一方、寒冷期（小氷期）の弥生後期《博士の編年は九州編年ゆえ「弥生後期」はⅣ期・Ⅴ期となるが、ここでは主にⅣ期をさすのでなければならない》に出現した高地性集落は中部瀬戸内から近畿中部・関東地方に分布し貝塚を伴いません。

2．弥生系高地性集落の出現期とそれぞれの分布地域を概括的に記しますと次のとおりです。

⑴弥生時代の前期《Ⅰ期》から出現し、その分布は東は現在の京都府京丹後の扇谷遺跡、西は響灘から西瀬戸に入る現下関市の上原（うえのはら）遺跡の間で、密度は低く点在（瀬戸内沿岸と島嶼）しています。

⑵弥生前期から終期までの間にみられる高地への出現・消滅期のうち、特に顕著な時代と地域は3回を指摘することができます《以下も弥生期区分は九州編年》。

1回目　弥生中期・中期末《主にⅢ期である。Ⅱ期は除外しておきたい》

2回目　弥生後期《Ⅳ期と新Ⅴ期がまとめられてしまっている。両者は峻別されるべきである》

3回目　弥生終末期《Ⅵ期》

A　1回目は弥生中期特に中期末に広域にわたって出現し、西部瀬戸内から中部・東部瀬戸内や近畿地方に密度が高いのが特色です。不思議にも出雲の地域には典型的なものが見当たらないことも注意をひきます《帥升王統祖族による倭国侵略戦争の時代》。

B　2回目に顕著な時代と地域は、弥生後期で、その分布地域は中部瀬戸内から以東の沿岸・島嶼から畿内と紀伊水道東岸に密度が高く分布し、東は南関東から中部地方にかけて分布しています。出雲や西瀬戸内以西と北九州に見受けられないところに特色があり、この期の動乱が中部瀬戸内以東に起こったことを示唆しているように推考しています《倭国大乱と狗奴国との戦乱との混同あり》。

C　3度目の顕著な出現期は、庄内式土器

や古式の布留式土器が普及していた弥生時代の終期末《Ⅵ期》で、その分布は広く、西は北九州から瀬戸内を含む中国・四国・近畿地方から東は関東・北越地方までをも含み、瀬戸内の沿岸・島嶼と大阪湾岸や紀伊水道の東岸に密度が高いことに関心を惹きます《天皇祖族・帥升王統連合による邪馬臺国連合にたいする侵略戦争の時代》。

この期の高地性集落の出現と消滅をもって、弥生系高地性集落は姿を消し、古墳時代には極く僅かに南九州や中部地方で見受けられるに過ぎません。

この三度目の顕著な高地出現・消滅現象は、魏志倭人伝の壱與の西晋への朝貢以後の日本の欠史時代や、九州勢力の最終的東遷と記紀の伝承的記述に対応する可能性を推考しています。

D　弥生系の高地性集落は、他地域からの収奪に対する防衛の必要上発生し、防衛の解消とともに放棄されたものと考えられるところから、出現と消滅の時期と地域の在り様を慎重に吟味し、倭国の古代史を解明し構成する資（史）料として活用されることを期待しています。

3．牧尾先生のこの度のお便りに添えられた高見によりますと、古代出雲地方の実態解明の手段として、九州文化圏の銅剣・銅鉾と畿内系の銅鐸との同時埋納現象についての解釈を拝見し、深く慎重に取り扱われていることに敬服いたしました。

異質の地域で使用されていた青銅儀器が同時に多量埋納されていた時期と在り様は極めて重要な現象でして、弥生時代の中期末葉《ここで言われた青銅儀器の同時多量埋納の時期は、中期末葉＝Ⅲ期ではなく、弥生後期前半＝Ⅳ期のことでなければならない》をもって両者が同時に姿を消しているところに深い関心を抱きます《倭国に覇権をふるった帥升王統が、倭国大乱の後、邪馬臺国連合に敗れて、出雲など周辺地域に退去した時代＝Ⅳ期に、この時代の銅剣・銅鐸などが地中に隠匿埋納されたのである》。この現象は弥生時代の後期《従来Ⅴ期》には，国譲，が終っており、古代出雲の勢力は北部九州の勢力の内に入っていて《この点は、卑見は異なる。古代出雲の勢力は、従来Ⅴ期後半、つまりⅥ期までには、「北部九州」ではなく南九州に初期の拠点を据えた天皇祖族と結託するのである》、最後の高地性集落の出現期《弥生後期末＝Ⅵ期》には、九州勢力の一部に組み込まれた状態で東遷したことを物語っているように推測されます《出雲族＝帥升王統は、Ⅵ期までには、南九州に発した天皇祖族と結託し、反転攻勢に転じて、東遷説話の核となる史実である邪馬臺国連合に対する征服戦争に至る》。

4. 邪馬臺国の所在地論については未熟な卑見を幾つかの書で公刊したことがありますが、倭人伝や後漢書の記載を裏付ける決め手の考古資料が見つからないため、今もって不動の確信が持てません。

現在のところ、先便で呈上しました拙著『日本考古地理学』のP.94とその前後の頁での記載の域を出ないのが本音です《この部分に関する卑見については、下に述べる》。

しかしこの隘路を突破する調査と研究こそ意義と醍醐味があるので、多くの研究者が、それぞれの視座と視野と視点から真剣に取り組んでいることを思い、研究者達を尊敬し、成果を得られることを祈念しています。

卆路を歩む私は、腰痛と座位姿勢の持続時間が乏しいうえ、慢性心不全が再発し治療をうけている有様なので、現役の研究者の邪魔にならぬように心掛け、声援を送ることしかできないのが実情です。

牧尾先生はとりわけご繁忙の中、古文献史学の視座から巾広く、深く取り組んでおいでなので、衷心から目的の達成を祈念しております。

右のお手紙の中にある『日本考古地理学』（ニュー・サイエンス社）の「P.94とその前後の頁」での記載、とは、主として次の部分である。

邪馬臺国の所在地は、『魏志』の倭人伝を素直に読むと、九州島のどこかにあったとみる見解に傾くのであるが、上記のごとく考古学や考古地理学上の知見によれば畿内説が有利なようにみえる。……

邪馬臺国の所在地論が未解決のままこんにちまで引きのばされた問題の核心は、暦年代と考古年代の結びつきにズレがあり、加えて、客観的に実年代を確定するものと期待される理化学的絶対年代の測定値に安定性を欠くところもあって、この三者の矛盾とズレの克服が当面の最大の課題である。

「三者の矛盾とズレ」については、同著の九三頁以降に、土器編年につき、九州編年と畿内編年のズレを調節して、弥生期をⅠ期からⅥ期に区分して明確化したことが説かれたあとに（畿内編年ではⅠ期が前期、Ⅱ・Ⅲ・Ⅳ期が中期、Ⅴ・Ⅵ期が後期と言われ、九州編年ではⅠ期が同じく前期であるが、Ⅱ・Ⅲ期が中期、Ⅳ・Ⅴ・Ⅵ期が後期と呼ばれていることを明確化したのである）、つぎのように、やや混乱した論説が記されている。

しかし一方、拠って立つ年代観の差から生ずる暦年代や考古年代と実年代の間のズレは、C14法を楔としても容易に克服することのできない大きな課題として残されている。

倭国大乱を例にとると、その暦年代は長くみて147年から188年の間、これを絞って霊帝の183年から188年の間を九州編年では後期後半《Ⅴ期》か、研究者によっては末葉

《Ⅵ期》に位置づけており、畿内編年に拠ると中期の末《Ⅳ期。これが正しい》ということになって、両者の間に考古年代との位置づけに大きなズレが生じている。この場合、九州編年に従って畿内の第Ⅳ様式期を1世紀の末か2世紀の初めまで引き上げるか《九州編年の年代観に従って倭国大乱をⅤ・Ⅵ期に当てれば、Ⅳ期はそれより前にならざるを得ない故である》、逆に畿内の年代観に拠って、九州編年の後期初頭《Ⅳ期である》を2世紀の末まで引き下げるかしなければならなくなるが《2世紀の末ではなく、Ⅳ期総体を2世紀に置けばよいのであるが、2世紀末と決めつけたところに、以下の混乱の因の一つがある》、その決め手を得ることが困難なのである。

この矛盾を解くために、C14法による絶対年代やそれと結びつけた気候や海水準変化の時期との関係を蝶番として調整する方法が考えられるが、日本のばあい、フェアブリッジの海水準曲線に照合すると、古墳時代以後の自然環境の変遷が暦年代や実年代とよく合致するのに、1世紀から3世紀の間が、九州編年でも畿内編年でも寒暖や海水準の変動が逆になり、考古年代との積極的な照合に使うことができないのである《実は、考古年代を正せば、フェアブリッジの海水準曲線とほぼ正しく照合させることができる。日本の考古年代の多くが誤っているのである。また、浜名湖の海面下遺跡の研究によって誤った海水準曲線が描かれており（『月刊考古学ジャーナル』No.128〔ニューサイエンス社〕「浜名湖新居町沖湖底遺跡調査予報」嶋竹秋・向坂鋼二の表1）、博士はこの結果を慎重に扱おうとしてはおられるものの、この誤った所論に影響されたための誤解も関与していたように思われる。寒暖の変転と考古年代の摺り合わせは極めて重要な論点であるのだが、小野先生はこの部分でなお混乱しておられる》。

例えば、倭国大乱の時期に中国では黄巾の乱があり、この一因が小氷期の寒冷気候による飢饉であるとされるのに、わが弥生時代には、第Ⅳ期（中期末⫽後期初頭）の九州と畿内の両編年に照合すると、1世紀から2世紀の末までの間約100年間が、暖海産のハイガイやマガキを主体とする高地性貝塚集落の出現期や海水準の上昇期にあたり、フェアブリッジの海水準曲線と全く逆になっており、この矛盾も解かねばならぬ課題である。

最後の段落部分は、私には意味不明である。倭国大乱は弥生第Ⅳ期に生じた戦乱であり、そして弥生第Ⅳ期は二世紀ごろに当たるのである。他方、暖海産のハイガイやマガキを主体とする高地性貝塚集落の出現期は、第Ⅱ・Ⅲ期であって、こちらは後1世紀まで継続した温暖期であり、これに続く第Ⅳ期が一転、いわゆるローマン・フロリダ海退期である小氷期へと転じてゆく期間である。倭国大乱はこの第Ⅳ期＝小氷期に起きた戦乱であり、フェアブリッジの海水準曲線と正しく合致するのであって、決して逆になってはいない。

『日本考古地理学』時点における、弥生時代の考古年代・実年代比定の不安定な状況下にあって（この状況は、不幸にも今なお継続しているが）、小野博士も、当時、否応なく混乱を強いられておられたのである。そのために意味不明の記述になっている。

さて、二〇一二年一月二十五日付けの小野博士からの貴重なお手紙を拝受したのち、同一月二十九日付けで、私は次のような返信を認めた。

小野忠凞先生

先日は、長大懇切なお手紙と、安田喜憲先生の論文コピー《「続・「倭国乱」期の自然環境」》をご恵送下さり、重ね重ねありがたいことと御礼申し上げます。

先生の御退官記念論集『高地性集落と倭国大乱』は、昭和59年11月に刊行されていますので、私も、多分刊行から間もなくの頃と思いますが、購入しました。

今回の先生のご指摘で、書棚から再び引き出してまいりました。先生自筆の見返し図で装丁された、錚々たる先生方のぶ厚い論文集を、懐かしくひもときました。購入当時、どの程度読み込んでいたか今となってはおぼつかないことで申し訳ないのですが、ほとんど忘却の彼方にありました古い記憶を呼び起こしながら、今回、取り敢えず安田先生の論文だけ再読いたしました。

植物分布の分析を中心に河内平野の気候変化・洪水史などを解析し、弥生期の集落・耕地の移動・盛衰の様を推測し、弥生土器の実年代比定にも迫るという、大変貴重な論文ですが、未だに考古学の門外漢であり続けています私には、詳細の把握はなお困難なままです。

３２０頁の図23などは何度見ても興味深い図ですが《中国の洪水・干ばつ・反乱数の変遷と、河内平野のA.D.１００年前後の弥生小海進期（温暖期）、その後の洪水期、２世紀後半の冷涼湿潤期とが、よく対応することを示す図である》、３２１頁の６行目から14行目にかけて……韓国古記録の変遷図に基づく山本武夫氏の説によれば洪水の多発期が紀元１００～１５０年、それに続く寒冷期が１５０年～２００年であることから、その結論として10行目に「洪水期は、弥生時代中期（Ⅲ・Ⅳ様式）の人々の居住の場となった灰白色の砂礫層の堆積期に、それに続く２世紀後半の寒冷期は、その砂礫層を覆う黒色有機質粘土層の時代に比定されよう（図23参照）。その洪水期とそれにつづく寒冷期が１つのセットとなって、中国・韓国・日本でこの時代にみとめられるのは興味深い。この対比が正しいとすれば、それぞれの堆積物に含まれる土器型式の年代も推定できるのではないか。少なくとも畿内第Ⅲ・Ⅳ様式は、紀元１００～２００年の間におかれる」とあります。

「畿内第Ⅲ・Ⅳ様式は、紀元１００～２００年を含む」という表現ですと、まだ納得できますが、「の間におかれる」となりますと疑問を感じます。私は第Ⅲ様式は温暖期である紀元０～

100年あたりだと考えています。

安田先生の上の文に依りますと、弥生中期《中期前半、と記すべきであった》は第Ⅲ様式期で100~150年、弥生中期末は第Ⅳ様式期で150年~200年であるかのように読めますが、私の説では、いま申しましたように、第Ⅲ様式期はほぼ紀元1世紀、弥生中期末に当たる第Ⅳ様式期はほぼ紀元2世紀に相当しますので、Ⅲ様式期に温暖期があり、Ⅳ様式期には寒冷期が含まれてくる、という考え方になります(やや微妙な言い回しにならざるを得ませんが)。

319頁13行目に「弥生中期に相当する紀元0~100年頃は、温暖であり、弥生時代中期末~後期に相当する2世紀末以降、寒冷化が進行している事実が指摘されている」とありますが、この文の「弥生中期」は畿内第Ⅲ様式期のことと見なしてよいのでしょうか。それとも第Ⅱ様式期に限定された「弥生中期」の意味なのでしょうか。温暖期ですから、第Ⅲ様式期と見ておいて矛盾はないと思いますが。

畿内第Ⅲ様式期の高地性集落遺跡と畿内第Ⅳ様式期の高地性集落遺跡とでは、分布域もその意味も異なってきますが、安田先生の説に従えば、この両者がすべて紀元2世紀の「間におかれる」ことになってしまうのでしょうか。

再三繰り返して申し訳ありませんが、私は畿内第Ⅲ様式期は紀元1世紀に大体重なり、第Ⅳ様式期は紀元2世紀に大体重なるという結論を得ており、『邪馬臺国と神武天皇』第一章《拙稿の「本論」》第十八節に縷々記したとおりです。回転台の使用その他諸々の証拠からの帰結です。同節の、表⑳と図㉓のコピーを念のため同封いたしました。図㉓の下の方の図表が卑説です《当節本文中の表⑳と図㉓に、ほぼ同じである》。

そして、この表⑳の分類によって言えば、第Ⅲ期に温暖期があり、第Ⅳ期には寒冷期が含まれてきます。安田先生の説を踏まえてもっと正確に言えば、弥生中期末に当たる第Ⅳ期は、その前半（ほぼ紀元2世紀前半）は（第Ⅲ期に続いて）まだ温暖期で、その後半（ほぼ紀元2世紀後半）が寒冷期となります。

以前の先生の御論文では、畿内土器編年を用いて、第Ⅲ期、第Ⅳ期、第Ⅴ・Ⅵ期などに画期しつつ、高地性集落遺跡の画期毎の分布が論じられていました。表⑳もこれに則った表です《V_1は新Ⅴ期、V_2はⅥ期に含まれる》。ところが、今回の先生のお手紙では、弥生中期・中期末、弥生後期、弥生終末期の3画期に分けられています。もしや、第Ⅲ期と第Ⅳ期のものが、弥生中期・中期末としてまとめられてしまったのでしょうか《ここは筆者の勘違いである。小野博士は九州編年に従っているので、弥生中期はⅡ・Ⅲ期のみでⅣ期は入っていない。むしろ先に注記した通り、弥生後期としてⅣ期と新Ⅴ期がまとめられてしまっていたことが問題》。もしそうとしますと、かなり大変な革命的な大転換となり、先生の従来の分布図が通用しないこととなります。この点はどのようになっていますのでしょうか。

私の表⑳に従って、今回の先生のお手紙の区分法を解釈してみますと、表⑳の第Ⅲ期と第Ⅳ期の一部をまとめて、弥生中期・中期末とされ、第Ⅳ期の残りの一部と第Ⅴ期をまとめて、弥生後期とされ、第Ⅵ期を弥生終末期とされたのであろうかとも疑いますが、どのようなことだったのでしょうか。

また、先生の今回のお手紙では、その弥生中期（Ⅲ様式期?）・中期末（Ⅳ様式期?）の高地性集落遺跡が出現した時代は気候の温暖期であると書かれています。しかし安田先生の論文によりますと、中期は温暖、中期末は既に寒冷期であるように書かれています。「弥生中期末」は温暖期なのでしょうか寒冷期なのでしょうか。どちらが本当なのでしょうか。

私は弥生中期末とは第Ⅳ様式期のことで、前半が温暖期、後半が寒冷期と見ております。

なお、安田先生の論文では弥生前期・中期・後期は恐らく畿内編年によるもので、九州編年による前期・中期・後期でないと思われますが、一般に、今ではもう、どちらの編年による前期・中期・後期分類なのかは、統一されていて、いちいち断らなくてもよい状況になっているのでしょうか。

弥生前期・中期・後期という言葉は、九州編年と畿内編年とでズレがありましたので、そのような経緯もあり、弥生前期・中期・後期という曖昧な言葉は避けて、畿内第Ⅰ～Ⅴ・Ⅵ様式期（もしくはこれに平行する時期としての第Ⅰ～Ⅴ・Ⅵ期）の言葉で統一して語っていただければとかねがね思っています。

私の現在の考えを表⑳に沿って整理して見ますと、

①倭国王の帥升（シュイシャン＝スサ～須佐之男命）とその祖父達が奴国などの在地土着系部族を制圧して倭国を統一する戦争が、紀元1世紀の後半をかけて行われ、これが第Ⅲ期の後半にほぼ一致すると考えられます。先生の第Ⅲ期狭義高地性集落遺跡の時代です。温暖期ですので、西日本全体を巻き込む戦乱の最初が、ハイガイなどを含む貝塚を持つ遺跡が多い温暖期に生じたとされる先生のご指摘のとおりだと思います。

この征服戦争は、2世紀の初め頃にもなおくすぶっていた可能性がありますので、第Ⅳ期の初め頃まで続いていた可能性はあります。このころもまだ温暖期ですので、いずれにしても、ご指摘のとおり最初の戦乱が温暖期に属していたことは動かないと思います。

この①の戦乱期は、従いまして、第Ⅲ期だけに限定せず、第Ⅲ期と第Ⅳ期初頭、とやや広く見ておけば安全かと思います。

②帥升王統が七、八〇年続いた後、倭国大乱が

あり、女王卑弥呼が共立され、邪馬臺国連合が成立しますが、紀元2世紀の後半ないし末に生じたこの倭国大乱は、第Ⅳ期の後半から末にかかる時代の戦乱です。寒冷期です。分布は中部瀬戸内以東で、畿内系土器の分布圏に限定的でした。

気候変動が契機の一つとなったのでしょうか、土着系部族が決起して帥升王裔を出雲その他の周辺域に退け、邪馬臺国連合が成立したものと考えられます。帥升王裔は全国の青銅器を担いで退避し、出雲國のあちこちに収納隠匿したと推定されます。考古学で発掘される物は、実際に存在したものの百分の一位であろうという説によりますと、逃げた帥升王裔がこの時に運び出し隠匿した青銅器は、今発見されているものの百倍ほどはあったはずです《ここは過大評価し過ぎたかも知れない》。

③3世紀の半ば頃、邪馬臺国と狗奴国（国主国〜出雲國）との間の戦乱があり卑弥呼が死んで（248年頃）男王立つも国乱れます。この一連の戦乱が、第Ⅴ期（従来記号でV_1期）《新第Ⅴ期》の狭義高地性集落遺跡に相当すると思われます。分布は、これも中部瀬戸内以東に限定的で、②の第Ⅳ期末の戦乱域に類似しています。

分布域が似ていますので、ひょっとして、先生のお手紙の「弥生後期」というものの中に、この第Ⅳ期末のもの（上の②）と第Ⅴ期のもの（ここの③）とがまとめられてしまっているのかしら、とも考えています。

④西暦260年代以降、出雲の帥升王裔と結託した天皇祖族による侵略戦争が本格的に始まります。第Ⅵ期（従来記号でV_2期）です。先生のお手紙にあります「庄内式土器や古式の布留式土器が普及していた弥生の終末期」で、倭地における大規模戦乱の最後です。分布は①に似ています。

天皇祖族連合は、日向から吉備平定を経て紀伊国に結集し、邪馬臺国を四方から攻め――記紀説話によれば専ら背後から攻めて、邪馬臺国=大和に入り、大和朝廷を樹立、崇神天皇がハツクニシラシシミマキの大王となります。卑弥呼の墓はこの時代には破壊されて消滅していた可能性が高いと思われます。

およそ、以上のようなところが、現時点の私の考え方です。

先生の御退官記念論集が刊行された昭和59年は、私は37歳の頃で、拙著『古事記の解析』を出したのは、この2年ほど前でした。

拙著『古事記の解析』は、今となっては、私の目にも、様々な部分に失考・破綻を抱えた無惨な書物となっておりますが、先生にご教示いただいた部分につきましては、今もって、そのままを踏襲できる結論を得ていたと自負しています（75頁〜）。この拙著は当時すでに先生にお送りしていたかと存じますが、30年昔のことであり記憶も定かでありませんので、再度お送りさせていただきます。重複したりしますと場所ふさぎとなりましょうから、適当に処分して下さいますように。

この拙著の中で、記紀神話の大國主神による国譲り神話を、紀元2世紀後半に日の神族（弥生土着部族）が出雲族（七、八〇年続いた男王の国=帥升王統）を退けて邪馬臺国連合を作った争い（倭国大乱）の神話化であろうと推測していますが（89〜91頁）、今では、この点には疑問符を付けています。

今では、出雲を舞台とした大國主（狗奴国=出雲國の国主）から天孫族（天皇祖族）への国譲り、つまり、帥升王裔と天皇祖族の外交交渉過程こそ、国譲り神話の史的核心であったろうと推測しています。従いまして、国譲り神話の並び順は、日向降臨神話より前ではなく、史実としては、その後に置かれるべき話であったと考えています。地理的にもその方が順当です。『日本書紀』の国譲り神話本文に天照大神が全く登場しない理由にもなります。

国譲り神話に、天若日子や建御名方神の話など、争い事らしき神話が語られていますが、寓意性の強い話であり、本質的には原『古事記』による創作話であったろうと見ております。これらを抜けば、国譲り神話は、全体としては、戦争行為が行われたような話とはなっておりません。

この点につきましては、『古事記』の「寓意の構造」論を論じる過程で改めて考察したいと思っております。

『邪馬臺国と神武天皇』第1章《拙稿の「本論」》に既に『古事記』の「寓意文字」についてて触れていますが、「寓意文字」個々の解釈につきましては、なお定見に至っていない部分もあり、『古事記』全体を論じきった後に定稿に達したいと祈念しております。

『古事記の解析』当時は、古系譜の虚構の構造は、僅かに『古事記』の天皇系譜の虚構方法にのみ気付いていた状態で、カモ祖族系譜はもちろん、物部連祖族系譜や尾張連祖族系譜の虚構の構造には、なお気付いておりませんでしたし、須佐之男命系譜の重要性（帥升王統系譜の文献的化石として位置づけられる重要性）にも気付いていませんでした。

しかし、天皇系譜の虚構の構造の解明だけから、今から見ても、かなり筋のいい推論を展開して、日の神族・出雲族・天孫族の三者の関係を的確に指摘していますので、この点だけは、この古い拙著にもなお棄てがたい価値はあるかも知れないとは（我田引水でしょうか）感じています。

しかしながら、たとえば、附録2の卑弥呼・箸墓考などは、全くの失考です。ヤマトトモモソビメ系譜の解析方法が間違っていました。そもそも箸墓を卑弥呼の墓かとするような推論は、当時の（今もあります）根強い俗論に影響された結果とは言え、恥ずべき間違いでした。

『古事記』原典の成立時期を天武朝より遡った

時代に推定しているところに、『古事記の解析』の最も決定的な欠陥が露呈しています。この誤った推定は、『古事記』の「寓意の構造」論を少し考察してみるだけで、決定的に葬り去られます。

拙著『古事記の解析』には、レコードでいえばB面に当たる部分に「人類の起源と愛および恋について」を併録しました。この方面を更に開拓したいと思っていますが、最近、渡辺淳一さんが『事実婚　新しい愛の形』という題の本を出版されています。私から見ますと、こういった方面のことは、本質的には、すでに30年前の、この「人類の起源と愛および恋」に書いてしまった、と思っているのですが（笑）、これこそ思い上がった我田引水でしょうか。

『古事記の解析』出版後は、そのあとがきに書きました宿題（奈良朝はじめの政争史の詳説）を果たすべく、仮題『藤原・奈良朝派閥抗争史』（先だって先生にお送りしました『国の初めの愁いの形』の草稿です）の考究と執筆に明け暮れていたころでした。弟に死なれた後、文筆業を生業にしたいという望みも雲散霧消、到底出版してもらえそうもない（つまり到底商業ベースに乗るはずもない）内容の原稿と格闘する日々を送っていました。

その後、娘も小学校の高学年へと進み、頭もひところのようには働かずぼんやりしてきましたので、いよいよ将来に悲観した後、18歳時の初心に戻ることとしました。他郷での下宿など無理でしたから、家から通える医学部ということで、一年間砂を噛むような受験勉強をして41歳で東北大の医学部に入り直し、……今に至っております。医者になってお金が入るようになり、ようやく『国の初めの……』を出版できたことでした。

先生の御退官記念論集に触発され、つい30年昔のことを思い出し、つまらないお話をしました。

お手紙と貴重な論文のコピーをご恵送下さった御礼まで申し上げるところ、つい、質問事項なども交えて長々と書いてしまいました。何卒ご容赦の上、御判読下さいますように。

先生と奥様のご健勝を心底よりお祈りいたしております。

２０１２年１月29日　　牧尾一彦

この信書から間もなく、私は再び同年三月一日付けで、次のような信書を認めた。小野先生からは、三月六日付けにてその返信として、私の手紙のコピーに、短いコメントを付したうえで、各項目について懇切な解説を記された長いお手紙が届いた。このお手紙は、博士がその最晩年に至って、博士畢生の高地性集落論に対する最終的な結論を打ち出されたものとして、極めて貴重なものとなった。どこにも発表されていないものであるが、その重要性に鑑み、以下、三月一日付けの卑信と併せて掲げる。卑信のコピーに書き込まれた博士のコメントを、〔　〕に括って太字で併せ記した。

小野忠凞先生

例年になく寒い日々が続いていますが、先生にはその後、お体の具合はいかがでしょうか。

幾度もお電話いただき、その度に電話に出ることができていませんでした事を先ずお詫びいたします。

先月風邪をこじらせて喘息様の症状が長引いておりましたが、生活形態を転換しまして以来、少しずつ改善し、現在はほとんど服薬も貼り薬も必要がないほどになりました。

当初は仕事から書斎宅に帰宅して、体調悪く7時前後にはすぐ床に就き、2時か3時前後に目を覚ますという生活になってしまっておりました。以来、このパターンが続いています。《以下、かくして原始人風の生活となっていることや、妻の自動車事故が裁判沙汰となりその事後処理に追われたことなど身辺に生じた雑事を、二頁に亘って延々と記している。電話に出ることができなかった弁解である。略す》……そんなこんなで、日中はこのところかなり多忙で、帰宅するとバタンキューでした。

お電話に対応できませんでした言い訳ばかりになりましたが、お陰様で、最近は体調もよく、原始時代の生活を続けています。

高地性集落遺跡の件で、前回の手紙にて、いくつか乱雑な質問をさせていただきました。……表⑳に基づきまして、拙論をお伝えしたわけですが、小生の質問に「リミット」などはございませんので、どうか呉々も先生のご体調の方を優先なさってくださいますように。

しかも、……先生のお手紙を改めて読み直してみましたところ、先の小生の質問の大部分が氷解いたしました。先生のお手紙による弥生前期・中期・後期が、ほぼ九州編年に基づくものであり、逆に、安田先生の論文の方は、畿内編年に基づく弥生前期・中期・後期であったことを認識いたしました。

先生のお手紙の弥生中期は、Ⅱ・Ⅲ期のみで、Ⅳ期は含まれませんので、「中期・中期末」の高地性集落は温暖期であり、安田先生の弥生中期はⅡ・Ⅲ期に加えてⅣ期も含むために、こちらの分類での「中期末」に寒冷期が含まれてくるのは当然であると理解いたしました。

このような理解でよろしかったでしょうか。

〔これでよい〕

先の手紙に書きましたように、私の考えでは、弥生Ⅲ期は、ほぼ1世紀に重なり、Ⅳ期はほぼ2世紀に重なります。先の手紙を少し修正しますと、Ⅳ期前半（2世紀の前半）は、温暖期というより、温暖期から寒冷期への移行期、と申し上げておく方が正しいかも知れません。日本では（河内では）、フェアーブリッジの海面変化と若干ずれつつも、ほぼ似

た様相で推移していたのでしょうか。**〔日本での測定を尊重〕**

ここで改めて、先の拙論を少し補強しますと、回転台（男の力でしか、うまく扱えません）が盛行していた弥生第Ⅳ期の時代は、男王時代七、八〇年の時代で、帥升王統時代、つまり、「出雲族」時代であり、1世紀末から2世紀末葉にかかる時代に当たります。

ところが、その2世紀末葉までには倭国大乱の勝敗が決し、出雲の国引き神話を持つオミヅヌ（帥升王の四世孫）が出雲に国を退き、邪馬臺国連合が成立してきます。倭国大乱期は畿内第Ⅳ期土器が中心の時代と思われますが、畿内第Ⅴ期土器の初期のものも既に混在していた可能性はあると思われます。

帥升王統による倭国侵略・統一戦争はⅢ期とⅣ期の境目（1世紀後半）であり、倭国大乱はⅣ期とⅤ期の境目（2世紀後半）の戦乱ですので、「Ⅳ期の土器を共出する高地性集落遺跡」というだけでは、前者の戦乱に関わる遺跡か、後者の戦乱に関わる遺跡かは判じがたいことになってしまいますが、例えば、温暖期の遺跡なら前者、寒冷期の遺跡なら後者に属すると断定できることになります。**〔その方がよい〕**

要するに、単に「Ⅳ期」の遺跡、というだけではなく、Ⅳ期の初頭かⅣ期の後半かという程度の弁別をした上での、分別が必要なのであろうと思われます。**〔すべきだ〕**

Ⅳ期初頭の高地性集落遺跡であれば、帥升王統による倭国侵略・統一戦争の時代の遺跡であり、Ⅳ期の後半から末の高地性集落遺跡であれば、倭国大乱期の遺跡であったことになります。

同じようなことは「（新）Ⅴ期の高地性集落遺跡」についても言えると思われます。（新）Ⅴ期初頭の遺跡ですと、倭国大乱がなおくすぶっていた時代の遺跡であり、（新）

Ⅴ期末の遺跡であれば、邪馬臺国と狗奴国の争いとこれに続く、卑弥呼死後男王を立てた後から壹與を立てるまでの内乱に関わる遺跡であろうということになると思われます。

〈それでよい〉

ともあれ、温暖期から寒冷期へ推移する状況と、Ⅲ期からⅣ期へ移行する時期との摺り合わせなどは、Ⅲ期とⅣ期の絶対年代を決定する上でも、極めて重要な論点になることだけは確実であろうと思います。〈同感〉

少し前に、安本美典さんの『「邪馬台国＝畿内説」「箸墓＝卑弥呼の墓説」の虚妄を衝く！』という勇ましい題の宝島社新書を読み、炭素14年代法の曖昧さについて認識を深めることが出来ました。年輪年代法のズレの問題とともに、これら一見科学的と思われる方法論の曖昧さには、今後も注意してゆきたいと思っています。

……

先生からの貴重なご助言の数々に改めて感謝申し上げますとともに、またのお便りを、気永にお待ちいたしております。

くれぐれもお体ご自愛のこと、お祈りいたしております。

２０１２年3月1日　未明

小野忠凞

三月六日付けの小野先生からのご返事には、右の書き込みがなされた卑信コピーとともに、次のような前文のあとに、「北九州編年と畿内編年の改定対比表」が描かれており（次々頁に掲げた）、続いて、この表の中に記された○付き番号ごとに、懇切な解説が付されていた。この表と解説こそ、博士が最終的に打ち出された弥生編年の実年代比定表に当たるものとしてこの上なく重要なものである。

牧尾一彦先生

前略　速達便で近況と取り急ぐ研究上の要点を記したお便りをくださいまして有り難うございました。篤くお礼を申します。

牧尾先生には風邪から喘息への進展で苦痛

の日々を過ごされましたご様子、大事なお体なので万策を尽して治療し養生してくださいますよう祈念しています。奥様のご病気に加えて自動車の事故などお疲れになることが多いこと心からお見舞い申します。

　私の方、満92才を過ぎましたが、人生の後始末を仕上げる日々に努めております。学問上の私なりの仕上げとして、私の学説に共鳴して展開してくださる牧尾先生へのバトンタッチは喫緊時の仕事なので、妻への対応しながら進めています。……《奥様もご病気で、ホームヘルパーさんの支援を受けておられることなどが、ここに記されていたが、割愛する》。

　一週間前の朝、私がゴミを歩行器に載せて運ぶ作業の途中、底が《ママ》フェンスの鉄柱に打ち付けて転倒し、肋骨にヒビが入る失態をし、整形外科医からの治療をうけていますが（絵仲間の医師）自分のことはすべて私でやれますのでご放念くださいますよう。

　《以下数行も割愛。そのあとに次頁に掲げた表があり、表中の○付き番号順に次のように解説が添えられてあった》

①１９７９年小田富士雄・佐原真の合意による北九州編年と畿内編年の調整により改定された弥生土器編年

②気候・地形・植生・近海の魚介などにより復元（原）された特徴的態様。研究者によって表現が微妙に異なるので留意のこと。沖積層の堆積の厚さも地域によって異なるが、永年的地盤変動の累積の結果なので度外視してよい。私は安田喜憲さんの「続・「倭国乱」期の自然環境」の所見に賛成している。

③改定編年第Ⅲ期の発掘調査例からみると、日本列島の中部地方以西（沖縄を除）太平洋斜面の地域、特に瀬戸内海の沿岸島嶼に密度が高い。これに反し、山陰地方に発見例が乏しいことが注意をひく。現在瀬戸内海に棲息

しないオキシジミやハイガイが、この期の貝塚から出土していて、当時の海水温が今日より高温で海水準も高く、丘陵の裾部の地形の地まで入りこんでいたことを示唆している。

一方、水田可耕地の低地帯の縮少から丘陵や海岸段丘面への畑作化が行われたことが考えられる。しかしこのような自然環境上の変化とは別に、東瀬戸内から畿内にかけての高

北九州編年と畿内編年の改定対比表

北九州編年		改定編年 ①	畿内編年		自然環境 ②	歴史的事象
板付	前期	I	第１様式	前期	寒冷 冷涼	
城ノ越	中期	II	第２様式	中期	温暖化	⑥
須玖 I 須玖 II		III	第３様式		温暖③	Ⅲ期末に広域に高地性集落が出現。⑦ 瀬戸内では貝塚を伴う遺跡が多い。
原ノ辻上層	後期	IV	第４様式		冷涼化 ④ 冷涼（寒冷）	Ⅳ期末に中瀬戸内から畿内に高地性集落が出現。⑧ 倭国大乱発生。邪馬臺国連合誕生。
下大隅 西新		従来V / 新V VI	第５様式	後期	冷涼⑤	男王の乱。 九州勢力の最終的東遷。⑨
					冷涼	邪馬臺国の滅亡。ヤマト王権誕生。

※歴史的欄の記載は記載欄が狭いので、文化期の目盛に照応していません。
※表の改定編年は1979年の小田・佐原の改定表《『高地性集落遺跡の研究　資料篇』の18・19頁の表である》に拠っています。

地性集落は防衛に不可欠な集落の立地や石鏃の大型化と量産が行われていて、広域に亘る軍事的緊張が生じていたことが考えられる。

なおこの期の高地性集落には、貝塚を伴う遺跡が多いことが特色の一つである。

④Ⅳ期末葉の気温の低下期で、花粉分析と沖積地層の検討からする安田喜憲さんをはじめ、第四紀の自然環境の研究者達の科学的研究や、中国や韓国の古文献史料からする指摘と合致し、このころ倭国は冷涼化（山本先生のように弥生小氷期）と言う研究者があるように気温の低下と海水準の低下に伴う汀線の後退が行われ、地形的には水田可耕地の面積が拡張化したことが考えられる。

畑作から水田への農耕地の変化に伴う集落の低地への移行が考えられるのに、この好条件を否定して、典型的な高地性集落が、特定地域の、安芸灘以東から大阪湾岸・奈良山城盆地に大形の石鏃や石槍などの武器の遺物が出土し、軍事的防衛を行っていたことを示唆している。……

Ⅳ期末葉の高地性集落は畿内と紀伊水道東岸に分布し、防衛を必要とする情勢が存在したことを示唆している。

なおⅣ期の上記の高地性集落のうち、末葉の出現地（紀伊水道や畿内の地域）では銅鐸を伴うことがあるとの指摘にも配慮しておかねばならない。

古中国や古韓国の記録から、気候が不順で農耕を阻害し、農民の暴動が多発した時代で、倭国では「倭国乱」あるいは「倭国大乱」と中国人が記した文献と照応する。

⑤Ⅴ期《従来Ⅴ期》は弥生後期の後半《この「弥生後期」はⅣ・Ⅴ期を「弥生後期」とする用語、つまり九州編年による用語》で、およそ3世紀に相当し、研究者によって庄内式土器を伴う時期を終末期とかⅥ期と言って、次の古墳文化期との先駆的ないし併行する過

渡的な時代とみている《この部分、記述がややあいまいであるが、従来Ⅴ期のうちの新Ⅴ期とⅥ期につき、ここは特にⅥ期について言及しておられる》。

後期後半のⅤ期はⅣ期末の寒冷期から幾らか気温が上昇したが、今日よりも冷涼な気候であったことが安田さんその他の自然環境復元者達と同様、私の担当した山口大学総合移転地の事前の調査によって認識し実感している。(この遺跡は現在も復土して保存している《山口大学構内遺跡、通称「吉田遺跡」》。)

水田面下に埋在していた隅丸方形の住居跡の壌土中や自然炭化した黒色～黒褐色の遺物包含層中からオニグルミの種実やウメの種実を検出しており、この資料を山本武夫先生が学術論文中に活用されたことがあった。

クルミは現在西日本の低地帯と山地で全く見られず、吉田遺跡出土のオニグルミは、現在自生している長野県地方の気候に似た冷涼であったことを物語っている《このオニグルミは、恐らく当時も、山口盆地を囲む山地の比較的高地の冷涼域に自生していたものであろう。Ⅴ期は全体としてはⅣ期後半のローマン・フロリダ海退期である冷涼期の底を脱して、4世紀以降のポスト・ローマン海進期の温暖期へと向かう途次にあった時代である。「Ⅳ期末の寒冷期から幾らか気温が上昇した」と言われる所以である》。

⑥前期末（Ⅰ）ないし中期初頭（Ⅱ）のころに環壕や壕状遺構をもつ高地性集落が出現しはじめている。数は少ないが東は京都府峰山町の扇谷遺跡以西、西は山口県下関市の上原（うえのはら）遺跡までの間、瀬戸内海の沿岸地帯で発見されている。この期の高地性集落が出現した具体的な原因は明らかでない。

⑦Ⅲ期末の高地性集落は広地域にわたる高地性集落で、瀬戸内海沿岸や島嶼の高地性集落では温暖期の貝塚をもつものが多いところに

特色がある。環壕や壕状遺構をもつ遺跡が多く、弥生後期（Ｖ）《従来Ｖ期》の終末期（Ⅵ）の出現と似た分布と密度を示している《帥升王統祖族による侵略戦争を示す高地性集落である》。Ⅲ期末に比定される山陰地方には典型的な高地性集落が著しく希薄なことと、九州系の銅剣・銅鉾と畿内系の銅鐸が多量に共存し、埋納されており、この点でも特異な性格をもつ地域である。

⑧Ⅳ、後期前半の末葉（２世紀の末頃）東アジアの気候の冷涼～寒冷化に伴う動乱の多発下に、倭国でも発生した事象として『倭人伝』の「倭国乱」や『後漢書』の「倭国大乱」に見ることができる。Ⅲ期末の高地性集落出現は高温期だったのに対し、このⅣ期末の高地性集落は冷涼ないし寒冷な気候下で発生しており、弥生系高地性集落の出現と消滅の原因を解明するうえで重要である。

⑨弥生後期後半のＶ期の末《Ⅵ期》に出現した高地性集落は分布の上では中期末のⅢ期の場合とよく似ており、両者を比較しながら検討する必要がある。気候の上で対蹠的なのに軍事的防衛機能をもつ点が見逃し得ない特徴だ。この期の出現と放棄をもって弥生系高地性集落は姿を消す事実も特に注目し解明しなければならない。

博士のこのお手紙に記された「北九州編年と畿内編年の改定対比表」は、私が長年追求して仮説を構築してきた一～三世紀史を、各期の高地性集落の暦年代比定によって、ほぼ全面的に支持してくださった表となっており、どれほど励みになったことか計り知れない。病身を押して長い信書をしたためてくださった博士の学恩には、どんなに感謝しても足りない。

同年三月二十九日付けの私信で、私は次のような卑見をお送りした。博士は、この手紙を再びコピーして、その段落に番号とコメントを付し、番号ごとに、再び長い解説を付けたお便りをくださった。卑信と博士のご返事とを、また併せて掲げる。卑信に付せられた番号とコメントを、やはり｛｝で括り太字で記した。

小野忠凞先生

拝復

昨日、先生のお手紙と論文のコピー及びその中の懇切なメモの数々、確かに拝受いたしました。

先生のご体調も改善されつつあるとの朗報に接し、とても安堵いたしております。

私の方も、今は勤務を終えるとサッと帰らせてもらい、レンジで3分以内でできる軽食をすませてシャワーを浴びるや布団に潜り込み未明に目覚めるという生活になって以来、体調はすこぶる安定しておりますので、何卒ご放念くださいますようお願いいたします。

先生のご教示によって、弥生時代の気候変動論の重要性に改めて開眼させられ、いずれそのうち、気候変動論に関する論文リストなどご教示を仰ぎたいものと考えておりましたので、今回のお便りとコピー類は、とてもうれしい僥倖でした。今の『古事記』考が終わって後の、今後の何よりの勉学の導きとさせていただく所存です（今のところなかなか考古学に戻れる余裕のないのが残念ですが）。

先生の今回のご指摘の数々についても、まだほとんど把握できていませんが《つまり、原資料に遡っての学習・確認といった作業が、我が余力・能力を超えることの言い訳である》、一点だけ気になっておりますのが、第Ⅳ期と第Ⅴ期（従来Ⅴ期）の防衛的高地性集落遺跡分布図に書きこまれていました内容の一部です。

｛**1.**｝第Ⅳ期（後半）の防衛的高地性集落遺跡が、倭国大乱期のものであることは最早何の疑いも有りません。｛**1. 同じ認識です。**｝

｛**2.**｝その分布図の意味づけですが、倭国大乱は、男王時代七、八〇年にわたる支配からの、土着民による独立のための戦乱であったと考えられます。その土着民による独立蜂起戦の最も激しく行われた地域が、第Ⅳ期防衛的高地性集落遺跡の分布域に一致していると考えています。〔2．別紙〕

〔3．〕そこで、独立を求めて攻める側が、石製の戦闘器具などを多用しながら、支配側の男王（帥升王統）を出雲や九州菊池川流域、東国などの周辺地域へと退け、九州の伊都国などと同盟関係を結んで邪馬臺国連合を成立させたという経緯が、倭国大乱の内実であったと推定しています。〔3．別紙〕

〔4．〕独立戦争でしたから、在地土着民は、攻められる側の旧支配者らの退却地（出雲など）まで深く攻め入ることまではしなかったのではないでしょうか。〔4．別紙〕

〔5．〕また、銅鐸につきましては、佐原真先生の『銅鐸の考古学』（東京大学出版会年２００２年）などにより、突線鈕式が第Ⅴ期、扁平鈕式が主として第Ⅳ期（第Ⅲ期後半から第Ⅳ期）、外縁付鈕式がおよそ第Ⅲ期（第Ⅱ期末から第Ⅲ期前半）に属するものとの確信を得ております（同著32頁に、Ⅳ期遺跡から扁平鈕式銅鐸の石製鋳型の発見のあったことなどが特筆されています）。〔5．別紙〕

〔6．〕そこで、外縁付鈕式30体・扁平鈕式9体を共伴した加茂岩倉遺跡などは、第Ⅳ期の遺跡であり、倭国大乱で出雲地方へ退けられた帥升王統が、隠匿埋納したものであったろうと見当をつけおります。

〔7．〕出雲族（帥升王統）の「国譲り」につきましては、この第Ⅳ期の、邪馬臺国連合への国譲りが初度のものですが、記紀神話の語る「国譲り」とは、実は、第Ⅵ期に行われた、出雲族から天皇祖族への「国譲り」であったと私は見ております。

〔8．〕なお、第Ⅴ期の分布図の、先生のメモ《今回、載せていない》の（1）に、「2世紀末から」とありますのは、「3世紀末か

ら」の誤記と考えてよろしいですね（「3世紀後半から」の方が、第V期防衛的高地性遺跡の実体には即しているとは思いますが）。

取り敢えず気になりましたところはこのあたりでした。

目下、『古事記』考にてこずっており、先生のご教示に十分お答えできない状況にありますことを歯がゆく感じておりますが、なにとぞお察しの上、ご海容くださいますようお願い申し上げます。

今後とも何卒よろしくお導き下さいますよう、切にお願い申し上げるところです。

《以下数行略》

先生のお便りと論文類ご恵送への御礼とともに、先生のお体の一層のご養生を切に祈念しております。

敬具

2012年3月29日　未明　　牧尾一彦

牧尾一彦様

桜花爛漫の陽春から牡丹花の美しい晩春に移る季節になりました。体調如何ですか。完全な回復を心から祈念しております。

私の方、痼疾化した腰痛に加えて慢性心不全が再発。三月には転んで肋骨にヒビが入り、歯の治療と重なり、家庭や知人との応待への対応に、私の行動がスローで意の如ならず、ご迷惑をおかけすることが多く、牧尾先生へのご返信も遅延しましたこと申し訳なく、深くお詫び申し上げます。

三月の三十一日に受領しましたお便りへのお答えがようやく文章化することができましたので、簡潔に記させていただきます。

《この後に、上に示した通りの博士のメモが書き込まれた私の書簡のコピーが挿入されてあり、そこに書き込まれた番号順に、次のような解説が記されていた》

本書簡の1の項につきましては全く同意見で

す。

2の項につきましては慎重に検討の末、卑見の訂正が必要なことに気付きましたので次のように変えることにしました。

弥生後期前半（Ⅳ）期の後半の、気候の寒冷化を遠因とする農作物の不作が起因となり動乱〈倭国大乱〉が発生した。その地域はⅣ期の狭義の高地性集落が分布する中部瀬戸内や四国地方以東、近畿地方の西半部の境域（分布図に鉛筆でマーク《略》）で、銅鐸の扁平鈕式の信仰圏と一致しており、畿内勢力圏内の内乱であることに気付き、北九州勢力圏の畿内勢力圏を制圧したという卑見を撤回することにしました。

往時の畿内勢力圏の部族構成については、私の研究法での資料がありませんので主張することができません。

3の項　倭国大乱（Ⅳ期後半）における攻防の対立勢力側の使用武器については、発掘調査が実施された高地性集落遺跡からの出土状態が多様なため、積極的に何れか一方を指定することは困難ですが、攻める方の武力集団が石製の武器（打製の大型の石鏃と石剣や石槍など）を多用したことが推測されます。今後の発掘調査や地表探査の際留意して検討すべき課題です。

4の項　出雲や山陰地域に典型的な高地性集落の発見例が少ない理由として、お説は有力な指摘です。今後考古学や考古地理学の分野からも証拠を蓄積し検討すべき課題の一つです。

5・6・7の項　弥生文化小期と銅鐸との関係は、Ⅳ期が扁平鈕式が主体で、Ⅴ期に突線鈕式に変わり大型化し、見る銅鐸の盛行に変わることは考古学上からお説の通りです。銅鐸信奉圏が邪馬臺国連合の地域とほぼ一致していて、弥生時代から古墳時代への転機に一斉に姿を消し、九州勢力の東遷時の最後の高地性集落の出現と消滅現象が終り、三者が期を一にしているところに深い関心を覚えます。

8の項　私の誤記でした。深くお詫びいたします。

私の関与する考古学や考古地理学の研究方法では研究の手法や資料上限界があるうえ、現役を長く遠ざかっていることもあって、私の力量では致し方がありませんことご許容ください。

《この後に、博士の学問に密接な研究者に関する懇切な紹介・仲介文が記されてあったが、割愛する》

健康の回復と保全には特に意を用いられ、医業と学問の研究の深化と展開を祈念し、お礼とお詫びの意をこめて擱筆いたします。

２０１２年4月26日　　小野忠凞㊉

《「小野今」は画家としての博士の雅号である》

弥生Ⅲ期・Ⅳ期・Ⅴ期（新Ⅴ期・Ⅵ期）におけるそれぞれの戦乱の意味づけに関して、卑見の外れてはいないことにつき、博士の承認を得られたと理解でき、感激を新たにし、返す返すも博士の学恩に深く感謝したことであった。それよりも何よりも、改めて博士の学者としての真摯さと誠実さに心を打たれ、清々しい思いに浸って、心底嬉しかったのである。

筆者の日本古代史まなびの旅は、このあと、当拙稿である『邪馬臺国と神武天皇』の続編に向かって進んだ。当時は、当拙稿を序章・第一章としており、続く「第二章」としていた部分は『日本書紀』の編年の修正を論じた章であり、「第三章」は、これをもとに壬申乱前後史を記述した章である。この二章は、『日本書紀』の編年の修正部分に絞って、既に拙著『日本書紀編年批判試論』として先行出版した。而してこの続きである「第四章」と「第五章」が、当時の私の課題の中心であった。序章～第三章までの折々に触れた『古事記』の「寓意の構造」論を完遂するための章である。数年で完成すると高をくくっていたが、第五章の寓意文字の個別研究が底なし沼の様相を呈し、十年近い歳月を費やすこととなった。小野博士はその間に、さる施設に入られ、以後は時候のご挨拶程度の文通となっていたが、ある時から文字の震えが目立ちはじめ、終に郵送物が宛先不明で送り返されてきた。案じていたところ、二〇一九年十一月に、ご家族から、「二〇一九年四月六日に九十九歳の大往生にて永眠いたしました」との訃報が届いた。ご逝去から七カ月後に届いたそのお手紙には、博士が生前に用意しておられたという「お別れのことば」が添えられていた。以下、その全文である。

お別れのことば

悠々無限の大自然を創り摂理する大生命に生かされて活き、有縁の方々のご教導とご支援により、稀有のこの世の味を味わせていただきましたこと、心から篤くお礼を申し上げます。

永眠後は大自然の大生命の中に還り融け込みます。一九九四年に生前葬を済ませましたので、葬儀と告別式はいたしません。なお、一切のお心遣いは固く堅く辞退いたします。

生前の暖かなご懇情とご交誼を謝し、皆様の健康とご清栄をお祈り申しあげます。有り難うございました。

二〇一九年四月　　　小野忠凞（今）

小野先生は、私が言わねばならぬ言葉を、先に言い残されて逝ってしまわれた。今はただただご冥福を祈り続けるばかりである。

補論８　寺沢薫氏著『王権誕生』批判

寺沢薫氏著『王権誕生』は平成十二年（二〇〇〇年）に講談社から出版され、二〇〇八年に文庫本化されて、今も版を重ねている「日本の歴史」シリーズ中の人気本であるが、冒頭「凡例」の第一条に

時期の説明は、相対年代で行い、……弥生時代は「前期」「中期」「後期」、……という従来の一般的な表記法によった。近年、一般に使用されつつある「Ⅰ期」「Ⅱ期」……という表記は時期感がイメージとしてわきにくいので一切使わないこととした。《『王権誕生』一〇頁。以

寺沢氏による編年表（2000年）　　『王権誕生』p.20

寺沢案					都出案			
実年代	時代	時期	近畿編年	北九州編年	細分様式	時代	時期	暦年代
500 前5世紀 400 前4世紀	縄文	晩期後半・突帯文土器	滋賀里Ⅳ式 （口酒井） 船橋式	山ノ寺式 （曲り田式） 夜臼式 1 2		早期	弥生時代	
			長原式	板付Ⅰ式（Ⅰ）1 2				
300 前3世紀 200	弥生時代	前期	第Ⅰ様式 1 2 3 4	板付Ⅱ式（Ⅰ）1 2 3	古 中 新 第1様式	前期		300?
前2世紀 100		中期	第Ⅱ様式 1 2 3	城ノ越式（Ⅱ）1	第2様式	中期		
前1世紀			第Ⅲ様式 1 2	須玖式（Ⅲ）2 3 4 5	古 新 第3様式			100?
B.C.			第Ⅳ様式 1 2 3 4		第4様式			B.C.
A.D. 1世紀 100		後期	第（新）Ⅴ様式 0 1 2 3	高三潴式（Ⅳ）1 2	古 中 新 第5様式	後期		A.D. 100
2世紀 200			第Ⅵ様式 1 2	下大隅式（新Ⅴ）3 4				200
3世紀	古墳時代	前期	庄内式 0 1 2 3	西新式（Ⅵ）5	古 新 庄内式	終末期		
300 4世紀 400			布留式 0 1 2 3 4	（土師器）Ⅰa Ⅰb Ⅱa Ⅲb Ⅲa	古 中 新 布留式		古墳時代	300 400
				（須恵器）	（須恵器）			

表⑱の一部

<table>
<tr><th colspan="2">文化小期</th><th colspan="2">畿内編年</th><th colspan="2">九州編年</th><th>筑前</th><th>安芸</th><th>実年代</th></tr>
<tr><td colspan="2">Ⅰ</td><td>前期</td><td>第Ⅰ様式</td><td>前期</td><td>Ⅰ</td><td>板付Ⅰ
板付ⅡA
板付ⅡB
（諸岡）</td><td>中山ⅠA
中山ⅠB
中山Ⅱ</td><td></td></tr>
<tr><td colspan="2">Ⅱ</td><td rowspan="3">中期</td><td>第Ⅱ</td><td rowspan="2">中期</td><td>Ⅱ</td><td>城ノ越</td><td>中山Ⅲ</td><td>前1世紀前後</td></tr>
<tr><td colspan="2">Ⅲ</td><td>第Ⅲ様式</td><td>Ⅲ</td><td>須玖Ⅰ
須玖Ⅱ</td><td>中山Ⅳ
（＋）</td><td>後1世紀前後</td></tr>
<tr><td colspan="2">Ⅳ</td><td>第Ⅳ</td><td rowspan="3">後期</td><td>Ⅳ</td><td>原ノ辻　上層
（高三潴・伊佐座）</td><td>塩町</td><td>後2世紀前後</td></tr>
<tr><td rowspan="2">従来Ⅴ</td><td>新Ⅴ</td><td rowspan="2">後期</td><td rowspan="2">第Ⅴ様式</td><td rowspan="2">Ⅴ</td><td>下大隅</td><td>樋渡
（神谷川）</td><td rowspan="2">後3世紀～
4世紀初頭</td></tr>
<tr><td>Ⅵ</td><td>西新
《庄内式に並行》</td><td>西山　最上層
（金平A地点）</td></tr>
</table>

下、引用頁数は文庫本版による》

とあって、「プロローグ　弥生時代とは」の段の「2様式論とタイムスケール」に、「本書で用いる編年案」（二〇頁）として、右の編年表が掲げられて論説が始まる。

この表の近畿編年の実年代は、補論3に掲げた森岡秀人氏による畿内様式編年の一九八四年版にほぼ類似し、相対編年については、これに森岡一九九八年版の編年細分をミックスしたような体裁になっている（寺沢案の近畿編年の第Ⅵ様式の1、2は、森岡編年のⅤ—5、Ⅴ—6に相当する）。しかし実年代はこの一九九八年版の方に従ってはいない。その理由は『王権誕生』には記されていないので、筆者には不明である。

第十八節の（二）に述べた通り、土器の相対編年については、弥生系高地性集落遺跡の出現・消退時期を全国規模で把握するための障害となっていた地域ごとのズレが、昭和五十年度の文部省科研費による研究事業において調節がなされている。

この時、特に畿内・瀬戸内系土器と、九州系土器の分布の接触地域に当たる周防地方から西瀬戸内沿岸の研究者が集まって実物に則した研究会議を重ね、その結果を畿内と東瀬戸内や四国の土器研究者の研究会議に資料として持ち寄って討議し、畿内と北部九州の弥生土器編年のズレが調整され、この成果をもとに小田富士雄・佐原真両氏が検討を加え、弥生文化小期毎の土器編年表がまとめられた。これが前掲『高地性集落跡の研究　資料篇』の一八～一九頁に掲げられた弥生土器編年調整表である。第十八節の（二）に掲げた表⑱がこれに若干の補足を加えたものであるが、その一部を前頁に再掲した。参考までに第十八節までに得られた、おおよその実年代を右欄に添えた。

弥生土器編年の調節表が重要であるのは、これによって、数次に亘って出没する高地性集落遺跡の全国的分布図が各期ごとに描出され、各期ごとの分布の特徴が把握されることになった点である。特に戦乱に関わると考えられる狭義高地性集落の出没の様子が短期間数度の出現期ごとに精密に描出され、それぞれの戦乱の時期や性格を推測する上で極めて重要な情報が提供されることになった。小野博士によれば、弥生狭義高地性集落は、第Ⅲ期、第Ⅳ期、新第Ⅴ期、第Ⅵ期の都合４次に亘ってそれぞれ短期間だけ出現し、それぞれの分布に個性的な特徴が認められたのである。

各期の実年代を決定する上で重要であった観点の一つは、補論７に述べた通り、弥生第Ⅲ期が温暖期であり、続く第Ⅳ期が冷涼期へと転じて第Ⅳ期末の寒冷期に至る点であった。これによって第Ⅳ期が二世紀後半を含む文化小期であることが分かり、併せて第Ⅳ期の狭義高地性集落遺跡が、中国史書の語る「倭国大乱」を示す考古学的物証であることが確定することになった。この確定は、またこの前後の狭義高地性集落出現の契機を闡明するものである。これらは第十八節に縷々述べた通りである。即ち、第Ⅲ期の狭義高地性集落は、ほぼ一世紀の後半に当たり、帥升王権が成立するに至るまでの戦乱を語るものであり、新第Ⅴ期の狭義高地性集落は、三世紀半ばに生じた狗奴国＝国主（クヌ）の国である出雲を拠点の一つとした帥升王統と邪馬臺国連合の間の争い、および、卑弥呼死後に男王を立てたあとの混乱に相当するものであり、第Ⅵ期の狭義高地性集落は、帥升王統と結託した天皇祖族連合軍の侵略によって邪馬臺国連合が滅び大和朝廷が成立するまでの戦乱に相当するのである。三世紀の後半、特に西暦二六六年以降、四世紀初頭にかかる時期である。

狭義高地性集落遺跡という全国規模の考古学的事象の分析が可能であったのは、一にも二にも、弥生土器編年の地域ごとのズレが調節され、ズレによる障害が克服された故である。この調節作業の最も重要な帰結の一つは、畿内編年でいう弥生「中期」が、弥生第Ⅱ・Ⅲ・Ⅳ期であるのに対して、九州編年でいう弥生「中期」が弥生Ⅱ・Ⅲ期であり、畿内編年でいう弥生「後期」が弥生（従来）Ｖ期であるのに対して、九州編年では「後期」が弥生Ⅳ・Ｖ期であることが明確にされた点である。

今、寺沢氏の編年表を見ると、近畿第Ⅱ様式が北九州第Ⅱ期に当たる城ノ越式にほぼ相当する点はよいとして、問題はこのあとである。近畿第Ⅲ様式と第Ⅳ様式が、併せて北九州第Ⅲ期に相当する須玖式にほぼ重なる形になっており、近畿第Ｖ様式が北九州第Ⅳ期に当たる高三潴式にほぼ重ねられている。つまり、この寺沢氏の編年表では、近畿編年の中期に当たる第Ⅱ・Ⅲ・Ⅳ期が、北九州編年の中期に当たる第Ⅱ・Ⅲ期にほぼ重ねられているのであって、昭和五十年代に遂行された土器編年のズレの調節結果が、全く無視された形である。無視した明確な理由は『王権誕生』に記されていないので、筆者には不明である。冒頭の凡例に「近年、一般に使用されつつある「Ｉ期」「Ⅱ期」……という表記は時期感がイメージとしてわきにくいので一切使わないこととした」とあるのが、理由の一つなのであろうか。しかし「Ｉ期」「Ⅱ期」……では「時期感がイメージとしてわきにくい」とは、不可解である。

何より良くないのは、近畿第Ⅳ様式期が前一世紀後半から後一世紀前半に編年されている点であろう。第Ⅳ様式期、つまり弥生第Ⅳ期は、第Ⅲ期の温暖期から一転、寒冷期へと転じた時代であり、フェアブリッジ曲線によって示される所謂ローマン海退期と呼ばれる「小氷期」に当たる時代（ローマン海退期の底は後二世紀後半であり、この期間が寒冷気候が最も顕著となる時期である）を含むことが気候変動論によって明らかにされている。ところが、寺沢氏によれば、近畿第Ⅳ様式期が温暖期とされており、気候変動論を無視した実年代比定となっている。「時期感」のイメージを持つには、「前期」「中期」「後期」という曖昧な名称を用いるより、当時の空気が温暖であったか冷涼・寒冷であったかを感じとるほうが、より有効ではなかったか。

かくして寺沢薫氏の編年表では、土器編年のズレの調節が無視されている上に、その「実年代」も、独断的・天下り的に決定されており、この「実年代」によって、考古学的事象の「意義」が、半ば独断的・空想的に推定され、論定され、解説されてゆく。

『王権誕生』の二〇四頁に「第一次高地性集落の分布」図が描かれ、「中期後半から後期初め（前1世紀後半〜1世紀）にかけて作られた典型的な高地性集落は、ほとんどが瀬戸内海沿岸に密集する」との解説がある。近畿編年第Ⅳ様式期と第Ⅴ様式の前半に含まれる高地性集落と、北九州編年の須玖式期（Ⅲ期）の後半と高三潴式期（Ⅳ期）前半の高地性集落が集められた結果の分布図であろうが、時期的に第Ⅲ期の高地性集落と第Ⅳ期のそれとが混合・合体した分布図になっている。

そうして、この時期に高地性集落が示す「軍事的緊張」の背景として、「北部九州の脅威」なるものが強調される。曰く、

……ナ国とイト国が前漢帝国の権威を笠に、一層強大な部族的国家連合を形成したことが、折しも本格的な部族的国家（クニ）を形成し始めていた、関門海峡を越えた以東のクニグニに現実的な緊迫感をもたらしたのだ。（『王権誕生』二〇五〜二〇六頁）

と、前一世紀後半から後一世紀にかけて存在したはずもない「ナ国とイト国」の「前漢帝国の権威を笠に」着た「一層強大な部族的国家連合」にたいする「現実

的な緊迫感」が、高地性集落の出現の原因であるとするのである。高地性集落は、明らかに現実の戦闘行為が行われた物証であるが、「ナ国とイト国」の「前漢帝国の権威を笠に」着た「一層強大な部族的国家連合」による侵略戦争が行われたのであろうか。しかし、この時期にそのような想定は不可能である。この点は、寺沢氏自身も、

実際には、北部九州と瀬戸内、近畿諸国などの間で長距離間戦争が勃発した様子はない。列島史上初の広域にわたる政治的、軍事的緊張は、明確な実力行使なくひとまず回避されたようなのだ。（同書二〇七頁）

と述べておられる。寺沢氏がなぜこのような不可解・不自然な推測をせざるを得なかったかは、後一世紀から二世紀にかけて寺沢編年に拠る限りでの考古学的事象が然らしめたのである。曰く、

こうして、すぐれて政治的な緊張をはらみながらも結果的に戦争に至らずに済んだことは、かえって瀬戸内海沿岸から淀川をさかのぼって東へ向かう交通を一気にさかんにすることになった。……中期後半の土器に施された凹線文と呼ばれるシンプルな文様が、瀬戸内海の大動脈を貫いて近畿地方を席巻し、一部は伊勢湾沿岸地方や北陸地方にまで及んだのもそのためである。（同書二〇七～二〇八頁）

寺沢氏によって指摘された「中期後半」の凹線文の全国的波及は、弥生第Ⅳ期に栄えた「倭国王」帥升の後継男王による倭国統一王権下での出来事であって、近畿編年の第Ⅳ様式期と北九州編年による高三潴式期とに当たっており、その実際の年代はおよそ後二世紀である。寺沢氏は弥生Ⅲ期・Ⅳ期を混合した「第一次高地性集落」なるものの時代と、Ⅲ期後半の戦乱によって成立した帥升王統による男王時代とを短絡・混乱させて語っておられるのである。寺沢氏の依拠した歪な編年表の然らしむるところであったと思われる。

最初の倭国統一王権であった帥升王権の成立を齎した弥生第Ⅲ期後半（ほぼ、後一世紀の後半に当たる）の高地性集落が語る侵略戦争の実態は、かくして寺沢

氏の論説から抜け落ちたのである。

『王権誕生』の二三八頁には「「倭国乱」の頃の典型的な第2次高地性集落」の分布図が示され、「第1次高地性集落に比べて分布が東西に広がっている。新たにイト倭国勢力に接した中部九州や南四国、西部瀬戸内に目立つのと対照的に、東のクニ・国では、それぞれのマツリ圏や文化圏に緊張関係が及び、牽制しあっている」との解説が付されている。

「倭国乱」は、中国史書が「男子を以って王となし、住（とど）まること七、八十年」の後に生じたと伝える乱、あるいは「桓霊の間」（一四六〜一八九年）、「漢霊帝の光和中」（一七八〜一八三年）に生じたなどと伝える大乱である。この乱の結果、卑弥呼が共立されて女王国つまり邪馬臺国連邦とこれに統属する諸國を併せた邪馬臺国連合が成立する。

中国史書の云うところを信じれば、倭国乱・倭国大乱は、後二世紀後半に含まれる乱・大乱であるが、寺沢氏は、これら中国史書の記す時期に疑問を呈し、乱は西暦二〇〇年を前後する時期であるとする。曰く、

卑弥呼擁立年代の決定には、考古学が積み上げた成果や東アジア情勢とのすりあわせこそが必要だ。これから述べる王権誕生に向けての考古学上の情況や、土器や中国鏡の編年研究の成果を重視すれば、倭国乱の収拾と卑弥呼擁立の時期は三世紀の初めにまで下る、というのが私の主張である。

一方、「倭国乱」に相当する高地性集落は第二次高地性集落の最後の時期にあたる。それは、私が後期末と考える二〇〇年を前後する時期だ。だから、考古学の遺構・遺物からいえば、「倭国乱」もあくまで第二次高地性集落の、つまりは後期社会の軋轢と緊張関係の延長でしかない。……私は、「倭国大乱」（『後漢書』）が文字通り戦闘をともなう大規模な争乱であった可能性は薄いと思っている。二世紀後半に鉄鏃や鉄剣の出土量が増えたとはいっても、西日本が大規模な戦乱に見舞われたという考古学的な痕跡はほとんどない。いやむしろ、二世紀後半の後期後

葉から末にかけてのこの時期、高地性集落の数は、後期前半に比べて減少さえしているのだ。（同書二三七～二三八頁）

二世紀後半から二〇〇年を前後する時期までの高地性集落は、寺沢氏の編年表に従えば、近畿第Ⅵ様式期と庄内式の初期、および北九州編年の下大隅式（弥生新Ｖ期）の後半から末葉にあたる時期に対応した高地性集落が混合・合体した分布を示すことになる。このうちの後者、弥生新Ｖ期の後半の高地性集落は短期間で終息して消退したであろう高地性集落（狗奴国と邪馬臺国連合との初期の争乱、および、卑弥呼死後、男王を立てたための内乱を示す遺跡である）であったと考えられ、恐らくこのことが主因となって、右引用文の末行「いやむしろ、二世紀後半の後期後葉から末にかけてのこの時期、高地性集落の数は、後期前半に比べて減少さえしているのだ」との認識を導くことになっていると思われる。これもやはり、寺沢氏の歪な土器編年表が齎した空論である。

「考古学が積み上げた成果や東アジア情勢とのすりあわせ」を正しく行えば、卑弥呼の共立時期は、通説通り、西暦一八〇年前後であろうと考えて不都合はない。

『王権誕生』の第七章「王権の誕生」の冒頭は、「１新時代の幕開け」・「新生倭国とヤマト王権の誕生」と題して、次のように説き起こされている。

『魏志』倭人伝が「倭国乱」と記した混迷期は、倭王卑弥呼の共立によって一応の解決が図られる。私はその年代を考古学の成果を重視して、三世紀のごく初めと推定した。近畿地方の中心部では「庄内式」と呼ばれる土器様式が始まる時期だ。（同書二五〇頁）

卑弥呼の共立は三世紀の初めではなく二世紀の末葉であることは文献史学が教えるところである。しかしこの際二、三十年程度の齟齬は実はあまり重要ではない。問題は、庄内式を三世紀前半の土器様式とする点である。庄内式土器は、三世紀後葉から四世紀初葉に掛かる時期に始まる土器であり、邪馬臺国連合が天皇祖族によって滅ぼされる時代を代表する土器である。寺沢氏は庄内式期を半世紀上代へ繰り上げるとともに、邪馬臺国を滅ぼして成立した大和朝廷初期の帝都に興った纒向遺跡をも、卑弥呼の時代に重ねようとする。即ち右の文は次のように続く。

そして、まさに時を同じくして、奈良盆地では画期的な事態が起きていた。「ヤマト王権」の最初の王都と考えられる桜井市纒向（まきむく）遺跡の出現である。

少しおいて同書二五七頁には次のように述べられる。

……文献学上実在の疑わしい神武から九代までの天皇を除けば、初期の都宮がこの纒向周辺に集中すると伝えている。十代崇神の磯城瑞籬宮（しきのみずがきのみや）、十一代垂仁の纒向珠籬宮（たまがきのみや）、十二代景行の纒向日代宮（ひしろのみや）がそれだ。纒向遺跡のもう一つの顔とは、ヤマト王権の最初の都宮が所在した地ではないか、ということだ。

天皇祖族が邪馬臺国連合の本丸、大和の邪馬台国を滅ぼしたのが三世紀の末葉であり、大和に大和朝廷の礎を築いた崇神・垂仁・景行天皇の三代が最初に帝都を置いた地が纒向である。纒向遺跡は四世紀前半に帝都として栄えた遺跡である。

四世紀前半を語る考古学的遺跡を、寺沢氏のように三世紀へ引き上げると、四世紀前半は空白の時代となる。そのためでもあろうか、次のような文章が出る。第八章「王権の伸長」の冒頭である。

中国史料には四世紀の日中史料が欠如し、「記紀」記事の史実性も薄いという判断から、文献史学では「空白の四世紀」と言われてきた。とくに定型化前方後円墳の出現を四世紀初めとみていた過去には、三世紀は邪馬台国の時代であって、ヤマト王権成立の問題は「謎の四世紀」のこととして先送りされてきた。（同書三〇四頁）

四世紀が文献史学で「空白の四世紀」・「謎の四世紀」などと言われているというのは、崇神・垂仁・景行天皇朝などの実在を認めない論者の間で言われていたことであって、今はあまり重視しなくてもよいと思われるのであるが、過去においては、邪馬臺国の時代である三世紀前半と、記紀において崇神・垂仁・景行天皇以降の事績譚が始まる四世紀以降との間である三世紀後半が「空白の半世紀」と見做されてきた事実は厳然としてあった。つまり、「空白の四世紀」ではなく、「空白の三世紀後半」というものが認識され、この半世紀の謎を解く方策が過去には求められていたのである。

近年の弥生編年が、纒向遺跡の時代を半世紀ないし一世紀引き上げて、この「空白の三世紀後半」を埋め、前方後円墳の開始時代をも三世紀へと引き上げたために、半世紀～一世紀を引き上げられて理解されることになった崇神・垂仁・景行天皇の纒向時代と、もとのままに留め置かれる以外になかった成務・仲哀天皇・神功皇后の時代である四世紀後半の時代との間、つまり四世紀前半が空虚になったのである。これでは確かに「謎の四世紀」になるはずである。土器編年の実年代比定の間違いによって纒向遺跡の編年を間違え、これが考古学者にも「謎の四世紀」を作り出させたと言える。

三世紀後半を男王によって埋める算段は、寺沢氏の場合、中国史料の誤読によって果たされている。曰く、

……私は、『北史』や『梁書』に泰始二年（二六六）台与（とよ）の後に立ち、晋王朝に入貢して爵命を受けた男王に注目したい。もしこの男王が、狗奴国を制圧あるいは参画させることに成功し、東国支配への足固めを大きく推し進めた人物であったとしたら、彼こそ、定型化した最初の巨大前方後円墳を造営した被葬者としては似つかわしいのではないか。（同書三〇八頁）

寺沢氏は空想に空想を重ねて、事ここに至っている。寺沢氏が云う『北史』・『梁書』に記された「台与（とよ）の後に立」ち、「晋王朝に入貢して爵命を受けた男王」とは、『北史』・『梁書』に記された次の文中の二番目に出る「男王」のことである。

正始中、卑彌呼死し、更に男王を立つるも、國中服さず、更（こもご）も相誅殺す。復（また）卑彌呼の宗女臺與を立てて王と為す。其の

後、復、男王を立て、並びに中國の爵命を受く。

最後の文、「其の後、復、男王を立て、並びに中國の爵命を受く」は、すぐ次に記される、いわゆる倭の五王の遣使入貢次第に関する記事の前文に当たる文である。つまり、臺與のあとに立てられて中国に入貢した男王とは、晋（東晋）の安帝の時の義熙九年（四一三年）に遣使入貢した倭王讃を皮切りとする、いわゆる倭の五王のことである（第二節参照）。寺沢氏はこの文を誤解して、臺與のあと、すぐに男王が立って西晋に入貢した男王が居たかのように勘違いしたのである。そもそも『晋書』に西晋の時代に倭が入貢した記事は皆無である。

寺沢氏のこの誤解は尾を引いており、同書三二〇頁にも、

こうした三角縁神獣鏡の量産と配布は、卑弥呼死後の台与共立による王権の立て直しや、男王擁立による王権の伸長に対応した、第二の宗教改革であったともいうことができよう。

などとある。加えて同書三四二頁には、

一方、倭では、泰始二年（二六六）、台与のあとに立った男王が新たに西晋王朝へ入貢し爵位を得て以後、『宋書』倭国伝が、南朝宋の永初二年（四二一）、倭王讃（賛）の入貢を伝えるまで、百五十年の長きにわたって倭国王の正式な朝貢は途絶えた。

とあって、相変わらず臺與の後継と氏が信じる男王に関する誤解を引きずりながら、東晋の安帝の義熙九年（四一三年）に、倭王讃が初めて入貢した史実を見落としておられる。もしや、この東晋への入貢を西晋への入貢と勘違いしたのであろうか。この勘違いが氏の誤解の原因であったのであろうか。

ともあれ、これに限らず、寺沢氏の『王権誕生』には、およそ説得力に欠ける独断的空想がちりばめられている。歪んだ土器編年観と、間違った実年代比定法とを基礎として、考古学的事象に無理やり口を割らせようとした結果である。

同書二九八頁に、「第3次高地性集落の分布」の図が掲げられ、

王権が誕生した３世紀になると、中部瀬戸内や近畿の防御性の高い集落は姿を消し、替わって東海、北陸、中国西部に集中する。緊張関係の震源が王権の所在する〝ヤマト〟に替わったことがうかがえる。

とある。氏の編年表に従えば、「３世紀の高地性集落」は、近畿編年の庄内式期と布留式初期、北九州編年の西新式（第Ⅵ期）と土師器初期の高地性集落とをハイブリッド結合して寄せ集めたものになるのであろう。右の解説によれば、特にそれらの末期の高地性集落に関する記述であるように思われる。「王権が誕生した３世紀」とは、邪馬臺国連合の時代を意味することになるが、近畿編年の庄内式期と布留式初期、北九州編年の西新式（第Ⅵ期）と土師器初期は、実際には、邪馬臺国が最終的に滅ぼされる三世紀後葉から四世紀初めに当たる時代である。従ってそれらの末期の高地性集落は、実はどちらも邪馬臺国連合に対する侵略戦争の終盤と大和朝廷が成立したあとの東国経営に関わる高地性集落になる。すると、この時期の「王権」とは実は、邪馬臺国連合の王権、つまり卑弥呼の王権ではなく、実は邪馬臺国連合を滅ぼした側の王権、つまり天皇権、大和朝廷の王権でなければならない。結局寺沢氏の解説は、「３世紀の高地性集落」と言いながら、３世紀末から４世紀初葉における戦乱終息期の高地性集落を解説する、全くちぐはぐで見当はずれな解説になっている。

『王権誕生』には、古墳時代に登場した前方後方墳について触れた部分がある。第七章の「２　卑弥呼共立」の段の「投馬國と狗奴国はどこか」の項で、狗奴国の所在につき、まず、次のように述べられている。

邪馬台国畿内説に立てば、文献史学では狗奴国の所在地は和歌山県の「熊野」、静岡県西部の「久努」、群馬県の「毛野」国などが有力な候補地だ。しかし、最近の考古学の成果によれば、その中枢は伊勢湾沿岸、とりわけ濃尾平野が有力視されてきている。（同書二八四〜二八五頁）

「最近の考古学の成果」には、炭素14年代法や年輪年代法などが出す弥生年代に関わる怪しげな数値が含まれており、これらは十分警戒しながら接しなければならないものであるが、それはともかく、狗奴国の所在地の中枢として「伊勢湾沿岸、とりわけ濃尾平野」を掲げる理由の一つとして、前方後方墳が挙げられている。曰く、

東国の初期の前期古墳には前方後円墳が少なく、前方後方墳が圧倒的に多いが、その原型は三世紀の濃尾平野に真っ先に出現し東へと波及したと考えられていることだ。三世紀の東方への諸々の情報の発信源はどうも王権の所在するヤマトではなく、濃尾平野の可能性が強いのである。（同書二八五頁）

しかし、すでに本論で縷々論じた通り、狗奴国とは国主（クヌ）の国であり、倭国大乱の後、邪馬台国連合によって周辺域に追われた帥升王統の国であって、その中心は出雲にあった。然して出雲における最初期の古墳が、安来（やすぎ）平野の造山一号墳、大成古墳などの方墳や、意宇川流域の方墳であるカイツキ山古墳、更に簸川平野の前方後方墳である松本一号墳などから始まることはよく知られた事実である。既に早く近藤義郎・藤沢長治編『日本の考古学Ⅳ——古墳時代上』（河出書房新社）二二六～二二七頁には、

出雲における前期前半の大古墳としては、安来平野の造山一号墳や大成古墳、斐伊川支流域の松本一号墳などがあるが、方墳・前方後方墳という墳形ではじまっているところに特色がある。造山一号墳・大成古墳が、竪穴式石室に三角縁神獣鏡、方格規矩四神鏡などの鏡や玉類・武具などを副葬してこの時期の標準的な古墳の様相をそなえているが、問題は墳形である。方墳と前方後方墳は、前期から後期にいたるまで出雲の古墳文化のいちじるしい特色であるが出雲の方墳の約九〇％、前方後方墳の九五％は出雲東部平原地帯に集中している。ここでは、この墳形が一貫して後期にいたるまで古墳文化の主流をなしているのである。

と明記されている。

方墳・前方後方墳の発信源は恐らく出雲であり、帥升王統系の王族に特別に許された墳形であったと思われる。帥升王統は天皇祖族とともに邪馬臺国連合を滅ぼした有力王統として、大和朝廷成立後も、天皇系諸族とともに東国経営に当たったものと思われる。それゆえ、東国においても、前方後方墳は前方後円墳と共存共栄しているのである。

『王権誕生』が前方後方墳を語る時、出雲地方に早々と出現して永続した前方後方墳に触れていないのは不思議である。狗奴国に関する通説・俗説に影響されすぎていた結果ではあるまいか。

寺沢薫氏は、日本の考古学界を代表する学者であり、弥生土器の相対編年にも造詣が深く、二〇〇二年には、「考古学的成果に基づく王権・国家形成期の研究」により、第十五回濱田青陵賞を受賞されている。

濱田青陵賞は、大阪府岸和田市ゆかりの濱田耕作（号、青陵）の没後五十年である一九八八年に、岸和田市と朝日新聞社が創設した賞であり、以後毎年、日本考古学の発展に顕著な功績のあった研究者・団体を選考し表彰している権威ある賞である（二〇二〇年度には第三十三回の表彰が行われる予定であったが、新型コロナウイルスの感染拡大による緊急事態宣言によって延期された）。

しかし『王権誕生』は、弥生高地性集落遺跡に関して小野忠凞博士らによって積み上げられた考古学的知見を大きく変容させ、弥生土器編年の全国規模での調節作業を無視破壊する結果を齎す論著として看過できない問題をはらむ書籍である。私のような考古学の門外漢が言うのは僭越に過ぎるかもしれないが、もし『王権誕生』が前提としたような弥生編年を基礎に抱える考古学が蔓延することになれば、日本考古学は次第に病巣を広げ、やがて崩壊するのではないかと危惧している。

邪馬臺国の時代、つまり卑弥呼の時代と、前方後円墳の時代、つまり大和朝廷の時代とを、『王権誕生』が主張するような形で短絡させる論調が支配的になることは（すでにそうした論調は様々なマスコミを介して広がっている）、日本古代史を理解する上で、はなはだしい誤解を抱えたままになるはずである。

補論9　較正曲線ＩＮＴＣＡＬ20と年輪年代法

国立歴史民俗博物館（以下、歴博）は、二〇二〇年八月に、炭素14年代法に欠かせない較正曲線に、歴博が中心となって測定してきた日本産樹木年輪のデータが採用されたことを発表している。従来の較正曲線ＩＮＴＣＡＬ13がＩＮＴＣＡＬ20に変更されるのに伴う採用である。

炭素14年代法は、死んだ生物の体内では炭素（Ｃ12、Ｃ13、Ｃ14）のうち、放射性同位体であるＣ14だけが時間と共に一定の半減期で減少することを利用してその生物が死んだ年代を測定し、遠い過去の年代を推定する方法である。但し、机上計算で算出される「炭素14年代」は、大気中のＣ14の比率が常に一定であったと仮定して算出される数値である。ところが実際の大気中のＣ14濃度は太陽活動などで年々変動するため、机上算出値に過ぎない「炭素14年代」は補正されなければならない。

そこで、この補正に用いる世界標準の較正曲線が一九八六年から公開されている。これは、あらかじめ実年代の判明している（と考えられている）資料、例えば樹木の年輪の「炭素14年代」値を測定・計算し、縦軸にその「炭素14年代」値、横軸にその資料の実年代を取ってグラフにしたものである。「炭素14年代」値（ＢＰ）は、伝統的に一九五〇年から何年前であるかを示す数値として表される。従って、下から上に次第に数値が上がる縦軸は、次第に年代を遡る軸である。

故に、仮に大気中のＣ14比率が常に一定であったとすると、較正曲線は四十五度の角度で右肩下がりの直線になるはずである、しかし実際にはそうはならず、大局的には四十五度の右肩下がりではあるが、いたるところでジグザグの曲線になる。

この較正曲線が、今回、紀元前一〇〇〇年から紀元後二〇〇〇年までの三〇〇〇年間につき、日本産樹木の年輪データによって変更された。これによって特に紀元前後から三世紀頃の較正曲線が、誤差も含めると五〇～一〇〇年ほど上にズレることになった。つまり、これまでの年輪の「炭素14年代」値が、誤差を含めて五〇～一〇〇年ほど古くなったのである。これは逆に言えば、これまで測定された「炭素14年代」値を、新たな較正曲線によって実年代に換算しようとすると、実年代が従来説より誤差を含めて五〇～一〇〇年ほど新しくなることを意味する。

しかし変だ。歴博はこれまで、年輪年代法による測定値と炭素14年代法による測定値が整合することを喧伝しつつ、それらの数値の正当性を主張していたのではなかったか。

典型例として前掲『弥生時代の実年代　炭素14年代をめぐって』の一一〇頁で、歴博の春成秀爾氏は、畿内編年で弥生中期末（弥生第Ⅳ期）とされる大阪府池上曽根遺跡の柱材の年輪年代が前五二年であり、同じ柱材を炭素14年代法で測定した結果が前八〇～前四〇年という年代に入ることから（同書二三頁に、その較正年代の確率密度分布図がある）、両者が「きわめてよく合致する」ことをもって「年輪年代と炭素14年代が弥生時代の実年代の推定に大きな力を発揮することになりそうだとの予想を私たちはいだいた」と述べておられる。

然るに、新しい較正曲線を用いると、年輪年代はそのままでありながら、炭素14年代法による実年代が五〇～一〇〇年ほど新しくなり、両者は食い違うことになる。

年輪年代法による実年代解釈の再検討が迫られていることは疑いがない。較正曲線を手直しすればそれで済むような問題ではないと思われる。

二〇一九年十一月、全国邪馬台国連絡協議会（代表者・会長、鷲崎弘朋氏）が、年輪年代法の追検証を行う目的で、独立行政法人国立文化財機構奈良文化財研究所に対して、基礎資料の開示を求めたところ、翌二〇二〇年一月十六日付けで、同機構理事長　松村恵司氏により「法人文書不開示決定通知書」が鷲崎氏あてに通知された。そこに記された不開示理由は、「調査研究に係る事務に関し、その公正かつ能率的な遂行を不当に阻害するおそれのあるもの」に該当するため、とだけ記されている。この理由は不可解である。特許申請がなされるような営利目的の研究ではなく、およそ科学の名のもとに為される公的研究であれば、万人が追検証可能なものでなければならないのではないか。第三者に追検証されては困ることが、何か隠されているとの疑いを招くべきではないと思われるのだが。税金を用いての独善は許されるものではない。

まずは年輪年代法の基本データとなる「暦年の確定した標準年輪変動パターン」（略して「暦年標準パターン」）の正しいことの再検討が必要であり、その上で、各試料とこの標準パターンとの照合作業（恐らくここもまた……というより、ここここそが年代論の分かれる重要な作業工程の一つである）が追検証される必要がある。後者の照合作業は、年輪同士の相似度を測定・算出・検定し、相似度の高い複数の候補年代から最適の年代を求める作業であるが、候補となった複数の年代を一つに絞る過程に恣意が入っていないかどうか、再検討されなければならない。

ともあれ、今回の炭素14年代法較正曲線の修正によって、弥生時代から古墳時代にかけての実年代につき最近の考古学者が唱導してきたさまざまに食い違う説が、どの程度修正されるのか、または修正されないのかを、私のような門外漢はしばらく静かに見学させて頂くこととしたい。

補論10 『三世紀の九州と近畿』より、関川尚功氏・藤田三郎氏・下條信行氏らに学ぶ

奈良県立橿原考古学研究所附属博物館編『三世紀の九州と近畿』（河出書房新社）において、関川尚功氏が、庄内式土器の実年代を求めておられる。古墳時代の土器編年から遡って推測する方法により、庄内式の終わりを四世紀半ば頃と推測されている（同書「近畿・庄内式土器の動向」の二〇一～二〇二頁）。

同じ論法を見習って、庄内式土器の実年代を求めてみよう。

まず、福岡県岩戸山古墳は磐井の反乱で有名な磐井の墓とされ、『日本書紀』はこれを継体二十一年紀（新丁未年なら五二七年、旧丁未年なら五二八年）に置いている。『日本書紀』編年に多少の誤差を認めて

も、この古墳から出る須恵器の年代とほぼ矛盾しない。

また、埼玉県の稲荷山古墳は辛亥年（新辛亥年なら四七一年、旧辛亥年なら四七二年）銘の鉄剣を出土した古墳であるが、その古墳の須恵器と岩戸山古墳の須恵器を比べると、やはり須恵器編年とほぼ矛盾しない。

稲荷山古墳出土の須恵器より古い型式は二～三型式を数えるというので、その一型式を約二〇年と見積もれば、須恵器の始まりは四七一、二年より四〇～六〇年を遡った四一〇～四三〇年頃と推測される。

するとこれより古い土師器の期間（布留式の四様式ほどの期間）を八〇年ほどと見積もって、布留０式の始まりは三三〇年～三五〇年ごろと推測されることになる。

庄内式の始まりは、するとこれを半世紀ほど遡って、二八〇年～三〇〇年頃と推測できる。庄内式と並行する畿内第Ⅵ様式が二六六年からほどなく始まり三二〇年頃に土師器の最古式が始まるとした卑説編年とほぼほぼ合致する計算になる。

同書で、藤田三郎氏は「銅鐸鋳造年代とその祭祀」（二七五～二九〇頁）において、二八七頁に銅鐸鋳型・出土地名表を掲げて銅鐸の弥生編年を確定されている。即ち、

兵庫県姫路市・名古山遺跡出土の扁平鈕式銅鐸鋳型は弥生第Ⅳ期

同市・今宿丁田遺跡出土の扁平鈕式銅鐸鋳型も弥生第Ⅳ期

奈良県田原本・唐古・鍵遺跡出土の扁平鈕式かと思われる鋳型も弥生Ⅳ期末

佐賀県鳥栖・安永田遺跡出土の外縁付鈕式銅鐸鋳型は九州編年の中期末、つまり弥生第Ⅲ期である。これにより、扁平鈕式銅鐸は弥生第Ⅳ期、外縁付鈕式銅鐸は弥生第Ⅲ期の銅鐸であることになる。

すると、菱環鈕式銅鐸は弥生第Ⅱ期に遡り、突線鈕式銅鐸はほぼ弥生第Ⅴ期の銅鐸であろうと推測できる。ただし、突線鈕式銅鐸は１式から５式までに分類され、最初期の１式は扁平鈕式銅鐸に同伴するので、突線鈕式銅鐸の２～５式までを弥生第Ⅴ期の銅鐸とみること

ができる。

同書には、下條信行氏による銅矛・銅剣の弥生編年の解説がある（五四頁〜六七頁「祭祀」）。ここに

弥生第Ⅳ期〜扁平鈕式銅鐸〜中広形銅矛〜平形銅剣Ⅰ

弥生第Ⅴ期〜突線鈕式銅鐸〜広形銅矛〜平形銅剣Ⅱ

という編年対応が与えられている。

下條氏は、それぞれの実年代につき、弥生第Ⅳ期（弥生後期前半）を一〜二世紀、弥生第Ⅴ期（後期後半）を二〜三世紀とされているが、弥生第Ⅳ期の中心は二世紀、弥生第Ⅴ期の中心は三世紀である。

以上、この一九八六年刊『三世紀の九州と近畿』に説かれた考古学は、年輪年代法や炭素14年代法などが弥生時代の実年代について怪しげな数値を提示してこれらが巻を席巻する以前の、まだ比較的健全であった頃の考古学である。時代が下って科学が進歩改善しても、すべてが進歩改善するとは限らないようである。

弥生第Ⅳ期は、回転台が普及して土器様式の全国的斉一化が進行した時代であり、銅鐸も、最も精巧な作りである扁平鈕式銅鐸が作られた時代である。対して弥生第Ⅴ期は、一転、回転台が衰微して土器の斉一化現象は後退、銅鐸は大型化するものの扁平鈕式に比べれば粗製化する。こうした文明の先祖返り的現象は、男王に支配された帥升王統時代から、在地土着民の復権の時代へ、つまり女王卑弥呼を共立した邪馬臺国連邦の時代へという、倭国大乱を境として生じた大変化である。従って、弥生第Ⅳ期と同第Ⅴ期の境は倭国大乱の時期、つまり二世紀末葉でなければならない。この時代比定を崩す時代比定を主張する論があれば（そのような論は、残念ながら、今日少なくない）、大いに疑問符を付すべきなのである。

第十九節　エピローグ

西暦三世紀の半ばまで存在した女王国（邪馬臺国連邦）は、二六六年の西晋への遣使記事を最後に、歴史の闇に没した。当時の東アジアの過酷な政治状況の荒波の狭間に落ちて滅亡したのである。

当時の中国は、魏・呉・蜀の三国鼎立時代であり、その魏帝国による朝鮮・韓政策が、女王国滅亡の主因であった。三世紀の半ば、魏によって南朝鮮＝韓から押し出された辰王の末裔たる天皇祖族が、南九州に疎開したのち、孝霊天皇から崇神天皇までの四世代をかけて、狗奴国＝クヌの国（出雲国）にあった男王・帥升王統と結託しつつ、西から東へと邪馬臺国連合を侵略し、最終的に、大和にあった邪馬臺国を滅ぼし、父系王権たる男王の国、大和朝廷を樹立したというのが、三世紀後半の歴史であった。

女王国滅亡のこの主因は主因として重要であるが、他方でまた、いくつもの副因があった。その最たるものは、女王卑弥呼が「親魏倭王」の称号を受けたことである。

これによって女王国は魏帝国と軍事同盟を結んだこととなり、好むと好まざるにかかわらず、魏帝国の侵略行為に加担することになった。好むと好まざるにかかわらず、魏によって侵略される側の「敵国」となったのである。その「敵国」、つまり辰王朝によって女王国が攻撃され、滅び去るのは、時間の問題となった……。

我が国は、極東の最果ての地にあって、太古以来、大陸から吹き寄せられてきた、敗残者中の敗残者たちを受け入れ、彼らに生きる糧を与え続けてきた。大和朝廷の起源がどうであれ、この事実は、厳然として存在して、現代に及んでいる。

現代にあって、我が国が、自ら参入した戦に敗れた結果とはいえ、憲法九条に極まる平和憲法を持つに至っていることは、古代以来の日本史の、たどり着くべくしてたどり着いた宿命であったのではないか。

『日本国憲法』第二章「戦争の放棄」の冒頭、第九条【戦争の放棄、軍備及び交戦権の否認】

①日本国民は、正義と秩序を基調とする国際平和を誠実に希求し、国権の発動たる戦争と、武力による威嚇又は武力の行使は、国際紛争を解決する手段としては、永久にこれを放棄する。

②前項の目的を達するため、陸海空軍その他の戦力は、これを保持しない。国の交戦権は、これを認めない。

巨大な国家的規模からゲリラ戦にいたるまでの、惨酷なる軍事力同士による応酬を中止させる方法は、一つしかない。軍事力を行使するいずれか一方が、一方的に軍事力を用いることを放棄することである。一方だけでも軍事力を用いることを放棄すれば、惨酷なる武力の応酬劇は、生じない道理である。

軍事力を用いないとの決意を実行するには、軍事力を用いるに匹敵する、むしろ、それを凌ぐ、勇気と覚悟が必要になる。可能であろうか？　それほどの勇気と覚悟を持つ者が、今の日本にどれほど生息しているか？

同胞が敵軍に殺されても、不服従を貫いて、軍事力に訴えては復讐しないという覚悟と勇気が必要になる。自らが敵軍に殺されても、軍事力によってはその復讐をしてはならぬと同胞に伝える勇気と覚悟が必要になる。可能であろうか？

真の勇気と英知とは何かが問われている。正しい復讐の仕方とは何かが問われている。

世界から戦争を廃絶させる方法が、この方法、すなわち、暴力に対して暴力によっては報いないという方法しかないことを明確に覚って人々に説いた古代の人物の一人に、周知のとおり、イエス・キリストという人がいた。

「目には目を、歯には歯を」と云へることあるを汝ら聞けり。されど我は汝らに告ぐ。悪しき者に手向かうな。人もし汝の右の頬を打たば、左をも向けよ。汝を訴えて下着を取らんとする者には、上衣をも取らせよ。人もし汝に一里行くことを強ひなば、共に二里行け。汝に請ふ者に与へ、借らんとする者を拒むな。

「汝の隣人を愛し、汝の敵を憎むべし」と云へることあるを汝ら聞けり。されど我は汝らに告ぐ、汝らの敵を愛し、汝らを責むる者のために祈れ。己を愛する者を愛すとも、何の報いをか得べき。取税人も然するにあらずや。兄弟にのみ挨拶するとも何の勝ることかある。異邦人も然するにあらずや。さらば汝らの神の全たきがごと、汝らも全たかれ。

「目には目を、歯には歯を」という、古代ユダヤの戒律は、目には目を償わせるのみで充分、歯には歯を償わせるだけにとどめよ、決してそれ以上のものを求めてはならない、という、復讐を抑制するための戒律であったのだが、イエスは、この戒律さえ批判し、禁じている。

暴力に対するに、それと等価な暴力を報いるということは、一見正当なように見えるが、実は暴力の連鎖を止めることにはならず、むしろ、かえって暴力の拡大と連鎖を招くのみであるという、人類史の真実を、イエスは当然、見抜いている。

暴力の連鎖を断つには、非暴力に徹するしかない。そのための具体的行動規範が、右の頬を打つ者には左の頬をも向けよ、であり、下衣を取る者には、上衣をも与えよ、であった。

己を愛する者を愛すること、同胞を愛することに、どれほどの報いがあろうか、兄弟に挨拶することが、何ほどのことかと、イエスは、愛国心のごとき狭量な利己愛を否定する思想をも語る。愛国とは、敵国、異邦への恨みを育む陥穽である。

「汝らの敵を愛し、汝らを責むる者のために祈れ。」争いを断つための、徹底的な覚悟と勇気を、イエスは、こうした過激ともいえる峻厳な言葉によって人々に求めたのである。

憲法九条によれば、明らかに自衛隊も、憲法違反である。「国際紛争」の結果として日本が攻められたとき、自衛隊という「武力」を行使することは、憲法九条第①項がこれを明確に禁じている。決して用いることのできぬ自衛隊という「武力」を持つこと自体が、憲法違反である。

戦後、新憲法の審議に当たり戦争の放棄が自衛戦争の放棄をも含むかどうかについて論じられた際、時の総理大臣吉田茂は、自衛戦争といえども認めない趣旨であることを、繰り返し言明した。

「武力」によって、国を守ることができるか？　これは、我々の子孫のためにも、客観的に冷静に科学的に考えてみなければならない問題だろう。

国を守るとは民を守ることである。現代において、もし「武力」によって民を守ろうとすれば、「核の傘」なるものに頼るにせよ頼らぬにせよ、偽善を廃して、必ずや核兵器という究極の「武力」が必要になるはずである。核兵器は、決して用いることのできない、しかし確かに極大な「抑止力」というバカ力を持つ「武力」である。核があるゆえに、今日まで第三次世界大戦が抑止されてきたという事実は否定のしようがない。

イラクが米国の攻撃に曝されて滅んだのは、前後の経緯の真相を見るなら、イラクが大量破壊兵器を持っていると疑われた故ではなく、逆に、イラクが大量破壊兵器を持たないことが分かっていたためであると極論しても差支えがないのではないか。

この「教訓」に学んだ朝鮮民主主義人民共和国（北朝鮮）は、今後も決して核兵器を手放すことはないだろう。

ただし日本に関しては、日本の「敵国」が日本を「武力」によって攻撃するのに、核ミサイルは必要がない。通常のミサイルさえあれば、核ミサイルと同じ効果を持つからである。日本国中にある原子力発電所にミサイルを打ち込めば、核ミサイルと同じ効果を及ぼす。

「敵国」が「脅威」であるのは「敵国」である故であろう。たとえば北朝鮮と平和条約を結べば、北朝鮮は、核兵器を持とうが持つまいが、日本にとって「脅威」ではなくなる道理である。

日本が、北朝鮮と平和外交のテーブルに着くためには、先ずは先の戦争における侵略行為の謝罪から入らなければならないだろう。たとえば拉致問題の解決が先であるなどという論理は、順序として間違っていると思われる。「無条件で交渉のテーブルに着く用意がある」などという呼びかけは、北朝鮮にとっては歴史を度外視した虫のいい発言としか受け取られないだろう。交渉のテーブルに着くためには、日本の側からの謝罪と戦後賠償の話から始めなければならないと思われる。拉致問題解決への捷径でもある。

日本は、外交努力の限りを尽くして、「武力」合戦という愚行を避けるしか、生きる道はない。この日本の道はまた、世界の平和への道しるべともなるはずである。

世界の平和にとって日本が無くてはならぬ存在になるということが、日本という、この極東の片隅に生息する、小さな島国に課せられた、歴史的宿命ではないか。

自衛隊を解体して、世界の災害救援のための専門部隊として再編し、訓練し直す程度のことをしてみてはどうか。

天災や、戦争のような人災に際し、敵・味方の区別無く、迅速に、専門的に出動しうる災害救援部隊として、世界赤十字と協労する、二十万の部隊である。

日本全体が、この部隊によって、世界赤十字と同様の働きをする国になりうる。この日本を侵略支配しようとする国は世界の良心の掣肘を受けることを、私たちは期待してよいのではないか。

自衛隊員自身は、このような部隊の編成替えによって、特別な不利益を被ることはない。それまでの、砲弾撃ちの訓練から、つまり、それまでの人殺しの訓練から、人命救助のための専門的訓練を行うことへと、仕事の内容が変化するだけである。

戦闘機や戦車の開発ではなく、救援機器・救援重機の開発が、開発部門の誇り高い仕事になるだろう。

日本という特殊な国に課せられた特殊な任務と宿命

とを、日本の政治家たちは、そろそろ真摯に考えてよい時期ではないか。賢明なはずの政治家たちが判断を誤らぬことを、日本および世界の平和のため、切に希求したいのだが……。

追記

拙稿の初校ゲラを待っていた二〇二二年二月、ロシア軍によるウクライナへの侵攻が始まった。

ソ連崩壊後、ロシアとウクライナは天然ガス料金をめぐってしばしば紛争を繰り返しており、欧州へのガスパイプラインがウクライナを経由していることから、欧州もまたこの紛争によって多大な被害を被ってきた。天然ガスという富の源泉とその富の分配をめぐる、例によって例の如き攻防である。

この年来の確執にウクライナ国内における親ロ派と反ロ・親欧米派の対立が絡み、二〇一四年のいわゆるユーロ・マイダン革命によって親ロ政権が崩壊、反発したロシアはクリミア半島を併合、続いて、親ロ派武装組織とウクライナ軍によるドンバス戦争が生じ、その停戦のためのミンスク合意・ミンスク2合意はいずれも破綻、ウクライナ東部におけるウクライナ軍と親ロ派武装組織との陣取りゲーム・武力衝突が頻発する中で、今回、二〇二二年二月二四日、ロシア軍によるウクライナへの侵攻が始まった。戦乱は、筆者がこれを記している二〇二二年五月上旬には、ウクライナを軍事的に支援する欧米とロシアとの対立抗争の様相を露わにしており、第3次世界大戦への危機すら孕もうとしている。

こうした国家間での殴り合いの陣取りゲームで犠牲になるのは、兵士はもとより、その兵士を兵站する民衆である。戦乱当事国の国民は、好むと好まざるとに関わらず、当国兵士への兵站部隊と見做され、攻撃の対象になる。一旦戦乱に入れば国際法は無に帰し、無辜の国民という概念すら消滅するという現実がある。

国際法が言う「戦争犯罪」という言葉もまた空しい。戦争そのものが既に犯罪であろう。「戦争犯罪」などという言葉は誰が発明したのだろう。この言葉を用いると、個々の兵士の「戦争犯罪」をリーダーの罪へと遡るには証拠が必要であるという理屈になり、この理屈がリーダーをお咎め無しとする役に立つらしい。暴力団の子分と親分の関係に似ている。

しかし殴り合いの喧嘩の責任は、常に喧嘩両成敗であり、相手を殺した数だけの責任を、当事国のリーダーたちこそ、等しく負わねばならないはずである。

戦勝者が決めるのではない「天与の刑」というものがある。殺傷された人ひとりひとりにつき刑の相当年を量って「天与の刑」を累算すれば、闘いを命じた者、そのための武器を供与した者、これらの兵站役となった者たち（ここに、見えない因縁律でつながっている我々の大部分が入る）の天与の刑の年数が決まる。

我々一人一人の刑役年数は何年になるだろう。武器を供与する欧米のリーダーたちの年数は？　プーチン大統領の刑役、ゼレンスキー大統領の刑役は、多分、どちらも万年単位の終身刑になるだろう。

武力によって民を守ることはできないという真理を日々に確認するという空しくも残酷な境遇に、いつまで人類は耐え続けなければならないのであろう。

権力が発明した国際法などの律し得ない国家間の殴り合いの喧嘩、破壊合戦によって得をする筆頭は、多分、国際金融機関である。借金せざるを得ない人・企業・国の大規模に増えることは、今後何十年にもわたる儲けの種になるからである。富める者への富の更なる集積を齎し貧富格差を助長する「合法的」装置が、原価廉少なる錬金術、金融である。貧富格差は戦争の温床になり、戦争は国際金融機関の富の源泉になり、金融は貧富格差を広げ……。

この機に乗じて日本も核武装をなどと唱える者も出てきた。かれらは最早、北朝鮮の核武装を非難する資格を失ったのである。愚かなことである。

危機において人間の真価が問われる。危機の時こそ、腹を据えることだ、道を誤ってはならない、と肝に銘じたい。

誰かを責めようとするたび、最近私は、美智子様の詠った次の歌を思い出している。

知らずしてわれも撃ちしや
春闌《た》くるバーミアンの野にみ仏在《ま》さず
平成十三年

せめて日本が、戦火を厭い逃れてきた人々にとって、敵味方の区別なく、良い避難地となることを願うばかりである。

引用参考文献

序論

『プラトン全集』山本光雄編　角川書店
『家族・私有財産・国家の起源――ルイス・H・モーガンの研究に関連して』F・エンゲルス、戸原四朗訳、岩波書店
『古代社会』L・H・モルガン、青山道夫訳、岩波書店
『戦争の考古学』佐原真、岩波書店
『文化人類学入門リーディングス』綾部恒雄他編、アカデミア出版会
『阿含経典』増谷文雄訳、筑摩書房
『聖書』日本聖書協会
『母系制の研究』高群逸枝、講談社
『女性の歴史』高群逸枝、講談社
『招婿婚の研究一・二』（高群逸枝全集）高群逸枝、理論社
『日本婚姻史』高群逸枝、至文堂
『日本語の世界』大野晋、中央公論社
『ミクロネシア民族誌』松岡静雄、岩波書店
『6～7世紀の日本書紀編年の修正――大化元年は646年、壬申乱は673年である――』牧尾一彦、近刊　幻冬舎
『高地性集落論――その研究の歩み』小野忠凞、学生社
『論集　騎馬民族征服王朝説』江上波夫他、鈴木武樹編、大和書房

『江上波夫の日本古代史——騎馬民族説四十五年』江上波夫、大巧社
『日本書紀　上・下』（日本古典文学大系）坂本太郎他校注、岩波書店

本論

『倭王卑弥呼と天照大御神伝承』安本美典、勉誠出版
『神武東遷』安本美典、中央公論社
『卑弥呼の謎』安本美典、講談社
『田中卓著作集』田中卓、国書刊行会
『日本書紀暦日原典』内田正男編著、雄山閣
『三正綜覧』内務省地理局編纂、藝林舎
『外交繹史』那珂通世、岩波書店
『日本書紀成立の研究』友田吉之助、風間書房
『日本書紀編年批判試論』牧尾一彦、東京図書出版
『古事記の秘める数合わせの謎と古代冠位制度史』牧尾一彦、近刊　幻冬舎
『古事記考』牧尾一彦、ＢＯＣ出版部、及び改定私家版
『科学史からみた中国文明』薮内清、日本放送出版協会
『日本の時刻制度』橋本万平、塙書房
『古代の時刻制度』斎藤国治、雄山閣
『国の初めの愁いの形——藤原・奈良朝派閥抗争史』牧尾一彦、風濤社

『姓氏家系大辞典』太田亮、角川書店
『古代の日朝関係と日本書紀』笠井倭人、吉川弘文館
『地域と王権の古代史学』原秀三郎、塙書房
『日本史研究』四九八、「『古事記』崩年干支に関する二・三の問題――原秀三郎「記紀伝承読解の方法的基準をめぐって」」鎌田元一
『古事記の新研究』上田正昭編、学生社
『学研漢和大字典』藤堂明保、学習研究社
『字統』白川静、平凡社
『邪馬臺国の常識』松本清張編、毎日新聞社
『邪馬台国基本論文集Ⅰ・Ⅱ・Ⅲ』佐伯有清編、創元社
「栗鹿大明神元記の研究」是澤恭三、日本学士院紀要第十四巻第三号・第十五巻第一号
『魏志倭人伝を読む』佐伯有清、吉川弘文館
『邪馬臺国と倭国――古代日本と東アジア』西嶋定生、吉川弘文館
『増補　謎の女王　卑弥呼　邪馬台国とその時代』田辺昭三、徳間書店
『古地図と邪馬台国――地理像論を考える』弘中芳男、大和書房
『日本歴史地図』竹内理三他編、柏書房
『内藤湖南全集』内藤虎次郎、筑摩書房
『気候の語る日本の歴史』山本武夫、そしえて
『佐喜真興英全集　女人政治考・霊の島々』比嘉政夫・我部政男編

『高地性集落と倭国大乱――小野忠凞博士退官記念論集』北川建次他編、雄山閣
『末松保和朝鮮史著作集1　新羅の政治と社会　上』吉川弘文館
『日本農耕文化の生成　第一冊　本文篇』日本考古学協会編、東京堂出版
『葛城と古代国家』門脇禎二、教育社
『井上光貞著作集』岩波書店
『新撰姓氏録の研究』佐伯有清、吉川弘文館
『古事記論集』古事記学会編、おうふう
『大日本地名辞書』吉田東伍、冨山房
『先代旧事本紀の研究』鎌田純一、吉川弘文館
『古事記全註釈』倉野憲司、三省堂
『日本書紀』小島憲之他校注・訳　小学館
『秦漢帝国』西嶋定生、講談社
『随唐帝国と古代朝鮮』礪波護・武田幸男、中央公論社
『新増東國輿地勝覧』国書刊行会
『増補改訂　中国の天文暦法』藪内清、平凡社
『東洋天文学史研究』新城新蔵、臨川書店
『日本上代史の一研究』池内宏、中央公論美術出版
『倭から日本へ』江上波夫他、二月社
『論集 騎馬民族征服王朝説』江上波夫他、大和書房

『歴史と旅・騎馬民族王朝大特集』秋田書店
『騎馬民族は来た⁉来ない⁉【激論】江上波夫VS佐原真』江上波夫・佐原真、小学館
『中国の歴史3　魏晋南北朝』川勝義雄、講談社
『江上波夫の日本古代史――騎馬民族説四十五年』江上波夫、大巧社
『騎馬民族は来なかった』佐原真、日本放送出版協会
『高地性集落論――その研究の歩み』小野忠凞、學生社
『弥生式土器聚成図録』小林行雄編、東京考古学会学報第一冊
『弥生式土器集成資料編』小林行雄・杉原荘介編、日本考古学協会
『弥生式土器集成本編』小林行雄・杉原荘介編、東京堂出版
『高地性集落跡の研究　資料篇』小野忠凞編、學生社
『三世紀の考古学　中巻――倭人伝の実像をさぐる』森浩一編、學生社
『日本考古地理学』小野忠凞、ニュー・サイエンス社
『弥生文化の研究3――弥生土器Ⅰ』金関恕・佐原真編、雄山閣
『銅鐸の考古学』佐原真、東京大学出版会
『日本の考古学Ⅲ――弥生時代』和島誠一編、河出書房新社
『東アジアの古代文化――特集　三世紀の倭国』三十号、大和書房
『弥生文化の研究1――弥生人とその環境』永井昌文他編、雄山閣
『三角縁神獣鏡の時代』岡村秀典、吉川弘文館
「年輪年代・炭素年代法と弥生・古墳時代の年代遡上論」鷲崎弘朋（インターネット文献）

『日本の美術6――No.421 年輪年代法と文化財』光谷拓実、至文堂
『弥生文化の研究6――道具と技術Ⅱ』金関恕・佐原真編、雄山閣
『古墳と古墳群の研究』白石太一郎、塙書房
『弥生文化の研究8――祭と墓と装い』金関恕・佐原真編、雄山閣
『古墳時代の研究』小林行雄、青木書店
『三角縁神獣鏡の研究』福永伸哉、大阪大学出版会
『弥生文化の研究4――弥生土器Ⅱ』金関恕・佐原真編、雄山閣
『平原弥生古墳』原田大六、葦書房
『季刊　邪馬台国60号』「平原弥生古墳出土青銅鏡　および　ガラスの鉛同位体比」馬淵久夫他、梓書院
『邪馬台国から大和政権へ』福永伸哉、大阪大学出版会
『日本の時代史1　倭国誕生』白石太一郎編、吉川弘文館
『古墳の語る古代史』白石太一郎、岩波書店
『邪馬台国の候補地　纒向遺跡』石野博信、新泉社
『弥生時代の実年代――炭素14年代をめぐって』春成秀爾・今村峯雄編、学生社
「勒島貿易と原の辻貿易――粘土帯土器・三韓土器・楽浪土器――」白井克也（インターネット文献）
『弥生時代　渡来人と土器・青銅器』片岡宏二、雄山閣
『「邪馬台国畿内説」徹底批判――その学説は「科学的」なのか』安本美典、勉誠出版
『絹の東伝』布目順郎、小学館
『紫雲出――香川県三豊郡詫間町紫雲出山弥生式遺跡の研究』香川県三豊郡詫間町文化財保護委員会

『古事記の解析』牧尾一彦、栄光出版社
『倭国大乱と日本海』甘粕健編、同成社
『月刊　考古学ジャーナル』No.１２８「浜名湖新居町沖湖底遺跡調査予報」嶋竹秋・向坂鋼二
『王権誕生』寺沢薫、講談社
『日本の考古学Ⅳ――古墳時代上』近藤義郎・藤沢長治編、河出書房新社
『三世紀の九州と近畿――シンポジウム＋研究講座』橿原考古学研究所附属博物館編、河出書房新社

あとがき

拙著は旧草稿『邪馬臺国と神武天皇』の一部を先行出版したものである。旧草稿は序章と第一章~第六章の全七章仕立ての長い論稿であり、拙著はその序章と第一章を、それぞれ序論と本論と題して独立させたものである。

旧草稿の第二章は、持統四年紀(六九〇年)以前の我が国の干支紀年法が、現行干支紀年法ではなく古いタイプの干支紀年法、つまり現行干支紀年法より一年下った干支紀年法、拙著にいわゆる「旧干支紀年法」であったことを、『日本書紀』の編年上の矛盾を解析する過程で証明しようとした章である。この章に当たる部分は既に旧著『日本書紀編年批判試論』として東京図書出版から上梓させていただいた。その後、これを一部修正し補足するものとして拙著『6~7世紀の日本書紀編年の修正――大化元年は646年、壬申乱は673年である――』をまとめ、幻冬舎から出版予定とした。

古事記の十五天皇に付せられた崩年干支が現行干支紀年法ではなく旧干支紀年法によるものであること、従ってその換算西暦年が従来説より一年下った西暦年であることは拙著に述べた通りであるが、この十五天皇に続く天皇、つまり舒明・孝徳・斉明・天智天皇の崩年もまた、従来云われてきた西暦年より一年下った西暦年であり、同様に、いわゆる乙巳の変は六四五年ではなく旧乙巳年=六四六年の変(故に大化元年も同じ六四六年)、いわゆる甲子の宣は六六四年ではなく旧甲子年=六六五年の宣、庚午年籍は六七〇年ではなく旧庚午年=六七一年の戸籍、壬申乱は六七二年ではなく旧壬申年=六七三年の乱である。

持統四年紀以前の我が国の公的干支紀年法が旧干支紀年法であったという基本的認識は、『日本書紀』の編年を正し古代日本史を究明する上で、極めて重要である。

旧草稿の第三章から第五章は『古事記』の「寓意の構造」を論じた部分である。このうち第三章は第二章の成果を踏まえて壬申乱前後史を論じた章である。

『古事記』の「寓意の構造」は壬申乱前後史を踏まえて構築されている。従って後者の考察は前者を解明する上で不可欠であり、逆に前者の考究は後者の新たな史的真相を闡明する一助になる。

拙著で示した通り、記紀を史料として上代史の真相に迫ろうとする時、『古事記』の「寓意の構造」に関する知識は必須である。『古事記』の「寓意の構造」の研究は、旧干支紀年法の存在を推測せしめるものであり、且、『日本書紀』の編年上の虚偽を暴露するものともなる。

『古事記』の「寓意の構造」の研究は、旧草稿の第四章と第五章でなされた。第四章は『古事記』の記述に沿って「寓意の構造」を論じた章であり、第五章は『古事記』の用いる寓意文字の一々につき、その全例検討を試み、網羅的・辞書的に、各寓意文字の寓意の実相を考察したものである。

旧草稿の第二章から第五章までは、かくして、その序章と第一章、つまり拙著を補強・補足するために必須の章として論究されたものである。

第二章の内容は右に述べた通りすでに独立した書籍となっている。

第三章から第五章までの三章は『古事記の寓意の構造』としてまとめ直す予定である。ただ余りに大部であるため、どのような形で世に問うかは今後の課題である。

この三章の中から、古事記の宿すある特殊な数合わせに焦点を当て当該部分を抽出してまとめ直したものが拙著『古事記の秘める数合わせの謎と古代冠位制度史』である。前掲『6~7世紀の日本書紀編年の修正……』と併せて近刊予定である。

旧草稿の最後の章である第六章は、『古事記』・『日本書紀』が虚構した上代史を越えて、人類の起源史へ迫ろうとする章である。この第六章は未だ手つかずのままである。高群逸枝が洞察し憧憬した上古社会に、どこまで迫ることができるかは、この第六章にかかっている。

『古事記』・『日本書紀』による古代母系制論に対する障害(上代へ遡るほど純粋な父系系譜が現れるという

最後になりましたが、拙著の出版に奮闘して下さいました幻冬舎に心より感謝いたします。

二〇二二年七月吉日

ことが齎す障害）は、旧草稿の第五章までで撤去されたと筆者は考えている。第六章への道は開けている。

第六章の素描に当たるものとして、旧拙著『古事記の解析』（栄光出版社）におさめた「人類の起源と愛および恋について」がある。第六章は、これを現代的意匠のもとで書き改めたものになる予定である。

拙著はこの旧草稿の第六章にあたる論稿を書き上げた時点で完結する。かつての在野研究者、高群逸枝が洞察し憧憬した先を、同じく野にあるものとして、どこまで歩いてゆけるだろうか。

筆者は今から半世紀ほど昔に現在の妻と出会い結婚した。当時妻は両親を亡くしたあと、高校生の弟の生活を支えながらＯＬとして暮らしていた。結婚後、筆者は妻の家に居候することになった。その家の書棚に、高群逸枝の分厚い著作集が並んでいた。筆者はここで初めて高群逸枝という稀代の女性史研究者の名を知ったのである。……

邪馬臺国《やまたいこく》と神武天皇《じんむてんのう》

2022年10月26日　第1刷発行

著　者　　牧尾一彦
発行人　　久保田貴幸

発行元　　株式会社 幻冬舎メディアコンサルティング
〒151-0051　東京都渋谷区千駄ヶ谷4-9-7
電話　03-5411-6440（編集）

発売元　　株式会社 幻冬舎
〒151-0051　東京都渋谷区千駄ヶ谷4-9-7
電話　03-5411-6222（営業）

印刷・製本　中央精版印刷株式会社
装　丁　　弓田和則

検印廃止

ISBN 978-4-344-94197-7 C0021
幻冬舎メディアコンサルティングHP
http://www.gentosha-mc.com/